山东统一战线年鉴

SHAN DONG TONG YI ZHAN XIAN NIAN JIAN

2018

中共山东省委统战部 编著

山东人民出版社 · 济南

国家一级出版社 全国百佳图书出版单位

图书在版编目（CIP）数据

山东统一战线年鉴．2018 / 中共山东省委统战部编著．--济南：山东人民出版社，2019.7
ISBN 978－7－209－12082－1

Ⅰ．①山… Ⅱ．①山… Ⅲ．①统一战线工作－山东－2018－年鉴 Ⅳ．①D613－54

中国版本图书馆CIP数据核字(2019)第140523号

山东统一战线年鉴(2018)
中共山东省委统战部 编著

主管部门 山东出版传媒股份有限公司
出版发行 山东人民出版社
出 版 人 胡长青
社　　址 济南市英雄山路165号
邮　　编 250002
电　　话 总编室（0531）82098914
　　　　 市场部（0531）82098027
网　　址 http://www.sd-book.com.cn
印　　装 济南铁路印刷厂有限公司
经　　销 新华书店

规　　格 16开（210mm×285mm）
印　　张 25.5
字　　数 720千字
版　　次 2019年7月第1版
印　　次 2019年7月第1次
印　　数 1—1200
ISBN 978-7-209-12082-1
定　　价 220.00元

编辑说明

《山东统一战线年鉴》是由省委统战部主编、各级统战部门和统战系统各单位共同参与编纂的专业年鉴和大型文献工具书。《山东统一战线年鉴 2018》记录的是 2017 年全省统一战线各领域基本情况。

2017 年是全面深化改革向纵深推进的关键一年，是“十三五”开局之年，也是统一战线贯彻中央、省委重大决策部署的落实之年。一年来，在省委的坚强领导和中央统战部的正确指导下，在各有关方面的大力支持下，全省统一战线坚持以习近平新时代中国特色社会主义思想为指导，深入学习贯彻党的十九大精神和习近平总书记系列重要讲话特别是视察山东重要讲话、重要指示批示精神，深入贯彻落实中央、省委关于统一战线一系列重大决策部署，深入开展凝心聚力“十三五”行动，抓住机遇、担当作为，重点发力、创新突破，系统谋划、整体推进，各领域统战工作取得突破性进展，全省统一战线事业进入全面提升阶段，进一步巩固和发展了全省统一战线团结、和谐、开拓、活跃的良好局面，为实现全省创新发展、持续发展、领先发展做出了积极贡献。《山东统一战线年鉴 2018》对此做实事求是、客观准确的记录，向社会全面展示全省统一战线的新发展新面貌。

《山东统一战线年鉴 2018》分为“山东统一战线概要”“省直统战系统”“市及县（市、区）委统战部”“国有企业高等院校科研院所”“名录”“评比奖励”“统计表格”7 个部分，共 50 多万字、73 幅彩色照片。“山东统一战线概要”收录全省统一战线基本情况和大事记；“省直统战系统”收录省委统战部、各民主党派省委、省工商联、省社会主义学院以及省各统战团体的组织机构、人员编制和工作开展情况；“市、县（市、区）委统战部”收录全省 17 市、137 个县（市、区）2017 年度统战工作概况；“国有企业高等院校科研院所”收录 6 个国有企业、47 所高等院校、6 家科研院所 2017 年度统战工作开展情况；“名录”收录各级党委分管统战工作负责人、统战部部长、党外干部、统战团体领导班子等人员名单；“评比奖励”收录全省统一战线在国家级、省部级或省委统战部牵头的评比表彰活动中获奖的单位及个人情况；“统计表格”收录省、市 2017 年度统一战线相关数据。

《山东统一战线年鉴 2018》的编纂得到各级统战部门和省各民主党派、工商联、社会主义学院、有关统战团体的积极响应及出版社、承印单位的密切配合，在此一并致谢。由于《年鉴》的编纂、出版、发行工作牵涉面广、周期长、工作量大，囿于经验、水平及其他客观条件，难免有疏漏和不妥之处，敬请批评指正。

6 月 6 日至 9 日，中央统战工作领导小组第七调研检查组来山东，就贯彻落实中央关于宗教工作重大决策部署情况开展专项实地调研检查。

6 月 9 日，省委召开专题汇报会。调研检查组组长、文化部副部长、党组副书记杨志今出席会议并讲话，省委副书记、济南市委书记王文涛主持会议并讲话，省委常委、统战部部长吴翠云汇报全省贯彻落实中央部署工作情况，副省长、省工商联主席王随莲出席会议。

5月3日，省委书记刘家义走访各民主党派省委、省工商联机关。

5月3日，省委召开专题协商会议，就省第十一次党代会报告关于山东今后五年经济社会发展目标任务，与各民主党派省委、省工商联负责同志、无党派人士代表进行专题协商。省政协主席刘伟，省委常委、秘书长于晓明出席会议，省委常委、统战部部长吴翠云主持。

7月7日，省委召开省领导与各民主党派工商联新老主委（主席）座谈会。省委书记刘家义讲话，省领导刘伟、杨东奇、胡文容出席会议，省委常委、统战部部长邢善萍主持会议。省政协副主席、民革省委主委孙继业，民盟省委主委王修林，省政协副主席、民建省委主委郭爱玲，民进省委原主委骆宝臻，农工党省委主委段青英，九三学社省委主委程林出席会议，省政协副主席、省工商联原主席王乃静代表新老主委（主席）发言。

7月24日，全省支持非公有制经济健康发展工作会议在济南召开。省委书记刘家义，省委副书记、省长龚正出席会议并讲话，省政协主席刘伟，省委副书记、济南市委书记王文涛出席。省领导李群、杨东奇、张江汀、胡文容、邢善萍、王浩、王随莲参加会议。

9月9日，省委书记刘家义到省委统战部走访，省委常委、统战部部长邢善萍陪同。

11月14日，省委书记刘家义到省社会主义学院，为全省党外领导干部党的十九大精神专题学习班学员做辅导报告。省委常委、组织部部长杨东奇主持报告会，省委常委、统战部部长邢善萍，省各民主党派、工商联主委（主席）孙继业、王修林、郭爱玲、栾新、段青英、赵家军、程林、王随莲及其他负责同志，无党派人士代表等出席报告会。

5 月 12 日，省政府在济南举行参事聘任仪式。省委副书记、省长龚正出席并为新聘省政府参事颁发聘任书，副省长王书坚出席活动并讲话。

4 月 21 日，中共山东省委在济南举行民主协商会议，就即将召开的省十二届人大第七次会议议程和省委拟向省人代会推荐的有关人选情况，进行民主协商。省委副书记、济南市委书记王文涛主持会议并讲话，省委常委、组织部部长杨东奇作人事安排说明，省委常委、统战部部长吴翠云出席会议。

4月27日，省委向省各民主党派、工商联负责同志和无党派人士代表通报全省党风廉政建设和反腐败工作情况，听取意见建议。省委常委、统战部部长吴翠云，省委常委、省纪委书记陈辐宽出席会议。

1月20日，省委常委、统战部部长吴翠云走访慰问省各民主党派、工商联退下来的老主委（会长）。

1月21日，省委常委、统战部部长吴翠云代表姜异康书记、郭树清省长赴长清一中走访看望寒假和春节期间留校的新疆内地高中班师生。

2月7日，省委统战部召开省政协驻港澳委员座谈会。省委常委、统战部部长吴翠云出席会议并讲话。

2月10日，全省统战部长会议在济南召开，传达学习全国统战部长会议精神，总结交流2016年工作，研究部署2017年任务。省委常委、统战部部长吴翠云出席会议并讲话。

3月22日，山东统一战线“同心讲坛”第二十二次报告会在济南举行。省委常委、统战部部长吴翠云出席报告会。

3月27日，省委统战部召开党外人士座谈会，学习贯彻习近平总书记3月4日在看望参加全国政协十二届五次会议民进、农工党、九三学社委员时的重要讲话精神。省委常委、统战部部长吴翠云主持会议并讲话。

4月20日，全省新的社会阶层人士统战工作会议在济南召开，学习贯彻全国新的社会阶层人士统战工作会议精神，研究部署全省新的社会阶层人士统战工作。省委常委、统战部部长吴翠云出席会议并讲话。

5月18日，省委统战部召开台商、侨商代表座谈会，了解当前全省外资经济发展中的困难和问题，就制定有关政策措施征求意见建议。省委常委、统战部部长，省海外联谊会会长吴翠云出席会议并讲话。

5月19日，省委统战部召开推进“两学一做”学习教育常态化制度化工作部署会。省委常委、统战部部长吴翠云出席会议并讲话。

5月27日，全国年轻一代民营企业家理想信念报告会在北京举行。省委常委、统战部部长吴翠云，副省长、九三学社省委主委、省工商联主席王随莲出席山东分会场会议并讲话。

6月23日，受中共山东省委委托，省委统战部召开情况通报会，向党外人士通报中共山东省第十一次代表大会精神。省委常委、统战部部长邢善萍出席会议并讲话。

6月26日，济南穆斯林群众开斋节庆典活动在济南清真南大寺举行。省委常委、统战部部长邢善萍，副省长、省工商联主席王随莲出席庆典活动，与穆斯林群众共同欢度开斋节。

6月26日，全省市县党委统战部部长暨民族宗教领导干部理论政策研讨班在济南开班。省委常委、统战部部长邢善萍出席开班式并讲话。

7月8日，全国台联2017年台胞青年千人夏令营山东省分营开营式暨“相约齐鲁·情系中华——2017鲁台青年交流季”活动启动仪式在济南举行。省委常委、统战部部长邢善萍为夏令营授营旗并讲话。

7月23日，省委常委、统战部部长邢善萍在济南会见鲁港企业投融资联合会考察团一行。

7月26日，省委常委、统战部部长邢善萍走访全省性爱国宗教团体机关，与五大宗教团体负责人以及机关工作人员亲切交谈。

8月22日至26日，全省归国留学人员代表人士研修班在济南举办。省委常委、统战部部长邢善萍出席开班式并做专题辅导报告。

8月29日，省委统战部和省委组织部联合举办的全省党外厅级领导干部理论政策研讨班在济南开班。省委常委、统战部部长邢善萍出席开班式并讲话。

8月30日，省直统战系统加强党风廉政建设、推进全面从严治党座谈会在济南召开。省委常委、统战部部长邢善萍出席会议。

9月23日，2017年“泛海助学山东行动”暨“同心·光彩助学行动”捐助仪式在济南举行，为11600名品学兼优、家庭贫困大学生发放助学金5800万元。省委常委、统战部部长邢善萍出席仪式并讲话。

9月26日，省委常委、统战部部长邢善萍出席全省第八期港澳台海外代表人士国情研修班开班式并讲话。

9月27日，省委常委、统战部部长邢善萍到山东大学调研高校统战工作，并与党外代表人士座谈交流。山东大学党委书记郭新立陪同调研并主持座谈会。

9月28日至29日，省委常委、统战部部长邢善萍到聊城、滨州调研脱贫攻坚和县级统战工作。

10月9日，贯彻落实中央、省委关于宗教工作重大决策部署专题会议在济南召开。省委常委、统战部部长邢善萍出席会议并讲话，副省长、省工商联主席王随莲主持会议。

10月10日至14日，省委常委、统战部部长邢善萍应邀率团赴香港、澳门进行工作考察。

10月27日，省委统战部召开省直统战系统党员干部大会，传达学习党的十九大精神，安排部署学习贯彻工作。省委常委、统战部部长邢善萍主持会议并讲话。

10月28日，受中共山东省委委托，省委统战部召开情况通报会，向党外人士传达中共十九大精神。省委常委、统战部部长邢善萍主持会议并讲话，省各民主党派、工商联主要负责同志、无党派人士代表参加会议。

11月3日，省委统战部召开全省新的社会阶层代表人士学习党的十九大精神座谈会。省委常委、统战部部长邢善萍出席会议并讲话。

11月10日，全省非公有制经济代表人士学习贯彻党的十九大精神、构建亲清新型政商关系座谈会在济南召开。省委常委、统战部部长邢善萍出席会议并讲话。

11 月 13 日，由省委举办的全省党外领导干部党的十九大精神专题学习班在省社会主义学院开班，省委常委、统战部部长邢善萍出席开班式并作辅导报告。

11 月 18 日至 19 日，第九次山东省台湾同胞代表会议在济南召开。省委常委、统战部部长邢善萍，中华全国台湾同胞联谊会副会长纪斌出席开幕式并讲话，省政协副主席、民革省委主委孙继业代表省各民主党派、工商联和有关人民团体到会祝贺并致辞。

11 月 21 日，省委统战部召开无党派人士、党外知识分子和留学人员代表学习贯彻党的十九大精神专题座谈会。省委常委、统战部部长邢善萍出席会议并讲话。

12月13日至14日，省委常委、统战部部长邢善萍带领省委、省政府督查组到潍坊市，就支持非公有制经济健康发展工作进行督查。

12月18日至19日，省委常委、统战部部长邢善萍带领省委、省政府督查组到淄博市，就支持非公有制经济健康发展工作进行督查。

12月27日至29日，省委常委、统战部部长邢善萍到青岛调研国有企业统战工作和宗教工作。

5 月 10 日，中国国民党革命委员会山东省第十三次代表大会在济南开幕。全国政协副主席、民革中央常务副主席齐续春，中共山东省委书记刘家义到会祝贺并致贺词。

6 月 20 日，中国民主同盟山东省第十次代表大会在济南开幕。民盟中央副主席张平，中共山东省委常委、秘书长胡文容到会祝贺并致贺词。

5 月 16 日，中国民主建国会山东省第九次代表大会在济南开幕。民建中央常务副主席郝明金，中共山东省委常委、常务副省长李群到会祝贺并致贺词。

6 月 20 日，中国民主促进会山东省第七次代表大会在济南开幕。全国人大常委会副委员长、民进中央主席严隽琪，中共山东省委常委、宣传部部长孙守刚到会祝贺并致贺词。

5 月 14 日，中国农工民主党山东省第七次代表大会在济南开幕。全国政协常委、副秘书长、农工党中央专职副主席何维，中共山东省委常委、组织部部长杨东奇到会祝贺并致贺词。

5 月 15 日，中国致公党山东省第六次代表大会在济南开幕。致公党中央副主席李卓彬，中共山东省委常委、秘书长于晓明到会祝贺并致贺词。

6月21日，九三学社山东省第七次代表大会在济南开幕。九三学社中央常务副主席邵鸿，中共山东省委常委、统战部部长邢善萍到会祝贺并致贺词。

6月28日，省工商联第十三次代表大会在济南开幕，省委书记刘家义出席会议，省委副书记、省长龚正出席会议并讲话。

3月21日，省社会主义学院举行2017年春季开学典礼暨全省新的社会阶层代表人士进修班开班式。省委常委、统战部部长吴翠云，省政协副主席、民革省委主委、省社会主义学院院长孙继业出席开班式并讲话。

11月8日，“传百年薪火 谱世纪华章——中华职业教育社百年历史图片山东展”在济南开幕。全国人大常委会副委员长、民建中央主席、中华职业教育社理事长陈昌智出席开幕式，省政协副主席、省职教社社委会主任郭爱玲出席开幕式并讲话。

10月24日，济南市委统战部组织党外人士考察调研中央商务区建设情况。市委副书记苏树伟参加活动并讲话，市委常委、统战部部长王拥华参加活动并主持调研座谈会。

9月25日，青岛市委统战部在青岛电视台举办“光荣与梦想——青岛市统一战线喜迎党的十九大主题歌会”。市委常委、统战部部长王久军出席并致辞。

5月8日，淄博市委书记周连华与党外人士开展联谊交友活动，并到所联系的佶缔纳士机械有限公司进行实地调研。

8月4日，枣庄市统一战线同心林建设启动暨雨季植树活动在滕州市举行，市委常委、统战部部长张兵出席启动仪式并参加植树活动。

8月15日，东营市委副书记、市长赵豪志与市委常委、统战部部长聂建军共同为香港东营商会揭牌。

12月18日，烟台市举行非公有制经济金融服务平台揭牌仪式，市委常委、统战部部长于永信出席活动并讲话。

7月26日，潍坊市委常委、统战部部长王兆辉带队到潍坊市奎文区调研统战工作。

8月10日，济宁市召开全市统战部长座谈会暨“一县一品”创建工作推进会，总结交流工作，安排部署下步任务。市委常委、统战部部长白山出席会议并讲话。

9月28日，泰安市举办全市统一战线“庆国庆・喜迎党的十九大”联欢会，市委常委、统战部部长李灿玉出席活动。

12月6日，威海市举行清真餐饮“爱心拉面”活动启动仪式，市委常委、统战部部长戴龙成出席仪式。

9月13日，日照市委常委、统战部部长杨留星到莒县调度区县统战部门大部制改革现场会推进情况 。

12月11日，莱芜市召开支持非公有制经济健康发展工作推进会，市委副书记、统战部部长李兴钰出席会议并讲话。

3月23日，临沂市委统战部举办全市统一战线“同心讲堂”报告会，市委常委、统战部部长边峰出席会议。

9月28日，德州市举行“东海杯”社会组织“双提双做”演讲比赛，市委常委、统战部部长彭小毛，市政协副主席、市社会组织联合会会长辛志才出席。

9月20日，中共聊城市委召开各民主党派、工商联及无党派人士情况通报会。市委书记徐景颜出席会议并讲话， 市委常委、统战部部长秦存华主持会议并通报情况。

6月19日至23日，滨州市民主党派、无党派人士骨干培训班在市社会主义学院举办，市委书记张光峰到培训班与学员座谈。

9月27日，全国菏泽商会联盟成立，省工商联党组副书记、副主席孙占甲，菏泽市委常委、统战部部长王永华为联盟揭牌。

目录

1. 山东统一战线概要

2. 省直统战系统

3. 市、县（市、区）委统战部

4. 国有企业高等院校科研院所

5. 名录

6. 评比奖励

7. 统计表格

1.山东统一战线概要

2017年山东省统一战线基本情况

山东是统战工作大省，统战成员数量众多、分布广泛，统战组织、统战团体比较健全。以下反映的是截至2017年底的全省统一战线基本情况。

·民主党派·

山东省现有中国国民党革命委员会（简称民革）、中国民主同盟（简称民盟）、中国民主建国会（简称民建）、中国民主促进会（简称民进）、中国农工民主党（简称农工党）、中国致公党（简称致公党）、九三学社7个民主党派省级组织，100个市级组织（含2个筹委会），12个县级组织，2320个基层组织。截至2017年底，全省共有民主党派成员47942人。

（梁景珲）

·工商联·

全省155个县级以上行政区划全部建立工商联组织。其中，省级工商联1个，市级工商联17个，县（市、区）级工商联137个。另外，全省共有10个县级以上经济开发区、高新区建立工商联组织。全省县以上工商联组织达到165个。全省共有工商联商会组织2949个，其中乡镇、街道商会1642个，占镇街行政区划总数的89.9%；同行业组织902个，其中省级16个、市级210个、县级661个、乡镇街道一级15个；异地商会226个；园区商会56个；市场商会27个；楼宇商会3个；村商会3个；其他组织90个。全省共有工商联会员231508个，其中企业会员154191个，占66.6%；团体会员3511个，占1.5%；个人会员73806个，占31.9%。

（李　涛）

·少数民族·

据第六次全国人口普查，全省55个少数民族常住人口72万人，占全省总人口的0.75%。其中回族人口最多，有54万人，占全省少数民族总人口的75%。5000人以上的还有满族、朝鲜族、蒙古族、苗族、彝族、壮族。少数民族人口5万人以上的市7个，分别是济南、青岛、济宁、泰安、德州、聊城、菏泽；万人以上的县（市、区）28个；民族乡镇4个，分别是淄博市临淄区金岭镇、德州禹城市十里旺镇、聊城市莘县张鲁镇、菏泽市曹县侯集镇。千人以上的民族工作重点乡镇167个，民族村居365个。少数民族流动人口高峰时达到120万人，主要集中在济南、青岛、烟台、威海等城市。

（张　峻）

·宗教·

据调查统计，全省信仰佛教、道教、伊斯兰教、天主教、基督教的群众共有312万人，依法登记的宗教活动场所5167处（寺观教堂1365处、固定处所3802处），经认定备案的宗教教职人员4692人，宗教院校3所（山东湛山佛学院、山东神学院、山东天主教圣神修院）。具体到各宗教，佛教信徒69.2万人，教职人员698人，活动场所286处；道教信徒20.1万人，教职人员279人，活动场所121处；信奉伊斯兰教的10个民族总人口62.5万人，教职人员820人，活动场所452处；天主教信徒17.7万人，教职人员236人（其中主教6人），活动场所423处；基督教信徒142.7万人，教职人员2659人，活动场所3885处。五大宗教全省性爱国宗教团体7个，市级宗教团体82个，县级宗教团体273个。

（张　峻）

·港澳台同胞和海外侨胞·

祖籍山东的港澳同胞约40万人，在台的山东籍同胞80万余人，定居台胞1000余人，台商、台生等常住台胞1万余人。山东籍华侨华人110万人，分布在世界97个国家和地区，其中，改革开放后移居国外的新移民，约有15万人；归侨侨眷有120万余人，多分布于济南、青岛、烟台、潍坊、威海、日照、临沂等市。山东省政协中有来自港澳的委员48人，济南、青岛、烟台、济宁市级政协中有来自港澳的委员65人。

（李　静）

·党外干部·

全省各级人大常委会共配备党外副主任145名，其中省级1名、市级14名、县级130名。全省市以上政府和政府部门以及县以上政府领导班子中共配备党外干部297名，其中副省长1名，省政府组成部门正职3名、副职（含非领导职务）16名，副市长17名，市政府工作部门正职22名、副职（含非领导职务）164名，副县（市、区）长74名。全省各级政协共配备党外副主席557名，其中省级4名、市级68名、县级485名。全省各级法院共配备党外副院长42名，其中省级1名、市级8名、县级33名；全省各级检察院共配备党外副检察长31名，其中省级1名、市级8名、县级22名。

（梁　晓）

·党外知识分子·

山东省党外知识分子约1033万人，占全省知识分子总数的70%，主要分布在经济、政治、科技、文化、教育、卫生等各条战线。省委统战部联系的无党派代表人士1167人，市级统战部门联系的无党派代表人士4840人，各级统战部门联系无党派人士约4万人。党外知识分子联谊组织基本实现了自上而下的工作网络全覆盖。

（周　鹏）

·新的社会阶层人士·

截至2017年底，全省新的社会阶层人士总体规模达到500万人，其中党外人士391.9万人，占78.4%。民营企业和外资企业管理技术人员约300.86万人，其中党外人士占76.4%；中介组织和社会组织从业人员约105万人，其中党外人士占76.9%；自由职业人员约64.63万人，其中党外人士占99%；新媒体从业人员约19.6万人，其中党外人士占88.3%。律师事务所1931家，从业人员24400人，党外律师占71%；税务师事务所343家，从业人员5703人，党外税务师占89.6%；会计师事务所578家，注册会计师5960人，党外注册会计师占76%；资产评估机构约295家，注册评估师2900人，党外注册评估师占76%；拍卖企业约482家，注册拍卖师约945人，党外注册拍卖师85%。

（刘德民）

2017年山东省统一战线大事记

·一月份·

5日，省委统战部印发《新闻发布工作制度》（鲁统综〔2017〕3号）。

中共威海市委召开党外人士座谈会，征求各民主党派、工商联负责人和无党派人士代表对市委常委班子及市委常委的意见建议。市委书记孙述涛主持会议并讲话，市委常委、统战部部长高旭光，市委常委、秘书长侯世超出席会议。

9日，根据省委部署，省委统战部召开处级以上干部会议，传达学习十八届中央纪委七次全会精神。省委常委、统战部部长吴翠云主持会议并讲话。

10日，德州市委统战部召开党外人士情况通报会，向市各民主党派、工商联和无党派人士通报全市经济工作会议精神。市委常委、统战部部长彭小毛通报情况并讲话。

10日至11日，民进山东省2016年参政议政年会在济南召开，民进省委主委骆宝臻出席开幕式并讲话。

15日，中共山东省委在济南举行民主协商会议。省委书记姜异康主持会议并讲话，省委副书记龚正向各民主党派省委、省工商联负责人和无党派人士通报省十二届人大六次会议、省政协十一届五次会议议程安排和省委拟向省“两会”推荐的有关人选情况。省委常委、组织部部长杨东奇受省委委托就省“两会”议程和人事安排做说明。省各民主党派、工商联主委（主席）及无党派人士代表，部领导赵强、曲涛、张静、孙中亮参加会议。

16日，全国统战部长会议在北京召开。省委常委、统战部部长吴翠云参加会议并就推进构建亲清新型政商关系做典型发言。

中共日照市委召开党外人士座谈会，通报2016年全市经济社会发展和党风廉政建设情况，征求各民主党派、工商联和无党派人士意见建议。市委书记刘星泰主持会议并讲话。

德州市召开社会组织联合会一届二次理事（扩大）会议，总结回顾2016年工作，研究部署2017年任务，表决通过6名新会员的入会申请。市委常委、统战部部长彭小毛出席并讲话。

17日，临沂大学召开2017年新年统战座谈会，党委副书记王明福主持并讲话。

18日，省委统战部召开全体干部会议，传达学习省纪委十届八次全会精神。省委统战部常务副部长赵强主持会议并讲话，部领导马啸、曲涛、亓同秋、牟强、王健、孙中亮出席会议。

德州市委副书记、市长陈飞与部分党外人士代表座谈，征求对市政府工作的意见建议。市委常委、统战部部长彭小毛主持座谈会。

19日，省政府召开党外人士座谈会，征求党外人士对《省政府工作报告》的意见建议。省委副书记、省长郭树清出席会议并讲话，省委常委、统战部部长吴翠云主持会议。省各民主党派、工商联主委（主席）及无党派人士代表参加会议。

省委统战部、省发改委、教育厅、民委、公安厅、人力资源社会保障厅、国资委联合印发《关于进一步做好我省新疆籍少数民族高校毕业生就业创业工作的实施意见》（鲁统综〔2017〕8号）。

20日，省委统战部举办2017年山东省统一战线迎新春茶话会，省委统战部常务副部长赵强出席并致辞，部领导马啸、曲涛、亓同秋、李法信、牟强、张静、孙中亮出席。

省委常委、统战部部长吴翠云走访慰问省各民主党派、工商联退下来的老主委（会长），部领导赵强、曲涛、李法信、孙中亮陪同。

滨州市首家统战工作站授牌仪式在山东民颂律师事务所举行。市委常委、统战部部长张兆宏授牌。

21日，省委常委、统战部部长吴翠云代表姜异康书记、郭树清省长赴长清一中走访看望寒假和春节期间留校的新疆内地高中班师生。省委统战部副部长牟强、省对口支援办主任郭晓东、省教育厅副厅长张志勇、省民委副主任马辉以及济南市委常委、统战部部长雷天太等参加走访。

22日，中共山东省委召开党外人士迎春座谈会，通报2016年度省委、省政府主要工作情况，征求党外人士对2017年度工作安排的意见。省委书记姜异康出席会议并讲话，省委副书记、省长郭树清，省政协主席刘伟，省委常委、秘书长于晓明出席，省委常委、统战部部长吴翠云主持。各民主党派省委、省工商联主委（主席）、原主委（会长）及无党派人士代表参加会议。

26日，滨州市召开海外联谊会、香港山东商会联合总会迎春恳谈会。市委副书记、市长崔洪刚出席会议，市委常委、统战部部长张兆宏参加会议并致辞。

·二月份·

5日至10日，省政协十一届五次会议召开，省委常委、统战部部长吴翠云、省委统战部常务副部长赵强参加，部领导马啸、亓同秋、牟强、孙中亮列席有关会议。

6日至11日，省十二届人大六次会议召开，省委常委、统战部部长吴翠云参加，省委统战部副部长张静列席有关会议。

7日，省委统战部召开省政协驻港澳委员座谈会，省委常委、统战部部长吴翠云出席会议并讲话，省委统战部常务副部长赵强、巡视员亓同秋参加座谈。

10日，省政协十一届五次会

议选举吴翠云同志为省政协副主席。省委决定：吴翠云同志任省政协党组副书记。

全省统战部长会议在济南召开，传达学习全国统战部长会议精神，总结交流2016年工作，研究部署2017年任务。省委书记姜异康会前提出要求。省委常委、统战部部长吴翠云出席会议并讲话。省委统战部常务副部长赵强主持会议并传达全国统战部长会议精神，部领导马啸、曲涛、亓同秋、李法信、牟强、刘永鹏、张静、孙中亮出席会议。

13日，中共枣庄市委召开党外人士座谈会。市委副书记、市长李峰通报中共枣庄市第十一次代表大会的筹备工作和有关人事安排情况。

15日，根据省委巡视工作领导小组安排，省委第十巡视组向省委统战部反馈专项巡视情况。省委常委、统战部部长吴翠云主持会议并做表态发言。

16日，省委常委、统战部部长吴翠云在烟台会见全国人大常委会副委员长万鄂湘一行。

19日，中共德州市委召开民主协商会议，就市十八届人大一次会议、市政协十四届一次会议议程安排和市委拟向市"两会"推荐的有关人选情况，与市各民主党派、市工商联负责人和无党派代表人士进行民主协商，听取意见建议。市委书记陈勇主持会议并讲话，市委副书记刘贵堂，市委常委、统战部部长彭小毛出席。

20日，威海市委副书记、市长张惠主持召开座谈会，征求各民主党派、工商联和无党派人士对《政府工作报告（征求意见稿）》的意见建议。市委常委、统战部部长高旭光参加座谈会。

21日，省委统战部召开巡视整改工作动员会，省委常委、统战部部长吴翠云出席会议并讲话，省委统战部常务副部长赵强主持。

中共济宁市委召开民主协商会议，向各民主党派市委、市工商联负责人和无党派代表人士通报市委拟向市十七届人大一次会议、市政协十三届一次会议推荐的有关人选情况，进行民主协商，听取意见和建议。市委书记王艺华讲话，市委常委、组织部部长孔凡萍就市"两会"人事安排情况做说明。

日照市委统战部召开党外人士情况通报会，向党外人士通报中共日照市第十三次代表大会和十三届市委第一次全体会议精神。市委常委、统战部部长杨留星主持会议并讲话。

22日，中共莱芜市委召开民主协商会，就市十八届人大一次会议和市政协十届一次会议有关人事安排事项，与各民主党派、工商联、人民团体负责人和无党派人士开展民主协商，听取意见建议。市委副书记、统战部部长李兴钰主持会议并讲话。

23日，中共滨州市委举行民主协商会议，向各民主党派、市工商联主要负责人和无党派代表人士通报市十一届人大一次会议、市政协十一届一次会议议程安排和市委拟向市"两会"推荐的人事安排情况，进行民主协商，听取意见建议。

23日至24日，全国新的社会阶层人士统战工作会议在北京召开。省委常委、统战部部长吴翠云，省委统战部副部长张静及济南、青岛市委统战部主要负责同志参加会议。

24日至25日，滨州市召开全市统战部长会议暨统战干部培训班。会议总结2016年全市统战工作，研究部署2017年工作任务。市委常委、统战部部长李家良出席会议并讲话。

25日，山东省海外联谊会四届五次理事会在深圳召开，省委常委、统战部部长，省海外联谊会会长吴翠云出席会议并讲话，省委统战部常务副部长、省海联会副会长赵强主持会议。中央政府驻香港联络办协调部部长沈冲，省委统战部巡视员、省海联会副会长亓同秋出席会议。

泰安市召开全市统战部长会议，市委书记王云鹏对做好2017年全市统战工作做出重要批示，市委常委、统战部部长李灿玉出席会议并讲话。

28日，全国、全省宗教工作会议精神贯彻落实情况专项调研检查动员会在济南召开。省委常委、统战部部长吴翠云主持会议并讲话，省委统战部副部长、省民委党组书记牟强出席。

省人才工作领导小组成员单位2016年度工作述职报告会在济南召开，省委统战部副部长张静参加会议并代表省委统战部进行述职。"壮大欧美同学会组织，发挥留学人员作用"工作被评为2016年山东人才工作十件大事和2016年度山东人才工作十大出色项目。

淄博市召开全市统战部长会议，传达学习全省统战部长会议精神，总结交流2016年工作，研究部署2017年任务。市委常委、统战部部长李明出席会议并讲话。

·三月份·

1日，省中华职业教育社第一届社务委员会第四次会议在济南召开。省政协副主席、民建省委主委、省职教社社委会主任郭爱玲出席会议并做工作报告，省委统战部常务副部长赵强出席会议并讲话，省委统战部副部长、省民委党组书记、省职教社社委会副主任牟强主持会议并做总结讲话，省职教社专职秘书长孙大川出席会议。

2日，烟台市召开全市统战部长会议，总结2016年工作，部署2017年工作任务，着力开创新时代全市统战工作新局面。市委常委、统战部部长于永信出席会议并讲话。

3日，济南市召开全市统战部长会议，学习贯彻全国、全省统战部长会议精神，总结工作、部署任务，表彰先进、振奋精神，动员部署全市努力做好2017年的统战工作。市委常委、统战部部长雷天太出席会议并讲话。

聊城市召开全市统战部长会议，学习贯彻全省统战部长会议精神，总结2016年工作，部署2017年任务，推动中央和省委、市委关于统一战线重大决策部署的深入贯彻落实。市委常委、统战部部长秦存华出席并讲话。

聊城市召开全市宗教工作会议，贯彻落实全国全省宗教会议精神，分析全市宗教工作面临形势，安排部署下一阶段任务。市委副书记、市长宋军继出席会议并讲话，市委副书记陈平主持会议，市委常委、统战部部长秦存华出席。

7日，省委办公厅印发《2017年度政党协商计划》（鲁厅字〔2017〕10号）。

8日，青岛市召开全市统战部长会议，传达贯彻全国、全省统战部长会议和省委常委、市委书记李群在市委常委会会议上的讲话精神，总结工作，部署任务。市委常委、组织部部长、统战部部长边祥慧出席并讲话。

9日，东营市召开全市统战部长会议，学习贯彻全国、全省统战部长会议和市第六次党代会精神，回顾总结2016年工作，研究部署2017年工作任务，推动中央、省市委关于统一战线重大决策部署的深入贯彻落实。市委常委、统战部部长聂建军出席会议并讲话。

10日，山东政法学院举行党代会征求党外人士意见座谈会，就第二次党代会党委工作报告向与会代表征求意见。党委书记李玉福主持会议，党委委员、副院长徐文谋出席会议。

13日至15日，全国工商联理想信念教育实践活动调研山东片会在济南召开。14日，省委常委、统战部部长吴翠云会见全国工商联党组成员、副主席杨启儒。

14日，中共山东省委办公厅转发《省委统战部、省委高校工委、省教育厅党组〈关于加强新形势下高校统一战线工作的实施意见〉的通知》（鲁厅字〔2017〕12号）。

15日，济南市委常委会研究通过《关于加强和改进新形势下宗教工作的实施意见》，省委常委、市委书记王文涛主持会议并讲话。

16日，省社会主义学院费县教学实践基地揭牌仪式在费县大青山胜利突围纪念广场举行。省委统战部副部长，省社会主义学院党组书记、第一副院长马啸为实践教学基地揭牌并讲话，临沂市政协副主席、市工商联主席王晓嫚为基地揭牌并致辞。

17日，德州市召开全市统战部长会议，总结回顾2016年工作，安排部署2017年任务。市委书记陈勇会前做出指示，市委常委、统战部部长彭小毛讲话。

18日，致公党省委召开五届二十二次主委会议、五届十三次常委会议、五届七次全委（扩大）会议。致公党省委主委赵家军出席会议并讲话。

20日，省委统战部召开副处级以上干部会议，传达学习全国“两会”和省委常委扩大会议精神，安排部署全省统一战线贯彻落实意见。省委常委、统战部部长吴翠云主持会议并讲话。部领导赵强、马啸、曲涛、亓同秋、李法信、牟强、刘永鹏、张静、孙中亮参加会议。

威海市召开全市统战部长会议，传达学习全省统战部长会议精神和市委书记孙述涛对全市统战工作的批示。市委常委、统战部部长戴龙成出席会议并讲话。

21日，省社会主义学院举行2017年春季开学典礼，全省新的社会阶层代表人士进修班同时开班。省委常委、统战部部长吴翠云，省政协副主席、民革省委主委、省社会主义学院院长孙继业出席开班式并讲话。省委统战部常务副部长赵强主持，部领导马啸、张静参加开班式。

中共青岛市委召开党外人士座谈会，征求对中共青岛市第十二次代表大会报告的意见，省委常委、市委书记李群出席会议并讲话，市委常委、组织部部长、统战部部长边祥慧主持座谈会。

22日，山东统一战线“同心讲坛”第二十二次报告会在济南举行。省委常委、统战部部长吴翠云出席报告会。民盟青岛市委主委，中国科学院院士、中国海洋大学副校长吴立新应邀做“全面推进海洋强国战略与21世纪海洋科技发展”专题报告。部领导赵强、马啸、曲涛、亓同秋、李法信、牟强、刘永鹏、张静、孙中亮出席报告会。

24日，民建山东省委八届二十次常委会议在济南召开。省政协副主席、民建省委主委郭爱玲主持会议并讲话。会议传达学习全国“两会”精神，传达学习民建十届十八次中常会精神，审议通过《关于中国民主建国会山东省第九届委员会委员候选人人选产生和名额分配的意见》以及其他事项。

潍坊市召开全市统战部长会议，传达学习全省统战部长会议精神和潍坊市委书记刘曙光对全市统战工作的批示精神，总结2016年全市统战工作情况，研究部署2017年工作任务。市委常委、统战部部长王兆辉主持会议并讲话。

泰安市召开全市宗教工作会议，传达学习全国、全省宗教工作会议精神，研究部署当前和今后一个时期的宗教工作任务。市委书记王云鹏出席会议并讲话，市委副书记、市长李希信主持会议，市委副书记张涛，市人大常委会主任唐福泉，市委常委、统战部部长李灿玉出席会议。

24日至25日，省委常委、统战部部长吴翠云到聊城调研新的社会阶层人士统战工作。省委统战部副部长张静、聊城市有关负责同志陪同调研。

27日，省委统战部召开党外人士座谈会，学习贯彻习近平总书记3月4日在看望参加全国政协十二届五次会议民进、农工党、九三学社委员时的重要讲话精神。省委常委、统战部部长吴翠云主持会议并讲话。省委统战部常务副部长赵强传达习近平总书记重要讲话精神，部领导曲涛、李法信、张静、孙中亮，各民主党派省委、省工商联有关负责同志和无党派人士代表参加会议。

28日至29日，中央统战部副部长，全国工商联党组书记、常务副主席全哲洙来山东就“万企帮万村”精准扶贫行动开展情况进行调研并召开座谈会。省委常委、统战部部长吴翠云陪同参加有关活动。省委统战部副部长，省工商联党组书记、常务副主席李法信陪同调研。

29日，莱芜市召开统战工作会议，传达学习全省统战部长会议精神，回顾总结2016年全市统战工作，安排部署2017年工作任务。市委副书记、统战部部长李兴钰出席会议并讲话。

29日至4月1日，全国政协副主席、民盟中央常务副主席陈晓光率民盟中央调研组，在山东开展“以改革创新为引领，加快推进我国农业机械装备制造转型升级”为主题的重点考察调研。31日，省委常委、统战部部长吴翠云会见陈晓光一行。4月1日，民盟中央调研组在南郊宾馆召开专题座谈会，副省长王书坚出席会议并讲话。省委统战部常务副部长赵强与调研组进行工作交流，副巡视员孙中亮陪同调研。

31日，日照市召开全市统战工作会议，传达学习全省统战部长会议和市第十三次党代会、市“两会”精神。市委常委、统战部部长杨留星出席会议并讲话。

·四月份·

1日，省工商联十二届六次执委会议在济南召开。省委常委、统战部部长吴翠云出席会议并讲话，省政协副主席、省工商联主席王乃静做工作报告。会议选举副省长王随莲为新任省工商联主席、省民间商会会长。省委统战部常务副部长赵强出席会议并做有关人事事项说明。省委统战部副部长，省工商联党组书记、常务副主席李法信主持会议并做总结讲话。

济宁市召开全市统战部长会议，传达全省统战部长会议精神和市委书记王艺华同志在市委常委会听取全省统战部长会议精神汇报后的指示精神，总结2016年全市统战工作，安排部署2017年工作任务。市委常委、统战部部长白山出席会议并讲话。

临沂市召开全市统战部长会议，总结2016年工作，表彰先进典型，部署2017年任务，市委常委、统战部部长边峰出席会议并讲话。

5日，中共济南市委召开民主协商会，就市“两会”议程和市委拟分别向市“两会”推荐的市人大、政府、政协领导班子、法检“两长”换届人选进行民主协商。省委副书记、市委书记王文涛出席会议并讲话，市委副书记苏树伟主持会议，市委常委、组织部部长李刚做说明，市委常委、统战部部长王拥华出席会议。

6日，青岛市政府召开党外人士座谈会，市委副书记、代市长孟凡利就《政府工作报告（征求意见稿）》和政府工作，征求各民主党派、工商联和无党派人士的意见建议，市委常委、统战部部长王久军主持座谈会。

7 日， 枣庄市召开全市统战部长会议，传达市委书记李同道在听取全省统战部长会议精神汇报后的讲话精神，市委常委、统战部部长张兵出席会议并讲话。

11 日至 14 日， 海南省新的社会阶层人士考察团来山东学习交流新的社会阶层人士统战工作。省委常委、统战部部长吴翠云接见考察团一行，省委统战部副部长，省社会主义学院党组书记、第一副院长马啸，省委统战部副部长张静陪同。张静与考察团座谈并介绍山东新的社会阶层人士统战工作情况。

13 日， 中共青岛市委召开党外人士民主协商会，通报市十六届人大一次会议、市政协十三届一次会议议程和市委拟向市“两会”推荐的人事安排情况，进行民主协商，听取意见和建议。市委常委、统战部部长王久军，市委统战部常务副部长胡义瑛参加会议。

14 日， 省委常委、青岛市委书记张江汀会见出席市政协十三届一次会议的港澳委员。十二届市政协主席张少军，市政协党组书记杨军，市委常委、统战部部长王久军参加会见。

日照市委统战部组织召开全市统一战线参与服务“突破园区、聚力招引”工作座谈会，深入推进党外人士知情明政，动员全市统战成员积极参与“突破园区、聚力招引”头号工程。市委常委、统战部部长杨留星主持座谈会。

20 日， 全省新的社会阶层人士统战工作会议在济南召开，学习贯彻全国新的社会阶层人士统战工作会议精神，研究部署全省新的社会阶层人士统战工作。会议传达学习省委书记刘家义在听取全国新的社会阶层人士统战工作会议精神汇报后的讲话精神。省委常委、统战部部长吴翠云出席会议并讲话，省委统战部常务副部长赵强主持会议。

21 日， 中共山东省委在济南举行民主协商会议，就即将召开的省十二届人大第七次会议议程和省委拟向省人代会推荐的有关人选情况，进行民主协商。省委副书记、济南市委书记王文涛主持会议并讲话，省委常委、组织部部长杨东奇做人事安排说明，省委常委、统战部部长吴翠云出席会议。

省委办公厅印发《关于加强新的社会阶层人士统战工作的实施意见》（鲁办发〔2017〕19 号）。

23 日， “泛海扬帆山东大学生创业行动”首届创客节开幕暨“泛海扬帆”大学生创业示范基地揭牌仪式在威海市南海新区举行。省委统战部常务副部长赵强出席活动并讲话，省委统战部副部长张静出席。中国泛海控股集团董事、副总裁、董事会秘书徐建兵，泛海公益基金会秘书长李建昌，中国西部人才开发基金会理事长兼秘书长汪文斌出席活动并致辞。

26 日， 农工党山东省六届八次全委会议在济南召开，省人大常委、农工党省委主委、济南市政协副主席段青英出席会议并讲话。

枣庄市港澳台海外统战工作联席会议第一次会议召开，市委常委、统战部部长张兵出席并讲话。

27 日， 中共山东省委向省各民主党派、工商联负责同志和无党派人士代表通报全省党风廉政建设和反腐败工作情况，听取意见建议。省委常委、统战部部长吴翠云，省委常委、省纪委书记陈辐宽出席会议。省各民主党派主委、省工商联负责同志、无党派人士代表等出席会议。

27 日至 28 日， 全省贯彻落实中央、省委民族工作会议精神经验交流会在青岛市召开。省委常委、统战部部长吴翠云出席会议并讲话，副省长、省工商联主席王随莲主持会议。省委统战部副部长，省民委党组书记、副主任（省宗教局副局长）牟强，省民委（宗教局）主要负责人马传凯，省直 17 个部门有关负责同志参加会议。

• 五月份 •

3 日， 省委书记刘家义走访各民主党派省委、省工商联机关并召开专题协商会议，就省第十一次党代会报告关于山东今后五年经济社会发展目标任务，与各民主党派省委、省工商联负责同志、无党派人士代表进行专题协商。省政协主席刘伟，省委常委、秘书长于晓明出席会议，省委常委、统战部部长吴翠云主持。

全国政协副主席、农工党中央常务副主席刘晓峰来山东调研，省委常委、统战部部长吴翠云会见调研组一行。

省委统战部、省委台办、省公安厅联合印发《关于转发〈中央统战部、中央台办、公安部关于对大陆台湾省籍同胞身份认定的意见〉的通知》（鲁统综〔2017〕31 号）。

4日，山东统一战线“同心讲坛”第二十三次报告会在济南举行。省委常委、统战部部长吴翠云出席报告会，省委统战部常务副部长赵强主持报告会，北京大学马克思主义学院教授、博士生导师、执行院长孙熙国应邀做学习十八届六中全会精神的辅导报告。部领导曲涛、牟强、刘永鹏、张静出席报告会。

10日，中国国民党革命委员会山东省第十三次代表大会在济南开幕。全国政协副主席、民革中央常务副主席齐续春，中共山东省委书记刘家义分别代表民革中央和中共山东省委到会祝贺并致贺词，省政协主席刘伟，省委常委、统战部部长吴翠云，省人大常委会副主任柏继民，副省长王书坚，省纪委副书记明春德出席开幕式，民盟省委主委、省人大常委会副主任温孚江代表省各民主党派工商联致贺词。省政协副主席、民革省委主委孙继业做工作报告。

民进山东省委六届九次全委会议在济南召开。民进山东省委主委骆宝臻出席会议。会议通过民进山东省第七次代表大会的有关事项，增补张金伦、张望为民进山东省第六届委员会委员。

12日，中国国民党革命委员会山东省第十三次代表大会圆满完成各项议程，在济南闭幕。大会选举产生民革山东省第十三届委员会和出席民革第十三次全国代表大会的代表，孙继业当选主任委员，刘晓静、宋新强、孔维克、王伯芝、王鸣歧、徐恩虎、薛长湖当选副主任委员，十三届一次常委会任命高贤德为秘书长。中共山东省委常委、统战部部长吴翠云出席十三届一次全委会并代表中共山东省委向民革山东省新一届委员会表示祝贺。

省政府举行参事聘任仪式，省委副书记、省长龚正出席并为新聘省政府参事颁发聘任书，副省长王书坚出席活动并讲话。亓同秋、仪平策、王志玉等新聘省政府参事参加活动。省委统战部副部长，省社会主义学院党组书记、第一副院长马啸出席。

14日，中国农工民主党山东省第七次代表大会在济南开幕。农工党中央副主席何维，中共山东省委常委、组织部部长杨东奇分别代表农工党中央和中共山东省委到会祝贺并致贺词，省委常委、统战部部长吴翠云，省人大常委会副主任张新起，副省长季湘绮，省政协副主席陈光，省纪委副书记刘凤岐出席开幕式，民进省委主委骆宝臻代表省各民主党派工商联致贺词，农工党省委主委段青英做工作报告。

15日，中国农工民主党山东省第七次代表大会圆满完成各项议程，在济南闭幕。会议选举产生农工党山东省第七届委员会和出席农工党第十六次全国代表大会代表，段青英当选主任委员，吕善勇、陈子江、仇冰玉、王军、宣世英、刘德山当选为副主任委员，七届一次常委会任命付军为秘书长。农工党中央副主席何维出席会议。省委常委、统战部部长吴翠云出席七届一次全委会并代表中共山东省委向农工党山东省新一届委员会表示祝贺。

中国致公党山东省第六次代表大会在济南开幕。致公党中央副主席李卓彬，中共山东省委常委、秘书长于晓明分别代表致公党中央和中共山东省委到会祝贺并致贺词。省委常委、统战部部长吴翠云，省人大常委会副主任尹慧敏，省政协副主席翟鲁宁，省纪委副书记孙成良出席开幕式，九三学社省委主委、副省长、省工商联主席王随莲代表各民主党派省委、省工商联致贺词，省政协副主席、致公党省委主委赵家军做工作报告。

16日，中国致公党山东省第六次代表大会圆满完成各项议程，在济南闭幕。大会选举产生致公党山东省第六届委员会和出席致公党第十五次全国代表大会代表，赵家军当选主任委员，马传凯、刘光烨、王桂英、姜明、陈月辉、刘新泳当选副主任委员，六届一次常委会任命孙晓筠为秘书长。省委常委、统战部部长吴翠云出席六届一次全委会并代表中共山东省委向致公党省委新一届委员会表示祝贺。

中国民主建国会山东省第九次代表大会在济南开幕。民建中央常务副主席郝明金，中共山东省委常委、常务副省长李群分别代表民建中央和中共山东省委到会祝贺并致贺词。省委常委、统战部部长吴翠云，省人大常委会副主任夏耕，副省长李群，省政协副主席许立全，省纪委副书记明春德出席开幕式，民革省委主委、省政协副主席孙继业代表省各民主党派工商联致贺词，省政协副主席、民建省委主委郭爱玲做工作报告。

17日，中国民主建国会山东省第九次代表大会圆满完成各项议程，在济南闭幕。大会选举产生民建山东省第九届委员会和出席民建第十一次全国代表大会代表，郭爱玲当选主任委员，于永晖、庄文忠、王法亮、王建森、李旭茂、陈增敬、李伟当选副主任委员，九届一次常委会任命范虎为秘书长。省委常委、统战部部长吴翠云出席九届一次全委会并代表中共山东省委向民建省委新一届委员会表示祝贺。

18日，省委统战部召开台商、侨商代表座谈会，了解当前全省外资经济发展中的困难和问题，就制定有关政策措施征求意见建议。省委常委、统战部部长，省海外联谊会会长吴翠云出席会议并讲话，省委统战部常务副部长、省海联会副会长赵强主持会议。

青岛市召开宗教工作会议，深入学习贯彻习近平总书记重要讲话精神，传达学习全国、全省宗教工作会议精神，分析青岛市宗教工作形势，安排部署下一步工作。省委常委、市委书记张江汀出席会议并讲话，市委副书记、市长孟凡利主持会议，市政协主席杨军，市委常委、组织部部长边祥慧，市委常委、秘书长祝华，市委常委、统战部部长王久军出席会议。

淄博欧美同学会成立大会暨第一届会员大会召开。省欧美同学会秘书长程海峰到会祝贺并讲话，市委常委、统战部部长李明出席会议并讲话。

19日，省委统战部召开推进"两学一做"学习教育常态化制度化工作部署会。会议传达学习习近平总书记重要指示和全省推进"两学一做"学习教育常态化制度化工作座谈会精神，对推进"两学一做"学习教育常态化制度化工作进行部署。省委常委、统战部部长吴翠云出席会议并讲话，常务副部长赵强主持会议，部领导马啸、曲涛、李法信、牟强、刘永鹏、张静、孙中亮出席。

21日至27日，香港社团领袖国情研修班在山东举办。21日，研修班在省社会主义学院举行开班仪式，中央统战部三局副局长仇昱出席开班式并讲话，省委统战部常务副部长赵强致辞，省委统战部副部长，省社会主义学院党组书记、第一副院长马啸主持，省政府参事亓同秋全程参加研修活动。

22日，省委统战部印发《关于在全省党外知识分子中开展践行社会主义核心价值观主题活动的通知》(鲁统综〔2017〕37号)。

24日至26日，农工党省委赴云南省德宏州开展脱贫攻坚民主监督活动。省人大常委、农工党省委主委、济南市政协副主席段青英参加活动。

25日，中共莱芜市委召开对台工作和全市宗教工作会议，传达省委对台工作会议、全省宗教工作会议精神，传达市委书记王良关于对台和宗教工作的重要批示。市委副书记、统战部部长李兴钰出席会议并讲话。

26日，青岛科技大学欧美同学会(留学人员联谊会)成立。校党委书记刘兴云、青岛市欧美同学会会长邵峰晶等出席成立大会。

27日，全国年轻一代民营企业家理想信念报告会在北京举行。省委常委、统战部部长吴翠云，副省长、九三学社省委主委、省工商联主席王随莲在济南出席山东分会场会议。省委统战部副部长，省工商联党组书记、常务副主席李法信参加会议。

枣庄市召开协商民主推进会暨政府部门与民主党派、工商联及无党派人士联系工作座谈会，市委常委、统战部部长张兵出席并讲话。会议要求进一步坚持市直部门同市各民主党派、工商联及无党派人士对口联系制度，更好地发挥民主党派参政议政和民主监督作用，推动多党合作和政治协商事业深入发展。

31日，山东科技大学召开欧美同学会(留学人员联谊会)成立大会，选举产生第一届理事会会长、副会长、秘书长。

·六月份·

2日，青岛市召开港澳台海外统战工作会议，市委常委、统战部部长王久军出席并讲话。

6日至9日，中央统战工作领导小组第七调研检查组来山东，就贯彻落实中央关于宗教工作重大决策部署情况开展专项实地调研检查。省委常委、统战部部长吴翠云，副部长，省民委党组书记、副主任(省宗教局副局长)牟强陪同。9日，省委召开专题汇报会，向调研检查组汇报有关工作情况。调研检查组组长、文化部副部长、党组副书记杨志今出席会议并讲话，省委副书记、济南市委书记王文涛主持会议并讲话，省委常委、统战部部长吴翠云汇报全省贯彻落实中央部署工作情况，副省长、省工商联主席王随莲出席会议。

威海市举办"不忘合作初心，继续携手前进"民主党派领导班子成员专题教育培训班。市委常委、统战部部长戴龙成出席开班式并讲话。

9日，聊城市海外联谊会一届三次理事会在深圳召开，市委常委、统战部部长秦存华出席会议并讲话，会议选举秦存华任市海外联谊会会长。

13日，威海市举行社会组织

联合会成立大会暨第一届会员大会。

15日，东营市贯彻落实中央、省委、市委民族工作会议精神经验交流会召开，市委常委、统战部部长聂建军出席会议并讲话。

18日，省委统战部召开正处长以上干部会议，宣布省委关于邢善萍同志任省委统战部部长、吴翠云同志不再担任省委统战部部长职务的决定。省委副书记、济南市委书记王文涛，省委常委、组织部部长杨东奇，省委常委、统战部部长邢善萍，省政协副主席、党组副书记吴翠云出席会议。

19日，省委统战部召开会议，专题传达学习省第十一次党代会精神，研究贯彻落实措施。省委常委、统战部部长邢善萍主持会议并讲话。省委统战部常务副部长赵强传达省第十一次党代会精神，部领导马啸、李法信、牟强做交流发言，部领导曲涛、刘永鹏、张静、孙中亮、冯尚伟出席。

20日，中国民主同盟山东省第十次代表大会在济南开幕。民盟中央副主席张平，中共山东省委常委、秘书长胡文容分别代表民盟中央和中共山东省委到会祝贺并致贺词。中共山东省委常委、统战部部长邢善萍，省人大常委会副主任尹慧敏，副省长、省工商联主席王随莲，省政协副主席翟鲁宁，省纪委副书记刘凤岐出席开幕式，农工党省委主委段青英代表省各民主党派工商联致贺词，省人大常委会副主任、民盟省委主委温孚江做工作报告。

中国民主促进会山东省第七次代表大会在济南开幕。全国人大常委会副委员长、民进中央主席严隽琪，中共山东省委常委、宣传部部长孙守刚分别代表民进中央和中共山东省委到会祝贺并致贺词。省委常委、统战部部长邢善萍，省人大常委会副主任夏耕，副省长季湘绮，省政协副主席陈光，省纪委副书记孙成良出席开幕式，致公党省委主委、省政协副主席赵家军代表省各民主党派工商联致贺词，民进省委主委骆宝臻做工作报告。

山东农业大学欧美同学会（山东农业大学留学人员联谊会）成立大会暨第一届理事会第一次会议召开。学校党委书记徐剑波，党委副书记朱莉、杨天梅出席会议。山东省欧美同学会（山东省留学人员联谊会）秘书长程海峰，泰安市委常委、统战部部长李灿玉出席并讲话。

21日，中国民主同盟山东省第十次代表大会圆满完成各项议程，在济南闭幕。会议选举产生民盟山东省第十届委员会和出席民盟第十二次全国代表大会代表，王修林当选主任委员，安利国、董利忠、崔大庸、侯桂华、吴立新、田兴松当选为副主任委员。省委常委、统战部部长邢善萍出席十届一次全委会并代表中共山东省委对新一届民盟山东省委员会的产生表示祝贺。

九三学社山东省第七次代表大会在济南开幕。九三学社中央常务副主席邵鸿，中共山东省委常委、统战部部长邢善萍分别代表九三学社中央和中共山东省委到会祝贺并致贺词，省人大常委会副主任张新起，省政协副主席许立全，省纪委副书记孙丰华出席开幕式，民建省委主委、省政协副主席郭爱玲代表省各民主党派工商联致贺词，副省长、九三学社省委主委王随莲做工作报告。

济南市召开新的社会阶层人士统战工作会议，学习贯彻全国、全省新的社会阶层人士统战工作会议精神，研究部署全市工作。会议传达省委副书记、市委书记王文涛在听取全国、全省新的社会阶层人士统战工作会议精神汇报后的讲话精神。市委副书记苏树伟出席会议并讲话，市委常委、统战部部长王拥华出席会议。

22日，中国民主促进会山东省第七次代表大会圆满完成各项议程，在济南闭幕。大会选举产生民进山东省第七届委员会和出席民进第十二次全国代表大会代表，栾新当选主任委员，刘德增、王凤山、金德岭、徐清、郭永军、吕涛当选为副主任委员，七届一次常委会任命王学爱为秘书长。中共山东省委常委、统战部部长邢善萍出席七届一次全委会并代表中共山东省委向民进山东省新一届委员会表示祝贺。

九三学社山东省第七次代表大会圆满完成各项议程，在济南闭幕。大会选举产生九三学社山东省第七届委员会和出席九三学社第十一次全国代表大会代表，程林当选为主任委员，王琳、刘梦海、宋尚桂、王玉志、徐茂波、李国琳、赵铁军当选为副主任委员，七届一次常委会任命王博为秘书长。中共山东省委常委、统战部部长邢善萍出席七届一次全委会并代表中共山东省委向九三学社山东省新一届委员会表示祝贺。

淄博市召开新的社会阶层人士统战工作会议，全面分析全市新的社会阶层人士统战工作形势，研究部署今后一个时期的工作任务。市委书记周连华会前做出批示，市委常委、统战部部长李明出席会议并讲话。

23日，受中共山东省委委托，省委统战部召开情况通报会，向党外人士通报中共山东省第十一次代表大会精神。省委常委、统战部部长邢善萍出席会议并讲话。会前，邢善萍走访各民主党派省委机关，看望干部职工。省委统战部常务副部长赵强主持会议并传达省第十一次党代会精神，部领导曲涛、李法信、张静、孙中亮出席会议。各民主党派省委、省工商联主要负责同志、无党派人士代表参加通报会。

德州市召开全市新的社会阶层人士统战工作会议，学习贯彻全国、全省新的社会阶层人士统战工作会议精神，全面分析全市新的社会阶层人士统战工作形势，研究部署今后一个时期的工作任务。市委常委、统战部部长彭小毛出席并讲话。

26日，济南穆斯林群众开斋节庆典活动在济南清真南大寺举行。省委常委、统战部部长邢善萍，副省长、省工商联主席王随莲出席庆典活动，并先后到清真女寺、清真北大寺看望穆斯林群众，向广大穆斯林群众致以节日祝福。

26日至30日，省委统战部、省委组织部联合举办全省市县党委统战部部长暨民族宗教领导干部理论政策研讨班。26日，省委常委、统战部部长邢善萍出席开班式并讲话，省委统战部常务副部长赵强主持开班式，省委组织部副部长惠新安，省委统战部领导马啸、冯尚伟出席。30日，省委统战部副部长，省社会主义学院党组书记、第一副院长马啸出席结业式并讲话，省委统战部副部长，省民委党组书记、副主任（省宗教局副局长）牟强主持，省委统战部副巡视员冯尚伟参加。

27日，省委常委、统战部部长邢善萍到省委台办机关走访调研，宣讲省第十一次党代会精神，并对进一步做好对台工作提出明确要求。省委台办主任孟庆斌汇报工作。省委统战部常务副部长赵强陪同。

28日，山东省工商业联合会第十三次代表大会在济南开幕。省委书记刘家义出席会议，省委副书记、省长龚正出席会议并讲话，省领导杨东奇、胡文容、邢善萍、尹慧敏、吴翠云、王乃静参加会议。九三学社省委、省总工会分别代表省各民主党派、省各人民团体致贺词。副省长、省工商联主席王随莲做工作报告。省委统战部常务副部长赵强做有关说明，省委统战部副部长，省工商联党组书记、常务副主席李法信主持有关会议。

日照市召开高校统战工作座谈会议，研究统战工作面临的新情况新问题，安排部署当前及今后一个时期高校统战工作的总体思路和目标任务。市委常委、统战部部长杨留星出席会议并讲话。

29日，山东省工商业联合会第十三次代表大会在济南闭幕。大会选举产生省工商联第十三届执行委员会，王随莲当选为执委会主席。省委统战部常务副部长赵强出席会议并讲话，省委统战部副部长，省工商联党组书记、常务副主席李法信主持有关会议。

日照市召开新的社会阶层人士统战工作会议，分析全市新的社会阶层人士统战工作形势，研究部署今后一个时期的工作任务。市委常委、统战部部长杨留星出席会议并讲话。

30日，省委常委、统战部部长邢善萍参观“光辉的历程 胜利的法宝——山东统一战线展”，省委统战部常务副部长赵强、副部长曲涛参加。

·七月份·

1日，省委统战部常务副部长赵强带队赴临清市开展“同心惠民·临清行”活动，走访慰问第一书记帮包村困难党员、困难群众。省委统战部副巡视员冯尚伟及有关处室负责同志，省社组联、省新知联、山东省立医院、山东大学齐鲁医院、济南万厚中医院专家等30余人参加活动。聊城市委统战部主要负责同志和临清市有关负责同志陪同。

4日，聊城市召开全市新的社会阶层人士统战工作会议，传达贯彻全省新的社会阶层人士统战工作会议精神。市委常委、统战部部长秦存华出席会议并讲话。

5日，莱芜市召开民主党派“不忘合作初心,继续携手前进”学习教育座谈会，市委副书记、统战部部长李兴钰出席会议并讲话。

6日至8日，中央统战部副部长、全国工商联党组书记徐乐江带队来山东开展持续推进大众创业万众创新政策措施落实情况第三方评估。7日上午，召开省直部门座谈会，省委常委、统战部部长邢善萍主持；中午，省委书记刘家义在山东大厦会见徐乐江一行并共进工作餐，省委常委、秘书长胡文容，省委常委、统战部部长邢善萍陪同；晚上，省委副书记、省长龚正在山东大厦与徐乐江一行共进工作餐，省委常委、统战部部长邢善萍，省政府秘书长王华及省委统战部副部长，省工商联党组书记、常务副主席李法信陪同。活动期间，省委统战部副部长，省工商联党组书记、常务副主席李法信全程陪同。

6 日，省委常委、统战部部长邢善萍到省民委机关走访调研，宣讲省第十一次党代会精神，并对全省民族宗教系统深入学习贯彻党代会精神、进一步做好全省民族宗教工作提出要求。省民委主任马传凯做工作汇报，省委统战部副部长，省民委党组书记、副主任（省宗教局副局长）牟强主持汇报会。

7 日，省委召开省领导与各民主党派工商联新老主委（主席）座谈会。省委书记刘家义讲话，省领导刘伟、杨东奇、胡文容出席会议，省委常委、统战部部长邢善萍主持会议。省政协副主席、民革省委主委孙继业，民盟省委主委王修林，省政协副主席、民建省委主委郭爱玲，民进省委原主委骆宝臻，农工党省委主委段青英，九三学社省委主委程林，省政协副主席、省工商联原主席王乃静代表新老主委（主席）发言，部领导赵强、曲涛、李法信、孙中亮参加会议。

省职教社联合省教育厅、省人力资源社会保障厅共同举办的 2017 年山东省黄炎培职业教育奖创新创业大赛启动仪式在济南举行。省政协副主席、省职教社社委会主任郭爱玲出席仪式并讲话，中华职教社副总干事李英爱致辞，省委统战部副部长，省民委党组书记、副主任（省宗教局副局长），省职教社社委会副主任牟强出席启动仪式，省职教社专职秘书长孙大川主持启动仪式。

民建山东省委九届二次常委会议在济南召开，省政协副主席、民建省委主委郭爱玲主持会议并讲话。

8 日，全国台联 2017 年台胞青年千人夏令营山东省分营开营式暨“相约齐鲁 • 情系中华——2017 鲁台青年交流季”活动启动仪式在济南举行。省委常委、统战部部长邢善萍为夏令营授营旗并讲话，省委统战部常务副部长赵强主持开营式和活动仪式。

11 日，省委统战部理论学习中心组进行集体学习，传达学习习近平总书记在庆祝香港回归祖国 20 周年大会上的重要讲话精神。省委常委、统战部部长邢善萍主持学习会并讲话，常务副部长赵强传达习近平总书记在庆祝香港回归祖国 20 周年大会暨香港特别行政区第五届政府就职典礼上的重要讲话精神。部领导马啸、曲涛、牟强、刘永鹏、张静、孙中亮、冯尚伟参加学习。

莱芜市党外代表人士暨基层统战干部培训班在山东省社会主义学院长清校区开班，市委副书记、统战部部长李兴钰出席开班仪式并讲话。

13 日至 18 日，全国市地以上新任统战部长培训班（第一期）在中央社会主义学院举办，省委常委、统战部部长邢善萍参加。

13 日，省委统战部印发《在新的社会阶层人士中开展践行社会主义核心价值观主题活动方案》（鲁统办〔2017〕19 号）。

14 日，省委统战部印发《“新阶层 党旗红”工作品牌创建活动实施方案》（鲁统办〔2017〕20 号）。

哈尔滨工业大学（威海）召开党委统战工作会议，党委书记姜波，党委副书记、纪委书记王建文出席会议并讲话，校长徐晓飞主持会议。

15 日，中国致公党第十四届中央常务委员会第二十次会议在济南举行。全国政协副主席、致公党中央主席万钢出席会议并讲话，致公党中央常务副主席蒋作君主持会议。省委常委、秘书长胡文容代表中共山东省委致辞，省政协副主席、致公党山东省委主委赵家军致欢迎辞。

17 日至 21 日，省委统战部主办的全省第二期党外中青年领导干部培训班、全省党外知识分子代表人士培训班和由省委统战部与省网信办联合举办的全省网络代表人士培训班，在井冈山红色文化教育学院举办。省委统战部常务副部长赵强出席开班式并做动员讲话，副部长张静出席结业式并做总结讲话，副巡视员冯尚伟参加有关活动。

18 日，临沂市召开全市新的社会阶层人士统战工作会议，市委常委、统战部部长边峰出席会议并讲话。

21 日，东营市召开全市新的社会阶层人士统战工作会议，市委副书记宇向东出席会议并讲话，市委常委、统战部部长聂建军主持会议。

24 日，全省支持非公有制经济健康发展工作会议在济南召开。省委书记刘家义，省委副书记、省长龚正出席会议并讲话，省政协主席刘伟，省委副书记、济南市委书记王文涛出席。省领导李群、杨东奇、张江汀、胡文容、邢善萍、王浩、王随莲，省直有关部门、中央驻鲁单位、全省民营企业百强负责同志，省委统战部领导赵强、马啸、曲涛、李法信、牟强、刘永鹏、张静、孙中亮、冯尚伟在主会场参加会议。

25日，中国民主建国会莱芜市委员会成立暨第一次会员大会召开。省政协副主席、民建山东省委主委郭爱玲，市委副书记、统战部部长李兴钰分别代表民建山东省委、中共莱芜市委到会祝贺并发表讲话。

26日，省委常委、统战部部长邢善萍到省宗教团体办公楼走访全省性爱国宗教团体机关，与五大宗教团体负责人以及机关工作人员亲切交谈。省委统战部常务副部长赵强，省委统战部副部长，省民委党组书记、副主任（省宗教局副局长）牟强陪同。

省委常委、统战部部长邢善萍走访济南海关，与济南海关党组书记、关长沈晓红进行工作交流。

全省性爱国宗教团体负责人学习培训班在济南举办。省委常委、统战部部长邢善萍出席开班式并讲话，省委统战部常务副部长赵强传达省第十一次党代会精神，省民委（省宗教局）主任（局长）马传凯主持开班式。

26日至31日，山东省海联会与香港山东青年会共同举办第五期“中华同根文化齐鲁行”活动。26日，省委统战部常务副部长、省海联会副会长赵强在济南会见参访团一行。

27日，全省党外知识分子践行社会主义核心价值观主题活动动员会在济南召开。省委常委、统战部部长邢善萍出席会议并讲话，省委统战部常务副部长赵强主持会议并讲话，部领导马啸、张静出席会议。

民盟山东省十届一次常委（扩大）会议在济南召开，民盟省委主委王修林出席会议并讲话。

27日至28日，全国工商联副主席黄荣来山东对接全国民营企业500强发布事宜。27日，省委常委、统战部部长邢善萍会见黄荣一行并共进工作餐。28日，全国工商联与省政府召开对接会，副省长、省工商联主席王随莲主持会议。省委统战部常务副部长赵强，省委统战部副部长，省工商联党组书记、常务副主席李法信参加有关活动。

29日，潍坊市社会新阶层党外知识分子联谊会换届暨潍坊市新的社会阶层人士联谊会成立大会召开。省委统战部副部长张静，潍坊市委常委、统战部部长王兆辉出席会议并讲话。

31日，省委统战部理论学习中心组进行集体学习，传达学习习近平总书记在省部级主要领导干部专题研讨班上的重要讲话精神，研究部署全省统战系统学习贯彻工作。省委常委、统战部部长邢善萍主持会议并讲话。部领导赵强、马啸、曲涛、李法信、牟强、刘永鹏、张静、孙中亮、冯尚伟出席。

东营市召开第一批党外干部挂职锻炼工作总结座谈会，市委常委、统战部部长聂建军出席会议并讲话。

·八月份·

1日，省委统战部组织党员干部集中收看庆祝中国人民解放军建军90周年大会。省委常委、统战部部长邢善萍，部领导赵强、曲涛、刘永鹏、张静、孙中亮、冯尚伟出席。

2日，烟台市委统战部印发《支持非公有制经济健康发展的意见》，出台12条具体措施，助推全市非公有制经济高质量发展。

威海市召开新的社会阶层人士统战工作会议。市委书记孙述涛对全市新的社会阶层人士统战工作做出批示。市委常委、统战部部长戴龙成出席会议并讲话。

4日，枣庄市召开支持民主党派加强自身建设现场会，市委常委、统战部部长张兵出席会议。

5日，中共青岛市委召开党外人士座谈会，就当前经济形势和下半年经济工作听取市各民主党派、工商联和无党派人士代表的意见建议。省委常委、市委书记张江汀出席并讲话，市委常委、秘书长祝华出席，市委常委、统战部部长王久军主持座谈会。

7日至10日，省各民主党派工商联负责人考察研讨班在济南举办。省委常委、统战部部长邢善萍出席活动并讲话。省各民主党派原主委李德强、温孚江、栗甲，主委孙继业、王修林、郭爱玲、栾新、段青英、赵家军、程林，省工商联主席王随莲等出席活动。省委统战部常务副部长赵强主持研讨座谈会。部领导曲涛、李法信、孙中亮、冯尚伟出席有关活动。

8日，莱芜市统战系统学习贯彻习近平总书记在省部级主要领导干部专题研讨班上重要讲话精神座谈会召开，市委副书记、统战部部长李兴钰出席会议并讲话。

10日，济宁市统战部长座谈

会暨“一县一品”创建工作推进会召开，市委常委、统战部部长白山出席会议并讲话。

11日，省委常委、统战部部长邢善萍在济南会见以香港工商总会会长、伟东集团有限责任公司董事长王端瑞为团长的香港工商总会考察团一行。省委统战部常务副部长、省海联会副会长赵强参加会见。

15日，东营香港商会揭牌成立。市委副书记、市长赵豪志，市委常委、统战部部长聂建军为东营香港商会成立揭牌。

16日，中共临沂市委召开党外人士座谈会，通报全市经济社会发展情况并征求意见建议。市委书记王玉君出席会议并讲话，市委常委、统战部部长边峰主持会议。

德州市召开党外人士情况通报会，向市各民主党派、工商联和无党派代表人士通报2017年上半年经济运行情况，征求意见建议。市委常委、常务副市长张传忠出席并讲话，市委常委、统战部部长彭小毛主持会议。

17日，烟台市召开全市新的社会阶层人士统战工作会议，研究部署全市新的社会阶层人士统战工作，全面启动新的社会阶层人士统战工作创新实践基地建设。市委副书记王继东出席会议并讲话，市委常委、统战部部长于永信主持会议。

21日，威海市召开非公有制经济走访调研动员会议，落实全省支持非公有制经济健康发展工作会议精神，研究部署“下基层、摸实情、提对策”千家企业走访调研活动。市委常委、统战部部长戴龙成出席会议并讲话。

莱芜市召开全市新的社会阶层人士统战工作会议，分析全市新的社会阶层人士统战工作形势，总结交流上半年工作情况，研究部署今后一个时期的工作任务。市委副书记、统战部部长李兴钰出席会议并讲话。

22日，济宁市召开异地商会建设工作座谈会，市委常委、统战部部长白山出席会议并讲话。

22日至26日，全省归国留学人员代表人士研修班在济南举办。省委常委、统战部部长邢善萍出席开班式并做专题辅导报告，省委统战部常务副部长、省欧美同学会副会长赵强主持开班式，省欧美同学会秘书长程海峰出席。

23日，省委书记刘家义，省委副书记、省长龚正在济南会见全国政协副主席、全国工商联主席王钦敏一行和中国民营企业500强代表。中央统战部副部长、全国工商联党组书记徐乐江，省政协主席刘伟出席活动。全国工商联副主席樊友山、黄荣，省领导李群、胡文容、邢善萍、王随莲、任爱荣、陈光参加活动。

中共日照市委召开党外人士情况通报会，向各民主党派、工商联和无党派人士通报2017年以来全市经济社会发展情况，听取意见建议。市委书记刘星泰出席会议并讲话，市委常委、统战部部长杨留星主持会议。

24日，2017年中国民营企业500强发布活动在济南举行。全国政协副主席、全国工商联主席王钦敏，省委副书记、省长龚正出席并致辞。中央统战部副部长，全国工商联党组书记、常务副主席徐乐江发布榜单，全国工商联副主席黄荣发布分析报告，全国工商联党组副书记、副主席樊友山主持，省领导邢善萍、王随莲、陈光出席活动。

28日，中共济宁市委召开党外人士座谈会，通报2017年全市经济社会发展情况。市委书记王艺华出席会议并讲话，市委常委、统战部部长白山主持会议。

29日，省委统战部和省委组织部联合举办的全省党外厅级领导干部理论政策研讨班在济南开班。省委常委、统战部部长邢善萍出席开班式并讲话，省委统战部常务副部长赵强主持开班式，省委统战部副部长，省社会主义学院党组书记、第一副院长马啸，省委统战部副巡视员冯尚伟出席开班式。

30日，省直统战系统加强党风廉政建设推进全面从严治党座谈会在济南召开。省委常委、统战部部长邢善萍出席会议并讲话。省委统战部常务副部长赵强主持会议，省纪委驻省委统战部纪检组组长刘永鹏讲话。

·九月份·

1日至14日，第13期省部级干部党性教育专题培训班在中国井冈山干部学院举办，省委常委、统战部部长邢善萍参加。

3日，济南市委组织部、市委统战部出台《关于进一步加强党外干部培养选拔工作的意见》（济统发〔2017〕47号）和《关于培养选拔优秀年轻党外干部“五个一批”的实施意见》（济统发〔2017〕48号）。

4日，莱芜市党外代表人士情况通报会召开，通报全市经济社会发展情况，听取党外代表人士意见建议。市委副书记、市长梅建华出席会议并讲话，市委常委、组织部部长张晓海主持会议。

5日，省委、省政府印发《关于支持非公有制经济健康发展的十条意见》(鲁发〔2017〕21号)。

中共烟台市委召开常委会议，研究《烟台市新的社会阶层人士统战工作省级实践创新基地建设方案》，对做好实践创新基地建设工作进行安排部署。

6日，民进山东省七届二次常委（扩大）会议在济南召开。民进省委主委栾新出席会议。

7日，滨州市召开支持非公有制经济健康发展工作会议。市委书记张光峰出席会议并讲话，市委副书记、市长崔洪刚主持会议。

9日，省委书记刘家义到省委统战部走访，省委常委、统战部部长邢善萍陪同。

11日，贯彻落实中央关于宗教工作重大决策部署经验交流会在北京召开。省委常委、统战部部长邢善萍参加会议。

12日至13日，新疆若干历史问题研究座谈会在北京召开。省委常委、统战部部长邢善萍参加会议。

12日至19日，全国伊斯兰教界代表人士学习班在山东省社会主义学院举办。12日，中央统战部二局副巡视员褚有奇出席开班式并讲话，省委统战部副部长，省社会主义学院党组书记、第一副院长马啸代表省委统战部致辞，省委统战部副巡视员冯尚伟主持开班式。

19日至20日，中华海外联谊会成立20周年暨四届二次理事会在北京召开，省委常委、统战部部长邢善萍参加会议。

20日，淄博市委、市政府召开全市支持非公有制经济健康发展视频会议，深入贯彻落实全省支持非公有制经济健康发展工作会议精神。市委书记周连华、市长于海田出席会议并讲话。

中共聊城市委召开各民主党派、工商联及无党派人士情况通报会，通报2017年以来全市经济社会发展情况及下步工作打算，听取意见建议。市委常委、统战部部长秦存华主持会议并通报情况，市委常委、秘书长陈秀兴出席会议。

21日，省社会主义学院举行秋季开学典礼，全省市县工商联新任主席、党组书记培训班和新任驻会副主席、秘书长培训班同时开班。省委常委、统战部部长邢善萍出席开班式并讲话，省委统战部副部长，省社会主义学院党组书记、第一副院长马啸主持开班式，省委统战部副部长，省工商联党组书记、常务副主席李法信出席。

23日，2017年“泛海助学山东行动”暨“同心·光彩助学行动”捐助仪式在济南举行，为11600名品学兼优、家庭贫困大学生发放助学金5800万元。省委常委、统战部部长邢善萍出席仪式并讲话，中国泛海控股集团有限公司副总裁徐建兵致辞，省委统战部常务副部长赵强主持仪式，省委统战部副部长，省工商联党组书记、常务副主席李法信宣读资助决定。

23日至26日，威海市委统战部主办、市党外文化艺术工作者联谊会承办的“同心携手 砥砺奋进”威海统一战线庆祝建市30周年优秀书画摄影作品展在市美术馆举行。市委常委、统战部部长戴龙成参观展览。

24日，2017山东海外侨团联谊大会暨“九月菊香”中华文化研修之旅在济南开幕。省委常委、统战部部长邢善萍出席开幕式并讲话，省委统战部常务副部长赵强，省委统战部副部长，省社会主义学院党组书记、第一副院长马啸，省直有关单位、部分驻济高校负责同志出席开幕式。

25日至29日，全省第八期港澳台海外代表人士国情研修班在济南举办。26日，省委常委、统战部部长邢善萍出席开班式并讲话，省委统战部常务副部长赵强主持会议。

26日，省政府举行参事、文史馆馆员中秋茶话会。副省长、省工商联主席王随莲出席会议并讲话。省委统战部常务副部长赵强出席会议并对参事、馆员工作提出希望和要求。

27日，省委常委、统战部部长邢善萍到山东大学调研高校统战工作，并与党外代表人士座谈交流。山东大学党委书记郭新立陪同调研并主持座谈会，省委统战部常务副部长赵强、副部长曲涛，省欧美同学会秘书长程海峰，省委高校工委、山东大学有关负责同志陪同调研。

济南市成立“服务省会非公有制经济发展六大专业服务团队”，市委常委、统战部部长王拥华出席成立大会并讲话。

全国菏泽商会联盟成立大会召开，省工商联党组副书记、副主席孙占甲，菏泽市委常委、统战部长王永华出席会议。

28日，省委常委、统战部部长邢善萍到聊城调研脱贫攻坚工作。省委统战部副巡视员冯尚伟，省直有关单位、聊城市负责同志陪同调研。

28日至29日，省委常委、

统战部部长邢善萍到滨州调研民族宗教和县级统战工作。省民委主任（宗教局局长）马传凯，滨州市有关负责同志陪同调研。

28日，青岛市召开党外知识分子统战工作座谈会，市委常委、统战部部长王久军出席会议并讲话。

首届“山东•海联论坛”在临沂市举办，省委统战部常务副部长赵强出席会议并讲话，临沂市委副书记张宏伟致辞，市委常委、统战部部长边峰主持会议。

曲阜师范大学组织召开党外知识分子向黄大年同志学习座谈会，校党委副书记马善军出席会议并讲话。

29日，省委常委、统战部部长邢善萍到滨州调研统战工作。省民委主任、宗教局局长马传凯参加调研。滨州市委书记张光峰，市委副书记张凯，市委常委、统战部部长李家良陪同调研。

山东农业大学党委召开党外代表人士座谈会，校党委副书记朱莉出席会议并讲话。

•十月份•

9日，贯彻落实中央、省委关于宗教工作重大决策部署专题会议在济南召开。省委常委、统战部部长邢善萍出席会议并讲话，副省长、省工商联主席王随莲主持会议。省委统战部副部长，省民委党组书记、副主任（省宗教局副局长）牟强传达全国经验交流会精神和省委常委会会议决定事项，传达中央统一战线工作领导小组反馈意见，通报整改落实方案。省民委（省宗教局）主任（局长）马传凯汇报全省宗教工作有关情况。

10日至14日，省委常委、统战部部长邢善萍应邀率团赴香港、澳门进行工作考察。其间，代表团与中央政府驻香港、澳门联络办公室进行工作交流，召开香港、澳门代表人士座谈会，拜会港区省级政协委员联谊会、澳门中华总商会等7个爱国社团，出席香港山东商会联合总会等3个社团的庆典活动，进一步密切与港澳爱国社团、代表人士的联系，达成一系列重要共识。省委统战部常务副部长赵强随团参加工作考察。

10日，菏泽市召开全市支持非公有制经济健康发展工作会议。市委书记孙爱军出席会议并讲话，市委副书记、市长解维俊主持会议。

11日，民建省委召开“国有企业混合所有制改革”民主监督工作座谈会。省政协副主席、民建省委主委、民建省委“国有企业混合所有制改革”民主监督工作领导小组组长郭爱玲主持会议并讲话。

12日至14日，按照省委安排部署，各民主党派省委组成监督检查工作组，由省委统战部牵头，省发改委、经信委、住建厅、环保厅等部门参与，对济宁、菏泽两市21个县、85个乡（镇、街道）、217个工程点进行实地查访，就“气代煤、电代煤”改造工作进行监督检查。

14日，潍坊市委、市政府召开全市支持非公有制经济健康发展暨国有企业改革发展工作会议。市委书记刘曙光出席会议并讲话，市委副书记、市长李宽端主持会议。

16日，烟台市召开科技创新工作专题通报协商会，通报烟台经济社会发展和科技创新情况。市委副书记、市长张永霞出席会议，市委常委、统战部部长于永信主持会议。

17日，淄博市委统战部组织举办“同心喜迎十九大 不忘初心跟党走”全市统战系统红色经典朗诵会，市委常委、统战部部长李明出席活动。

18日，省委统战部理论学习中心组进行集体学习，专题学习党的十九大报告，研究部署统一战线学习宣传贯彻党的十九大精神工作措施。省委常委、统战部部长邢善萍主持会议并讲话。部领导马啸、曲涛、李法信、刘永鹏、孙中亮、冯尚伟参加学习。

19日，日照市新的社会阶层人士联谊会成立，市委常委、统战部部长杨留星出席会议并讲话。

24日，省委常委、统战部部长邢善萍到省工商联机关走访调研，看望机关干部职工，就深入学习贯彻党的十九大精神，做好当前和今后一个时期的工商联工作提出要求。副省长、省工商联主席王随莲主持座谈会。省委统战部副部长，省工商联党组书记、常务副主席李法信汇报工作。

27日，省委统战部召开省直统战系统党员干部大会，传达学习党的十九大精神，安排部署学习贯彻工作。省委常委、统战部部长邢善萍主持会议并讲话，十九大代表、省委统战部常务副部长赵强传达十九大精神。部领导班子成员，部机关及直属单位、省工商联、省民委、省社会主义学院全体党员，省各民主党派机关中的中共党员参加会议。

28日，受中共山东省委委托，省委统战部召开情况通报会，向党外人士传达中共十九大精神。省委常委、统战部部长邢善萍主持会议并讲话，十九大代表、省委统战部常务副部长赵强传达十九大精神。省各民主党派、工商联主要负责同志、无党派人士代表参加会议。

30日，莱芜市统战系统学习贯彻党的十九大精神动员暨党外人士通报会召开，市委副书记、统战部部长李兴钰出席会议并讲话。

31日，聊城市委统战部组织召开县级统战部门“大部制”改革试点推进会，市委常委、统战部部长秦存华出席会议并讲话。

·十一月份·

1日，省委统战部理论学习中心组进行集体学习，传达学习省委十一届二次全会精神，研究部署学习贯彻工作。省委常委、统战部部长邢善萍出席会议并讲话。省委统战部常务副部长赵强传达省委十一届二次全会精神并做交流发言，部领导曲涛、李法信、牟强、刘永鹏做交流发言，部领导张静、孙中亮、冯尚伟出席会议。

省委办公厅、省政府办公厅联合印发《关于支持各民主党派省委开展重点考察调研的意见》（鲁办发〔2017〕51号）。

中共枣庄市委召开党外人士通报会，传达中国共产党第十九次全国代表大会精神。市委常委、统战部部长张兵主持会议并讲话。

受中共临沂市委委托，市委统战部召开党外人士通报会，传达中共十九大精神，通报全市领导干部会议精神。市委常委、统战部部长边峰主持会议并讲话。

德州市召开党外人士座谈会，通报全市协同发展示范区建设情况。市委常委、常务副市长张传忠出席并讲话，市委常委、统战部部长彭小毛主持。

2日，淄博市召开自由职业人员联谊会成立大会暨第一届会员大会，市委常委、统战部部长李明出席会议并讲话。

东营市召开第二次全市统战部长会议，对进一步组织全市统战系统深入学习宣传贯彻党的十九大精神，全面做好年终考核各项工作和提前谋划2018年度统战工作任务进行安排部署。市委常委、统战部部长聂建军出席会议并讲话。

中共威海市委召开党外人士座谈会，十九大代表、市委书记孙述涛向各民主党派、工商联和无党派代表人士传达中共十九大精神。市委常委、秘书长侯世超，市委常委、统战部部长戴龙成出席。

山东师范大学召开山东师范大学欧美同学会（留学人员联谊会）成立大会，审议通过《山东师范大学欧美同学会（山东师范大学留学人员联谊会）章程》，选举产生第一届山东师范大学欧美同学会（留学人员联谊会）会长、常务副会长、副会长、秘书长、常务理事，吸纳会员283人。

3日，省委统战部召开全省新的社会阶层代表人士学习党的十九大精神座谈会。省委常委、统战部部长邢善萍出席会议并讲话。党的十九大代表、省委统战部常务副部长赵强传达十九大精神，副部长张静主持会议。

全国“万企帮万村”扶贫车间座谈会在菏泽召开。全国工商联副主席、中国光彩事业促进会副会长谢经荣，国务院扶贫办副主任洪天云，中国农业发展银行副行长殷久勇出席会议并讲话，副省长、省工商联主席王随莲致辞。菏泽市委书记孙爱军出席会议做交流发言。

7日，中共聊城市委召开情况通报会，向市各民主党派、工商联及无党派人士传达中共十九大精神。市委常委、组织部部长杜昌伟主持会议并讲话。

7日至9日，全省商会会长培训班在省社会主义学院举办。省委统战部常务副部长赵强做十九大精神辅导报告，省委统战部副部长，省工商联党组书记、常务副主席李法信出席开班式并讲话。

8日，“传百年薪火 谱世纪华章——中华职业教育社百年历史图片山东展”在济南开幕。全国人大常委会副委员长、民建中央主席、中华职业教育社理事长陈昌智出席开幕式，省政协副主席、省职教社社委会主任郭爱玲出席开幕式并讲话，省委统战部副部长曲涛主持开幕式。

德州市委统战部召开党外人士情况通报会，向市各民主党派、工商联和无党派代表人士通报市委十五届三次全体会议精神。市委常委、统战部部长彭小毛讲话。

德州市召开脱贫攻坚情况通报会，市委常委、统战部部长彭小毛出席。

受中共滨州市委委托，市委统战部召开情况通报会，向党外人士传达中共十九大精神。市委常委、统战部部长李家良出席会议并讲话。

9日，民建中央理论研究委员会全体会议在济南召开。全国人大常委会副委员长、民建中央主席陈昌智出席会议并讲话，省委常委、统战部部长邢善萍出席开幕式并致辞，副部长曲涛参加会议。

烟台市委统战部、市工商联联合举办全市非公有制经济发展政策宣讲会，市委常委、统战部部长于永信出席会议并讲话。

10日，全省非公有制经济代表人士学习贯彻党的十九大精神、构建“亲”“清”新型政商关系座谈会在济南召开。省委常委、统战部部长邢善萍出席会议并讲话。省委统战部副部长，省工商联党组书记、常务副主席李法信主持会议。

11日，省委常委、统战部部长邢善萍一行到山东美术馆参观中华职业教育社百年历史图片山东展，省委统战部常务副部长赵强、副部长曲涛，省文化厅厅长王磊等陪同参观。

13日，由省委举办的全省党外领导干部党的十九大精神专题学习班在省社会主义学院开班，省委常委、统战部部长邢善萍出席开班式并做辅导报告，省委统战部常务副部长赵强主持开班式，省委统战部副部长，省社会主义学院党组书记、第一副院长马啸，省委统战部副巡视员冯尚伟出席开班式。

13日至17日，国家宗教局在济南举办华北、东北片区学习贯彻新修订《宗教事务条例》培训班。13日，省委常委、统战部部长邢善萍会见国家宗教局局长王作安一行，并共进工作餐。14日上午，邢善萍同志出席培训班；中午，邢善萍同志陪同王作安共进工作午餐。省委统战部副部长，省民委党组书记、副主任（省宗教局副局长）牟强全程参加培训班。

14日，省委书记刘家义到省社会主义学院，为全省党外领导干部党的十九大精神专题学习班学员做辅导报告。省委常委、组织部部长杨东奇主持报告会，省委常委、统战部部长邢善萍，省各民主党派、工商联主委（主席）孙继业、王修林、郭爱玲、栾新、段青英、赵家军、程林、王随莲及其他负责同志，无党派人士代表等出席报告会。

17日，全省党外领导干部党的十九大精神专题学习班在省社会主义学院举行结业式，省委常委、统战部部长邢善萍出席并做总结讲话。省委统战部副部长，省社会主义学院党组书记、第一副院长马啸主持结业式，省委统战部副巡视员冯尚伟出席结业式。各民主党派工商联省市级组织主委（主席）、省管党外领导干部等200余人参加结业式。

民盟山东省十届二次常委会议在济南召开，民盟省委主委王修林出席会议并讲话。

18日至19日，第九次山东省台湾同胞代表会议在济南召开。省委常委、统战部部长邢善萍，全国政协委员、中华全国台湾同胞联谊会副会长纪斌出席开幕式并讲话，省政协副主席、民革省委主委孙继业代表省各民主党派、工商联和有关人民团体到会祝贺并致辞。林红霞当选会长。

19日，山东中华文化学院（兰陵）研修基地揭牌仪式在兰陵县举行。省委统战部副部长，省社会主义学院党组书记、第一副院长马啸出席仪式并讲话，临沂市委常委、统战部部长边峰致贺词。

20日，省委统战部理论学习中心组开展“不忘初心、牢记使命”专题学习，集体参观省党史陈列馆和省委机关旧址，回顾党的历史、重温入党誓词、学习党的章程。省委常委、统战部部长邢善萍主持学习并讲话。部领导赵强、曲涛、牟强、刘永鹏、孙中亮参加学习。

21日，省委统战部召开无党派人士、党外知识分子和留学人员代表学习贯彻党的十九大精神专题座谈会。省委常委、统战部部长邢善萍出席会议并讲话。省委统战部常务副部长赵强主持会议，省欧美同学会秘书长程海峰出席会议。

21日至23日，省职教社在济南举办2017年省职教社代表人士培训班。省委统战部常务副部长赵强为培训班作党的十九大精神辅导报告，副部长曲涛做总结讲话。

哈尔滨工业大学（威海）党委召开民主党派、党外人士座谈会。校区党委书记姜波出席会议并讲话，党委副书记、纪委书记王建文主持会议。

23日，青岛市召开新的社会阶层人士统战工作会议，市委常委、统战部部长王久军出席会议并讲话。

24日，威海市召开统一战线推进“三服务”工作座谈会，市委常委、统战部部长戴龙成出席会议并讲话。

28日，省委召开座谈会，就有关工作安排情况听取党外人士意见建议。省委书记、省人大常委会主任刘家义出席会议并讲话，省委常委、组织部部长杨东奇通报有关情况，省委常委、统战部部长邢善萍出席会议。各民主党派省委、省工商联主要负责同志，无党派人士代表参加会议并发言，省委统战部常务副部长赵强参加会议。

28日至29日，省工商联召开工作会议。副省长、省工商联主席王随莲，省委统战部副部长，省工商联党组书记、常务副主席李法信出席会议。

29日，德州市召开贯彻落实中央和省委、市委关于宗教工作重大决策部署专题会议，传达学习全省贯彻落实中央、省委关于宗教工作重大决策部署专题会议精神，总结分析全市宗教领域存在的问题，研究部署工作任务。市委常委、统战部部长彭小毛出席会议并讲话。

30日，滨州市召开新的社会阶层人士联谊会第一次会员大会，市委常委、统战部部长李家良出席会议并讲话。

·十二月份·

5日至8日，农工党省委在山东省社会主义学院举办学习中共十九大、农工党十六大精神领导干部及骨干党员研讨会暨参政议政工作培训班。省人大常委、农工党省委主委、济南市政协副主席段青英出席培训班并讲话，省委统战部副部长，省社会主义学院党组书记、第一副院长马啸致辞。

6日，威海市统一战线"爱心拉面"活动启动仪式举行，市委常委、统战部部长戴龙成出席仪式并揭牌。

7日，中共淄博市委召开党外人士座谈会，围绕深入学习贯彻党的十九大精神，就做好2018年工作，听取各民主党派、工商联和无党派人士代表的意见建议。市委书记周连华出席会议并讲话，市委常委、秘书长尚龙江出席，市委常委、统战部部长李明主持会议。

8日，烟台市被中央统战部确定为部机关及直属单位首个东部地区挂职基地。

9日，威海市欧美同学会（留学人员联谊会）成立大会召开，审议通过《威海市欧美同学会（留学人员联谊会）章程》，选举产生一届理事会会长、副会长、理事，聘请名誉副会长。市委常委、统战部部长戴龙成出席会议并讲话。

10日，省委召开党外人士座谈会，省委书记刘家义听取党外人士对2018年度经济工作的意见建议。各民主党派省委、省工商联主要负责同志及无党派人士代表参加会议并发言。

11日，莱芜市召开支持非公有制经济健康发展工作推进会。市委副书记、统战部部长李兴钰出席会议并讲话，市委常委、常务副市长孟令兴主持会议。

12日，济南市委统战部启动全市"新智聚济·党旗红"工作品牌创建活动，市委常委、统战部部长王拥华出席会议并讲话。

济宁市召开海外联谊会第五届会员大会，选举生产新一届领导机构。市委副书记石光亮出席会议并讲话。

12日至13日、17日至18日，省委常委、常务副省长李群带领省委、省政府督查组到济宁、聊城两市，就支持非公有制经济健康发展工作进行实地督查。省委统战部常务副部长赵强陪同。

13日至14日，省委常委、统战部部长邢善萍带领省委、省政府督查组到潍坊市，就支持非公有制经济健康发展工作进行督查。

14日，东营市召开支持非公有制经济健康发展工作会议。市委书记申长友出席会议并讲话，市委副书记、市长赵豪志主持会议。

16日，威海市委副书记、代市长张海波主持召开座谈会，征求各民主党派、工商联和无党派人士对《政府工作报告（征求意见稿）》的意见建议。市委常委、统战部部长戴龙成参加会议。

18日至19日，省委常委、统战部部长邢善萍带领省委、省政府督查组到淄博市，就支持非公有制经济健康发展工作进行督查。省委统战部副部长张静陪同。

副省长、省工商联主席王随莲带领省委、省政府督查组到菏泽市，就支持非公有制经济健康发展工作进行督查。

民进山东省七届二次全委（扩大）会议在济南召开，民进山东省委主委栾新出席会议并做工作报告。

18日至23日，省天主教两会（天主教爱国会和天主教教务委员会）、佛教协会、基督教两会（基督教"三自"爱国运动委员会和基督教协会）、道教协会、伊斯兰教协会按照各自章程规定，分别召开代表会议进行换届。省委常委、统战部部长邢善萍高度重视，做出批示，要求切实做好宗教团体换届工作。省委统战部副部长，省民委党组书记、副主任（省宗教局副局长）牟强出席会议并讲话，省宗教局分管负责同志出席会议。

20日，潍坊市政府召开各民主党派、工商联主要负责人和无党派人士代表座谈会，征求对《政府工作报告（征求意见稿）》的意见建议。潍坊市委副书记、市长李宽端主持会议并讲话。

滨州市召开统战工作务虚会议，深入学习贯彻党的十九大精神，以问题为导向讨论“今年怎么看”，以目标为导向讨论“明年怎么干”，为扎实推进2018年全市统战工作起好步、开好局打基础、做准备。市委常委、统战部部长李家良出席会议并讲话。

21日，枣庄市政府召开《政府工作报告》征求意见座谈会，征求各民主党派、工商联和无党派人士对2018年《政府工作报告（征求意见稿）》的意见建议。市委副书记、市长李峰出席会议并讲话，市委常委、统战部部长张兵主持会议。

枣庄市台湾同胞联谊会成立暨第一届理事会议召开。会议审议通过《枣庄市台湾同胞联谊会章程》，选举产生第一届台湾同胞联谊会会长、副会长、秘书长。市委常委、统战部部长张兵出席并讲话。

枣庄市海外联谊会第四届理事会议召开，审议并通过第三届理事会工作报告，表决通过《枣庄市海外联谊会章程》，选举产生第四届理事会领导机构。市委常委、统战部部长张兵当选为会长并讲话。

山东建筑大学召开校欧美同学会（留学人员联谊会）成立大会，校党委副书记祖爱民、副校长范存礼出席会议。

22日，中共山东省委召开党外人士座谈会，就2017年经济形势和2018年经济工作听取省各民主党派、工商联负责人和无党派人士的意见和建议。省委书记刘家义主持会议并讲话，省委副书记、省长龚正通报2017年经济工作情况和2018年经济工作初步考虑，省政协主席刘伟出席。省领导李群、邢善萍，省有关部门负责同志参加会议。

日照市政府召开座谈会，听取各民主党派、工商联、无党派人士和市人大代表对《政府工作报告》以及2018年政府工作的意见建议。市委副书记、市长齐家滨出席会议并讲话，市委常委、常务副市长刘兆亮主持，市委常委、统战部部长杨留星出席。

中共聊城市委召开党外人士党风廉政建设和反腐败工作情况通报会。市委常委、市纪委书记张宝泉向市各民主党派、工商联和无党派人士代表通报2017年全市党风廉政建设和反腐败工作情况以及2018年工作重点，并听取意见和建议。市委常委、统战部部长秦存华主持会议。

青岛农业大学党委召开党外代表人士座谈会。校党委副书记王庆军出席会议并讲话，党委统战部部长慕乾伟主持。

23日，按照省委统一安排，省委常委、统战部部长邢善萍采取暗访等形式，到临清市调研指导脱贫攻坚工作，并到所联系的非公有制企业调研。省委统战部副部长张静、省扶贫办负责同志陪同调研。

25日，山东理工大学欧美同学会（留学人员联谊会）成立大会暨第一届理事大会召开，校党委副书记胡兴禹出席会议。

26日，枣庄市召开新的社会阶层人士统战工作会议，学习贯彻落实全国、全省新的社会阶层人士统战工作会议和有关文件精神。市委常委、统战部部长张兵出席会议并讲话。

27日，致公党省委在济南召开六届二次全委（扩大）会议。致公党省委主委赵家军出席会议并代表六届委员会常务委员会做工作报告。省委统战部副部长曲涛出席会议并讲话。

27日至29日，省委常委、统战部部长邢善萍到青岛调研国有企业统战工作和宗教工作，实地考察部分企业和宗教活动场所，召开座谈会，征求党外人士对省委、省委统战部以及本人的意见建议。省委统战部副部长，省民委党组书记、副主任（省宗教局副局长）牟强，青岛市有关负责同志陪同活动。

28日，日照市委统战部召开区县统战工作调度推进会，调度各区县统战部门“大部制”改革推进情况，专题研究全省统战部门“大部制”改革现场会议相关筹备工作。市委常委、统战部部长杨留星出席会议并讲话。

山东理工大学召开校党外知识分子联谊会换届大会暨第三届一次理事大会，选举产生会长、副会长、秘书长及副秘书长。校党委副书记胡兴禹出席大会。

29日，山东省社会新阶层党外知识分子联谊会二届二次理事会在济南召开。省委统战部常务副部长赵强出席会议并讲话，副部长张静主持会议。会前，省委常委、统战部部长邢善萍就山东省社会新阶层党外知识分子联谊会工作做出重要批示。

中共山东省委统战部

省委统战部属正厅级单位，内设办公室、一处（党派处）、二处（调研处，挂宣传办公室牌子）、三处（干部处）、四处（经济处）、五处（党外知识分子处）、六处（民族宗教处）、七处（联络处）、八处（新社会阶层工作处）等9个处室和机关党委。根据鲁编办〔2016〕243号文件规定，省委统战部编制总额66人，其中行政编制61人，工勤人员编制5人。省级领导及身边工作人员编制单列。

截至2017年底，部机关有工作人员71人。其中，部长1人，常务副部长1人，副部长6人（含省工商联常务副主席1人、省社会主义学院副院长1人、省民委党组书记1人），二级巡视员2人，其他厅级人员5人（担任省政协常委、省政府参事）；正处长9人（含一级调研员兼任5人），副处长11人（含三级调研员兼任8人），一级调研员1人，二级调研员5人，四级调研员1人，一级主任科员9人，二级主任科员4人，三级主任科员4人，四级主任科员5人，一级科员2人，试用期人员1人，工勤人员4人。

部机关党委下设2个党总支，分别是省民主党派机关党总支（下设8个党支部）、省社会主义学院党总支（下设11个党支部）；17个党支部，分别是办公室党支部、一处党支部、二处党支部、三处党支部、四处党支部、五处党支部、六处党支部、七处党支部、八处党支部、机关党委党支部、离退休人员党支部，驻部纪检组党支部以及省台联办党支部、省黄埔办党支部、省职教社机关党支部，省欧美同学会党支部、部信息中心党支部，共36个党支部、292名党员。

·全年主要工作·

2017年，在省委的坚强领导和中央统战部的正确指导下，省委统战部坚持以习近平新时代中国特色社会主义思想为指导，深入学习贯彻党的十九大精神，紧紧围绕省第十一次党代会各项决策部署，着力巩固思想政治基础，全力服务经济提质增效，努力促进社会和谐稳定，全面加强统战系统党的建设，进一步巩固和发展了全省统一战线团结、和谐、开拓、活跃的良好局面，为实现全省创新发展、持续发展、领先发展做出了积极贡献。

【筑牢统一战线共同思想政治基础】 按照省委“一切围绕十九大、一切服从十九大、一切捍卫十九大”的要求，加强领导、强化措施、落实责任，深入做好意识形态领域统战工作，全面排查统一战线各领域不和谐、不稳定因素，及时妥善处理发现的矛盾隐患，为十九大胜利召开营造良好环境。认真组织党员干部收听收看党的十九大盛况，及时印发通知对全省统战系统学习宣传贯彻工作做出具体部署，深入开展“不忘初心，牢记使命，做新时代先锋模范”研讨交流活动，加强对学习宣传贯彻工作的督促检查，确保十九大精神在全省统一战线落地落实。把学习宣传贯彻习近平新时代中国特色社会主义思想和党的十九大精神，作为统一战线成员思想政治引领的主线，第一时间召开党外人士情况通报会，先后举办12个领域的统一战线学习会、座谈会、研讨班，部领导班子成员走进基层、走进一线、走进统战成员开展宣讲，深入开展各具特色的学习宣传贯彻活动，引导广大统战成员学深悟透、掌握精神实质，更加自觉地坚持中国共产党领导，坚决维护以习近平同志为核心的中共中央权威和集中统一领导。

【助推民主政治建设】 大力开展政党协商，推动政党协商广泛、多层、制度化发展，2017年协助省委召开各类协商会、座谈会、通报会15次，其中省委、省政府主要领导出席9次，频次之高、层次之高实现新突破；推动将政党协商工作纳入各市科学发展综合考核，按照“六有”指标，以百分制赋分的形式进行精细化考评，2017年各市召开的协商会、座谈会、通报会157次，市委、市政府主要领导出席61次。深入推进参政议政，组织省各民主党派工商联聚焦推进供给侧结构性改革、加快新旧动能转换、打赢五场硬仗等重大战略部署集中开展调研，形成15篇年度重点调研成果，两次围绕省委2018年度重点工作提出47个方面的意见建议，均得到省委、省政府采纳。积极探索推进民主监督的有效形式，在省委有力推动下，指导各民主党派与省委改革办、各民主党派省委共同研究制订实施方案，选定环境公益诉讼、大气污染治理、混合所有制改革等7个方面作为重点监督领域，采取个别访谈、走访入户、明察暗访等形式，深入改革一线考察监督，提出问题30个、建议37条，均得到有关部门采纳。

【加强党外代表人士队伍建设】 认真贯彻中央、省委各项政策规定，积极营造程序规范、风清气正的换届环境，协助105个民主党派省市级组织，指导155个工商联省市县三级组织圆满完成换届任务，实现预期目标。坚持把深化政治交接作为换届后的首要政治任务，引导广大成员自觉继承和发扬优良传统，不忘合作初心，继续携手前进。在省委统一领导下，扎实做好人大、政协换届党外人士安排工作，将严把人选质量关作为生命线，认真落实“四必”要求，会同23个部门对初步人选进行审查，联合省委组织部对全部人选深入考察，全面掌握情况，确保人选质量。顺利完成有关统战团体换届，指导全省五大宗教7个团体全票选出新一届领导班子成员、省台湾同胞联谊会选举产生新一届理事会。抓住换届契机大力加强党外代表人士队伍建设，省级重点联系党外代表人士共34000余人，全年共举办党外代表人士培训班26期、培训2243人次，重点联系的代表人士和培训规模、层次、水平都有大幅提升。协助省委做好党外干部正职安排工作，实现省政府工作部门、高校、企业、人民团体党外正职全覆盖。探索建立综合评价体系，认真开展省各民主党派、工商联、宗教团体领导班子及成员民主评议、党外领导干部述职评议考核，进一步强化了对党外代表人士的管理。

【服务经济转型升级和脱贫攻坚】 紧紧围绕新旧动能转换重大工程，引导广大非公有制企业积极改造提升传统产业，重点投向“四新四化”项目，以自身转型升级助力全省经济提质增效。承办全省支持非公有制经济健康发展工作会议，牵头起草支持非公有制经济健康发展“十条意见”，联合开展专项督查，推动政策落地落实。深入实施“百名专家教授联百企”活动，促成400余名党外专家教授与600余家非公有制企业开展技术合作，推动一批科研成果转化为现实生产力。着力构建亲清新型政商关系，深入开展“深入企业、帮解难题、增强四信、促进发展”活动，帮助企业解决一批项目用地、银行贷款、税收政策落实等实际问题。承办全国工商联首次在京外举办中国民营企业500强发布暨民营经济发展峰会，促成一批项目集中签约。深入实施全省统一战线“同心扶贫攻坚行动”，扎实开展“千企帮千村”脱贫攻坚行动，动员全省1343家企业参与帮扶，实施帮扶项目2310个，结对帮扶贫困村1510个，累计投入资金8.9亿元，惠及贫困群众7.5万人，菏泽市非公有制企业参与“扶贫车间”做法，得到全国工商联、国务院扶贫办等部门充分肯定并向全国推广。联合泛海集团持续开展“泛海助学山东行动”“同心·光彩助学行动”，2017年为全省11600名贫困家庭大学生发放助学金5800万元，累计为全省27422名贫困家庭大学生发放助学金1.37亿元。引导各民主党派、工商联和统战团体发挥自身优势，广泛开展一系列有特色、有影响、有实效的扶贫活动，为助力全省打赢脱贫攻坚战做出积极贡献。

【维护民族团结和宗教和顺】民族工作方面，紧紧围绕“五个认同”理念，大力开展民族团结进步宣传教育，举办第十七次民族团结进步宣传月活动，讲好民族团结故事，形成一批民族团结教育优秀文艺作品。深入开展民族团结进步创建活动，命名第四批48家创建活动示范单位。与新疆、青海等地建立共同做好流动穆斯林工作双向协作机制，扎实做好内地民族班和少数民族大学生教育管理工作，督促支持新疆籍少数民族毕业生就业创业政策落实。配合有关部门依法排查清真食品管理问题，防止因“清真食品不清真”引发矛盾纠纷，防止因“清真”概念泛化引发“极端化”苗头。宗教工作方面，认真贯彻落实中央关于宗教工作重大决策部署，多次召开会议传达学习中央最新精神，研究部署贯彻落实措施。深入开展乱建寺观乱塑造像、佛道教去商业化专项治理，依法查处假僧假道、借教敛财等非法活动，对五大宗教以外其他宗教活动进行调研整治。加大基层宗教执法力量建设，推动136个县解决行政执法主体资格问题。深入贯彻宗教中国化方向方针，指导宗教界加强教风建设和神学思想建设，依法依规开展解经、民主办教、慈善救济等活动，有效发挥宗教界积极作用。

【推进党外知识分子和新的社会阶层人士统战工作】党外知识分子统战工作方面，加强高校统战工作体制机制建设，全省各高校均建立党委书记履行第一责任人职责、党委副书记分管统战工作、二级院系党组织设立统战委员的领导机制，85所高校设立统战工作机构。推动17市、112个县（市、区）、47所高校成立党外知识分子联谊组织，9个市、18所高校成立留学人员联谊组织，5个市成立职业教育社组织。开展学习黄大年同志先进事迹活动，打造“知识与文化”“留学报国智汇山东”“黄炎培职业教育奖创新创业大赛”等品牌，有力服务全省经济社会发展。新的社会阶层人士统战工作方面，在全国率先召开全省新的社会阶层人士统战工作会议，出台文件，明确责任，健全机制，初步形成协调配合的工作格局。加强力量配置，推动12个市单设新的社会阶层工作科（处）、16个市成立新的社会阶层联谊组织。打造新的社会阶层人士实践创新基地，在3个市建立7个省级试点基地，指导青岛市做好全国试点工作，取得初步成果和经验。将自组织纳入工作范围，着力打造“新阶层党旗红”“新阶层大讲堂”“新阶层专家服务团”“同心惠民”等品牌活动，新的社会阶层人士统战工作社会影响力逐步扩大。

【拓展港澳台海外统战工作】坚持以争取人心为出发点和落脚点，不断深化与港澳台海外代表人士的交流交往。加大“请进来、走出去”工作力度，全年共接待鲁港企业投融资联合会、台湾中国统一联盟台中分会等20多个团组、400余人次，组团出访12次、会见代表人士300余人次，进一步拓展了海外联谊的广度和深度。着眼爱国力量的代际传承和持续壮大，重点做好港澳台海外青年工作，举办港澳台海外代表人士国情研修班、香港青年中华同根文化齐鲁行、澳门优异生儒家文化游学团、台胞青年夏令营等活动，深入开展国家观、民族观、历史观教育，进一步增强港澳台海外青年的国家、民族、文化和发展道路认同。

【加强自身建设】坚持以政治建设为统领，严格履行抓党建工作主体责任，成立党建工作领导小组，部务会先后12次研究党建工作。严格遵守党内政治生活准则，严明党的政治纪律和政治规矩，扎实开展“不忘初心、永葆本色”“聚焦走在前列、争创工作品牌”等活动，深入推进“两学一做”学习教育常态化制度化。坚持好干部标准和正确选人用人导向，着力加强干部队伍建设，营造风清气正的良好政治生态。驰而不息推进作风建设，坚决纠正“四风”特别是形式主义、官僚主义，严格执行中央八项规定实施细则精神和省委实施办法，制定贯彻落实的具体措施，统战系统作风持续向好。严格落实党风廉政建设责任制，逐级签订《党风廉政建设责任书》，多次召开专题会议、广泛开展警示教育，引导统战干部知敬畏、存戒惧、守底线。认真落实巡视整改政治责任，制定整改方案和整改台账，列出问题清单、任务清单、责任清单，制定修订党建工作制度、部务会议、部长办公会议、保密等10余项制度，整改落实工作取得显著成效。扎实做好调研宣传信息工作，及时向中央反映山东省党外人士意见建议，统战信息工作继续走在全国前列。

（张灵敏）

•办公室•

办公室是综合性处室，主要承担参谋助手、综合协调、督促检查和服务保障等职能，具体负责综合文稿的起草和审核、办文、信息、信访、会务、接待、机要、保密、督查、档案、财务、安全、车辆使用和管理等工作，牵头协调全省统一战线扶贫攻坚工作。

2017年，办公室共有干部9人、工勤人员4人，主任：宋海伟。

【参谋助手】 坚持高点站位，紧紧抓住统一战线重大决策部署、重点工作以及领导关注点，深入开展信息调研、书面调研以及实地调研，掌握大量一手材料，及时以简报、专报、综合文稿形式供领导决策参考。如分析比对2016年“泛海助学山东行动”受助学生信息，摸清2017年建档立卡贫困学生分布情况，在此基础上提出名额分配及动态调整方案，各方都非常满意；围绕保密、信访、接待以及公车管理等遇到的新情况新问题，跨系统跨部门调研，提出了一批有价值的意见建议，为领导科学决策提供了参考。

【办文办会】 扎实做好公文处理工作，收发、印制、传阅、清退、归档、销毁等每一个环节，都严把政策关、文字关、校核关、签字关、督办关，全年起草校核领导讲话等重要文稿近200件、制发运转文电6100余件，清退销毁涉密文件近万份。会议保障狠抠细节，杜绝浪费，全年筹办协办会议培训110余次；加强预算管理，严格审核压减，节约会议培训费88.07万元。

【信息工作】 紧紧围绕各级普遍关注的重点领域、热点难点，以新闻宣传的视角搜集素材、提炼概括，及时反映全省统战工作思路举措和成绩成效，特别是中央重大决策部署和省委部署要求在统一战线的贯彻落实，力求重要信息随时编报、动态信息每日编报、工作信息定期编报，全年编发简报68期、报送信息1500条，较好地发挥了信息的宣传和资政作用。省委统战部再次被中央统战部和省委办公厅评为信息工作先进单位。

【扶贫工作】 认真履行领导小组办公室职能，加强跟踪督查，层层传导压力。圆满完成2017年度“泛海助学山东行动”相关工作，5000万助学金全部发放到位。定期督查通报各领域扶贫攻坚目标任务进展情况，抓好计划落实和项目建设。狠抓监督管理，对照《2017年扶贫开发重点工作任务分解表》，逐项核查，确保扶贫计划落到实处；主动公布电话信箱，接受社会监督；拍摄扶贫纪录片《我们在一起》，广泛宣传全省统一战线精准扶贫工作。

【支部党建】 深入学习贯彻习近平新时代中国特色社会主义思想和党的十九大精神，提高政治站位，坚定维护习近平总书记党中央的核心、全党的核心地位，坚定维护党中央权威和集中统一领导。扎实推进“两学一做”学习教育常态化制度化，严格落实学习制度，创新党员教育形式，引导党员自觉践行“四个合格”。在省委常委、统战部部长邢善萍指导下，扎实推进示范支部建设，紧贴党员实际，抓点带面，逐步规范，支部战斗堡垒作用、党员先锋模范作用得到更好发挥。严守党的政治纪律和政治规矩，持续狠抓党风廉政建设和作风转变，全体同志形成高度自觉，没有发生任何违纪违法问题。

（张灵敏）

•一处•

一处（党派处）负责联系各民主党派，贯彻执行党对民主党派工作的方针、政策；对有关坚持、完善中国共产党领导的多党合作和政治协商制度及民主党派工作中的重大问题进行调研并提出意见；协调有关部门落实民主党派参政议政、民主监督的各项政策和制度规定；支持和帮助各民主党派开展社会服务活动；协助各民主党派加强自身建设，培养新一代代表人物。

2017年，一处实有干部4人，处长：陈琰。

【民主党派自身建设】 深化政治交接，民主党派自身建设切实加强。高标准完成换届任务。按照有关政策要求，坚持选人用人标准，严格工作程序和组织纪律，在反复酝酿、充分协商、民主推荐、认真考察的基础上，协助全省105个民主党派省市级组织圆满完成换届任务，105名主委、408名副主委全部高票当选，换届工作得到中央统战部和省委充分肯定。深入开展学习实践活动。以十九大精神为主要内容，以主题教育活动为重要抓手，推动省各民主党派持续开展中国特色社会主义学习实践活动以及“不忘合作初心，继续携手前进”专题教育，凝聚政治共识，增强“四个自信”。协助民主党派加强领导班子建设。举办省各民主党派工商联负责人考察研讨班，制定《各民主党派省委关于加强领导班子自身建设座谈会纪要》，完善各民主党派省委议事决策规则等，民主党派领导班子整体效能进一步提升。开展大规模规范化培训。制定下发《2017—2021年民主党派代表人士五年培训规划》，首次采取与各民主党派省委联合培训的新模式，举办全省民主党派工作研讨班、领导干部进修班等，对民主党派省市级组织主委及部分省委常委、委员350余人次进行有计划轮训，办学方式、培训内容均得到党派成员的广泛好评。

【政党协商工作】 主动协调督导，政党协商工作统筹有序推进。协助省委办公厅拟定并印发《2017年度政党协商计划》。协助各民主党派省委参加省委、省政府及有关方面召开的各类协商会、座谈会、通报会15次，其中省委、省政府主要领导出席的9次。推动各市政党协商工作落实落地。完成17市2016年度经济社会发展综合考核政党协商考核工作，推动各市政党协商工作有效落实。2017年各市开展的协商活动157次，其中，市委、市政府主要领导出席的会议协商61次、做出批示的书面协商129次。

【参政议政工作】 完善制度机制，民主党派重点考察调研深入开展。持续用力做好重点考察调研工作。协助省委办公厅、省政府办公厅拟定并联合印发《关于支持民主党派省委开展重点考察调研的意见》。会同有关处室，协助各民主党派省委、省工商联和无党派代表人士，围绕重塑企业核心竞争力、农业供给侧改革等课题，深入考察调研，形成15篇重点调研报告，报送省委、省政府领导和16个省直有关部门，并进行评审奖励。紧盯落实反馈，积极协调11个省直部门对2016年度重点调研课题及时采纳并集中反馈，得到党外人士一致认可。紧紧围绕省委中心工作建言献策。发挥省“两会”和部“直通车”平台作用，协助各民主党派省委向省政协会议提交集体提案78件，占总数的85%；通过《议政建言》向省委报送党派成员建言信息4篇，全部得到刘家义同志批示；围绕省委2018年度重点工作提出47项意见建议，得到刘家义、龚正同志批示肯定；围绕全省2018年经济工作提出31项意见建议，被省委采纳并全部责任到部门。

【民主监督品牌建设】 探索方法途径，民主党派民主监督品牌初见成效。聚焦改革重点，专项监督精准破题。根据省委深改领导小组有关会议精神，与省委改革办、各民主党派省委共同研究制定专项监督实施方案，协助各民主党派省委根据自身特色优势，选定大气污染治理、混合所有制改革、医联体建设等7个重点改革事项，认真履行监督职能，提出问题30个、建议37条，为落实改革举措发挥积极推动作用。坚持问题导向，检查监督见实见效。10月份，按照省委常委会要求，组织各民主党派省委组成检查组，采取“一竿子插到底”的方式，对济宁、菏泽两市“气代煤电代煤”改造工作进行明察暗访，形成的检查监督报告得到刘家义、李群同志的批示肯定，所提意见建议被有关部门采纳，为打好污染防治攻坚战发挥实实在在的作用。

【处室自身建设】 强化责任担当，支部建设和处室履职能力不断提升。强化规矩意识。坚持每周半天的集体学习，认真开展支部专题组织生活会，积极落实领导干部参加双重组织生活以及分管领导和支部书记讲党课制度，切实增强支部党员“四个意识”，激发处室工作活力。加强保密工作。多次组织支部党员对保密知识进行学习，对处室全部的电子和文字档案进行重新整理、登记，对保密文件做到专人专管，对保密计算机做到专人专用，确保处室保密工作不出问题。强化服务意识。为有关党派省委主委申请配备办公车辆、协调解决特字保健待遇、申请购买汉峪党外副省级住房。协助民盟中央在省开展“推进农业机械装备制造转型升级”重点调研工作，协助民建中央理论委全体会议和致公党中央常委会议在省顺利召开，接待党派中央领导来鲁调研17次，受到中央统战部和有关党派中央好评。

（梁景珲）

• 二处 •

二处（研究室、宣传办）负责组织开展统一战线理论和统战工作政策综合性研究；协调组织大型调研活动和课题研究；承担省统战理论研究会日常工作，联系指导省统战理论研究基地；承担统战工作有关重要文件和重要文稿的起草；负责省委统战部宣传报道和新闻发布工作；指导县级统战工作；编印《山东统一战线》内刊，运行“山东统一战线”微信公众号；组织编纂《山东统一战线年鉴》等文献资料。

2017年，二处实有干部6人，处长：杨洪余。

【发挥参谋助手作用】 一是发挥以文辅政作用。提高站位，吃透部领导新观点新要求，求短求实求新，全年起草各类重要文稿50余篇，数量和质量不断提升。提前谋划，征求各市对2018年全省统战工作总体思路和重点任务的意见建议供领导参考。将《议政建言集萃》全新改版为《议政建言》，着力提高质量、压缩数量、改进形式，及时有效将党外人士意见建议报送至省四大班子领导同志。改版后报送6期，4期得到刘家义书记的批示。二是牵头起草省委省政府《支持非公有制经济健康发展的十条意见》。立足实施新旧动能转换重大工程，着眼解决制约全省非公有制经济发展的突出问题，深入调研、摸透实情、找准症结，起草调研报告供省领导决策参考。坚持务实管用、突出重点、表述精练原则，会同40多个部门提出对策措施，数十易其稿，形成含金量较高的《十条意见》。三是探索建立统战理论研究长效机制。争取省社科规划办支持，完善统战专项课题招标制度，逐步使立项课题聚焦统战、研究统战。首次召开中期调度会，加强对中标课题的调度和指导。举办高水平调研宣传培训班，进一步提高工作能力、形成工作合力。加强对5个省级统战理论研究基地的调度、指导、支持，调动积极性。组织开展全省统战理论调研宣传“四新工程”，收到课题报告200多项，积极向中央统战部报送优秀成果。四是严谨细致做好资料编辑工作。及时汇编十九大报告中关于统一战线的重要论述，编辑《习近平总书记统一战线论述汇编》。提高《山东统一战线年鉴》编辑速度和质量，完成《年鉴2016》的编辑工作，启动《年鉴2017》编辑工作 。

【统战宣传工作】 一是认真做好意识形态工作。牵头开展深入自查，起草《省委统战部意识形态工作责任制实施细则》，部务会两次专题研究意识形态工作，推动有关领域召开专题会议，安排部署相关工作。定期调度、排查各领域统一战线意识形态情况，按时参加省委舆情会商，协调协助有关方面及时应对处置。二是做活做优“山东统战”微信号。适应新形势善用新媒体，优化设计公众号形式和内容，努力提高可视度、可读性。加大推送频率，实现工作日每天推送，全年推送近800条。加强专题策划，全年推出“学习贯彻十九大”“回眸2016聚焦2017”“市县统战部长”“薪火相传”等系列栏目。截至2017年底，公号关注人数较2016年底翻了五番多，月均阅读量达10万多人次。三是顺利实现《山东统一战线》改版提升。妥善处理历史遗留问题，平稳实现与《省社会主义学院学报》脱钩分离。注重专题策划和解读，每期确定一个主题，权威宣传理论政策、系统交流工作经验、生动讲述统战故事、全面展现统战风采。四是扎实做好常规宣传工作。主动加强与主流媒体的沟通联系，积极做好部内重大活动、重要会议的宣传报道工作，全年在主流媒体开展各类宣传活动77次，报道频率、报道质量稳中有升。着力扩大山东统战工作在全国全省的影响力，全年在《中国统一战线》《人民政协报》《团结报》《统战新语》《调研参考》《大众日报》《山东通讯》等省部级以上媒体发表反映全省统一战线工作的综合性报道20多篇。重点做好省各民主党派、工商联换届的宣传报道工作，主流媒体与统战媒体同步发力，传统媒体与新媒体互动共融，充分展现省统一战线和多党合作事业取得的新成就。

【县级统战工作】 抓住县级统战部长由党委常委担任的有利契机，努力推进县级大统战工作格局构建，着力解决县级统战工作机构分散、职能弱化、力量单薄、作用不彰等突出问题。省委常委、统战部部长邢善萍同志亲自带队开展调研、推动工作，各市、县积极响应、迅速行动。日照市按照“三明确、四不变、五统一”的原则，已全面完成改革。东营、聊城、滨州等市已在面上推开。青岛、威海、临沂等市选择基础较好的县市区进行试点。指导有关市着眼县级统战工作实际，开展品牌工作创建活动，探索解决县级统战工作没活干、不会干的问题，推动县级统战工作规范化、品牌化发展，不断夯实全省统战工作基层基础。

【处室自身建设】 深入学习贯彻党的十九大精神，不断提高政治站位，自觉用习近平新时代中国特色社会主义思想武装头脑、指导工作，牢固树立“四个意识”，增强“四个自信”，坚决维护习近平总书记的核心地位和领袖权威，坚决维护以习近平同志为核心的党中央集中统一领导。推进“两学一做”学习教育制度化、常态化，营造全处党员干部热爱学习、善于学习，争做合格共产党员和优秀统战干部的良好氛围。认真落实党风廉政建设责任制，坚持问题导向，组织支部全体党员围绕当前作风建设中存在的突出问题和薄弱环节开展深入细致的自查自纠，教育引导支部党员知敬畏、明底线、守纪律、严规矩，树立研究室干部的良好形象。

（赵修红）

·三处·

三处（干部处）的主要职责是负责党外代表人士的政治安排和担任政府、司法机关领导职务的党外人士的培养、选拔、考察、推荐等工作；负责党外后备干部和代表人物队伍建设工作；负责党外干部和统战干部的培训，负责党外人才工作；协助省社会主义学院、各民主党派省委、省工商联进行干部管理；协助管理市级党委统战部部长；协助做好民族、宗教等工作部门领导班子成员推荐工作；负责部机关和直属单位干部、职工的人事管理；办理部机关及有关单位出国（境）人员的审查工作；收集管理党外代表人士的档案资料。

2017年底，三处（干部处）有干部7人，处长：冯尚伟。

【新一届全国和省人大代表、政协委员推荐提名工作】 在省委的统一领导下，对上一届全国和省政协委员的退留情况进行分析预测，根据全省党外代表人士队伍状况提出新一届初步人选名额分配方案。会同省委组织部召开全省人大代表、政协委员推荐提名工作座谈会以及全省市委组织部长、统战部长和省直有关单位负责人会议，传达中央会议精神，制定下发换届文件，对换届工作做出安排部署。严把人选质量关，认真落实个人档案必审、个人有关事项报告必核、纪检监察机关意见必听、线索具体有可查性的信访举报必查的“四必”要求，会同综治、信访、审计等23个部门对初步人选进行多方联合审查，牵头开展非公有制经济人士综合评价和新的社会阶层人士征求意见工作，对每名人选进行全方位“体检”。严格考察程序，联合省委组织部对全部人选进行深入考察，全面掌握情况，确保人选质量。会同省委组织部，推荐提名十三届全国政协委员32名（其中党外24名，占75%）、常委3名（其中党外2名，占66.7%），十三届党外全国人大代表47名（占全省推荐提名代表总数的29%）、常委1名，十三届党外省人大代表242名（占26.8%）、常委21名（占34.4%）；安排十二届省政协委员820名（其中党外527名，占64.3%）、常委161名（其中党外113名，占70.2%）。

【党外代表人士队伍建设】 大力推进党外代表人士安排使用，在省委的关心重视和省委组织部的大力支持下，2017年共新提拔党外厅级干部42名，其中正厅级9名（包括党外正职1名）。截至2017年底，41个省政府组成部门中，有16个在领导班子中配备党外干部19名，其中党外正职3名；41所省属高校中有22所在领导班子中配备党外干部23名，其中党外正职4名；省管国有重要骨干企业中有3家在领导班子中配备党外干部3名，其中党外正职2名；省法院、检察院领导班子分别配备党外干部各1名，全省17个市全部配备党外副市长。圆满完成省政协十一届五次会议有关人事安排任务，增补省政协委员45名（其中党外26名），补选省政协副主席2名(吴翠云、赵润田）、省政协常委48名（其中党外24名），顺利实现中央、省委意图。加大省政府参事聘任力度，推荐1名部原巡视员和2名民主党派厅级领导干部担任省政府参事。着眼发挥好考核“指挥棒”和“风向标”的作用，采取定量、定性相结合的方式，完成2016年度17市经济社会发展综合考核工作，有力推动党外代表人士队伍建设有关政策的贯彻落实。加强与省委组织部的沟通协调，继续将“政党协商情况”及“党外代表人士队伍建设情况”纳入2017年度17市经济社会发展综合考核，完善考核指标体系，明确目标任务。尊重、维护和照顾同盟者的利益，将对部分党外人士及已故党外人士遗属的春节慰问和经济补助标准从800元、1000元两个标准统一调整为2000元，充分体现省委、省政府对党外人士的关怀与温暖，在社会各界产生良好反响。会同有关处室、单位认真完成年度人才工作目标任务，“壮大欧美同学会组织，发挥留学人员作用”工作被省人才工作领导小组评为“2016年山东人才工作十件大事”和“2016年度人才工作十大出色项目”。

【统一战线教育培养工作】省委统战部首次联合省社会主义学院制订印发《2017年度培训计划》，将各民主党派省委、省工商联有关班次纳入其中，印发给全省各市、各部门（单位），进一步提高统一战线教育培训工作的制度化、规范化水平。推荐1名中央统战部领导和1名部领导为省委党校、山东行政学院6个主体班次做统一战线理论政策专题报告。联合有关部门（单位）在井冈山红色文化教育学院等地举办多期高层次培训班，特别是成功举办“全省党外领导干部党的十九大精神专题学习班”“全省党外厅级领导干部理论政策研讨班”“全省市县党委统战部部长暨民族宗教领导干部理论政策研讨班”和“第二期全省党外中青年领导干部培训班”等重点班次，培训的规模、质量和成效较往年有大幅提升。全年共举办各类培训班31期，培训2834人次，其中，党外代表人士培训班26期，培训2243人次。累计选调27名统战系统厅级干部、5名党外厅级领导干部和6名部机关处级及以下干部参加中央和省级有关部门组织的各类培训。完成对省级党外代表人士实践锻炼基地第四批24名挂职干部的考核鉴定和第五批28名挂职干部的选派工作；新确立济南市市中区为省级实践锻炼基地，并向4个省级基地拨付经费40万元。

【统战系统干部队伍建设工作】加强与省委组织部的沟通协调和对各市的调度督促，市、县（市、区）党委统战部部长配备工作取得明显成效。截至2017年12月，全省17个市中，统战部部长由党委常委担任的有16个，由党委常委兼任的有1个(莱芜)；137个县（市、区）中，除1个县（桓台）暂时空缺外，统战部部长由党委常委担任的有117个，由党委常委兼任的有19个。根据换届工作要求，配合省委组织部完成党的十九大代表、省“两委”委员、省第十一次党代会代表候选人的考察工作，会同有关处室完成各民主党派省委、省工商联换届推荐、考察任务，各民主党派省委、省工商联机关新提拔厅级干部7名。从干部队伍状况和工作实际需要出发，严格落实“凡提四必”要求，对直属单位、省社会主义学院、各民主党派省委和省工商联机关处级干部进行调整，提拔处级干部19名，轮岗交流5名。根据公务员职务与职级并行制度试点工作要求和有关配套文件规定，科学制定职级设置方案，及时完成省直统战系统职级套改工作，部机关及直属单位、民革省委机关首次晋升一至四级调研员23名。按照省委组织部《关于对省委统战部选人用人工作检查情况及整改要求的反馈意见》，研究加强干部实践锻炼的可行措施，补充干部选拔任用纪实文书档案，规范干部人事档案管理，按时报送《整改报告》。

（梁　晓）

·四处·

四处（经济处）主要职责是宣传、贯彻党关于发展非公有制经济的方针政策，促进非公有制经济健康发展；加强非公有制经济代表人士队伍建设，促进非公有制经济人士健康成长；畅通非公有制经济人士有序政治参与渠道，组织开展议政建言活动；加强省光彩事业促进会建设，组织开展光彩事业活动；参与非公有制企业党建工作，推动统战工作向商会组织有效覆盖；联系指导省工商联工作。

2017年，四处有工作人员4名，处长：马晓卉。

【以学习贯彻十九大精神为主线强化思想政治引导】制定下发《关于深化以“守法诚信、坚定信心”为重点的非公有制经济人士理想信念教育实践活动的实施意见》，组织收看全国年轻一代民营企业家理想信念报告会，开展省工商联直属商会调研，举办全省商会会长培训班，组织非公有制经济人士深入学习贯彻习近平新时代中国特色社会主义思想和党的十九大精神，不断增强对中国特色社会主义的信念、对党和政府的信任、对企业发展的信心、对社会的信誉。全国工商联召开理想信念教育实践活动山东片会，对山东经验做法进行总结推广。

【配合省委省政府召开非公经济会议出台“非公十条”】 在邢善萍部长、赵强部长直接领导下，认真落实省委常委会决定，积极履行牵头部门职责，协助省委、省政府召开全省支持非公有制经济健康发展工作会议，刘家义书记、龚正省长分别讲话；制定出台《关于支持非公有制经济健康发展的十条意见》（鲁发〔2017〕21号），为全省补齐非公有制经济发展短板创造有利条件。文件出台后，积极协助省委、省政府抓好学习宣传和贯彻落实，在《大众日报》全文公布，海内外各类媒体纷纷转发，提高政策知晓率。牵头开展支持非公有制经济健康发展专项督查，李群、邢善萍、王随莲等3位省领导亲自带队赴部分市开展实地督查，17市和省直有关部门、单位进行全面自查，有力推动“非公十条”落地落细落实。

【承办2017中国民营企业500强发布暨民营经济发展峰会】 经邢善萍部长亲自协调，全国工商联联合国家有关部委，在山东举办2017中国民营企业500强发布暨民营经济发展峰会。刘家义书记、龚正省长会见出席活动的企业家代表，龚正省长在发布会上致辞，邢善萍部长等多位省领导出席。部分市做投资项目推介，16个重大项目进行集中签约。本次活动进一步宣传山东投资环境，营造加快发展非公有制经济的浓厚氛围。

【推动构建亲清新型政商关系】 认真贯彻落实省委、省政府《关于加强各级领导干部联系服务非公有制企业构建新型政商关系的意见》，协助省领导确定调整非公有制企业联系点，配合做好走访调研等工作。协调省直部门加大联系服务非公有制企业力度，近40家省直部门领导班子成员联系非公有制企业近300家。搭建政商沟通协商常态化平台，联合省直11家单位开展“深入企业、帮解难题、增强四信、促进发展”活动，召开全省非公有制经济代表人士学习贯彻十九大精神、构建亲清新型政商关系座谈会，邢善萍部长出席会议并讲话，部分省直部门负责同志介绍支持非公有制经济发展工作情况，对于坚定非公有制经济人士发展信心起到重要指导作用。

【完成省工商联换届任务】 把省工商联换届作为一项重要政治任务，积极争取省委和中央统战部重视支持，省委常委会专题研究人事安排方案，坚持把纪律和规矩挺在前面，对279名非公有制经济人士提名人选全部进行综合评价和考察。刘家义书记、龚正省长等多位省领导出席省工商联代表大会，龚正省长代表省委、省政府致辞，会议规格之高、影响之大，为历次省工商联代表大会之最。换届结束后，举办全省市县工商联新任主席、党组书记培训班和驻会副主席、秘书长培训班，有效提升全省各级工商联领导班子的政治素质和履职能力。配合中央统战部做好全国工商联换届有关工作，积极推荐山东优秀非公有制经济人士人选，东明石化集团董事长李湘平当选全国工商联副主席，东岳集团董事长张建宏当选中国民间商会副会长。

【动员非公有制经济人士参与脱贫攻坚】 深入贯彻落实省委、省政府部署要求，动员非公有制经济人士继续参与全省统一战线“同心扶贫攻坚行动”。举办“泛海助学山东行动”暨“同心•光彩助学行动”捐助仪式，累计为全省27422名贫困家庭大学生发放助学金1.37亿元。省工商联、省扶贫办、省光彩会共同开展“千企帮千村”脱贫攻坚行动，截至2017年12月，全省参与帮扶企业1382户，实施帮扶项目2325个，结对帮扶建档立卡贫困村1286个，累计投入资金8.6亿元，帮扶贫困群众7.2万人。承办全国“万企帮万村”扶贫车间现场会，推广菏泽市“扶贫车间”模式，带动贫困群众就地就近脱贫。申请2016年全国光彩事业重点项目和2017年光彩事业申贷项目，获批重点项目7个、申贷项目20个，数量居各省区市首位。组织非公有制经济人士参加中国光彩事业“凉山行”活动，向贫困地区捐款100万元。被省扶贫开发领导小组评为全省脱贫攻坚先进集体。

【加强处室和支部自身建设】 把旗帜鲜明讲政治贯穿处室和支部建设各方面各环节，推进“两学一做”学习教育常态化制度化。按照部机关党委要求，完善日常学习长效机制，坚持“三会一课”制度，严格落实每周一集体学习和“主题党日”活动制度，支部集体学习时间平均每周超过半天。用好“灯塔—党建在线”综合管理服务平台和“山东e支部”平台，丰富党员学习内容。深入开展“聚焦走在前列 争创品牌工作”活动，推动中央、省委关于经济领域统战工作重大决策部署贯彻落实。对照践行“四个合格”要求，经常开展党员谈心交流活动，查找支部和党员自身存在不足，研究提出整改措施并切实抓好整改，不断提高处室和支部自身建设水平。

（李　涛）

· 五处 ·

五处（党外知识分子处）工作职能：一是负责联系和培养无党派代表人士和党外知识分子代表人物；二是开展无党派代表人士工作调研并提出政策性意见；三是调查了解党外知识分子的情况，反映动态；四是提出制定党外知识分子政策的意见和建议，督促检查贯彻落实情况；五是负责教育、科技、文化、卫生、国有大型企业党外知识分子的统战工作；六是出国和归国留学人员统战工作。

2017 年，五处有工作人员 4 人；处长：修鲁彬（10 月挂职担任德州市陵城区委副书记）；副处长：李同舜（10 月挂职担任五处副处长，主持工作）。

【加强思想政治引领】 扎实开展学习贯彻党的十九大精神系列活动。党的十九大开幕后，及时组织省知联会班子成员撰写心得体会、署名文章，并依托“山东知联”微信公众号和党外知识分子微信群，转载党媒央媒评论文章，营造学习宣传党的十九大精神的浓厚氛围。与省欧美同学会秘书处联合召开学习贯彻党的十九大精神专题座谈会，省委常委、统战部部长邢善萍出席会议并讲话，动员全省党外知识分子进一步掀起学习宣传、贯彻落实党的十九大精神热潮，在广大党外知识分子中产生强烈反响。

开展党外知识分子践行社会主义核心价值观主题活动。学习贯彻习近平总书记“3·4”重要讲话精神，会同有关处室召开党外人士座谈会，召集各界党外知识分子代表共同学习讲话精神，畅谈学习体会。及时制定主题活动方案、印发活动通知，在部门户网站、微信公众号开设专栏，持续加大活动推进力度。会同八处召开主题活动动员会，省委常委、统战部部长邢善萍出席会议并做动员讲话，省知联会副会长李披平宣读《倡议书》，有力推动活动向纵深开展。

加强党外知识分子教育引导。突出省知联会班子学习教育，年内先后 3 次召开会长会议，并在会长微信群中开展学习工作交流，持续推进省知联会年度工作落实。做好党外人士教育培训，7 月中旬，协同有关处室赴井冈山举办全省党外知识分子代表人士培训班，对 60 名国企、高校、科研院所党外知识分子进行集中培训，强化思想政治引领和理想信念教育，取得良好的教育效果。

【夯实传统领域统战工作】 推进高校统战工作开创新局面。3 月，会同省委高校工委、省教育厅起草《加强新形势下高校统一战线工作的实施意见》，以省委办公厅名义印发，对加强高校统战工作提出明确要求。组建全省高校统战部长微信群，加强上下联系沟通，强化横向交流学习，形成比学赶超新氛围。

理顺国有企业统战工作。加强与省国资委党委联系沟通，推动省国资委党委增设组织与统战工作处。联合省国资委对 20 家国有企业开展统战工作调研，分析现状，摸清底数，提出推进工作的对策和建议。

做好无党派代表人士的储备举荐。建立全省无党派人士数据信息库，汇总整理 1167 名各市、省直部门、国有企事业单位报送的无党派人士信息，纳入省委统战部重点联系范围。做好无党派人士的培养举荐，遴选 7 个领域 12 名优秀人才，作为省青年科技创新协会首届会员推荐人选；推荐 1 名无党派人士代表参加省第十三次妇代会。

【打造省知联会工作品牌】 开办省知联会“山东知联”微信公众号。制定微信公众号《运营方案》和《工作规则》，开辟“知识文化”和“主题活动”2 大版块 7 个栏目，每周 2 期推送微信文章，并及时转载统战大事要事，引导党外知识分子自我学习、自我教育、自我提高。

打造山东爱乐民族乐团统战文化品牌。持续支持山东爱乐民族乐团工作，补充丰富全省文化演出资源，会同八处年内举办“新春音乐会”“统战文化进校园”“2017‘春之颂’大型民族音乐会”等演出，使其成为统一战线重要文化品牌，受到广泛赞誉。

【服务经济社会发展大局】 深化“百名专家教授联百企”活动。组织党外专家教授、各市、高校统战部门及有关企业，组建“双百”微信交流群，搭建校企交流合作载体平台。定期调度“双百”活动进展情况，跟进做好推进会工作落实。据不完全统计，年内全省共有410余名党外专家教授与520余家企业对接开展技术项目合作。

扎实开展无党派人士专项调研。组织无党派人士圆满完成中央统战部“一带一路”与对外开放调研子课题调研任务，撰写《山东参与“一带一路”建设的调研报告》，得到中央统战部领导肯定。落实省委党外人士重点课题调研制度，精心选题，组织开展无党派人士年度重点课题调研，形成《山东参与“一带一路”建设与对外开放调研报告》和《山东省农业供给侧结构性改革调研报告》，为省委、省政府决策提供重要参考。

积极引导党外知识分子参与扶贫攻坚。持续挖掘党外知识分子扶贫资源，在部官方网站开设“双百”科技扶贫专栏，在“山东知联”微信公众号宣传推介扶贫先进典型，引导党外知识分子积极投身同心扶贫攻坚行动。省知联会副会长孙伟、王春亭等分别赴泰安、临沂等地开展帮扶义诊活动10余次，受到各界赞誉。

【建设过硬支部】 深入学习贯彻习近平新时代中国特色社会主义思想和党的十九大精神，坚持旗帜鲜明讲政治，不断增强“四个意识”，自觉维护习近平总书记的核心地位和领袖权威。扎实推进“两学一做”学习教育常态化制度化，严格落实“三会一课”、组织生活会和民主评议党员等制度，落实每周一集体学习制度，推动支部学习常态长效。全处同志立足岗位，担当有为，扎实推进过硬支部建设，努力营造健康向上、团结和谐、干事创业的良好氛围。

（周　鹏）

·六处·

六处主要负责对民族、宗教工作进行调研并提出政策性建议；联系少数民族和宗教界代表人物；协助有关部门培养和举荐少数民族干部；会同有关部门共同培养教育宗教界人士；协调处理民族宗教领域重大问题。

2017年，六处配备干部4人，在岗4人，处长：韩庆新。

【做好民族领域重点工作】 认真贯彻落实刘家义书记等省领导批示精神。扎实做好以维护社会稳定，抓好全国贯彻中央民族工作会议精神经验交流会精神贯彻落实工作，起草全国经验交流会精神及省贯彻意见报省委常委会，会同省民委筹备召开全省贯彻落实中央、省委民族工作会议精神经验交流会。深入开展民族团结进步创建活动，会同省委宣传部、省民委开展第十七次民族团结进步宣传月活动，命名48家民族团结进步示范单位。认真贯彻落实中央有关部门《关于加强流动穆斯林工作的若干意见》精神，指导有关地方、有关部门切实做好流动穆斯林服务管理工作，积极帮助他们解决孩子入学、务工、社保、过集体宗教生活等方面的困难。

【抓好爱国宗教团体和宗教界代表人士队伍建设】 坚持并完善全省性宗教团体负责人学习培训，有力促进宗教团体领导班子建设。举办全省性宗教团体负责人及宗教界中青年代表人士学习培训班、全省性宗教团体负责人学习党的十九大精神专题培训班、学习省第十一次党代会精神专题研讨班，指导帮助各全省性宗教团体举办宗教教职人员培训班，省级层面共培训宗教界人士700余人次，提高整体素质，凝聚政治共识。深入开展与宗教界人士交朋友工作，组织全省性爱国宗教团体负责人进行健康查体。

【推进全省宗教中国化、本土化】 协调有关部门依法加强对清真食品的管理，防止因“清真食品不清真”引发矛盾纠纷，指导全省宗教界深入开展讲经、解经、民主办教、神学思想建设等工作，努力在中国化、本土化道路取得新成绩，《中国宗教》杂志设“宗教中国化在山东”专栏介绍全省基督教中国化情况。引导宗教界积极参与全省统一战线“同心扶贫攻坚行动”和公益慈善事业，2017年全省宗教界共募集款（物）1246万元，为全省脱贫攻坚事业贡献积极力量。

【做好宗教领域有关工作】 妥善处理宗教界人士来信来访，确保全省宗教领域和谐稳定。协助做好全省伊斯兰教朝觐工作，实现安全朝觐、有序朝觐、文明朝觐的目标。指导各地做好天主教“圣母月”期间朝圣活动管理工作。做好天主教地下势力教育转化工作，指导烟台市统战、宗教部门和省天主教两会做好转化修女的教育培训和安置工作，从中央统战部和省财政厅争取部分安置资金。

【做好涉疆服务管理工作】 按照中央统战部的安排，先后接待3期新疆喀什地区爱国宗教界人士参观团和2期新疆中青年爱国宗教人士培训班，积极协调有关部门、有关地方做好安全保障工作，确保新疆宗教界人士在省活动圆满顺利。会同有关部门认真贯彻落实中央统战部等6部门文件精神，深入贯彻落实中央新疆工作协调小组电视电话会议精神，认真做好全省高校新疆籍少数民族毕业生就业创业工作，并及时上报工作情况。按照中央统战部、教育部等5部门文件要求，积极协调有关部门推动省有关高校做好新疆籍少数民族学生专职辅导员配备工作。积极参与做好内地民族班少数民族学生服务管理工作，部主要领导专门赴长清一中走访看望新疆内高班师生。

【做好支部党建工作】 认真履行“一岗双责”，坚持党建工作与业务工作一起谋划、一起部署、一起落实。强化制度落实，强化规矩意识，严格照章办事，充分调动支部全体党员干事创业、担当进取的积极性。坚持从严从实，突出问题导向，认真组织开展“两学一做”专题教育活动，切实加强支部党员作风建设。切实抓好支部集体学习和党员自学，认真学习党的十九大精神，自觉用十九大精神武装头脑、指导实践、推动工作。组织全体党员认真学习和遵守党章，坚决贯彻中央、省委从严治党一系列决策部署，牢固树立党员意识和宗旨意识，不断加强党性修养，自觉做到忠诚干净担当。

（张　峻）

·七处·

七处（联络处）的职责是：协调、指导省级各民主党派、工商联和下级统战部门开展海外统战工作，联系港澳台和海外有关社团及代表人物，承办中央统战部和中央人民政府驻香港、澳门联络办公室交办事项，承担省海外联谊会的日常工作。

2017年，七处有干部5人，处长：李跃文。

【召开省政协港澳委员座谈会】 2月7日，省委统战部召开省政协港澳委员座谈会，就服务“十三五”时期山东经济社会发展、推动新形势下“一国两制”实践、促进鲁港澳交流合作等，与港澳委员座谈交流。省委常委、统战部部长吴翠云出席并讲话，省委统战部常务副部长赵强、巡视员亓同秋出席会议。

【召开省海外联谊会四届五次理事会】 2月25日，省海外联谊会四届五次理事会在深圳召开。省委常委、统战部部长，省海联会会长吴翠云出席会议并讲话。中央政府驻香港联络办协调部负责同志应邀出席会议。会议审议通过《山东省海外联谊会四届五次理事会增补调整人选名单》，调整增补部分副会长、常务理事和理事，任命秘书长和部分副秘书长。

【召开全省统战系统港澳台海外统战工作会议】 4月10日，全省统战系统港澳台海外工作会议在济南召开，传达学习全国统战系统港澳台海外工作会议精神，分析港澳台海外统战工作面临的新形势，总结工作，交流经验，明确任务。省委统战部巡视员亓同秋出席并讲话，省欧美同学会秘书长程海峰主持会议。

【召开台商、侨商代表座谈会】 5月18日，省委统战部召开台商、侨商代表座谈会，了解当前全省外资经济发展中的困难和问题，就制定有关政策措施征求意见建议。省委常委、统战部部长吴翠云出席会议并讲话。12位台商、侨商代表围绕推进全省非公有制经济发展提出意见建议。省委统战部常务副部长赵强主持会议。省台办、省商务厅、省外办、省侨办负责同志参加会议。

【承办中华海外联谊会香港社团领袖国情研修班】 5月21日至27日，中华海外联谊会香港社团领袖国情研修班举办。开班仪式由省委统战部副部长、省社会主义学院党组书记马啸主持，省委统战部常务副部长赵强致辞，中央统战部三局副局长仇昱出席并讲话。省政府参事亓同秋全程参加研修班活动。

【举办第五期“中华同根文化齐鲁行”活动】 7月26日至31日，省海联会与香港山东青年会共同举办第五期“中华同根文化齐鲁行”活动。参访团一行先后访问济南、泰安、曲阜、青岛等地，亲身体验中华传统文化，切实感受山东经济发展取得的新成就。

【举办第三届鲁台中华教育论坛】 8月2日至3日，省海外联谊会和台湾夏潮联合会在曲阜共同举办第三届鲁台中华教育论坛，此次论坛的主题是“中华传统文化与两岸教育”。来自山东和台湾文化教育界的约120名专家学者和教授教师分别围绕中华传统文化与现代教育、中华传统文化与经典诵读、中华传统文化与两岸教育发展新视野等议题进行深入探讨，为两地持续深入开展教育交流奠定坚实基础。

【举办第八期港澳台海外代表人士国情研修班】 9月26日至30日，第八期港澳台海外代表人士国情研修班在济南、临沂举办，48名港澳台海外代表人士参加。26日，省委常委、统战部部长邢善萍出席开班仪式并讲话，并召开专门座谈会，与学员进行座谈。省委统战部常务副部长赵强全程参加。其间，研修班学员听取统一战线理论辅导、统一战线服务“一带一路”等专题讲座，赴临沂参加“山东•海联论坛”，参观山东抗日民主政权创建纪念馆和沂蒙红嫂纪念馆。

【成功组团赴港澳进行工作考察】 10月10日至14日，省委常委、统战部部长邢善萍率团赴香港、澳门进行工作考察。其间，拜访中央人民政府驻香港、澳门联络办公室，就有关工作进行交流，召开香港、澳门代表人士座谈会，看望省政协港澳委员、省海联会港澳副会长及部分爱国社团负责人，拜会港区省级政协委员联谊会、澳门中华总商会等7个爱国社团，出席香港山东青年会义工团成立大会、香港山东商会联合总会博士分会成立庆典、澳门山东商会第三届理监事就职典礼等活动，进一步密切同港澳地区爱国友好社团和代表人士的联系，就推动鲁港、鲁澳实现更大范围、更宽领域、更深层次的交流合作达成一系列重要共识。

【助力全省统一战线“同心扶贫攻坚行动”】 圆满完成第七期“海联新农村卫生室”建设任务，在东营、莱芜、菏泽三市新建15所卫生室。深入开展“情系齐鲁•同心义诊”活动。与省扶贫办联合发文，为建档立卡贫困家庭弱视儿童实施免费救助，选派医疗队赴济宁、东营、济南等地市，为3000余名适龄儿童义务提供视力筛查，免费入院治疗156人，为贫困家庭节省治疗费用近300万元。深入开展“海联•同心助学行动”，纽约孔子基金会捐资20余万元，资助贫困家庭学生71人；澳门山东商会捐赠助学款100万港币，用于帮助困难学生；思利及人公益基金会资助的山东商职学院50名同学顺利结业，走上工作岗位。

【加强自身建设】 积极推进“两学一做”学习教育常态化制度化，狠抓理论学习、深入查摆问题、扎实改进作风，制定推进措施。重视做好信访工作，对港澳台海外人士反映的问题，多方协调，帮助解决，努力维护港澳台海外同胞的合法权益。

（李　静）

•八处•

八处（新社会阶层工作处）主要负责联系新的社会阶层代表人士以及新的社会阶层代表人士为主组成的各类行业协会、社会团体，开展新的社会阶层人士统战工作，反映其意见、建议和要求，加强教育和引导；开展新的社会阶层方面的调查研究，提出制定有关政策的意见建议；负责新的社会阶层代表人士的培养和推荐工作。

2017年八处共有干部5名，处长：张胜利。

【推动政策落地】 加大新的社会阶层人士联谊组织网络建设，省、市层面已成立25个联谊组织，基本实现全覆盖；全省137个县（市、区）建立联谊组织的县（市、区）103个，组织覆盖率超过75%。重视统战工作机构建设，全省17市已有12个市委统战部单设新的社会阶层工作科（处），增加编制25个。指导青岛市做好全国实践创新基地建设，在济南、淄博、烟台、潍坊、临沂、德州、菏泽7个市建立省级实践创新基地，以点带面、层层推进，全省新的社会阶层人士统战工作呈现蓬勃发展的良好局面。

【加强教育培训】 紧紧围绕全省统一战线思想教育新形势新任务，深入开展理想信念、践行社会主义核心价值观、向黄大年同志学习等主题教育活动，先后在山东省社会主义学院举办为期40天的新阶层代表人士进修班，与省委网信办赴井冈山联合举办网络人士培训班，与省司法厅联合举办党外青年律师骨干培训班，选调2名青年党外律师挂职济南市市中区和枣庄市山亭区法制办副主任。全年累计培训新的社会阶层代表人士2800余人。

【服务强省建设】 组织专家型代表人士，围绕“农业供给侧结构性改革”“‘一带一路’建设与对外开放”等无党派人士重点课题开展调研、建言献策。指导第三方圆满完成2017年度“泛海扬帆山东大学生创业行动”，建立全国首个“泛海扬帆”大学生创业示范基地，成功举办“2017年度泛海扬帆创业大赛”“山东社会组织帮扶青年创业论坛”和首届“创客节”，积极开展“百名律师助力帆友远航”活动，探索出一条社会组织帮扶青年创业新模式。

【精心打造品牌】 聚焦走在前列，精心打造新阶层工作品牌。启动开展“新阶层 党旗红”品牌创建活动，以党建带统战、以统战促党建。2017年年底，创建活动取得阶段性成果，省、市两级统战部联系的1764个新阶层组织，新建党的基层组织353个。启动开展“山东新阶层大讲堂”品牌创建活动，组织新阶层专家团队进学校、进企业、进社会组织，送课上门。全年举办11期大讲堂，3000余人受教育。启动开展“山东新阶层专家服务团进社会组织”品牌创建活动，支持社会组织实施法律顾问制度，指导70名律师与100个社会组织签约。与省司法厅联合发文，创建活动在全省铺开。启动开展“同心惠民”品牌创建活动，引导代表人士投身全省统一战线扶贫攻坚战，深入开展送医疗、送法律、送文化、送科技下乡等活动。动员代表人士筹措150余万元用于精准扶贫项目。

【构筑网络阵地】 重视加强“红色网军”建设，组建一支60余人的网评员队伍。打造并用好“山东新阶层”“山东省社会组织联合会”微信公众号，加大宣传力度，扩大社会影响。精心制作网络人士《喜迎十九大 同心跟党走》微视频，被人民网和中央统战部微信公众号“统战新语”发布。引导网络人士运用网站、微博、微信、手机客户端以及省内大众网等新媒体平台，主动净化网络空间，充分发挥意识形态领域正向引领作用。

【加强自身建设】 着力加强支部思想建设、组织建设和作风建设，严格落实“三会一课”制度，认真完成机关党委安排的学习教育规定动作，坚持抓好支部学习自选动作，扎实推进“两学一做”学习教育常态化。探索党建新思路，把支部建设与新的社会阶层组织党建有机结合起来，把支部建设与业务工作贯通起来，以党建带工作、以工作促党建，双促进、双提高。不定期编印特色学习资料，丰富学习内容，提高学习质量。严格遵守中央和省委党风廉政建设规定，强化纪律意识、规矩意识，特别是与党外代表人士交往过程中，坚决做到清正廉明、洁身自好，切实维护统战干部的良好形象。

（刘德民）

•机关党委（纪委）•

机关党委（纪委）负责部机关及直属单位党的思想、组织、作风建设和纪律检查工作；负责部机关及直属单位、省各民主党派、省社会主义学院及有关社会团体的党员教育管理；负责部机关离退休人员的管理、服务工作；领导部机关、省各民主党派、省社会主义学院及有关社会团体的群团工作。

2017年，机关党委（纪委）实有干部4人，机关党委专职副书记：耿汝新；机关纪委书记：张卫国。

【全面落实从严治党主体责任】 认真落实全面从严治党要求，注重发挥关键少数作用，积极协助部领导班子履行主体责任，把旗帜鲜明讲政治贯穿到落实党建主体责任的各个方面、各个环节。充分发挥党建工作领导小组职能，部务会全年专题研究党建工作13次，党建工作领导常态化、规范化水平不断提升。省委常委、统战部部长邢善萍同志严格履行党建工作第一责任人职责，亲自交任务、压担子、靠上抓，对重要工作专题研究、亲自部署；主持召开省直统战系统加强党风廉政建设推进全面从严治党座谈会，督促各部门（单位）切实提高政治站位和工作标准，以严的措施和实的行动落实全面从严治党要求；带头以普通党员身份参加所在党支部组织生活，亲自抓细抓实“三强三好”支部建设。部领导班子成员认真履行“一岗双责”，切实抓好分管领域党建工作。部主要领导与部领导班子成员，部领导班子成员与分管处室、单位负责同志层层签订《党风廉政建设目标责任书》，机关党委书记与各党总支、党支部书记签订《党建工作目标责任书》，传导压力，强化责任。

【深入学习贯彻党的十九大精神】 党的十九大开幕后，部领导班子第一时间收听收看、传达贯彻大会精神，省委常委、统战部部长邢善萍同志主持全体党员会议和中心组学习，并提出明确要求。党的十九大代表、常务副部长赵强同志以亲身经历向全体党员传达宣讲大会精神。部领导班子成员分别深入分管领域、部门，带头学习贯彻大会精神。及时研究制定《关于深入学习宣传贯彻党的十九大精神的实施方案》，采取机关党委统筹安排与各支部自行组织相结合、专题辅导与学习研讨相结合、研读原文与交流体会相结合、集体学习与个人自学相结合及组织网上知识测试等形式，及时把学习引向深入。在部门户网站开通“学习党的十九大精神在线测试”专栏，丰富学习形式、确保党的十九大精神内化于心、外化于行。

【全面加强部理论学习中心组集体学习】 严格执行《省委统战部关于进一步加强部中心组理论学习的意见》，认真制订中心组年度学习计划和配档表，并根据形势任务需要制定学习党的十九大精神和推进“两学一做”学习教育常态化制度化专题学习方案，突出理论武装、成果转化、实践运用三个环节，综合运用集中学习、辅导报告、交流发言等多种形式，不断增强学习实效。每逢中央、省委召开重大会议、出台重大政策、开展重大活动，部领导班子都坚持深学一层、先行一步，带动全体党员干部及时学习贯彻。全年中心组开展集中学习19次。

【扎实推进“两学一做”学习教育常态化制度化】 制定并印发《关于推进“两学一做”学习教育常态化制度化实施方案》，列出时间表、路线图，明确要求、细化职责。先后召开动员会、推进会、调度会，推动工作开展。开展“不忘初心、永葆本色”主题党日活动及庆祝建党96周年系列活动，组织党员干部到红旗渠干部学院开展现场教学，到山东省党史陈列馆参观并重温入党誓词。领导班子成员带头为分管处室单位党员讲党课，探索党支部书记讲“微党课”并收到良好效果。编印《红色经典诵读推荐篇目》，开展经典诵读，传递正能量。

【严格落实基层党组织各项基本制度】 把健全落实“三会一课”、组织生活会等制度作为加强基层组织建设重要基础工作来抓，采取建立支部工作档案、定期检查和约谈等办法着力抓好落实。坚持每季度至少召开一次党支部书记会议，调度支部工作开展情况，交流经验、部署工作。严格落实党员领导干部参加双重组织生活要求，部领导班子成员全部参加所在支部组织生活会，并列席分管处室单位支部组织生活会。扎实做好基层党组织和党员基本信息在线采集，用好“灯塔—党建在线”综合管理服务平台，积极推进党员在线学习。加强分类指导，研究制定《关于进一步加强民主党派省委机关中共基层党组织建设的若干意见》和《关于加强离退休干部党组织建设的若干意见》，有力推动党建工作规范化制度化建设。持续提高党费收支管理规范化水平，确保党费及时上缴、合理支出、合规使用。

【切实加强党支部班子队伍建设】 及时安排部署机关党委所属党总支、党支部换届工作，29个支部成功换届，新成立7个党支部，设立11个党小组，一批年富力强、经验丰富、作风扎实的党员担任支部书记、副书记、委员。及时举办培训班，对新当选的67名党务干部进行专题培训，进一步提升履职能力和素质。扎实开展党委书记和党支部书记抓党建述职考核评议工作，党委书记向省委省直机关工委书面述职，并顺利通过省直机关工委督查组考核；所有党支部书记均进行会议述职。

【着力提升党员干部素质能力】 制定并印发《关于开展“聚焦走在前列 争创品牌工作”活动的实施方案》，召开动员会和推进会，组织各党支部和全体党员把握走在前列目标定位，对照先进、查找差距、明确方向、狠抓落实，确定创品牌任务96项，制定整改措施218项，营造起比学赶超、争创一流的浓厚氛围，业务工作质量稳步提升。在“同心扶贫攻坚行动”中进一步深化党员干部与临清市“第一书记”帮包村困难家庭的结对联系，建党节前夕组织到帮包村走访慰问，并成功申报“第一届省直机关最佳志愿服务项目”。

【深入整改机关作风建设中的突出问题】 高度重视巡视整改工作，及时研究制定巡视整改工作方案，巡视整改工作方案中关于机关党建工作的4项内容均得到落实。制定印发《关于切实解决机关作风建设中存在突出问题的实施方案》，以工作纪律和会议纪律为切入点，采取突击检查与抽查、明察与暗访相结合等形式，对部机关、直属单位及各民主党派省委机关进行多次督导检查，以刀刃向内的精神切实解决机关作风建设中存在的6个方面突出问题，机关作风持续向好。

【大力营造健康向上的文明建设氛围】 认真开展理想信念、公民道德及政策形势教育，倡导社会主义核心价值观，开展中国特色社会主义和“中国梦”宣传教育活动。组织开展“身边的道德模范”评选，举办“道德讲堂”，通过部门户网站倡导文明风气。组织开展“我们的节日”主题活动，举办庆祝妇女节女性健康讲座和观影活动，庆祝儿童节亲子经典诵读活动。成立省委统战部志愿服务队，组织党员干部开展义务植树、无偿献血等活动。积极回应民主党派省委机关干部职工关切，将民主党派省委机关纳入部机关文明单位申报管理范围。扎实做好文明单位申报考核管理工作，成功保持省级文明单位称号。

【充分发挥群团组织作用】 切实加强工会组织建设，认真贯彻落实《工会法》和总工会有关要求，维护职工合法权益，主动做好职工庆生和干部职工福利发放工作。认真落实困难干部职工救助制度，看望慰问生病住院、家庭困难的职工20余人次，救助困难职工13人次。按时、按规定收取、上解、支出工会经费。积极组织参加省委省直机关工委组织的“健步走”比赛，荣获优秀组织奖。积极参加省直机关篮球比赛、游泳运动会、乒乓球比赛、桥牌培训班等，提升干部职工身心素质，倡导健康生活理念。

【扎实做好离退休干部管理服务】 认真执行中办发〔2016〕3号文件和鲁办发〔2016〕37号文件规定，落实离退休干部各项待遇。重阳节前夕，省委常委、统战部部长邢善萍同志主持召开机关离退休干部座谈会，与老同志亲切座谈。及时组织老同志学习中央、省委重要会议和文件精神，对行动不便的老同志进行“送学上门”。按期进行离退休人员党支部换届，配齐配强支委班子。认真做好老同志走访慰问、生日庆祝、疗养、书报发放等工作，春节、重阳节期间，部领导亲自带队走访老同志。先后组织老同志到德州市宁津县、枣庄市台儿庄区开展参观考察等活动，丰富老同志的退休生活。

（张　旭）

·省民主党派机关联络服务处·

山东省民主党派机关联络服务处是省委统战部管理、省财政全额拨款的处级法人事业单位。主要职能是：为各民主党派省委机关提供公共事务和行政事务服务，了解反映各民主党派省委的意见建议；承担民主党派机关中的中共总支的党务工作；负责协助各民主党派机关与省委、省政府及有关部门行政事务的联系和驻地有关部门、单位的综合协调工作；做好省委统战部和各民主党派省委有关会议保障工作；协助做好民主党派、统战团体机关的文件、机要的收发和计划生育等工作；代表民主党派机关联络相关单位；对民主党派机关办公大楼进行统一管理，代理办公大楼管理委员会行使日常工作职能；完成省委统战部交办的各项工作等。

2017年联服处实有干部职工12人，处长：徐光。

【安全管理工作】 成立安全管理小组，设置专职安全责任岗并明确职责，充实强化大楼安全管理力量；修订完善安全管理规定及应急预案，协助大楼管委会与驻楼各单位签订《安全管理责任书》，让“安全责任重于泰山”意识入脑入心。主动排查风险、消除隐患。首次聘请专业消防检测公司对大楼进行消防和强弱电检测并做安全评估，根据评估反馈意见进行整改；协调电梯公司更换服役到期钢丝绳，及时做好电梯的各项中期检修、维护；对公共区域物品摆放和高空置物进行专项巡查，确保消防通道畅通。消防安全工作在国庆节期间历下区消防大抽检中顺利达标，得到消防部门充分肯定。

【服务保障工作】 多方征求意见。采取召开大楼管委会议等多种方式征求驻楼各单位领导和机关同志对工作的意见建议，查找不足、及时整改。服务工作力求精细化。定期保养维护车辆，截至2017年底长途安全用车30余次、4000余公里；全年圆满完成大型会议保障44次，中小型会议保障近60场，其间接待刘家义书记、郭树清省长、省纪委陈辐宽书记、新老部长邢善萍与吴翠云等省级领导和多位副国级领导；全年大楼共完成零星工程和维修工作1000余项，各类设施设备运行良好；机要信函及报纸杂志收发200余种、3万余份次，全年无差错；前台服务人员共接待普通来客近万人次，无任何投诉；协助部办公室、一处、五处、八处、机关党委等处室做好各类会议保障和文件传递等工作。食品安全高标准。餐厅严格按照“A级餐厅”要求落实餐饮规章制度，全年保障就餐3万余人次。在食药所的达标突击抽检中，顺利通过检查，继续保留A级资质。

【联络协调工作】调整编制。在部领导关心和干部处的支持帮助下，协调省编办调整新增管理岗位编制3个。提供舒心环境。抓住海绵工程有利时机，修建高标准自行车棚，并安装防水充电插座，有效解决停车难、乱的“老大难”问题；安装值班岗亭，既改善保安队员工作条件，又增添党派大楼新风景；聘请专业公司排查解决困扰多年的办公楼通风系统故障、餐厅地面漏水等问题；为四楼会议室更换高标准音响设备，提高会议保障能力；油漆翻新办公楼党派名称标识牌，修复破损的院内大理石地面等工程；妥善处置突发事项，如供热管线泄漏、旋转门故障、自来水管线爆裂导致交通不便等，在处置突发事项的同时，主动通知联系驻楼各单位，征得理解和支持。积极做好服务协调。根据省致公党、省九三学社、省侨联、省台联、省黄埔机关等单位要求，提供办公室房间保温、粉刷，卫生间、办公室改造等各项工程辅助。加强与相关单位的沟通联系。如与省财政、省人社厅、省事管局等业务主管单位及驻地办事处、公安、城管、水务、环卫有关部门建立密切的合作关系，为党派机关提供联络服务；与历下交警合作，搭建交通违法纠正平台，为党派机关同志提供“足不出户”处理交通违法、车证年审等便利服务；与辖区派出所合作，为新录用公务员及子女办理户口落户、开具户籍证明30人次等。

【基层组织建设】根据部机关党委要求，制订并细化党派总支“两学一做”实施方案和政治理论学习实施细则，研究制定《关于进一步加强民主党派省委机关中共基层组织建设的若干意见》。履行党派总支办公室职能，开展具有党派机关特色的党建活动。如组织总支所属党员赴济南女子监狱进行现场警示教育、开展党群共同参与的乒乓球比赛、党员读书笔记展览、组织有关支部到济南航修厂进行国防教育等，一系列工作和活动强化党员意识、提升党员干部党性修养。充分发挥支部战斗堡垒作用。严格贯彻民主集中制原则，涉及岗位设置、大额资金支出、重点项目建设、资产处置、物资采购等重大事项一律提交支委会研究决定；认真组织排查廉政风险点，严格落实各项防控措施；严格落实组织生活会制度，深入开展批评与自我批评，筑牢党员干部“不能腐、不敢腐、不想腐”的思想防线；组织党员开展重温入党誓词、默写入党誓词活动，让每位党员牢记使命、不忘担当；根据年初工作计划接收预备党员1人。精心组织、周密部署圆满完成党派机关党总支及本处支部换届工作，增设支部纪检委员和学习委员。

（徐　光）

•信息中心•

山东省委统战部信息中心（以下简称“信息中心”）是正处级公益一类事业单位。主要职能是：负责省委统战部门户网站的建设、运行和维护；负责省委统战部电子政务内网规划、建设、运行、维护、网络信息安全保障体系建设和监管；负责省委统战部网上办公系统开发、建设、使用、维护；负责省委统战部电子政务内网中应用软件的开发、使用和维护；负责省委统战部机关办公电脑的日常维护；统筹全省统战系统信息化建设工作；完成省委统战部交办的其他工作任务等。

2017年，信息中心实有工作人员5名，主任：周芳。

【部门户网站管理工作】结合新形势下统战工作实际，对网站进行改版，改版后的网站栏目设置全面、功能方便实用、页面简洁美观、安全保密管理规范，更加凸显统战工作特色。在部门户网站设置“网学统战”“政策阐释”等栏目，开设主题活动专栏，利用网络优势宣传党的统战理论、展示工作情况、推广经验做法。进一步加强网站管理，进行日常“拉网式”排查，杜绝错误思想观点通过门户网站传播扩散，营造清朗网络空间。加强门户网站安全管理，强化防火墙、防病毒网关、入侵检测等技术防护手段，做好日常检测、数据备份等工作，保障门户网站安全稳定运行。

【部电子政务内网建设工作】编制《省委统战部电子政务内网建设总体方案》，报省电子政务内网领导小组办公室和省委保密办审核通过；起草《省委统战部电子政务内网规章制度汇编》初稿，规范内网使用和管理。结合部工作实际，对部内网建设的整体架构进行初步规划，对内网门户网站的展现形式、办公自动化系统的功能设置形成较为明确的设计要求。了解中央统战部、部分省（市）委统战部信息中心、部分省直部门以及各市委统战部在门户网站运维管理、电子政务内网建设、办公自动化等方面的经验做法，为下一步部署统战系统信息化建设提供参考。

【保密管理工作】 定期组织保密知识学习，认真学习保密法规和部相关规定。制定信息中心保密工作制度，涵盖人员管理、涉密载体管理、涉密设备管理等内容。对处室涉密的电子和文字文档进行登记整理，做到专人专管，严防失泄密。加强部门户网站信息发布涉密管理，严格信息发布程序，认真复核需发布的信息，确保各类已发信息来源有出处、内容不涉密；采用Base64加密算法保证数据传输的安全性，消除泄密隐患。

【党建工作】 扎实推进“两学一做”学习教育常态化制度化，建立完善日常学习长效机制，制订学习研讨时间安排表，细化具体学习内容，编写学习手册。加强党风廉政建设，积极参加警示教育活动，认真排查廉政风险点，落实防控措施，形成遵规守纪的政治自觉和行动自觉。切实加强作风建设，深入查找自身存在的作风问题和薄弱环节，对因自身思想认识不足及自我要求不严导致的一些可以即知即改的问题，坚持边查边改，立行立改，取得初步成果。促进党建工作与业务工作深度融合，在“聚焦走在前列 争创品牌工作”活动中，重点查找部门户网站等方面存在的问题，制定工作目标和改进措施，取得一定成效。全面落实党建工作责任制，制定《信息中心党支部工作制度》，涵盖党支部主要职责和任务、“三会一课”制度、谈心谈话制度等方面，认真落实专题组织生活会等基本制度，规范党内政治生活；发展两名入党积极分子，处室人员齐心协力干工作，党支部的凝聚力战斗力不断提升。

【处室自身建设】 进一步学懂弄通做实习近平新时代中国特色社会主义思想和党的十九大精神，继续在读原著学原文悟原理上狠下功夫，认真掌握贯穿其中的马克思主义立场观点方法，深刻领会其时代背景、科学体系、精神实质、实践要求，进一步强化“四个意识”，坚定“四个自信”。坚持统一战线政策理论和基本知识学习，重点学习十九大报告关于统一战线的重要论述以及部领导关于统一战线工作部署的重要讲话精神，提高对统战政策的把握能力。坚定不移落实中央八项规定实施细则精神和省委实施办法，锲而不舍纠正“四风”，力戒形式主义、官僚主义，持续深入推动作风建设。加强信息化技术学习，熟悉电子政务内网建设要求，掌握网页设计、图像处理等专业技能，不断增强业务本领。结合品牌创建活动，深入贯彻落实邢善萍部长“学有榜样，赶有目标，超越自我，超越过去”的要求，寻标对标，提升标准，扎实工作，争创一流。强化责任意识，提振干事创业的精气神，主动担当，不应付、不拖沓，以钉钉子的精神做实做细做好各项工作。

（李希伟）

中国国民党革命委员会山东省委员会

中国国民党革命委员会（简称“民革”），是具有政治联盟性质的、致力于建设中国特色社会主义和祖国统一事业的政党，是中国共产党领导的多党合作和政治协商制度中的中国特色社会主义参政党。民革于1948年1月1日在香港成立。山东民革组织活动始于1950年2月。1950年9月，在中共中央山东分局帮助下，民革山东省分部筹备委员会成立。1954年10月，选举产生民革山东省第一届委员会。目前为第十三届委员会，主任委员孙继业。

截至2017年底，民革全省有14个市级委员会，2个区（县）级委员会，262个基层组织；全省党员总数为4564人。民革山东省委机关设办公室、组织部、宣传联络部、参政议政部（挂社会服务部牌子），机关编制23人。

2017年，民革山东省委在民革中央和中共山东省委的正确领导下，团结带领全省各级组织和广大党员，认真学习贯彻中共十九大和省十一次党代会精神，深入学习领会习近平新时代中国特色社会主义思想，大力加强自身建设，全面提高履职能力，各项工作都取得新成绩。

【学习贯彻中共十九大精神】 把认真学习贯彻中共十九大

精神，作为当前和今后一个时期全省民革各级组织和广大党员的首要政治任务，在学懂弄通做实上下功夫，用习近平新时代中国特色社会主义思想武装头脑、指导实践、推动工作。各级组织以高度的政治责任感和使命感，精心组织，迅速行动，利用各种宣传形式和教育手段，掀起学习中共十九大精神的热潮。

【召开民革山东省第十三次代表大会】 5月10日至12日，民革山东省第十三次代表大会在济南召开。5月10日上午，全国政协副主席、民革中央常务副主席齐续春，中共山东省委书记、省人大常委会主任刘家义出席大会开幕式并讲话。省政协主席刘伟，中共山东省委常委、统战部部长吴翠云，省人大党组书记、副主任柏继民，省政府副省长王书坚，省纪委副书记明春德等出席大会开幕式。省人大常委会副主任、民盟省委主委温孚江代表各民主党派省委、省工商联致贺词。省政协副主席、民革省委主委孙继业向大会做题为《不忘合作初心，继续携手前进，为建设经济文化强省发挥参政党作用》的工作报告。省政协原副主席、民革省委原主委周鸿兴、李德强，民革中央组织部部长叶赞平，民革中央监督委员会委员崔可贤，民革省委副主委麦康森、刘晓静、宋新强、孔维克、王伯芝、王鸣歧、徐恩虎，秘书长高贤德，副巡视员何桂兰，民革省委原副主委王孔杰、王洁贞等出席会议。5月11日，民革山东省第十三次代表大会选举产生民革山东省第十三届委员会和出席民革第十三次全国代表大会的代表。5月12日，民革山东省十三届一次全委会会议召开，孙继业当选为第十三届委员会主任委员，刘晓静、宋新强、孔维克、王伯芝、王鸣歧、徐恩虎、薛长湖当选为副主任委员。民革山东省十三届一次常委会议任命高贤德为民革山东省第十三届委员会秘书长。同日，民革山东省第十三次代表大会胜利闭幕。

【开展“不忘合作初心 继续携手前进”主题教育活动】 把“不忘合作初心，继续携手前进”主题教育活动作为统领全省各级组织各方面工作的凝聚点、着力点和落脚点。全省各级组织坚持以“不忘合作初心,继续携手前进”主题教育活动为统领，以转变作风为重点，举办主题教育活动动员会、推进会、报告会等一系列形式多样的活动。开展“观故居，走多党合作之路”活动。编辑《实践者行——民革优秀党员报道集（山东篇）》。

【推动“民革党员之家”建设】 以“民革党员之家”为抓手，把党员拢在一起，把党员的心聚在一起，不断增强民革组织的凝聚力。以新泰民革党员之家建设经验为典型，结合济南、莱芜、部分省直支部等党员之家建设的经验和特色，总结经验和模式，撰写调研报告，被《联合日报》等宣传报道。14个市级组织和多个省直支部已经建成或者正在筹建“民革党员之家”。

【做好宣传工作】 团结报、大众日报、联合日报、山东广播电视台以及民革中央、省委统战部的微信公众号等媒体报道民革山东省第十三次代表大会。山东电视台及省级以上报刊播报、刊发民革新闻消息100余篇，获山东政协新闻奖三等奖一次。在民革中央网站发稿600余篇，发稿量名列民革省级组织前列。出刊《山东民革》杂志四期。

【推进组织建设】 按照“坚持政治标准，提高发展层次，注重发展质量，保持民革特色”的原则，继续规范组织发展有关程序。2017年全年发展党员282人，净增长率为5.97%，其中中上层人士占50.7%，大学及以上学历的占83.3%，平均年龄40.6岁，有民革特色和界别分工内人士占30.5%，党员整体素质不断提高，结构不断优化。

深入贯彻落实《各民主党派省委关于加强领导班子自身建设座谈会纪要》精神，完善领导班子议事规则，建设政治坚定、民主团结、工作高效、关系和谐、廉洁自律的领导集体。制定《民革山东省委主委办公会议制度》，议事决策机制得到进一步完善；发挥理论学习中心组的示范带头作用；认真贯彻落实中央“八项规定”精神和民革省委《关于加强作风建设的决定》；建立省委领导班子成员联系基层组织制度。新成立省直地矿能源支部。

以举办培训班和挂职锻炼为重点，大力加强后备干部队伍建设。举办全省2017年党员骨干培训班，推荐14名省委委员参加第十九期全省民主党派领导干部进修班，推荐7名骨干党员参加中央统战部、民革中央和省委统战部组织的培训，推荐1名省委机关干部到省级党外代表人士实践锻炼基地挂职锻炼。2个集体、6名个人被民革中央表彰为“民革全国组织建设工作先进集体、先进个人”。

【加强作风建设和机关建设】 认真学习贯彻习近平总书记对中办工作提出的“五个坚持”的要求，民革省委机关着力开展“加强三化建设、提高四个能力、建设五型机关”工作，抓学习、促和谐、重服务、讲协作、提效率。省委机关严控“三公经费”，公开年度预算决算；通过省保密局检查验收；推进“学习型机关”建设；机关志愿者服务队多次开展送医送药下乡；机关工会多次组织文体活动，慰问生病职工。在井冈山红色文化教育学院举办民革全省机关干部培训班。积极参与中央“民革e家”信息交流平台建设；完善文明单位工作机制，成立机关妇女委员会和青年委员会。

【认真履行参政议政职能】 以民革省委名义向省政协十一届五次会议提交提案10件，大会发言6件。其中《关于大力发展我省康养产业的建议》的提案，得到中共省委、省政府、省政协领导的批示。《完善顶层设计，分步实施推进，构建我省长期护理保险制度》调研报告，荣获2016-2017年度“省各民主党派、工商联及无党派人士重点调研课题优秀成果一等奖”。《关于进一步规范我省中小学教辅材料评议制度的建议》《关于加快推进我省医疗责任保险实施步伐的建议》，得到中共山东省委书记刘家义同志的批示。

积极开展民主监督。根据省政府办公厅部署，组织专家组对济宁、菏泽等市气代煤电代煤情况明察暗访，报告获中共山东省委书记刘家义批示。贯彻落实中共山东省委方案部署，重点围绕环境公益诉讼试点工作开展民主监督，主要领导带队到省法院、省检察院、省环保厅等单位和东营、临沂、德州等市调研，形成调研报告报中共山东省委。

采集社情民意信息552篇，向民革中央、省政协、省委统战部报送信息388篇。其中，7篇被全国政协采用，11篇被民革中央采用，2篇被中共山东省委《报中办信息》采用，206篇被省政协采用，4篇被省委统战部《议政建言集萃》采用，在全省政协系统蝉联第一。济南、青岛、临沂等市委报送的8篇建议被中央统战部采用。4个集体、6名个人被民革中央表彰为“民革全国参政议政工作先进集体、先进个人”。

【开展社会服务活动】 组织党员企业家和农业专家到贵州纳雍参加精准扶贫推进会，在农业和教育领域对纳雍县进行帮扶。积极开展“伸出博爱之手——民革基层组织牵手困难群众”活动。7月，民革省委联合莱芜市基层委员会到莱芜战役指挥所所在的莱城区辛庄镇石湾子村开展送医送药活动，诊治300余名群众，免费发放价值10000元的药品。民革青岛市委“中山义工”成为响亮的社会服务品牌。民革日照市委捐建第75处“民革•同心井”。民革新泰市基层委员会主委李海燕被山东省扶贫开发领导小组表彰为2017年全省脱贫攻坚先进个人。省直法律支部建立齐鲁遗嘱库，免费为60周岁以上的老年人提供遗嘱服务。

6个集体、7名个人被民革中央表彰为“民革全国社会服务工作先进集体、先进个人”。

【开展书画联谊、文化惠民等活动】 山东中山书画院到章丘文祖三德范村开展送文化进万家活动；赴临沂莒南举办“喜迎十九大、庆祝党的生日和香港回归20周年”书画笔会活动。民革省委主要领导率省政协委员艺术团、山东民革中山书画院的艺术家赴潍坊市开展“喜迎十九大 书乐颂国庆”文艺演出和书画笔会活动。

【促进祖国和平统一】 民革省委主要领导在济南会见台湾“中华青年发展联合会会务干部参访团”。民革省委驻会领导带领农业专家参加“第九届海峡论坛·两岸乡村农田水利建设交流会”。参加“两岸青年创新大联盟”会议，民革省委作为“联盟”的单位会员，积极着手推动两岸青年创业、就业、实习、培训、农业合作、体验式交流等多领域工作，祖统委员会积极开展调研。民革济南市委承办“2017海峡两岸中华插花艺术展”。民革青岛市委联合香港美术家协会等在香港举办“庆祝香港回归20周年书画展”，在澳门召开“青岛、澳门书画家艺术研讨会”。省直法律支部与来鲁考察的台湾调解联合总会一行座谈交流。莱芜市基层委员会主委刘英才赴台参加鲁台针灸高峰论坛。

（杨吉锋）

中国民主同盟山东省委员会

中国民主同盟（简称民盟）是中国共产党领导的爱国统一战线的组成部分，是同中国共产党通力合作的参政党，是主要由从事文化教育以及科学技术工作的高、中级知识分子组成的，具有政治联盟特点的，致力于建设中国特色社会主义事业的参政党。民盟山东省委员会（以下简称民盟省委）成立于1963年，截至2017年底，有市级委员会17个，县级委员会4个，基层组织357个，盟员12029人。其中，盟员中有“两院”院士2人，长江学者2人，千人计划1人，泰山学者16人，高校校（院）长6人，各级人大代表、政协委员1129人。民盟山东省委机关设办公室、组织部、宣传部、参政议政部（加挂社会服务部牌子）4个部室，行政编制25人，工勤人员编制4人。

【民盟山东省第十次代表大会】 6月20日至21日，民盟山东省第十次代表大会在济南召开。全国人大常委、民盟中央副主席张平，中共山东省委常委、秘书长胡文容分别代表民盟中央和中共山东省委到会祝贺并致辞。山东省人大常委会副主任、民盟九届省委主委温孚江致开幕词。农工党省委主委段青英代表各民主党派省委、省工商联向大会致贺词。王修林代表民盟山东省第九届委员会做工作报告。大会审议通过民盟山东省第九届委员会工作报告和第十次代表大会决议。6月21日，会议选举产生民盟山东省第十届委员会和出席民盟第十二次全国代表大会代表。民盟山东省第十届委员会委员61人，以教育、文化、科技界为主，占57.38%，在政府机关、人大、政协任职的占19.67%，经济界人士占6.56%，盟务工作者占16.39%。研究生以上学历的占70.49%，具有博士学位的19名，占31.15%。平均年龄为51.2岁，女委员占24.59%。十届一次全委会选举王修林为主任委员，安利国、董利忠、崔大庸、侯桂华(女)、吴立新、田兴松为副主任委员。

【理论学习和专题教育】 通过座谈会、专题学习等形式认真开展学习。中共十九大召开后，民盟省委第一时间组织专题学习，召开常委会研究制订学习宣传贯彻方案，举办主题征文活动，采取分散与集中相结合的方式开展专题宣讲和培训。网站、《山东民盟》、微信公众号等设置专题或专栏。领导班子成员带头撰写理论文章，《从“长宽高”三个维度把握新时代》等发表在大众日报、《群言》、民盟中央微信公众号等媒体上。

开展“不忘合作初心，继续携手前进”专题教育。民盟省委组织骨干盟员到“中共一大会址”“黄炎培故居”“费孝通纪念馆”等爱国主义教育基地、民盟传统教育基地接受党史、盟史教育，邀请中共中央统战部、中央社院等有关领导和专家讲授多党合作历史、习近平总书记系列重要讲话精神等课程。3月，民盟青岛市委主委吴立新院士以“全面推进海洋强国战略与21世纪海洋科技发展”为题主讲山东统一战线“同心讲坛”第二十二期报告会。各市级组织举办主题培训班、庆祝地方组织成立纪念活动、编写盟史、举办“学盟章，读盟史”等活动。

【宣传工作】 在《人民政协报》《大众日报》及各市党报等主流媒体发表稿件120余篇，获得山东政协好新闻奖二等奖等宣传奖项2项。建立网络宣传通讯员队伍，微信公众号“鲁盟微讯”推送稿件132篇，阅读量超过4万。网站上传稿件827篇，访问量达18.5万余人次，报送民盟中央宣传稿件491篇。《山东民盟》编印5期，开设新的特色栏目，与《乐游齐鲁》合作推送盟员艺术家风采。8月，山东民盟书画院联合民盟泰安市委在泰安美术馆举办“翰墨泰山——喜迎十九大暨庆祝山东民盟组织建立70周年书画展”，成立山东民盟书画院德州分院。10月，民盟省委在济南举办“喜迎十九大书画笔会暨山东民盟书画院2017年会”。全省各市级组织建有7个网站、8个微信公众号、12个书画院。在中共省委宣传部、省政协等单位联合举办的“全民阅读•委员立行”活动中，民盟省委获评“优秀组织者”。

【理论研究及盟史整理】 承担民盟中央“吴富恒”“曾呈奎”两项盟史人物研究课题以及《党外代表人士队伍现状及问题研究》等省政协、省委统战部课题。2月，在全省统战部长会议上，民盟省委被评为全省统战理论调研宣传“四新工程”先进单位。《关于推进基层协商民主制度化的途径探索》获得优秀理论调研成果二等奖，《山东民盟贤达（修订版）》获得优秀宣传成果二等奖。《李相符小传》获2016年度民盟中央理论研究课题三等奖。《民盟山东省委参加政协民主监督的实践与思考》在省政协举办的理论研讨会上做大会交流发言。完成《山东年鉴（2017）》《山东统一战线年鉴（2017）》民盟部分的撰稿工作。

【参加中国共产党领导的政治协商】民盟省委领导多次出席中共省委、省政府和有关部门召开的高层协商会、情况通报会、座谈会，省人大组织的立法协商和省政协组织的对口协商活动，围绕2018年山东省重点工作、山东经济工作安排等事关全局的重大问题和省第十一次党代会报告、政府工作报告等重要文件，提出意见建议。其中，组织编制行业全覆盖的主要污染物产污强度环境准入等绿色产业指标体系的建议被纳入省2018年经济工作部署中，组建海洋资产证券化管理公司、设立一二三产业融合发展引导基金两条建议被省主要领导批示并被纳入有关部门决策研究中。

【议政建言】在省政协十一届五次会议上，民盟省委提交10件集体提案和5篇大会发言。其中，《关于标本兼治做好教育精准扶贫的几点建议》《关于规范政府购买服务工作的几点建议》2件提案被列为重点提案，省教育厅、财政厅分别到民盟省委进行面复。省政协组织有关政府部门召开《关于标本兼治做好教育精准扶贫的几点建议》专题论证会，对提案落实进行研究。探索建立专题信息直报制度，盟省委、市委会、基层组织三级联动的工作机制，组建基层组织全覆盖的社情民意信息员队伍，分别向民盟中央、省政协和省委统战部报送信息275篇、327篇和26篇。其中，中科院院士、民盟省委副主委吴立新倡议发起、45位院士联名提出的《关于加快建造中国大洋钻探船的建议》得到中共中央总书记习近平、国务院总理李克强批示，国家发改委等七部委予以立项审批。《关于加快国家创新体系建设发挥企业技术创新主体作用的建议》得到中共省委书记刘家义批示。《加快建立大气臭氧污染协同综合治理机制的建议》等3篇信息被全国政协采用并转送有关部门办理。《关于建立油气勘探开发企业土地退出机制的建议》等3篇信息被中央统战部采用并报送党和国家领导人。

民盟省委获民盟中央“参政议政工作优秀成果奖”“反映社情民意信息工作先进单位三等奖”以及省政协“反映社情民意信息工作先进单位”。12月，召开参政议政工作会议。

【民主监督】民盟省委参加中共省委交办、省委统战部组织，民盟省委牵头，各民主党派共同参与的“双代煤”督查工作，各民主党派督察组集中对济宁、菏泽两市工作推进情况进行明察暗访，形成提交2份书面汇报材料和1份汇总各党派督查情况的查访报告。查访报告得到刘家义书记和李群常务副省长的批示。民盟省委还针对“我省大气污染综合治理”情况开展民主监督，到省环保厅等部门、章丘区等地开展实地调研，完成专题报告。

【重点课题调研】民盟省委先后就新旧动能转换、生态文明建设、保障和改善民生、推动海洋实体经济和现代金融融合发展等重点课题，与省环保厅、农业厅、经信委等12个政府部门进行沟通交流，到济南、青岛等地开展15次实地调研，召开20余次座谈会，形成10余份调研报告。部分报告转化成意见建议，通过高层协商等方式提交省委省政府，部分转化成信息或提案报送民盟中央和省政协。完成中共省委委托重点调研课题“加快新旧动能转换，实施创新驱动战略，推进我省农机装备产业转型升级”。

【社会服务工作】 扶贫助学。按照民盟中央对口帮扶毕节的要求，组织盟员企业家到毕节市七星关区开展民盟“同心助学”及扶贫调研活动，邀请毕节部分学生来枣庄参加“民盟乡村少年科学营”，盟员企业对捐建的“民盟儿童心理健康云平台”进行升级维护。连续第11年对口帮扶宁津，在捐资助学的基础上，捐建助力天使关爱留守儿童帮扶平台。

开展“农村教育烛光行动”。连续第六年举办“民盟乡村少年科学营”，在枣庄市薛城区舜耕中学为70名农村初中生进行为期8天的科学启蒙训练。在烟台、日照促成民盟远程教育“烛光行动·千校计划”落地，26所学校获赠价值1000万余元的优质教学资源。青岛民盟为195名青海少数民族学生举办为期半年的免费培训。

开展“黄丝带”帮教工作。在山东省第二女子监狱举办《关爱女性健康——乳腺癌的防治》知识讲座，进行现场义诊，组织盟员艺术家多次到监狱和戒毒所举行文艺演出。

【组织建设】 组织发展方面，2017年新发展盟员655人，净增率5.03%，平均年龄37.74岁，其中具有大学以上学历的占94.35%，具有中高级以上专业技术职称的占54.2%，文教科技等主要界别占60.32%。加大力度发展高层次人才和有发展潜力的优秀青年人才（简称高优人才），制定人才条件、发展重点、数量等要求，共发展高层次人才119人、80后有发展潜力的优秀青年人才151人，其中杰青1人，高优人才占新盟员人士的比例达41%。教育培训方面，建立完善民盟省委培训体系。举办领导班子、机关部门负责人、新盟员培训班，培训学员270余人次。推荐盟员参加省级以上各类党外干部学习培训81人次。民盟各市委会培训盟员3540人次，培训率达到29.5%。在选拔使用方面，调整新建15个专委会，组建10个专题调研组。在政治安排推荐方面，积极与各市委统战部、各主要单位沟通，争取省委统战部支持，推荐优秀代表性盟员担任全国、省人大代表和政协委员。基层组织建设方面，继续推行新盟员支部做法，新建立16个新盟员支部。济宁、威海、日照等新成立9处盟员之家。截至2017年底，全省共有14个市级组织建有盟员之家81个。

【机关建设】 民盟省委围绕做政治过硬的机关工作者，通过开展专题学习、青年读书会、专题培训、项目实训等方式，深入学习贯彻习近平新时代中国特色社会主义思想、中共十九大精神等，提高政治站位。围绕工作效率水平的提升，加强制度化规范化程序化建设。补充修订完善40余项制度，建立周机关办公会、月主委（办公）会、季常委会、年全委会的规范化会议体系，健全岗位责任制，修订收文、发文等多项工作流程。围绕优良作风建设，按照“做在平常、做在经常、做在日常”的要求，严格考勤制度，规范办公内务。围绕争先创优，建立“寻标、对标、定标、分标、追标、创标”工作机制，打造机关宣传文化走廊，探索创建“鲁盟366”机关工作品牌。

（刘　磊）

中国民主建国会山东省委员会

中国民主建国会（简称民建），是主要由经济界人士组成的、具有政治联盟特点的政党，是接受中国共产党领导，与中国共产党通力合作的中国特色社会主义参政党。民建山东省级组织于1956年8月27日在济南成立，称“民建山东省工作委员会”。民建山东省委员会于1980年5月正式成立，至今共召开9次代表大会。截至2017年底，全省民建共有会员7801人，地方组织20个。其中省级组织1个，省辖市级组织15个，县级组织4个。基层组织395个，其中基层委员会17个，总支16个，支部362个。民建山东省委机关设办公室、组织部、宣传部、参政议政部（社会服务部），编制22人，其中，行政编制19人，工勤编制3人。

2017年，民建山东省委牢牢把握新时代、新目标赋予的新使命，在民建中央和中共山东省委的领导下，聚焦富强山东、美丽山东伟大事业，聚焦发展不平衡不充分的现实问题，强化使命担当，认真履行参政党职能，各方面工作取得新成绩。

【巩固共同思想政治基础】 迅速掀起学习中共十九大精神热潮。民建省委及时组织收看大会盛况，发出学习通知，制订学习方案、培训方案、宣传方案。主要负责同志亲自抓规划、抓推动、抓指导，坚持以思想教育促学习，以参政议政促贯彻，以自身建设促落实。会刊、网站开辟专栏，及时反映开展学习十九大精神的情况。学习实践活动深入开展。民建省委组成调研组，赴各地对学习实践活动开展情况进行综合调研，加强指导。组织省直骨干会员、机关干部赴黑龙江开展“不忘合作初心，继续携手前进”专题教育培训。召开全省民建学习实践活动座谈会，深入交流经验做法。开展学习实践活动主题征文，征集文章70余篇，会刊及山东民建网站选登20余篇，荣获民建中央优秀征文5篇，民建省委荣获民建中央主题征文组织奖。思想宣传工作水平全面提升。加强全媒体建设，开通“山东民建”微信公众号，与民建省委官网、会刊、年志等组成全媒体平台。持续对网站进行改版升级。做好会刊编发工作，完成年志《山东民建2016》的编印发行。全省民建共在省以上媒体发表各类文章1500余篇（次），荣获民建中央新闻宣传工作先进集体一等奖，网站工作先进单位三等奖，省政协新闻评比二等奖。理论研究成果丰富。发挥省理论研究工作委员会作用，广泛发动、积极推进理论研究工作，形成学理论、讲理论、用理论的良好氛围。荣获省委统战部四新工程优秀理论调研成果奖3个；荣获民建中央重点理论课题“民主党派民主监督”一等奖（1篇）、二等奖（2篇）及优秀组织奖；“从中华优秀传统文化基因中发掘传承创新工匠精神”理论研究课题二等奖（1篇）及优秀组织奖。

【推动组织建设迈上新台阶】 民建山东省第九次代表大会顺利召开。5月16日，中国民主建国会山东省第九次代表大会在济南顺利召开。大会总结过去五年的工作成绩，提出今后五年的工作规划和建议，审议通过五年工作报告，选举产生民建山东省第九届委员会，取得圆满成功。领导班子建设进一步加强。新一届民建省委领导集体站在新的历史节点上，明确新方位新使命新要求，紧紧围绕全省中心工作，积极履行参政党职能，展现出新班子的新气象新作为。坚持民主集中制原则，坚持领导班子谈心会制度。组织市级班子新老主委赴浙江、上海开展政治交接学习考察活动。地方及基层组织建设水平明显提高。加强对市级组织换届工作指导，14个市委会全部完成换届工作。7月，民建莱芜市委员会正式成立。选配一批政治素质好、工作能力强、热心会务的会员进入支部班子。13个综合支部开展内容丰富、形式多样的支部活动32次。基层组织展现出班子有思路、支部有活力的良好状态。会员发展、培训扎实有效。坚持“三为主”发展原则，严格程序，注意数量，注重质量。2017年，全省共发展会员497人，净增率为5.9%，平均年龄38.5岁。全省共有基层组织395个，会员7801人，平均年龄48.9岁，其中经济界会员6344人，占会员总数的81.3%。举办全省骨干会员和省直新会员培训班，提高新形势下会员综合素质。会内监督工作稳步推进。推动市级组织建立监督委员会，建立健全会内监督制度，努力提高监督能力和水平。机关建设不断加强。制作展板宣传社会主义核心价值观和民建价值理念，展示机关亮点工作。举办道德讲堂、经典诵读、志愿服务等活动。选派机关干部挂职锻炼，调整完善干部岗位，做好公务员遴选工作，提高干部干事创业热情和信心。增强保密意识，提高保密技能，顺利完成保密检查。严格落实八项规定精神、机关日常管理制度，提高办文、办会、办事实效，不断改进机关工作作风。

【积极履行参政党职能】 高层协商展现担当。完成相关报告和建议稿12件，在协商会、通报会、意见征询会上积极建言献策。关于“增强资本市场服务实体经济”“着力培育创新产业集群，进一步优化供需结构”等建议得到党政领导充分肯定，并被有关部门采纳。“两会”建言效果良好。加强对市委会、专委会和省直支部的议政调研活动的调度支持，共征集调研成果103件。向民建中央报送22件，有4件被作为全国政协提案采用。向省政协全会提交集体提案11件，大会发言3件，其中有1件被评为重点提案。省财政厅、民政厅等部门，采取登门办理、对口协商等方式，对提案给予积极回应，并将建议纳入决策。重点课题契合发展动态。民建省委确定“发现和再造企业核心竞争力”和“农村集体产权制度问题研究”作为年度重点课题。主委、驻会副主委分别带队赴各地开展调研活动，形成成果11件。民主监督有序开展。民建省委承担“国有企业混合所有制改革”民主监督任务，成立主委任组长的领导小组和专家组，制订专项工作方案，召开专题研讨会，主动到省发改委等有关部门对接，赴省国资委和有关企业调研，形成高质量监督报告报送中共省委。积极参与“对气代煤电代煤进展情况明察暗访”工作，实地检查落实情况，形成反馈报告，省委书记刘家义、常务副省长李群做出批示。社情民意信息量质同升。2017年共收到社情民意信息624篇，编辑上报277篇，被民建中央采用9篇，被省政协采用116篇，一批优质信息进入党政决策视野。青岛会员陈尚撰写的《关于将海洋纳入国家公园体制建设的建议》得到全国政协主席俞正声同志的批示，国家发改委等部门上门征求意见建议。民建省委被民建中央评为反映社情民意信息工作先进单位。参政议政制度建设得到加强。顺利完成专委会换届，开展金融创新、社区养老等各具特色的调研，提交各类成果64件，充分发挥参政议政专家库的重要作用。强化履职能力培训，完善制度建设。修订下发《民建山东省委参政议政考核评比暂行办法》，探索建立履职成果定期反馈制度，参政议政成果报送数量、质量明显提高。民建省委被民建中央表彰为2017年度参政议政工作先进单位。

【进一步提升社会服务水平】助力脱贫攻坚工作成果突出。民建省委组织广大会员和会员企业参与精准脱贫工作，共参与扶贫项目20个，投入扶贫资金860万余元，开展三下乡活动127次、参与人数3200余人次，资助贫困学生2600余人、资助金额390万余元，会员培训机构培训学员2.6万余人，会员企业吸纳劳动力1.1万人，为脱贫攻坚工作做出积极贡献。聚力黔西脱贫攻坚战进展顺利。按照民建中央部署，承担贵州省黔西县铁石乡青杠坝村扶贫任务。及时组织济南等驻会领导赶赴贵州，入户调研，对急难家庭进行及时帮扶，向养殖发展合作社捐赠股金。思源工程品牌建设持续深化。继续抓好“民建•爱心厨房”等品牌集群建设，确保现有品牌不断巩固、完善和扩大。推动品牌建设活动进社区、进军营、进学校，不断赋予思源品牌新内涵、新特色。由省直九支部联合中共长清区委共同组织实施“民建思源•牵手成长计划”，帮扶贫困学生，引起良好社会反响。服务企业家会员工作取得新成绩。加强会员企业情况系统分析，切实提高服务的针对性和实效性。举办“山东省新旧动能转换研究与推进”报告会，助力企业转型升级。组织会员参加“中国风险投资论坛”“非公经济发展论坛”“非公经济圆桌会议”“民建中央企业家培训班”，协助民建宁波市北仑基层委员会来鲁考察招商，促进会内交流。

（张文学）

中国民主促进会山东省委员会

中国民主促进会（简称民进），是以从事教育文化出版工作中的高中级知识分子为主的，具有政治联盟性质的、致力于建设中国特色社会主义事业的参政党。2017年，全省发展会员483人，会员总数达5517人。全省共有12个市级委员会，1个市级筹备委员会，1个县级委员会，7个省直基层委员会，16个省直支部，329个基层组织。民进省委机关编制20人，实有17人，设办公室、组织部、宣传部、参政议政部（社会服务部）。

【宣传思想】政治理论学习。围绕学习贯彻省第十一次党代会精神、习近平总书记“7.26”讲话精神和中共十九大精神及民进十二大精神，开展形式多样的学习活动。中共十九大召开后，民进省委把学习贯彻中共十九大精神摆在突出位置，采取多种措施深入推进，转发《民进中央关于学习贯彻中共十九大精神的决定》，开展中心学习组学习交流活动，发挥示范带头作用，通过发表理论学习文章、做辅导报告、开展座谈交流、举办各类培训班等多种方式导学促学，在民进全省各级组织迅速掀起学习贯彻中共十九大精神的热潮。

学习实践活动。深入开展“不忘合作初心，继续携手前进”专题教育活动，依托《山东民进》会刊、网站和“山东民进”微信公众号等平台，专栏刊发省市级领导和部分骨干会员的学习文章，积极营造开展活动的良好氛围。继续做好联系点工作，切实推动学习实践活动接地气、入人心、见实效。认真梳理总结学习实践活动经验，推动建立主题教育活动长效工作机制。在民进坚持和发展中国特色社会主义学习实践活动总结表彰大会上，山东民进有6个先进集体、3位先进个人受到表彰。

理论研究工作。深入开展多党合作历史传统记录工程，采取历史解读、口述会史、回忆文章等多种形式挖掘整理民进会史和优良作风。精心编印《同心同行——民进山东省第六届委员会工作纪实》；认真完成《山东史志》民进部分、《山东统一战线年鉴》民进部分和《民进年鉴》山东部分的编撰工作。在北京举办“同心远航——纪念山东民进地方组织成立60周年书画精品展”。在济宁举办民进全省宣传思想理论与会史工作研讨班，全面加强思想理论工作人才队伍建设。加强理论研究，课题成果用于华东六省一市工作研讨会、省政协理论研究会议交流发言，收到良好反响。

常规宣传工作。继续巩固和拓展宣传思想阵地，努力打造网站、会刊和微信公众号三位一体的思想宣传新格局。围绕民进省委换届、“机关建设主题年”等重点工作，加强宣传策划，增进报道深度，通过专题、专稿、综述、特别报道等形式，不断提高宣传的质量和水平。全年在省级和中央级媒体发稿20余篇，荣获全省统战系统“四新工程”优秀宣传成果奖。微信公众号多次排名全国各民主党派省级组织前列，

2017年被民进中央评为电子信息化建设工作先进单位。

【组织建设】领导班子建设。认真学习贯彻《各民主党派省委关于加强领导班子自身建设座谈会纪要》精神，严格落实民主集中制，修订民进山东省委常委会议、全委会议议事规则，不断完善领导班子议事和决策机制；在七届二次常委会议上就加强领导班子民主集中制建设进行研讨交流，并围绕“七个是否”开展督导调研和自我评议活动，推动领导班子建设制度化、科学化、常态化；继续开展领导班子述职与民主评议工作，坚持领导班子成员联系基层组织“四个一”制度，良好工作作风与团结和谐氛围得到进一步巩固。

会内监督工作。积极探索会内监督制度建设，根据《中国民主促进会中央监督委员会工作条例（试行）》，修订《中国民主促进会山东省监督委员会工作条例》，制定会议制度、学习制度，确保民进山东省监督委员会工作有章可循、按章办事，逐步推进监督委员会各项工作深入开展。

基层组织建设。认真贯彻落实《中国民主促进会基层组织工作条例》，积极探索基层工作新载体新内容，将基层组织建设与参政议政、社会服务和本职工作有机结合，基层凝聚力和会员归属感进一步增强；开展基层组织建设大调研，摸清现状与短板，提出对策与措施，形成《山东民进基层组织建设调研报告》提交中共省委统战部；在民进全国基层组织建设经验交流会议上，山东民进有2个基层组织受到表彰。

代表人士队伍建设。加强与代表人士的联系，为民进会员担任各级人大代表和政协委员做了大量推荐工作。积极选拔、推荐、组织民进会员参加民进中央、中共省委统战部和民进省委举办的各类党外人士培训班，努力提升会员的理论水平和政治素养。

机关建设。认真贯彻民进中央“机关建设主题年”工作部署，充分发挥机关建设在参政党自身建设中的基础作用，努力打造“阳光、高效、规范、和谐”机关；举办“不忘初心•同心远航”民进全省机关专职干部及骨干会员培训班，对全省民进专职机关干部近50人进行集中培训；积极安排机关干部参加各类学习培训16人次，机关干部的素质和能力得到进一步提升；在民进中央“我与民进共成长”主题征文活动中，民进省委机关两位专职干部分别获得一等奖和三等奖。

【参政议政】参与政治协商。2017年，民进省委多次参加中共省委、省政府、省政协及省委统战部召开的协商会、座谈会，就省经济社会发展的重大决策、省重大人事安排等问题参与协商。在中共山东省委征求意见座谈会上，民进省委就解决创新型省份建设的人才瓶颈问题、发展数字经济、预防脱贫返贫等问题提出意见建议，受到有关领导的高度重视。在省政协重点提案办理协商座谈会上，民进省委针对幼儿园学位缺口大问题与相关部门进一步协调讨论，山东卫视、《大众日报》《齐鲁晚报》、山东政协微信公众号等媒体进行深度跟踪报道，对于相关问题的解决起到积极推动作用。

做好建言献策。成功举办第三届运河论坛，形成《关于推进大运河文化带建设的研究报告》报送中共省委、省政府，得到中共省委书记刘家义、常务副省长李群等领导同志的重要批示，并向中共省委、省政府提出“着手启动大运河资源保护利用综合工程”的建议，建议将南四湖北扩、运河穿黄等大运河复航工程尽快列入议事日程。围绕山东省加快新旧动能转换重大工程，民进省委将深化全省科技评价改革作为2017年的重点调研课题，调研组先后赴省教育厅、科技厅、人社厅以及青岛、烟台市有关部门和高校开展调研，调研报告通过中共省委统战部报送中共省委、省政府。围绕小型水库建设、特色小镇建设、节水型社会建设以及土壤污染防治等问题组织开展调研，共收到28份来自民进省委常委提交的调研报告，为省政协十二届一次会议征集8件集体提案。配合民进中央先后在山东省就基层治理体系建设和地方普通高校转型开展专题调研，2017年共有5项参政议政成果获民进中央奖励。

开展民主监督。按照中共山东省委统一部署，先后就防治大气污染“气（电）代煤”工作和省重点改革事项的落实开展专项民主监督。10月份派督查组赴济宁、菏泽两市参与对“气（电）代煤”工作进展情况的督查，查访乡镇街道办11个，工程方4家，相关负责人22人，入户调查55户，发现工程进度、资金保障、施工及气源保障等问题，形成书面报告报送省有关部门。围绕全省城乡居住区配套幼儿园规划建设管理使用情况及城镇普通中小学大班额问题解决情况开展监督调研，采取明察暗访多种形式，了解实情、分析原因、落实责任、提出对策，取得阶段性成果。

反映社情民意。通过健全工作机制，畅通报送渠道，信息质量和数量明显提升。截至2017年底，山东民进累计向民进中央、中共省委统战部、省政协报送信息分别为193篇、194篇和198篇，民进中央、省政协分别采用17篇、83篇，其中《关于扶持民办特殊教育机构健康发展的建议》受到国务院副总理刘延东批示，要求教育部、中国残联认真研究，发挥好民办康复机构的作用；《关于充分发挥南水北调东线效益的建议》《全国中小学教师资格考试面试题库亟待改进升级》被全国政协采用，并分别转交国务院南水北调办公室、教育部办理。

建设责任体系。注重巩固参政议政主题年的成果，制定印发《关于进一步加强参政议政责任体系建设的实施意见》，明确任务分工，完善调研保障，推动民进省委领导班子成员、常委以及机关干部切实担负起参政议政责任。继续实行参政议政年会制度，收到提高认识、促进交流、汇集成果、推动工作的良好效果。召开民进省委专门工作委员会换届会议，有效提升专委会参政议政整体水平。

【**社会服务**】开展扶贫攻坚。协调省水利厅资金50万元用于沂源县花峪村机井灌溉项目建设，彻底解决困扰村民多年的饮水灌溉问题；积极协调省水利厅水利专项资金30万元，实施陈屯社区周围河道清淤整治工程，有效扩大河道过水断面，提升防洪排涝能力；协调省林业厅调拨苗木600余株，为陈屯社区休闲文化广场和主干道实施全面绿化，改善社区的人居环境。

推进“双促”工程。组织开展第九届全省中小学读书系列活动，全面增强全省中小学生继承和弘扬中华优秀传统文化的自觉和自信；组织编写的山东省中小学《中华优秀传统文化》教科书已正式出版并投入使用，为做好教材宣传和师资培训做了大量有益工作；联合省书法家协会等单位赴全省多所学校开展传统文化进校园活动，通过举办书法笔会和公益讲座，有效推动传统文化进校园活动的深入开展；继续实施“家庭教育百场公益讲座齐鲁行”活动，先后赴日照、济南、泰安、青岛、淄博、德州等地，举办公益讲座和教育论坛20余场，受益师生、家长近万人，引起民进中央网站、人民网、凤凰网等媒体的关注，产生巨大社会影响。

完善服务平台。重视做好企业界会员工作，积极组织企业界骨干会员赴甘肃考察交流，助力企业家会员健康成长；充分发挥会内书画人才优势，以山东民进地方组织成立60周年、建军90周年、国庆68周年和喜迎中共十九大等重要节点为契机，成功举办多场书画笔会和展览。

开展社会公益。积极开展新生儿健康督查调研活动，先后赴德州、聊城、滨州、枣庄等地就新生儿出生缺陷问题进行调研，推进出生缺陷干预救助工作；继续实施“同在蓝天下”爱心助学工程，向沂源县燕崖镇中心小学捐赠价值2.6万元的书籍和文具；认真做好医疗下乡活动，组织会内专家赴兰陵县代村、临朐县北蒲沟村开展医疗服务，受益群众达400余人次；组织开展向贵州省安龙县捐书活动，已经募集书籍3000余册；建立民进法律专家论证与研究工作室，免费为民进会员以及会员企业提供有针对性的法律援助。

（张宝轲）

中国农工民主党山东省委员会

中国农工民主党（以下简称农工党）是以医药卫生、人口资源和生态环境领域高中级知识分子为主体、具有政治联盟特点、致力于中国特色社会主义事业的参政党。2017年发展新党员516人，全省共有农工党员6237人，其中医药卫生界、环境保护、人口资源界别3568人，占党员总数57.21%；其他界别2669人，占党员总数42.79%。各级人大代表85人、政协委员672人，担任副处级以上干部123人。农工党山东省委机关设办公室、组织部、宣传部、参政议政（社会服务）部。机关编制（含行政、工勤和单列编）21人。

【**思想宣传**】在各类报刊、网站、微信公众号发表、推送稿件408篇，为山东统一战线采写人物报道8篇，农工党中央采用稿件52篇，《发挥自身优势，助力扶贫攻坚，农工党山东省委会启动“五个一行动”》获2017年度山东政协新闻奖三等奖。建立信息宣传工作领导小组，抓好意识形态领域工作，制订网络突发事件应急预案，确保思想宣传工作健康发展。完成《加强和完善民主党派民主监督工作研究》论文，被省委统战部作为重点理论研究成果上报中央统战部。省委被农工党中央授予“2017年度《前进论坛》发行工作先进单位”荣誉称号；《齐鲁前进》办刊质量稳步提升，全年免费赠阅超过12000册。推进“齐鲁前进”、省市级组织网站和微信公众号等传统媒体和新媒体的融合发展，构建大宣传、大教育格局。

开展“不忘合作初心•继续携手前进”学习教育活动。省委组织领导干部、骨干党员和机关干部，赴临沂革命老区开展“传承沂蒙精神、永远跟共产党走”活动。通过举办“不忘合作初心•继续携手前进”领导干部学习班、骨干党员研讨班等，培训人员达470人次。全省开展学习教育培训2000余人次。

全面总结坚持和发展中国特色社会主义学习实践活动。在农工党中央的表彰中，省委被评为省级组织建设工作先进集体、省级社会服务工作先进集体；山东省22名党员被授予优秀党员和先进个人称号；21个市级和基层组织被授予优秀和先进集体称号。总结表彰活动进一步增强了广大党员的凝聚力和向心力，坚定了多党合作的制度自信。

【组织建设】 5月，中国农工民主党山东省第七次代表大会在济南召开，选举段青英为新一届主委，圆满完成换届任务。11月底，省委21名代表参加中国农工民主党第十六次全国代表大会，段青英、陈子江被选为新一届中央常委，段青英、陈子江、吕善勇、仇冰玉、宣世英当选为中央委员，王军当选为中央监委会委员。山东大学基层委员会顺利完成换届，新成立农工党山东省农科院基层委员会。省直基层组织深入开展项目化、品牌化、机制化“三化”活动。重新修订《中国农工民主党山东省委员会工作规则（试行）》和《中国农工民主党山东省委员会理论学习中心组学习规则》，建立健全领导班子理论学习制度、集体领导和分工负责制度、会议制度、谈心会制度、述职和民主评议制度等。

监督工作委员会，年内召开三次专门会议，学习中国共产党党内监督条例、纪律处分条例、问责条例和廉洁自律准则，组织召开领导班子谈心会、述职会，安排部署换届监督工作，制定《农工党山东省监督委员会关于严肃换届纪律保证风清气正的通知》，保证换届工作顺利进行。

【参政议政】 积极参与政治协商，就山东省2018年重点工作、政府工作报告等提出意见建议，得到中共山东省委领导的高度肯定。在山东省政协开展的“深化人民政协协商民主”主题理论研讨活动中，省委课题组完成的《论民主党派在人民政协协商民主中的地位与作用》获优秀等次，《推动参政议政与协商民主深度融合》获良好等次。

在各级人大、政协“两会”上，提交议案、提案400余篇。在省政协十一届五次会议上，省委提交提案16篇。其中《加快推进我省智慧林业建设的建议》被列为重点提案。向农工党中央提交提案13篇，其中，《关于助推全面两孩政策 共促人口长期均衡发展的建议》被农工党中央采用，作为农工党中央提案上报全国政协十二届五次会议。全年报送社情民意信息378篇，被省政协采用115篇，被农工党中央《信息专报》采用11篇，被全国政协采用1篇。12月初，省委举办学习贯彻中共十九大精神参政议政能力培训班。

完成《山东省养老服务业PPP发展模式及风险防控研究》和《关于山东装备制造业新旧动能转换发展研究》两篇中共山东省委调研课题，上报中共山东省委统战部。《山东省慢病管理与医疗信息化建设工作调研报告》获各民主党派省委、省工商联及无党派人士2016年度调研课题优秀成果三等奖。在农工党中央2016年度优秀调研报告评选中，《积极推进儒家文化融入“一带一路”建设》获一等奖，《山东省慢病管理与医疗信息化建设工作调研报告》获二等奖，《山东健康扶贫工作调研报告》获三等奖，淄博市委《关于淄博市医保基金运行情况的调研报告》获三等奖。2017年省委向中共山东省委统战部、农工党中央提交调研报告6篇。

协助农工党中央完成多次调研活动。刘晓峰副主席、何维副主席、姚建年副主席等先后率领分级诊疗和医药卫生信息化建设调研组，改革完善科技管理体制调研组，中医药产业发展调研组来山东省开展调研。

【社会服务】 全省各级组织以实施助力扶贫攻坚“五个一行动”为依托，积极助力全省扶贫攻坚，广泛开展健康扶贫、教育扶贫、助老扶贫、捐赠扶贫、项目扶贫、科技扶贫、大方定点扶贫，完成各类捐赠、资助等活动约6000万元。共计开展各类健康义诊咨询服务等活动50次以上，累计义诊人数1.4万人；重点帮扶乡镇卫生院16个。开展“同心助学助力教育信息化”公益活动，在全省17市139个县市区义务捐赠教辅物资3614万元。据不完全统计，全省共帮助贫困学生超过1000人次，资金超过120万元。

省委开展脱贫攻坚活动。7月，省委联合济南市委、临沂市委赴贵州省大方县开展项目考察和扶贫助学活动，先后举办职业培训、礼仪讲座、国学讲座等，培训人员1000余人。捐资捐物18万元，并就开展产业投资、产业对接和融合发展进行深入研讨交流。9月，经省委协调联络农工党莱芜市委、市教育局，为贵州省大方县10名中小学校长提供为期两个月的挂职跟岗培训。10月，省委组织中医药专家赴贵州省大方县开展为期三天的医疗巡诊活动。捐赠6.5万元医疗器械，举办义诊活动。

督导帮挂扶贫工作。9月省委主要领导到济阳县回河街道办督导帮挂扶贫工作，组织实施教育扶贫公益捐赠活动，看望慰问贫困户，并为济阳县暨回河街道办捐赠价值130万元的“同心助学工程”教辅设备和3万元爱心基金。

持续开展“两周”活动。省委带领各级组织持续开展“两周”主题活动30余次，发放宣传资料6万份，举办义诊活动60余次，举办医药卫生培训活动20余次，捐资捐物120万余元。6月，省委联合青岛市委、青岛市环保局等单位在海河泊社区广场举办2017（第十届）中国环境与健康宣传周活动，20余名医学专家开展义诊咨询活动。11月，省委联合农工党济南市委在济南市魏家庄馆驿街社区举办第二十九届“国际科学与和平周”健康义诊活动，免费诊治人员400余人，免费发放疾病预防宣传单400余份。

【民主监督成效显著】 5月，省委组织济南市委会和党内部分企业家，赴云南省德宏州开展农工党山东省委对口云南德宏州的脱贫攻坚民主监督活动，形成《农工党山东省委赴德宏州脱贫攻坚民主监督的调研报告》。同时，开展扶贫活动，共计捐款捐物300万元。

省委制订《关于围绕我省医药卫生体制改革推进医疗联合体建设开展民主监督工作的方案》。全省十三个市级组织围绕当地的医联体建设开展广泛深入的调研，举办全省医联体民主监督研讨会，完成全省医联体建设民主监督综合报告，为全省深化医药卫生体制改革做出积极贡献。10月12日至16日，省委组成督查组对济宁市、菏泽市“气代煤”“电代煤”工作进行督促查访。了解“气代煤”“电代煤”完成情况、面临的困难和问题，并针对这些问题提出意见和建议，撰写查访报告。

（周艳红）

中国致公党山东省委员会

中国致公党是以归侨、侨眷中的中上层人士和其他有海外关系的代表性人士为主组成的、具有政治联盟特点的政党，是中国共产党领导的多党合作和政治协商制度中的中国特色社会主义参政党。2017年，中国致公党山东省委员会（以下简称致公党省委）共发展党员301人，平均年龄38.3岁，其中，大学以上学历281人，占93.4%；具有中高级专业技术职称165人，占54.8%；具有“侨海”关系216人，占71.8%。截至2017年12月31日，全省党员3374人，全省共10个市级委员会，181个基层组织，其中，省直基层组织57个。致公党省委机关设办公室、组织宣传部、海外联络部、参政议政部4个职能处室，机关编制19人。

2017年，致公党省委在致公党中央和中共山东省委的正确领导下，聚焦统筹推进“五位一体”总体布局和协调推进“四个全面”战略布局，聚焦贯彻落实新发展理念，坚持“紧密结合党委政府中心工作，紧密结合党派自身优势，紧密结合党员专业特长”的“三结合”总体思路，团结带领全省各级组织和广大党员，认真履行职能，切实加强自身建设，各项工作取得新成绩。

【思想宣传理论】 发挥省委理论中心组作用，通过收听收看实况直播、召开专题座谈会、听取辅导报告等形式，组织学习中共十九大、省十一次党代会、致公党十五大等会议精神，要求广大党员坚定不移用习近平新时代中国特色社会主义思想武装头脑、指导实践，推进工作。

以“不忘合作初心，继续携手前进”为主题，继续开展坚持和发展中国特色社会主义学习实践活动。10月16日，致公党省委在济南承办致公党中央“中国梦·侨海情”宣讲团巡讲报告会。来自山东、福建、湖南、辽宁4个省的8名宣讲员，以亲身经历或身边致公党员先进事迹为素材，分别讲述致公党基层组织和致公党员爱岗敬业、履职参政、热心公益的先进事迹和感人故事。全省共举办“中国梦·侨海情”宣讲活动5次，40余人次进行宣讲，500余人次聆听报告会。致公党省委被致公党中央表彰为优秀集体，5个市委会、8个基层组织及13名党员分别被表彰为先进集体和先进个人。

响应省政协“全民阅读”活动，7月12日，致公党省委在济南举办“全民阅读·致公党员在行动”活动启动仪式。活动现场还举办“全民阅读·致公党员在行动”首次读书会，致公党省委专职副主委姜明等10位致公党员代表现场朗读经典，分享各自的读书故事和体会。此外，致公党省委下发《关于开展“全民阅读·致公党员在行动”活动的通知》，并推出开展主题读书会、建立固定“学习日”、捐建“致公书屋”以及联合推进数字图书馆建设等系列活动，发放全民阅读卡1000余张，积极倡导“好读书、读好书、善读书”的文明风尚。致公党省委被省委宣传部、省政协等评为全民阅读优秀组织单位。致公党省委副主委姜明被评为全民阅读积极推动者，党员裴忠毅被评为优秀文化传播者。

启动“口述历史”传统记录工程，以音频、视频等形式，采访15位老领导、老党员，对他们关于组织的历史记忆、多党合作思考和履职参政体会进行系统整理，引导党员弘扬优良传统，坚守政治信仰。

认真做好宣传工作，全年编印《山东致公》4期，《工作信息简报》12期；发布网站信息500余条，被省级以上报刊采用50余篇次；微信订阅号推送重要活动信息100余条。

【参政议政】 参加中共山东省委、省人大、省政府等召开的民主协商会、征求意见会等，围绕“深化医疗卫生体制改革”等建言献策。参加省政协议政性常委会、专题协商会等，围绕“美丽乡村建设”等交流发言。带领省政协对外友好界别开展调研，形成《关于解决涉侨诉讼执行难问题的调研报告》。列席省政府常务会议，就侨务工作规划提出建议。

向省政协十一届五次全会提交11篇集体提案，1件口头发言和4件书面发言，其中，《关于加快我省新兴服务业发展的建议》等3篇被评为重点提案，得到时任中共山东省委主要领导批示；《关于医药产业创新发展的建议》被省政协专题协商办理。《关于加快科技创新推动我省经济转型升级的建议》等3篇被评为十一届省政协优秀提案。致公党省委主委赵家军带队调研形成《关于推进“三医联动”完善药品供应保障机制的建议》，被评为十二届全国政协优秀提案。向致公党中央报送提案素材42篇，4篇被采用并提交全国政协，10篇被评为参政议政优秀成果。

围绕新旧动能转换重大工程、经济转型升级等开展专题调研，形成9篇重点调研成果，其中，《开创新型城乡关系，加快我省经济社会持续健康发展》获得优秀奖。联合省科技厅调研形成《关于加快技术市场体系建设，培育壮大新动能的建议》，得到中共山东省委书记刘家义批示。协助致公党中央完成4项专题调研。

全年共征集社情民意信息500余篇，向致公党中央、省政协、省委统战部报送261篇，其中，13篇被中央统战部采用，6篇被全国政协采用，49篇被致公党中央采用，137篇被省政协采用，3篇被省委统战部《议政建言》采用，在各有关部门统计中名列前茅。

认真开展民主监督工作，按照中共山东省委部署，围绕仿制药一致性评价等课题，组织党员召开专题座谈会，实地走访有关厅局和省内企业，形成多篇专题调研报告报送中共山东省委和省委统战部。按照致公党中央部署，开展对口四川宜宾市脱贫攻坚民主监督工作，形成专题报告提交致公党中央。

【对外联络】 应美国安生教育基金会、加拿大渥太华洪门民治党等邀请，致公党省委组团赴加拿大、美国进行友好访问，与海外爱国侨团组织、华人华资企业等进行联谊交流，宣传多党合作和政治协商制度及山东省政治经济发展情况，赠送“书香齐鲁”阅读卡，推广中华优秀传统文化。全年接待来自新西兰、德国、菲律宾、中国香港、中国台湾等国家和地区的15个侨团40余人次。参与主办“第五届心算小博士国际争霸赛”“中国梦·齐鲁情——2017年海外华侨华人书画家邀请展”等活动。联合省教育厅、科技厅等启动世界科学大会国际青少年机器人创新峰会中国区选拔赛。在神墨教育集团美国总部、美国安生教育交流基金会及艾克瑞特机器人教育集团总部建立“海外联络基地”。联合省侨办建立“为侨服务法律工作站”，做好凝聚侨心、维护侨益工作。

【社会服务】 持续开展“服务社会实践月”活动，各级组织累计开展活动199次，参与党员1762人次，捐款捐物价值428万余元。继续捐建“致公书屋”，共计捐建50所，捐赠图书15万册，价值400万余元。开展义诊、健康咨询等“致公医疗服务”活动61次，受益群众8000余人次。致公党省委等6个组织被致公党中央表彰为先进集体，“服务社会实践月”等6个品牌被表彰为优秀成果。参与山东统一战线“同心扶贫攻坚行动”和致公党中央“精准扶贫精准脱贫工作”，联合致公党济南市委向贵州毕节捐赠精准扶贫专项经费20万元及20台电脑。此外，组织山东致公艺术团、致公书画院分别赴临沂、潍坊开展喜迎十九大、庆祝香港回归20年书画笔会和文艺演出。2017年，全省各级组织共开展社会服务活动564次，参与党员2800余人次，捐款捐物价值538万余元。

【组织建设】 召开第六次代表大会，选举产生新一届省委会，顺利实现政治交接。加强领导班子建设，完善理论中心组学习制度和议事决策民主集中制度，实行新任省委委员承诺制度、常委年度述职和履职通报制度。健全基层组织工作制度，继续开展“创建先进基层组织、争当优秀致公党员”活动。严格组织发展程序，实行党员发展预审制和集中审批制。举办组织宣传工作培训班、思想宣传和组织工作座谈会、第二十五期新党员培训班，培训新党员100余人。组织骨干党员和机关干部参加各级培训班10余批次。成立党内监督委员会，对部分市委会进行监督巡视。召开党内监督会议，明确任务，完善机制，着力推进党内监督工作。调整专委会设置，按照“行动中的致公党，平台化的智库”目标，创建履职新平台。加强机关作风建设、制度建设和能力建设，坚持“每日签到、每周处长例会、每月工作月报、每年述职考核”四项常规，组织全省机关干部到中央社会主义学院培训。高质量承办致公党十四届二十次中常会。圆满完成档案进馆任务，被省档案局评为省直档案进馆先进单位。机关保密工作被省保密局评为优秀等级。

【致公党山东省第六次代表大会】 5月15日，中国致公党山东省第六次代表大会在济南开幕。全国政协常委、致公党中央副主席李卓彬，中共山东省委常委、秘书长于晓明，九三学社山东省委主委、副省长、省工商联主席王随莲分别代表致公党中央、中共山东省委、各民主党派省委省工商联致贺词。中共山东省委常委、统战部部长吴翠云，省人大常委会副主任尹慧敏，省政协副主席翟鲁宁，省政协原副主席、致公党省委原主委王志民出席开幕式。省政协副主席、致公党山东省委主委赵家军做题为《不忘初心坚守致力为公情怀，继续前进同谱多党合作华章》的工作报告。

5月16日下午，大会选举产生致公党山东省第六届委员会和出席致公党第十五次全国代表大会代表。在六届一次全委会议上，赵家军当选为主任委员，马传凯、刘光烨、王桂英、姜明、陈月辉、刘新泳当选为副主任委员，在六届一次常委会议上，孙晓筠被任命为秘书长。

（孟　杰）

九三学社山东省委员会

山东省九三学社组织1953年6月始建于青岛，1983年11月成立九三学社山东省工作委员会，1984年4月成立九三学社山东省委员会，到2017年6月选举产生七届委员会。九三学社山东省委成立以来，高举爱国主义和社会主义伟大旗帜，自觉接受中国共产党领导。以习近平新时代中国特色社会主义思想为指导，深入学习贯彻中共十九大精神，团结带领广大社员，认真履行职能，加强自身建设，为山东经济社会发展做出贡献。

全省有市级组织16个，基层组织379个。截至2017年12月31日，全省社员8493名。成员中全国人大代表6人，全国政协委员1人。省人大代表13人，其中常委3人；省政协委员58人，其中常委15人。省辖市级人大代表49人，省辖市级政协委员345人。在政府和司法机关担任处级以上领导职务的55人，其中，厅（局）长、副厅（局）长8人，副市长2人；在政府和司法机关担任特约（邀）人员的社员64人。

九三学社山东省委员会历任

主任委员徐眉生、王祖农、陈抗甫、蔡秋芳、王随莲。现任主任委员程林，副主任委员王琳、刘梦海、宋尚桂、王玉志、李国琳、徐茂波，秘书长王博，二级巡视员王龙然。

九三学社山东省委主办有《齐鲁社刊》和网站（http://www.sd93.gov.cn）。

【机关编制】 九三学社山东省委员会内设办公室、组织部、宣传部、参政议政部4个部门。机关编制21人，包括18个行政编制和3个工勤编制。厅级领导职数3名，处级领导职数6名。

【政治协商】 参加中共山东省委、省政府举行的座谈会、通报会和协商会，围绕学习贯彻“7·26”重要讲话和中共十九大精神，省十一次党代会报告关于经济社会发展目标任务、全省经济工作安排等重大问题，提出意见建议。向省委领导班子民主生活会提出书面意见。

【提案工作】 5件提案转化为全国政协十二届五次会议提案。《关于调整国家海洋空间规划体系 加快落实全国海洋主体功能区建设的建议》等4件转化为社中央名义提案，《关于加强危化品管理体制建设的建议》转化为九三学社界别名义提案。向省政协十一届五次会议提交11件集体提案、8件大会发言，2件列为重点提案。5件入选十一届省政协优秀提案。

【课题调研】 完成4项央地联合课题，《关于加强黄河下游滩区扶贫开发的调研》被社中央作为典型经验上报中央统战部，收入《国是——民主党派参政议政工作案例选编》。承担2项省委统战部重点课题。以直通车形式向省委报送《关于调整我省普通本科院校学科布局与结构的建议》。《关于健全我省畜产品安全防控体系的建议》获“省各民主党派工商联重点调研课题优秀奖”，《加快战略新兴产业发展推动我省新旧动能转化》入选《议政建言集萃》。

【民主监督】 对济宁、菏泽“气代煤电代煤”推进情况明察暗访，报告获省委较高评价。对全省科技体制改革事项进行民主监督，赴省高级人民法院开展“司法公开 审判透明”调研。

【社情民意信息】 中央统战部采用1篇，全国政协采用1篇，社中央采用23篇，省政协采用87篇。社省委获全社“信息工作先进集体”。

社省委，4个社市委和4个基层委员会，被社中央授予“参政议政工作先进集体”。26位同志获“参政议政工作先进个人”称号。

【社会服务】 在菏泽开展“亮康行动”“爱之光”复明公益活动，为227位农村困难群众免费实施白内障复明手术。开展“校园天使”公益行动，培训淄博周村区幼儿园园长、中小学医务工作者280余人。举办“学子远行 爱在延续”活动，为省内100位贫困大学新生的父母免费体检。

社济南市委参与“九广合作”，捐资143.2万元资助四川苍旺县1600余名贫困学生。社青岛市委开展“为留守儿童点亮心灯”系列活动，《人民政协报》进行报道。韩启德同志对社临沂市委“白内障脱盲精准扶贫”活动提出表扬。

【凝聚思想共识】 把学习贯彻十九大精神，作为首要任务和深化政治交接的主线。领导带头、以上率下，社省委领导发表署名文章，王玉志同志在全省党外领导干部专题学习班做典型发言。召开主委会、常委会和机关会议，逐级传达贯彻，《齐鲁社刊》、网站和公众号设立专栏，推出“常委畅谈十九大”系列报道。

【理论研究和社史工作】《科研院所社员的职业困惑及分析》被列为社中央思想建设课题。《中国多党合作制度的“特色”及其完善路径》获批社中央参政党理论研究课题。3件入选省政协“发挥协商式监督独特优势”理论课题。“四新工程”评选中，获二等奖1项，优秀奖3项。成立社省委思想建设研究中心，举办“九三齐鲁科学论坛”。《九三学社青岛海洋人物传略》获社中央立项。

【宣传报道】 召开新闻通气会，向《人民政协报》《联合日报》、山东广播电视台等通报工作。《联合日报》推出“九三学社山东省委五年履职成就回眸”专版。网站开通移动客户端，公众号影响力在全社省级组织中列第三。

【增强组织凝聚力】 修订主委会、主委办公会等议事规则，充分发挥常委会作用，完善各级工作领导机制。定期召开主委会、主委办公会，贯彻落实民主集中制。监督委员会认真履职，监督市级组织和省直属基层组织换届。加大中青年后备干部培养、管理和使用力度。专题调研基层组织建设，指导深化政治交接、加强自身建设。加强统筹协调，推动各级组织联动互动，支持基层组织参与社中央、社省委调研和重大活动。

【青年工作】 举办“九三齐鲁青年论坛”，面向青年社员开展征文，遴选60篇编辑成册。成立青年工作委员会，指导社枣庄、泰安、济宁市委成立青工委。

【组织发展】 全年发展社员632名。截至2017年12月，全省有社员8493名，界别、专业和年龄结构得到优化，整体素质持续提高。

【机关工作】 贯彻落实主委会、常委会决策部署，发挥参谋助手与执行中枢的作用，提高协调沟通和组织保障能力。增强为基层组织和广大社员服务的意识与能力，社员对机关工作的认知度和满意度进一步提高。加强干部队伍建设，健全激励约束机制，推进机关正规化建设，加大规章制度执行力度，严格落实工作台账，提高整体执行力。社省委，济南、青岛、烟台市委机关通过社中央机关建设检查。创建省级文明单位。

（苏　凯）

山东省工商业联合会

山东省工商业联合会（简称山东省工商联，1997年7月经省政府批准同时称山东省民间商会）是全国工商联的地方组织，是中国共产党领导的以非公有制企业和非公有制经济人士为主体，具有统战性、经济性、民间性有机统一基本特征的人民团体和商会组织，是党和政府联系非公有制经济人士的桥梁纽带，是政府管理和服务非公有制经济的助手，是中国人民政治协商会议的重要组成部分。工商联工作是党的统一战线工作和经济工作的重要内容。工商联事业是中国特色社会主义事业的重要组成部分。

截至2017年底，省工商联行政编制数42人，工勤编制数3人，总编制数45人。实有行政在编人员42人，工勤在编人员2人。机关处室7个，分别为办公室（人事处）、省非公有制经济组织党工委办公室、参政议政处（宣调处）、会员处、经济处、联络处、机关党委。

2017年，山东省工商联高举中国特色社会主义伟大旗帜，以马克思列宁主义、毛泽东思想、邓小平理论、“三个代表”重要思想、科学发展观、习近平新时代中国特色社会主义思想为指导，在省委、省政府的正确领导和全国工商联、省委统战部的具体指导下，坚持统战性、经济性、民间性有机统一，充分发挥桥梁纽带和助手作用，围绕中心、服务大局，抢抓机遇、真抓实干，各项工作取得显著成绩，有力促进了全省非公有制经济健康发展和非公有制经济人士健康成长。

【加强和改进非公有制经济人士思想政治工作】 强化政治引领，认真学习宣传贯彻党的十九大精神和习近平新时代中国特色社会主义思想，引导广大非公有制经济人士树牢“四个自信”、增强“四个意识”。推动理想信念教育实践活动不断深化，以“守法诚信、坚定信心”为重点，引导非公有制经济人士听党话、跟党走，积极践行社会主义核心价值观和亲清新型政商关系；全国工商联在济南召开现场会性质的教育实践活动片会，总结推广全省经验做法。注重文化建设，与省美协、省书协联合举办“聚力十三五、共圆中国梦”书画展和“民营企业家喜迎十九大”书画展。弘扬优秀企业家精神，引导民营企业家发挥积极性主动性创造性，坚定理想信念，加快转型升级，强化责任担当。重视年轻一代的教育培养，引导他们继承发扬老一辈民营企业家的创业精神和光荣传统，培养一支有信念、有梦想、有本领、有贡献的年轻一代非公有制经济人士队伍。引导非公有制经济人士履行社会责任。继续组织开展“千企帮千村”脱贫攻坚行动，强化调研督导，加强台账管理，培育推广典型，重视政策激励，引导非公有制经济人士致富思源、富而思进。积极协调中国农业发展银行山东分行为59家参与企业提供政策性金融支持，发放贷款总额41.36亿元；全省3家企业获全国“万企帮万村”精准扶贫行动先进民营企业奖，万达集团被评为“2017年全省脱贫攻坚先进集体”，全国“万企帮万村”精准扶贫行动现场会在菏泽召开，“扶贫车间”经验在全国推广。截至 2017 年底，全省参与帮扶企业 1340 家，投入总金额 10.61 亿元，帮扶贫困村 1521 个，帮扶贫困群众 4.76 万人。做好非公有制经济组织党建工作，指导直属商会抓好党建，扩大党的组织和工作“两个覆盖”，推进全面从严治党向会员单位延伸拓展。

【参与和服务经济文化强省建设】 不断创新工作载体，围绕中心大局做好经济服务工作。开展全省民营经济转型升级专题调研，形成高质量调研报告，为召开全省支持非公有制经济健康发展工作会议、起草《非公十条意见》提供科学参考。积极履行参政议政职能，很多有分量、有创见、可操作、真管用的政策建议得到采纳，《关于推动我省民营企业集群式“走出去”的提案》被省政协确定为重点督办提案；民营企业调查工作成绩突出，受到全国工商联的肯定和奖励。联合省经信委、国税局、地税局、工商局、统计局首次开展“山东民营企业 100 强发布”活动，百强入围门槛达到 100 亿元。配合做好“2017 中国民营企业 500 强发布暨民营经济发展峰会”有关工作，协助推介山东投资环境和投资项目，各市主动对接 500 强企业取得实效。成功筹建山东民营联合投资控股股份有限公司（“鲁民投”），万达集团、东明石化等 14 家省内知名民营企业参与发起，首期注册资本 50 亿元。创新开展营商环境改善考核工作，建立全新考核指标体系，促进各市营商环境持续优化。推进构建亲清新型政商关系，制定实施《山东省工商联联系服务会员企业工作办法》，教育引导企业家在经营管理和政商交往中不越规矩、不踩红线、不破底线，用法治思维治理企业。有序推进第三方评估工作，提出探索成立省级政务服务管理机构及省级政务服务中心等建议。积极开展法律维权服务，组织“法律三进”活动，引导企业依法经营、依法治企、依法维权。加快“网上工商联”建设步伐，进一步丰富服务企业的内容、扩大服务企业的范围。

【引导和助推民营企业“走出去”】 积极履行民间外交职能，引导服务民营企业参与“一带一路”建设，主动请进来开展经贸活动。首次承办“我驻外使领馆与民营企业面对面”交流活动。组团赴香港参加第二届“一带一路”高峰论坛、“2017 香港山东周”系列活动，首次参与主办“鲁港企业携手•转型创新发展——山东省中小企业新旧动能转换重点项目推介会”和“国际资本助推山东新旧动能转换洽谈会”，石墨烯新能源等多个项目达成合作意向并有实质性进展。组团参加在缅甸召开的第十四届世界华商大会，与参会华商进行交流洽谈。赴巴基斯坦、柬埔寨进行经贸考察访问，在食品、纺织、医药、电脑通信等领域进行对接与洽谈，达成合作意向，签订合作协议。与巴基斯坦驻中国使馆、巴基斯坦（中国）山东商会联合举办“一带一路”山东论坛——首届中国巴基斯坦合作论坛，促进中巴企业直接交流对接，洽谈投资合作项目，意向投资额约 10 亿元人民币。

【筑牢和夯实基层组织建设基础】 坚持重心下移，加强基层组织建设，促进统战工作向基层组织有效覆盖。精心筹备、周密安排，坚持原则、严格程序，省工商联第十三次代表大会胜利召开，圆满完成换届任务。切实抓好县级工商联建设，制订下发“五好”县级工商联创建实施方案。2017 年，全省共有全国“五好”县级工商联 55 个，省级“五好”县级工商联 92 个，分别占县级工商联总数的 40% 和 67%。按照习近平总书记关于“工商联作为人民团体和商会组织，同基层商会不能切断工作渠道”的重要指示精神，切实加强对基层商会的工作指导，在全省广泛开展“四好”商会建设工作，激发商会组织活力，确保商会健康发展。全省共有商会组织 2968 个，其中行业商会 902 个，乡镇、街道商会 1642 个。推进会员工作规范化制度化，建立省工商联驻会领导班子成员和各处室主要负责人联系会员企业和商会制度，不断加大服务会员力度。全省工商联会员共 231508 个，其中团体会员 3511 个，企业会员 154191 个。

【改进和提升工商联自身建设水平】 着眼高水准定位，加强素质建设。深入学习贯彻党的十九大精神和习近平新时代中国特色社会主义思想，扎实推进“两学一做”学习教育常态化、制度化。充分发挥党组和领导干部的学习带动作用，完善落实民主生活会、“三会一课”、专题组织生活会、“主题党日”、集中学习等制度，党内政治生活进一步规范加强。着眼高起点要求，加强作风建设。修订完善《省工商联信息工作制度》《省工商联财务管理办法》等13项管理制度，巩固用制度管人、用制度管事的长效机制。加强与省纪委驻省委统战部纪检组的工作联系，认真查摆思想、工作、作风、纪律等方面的突出问题，实行“零报告”制度，每月定期向纪检组报告信访举报办理情况，切实筑牢拒腐防变思想防线，机关党风廉政建设全面加强。认真做好“第一书记”驻村帮扶工作，组织机关青年开展读书月、座谈交流、考察特色企业等“青年沙龙”活动。全面提升机关干部素质和履职尽责能力，打造一支政策强、业务精、作风正的干部队伍，树立工商联组织和工商联干部的良好形象。

（方　彪）

山东省社会主义学院

山东省社会主义学院（以下简称省社院）是中共山东省委领导的统一战线性质的高等政治学院，是民主党派和无党派的人士的联合党校，是统一战线人才教育培养主阵地，是党和国家干部教育培训体系的重要组成部分。

省社院人员编制80人，其中管理人员48人，专业技术人员32人。现有63人，其中管理人员30人，专业技术人员24人，工勤人员9人。在现有工作人员中，具有高级专业技术人员12人、中级专业技术人员7人；博士学位2人、硕士学位25人。

2017年，在省委和省委统战部的坚强领导下，省社会主义学院党组认真学习宣传贯彻习近平新时代中国特色社会主义思想和党的十九大精神，深入贯彻落实中央关于统一战线一系列重大决策部署和省委工作要求，牢牢把握走在全国社院前列的目标定位，以加强党的领导和党的建设为引领，以建院60周年为契机和新的起点，在全面总结办学经验的基础上，突出“培训、落实、创新、提升”的工作特色，全面推进机关党建、教学科研、文化交流、行政后勤等各项工作迈上新台阶。

【举办全省党外领导干部党的十九大精神专题学习班】 11月13日至17日，在省社院举办全省党外领导干部党的十九大精神专题学习班。省委书记刘家义同志做专题辅导报告，班次规格之高在办学史上尚属首次。辅导报告前，刘家义同志视察省社院新院区设备设施，并详细了解新院区建设情况。

【成功创建省级文明单位】 2017年，成功创建省级文明单位。省社院始终坚持作风建设永远在路上，以作风建设新成效推动社院工作创新发展，干部队伍精神面貌焕然一新，工作作风明显改善，形成崇尚先进、学习先进、争当先进的良好风气。

【开展重走长征路活动】 6月15日至20日，组织党员干部赴四川开展“重走长征路”党性锤炼主题教育活动，队伍凝聚力向心力战斗力得到进一步提升，党员干部特别是青年党员对党的奋斗历程有了更深刻的认识，有力地提振了干部职工干事创业的精气神。

【举办“九月菊香”中华文化研修之旅活动】 9月24日至28日，2017山东海外侨团联谊大会——“九月菊香”中华文化研修之旅在省社院举办。来自全球23个国家和地区的92个知名华侨华人社团、文化类侨团、从事文化交流工作的华侨华人机构负责人110余人与会。活动旨在利用山东丰厚的文化底蕴，传播中华文化，讲好中国故事，增强海外侨团对国情、省情和中华优秀传统文化的认知，推动中华文化走向世界，拓展与海外侨团的联系，促进中外友好交流与合作，搭建全方位、多角度、高层次的互动平台。

【举办“中华文明与行走的文化”国际学术研讨活动】 10月16日至17日，“中华文明与行走的文化”国际学术研讨活动在省社院举办。此次研讨活动旨在围绕“中华文明与行走的文化”主题进行深入交流，为弘扬中华文明坚定文化自信，构建人类命运共同体，建设人类共同精神家园贡献智慧。来自北京大学、清华大学、南京大学、复旦大学、上海交通大学、山东大学、中国海洋大学、山东师范大学、香港浸会大学等院校的知名学者以及来自英国、德国、匈牙利、希腊、荷兰、也门等国的专家学者近40人参加此次研讨会。

【教学培训实现双翻番】 2017年，首次与省委统战部联合下发年度培训计划，将省委统战部、各民主党派省委、省工商联等省直统战系统培训班次纳入省社院年度培训计划。全年共举办各级各类班次58期，培训统战干部及党外代表人士4333人，培训规模和培训人数实现“双翻番”。同时以增进共识和提升能力素质为重点，在全省开展统战文化资源普查，在兰陵、曲阜、费县、乐陵等地设立研修基地、教学实践基地、教学科研基地，将理论教学与实践教学有机结合。

【科研水平不断提高】 2017年首次实现与省社科联联合面向社会发布招标课题，立项15项课题，同时，积极争取将省社院科研课题纳入全省人文社会科学课题，提高了省社院课题申报的知名度。积极组织申报中央社院“统战理论政策研究中心”“中华文明研究中心”高端智库课题，成功立项4项课题。2017年，教研人员共立项各类课题18项，发表论文43篇，出版理论专著1部。

（杨牧原）

山东省台湾同胞联谊会

山东省台湾同胞联谊会（以下简称省台联）是由全省台湾同胞组成的，具有政治性、统战性、群众性的群众团体，是开展对台统战工作的重要力量，是党和政府联系台湾同胞的桥梁和纽带。省台联于1982年6月在济南成立，办事机构为省台联办公室，编制6人。在台胞比较集中的济南、青岛、烟台、泰安、枣庄等市建立市级台联会组织。2017年，省台联围绕中心、发挥优势、服务大局，认真贯彻落实中央、省委对台决策部署，全心服务全省台胞，服务经济社会发展，深入推动鲁台民间交流交往，积极争取台湾民心，切实增强台胞凝聚力，各项工作取得新进展新成效。

【台胞政治学习和专题教育】 深入学习贯彻党的十九大和省第十一次党代会、十一届二次全委会精神。分别采取召开会长会和住济台胞学习座谈会，向各市台联组织、理事下发通知，为全省每户台胞发放十九大报告单行本等方式，组织引导全省广大台胞深入学习党的十九大精神。3月召开省台联八届七次理事会，6月召开住济台胞和部分理事座谈会，及时传达学习中央、省委的决策部署。选树典型推进“两学一做”常态化教育。把身在基层建功立业、荣获省“五一劳动奖章”和“齐鲁工匠”称号的济南公交司机台胞张健同志作为“两学一做”典型，向全省台胞印发通知，组织学习先进事迹，激发广大台胞的爱国爱党、干事创业热情。

【台胞代表人士队伍建设】 梳理全省台胞骨干队伍，充实台胞代表人士队伍基础资料；协助省委组织部对全省台湾省籍党员进行全面摸底，完成全省台湾省籍党员统计工作。协助省委组织部、省委统战部召开全省台湾省籍党员大会，推选山东省出席全国台湾省籍党员代表会议代表。完成山东省出席台湾省第十三届全国人大代表协商选举会议代表和代表候选人的组织考察及协商推荐工作。召开第九次全省台胞代表会议暨省台联成立35周年纪念大会。省委、全国台联领导到会并做重要讲话，对省台联35年来的工作给予肯定，对省台联的发展提出殷切希望和要求。会议回顾总结经验体会，部署工作任务，表彰先进典型，聘请台商担任名誉顾问，完成换届选举任务。换届后，省台联九届理事会配备会长1人、副会长4人、理事30人。协调配合有关部门加大对台胞代表人士的培养选拔和安排使用工作力度，完成向本级人大、政协、青联、妇联推荐台胞人选的任务。1人当选全国人大代表，1人当选省人大常委，1人当选省政协常委，4人当选全国台联理事（其中1人为常务理事），2人当选省政协委员，实现全省台胞代表人士政治安排最好水平。

【服务定居台胞工作】 为台胞谋福祉，扶危济困落实政策。对困难台胞家庭重点帮扶、一代老台胞重点照顾、特殊台胞群体重点关注、传统节日重点走访慰问。全年为全省9户特困台胞家庭提供帮扶救助款2.6万元。为全省74户困难台胞和73名60岁以上老台胞发放生活补贴近20万元。为3名高考台籍考生落实加分照顾政策；协调有关部门单位，推动解决部分台胞就业、子女就学、退役军人安置以及相关待遇落实等实际问题。申请财政专项资金为定居台胞赴台返乡谒祖发放返乡补贴。通过积极争取，为全省60岁以上老台胞和贫困台胞家庭提高补助标准。协调解决台胞代表和台胞理事参加省台联会议活动路费报销难问题。着手台胞新生代工作，做好两岸婚生子女调研。起草《关于转发中央统战部、中央台办、公安部<关于对大陆台湾省籍同胞身份认定的意见>的通知》，向全省印发，为做好新生代定居台胞工作提供新的政策依据。对定居山东省两岸婚生子女情况进行调查摸底。印发《关于定居山东省两岸婚生子女情况调查摸底的通知》，积极协调各市台办、公安、民政部门，对定居山东省的两岸婚生子女情况进行全面摸底调研，建立数据信息资料，开展入户调研和慰问工作。走访定居省内的两岸婚姻家庭11家，组织开展相关联谊活动。8月，组织部分两岸婚姻家庭参加全国台联在上海举办的两岸婚姻家庭论坛及婚生子女工作经验交流会。

【助推经济文化强省建设】发挥台联界别优势，积极参政议政、建言献策。引导各级人大、政协、党派团体中的台胞成员，紧紧围绕加快经济文化强省建设和促进两岸关系和平发展等热点难点问题，深入开展调查研究，及时提出合理化意见建议，撰写议案提案。台籍人大代表和政协委员年初“两会”共提交各类提案议案20余件，其中，《关于推动鲁台文化创意产业交流与合作加快我省文化建设事业繁荣与发展的建议》提案被评为十　届省政协优秀提案。全省各级台籍人大代表、政协委员的18份提案、议案入选全国台联《台籍人大代表、政协委员优秀提案建议汇编》。发挥台联组织优势，动员全省广大台胞立足岗位做贡献。多渠道、多形式地引导广大台胞投身大众创业万众创新，积极参加“我为推进深化改革、转型发展做贡献”“向穷困地区献爱心”和“智力扶贫”等活动。11月，推荐2名台胞代表参加全国台联在江西举办的台胞自主创业经验交流会。发挥广泛联系台商优势，聘请13名台商担任省台联名誉顾问，牵线搭桥、招商引资，助推经济社会发展。落实英籍台胞董淑贞连续10年在新泰市捐资助学活动。商请全国台联，组织部分有重大影响力的台籍企业家，参加中国（曲阜）孔子国际文化节，联合举办世界儒商大会等系列活动。7月，与山东省齐鲁文化传承发展促进会、清华大学国家形象研究院和台湾制作方合作，拍摄六集专题纪录片《齐鲁文化在台湾》，促进鲁台文化交流融合。

【交流交往工作】省台联发挥广泛联系台胞乡亲优势，深化民间交流，积极争取台湾民心。全年接待台湾中华两岸世纪发展协会、台湾中华青年发展联合会等5个友好社团，近200人；及时召开常住台商、台生座谈会、恳谈会，巩固深化了鲁台民间社团的交流合作。组织泰安、青岛定居老台胞、青年台胞近20余人分两批赴台返乡谒祖，深入岛内加强联谊、增进亲情乡情。7月举办第14届台胞青年夏令营活动，该活动成为鲁台大学生交流的工作品牌，已被评为山东省优秀对台交流项目。加强与台生在济就读高校合作，走访台生就读高校，研究台联与高校加强合作，共商做好台生工作。组织台商参与接待台湾青年参访活动，邀请住鲁台商参与台胞青年千人夏令营和其他台湾青年团组活动。

【自身建设】省台联以“两学一做”为抓手，加强政治理论学习，抓好学习教育制度的落实，突出问题导向，着力改进思想工作作风，自身建设得到全面加强。制订《学习讨论配档表》，坚持“三会一课”制度、结合重要活动节点集中学习讨论制度，严格落实组织生活制度。积极参加机关党委组织的支部书记培训、参观省党史馆重温入党誓词等学习教育的各项活动，增强了学习教育成效。在省台联换届过程中，就台联作风建设、更好服务台胞等问题，广泛征求台胞代表的意见建议，同时在工作中立说立行，整改落实。从对台胞反映问题首问负责跟踪问效等基础工作上，重抓整改，在持续转变作风上见实效。把学和做有机结合起来，在解决实际问题上下功夫。教育引导党员自觉增强“四个意识”，以“钉钉子”的精神，解决台胞反映多次、带有普遍性的热点、焦点问题。筹集专款安排专人对省台联成立30多年来的文件档案进行规范化整理，移交省档案局档案463卷，被省档案局评为档案进馆优秀单位 。

（王煜彦）

山东省黄埔军校同学会

山东省黄埔军校同学会以“发扬黄埔精神,联络同学感情，促进祖国统一，致力振兴中华”为宗旨，是爱国统一战线的重要力量。2017年，在省委统战部的正确领导下，黄埔同学会围绕中心，服务大局，履职尽责，积极作为，较好地完成全年各项工作任务。

【巩固共同思想政治基础】针对黄埔会员年事已高、体弱多病的现状，通过思想引导与解决实际困难相结合、团结教育与用心服务相交织的方式，双管齐下做好黄埔会员及亲属的思想教育和政治引导工作。在学习内容上，做到主题鲜明，重点突出；在学习形式上，做到实事求是，注重实效。及时召开三届八次理事（扩大）会议，对学习贯彻党的十九大精神做出安排部署，省委统战部副巡视员孙中亮出席会议并讲话。举办座谈会传达学习省十一次党代会精神，省委统战部副巡视员冯尚伟出席座谈会并讲话。

【提升服务黄埔会员工作的质量和水平】 精心打造“黄埔老人关爱计划”品牌，从精神、物质、工作、生活等各方面为黄埔会员提供全方位服务。深入开展联基层送温暖走访慰问活动。省委统战部副巡视员孙中亮带头深入会员家中走访，帮助解决实际困难。机关工作人员利用春节、中秋节、重阳节、校庆纪念日、抗战胜利纪念日等，登门走访慰问全省黄埔会员，行程2000余公里，发放慰问金、慰问品合计近20万元，用工作人员的辛苦指数换来黄埔老人的幸福指数。重点做好黄埔抗战老兵和困难会员的帮扶救助工作。加强与深圳龙越慈善基金会的合作，共同出资继续推进山东黄埔抗战老兵关怀项目，为每位黄埔抗战老兵每月发放500元至800元的生活补助。在救助资金分配上重点照顾生活困难的黄埔会员，对于黄埔会员反映的生活困难等问题，及时协调县市区统战部和有关部门，予以妥善解决。积极争取上级部门和社会各界的关心支持，共同做好关爱黄埔老人工作。主动争取黄埔总会资金4万元，为16位特困会员发放补助金。

【推进省黄埔军校同学会改革】 省委统战部对黄埔同学会改革工作高度重视，成立省黄埔军校同学会改革领导小组，常务副部长赵强任组长，副巡视员孙中亮、冯尚伟任副组长。认真学习中央党的群团工作会议精神和习近平总书记对群团改革工作重要指示精神，学习贯彻《黄埔军校同学会改革方案》要求，围绕“强三性去四化”谋划推动省黄埔军校同学会改革工作。主动争取黄埔总会的指导，利用参加各省市区黄埔军校同学会秘书长座谈会的机会，学习借鉴兄弟省市的经验做法。深入调研，摸透省情，以省委统战部办公室名义专门下发通知，要求各市委统战部认真总结近年来黄埔工作经验做法，查找问题，提出对策建议，开展黄埔同学亲属摸底调查工作。9月赴青岛、淄博、潍坊、滨州、德州等地，11月在济南分别召开各市委统战部分管黄埔工作同志座谈会和全省黄埔同学亲属代表座谈会。

【扩大黄埔组织的社会影响力】 打造“黄埔军校山东同学历史研究”品牌，继续加强与山东大学历史文化学院的合作，共同研究积极推进《黄埔军校山东同学史》的编撰工作。在青岛胶州市承办“海峡两岸同心光明行”慈善活动。中国和平统一促进会副秘书长、黄埔军校同学会副秘书长冯记林出席仪式，来自海峡两岸的眼科专家为400余名贫困白内障患者实施免费复明手术。加强与海内外黄埔组织的沟通交流。赴吉林参加第十一届黄埔论坛，与台湾退役将军、海外黄埔组织代表进行广泛交流。赴江苏、安徽参加纪念抗战爆发80周年暨戴安澜将军殉国75周年座谈会。赴厦门参加各省区市黄埔军校同学会秘书长涉台业务培训，并就黄埔军校同学会改革有关具体问题进行工作交流。

【加强同学会机关党建工作】 机关党支部切实提高政治站位，认真落实中央、省委和省委统战部关于全面从严治党部署要求，坚决履行抓基层党建主体责任。强化理论武装，扎实推进“两学一做”学习教育常态化制度化。顺利完成党支部换届，选举新一届支部书记、副书记。严肃党内政治生活，严格执行“三会一课”、组织生活会、谈心谈话活动等党内生活制度。加强对党员的教育管理，严守党的政治纪律和政治规矩，牢固树立政治意识、大局意识、核心意识、看齐意识，坚持用党章党规规范党员言行。严格贯彻中央八项规定精神，认真落实《关于切实解决机关作风建设中存在突出问题的实施方案》，以工作纪律和会议纪律为切入点，规范考勤和请销假制度，着力解决机关作风建设中存在的突出问题。强化廉政教育，制定廉政风险防控措施，扎实开展廉政风险点排查，健全内控机制，构筑制度防线。省黄埔办党支部被省委统战部机关党委评为“2017年度先进党支部”。

（杨　胥）

山东省中华职业教育社

山东省中华职业教育社（以下简称省职教社）是具有统战性、

教育性、民间性的群团组织，由省委统战部代管，主要由教育界、经济界、科技界从事和关心支持职业教育的人士组成，是党和政府联系国内外职业教育界人士的桥梁和纽带。主要职责任务是团结联系有关社会力量开展职业教育的调研与实践，并就有关问题向省委、省政府提出建议；宣传国家、省有关职业教育的方针政策，组织引导社员积极参与“科教兴鲁”和“人才强省”战略的实施；协助中华职业教育社（以下简称中华职教社）做好“温暖工程”等公益活动在山东省的实施；为社员开展教育活动提供服务，维护社员的合法权益，反映他们的意见、要求和建议；加强与民办职业教育界人士的联系，提出民办职业教育发展的意见和建议；开展与国外有关教育团体和人士及港、澳、台同胞、海外侨胞的联系合作，推动全省职业教育事业发展。

省职教社机关核定编制7名，配备专职秘书长1名（副厅级），机关内设秘书处。2017年底，实有机关干部6人，孙大川任专职秘书长，朱令珍任秘书处处长。

2017年省职教社以走在全国前列为目标，履职尽责，担当作为，各项工作实现新突破，事业取得新发展，在推动职业教育改革创新、服务全省统战工作大局和助力经济文化强省建设等方面做出积极贡献。

【扶贫攻坚工作】 传统项目不断深化。在德州、菏泽等市职教社的积极参与下，“乡村医生培训”项目向深层次推进，累计免费培训乡村医生3000余人。“复退军人就业创业服务项目”已累计服务退役士兵2万余人，在山东英才学院等多所职业院校建立“军工学一体化实训基地”，在温暖工程专题工作会议上受到总社表彰，并将其作为重点项目向全国推广复制。“同心扶贫·好愿助残活动”，通过就业创业技能培训、建立助残工作站等，对200余名残疾人进行多方位帮扶。连续第四年开展“温暖工程助学行动”，每年资助品学兼优的贫困学生100人。积极探索参与扶贫攻坚行动新载体。组织部分职业院校积极筹集资金，开展“同心扶贫对口帮扶”活动，将扶贫攻坚行动的领域拓展到统战部、职教社第一书记帮包村，为3个贫困村安装路灯、改善村集体办公条件。9月份，组织省内职业院校参加支援西部职业教育扶贫工作会议，开展支援西部对口帮扶工作，部分职业院校已经与当地学校达成交流合作意向。

【地方组织建设工作】 采取以点带面、逐步扩大的方式，持续推进市县两级职教社组织建设，积极打造全省职教社工作网络。市级组织建设成效凸显。全年召开市级统战部分管部长、业务科（处）室负责人座谈会2次，专题研究部署地方职教社组织建设工作。在前期成立5个市级职教社组织的基础上，东营、威海、济南、莱芜等多个市的职教社筹备工作也取得实质性的进展。县级组织建设开局良好。聊城、青岛、菏泽已推动成立县级职教社组织6个。同时，在聊城市开展组织建设试点工作，计划2018年实现该市县级组织全覆盖。

【建言献策工作】 深入开展理论研究。充分发挥有关专业机构和院校理论研究专家学者作用，合作开展课题研究，形成《山东省职业院校开展创业教育情况研究》《山东省“互联网＋职业教育”发展状况研究》等一批有分量的调研报告，提交有关职能部门作为决策参考。组织有关社员单位参与总社年度调研课题，取得14项研究成果，其中3项研究成果在课题中期研讨会上做典型发言，3项成果获奖。积极开展专题调研。《中华人民共和国民办教育促进法》修正案出台后，多次组织召开职业教育界代表人士座谈会，了解情况、听取建议，主动与有关行政主管部门沟通协调，提出针对性的意见建议，为增强全省地方配套政策制定的科学性、实效性提供有益参考。广泛开展交流研讨。与省职业教育技术协会组织召开职业核心素养教育研讨会，就强化职业院校学生的职业素养教育开展深入的交流探讨，省内100余家职业教育机构、300余人参加会议，产生良好的社会反响。

【黄炎培职业教育思想研究与传承工作】 在青岛推动成立黄炎培职业教育思想研究基地，传承弘扬黄炎培职业教育思想，深入挖掘其当代价值和现实意义，打造学术交流平台，探索现代职业教育理念，为推动全省现代职业教育体系建设贡献力量。联合省教育厅、人社厅共同举办黄炎培职业教育奖创新创业大赛，近百所院校1200多个团队参赛，在省内产生广泛的影响，并在全国职教社系统发挥示范引领作用。积极开展“创新创业学院”创建工作，为18所“山东省中华职业教育社创新创业学院”授牌，推动建立山东省职业院校创业学院联盟，省内30余所高职院校、10余所本科院校参加，为全省职业院校创新创业教育搭建平台、整合资源。

【对外交流交往工作】 不断强化省际交流合作。5月份，新疆职教社来考察社会服务工作开展情况；接待青海省10多所职业院校组成的考察团。深入开展海外交流。派员参加总社参访团赴欧洲考察职业教育发展状况，并形成考察报告，提供相关职能部门作为参考借鉴。不断巩固对外交流合作成果。促成TAFE学院与济南工程职业技术学院合作办学，于2017年开始招生。

【强化自身建设】 强化思想建设。通过召开会议、活动等，引导职业教育界代表人士把思想和行动统一到党的十九大精神上来，把智慧和力量凝聚到实现党的十九大确定的各项任务上来。3月初，组织召开一届社委会第四次会议，对全年工作进行统筹谋划，进一步统一思想，提高认识。11月份，举办全省职教社代表人士培训班，深入学习宣传贯彻党的十九大精神，进一步提升职教界代表人士的政治素质、履职能力和服务水平。强化队伍建设。对社委会领导班子进行优化调整，理顺关系，加强力量。加强政治引导，强化代表人士队伍建设，在总社召开的职业教育和民办教育界代表人士队伍建设座谈会上，山东省做典型发言。强化机关党建工作，认真履行“一岗双责”。召开组织生活会、十九大精神学习研讨会，严格落实“三会一课”、每周学习制度，着力推进“两学一做”学习教育常态化、制度化，并以学习教育为抓手，不断加强机关作风建设，推动支部组织生活规范化。组织党员干部认真学习《廉洁自律准则》《纪律处分条例》，不断强化纪律规矩意识，自觉遵守中央、省委党风廉政建设有关规定。积极参加机关党委组织的同心讲坛和赴红旗渠教育基地开展党性锻炼活动，不断提高党员干部干事创业、担当作为的凝聚力和战斗力。

（杨晓宁）

山东省欧美同学会（山东省留学人员联谊会）

欧美同学会（留学人员联谊会）是中国共产党领导的、以归国留学人员为主体自愿组成的、具有统战性的群众团体，是党联系广大留学人员的桥梁和纽带、党和政府做好留学人员工作的助手、广大留学人员之家。山东省欧美同学会（山东省留学人员联谊会）由中共山东省委领导、省委统战部代管，作为欧美同学会（留学人员联谊会）的地方组织接受其业务指导。基本职责：贯彻“支持留学、鼓励回国、来去自由、发挥作用”的方针，落实党和政府留学人员政策；加强对留学人员的政治引领和政治吸纳，增强国情认知，坚定中国特色社会主义道路自信、理论自信、制度自信、文化自信；吸引和举荐归国留学人才，做好归国留学人员代表人士发现、培养、使用、管理、服务工作；引导支持归国留学人员创新创业，宣传鼓励优秀归国留学人员，弘扬留学报国传统；关心归国留学人员的工作、学习、生活；反映其愿望诉求，维护其合法权益；加强同海内外的留学人员和留学人员组织的联系，开展形式多样的交往交流活动。

山东省欧美同学会（山东省留学人员联谊会）2016年11月成立，省政协副主席、九三学社山东省委主委、山东大学副校长程林担任会长。名誉会长2人；副会长20人；秘书长、副秘书长各1人；常务理事125人，理事328人，会员733人。

山东省欧美同学会（山东省留学人员联谊会）秘书处机关使用事业编制6名，机关内设秘书处，核定正、副处长各1名。秘书长程海峰，秘书处处长杜超。

【加强政治引领】 参与组织召开无党派人士、党外知识分子和归国留学人员代表人士学习贯彻党的十九大精神专题座谈会，进一步凝聚思想共识，引导留学人员把思想和行动统一到中央决策部署和省委要求上来。深入学习习近平总书记“7.26”重要讲话精神，围绕学习黄大年同志先进事迹进行大讨论，开展座谈交流活动，取得良好教育效果。举办全省归国留学人员代表人士研修班，对全省89名留学人员代表人士进行集中培训，省委常委、统战部部长邢善萍出席开班式并做专题辅导报告。推荐多名会内专家学者参加中央统战部、欧美同学会（中国留学人员联谊会）举办的各类培训、主题活动，充分展示留学人员代表人士的良好形象，努力建设一支高素质的归国留学人员代表人士队伍。

【服务中心大局】 结合服务乡村振兴战略，积极参与全省统一战线“同心扶贫攻坚行动”。在部领导的带领下，组织协调省扶贫办、省发展改革委等10个省直部门有关负责人召开脱贫攻坚专项座谈会。组织会内专家学者深入沂蒙革命老区，开展脱贫攻坚实地调研，形成《沂蒙革命老区脱贫攻坚调研报告》和2个专项调研报告，得到邢善萍部长的充分肯定。《报告》呈报省委、省政府，刘家义书记、李群常务副省长、于国安副省长分别给予批示肯定。组织留学人员围绕“一带一路”、防范化解重大风险等国家战略，深入调查研究，积极建言献策，《21世纪海上丝绸之路建设风险管理问题研究》课题受到欧美同学会（中国留学人员联谊会）充分肯定。

【推进组织体系建设】 深入贯彻落实中央《关于加强欧美同学会（留学人员联谊会）建设的意见》(厅字〔2016〕18号)和省委《关于加强全省欧美同学会（留学人员联谊会）建设的实施意见》（鲁厅字〔2016〕59号）精神，协调推动留学人员比较集中的市、高校、科研院所加强组织建设。截至2017年12月，济南、青岛、淄博、烟台、潍坊、威海、日照、临沂、聊城9市，中国海洋大学、山东农业大学等20所高校、1个省级科研院所成立留学人员组织。

【抓好党建工作】 深入学习贯彻习近平新时代中国特色社会主义思想和党的十九大精神，切实增强“四个意识”，坚定“四个自信”，做到“四个服从”，坚决拥护习近平总书记的核心地位和领袖权威。坚决贯彻落实省委统战工作会议决策部署，按照省委统战部“聚焦走在前列、争创工作品牌”要求，坚持以党建工作引领职能工作，着力把留学人员思想和行动统一到作用发挥上，把智慧和力量凝聚到“围绕中心，服务大局”上。注重加强党组织自身建设，严格贯彻执行党章党规和各项纪律规定，不断加强作风建设和纪律建设，党组织战斗堡垒作用进一步增强，服务留学人员的素质能力进一步提升。

（吴　猛）

3.市、县（市、区）委统战部

济南市

·济南市委统战部·

2017年，济南市委统战部高举习近平新时代中国特色社会主义思想伟大旗帜，在市委的坚强领导下，深入贯彻落实中央和省、市委关于统一战线重大决策部署，紧紧围绕全市“打造四个中心、建设现代泉城”中心任务，以改革创新精神扎实做好各领域统战工作，各项工作取得显著成效。

【巩固共同思想政治基础】 在各民主党派、非公有制经济人士、党外知识分子和新的社会阶层人士中开展各具特色的主题活动，切实增强“四个意识”，坚定“四个自信”，进一步夯实统一战线团结奋斗的共同思想政治基础。将学习宣传贯彻党的十九大精神作为首要政治任务，强调“快”字，第一时间动员学，迅速召开学习宣传贯彻十九大精神动员部署会。注重“广”字，统战系统全面学，先后在复旦大学、市社会主义学院举办学习十九大专题培训班，创新开展“学习十九大 共话新时代”诗歌朗诵网上展播活动。突出“深”字，联系实际精准学，围绕“明年统战工作怎么干”开展大调研，征求到意见建议67条，初步确定2018年工作思路和重点。

【围绕中心服务大局】 济南市统一战线自觉服务大局，主动融入大局，全力保障大局，积极协调关系、汇聚力量、建言献策，为新时代省会现代化建设做出应有贡献。

（一）拓宽党外人士参政议政渠道，建言献策取得丰硕成果。围绕拆违拆临和轨道交通、中央商务区、区域性科创中心建设等，组织党外人士开展“围绕中心、深入一线、凝识汇智”系列考察调研活动，支持引导党外人士开展专题调研和联合调研。2017年，市级各民主党派、工商联、无党派人士和统战团体向中央和省、市提交调研报告和意见建议744份，12条获市委、市政府主要负责同志批示。

（二）首次大规模开展“入企业、摸实情、促发展”百家民企走访调研活动。市县两级统战部、工商联组成11个调研组实地走访非公有制企业110余家，召开座谈会20余场，回收调查问卷200余份。根据调研撰写的报告得到7位市领导批示。

（三）成立服务非公有制经济六大专业团队。即法律服务团队、政策咨询团队、金融助力团队、人才支持团队、专家指导团队、开放引领团队，着力为民营经济发展提供专业、精准、菜单式、全方位服务。

（四）启动运营服务非公有制经济“盈商润济”云平台。是全市第一家获得济南市政府数据开放平台接入许可的单位，实现各类信息的互联互通、政府公开数据的资源整合、惠企政策的实时传递、企业诉求的及时反馈。

（五）开创性实施省会民营企业家素质能力培养提升工程。市委统战部、组织部联合出台《关于实施省会民营企业家素质能力培养提升工程的意见》，通过集训拓学、名家导学、观摩磋学、实训带学、出国访学等五大培养途径，培养一支高素质省会民营企业家队伍。举办省会民营企业家实训基地启动暨首批实训基地授牌仪式等一系列活动，全国工商联对此给予高度评价。

（六）深化“同心扶贫攻坚行动”助力脱贫攻坚战。探索“抱团扶贫”新模式，非公有制企业、民主党派、统战团体等投入扶贫资金4800万余元，帮扶贫困人口8300余人。

【各领域统战工作】努力把工作干出特色、创出亮点，初步创立了一批工作品牌，有效提高了济南统战工作的辨识度和贡献率。

（一）多党合作效能有了新提升。全年组织政党协商活动17次，其中市委、市政府主要领导参加民主协商会等4次，书面协商5次，大调研活动4次。

（二）“亲”“清”政商关系建设取得新进展。市委出台《关于加强各级领导干部联系服务非公有制企业 构建新型政商关系的实施意见》。制定出台《关于支持非公有制经济健康发展的若干政策措施》。指导市工商联完成换届任务，实现领导班子的新老交替。

（三）党外知识分子工作扎实推进。迅速贯彻落实全国党外知识分子统战工作座谈会精神，深入开展党外知识分子工作调研，进一步摸清党外知识分子工作“家底”。构建立体化组织体系，组织知联会、留联会开展联合调研，搭建无党派人士建言献策新平台。

（四）新的社会阶层人士统战工作开拓新局面。市委召开全市新的社会阶层人士统战工作会议，出台《关于加强新的社会阶层人士统战工作的实施意见》。探索建立“1+6+N”新的社会阶层人士统战工作体系，打造“新智聚济”品牌，组织开展“新智聚济•党旗红”工作品牌创建活动。与济南大学共同成立“新的社会阶层人士统战工作理论研究基地”。10个县区全部成立新的社会阶层人士联谊会。

（五）民族宗教领域重点难点问题的解决取得新突破。积极推动解决县区民族宗教局行政执法主体资格问题。落实中央和省委领导重要批示精神，协助解决长达20余年的山东大学与市天主教爱国会房地产纠纷问题。推动济南与青海、甘肃建立少数民族流动人口输出地、输入地跨区域协调合作机制，被中央统战部列为典型案例。

（六）党外代表人士队伍建设开启新篇章。创造性构建党外干部培养选拔“1523”工作体系，即健全“一套机制”，实施“五个一批”，推进“同心培训”“同心提升”双百工程，突出县区三套班子、政府工作部门及法检两院、市属高校党外干部配备等“三个重点”。市委组织部、统战部共同制定出台《关于进一步加强党外干部培养选拔工作的意见》《关于培养选拔优秀年轻党外干部“五个一批”的实施意见》。

（七）统战调研宣传信息工作取得新成果。将5月份定为“调研推进月”，查找存在问题和薄弱环节19类，提出整改措施49条。2017年在各级主流媒体宣传统战工作560余次，其中中央统战部微信公众号“统战新语”推送文章1篇，《中国统一战线》杂志发表文章5篇。微信公众号“泉城统战”全年推送286次、592篇，阅读量近20万次，影响力和受众面不断扩大。在《济南日报》开设“学习贯彻十九大 统一战线在行动”专栏，连续刊发7期文章，引起广泛反响。

【自身建设】牢固树立抓好党建是最大政绩的理念，全面落实管党治党主体责任。深入推进“两学一做”学习教育常态化制度化，坚持全覆盖、常态化、重创新、求实效。把党风廉政建设工作纳入全市统战总体工作思路中，做到党建工作、廉政建设与统战业务工作同布置、同检查。组织开展为期半年的“对标先进查不足，狠抓落实促提升”主题教育活动，找出存在问题19个方面，制定工作措施49条，有力提升统一战线各领域工作。

（姚爱雨）

•历下区委统战部•

2017年，历下区委统战部贯彻落实全国、省市统战部长会议精神，围绕区委“产城融合、创新驱动”两大战略，聚集“项目建设、征地拆迁、招商引资”三项重点，推动“产业承载能力、城市发展空间和经济发展活力”三个提升，求真务实，齐心协力，开拓创新，为全省首善之区凝心聚力，贡献力量。

【学习宣传贯彻党的十九大精神】 制订《历下区统一战线学习宣传贯彻十九大精神方案》，成立以统战部部长为组长的全区统一战线学习宣传贯彻党的十九大精神领导小组，对学习宣传贯彻党的十九大精神给予全方位的组织、协调、指导、落实。采取机关带基层、支部带党员、干部带群众等学习形式，在全篇通读、章节精读、观点解读的基础上，发挥党支部战斗堡垒作用和党员先锋模范作用，率先学、系统学。分批分期组织全区统一战线成员500余人次参加学习活动。组织部分党外代表人士召开学习贯彻十九大精神专题座谈会；举办学习宣传贯彻十九大精神专题培训班和同心大讲堂暨学习十九大精神报告会；开展以十九大精神为主题的践行社会主义核心价值观征文活动和演讲比赛，收集各类文稿70余篇。

【扎实做好党外代表人士工作】 充实党外代表人士队伍建设意见，健全常委联系党外代表人士制度，与区委组织部联合制定《全区统一战线干部教育培训工作的意见》，把党外人士参加培训的情况作为考核、选拔、使用党外干部的前提条件。近年来，举办各类培训班15次，培训党外代表人士1200余人次。与区委组织部建立党外干部培养选拔联席会议制度，创立了联合式、定向式、开放式、导师式、跟踪式5种培养方式，促使党外后备干部健康成长，努力实现各领域党外干部应配尽配。制定出台《中共济南市历下区委统战部关于建立全区党外代表人士实践锻炼基地的实施意见》，在部分街道和区直部门挂牌，建立党外代表人士实践基地，并对每个基地给予资金支持，为党外代表人士搭建锻炼成长平台，建立党外代表人士活动之家。

【统战理论宣传调研和信息工作】 下发《中共历下区委统战部关于开展统战理论调研宣传“四新工程”活动和做好统战信息工作的意见》，全区统战干部和信息员在区社会主义学院举办培训班，努力提升理论宣传和信息工作的层次和水平。创办“历下统战”微信公众号，编发信息160余条，较好地宣传统战政策理论和全区统战工作亮点，进一步扩大统战部门影响力；2017年，上报理论调研宣传文章和信息150余篇，被采用稿件62篇，其中《山东统一战线》杂志1篇，《山东统一战线》微信公众号2篇，《联合日报》3篇，济南市委统战部网站及《泉城统战》微信公众号采用53篇，《今日头条》《大众网》《天下泉城》等媒体采用4篇。

【“同心·服务社区在行动”】 结合历下区社区统战工作实际，立足推进街道社区协商民主制度化和拓宽民主党派服务街道社区建设渠道，精心打造“同心·服务社区在行动”活动基地，开启社区统战工作新模式。活动突出服务、分忧、提升三个重点；明确活动有人管、有场地、有制度、有资金“四有”要求；实现了“党派成员受教育、社区居民得实惠、统战工作有影响”的目标。自活动开展以来，各民主党派分别开展“政策宣读进社区、理论学习互助组、美宣义剪、义诊进家门、kss家棋心理辅导、爱心助学捐助、法律服务进社区、书法进课堂”“银铃安康工程”向社区老人捐助600万元保额等152场社会服务活动，放映各类微电影50余场，向居民赠送法制宣传手册及光盘《法护夕阳红》400余套，发放各种宣传资料1500余份、填写各类健康表格2100余份、惠及社区居民20000余人次。

（刘明信）

• 市中区委统战部 •

2017年，市中区委统战部按照济南市委统战部统一部署，围绕区委中心工作，聚焦新任务，谋划新思路，奋力开创全区统战工作新局面。

【推动工作进一步规范化制度化】 协助区委制订《2017年度政治协商计划》，严格按照计划认真组织实施，政治协商工作进一步规范。建立市中区“民主党派之家”，协调解决7个民主党派办公用房和会议室，提高各民主党派年度活动经费由2万元增至5万元。更名扩编区“港澳台胞服务中心”，由正科级调整为副处级，成立全市首家区级“民主党派服务中心”，增设为科级事业单位，编制5人，服务保障能力大幅提升。健全完善党员领导干部与党外代表人士联谊交友制度，联谊交友工作常态化、制度化。承办济南基隆党务工作研讨会，发挥两岸交流示范点作用，开展基层党务工作参观交流。推进“访百侨送温暖”活动，进一步提高侨服务意识和水平。积极构建“亲”“清”政商关系，区委制订下发《关于加强领导干部联系服务非公有制企业构建新型政商关系的实施方案》，建立区级领导干部联系民营企业制度，走访40余家企业协调解决28件困难问题。加强宗教工作信息化建设，开展全区宗教活动场所网上赋码和宗教基础信息数据核改专项工作，及时掌握场所主要教职人员的动态信息。

【加强党外代表人士队伍建设】 高标准打造省级党外代表人士实践锻炼基地，安排6名党外干部到区司法局、街道等基层单位挂职，与组织部门联合建立3个区级党外代表人士实践锻炼基地，选派3名优秀党外中青年干部到基地挂职锻炼；完成有关民主党派基层组织换届和班子调整工作，进一步优化班子结构；举办两期80余人参加的党外代表人士培训班，增进政治认同，增强“四个意识”，提高“五种能力”。

【做好新的社会阶层人士统战工作】 健全工作机制，强化力量配置。建立由统战、组织、民政、街道等24个部门（单位）参加的联席会议制度，明确全区17个街道党工委书记为新的社会阶层人士统战工作主要责任人，成立由社区党组织书记、部分新的社会阶层人士组成的60余人的社会化统战工作者队伍，形成条块结合、齐抓共管的联动格局。搭建载体平台，注重政治引领。成立市中区新的社会阶层人士联谊会，发挥其统战性、联络性、专业性优势，及时了解掌握新的社会阶层人士基本情况、思想动态和利益诉求，注重政治引领，引导他们在反映诉求、服务发展等方面发挥积极作用，提高开展工作的针对性和实效性。打造工作品牌，增强新的社会阶层人士统战工作影响。高标准建设JN150文化创意界新的社会阶层人士统战工作实践创新基地和高质量打造山东省长城军地人才就业创业促进中心“新智聚济•党旗红”工作品牌示范点，建立党组织，设立统战工作室，进一步发挥示范引领作用，打造宣传政策的重要渠道、交流工作的崭新平台、推广经验的有效途径和建设“品质市中”的智力引擎。

【服务品质市中建设】 深入开展调查研究。开展“品质市中、我的责任”“同心同行、共建品质市中”等活动，组织党外人士深入重点项目、产业园区、街道社区参观调研，收到意见建议260余件，其中区委、区政府主要领导批示7件，为党委政府科学决策提供必要依据。助推发展促进和谐。为有关部门提供招商信息12条，完成招商项目11个、注册资金4.4亿元，其中亿元项目2个。发挥宗教界代表人士的特殊影响力，教育引导广大信教群众自觉执行政策、支持拆违拆临工作，推动全市“硬骨头”“老大难”——饮虎池烧烤一条街拆违拆临任务顺利完成。服务社会注重实效。深入推进“同心扶贫攻坚行动”，组织40余名统战成员到贫困村对接帮扶，筹集捐款20万余元，增加村集体收入10万余元，帮助20户贫困户脱贫；开展“同心共创文明城”活动，组织统战成员200余人次参与创城工作，被评为全市创城工作先进单位。

（贾　荣）

•槐荫区委统战部•

2017年，在济南市委统战部的指导下，槐荫区委统战部以迎接党的十九大、学习宣传贯彻党的十九大精神为主线，深入学习贯彻习近平新时代中国特色社会主义思想特别是习近平总书记统一战线重要思想，从加强统战部门自身规范化管理入手，认真贯彻落实中央和省、市、区委关于统一战线重大决策部署和全国、省、市统战部长会议精神，扎实推进“两学一做”学习教育常态化制度化，对标区委“完成任务、走在前列”目标要求，围绕中心、服务大局，创新实干、争创一流，为建设“四个槐荫”、开创全区统战工作新局面做出积极贡献。

【调整区委统战工作领导小组成员】 按照市委领导小组成员构成，根据换届后区级领导班子人事安排情况，及时调整区委统一战线工作领导小组成员，印发《中共槐荫区委关于调整区委统战工作领导小组组成人员的通知》（济槐普发〔2017〕40号）。区委主要领导任组长，区委分管领导任常务副组长，区人大、区政府、区政协分管领导和区委常委、统战部部长任副组长，成员由区四大班子办公室，区委、政府有关部门、人民团体等18个部门（单位）主要负责人组成；办公室设在区委统战部，区委常委、统战部部长兼任办公室主任，区委办公室副主任、区委统战部常务副部长兼任副主任，进一步巩固大统战工作格局。

【创新民主党派工作载体】 按照“解放思想当先锋、争做出彩统战人”目标定位和“一党派一场所一特色”建设思路，加大投入，在保障民主党派固定活动经费基础上，区委区政府投资建设400平方米的“槐荫区民主党派之家”，实现民主党派“有经费办事、有地方做事”，结束槐荫区民主党派无固定活动场所的历史。各民主党派发挥民主监督职能作用，不断提高建言献策质量，积极参加政治协商活动，提出人大建议98件、重点建议13件，政协提案183件、重点提案24件，为推动“四个槐荫”建设贡献智慧和力量。

【实施“同心扶贫攻坚行动”】 区委统战部按照《全区统一战线“同心扶贫攻坚战”实施方案》安排，动员社会力量聚力精准扶贫，召开全区党外代表人士精准扶贫情况通报会和全区精准扶贫捐赠活动座谈会，认真学习习近平总书记在中共中央政治局第三十九次集体学习时讲话精神，动员统一战线成员助力扶贫攻坚行动。通过实施有志学子腾飞帮扶计划、统一战线“泛海助学”行动、侨联“英才助飞”助学行动、少数民族“常金月慈善教育基金”为贫困学生通过救助金、学习用品等共计7万元，实现对2016年度建档立卡贫困户在校学生的全覆盖帮扶。组织引导全区25家爱心企业通过产业扶贫、就业扶贫、捐赠扶贫等形式，累计投入资金220万元，有效地帮扶受助群众发展生产、增加收入、改善生计。集中统战系统医疗资源，组建“同心党外医疗专家服务团”，深入开展专家义诊、免费查体等医疗扶贫行动，初步打造党外医疗专家同心帮扶品牌。

【加强党外代表人士队伍建设】 完善党外干部培养选拔工作措施，按照市委统战部“1523”总体思路，区委组织部、统战部联合开展全区党外干部专题调研，联合出台《关于进一步加强党外干部培养选拔工作的实施意见》（济槐统发〔2017〕14号）和《党外干部联席会议制度》（济槐统发〔2017〕15号）两个文件，为党外干部健康成长提供制度保障和组织载体。积极推动党外干部实职安排和党外代表人士政治安排，截至2017年底，全区已配备党外干部122名，其中副处级以上干部26名、正科级33名、副科级63名，安排党外区政协委员121名、党外人大代表53名，为统一战线和多党合作事业提供人才支撑和制度保障。

（董传新）

•天桥区委统战部•

2017年，在市委统战部的正确指导和天桥区委的坚强领导下，区委统战部认真学习贯彻党的十九大精神和习近平总书记重要讲话精神，坚持大团结大联合的工作主题，紧紧围绕中心，服务大局，扎实工作，为全区经济社会发展做出积极努力。

【政治协商工作】 印发全区统一战线学习贯彻十九大精神实施方案，组织全区统一战线学习贯彻十九大精神专题辅导报告会。按照区委要求，扎实做好政协换届工作，党外政协副主席、党外政协常委和党外政协委员均达到市委规定比例。建立完善政治协商、联合调研、季度座谈三项制度。协助区委制订下发2017年度政治协商计划，区委书记刘程华亲自参加党外人士协商座谈会，就全区经济发展情况听取意见和建议并做重要讲话。在全市率先建立联系民主党派季度座谈会制度，先后召集3次座谈会，围绕党派建设、同心扶贫等主题交流意见，提出各项建议意见和提案40余条，为全区科学决策提供了依据。扎实开展“爱天桥、做贡献、转作风、争一流”活动，紧紧围绕全区环境综合整治、创建全国文明城市、环保督查、重点项目推进等重点工作组织动员近200名民主党派、知联会、新联会成员、政协委员广泛参与积极作为。

【非公有制经济领域统战工作】 发挥统战优势，为招商引资穿针引线。市委统战部、市工商联主要领导同志先后走访调研。市侨联主席李中赋一行18人到天桥区考察重点项目。邀请中欧齐鲁文化经贸促进会进行实地考察，借助以商招商等形式邀请保利集团等投资商考察调研，引荐国家体育总局体育科学研究所智慧体育创新中心、山东省标准化研究院等项目考察组实地考察，就在黄台建设康体项目形成初步意向。引导非公有制经济企业和非公有制经济人士健康发展。抓思想引领促凝心聚力，抓服务引导促企业发展，抓党建引领促互动双赢，抓机关建设促高效服务，主动搭建融资解困、内引外联、权益保护、法律援助等十大服务平台，推动企业党建与企业发展互动双赢，促进非公有制经济企业和非公有制经济人士健康发展。

【新的社会阶层人士统战工作】 成立新的社会阶层人士联谊会，“统战工作室”和“新的社会阶层人士统战工作实践创新基地”在新阶层组织中挂牌。在全市率先启动“新智聚济·党旗红”工作品牌创建活动，和组织部联合下发《关于在全区开展“新智聚济·党旗红”工作品牌创建活动的实施方案》，推动全区新的社会阶层健康发展。创新打造统战工作品牌，成立各民主党派、党外代表人士“同心联盟”，确立了“6＋N服务模式”，成立六支志愿服务队伍，成员涵盖全区7个民主党派、知联会195名党外人士，“同心联盟”为街道办事处和环卫工人送去3万余元的防暑降温用品，组织开展创文明城、慰问困难党员群众、文艺辅导、医疗关怀等系列公益志愿服务，得到群众一致认可。《大众日报》《济南日报》等各大媒体先后予以刊登。组织同心扶贫行动，发动统一战线为贫困村捐款10万元。

【民族宗教工作】 区民宗局先后召开宗教界代表人士座谈会和安全维稳工作会议、圣诞节元旦及春节期间宗教领域安全维稳工作座谈会，落实“日报告”和“零报告”制度，确保宗教领域的安全稳定。开展“宗教活动场所示范单位”创建活动，完善落实宗教活动场所七项管理制度，区基督教三自爱国运动委员会完成换届工作。认真开展宗教政策法规学习月活动，支持宗教界加强宗教思想文化建设。各大宗教通过各种形式倡导社会主义核心价值观，积极投身脱贫攻坚、公益慈善工作，为区委区政府排忧解难。

【自身建设】 深入学习贯彻十九大精神，把学懂弄通做实作为各类主题教育活动的核心内容和思想政治建设的鲜明主线，引导广大统战干部和统一战线成员牢固树立“四个意识”。着力深化思想政治建设，推进落实全面从严治党主体责任，巩固拓展“两学一做”学习教育成果，加强和规范党内政治生活、强化党内监督，加强精神文明建设，完善干部培养锻炼规划。自觉提高工作标准，转变工作作风，提高统战干部的政策把握能力、工作创新能力、调查研究能力、组织协调能力，打造专业过硬、作风扎实、敢于担当的统战干部队伍。

（崔新师）

•历城区委统战部•

2017年，在历城区委和上级部门的领导下，区委统战部坚持以习近平新时代中国特色社会主义思想为指引，深刻领会习近平总书记关于统战工作的新理念新思想新战略，按照中央和省、市、区委关于统一战线工作的决策部署，以“三年提升行动”为抓手，发挥好统一战线人才荟萃、智力聚集、广泛联系的优势，努力开创全区统一战线工作新局面。

【召开区委统战工作会议】 系统总结2016年工作，安排部署2017年工作安排。会上下发《2017年度政党协商计划》。

【强化政治引领作用】 围绕全区中心工作、重大人事安排等事项组织召开意见座谈会、情况通报会共4次，广泛征求党外人士意见建议。与会党外人士畅所欲言，积极建言献策，向区委、区政府提出意见和建议，为区委科学决策做出贡献。

【党外代表人士队伍建设】 开展党外干部培养选拔专题摸底调研、健全完善全区党外优秀科级干部信息库等工作；根据市委统战工作要求，会同区委组织部制定《加强党外干部培养选拔工作规划》《党外干部工作联席会议制度》，为共同做好党外干部的发现、培养、使用、管理工作提供制度保障。加强党外干部的交流和使用，充实完善各层次后备干部队伍。2017年新提拔党外政协副主席1名、党外副处级领导干部5名，平调正处级干部1名。

【民族宗教工作】 根据历城区机构编制委员会文件要求，区民族宗教事务局与区委统战部合署办公，在政府序列中保留名称。撤销区民族宗教事务局事业单位建制，收回5名事业编制，核定3名行政编制，领导职数局长1名（正处级、兼任区委统战部副部长），副局长1名（副处级）。加强宗教政策法规宣传，开展“宗教政策法规学习月”“宗教活动场所示范单位创建”活动。抓好少数民族工作，实施“温居工程”争取3.5万元，改善1户少数民族贫困户改善住房条件；为全区5名少数民族考生发放奖励基金

3000元。完成宗教赋码登记工作，共登记工作机构1个，宗教团体2个、宗教场所31个、宗教教职人员47人。由区委统战部牵头，区民宗局、区园林局、区住建委共同参与，协调资金50万余元，妥善解决洪楼教堂灯光方面存在的安全隐患问题，确保宗教场所安全。

【非公有制经济领域统战工作】 区委统战部紧紧围绕“两个健康”主题，扎实开展理想信念教育，邀请知名专家举办十九大精神专题辅导班，引导企业家主动参与创城、扶贫等公益事业，积极开展荐书读书等活动。广泛搭建信息交流平台，指导民营企业家联谊会顺利完成换届工作，深入开展“入企业、摸实情、促发展”调研活动，组织政协委员撰写提案建议，积极参政议政，较好地发挥了“桥梁纽带”和“助手”作用。2017年“五一”国际劳动节，山东蓝伞国际宋小飞等多名区工商联会员被评为市级劳动模范。

【区政协委员增补工作】 按照区委工作统一安排，会同区委组织部共同做好政协委员增补工作，经过充分酝酿、推荐提名，严格考察、审查公示，政协济南市历城区第九届委员会二次会议增补委员21人，其中中共党员17人，党外人士4人。

【招商引资、扶贫攻坚工作】 依据区委、区政府的招商引资工作任务分解指标，充分发挥统战资源优势，成功引进1个招商项目，报送招商信息1条，完成工作任务。在区直部门中排名第六位。扎实做好驻村“第一书记”帮扶工作，开展医疗专家义诊、法律知识进社区、走访慰问贫困户等一系列社会“同心扶贫攻坚”公益活动。

（李锦绣）

•长清区委统战部•

2017年，长清区委统战部在区委的坚强领导和市委统战部的指导帮助下，紧扣主题主线，服务中心大局，大力推动创新发展，各领域统战工作取得显著成效，为推动全区经济社会发展做出了积极贡献。

【夯实统战工作基础】 强化组织领导。2017年初召开全区统战工作会议，调整充实了统一战线工作领导小组。完成大统战改革任务，将区民宗局并入统战部。强化队伍建设。校地统战部长联席会、新的社会阶层人士联谊会、欧美同学会、党外知识分子联谊会相继建立。推荐一批党外后备干部走上副处级领导岗位。在济南沃德汽车零部件有限公司建立长清区首个党外代表人士实践锻炼基地。3位党外代表人士荣获“长清区十大杰出青年”称号，7名党外人士获得首届“长清区领军人才”称号。强化教育培训。制订《2017年度统一战线教育培训计划》，举办全区党外人士培训班等各类教育培训4次。

【新的社会阶层人士统战工作】 创新开展新的社会阶层人士统战工作。建立全市首家新的社会阶层人士联谊会，成功推出省市首批新的社会阶层人士实践创新基地——“美客小镇”，走出一条“党支部+统战工作室+联谊会+互助联盟”“四位一体”的新的社会阶层人士统战工作新路子，成立中国美客统战工作室、领导小组，探索社会化大统战工作格局，有效实现“以党建带统战、以统战促党建”的模式。创新开展校地统战工作。2017年9月20日，在省社会主义学院召开校地统战部长联席会议第一次会议，以“统战聚焦、校地联动、服务高效、促进发展”为主题，建立长清区校地统战部长联席会议制度。创新开展网络统战工作。建立“长清统战”“长清盟员之家”“九三学社长清之声”等微信公众号，探索网络统战工作。

【社会服务工作】 制订出台2017年度政治协商计划，组织各党派围绕“四个中心建设”开展协商调研12次。实施“同心扶贫攻坚”“百企帮百村”“同心光彩助学”行动，开展送服务下乡、捐资助学、产业扶贫、实施扶贫建设项目，累计投入资金900万余元。民盟党员之家，民革党员之家、九三学社党员之家已完成建设。高度重视第一书记和帮扶双泉镇郑庄村工作，协调资金300万余元，产业扶贫项目顺利实施。扎实开展“五个一”活动，认真组织开展文明城市创建，参与文明单位与街镇社区帮扶共建活动。

【非公有制经济领域统战工作】 构建亲清政商关系，促进“两个健康”。开展以“守法诚信，增强企业发展信心”为主题的非公有制经济人士理想信念教育活动。成立山东师范大学创业孵化中心，建立服务企业长效机制。

开展“人民企、摸实情、促发展”百家民企调研活动，形成《2017年长清区民营经济发展报告》。组织异地商会长清行暨长清区重点项目推介会，拓宽招商引资渠道。

【民族宗教工作】 严格贯彻落实民族、宗教方针政策，深入推进第十七次济南市民族团结进步宣传月活动、民族团结进步创建活动，其中青北回民小学被市局授予2017年全市民族团结进步创建活动示范学校称号。召开“义净大师与一带一路高峰论坛筹备会”服务一带一路建设，平稳推进宗教场所拆迁安置，维护了全区民族团结、宗教和顺的良好局面。

【理论调研宣传工作】 大力宣传工作中的新成效、新经验。全年共完成统战理论研究、调研报告、工作信息文章80余篇。

【自身建设】 贯彻落实全面从严治党的各项要求，认真履行党建主体责任。深入推进“两学一做”学习教育常态化制度化，定期召开工作例会和统战部长办公会，完善机关管理制度。深入开展“建设魅力新城，机关勇当先锋”五大行动以及“效能提升年”活动，打造高素质的干部队伍。

（韩　玮）

·章丘区委统战部·

2017年，在区委的正确领导和上级统战部门的具体指导下，统战部以习近平新时代中国特色社会主义思想为指导，深入贯彻落实全国、全省及全市统战部长会议精神，夯实工作基础，创新工作方式方法，各领域统战工作深入稳步推进。

【学习宣传党的十九大精神】 十九大召开后，统一战线迅速掀起学习宣传贯彻十九大精神热潮，开展“学报告·谈体会”主题党日活动，举办党外代表人士学习十九大精神暨推进美丽乡村建设专题协商座谈会，各民主党派、非公有制经济代表人士和新的社会阶层代表人士分别召开学习十九大精神座谈会。

【政治协商工作】 协助区委制订2017年政治协商计划并认真组织实施，出台《关于进一步健全2017年度区委常委与党外代表人士联谊交友制度的意见》，召开民主党派负责人座谈会、党外人士情况通报会、创新营商环境加快民营经济发展协商座谈会、全面推进民主监督在从严治党中的作用发挥协商会等。组织各民主党派开展集中调研，为区委区政府积极建言献策，一年来共提出意见建议200余条。向检察、监察、教育、税务等部门推荐特约人员，2017年特约人员总数达到56名。组织各民主党派、无党派人士积极参与脱贫攻坚活动，支持民主党派开展社会服务工作。各民主党派共开展医疗救助、书画下乡、捐资助学等活动16余次，参与人数200余人次，民进章丘总支建立义诊服务基地。

【党外代表人士队伍建设】 会同组织部制定关于加强党外干部培养选拔工作和加强党外人士实践锻炼基地建设的相关文件，召开加强党外干部培养使用工作联席会议，交流提拔党外领导干部5名，选派3名党外人士开展第二批挂职实践锻炼，调整充实党外后备干部队伍。举办全区党外代表人士暨统战干部培训班和新的社会阶层人士培训班。成立新的社会阶层人士联谊会，建立新联会实践创新基地。

【非公有制经济领域统战工作】 召开重点企业座谈会，会同有关单位举办专题研修班和非公有制企业党务干部培训班，推荐35人参加济南市优秀企业家和企业管理先进工作者评选。组织非公有制经济人士赴贫困村开展项目考察和对接活动，9家商会、100余家企业，为60余个贫困村落实扶贫项目16个、资金1200万余元。牵头组成专题调研组，分行业深入调研，形成铸锻、风机、塔机、汽车零部件、印刷包装等行业调研报告及《改造提升传统动能，大力振兴实体经济》的总报告。编印章丘本地优质工业产品宣传册，拍摄专题宣传片，召开供需对接会，帮助企业拓展销售市场。推动校企合作，开展“大学生民企游历”活动。组织非公有制企业家进行免费健康查体。开展民营企业信息直报点建设工作和招商引资工作，引导成立上海市章丘商会。开展“服务企业年”活动，召开民营企业反映问题集中协调会1次，专题协调会8次，为企业解决各类问题61个。引导成立非公有制经济组织党组织11家，成立北京章丘企业商会党支部，做好非公有制企业党组织和党员基本信息采集工作。

【民族宗教工作】开展民族团结进步宣传月、宗教政策法规宣传月活动和宗教活动场所换证工作，28家单位被命名为市、区级民族团结进步创建活动示范单位。加快民族经济发展，争取扶持项目6个、资金55万元，完成投资100万余元。

（罗光静）

• 平阴县委统战部 •

2017年，平阴县委统战部在县委的坚强领导和市委统战部的正确指导下，履职尽责、开拓创新，统一战线团结奋斗的共同思想政治基础更加巩固，服务经济社会发展成效更加显著。

【加强对统战工作的组织领导】一是抓好政策落实。召开县委统战工作会议，调整充实县委统战工作领导小组，进一步健全党委领导、统战牵头、有关部门和团体各负其责、社会各界共同参与的“大统战”格局。二是压实主体责任。健全县、镇、村三级统战工作网络，每季度定期向县委汇报统战工作，从制度建设上让党的领导覆盖统战各领域；积极推动落实县区民宗机构设置要求，增加1名编制。三是搭建活动平台。成立新的社会阶层人士联谊会，聚焦全县重点领域凝心聚力，发挥聪明才智。

【加强党外代表人士队伍建设】一是推进协商民主。制订年度协商计划，完善督办落实机制，提高政治协商实效。先后召开全县党外代表人士座谈会、统一战线学习十九大精神座谈会，举办“喜迎十九大•庆国庆•迎中秋”统一战线联谊会，积极征求党委人士意见建议。二是加强教育管理。会同组织部把党外代表人士教育培训纳入全县人才和干部培训规划。举办全县统战干部业务理论专题培训班，集中授课与外出考察学习相结合，增强全县统战干部的理论、业务能力。全年，共举办各类培训班3期，组织或推荐参加各级培训共150余人次。三是注重培养使用。按照规定和要求做好党外代表人士的政治安排和实职安排。做好县政协十届二次会议增补委员的酝酿协商和提名推荐工作；会同组织部加大培养、选拔党外干部工作力度，2017年，2名党外干部担任部门正职，取得历史性突破。

【做好民族宗教工作】一是抓稳定，提高宗教活动管理水平。成立天主教圣母月活动领导小组，制定工作意见和应急预案，实行轮流值班和信息上报制度。二是建平台，充分发挥宗教界正能量。开展“爱平阴、促和谐、做贡献”活动，推动具有一定法律和政策水平的宗教界人士成为化解矛盾、维护稳定的有力助手；8名民族宗教界人大代表和政协委员共提交提案11件、社情民意15条。三是抓安全，盯紧宗教领域和谐稳定。与各街镇签订目标管理责任书，将结果纳入全县科学发展考核。调解矛盾纠纷，推动南门教堂建设进入规划设计阶段。参加全县安保维稳专班，切实维护全县民族宗教领域安全稳定。

【服务全县经济社会发展】围绕特色产业强化经贸往来，邀请台湾旭嘉科技、烟台台湾同胞投资企业协会、台湾林家花园考察玫瑰种植加工，初步达成合作意向。拓宽交流渠道深化合作，积极参加“两岸青年创业交流合作论坛”“台湾青年创业齐鲁行”“济台中小企业合作论坛”等专项经贸文化交流活动。加强与全国其他省市县工商联的联系，建立友好关系，玫德集团与上海企弘科技签订合作协议；邀请济南千慧知识产权公司教授来平阴县就商标专利、知识产权举办讲座，组织部分民企赴中国人民大学开展专题培训；推动县工商联与祁连县工商联结为友好商会。充分发挥统战领域资源丰富、联系广泛的优势，大力开展招商引资工作。2017年，共引进项目10个，其中圣川机械重汽配件加工、济南锦泉电器公司电器制造、商用机器人等5个项目已开工建设，到位资金3.6亿元；另有小飞机制造、装配式建筑等在谈项目4个；续建项目1个。

【服务脱贫攻坚】一是抓好包挂贫困村工作。县委统战部出资10万元，协调县文广新局、县教体局、县环卫绿化中心出资8万余元，加强帮包村村级基础设施建设。借助上级扶贫政策，为村集体争取了50KW的光伏发电项目。二是引导会员企业积极参与“同心扶贫攻坚行动”。2017年，56家企业与69个贫困村结对帮扶，在特色农业产业扶贫、乡村旅游扶贫、商贸扶贫、就业扶贫等方面成绩突出。县工商联主席企业玫德集团启动“515扶贫基金工程”，拿出5000万元资金扶贫，连续扶贫5年，资金由县扶贫办分配，40%用于基础设施，40%用于项目建设，20%用于老弱病残、卫生、科技、教育，充分体现了非公有制企业的为民情怀和社会担当。

（黄昭宁）

· 济阳县委统战部 ·

2017 年，济阳县委统战部全面贯彻落实《中国共产党统一战线工作条例（试行）》及省、市、县工作方案和各级统战工作会议精神，构建大统战工作格局，全面做好统一战线各领域工作，为推动济阳跨越发展做出积极贡献。

【构建大统战工作格局】一是统战工作纳入县委重要议事日程，县委常委会先后 4 次就统战工作开展专题研究，县委、县政府主要领导同志亲自参加政治协商等活动 4 次。二是重新调整县委统一战线工作领导小组，按照《济阳县贯彻落实〈中国共产党统一战线工作条例(试行)〉工作方案》，领导小组牵头负责，对各单位职责任务逐条对照，一一督查落实。三是构建县、乡两级统战工作组织领导网络，全县 10 个镇（街道）和教育、卫生等县直有关部门都明确分管统战领导和专（兼）职人员。四是实现民宗局与统战部合署办公，统战部可调配人员由 9 人增加至 13 人。五是加强对统一战线干部的教育培训，不断强化自身建设。

【围绕中心服务大局】一是组织开展济阳籍在外企业人士“回家乡、谋发展”活动。共收集在外企业人员信息 230 余条，吸引在外企业人士 130 余名到场，组织本地企业与他们开展联谊交友，互通有无、优势互补、双赢发展。二是召开济阳县统战暨工商联工作会议，引导非公有制企业积极参与新旧动能转换，着力推动“两个健康”发展。三是参与组织企业上云平台，对接《服务省会非公有制经济发展专家引导团队等六大服务团队》，邀请有关团队来济阳“面对面”帮扶支持企业。四是组织开展“百名干部服务百家企业”活动，42 名县领导和各镇(街道)及国土、住建、环保等县直有关部门主要负责人走进车间厂房，与企业面对面、心交心，梳理各类问题 100 余个并提出对策建议。

【政治协商工作】一是制订《2017 年度政治协商计划》，坚持政治协商工作与全县重大战略部署同向同步。二是成立教育、卫生、经济等 6 个专业小组，积极开展课题调研、加强政治协商、服务社会等活动 20 余次。三是认真组织《全委会报告》《政府工作报告》等文件的征求意见。

【党外代表人士队伍建设】在市社会主义学院举办全县党外代表人士培训班，与组织部门联合出台济阳县《关于进一步加强党外干部培养选拔工作的意见》和《关于培养选拔优秀年轻党外干部“五个一批”的实施意见》，构建组织部、统战部“共同制定规划、共同发现培养、共同使用管理”联席会议制度。加大党外人士政治安排和实职安排力度。政协党外副主席、常委、政协委员均超标准比例安排配备。2017 年党外干部提拔 6 人，交流 4 人。

【民族宗教工作】帮助县教会举办备案传道人培训班，指导科学管理信教群众。协调帮助回河镇小安清真寺大殿重建落成启用。继续开展民族团结进步宣传教育活动。

【新的社会阶层人士统战工作】依托龙港大厦，成立新的社会阶层人士统战工作实践创新基地（济北新城实践创新基地）。成立济阳县新的社会阶层人士联谊会，下设专家委员会、法律服务站、文艺沙龙、青年汇 4 个子组织，打造新的社会阶层人士之家。

【统战宣传工作】建立“济阳党外人士之家”“济阳统战”等 5 个涵盖统一战线各领域的微信群，实时进行信息发布、联系沟通。开通“济阳统战”微信公众号，发布济阳统战权威信息、解读十九大精神和上级统战政策。

（韩　宁）

· 商河县委统战部 ·

2017 年，商河县委统战部以凝心聚力、强化服务为主线，加强队伍建设，突出工作重点，聚焦精准扶贫，加强队伍建设，全力推进统一战线事业持续健康发展。

【党外代表人士队伍建设】举办党外干部及基层统战干部培训班，并外出到临沂、曲阜学习，着力提升党外人才思想政治素质和业务能力水平。推荐 1 名副局级党外干部到知名企业华润山东医药有限公司挂职锻炼一年。落实政策，扎实做好党外人士安排。

截至2017年底，全县选拔配备副局级以上党外领导干部19人，其中，副处级5人，正局级1人，副局级13人。县人大、政府、政协领导班子分别安排党外副主任1人、副县长1人、副主席3人。做好政治安排，选举产生党外人大代表87人，比例达到35.6%；推荐党外政协委员133人，比例达到60.7%。

【民族宗教工作】 积极争取上级资金加强少数民族村建设，持续改善民生，完成棘城中街村道路硬化和下水道修建、站南村道路硬化及排水沟工程三个项目。全面启动实施“温居工程”，58户民族村农村危房改造修缮已全部完成。加强民族教育扶持，对48名高考生及研究生给予奖励金共计38400元，帮助18名贫困学生申请“常金月慈善教育基金”22000元。协调县教体局帮助白集村和站南村各新建幼儿园一处。加强民族团结教育宣传，开展第十七次民族团结进步宣传月活动，组织开展面向少数民族群众的为民服务活动。

【新的社会阶层人士统战工作】 在相关部门的协助配合下，对商河县新的社会阶层人士进行全面摸底。于10月31日成立新的社会阶层人士联谊会，选举产生第一届理事会和会长、副会长、秘书长等领导班子。会上印发《商河县新的社会阶层人士统战工作实践创新基地工作方案》，与会领导为新的社会阶层人士联谊会揭牌，为新联会两个实践创新基地——商河县联荷电商产业园、鑫隆•时代商务中心授牌。出台商河县《关于加强新的社会阶层人士统战工作的实施意见》，为全县新的社会阶层人士统战工作的深入推进打下坚实基础。

【同心扶贫攻坚行动】 一是在捐赠扶贫上干实事。协调县领导带领的4家企业帮挂团队对孙集镇后堤村投资10万元实施“光伏发电—河道清淤—监控安装”项目；组织企业及商会与贫困村签订结对帮扶协议，县工商联各行业商会多次慰问孙集镇和白桥镇贫困户并送去慰问金；现代牧业开展“为致富助力、为脱贫献爱”活动，主动参与对接，为郑路镇前进东村村民发放牛奶等慰问品；明达建材出资为贫困户修建道路等。二是在就业扶贫上出实招。商会、非公有制经济组织立足自身实际，根据企业发展需要，积极为贫困户提供就业岗位，为贫困户提供就业途径。举办企业进校园大型招聘会，为贫困学生就业提供契机。三是在健康扶贫上摸实情。通过开展“情系齐鲁•同心义诊”走进商河活动，对全县3—12岁建档立卡贫困家庭儿童进行视力摸底普查，筛查出的10余名弱视儿童赴眼科医院接受免费治疗。四是在教育扶贫上见实效。组织飞鹤玻璃、森达汽贸、华信流体控制等企业助力高考学子扬帆起航；积极争取上级资金助力精准扶贫，结合省委统战部、中国泛海控股集团在全省实施的“泛海助学山东行动”，资助20名高考录取贫困家庭学生共10万元。

（姜小琪）

青岛市

•青岛市委统战部•

2017年，青岛统一战线工作在市委的坚强领导和省委统战部的有力指导下，以习近平新时代中国特色社会主义思想为指导，以深入贯彻落实党的十九大和省第十一次党代会、市第十二次党代会精神为主线，牢牢把握走在前列的目标定位，强化大局意识、问题导向和责任担当，着力在加强政治引导、持续创新突破、服务中心大局、不断提质增效上下功夫，推动青岛统战工作迈上新台阶。

【巩固共同思想政治基础】 青岛市委统战部把深入学习宣传贯彻习近平新时代中国特色社会主义思想、党的十九大精神和党的十八大以来习近平总书记关于统一战线工作的新理念新思想新战略作为首要政治任务，召开全市统一战线学习宣传贯彻中共十九大精神动员部署会，通过举办全市统一战线喜迎党的十九大主题歌会、举办党外领导干部专题学习班、成立民营企业家宣讲团并巡回宣讲等形式，推动广大统战成员学懂弄通、深思笃用，全市统一战线的“四个意识”更加牢固、“四个自信”更加坚定。支持新一届民主党派、工商联领导班子切实自身建设，深入开展“不忘合作初心，继续携手前进”专题教育，打造“学理论、话传统、比贡献”平台，会同青岛电视台制播“话传统访谈实录”系列节目，不断深化政治交接。市第十二次党代会召开之际，各民主党派市委、市工商联联合向中共青岛市委发贺信，中共青岛市委及时回感谢信，弘扬了同心同德、携手奋进的优良传统。

【围绕中心服务大局】 市委统战部组织全市统一战线围绕推进供给侧结构性改革、加快新旧动能转换、打赢“五场攻坚战”等开展调查研究、建言献策，完成调研报告63篇，其中9篇得到青岛市委副书记、市长孟凡利批示。全年有69条党外人士意见建议被中央统战部采用，其中民建会员、国家海洋局第一海洋研究所研究员陈尚牵头撰写的《维护国家海洋权益的建议》得到俞正声、张高丽、汪洋等中央领导批示。青岛市再获全国、全省统战信息工作一等奖。组织全市统一战线开展精准扶贫活动，投入帮扶资金8600万余元，开展帮扶项目50余个，完成道路硬化5.5万平方米、灌溉水渠8000余米，建设村民文化广场4个，开展公益活动50余场次，对口帮扶的18个省定贫困村和1个市定经济薄弱村实现脱贫摘帽。青岛市在省精准扶贫推进会上做典型发言。打造“凝心聚力·共建共享”活动品牌，全市54个民主党派基层组织与54个社区结对，围绕参与社区治理、推进基层协商民主、服务社区群众、维护社会和谐稳定等，开展活动400余次，反映社情民意近千条，化解矛盾纠纷230余件。中央统战部《每日汇报》刊发青岛做法。

【多党合作事业】 市委统战部会同市委办公厅制订并落实年度政党协商计划，全年组织各类协商活动13次，市委、市政府主要领导参加5次；协助市政府办公厅出台《重大事项征求党外人士意见工作安排》，就10件重大事项征求党外人士意见。支持民主党派开展民主监督工作。协调41个政府部门与民主党派开展5大类51项对口联系活动。完善市委常委、市政府领导同志与党外人士联谊交友制度和名册。

【非公有制经济领域统战工作】 市委统战部会同市委督查室就贯彻落实省委、省政府关于支持非公有制经济健康发展的十条意见进行督查，举办“喜迎党的十九大民企新旧动能转换在行动”系列宣传报道，成立“青岛民营经济研究院”，出台商会建设地方标准。举办青岛市企业领导人员经营管理培训班、工商联领导干部培训班和青年民营企业家素质提升班等，全年举办培训13期，近6000余名民营企业家参加培训会。推荐姜巧珍、张兰兰为全国工商联执委人选。开展“党旗飘扬促发展”主题活动，推进非公有制企业党建工作，青岛市经验被《中国统一战线》、青岛电视台刊发报道。召开市工商联第十三次代表大会，选出新一届工商联执委、常委和领导班子。

【党外知识分子工作】 市委统战部召开全市党外知识分子统战工作座谈会，开展“知联会走进区市”活动，依托无党派人士工作室开展“烛光教育行动”等活动。加强欧美同学会建设，设立13个欧美同学会分会，举办留学报国宣讲进校园活动，启动海归精英培养工程，设立市级留学报国基地。开展驻青高校二级学院党委书记（统战委员）轮训，推动驻青高校配备3名以上统战工作人员，推动青岛科技大学港澳台侨工作部门与统战部合署办公。扩大全市国有企业统战工作试点范围，探索构建“党建带统战、以统战促党建、党建与统战共融互促”的国有企业统战工作格局，得到中央政治局委员孙春兰、山东省委书记刘家义和山东省委常委、青岛市委书记张江汀等批示。探索开展功能区统战工作，中央统战部《统战工作》刊发青岛市的做法。

【新的社会阶层人士统战工作】 2017年，青岛市被中央确定为全国新的社会阶层人士统战工作实践创新基地，市委召开全市新的社会阶层人士统战工作会议，出台《关于加强新的社会阶层人士统战工作的意见》，建立市委常委与新的社会阶层人士列名联系制度。各区市深化开展“一区市一重点”创建活动。市委统战部在市北区启动第二批新的社会阶层人士挂职锻炼工作，在胶州市建立全市第二个实践锻炼基地；联合市网络办发起成立青岛市自媒体联盟，吸纳全市自媒体200余家，粉丝总量超过1000万。青岛在中央和省委首次召开的全国、全省新的社会阶层人士统战工作会议做大会发言，相关工作得到中央统战部副部长戴均良，省委常委、青岛市委书记张江汀和省委常委、统战部部长邢善萍批示。

【民族工作】 市委统战部会同市民族宗教局深入开展民族团结进步宣传活动和“关爱行动”，大力宣传增进民族团结进步的典型和事迹。会同市委高校工委、市司法局、市人社局和律师事务所等，创建少数民族大学生社会实践与实习基地。通过开展走访慰问、赠送学习书籍等形式，积极关心新疆内高班和西藏中职班师生的生活、学习和成长。先后接待2批118名新疆喀什地区爱国宗教人士参观考察，增进民族地区宗教人士对内地改革开放的认识和了解。《中国民族报》连续7期报道了做法。

【宗教工作】 市委市政府召开全市宗教工作会议，省委常委、市委书记张江汀，市委副书记、市长孟凡利，市政协主席杨军出席会议。市委统战部会同有关部门对10个区市和25个市直单位贯彻落实中央和省、市委宗教工作重大决策部署情况进行专项督查。推进新修订《宗教事务条例》的学习宣传，做好“开斋节”等重要宗教节日和观音寺开光法会、太清宫李宗贤方丈升座庆典等重大活动的组织协调工作。依法管理宗教事务，大力推动一批宗教团体历史遗留问题的解决，有关工作得到中央政治局常委、全国政协主席俞正声大会表扬。

【港澳台海外统战工作】 市委统战部推动成立香港青岛同乡联谊会，举办庆祝香港回归祖国二十周年座谈会、青岛国际形象论坛、青港澳台青年企业家创新创业论坛和青港“一带一路”企业家沙龙，建立港澳青年创业基地。市委常委、统战部部长王久军带队赴港澳开展交流，促成香港大屿山塘福村与崂山区解家河村签订青岛与香港首个乡村建设友好协议，推动香港青岛总会与市南区海外联谊会签订推进“时尚市南”建设合作协议。开展海峡两岸同心光明行走进青岛慈善活动，举办与台南市医师联合义诊活动。支持青岛妈祖联谊会在崂山区港东社区举办首届青岛妈祖文化节，活动在海峡两岸产生强烈反响，中央电视台4频道等多家媒体进行了报道。

【党外代表人士队伍建设】 市委统战部全年举办培训班34期，培训人员2200余人，完成第四批并启动第五批省派党外干部挂职锻炼工作，选派13名党外干部、30名青年企业家、6名新的社会阶层人士分赴相关基地挂职锻炼。完成青岛市政协十三届一次会议选举任务，完成86名山东省政协委员人选推荐工作，推荐王修林、栾新2名民主党派市委主委担任民主党派省级组织主委，推荐林萍、郭振栋2名民主党派驻会领导分别担任青岛市人大常委会副秘书长和崂山区副区长，推荐王显忠、董福强2人担任青岛市政协专委会主任委员，推荐谭树翼、王君亮、王均华3名民主党派机关处级党外干部晋升副巡视员，推荐青岛市基督教“三自”爱国会主任董美琴当选山东省基督教协会会长。

【统战基层基础工作】 2017年，市委统战部开展“解难题、促落实、创品牌”主题调研年活动，协调市委宣传部首次将统战理论研究纳入市社科规划研究项目和市“双百调研工程”，完成调研成果70项、实践创新成果20项。首次实现对市直单位统战工作差异化考核，推动各区市打造统战工作示范点26个。会同市编委办出台专门文件，推动10个区市民族宗教局全部实现与统战部合署办公并在政府保留部门序列。推动成立西海岸新区中华职教社、李沧区欧美同学会、中德生态园欧美同学会等基层统战团体。

（苗　林）

•市南区委统战部•

2017年，市南区委统战部认真贯彻全国全省全市统战部长会议精神和新的社会阶层统战工作会议精神，围绕中心，服务大局，为加快建设时尚幸福的现代化国际城区做出积极贡献。

【学习贯彻上级统战会议精神】 召开统一战线学习宣传贯彻党的十九大精神动员会，各民主党派、工商联、无党派人士和统战团体通过座谈会、研讨会、专题会等形式，学习习近平新时代中国特色社会主义思想和党的十九大精神。召开全区统一战线工作领导小组（扩大）会议，学习贯彻上级统战工作会议精神。支持各民主党派、无党派人士深入开展坚持和发展中国特色社会主义学习实践活动，推进“不忘合作初心、继续携手前进”专题教育。召开全区统一战线践行社会主义核心价值观主题实践活动部署会，引导广大统战成员坚定中国特色社会主义理想信念，树立正确的世界观、人生观和价值观。举办统战调研宣传信息工作培训班，全区统战信息宣传员30余人参加培训。利用网站、微信公众号广泛宣传各领域统战工作，全年《同心市南》微信公众号共推出53期。

【民主党派工作】支持民主党派参加政党协商、开展民主监督、参与社区治理、实施政治交接。召开2次情况通报会，通报市南区经济社会发展情况和党风廉政情况。指导各民主党派做好换届工作，全区6个民主党派基层组织完成换届选举工作。完善《中共市南区委常委与党外代表人士联系制度》，及时调整区委常委联系党外代表人士名单。建立统战成员信息员微信平台，扩大党外代表人士建言献策渠道。支持民主党派、工商联和无党派人士围绕市南区“十三五”规划落实、“互联网+”“时尚经济”等重点课题，深入开展调查研究，积极建言献策。2017年各民主党派和统战团体开展调研活动15次，撰写各类调研报告70余篇，提出意见建议60余条。在各民主党派、统战团体中整合资源成立7支志愿者服务队伍，在全国率先探索打造“同心助民”服务品牌。全面完成精准扶贫任务，参与人员1300余人，参与会员企业180余家，捐款24万余元，扶贫资金全部用于平度小王家庄村村志、孝德文化街和村内4条道路的修建。

【新的社会阶层人士统战工作】积极开展新的社会阶层人士统战工作，召开座谈会、研讨会、推进会8次，部署新的社会阶层人士统战工作。成立市南区新的社会阶层人士联合会，将新的社会阶层人士统战工作纳入“两新”组织党的建设工作中，在新媒体从业人员联谊会建立党支部。扎实做好新媒体从业人员综合评价工作，把综合评价作为新媒体从业人员政治安排的必经环节。积极开展自由职业代表人士统战工作试点，召开自由职业代表人士统战试点工作推进会，出版《新语》季刊，编撰自由职业代表人士文集。先后接待上海市、杭州市、广州市等17个兄弟区市统战部到市南区参观交流新的社会阶层人士统战工作。

【民族宗教工作】召开全区宗教工作会议，深入学习贯彻全国全省全市宗教工作会议精神。加大民族宗教法律法规的宣传，开展“中华民族一家亲，同心共筑中国梦”主题教育活动，发放宣传册1000余份。指导各街道社区、天山小学、成武路幼儿园做好民族团结进步创建活动典型示范引领工作。扎实做好“春节法会”“浴佛节”“圣母月”“开斋节”等重大宗教活动的安全保障工作。全力做好2017年全国民族关系状况分析会保障工作。

【对台、侨务工作】积极开展侨法宣传教育活动，组织侨务工作者深入社区宣传侨法。开展“台资企业走访季”主题活动，深入台企走访调研，帮助企业解决工作和生活中的困难。调查核实全区定居台胞人员情况，发放定居台胞补助金25927元，慰问金11000元。为华侨、台胞台属子女提供政策法律咨询、侨眷证件办理、出入境手续办理等各类服务60人次。组织13人的市南区社区服务建设考察团赴台湾考察，增进大陆和台湾社区建设的交流与合作。先后接待“台湾台东县宝桑中学两岸教育交流参访团”“基隆市基层社区青年交流参访团”“台湾民意代表王慧美一行”和“台北市中正区里长参访团”“台湾花莲县少数民族参访团”参观交流。接待香港青岛总会和来自美国、新加坡、中国香港等多位重量级形象顾问参与“时尚”座谈会，对开展国际城市形象论坛事宜进行洽谈交流。

（胡晓辉）

·市北区委统战部·

2017年，市北区委统战部在区委的正确领导下，在市委统战部等上级业务部门的帮助指导下，全面贯彻落实《中国共产党统一战线工作条例（试行）》以及中央、省市和区委统战工作会议精神，围绕中心、服务大局，以品牌创建为引领，积极引导和支持全区统一战线广大成员充分履行职能、发挥作用，为全区的经济社会发展做出了积极贡献。

【民主党派工作】进一步深化“凝心聚力·共建共享”民主党派与社区结对共建活动品牌建设，扩大共建范围，丰富活动内容。2017年以来，各党派紧紧围绕社区居民需求，开展各具特色的民生服务活动，共组织开展义诊、讲座、助学、助困等各项活动60余次，惠及群众1.3万余人，取得良好效果，切实提升了辖区居民的获得感和幸福感。

【新领域统战工作】成立市北区新的社会阶层联谊会，选举产生联谊会会长1名，副会长9名，秘书长1名（由1名当选副会长兼任），副秘书长2名，常务理事15名。继续做好青年企业家培养工程，邀请新生代和老一代互动交流，加强对新生代企业家传承教育。推荐1名优秀新生代企业家到市有关部门挂职锻炼半年。

【统一战线教育培训工作】加大对党外代表人士的教育培训力度，共组织各类培训班10个，培训党外代表人士及骨干450余人次，全部开设统一战线理论政策的课程。

【服务社会工作】引导各民主党派基层组织与街道、社区、学校等开展结对服务活动，民革基层委联合宁夏路街道在仲家洼社区打造“中山义工综合服务站”，组织志愿者帮助社区开展基础信息入户采集和录入、法律援助和矛盾纠纷调解等工作，有效充实社区工作力量，提高社区网格化工作水平。民盟工委与延安路街道共同构建“同心社区十分钟文博圈”，在松江路和延安二路社区开展“‘百花育苑’名师公益行”“新市民子女英语阅读”“乐龄悦老课程专项计划”等各项活动120余次，受益群众达8300余人次。民建基层委依托前期打造的“民建治安亭”，协助阜新路街道南山社区开展治安巡逻活动，帮助提高社区居民安全感和满意度。民进基层委在四方街道四机社区继续开展“法律进社区”活动，并与寿光路小学进行结对共建，举办“心理讲座进校园”和“社会主义核心价值观歌咏比赛”等活动。农工党基层委联合镇江路街道不断深化“农工苑·海泊情”结对共建示范点建设，承办2017（第十届）中国环境与健康宣传周活动，并在东仲社区建立为民网上预约服务微信平台，通过微信平台，组织开展“手机摄影讲座”。致公党基层委联合市北区公证处，协助登州路街道做好棚户区改造工作，组织党派律师和法律工作者对街道200余户涉及的房屋产权纠纷问题进行解决处理，有效推动棚改工作。九三学社基层委组织本党派17名企业家成立科技经济促进会，开展宣传推介和招商引资工作，已促成2家企业入驻市北；并在山东诚功律师事务所挂牌成立“社会服务示范基地”，定期为兴隆路街道兴隆路社区居民提供免费法律服务，并参与基层信访稳控和矛盾调解工作，为党委政府排忧解难。

【民族宗教工作】2017年，举行青岛市市北区佛教协会成立暨第一次代表大会。会议审议通过《青岛市市北区佛教协会章程》，选举产生青岛市市北区佛教协会第一届理事会理事及领导班子，王圣瑛当选为第一届市北区佛教协会会长。举行青岛观音寺落成庆典暨全堂佛像开光法会。开展以“中华民族一家亲，同心共筑中国梦”为主题的民族团结进步宣传月活动。开展各族少儿“民族一家亲共筑中国梦”夏令营活动，开展清真食品安全检查和穆斯林群众牛羊肉补贴审核发放工作。举办“发掘观音寺历史文化内涵，打造青岛重要人文景观”项目成果评审会，证实了“观音寺内的‘天眼’是大汶口文化中有文献记载的重要文化景观”这一重要发现。

【港澳台海外统战工作】开展海内外交流交往活动，接待台湾道教经典研究会、台湾新北市少数民族干部山东半岛参访团、台湾祥和全球实业有限公司、台湾赫曼咖啡项目组、台湾高校大学生交流团来市北区的考察交流活动。开展“侨资企业走访服务季”活动。联合齐鲁医院、海慈医疗集团、南山商会等开展义诊活动，为居民提供查体和健康咨询，受众200余人次，发放医学科普知识宣传资料1000余份。开展“侨法学习宣传月”和“12.4”国家宪法日暨全国法制日集中宣传活动。组织侨界代表人士参加全区情况通报会、座谈会、征求意见会，提出意见建议10余条。

（兰怡婷）

·李沧区委统战部·

2017年，李沧区委统战部认真贯彻落实党的十八大、十八届三中、四中、五中、六中全会精神和习近平总书记系列重要讲话精神，深入学习贯彻党的十九大会议精神、中央统战工作会议精神及《中国共产党统一战线工作条例（试行）》，紧密围绕中央和省、市委关于统一战线工作的重要决策部署，开展各项统战工作。

【落实党委统战工作职责】将统一战线工作纳入区委重要议事日程，区委第五次常委会会议传达学习全国全省全市统战部长会议精神；召开全区统战工作会议，区委书记王希静同志对统一战线工作提出树立“大统战”理念，实施大团结、大联合、大凝聚、大统一“四大工程”的要求。

组织各条战线进行理论学习。将统一战线理论、政策纳入区委中心组理论学习内容，纳入区委党校2017年中青班教学内容。组织党外干部、民族宗教界人士、新的社会阶层人士和党外知识分子代表人士开展专题培训，分赴井冈山和延安开展学习教育活动，丰富理想信念，坚定党的领导，2017年共培训1020人。举办全区统一战线学习贯彻党的十九大系列活动，包括专题讲座、文艺汇演、各统战团体集中学习讨论等。

优化党外干部选拔培养使用机制。完善统战部门与组织部门协作配合机制，探索规范党外干部的提名和任免程序，2017年经过重要岗位、基层岗位的锻炼，有1名党外干部提拔重用为政府部门正职领导，4名科级党外干部提拔为处级。截至2017年底，全区副处级以上党外干部共21名，其中副区级5名，处级16名，研究生学历5名，占总数的24%，大学及以上学历的占总数的95%。

开拓各个渠道统战宣传工作。党外干部、精准扶贫、“六联六促”等统战工作亮点，被《青岛日报》《工人日报》《人民政协报》等省市级以上新闻媒体采编刊发5次；“以堂带点，抵御宗教渗透”被中央统战部《每日汇报》采用，“李沧统战”微信公众号积极传播统战理论及工作动态，在李沧区广大统战成员中影响力不断提升。

增加统战工作整体力量。根据市委《关于贯彻落实〈中国共产党统一战线工作条例〉的意见》精神，区委统战部成立李沧区党外知识分子和民族宗教工作服务中心，增加财政拨款事业单位人员编制5名，为更好开展统战工作增加人员力量。

【推进社会主义民主政治建设】 落实政治协商督办机制。2017年，同区各民主党派、工商联和无党派人士召开各类座谈会、通报会5次，其中区委、区政府主要领导同志参加了全区各界人士迎新春通报协商会暨区六次党代会情况通报会。

支持民主党派换届工作。支持民主党派基层组织换届工作，民盟李沧区工委完成换届，成立民盟青岛市第十三届委员会李沧区工委，顺利完成政治交接。

落实区委常委联系交友制度。协调对接区委常委、党外代表人士和新阶层人士，保证每位区委常委联系2名党外代表人士及新阶层人士，了解他们所思所想，帮助解决所急所困。

组织统战成员建言献策。全区统战成员围绕李沧区“十三五”规划编制落实等经济社会议题进行建言献策，共收到意见建议78篇。围绕区委第六次党代会提出的重点项目，各党派组织各自领域专家学者组成调研组，分赴基层一线认真了解情况、掌握材料，形成调研报告8篇。

开展“凝心聚力结对共建”活动。7个民主党派基层组织与李沧区7个社区结为一对一共建单位，开展“送知识、送健康、送法律、送温暖”，以及助学助困等社会服务活动。

【推动重点领域统战工作】 协调各方助力院士港发展。积极与省委统战部、省侨办、市委统战部联系对接，争取上级表态支持；向省委统战部推荐一名院士港团队负责人作为省人大代表、省政协委员候选人；联系并邀请省侨办、民进山东省委等省委省政府部门、民主党派省委、省工商联、各统战团体等到国际院士港参观并推介。

精准扶贫发挥统一战线优势。组织召开统一战线精准扶贫动员会，围绕推进贵州安顺等地区精准脱贫、捐资使用等重点难点问题开展专题调研。2017年，李沧区统战成员共捐款35万余元，用于平度云山镇大王桥村蔬菜大棚及图书室建设，大棚已于2017年10月底完工并投入使用；基督教、天主教三自爱国小组等宗教界人士自发为甘肃康县、菏泽单县、贵州赫章捐助价值120万元的新衣；统战成员个人及统战团体共捐赠图书2900余册。九三学社李沧区委员会在平度古岘镇建立科技示范基地，启动科技惠农服务；致公党李沧支部和李沧区社会组织联合会“合力”在菏泽、安顺等地开展对口帮扶，共建电商产业园，扶植金葵花和茶叶产业发展，对特色产业发展提供信息服务。

适应新形势扩大统战范围。成立李沧区新的社会阶层代表人士联谊会，引导新的社会阶层人士将智慧和力量聚焦到服务李沧经济社会发展上来。成立李沧区欧美同学会暨留学人员归国联谊会，打通与各级欧美同学会及海内外高端人才的联络渠道。

【做好民族宗教工作】 深入开展民族团结进步创建活动，以民族团结进步宣传月为契机，举办社区文艺演出、大型广场文艺演出，以及欢庆十九大专场文艺会演等，共计15场。结合全区重点项目建设，组织50余名社区少数民族群众，实地参观院士港、青岛亚马逊AWS联合创新中心及李村河中游建设，开阔少数民族群众的视野，坚定他们为李沧建设发展献计出力的信心。对清真食品生产经营情况进行拉网式检查，为51家业户，163名从业人员建立详细的电子台账，为穆斯林群众发放牛羊肉补贴43500元。

【推进台侨统战工作】 加强港澳台海外统战沟通联络，参加市侨办组织的赴东南亚引侨引智活动，宣传推介李沧区院士港；赴济南“侨梦苑”考察交流，推动院士港与侨资企业的双向对接交流，深入做好申办“万侨创新示范基地”工作，组织台商陈昌宗到跨境电商产业园推介李沧区“4+n”产业。协调街道办事处及相关部门排查31名涉台遗产继承人、解决台胞子女就读事宜，真情服务台胞台属和归侨侨眷。

（杜　鲲）

•崂山区委统战部•

2017年，崂山区统一战线在市委统战部和区委的领导下，按照中央、省、市统战工作的总体部署和要求，认真学习贯彻党的十九大和各级统战工作会议精神，围绕中心，服务大局，深化创新实践，努力推动全区统战工作深入持续开展。

【民主党派工作】 完善政党协商机制，全年召开专题协商会、征求意见会4次。畅通参政议政渠道，支持民主党派和无党派人士紧紧围绕改革创新、“美丽乡村”建设、基层社会矛盾治理等工作开展议政建言。支持民主党派加强自身建设，各党派顺利换届，完成政治交接。精心开展民主党派结对帮扶服务活动，与7个社区建立共建关系，增进与基层群众的感情。

【党外代表人士队伍建设工作】 建立党外知识分子推选新机制，丰富党外知识分子人才库，积极做好人才储备工作。以引导和培育为重点做好新领域统战工作，开展新领域统战工作服务“创客”行动，引导其在促进经济发展、关注民生事业、提供公共服务、维护社会和谐等方面发挥积极作用；组织开展社区矫正人员心理关爱、崇汉文化调研、社会工作专业服务与职业发展骨干人员培训等特色活动。

【统一战线教育培训工作】 2017年共开展系列专题教育和理想信念教育等实践活动6次，培训226人次。到省社会主义学院举办十九大精神专题培训班，统战成员畅谈心得体会，深刻领会精神实质，夯实共同思想政治基础。

【民族宗教工作】 做好民族宗教领域“放管服”改革。简化优化公共服务流程，方便基层群众办事，梳理民族宗教事务局行政许可服务事项和权力清单及行政调解、行政裁决事项，编制宗教局“双随机、一公开”事项清单。开展“四类风险”专项排查行动。突出“依法管理、规范化建设、财务管理、安全工作”四个重点，帮助指导宗教团体及时化解宗教内部矛盾纠纷，促进宗教关系内部和谐。做好穆斯林群众土葬习俗的延续和应急工作，预防一般矛盾升级为民族宗教群体性事件。开展处理涉及佛教寺庙、道教宫观管理有关问题专项整治工作。成立华严寺管理民主组织，完成依法登记手续。促进华严寺及其他宗教活动场所与景区和谐共赢。对大悲禅寺进行规范化处理，做好依法登记前的准备工作。

【港澳台海外统战工作】 2017年，突出“深化合作交流、尽心尽职服务”主题，着力做好对台侨务工作。一是以“延展亲情”为纽带，加强对台交流交往。举办首届妈祖文化节，以推动两岸友好往来，传承弘扬妈祖文化，开辟对台文化交流的新路径；二是以“协调深情”为标准，加大为台侨服务。扎实开展“满意在台企”“为侨服务”等系列活动和“走进矛盾、破解难题”专项行动，妥善解决各类困难问题35件。三是以“联络感情”为抓手，创建“情系两岸青年就业创业”特色服务品牌。在崂山现有的大学生创业基地中注入台湾元素，推进台湾青年来崂山创业就业工作，形成两岸特色，推进国家级“海峡两岸青年创业基地”，协调发展，提升港澳台海外统战工作优势。

（刘　芳）

•西海岸新区工委统战部•

2017年，西海岸新区工委统战部以学习贯彻三级统战部长会议精神以及十九大和习近平总书记关于统战工作系列重要讲话精神为引领，始终坚持“围绕中心、服务大局”的工作理念，开创新区统战工作新局面，为建设军民幸福、干部自豪、令人向往的美丽新区贡献了统战智慧，凝聚了统战力量，彰显了统战作为。

【巩固共同思想政治基础】召开全区统战工作会议，安排部署2017年全区统战工作；调整工委区委常委联系党外代表人士和新的社会阶层人士名册，每名常委联系2名党外代表人士和1名新的社会阶层人士；召开全区统一战线深入学习宣传贯彻党的十九大精神动员部署会，邀请工委党校教授做十九大精神动员报告，在全区统一战线掀起学习十九大精神的高潮。

【民主党派自身建设】结合“凝心聚力•共建共享”民主党派和社区结对共建活动，在全区民主党派基层组织中开展“四个一”活动，各民主党派在反映社情民意、协调社会关系、维护社会稳定等方面发挥积极作用；协助民盟黄岛区工委完成换届工作，协助民革黄岛支部发展成为民革黄岛区基层委，顺利实现政治交接；召开各民主党派负责人座谈会、季度学习会等，听取他们对新区发展的意见建议；积极组织党派成员向上级统战部门报送建言献策信息，位居全省区（县、市）前茅。

【党外代表人士队伍建设】扎实做好党外代表人士培养选拔工作，2017年，新提拔副处级党外干部1名，1名党外干部担任政府序列部门正职；举办党外代表人士培训班，进一步提高党外人士政治素质和参政议政能力；精心打造省级党外代表人士挂职锻炼基地，圆满完成省第三批6名党外干部挂职工作，迎接省第四批6名党外干部挂职，协助党外挂职干部创建《点石》和《初心》期刊。

【党外知识分子工作】召开全区党外知识分子联谊会第一次会员大会，顺利完成知联会换届工作；在青岛东海药业有限公司成立党外知识分子联谊会，探索开展非公有制企业党外知识分子工作新途径；建立新区知联会“汇智新区•联心筑梦”活动品牌，广大知识分子积极开展建言献策、服务社会等活动；成立全省首家县（区）级中华职业教育社。

【新的社会阶层人士工作】通过运用社会化、网络化思路和方法，精心打造“汇新致远•聚力新区”新的社会阶层人士统战工作品牌；加大培训力度，在青岛黄海学院建立新的社会阶层人士教育培训基地；成立全省首家民营企业新的社会阶层联谊组织——明月集团新的社会阶层人士联谊会。

【港澳台海外统战工作】台湾新党主席郁慕明，台湾收藏家、艺术家许伯夷等到新区考察；邀请“海外华文媒体山东行”采访团一行37人到新区参访，宣传推介新区；继续深化“亲情•优质•温暖”服务品牌，为台胞台属台企解决各类难题20余项；成立青岛市首家功能区分会——青岛欧美同学会（留学人员联谊会）中德生态园分会。

【民族宗教工作】民族方面，积极开展“民族团结进步宣传月”活动；为67名少数民族群众子女解决了入学难题；及时下发清真饮食习惯牛羊肉补贴；协调保障500余名穆斯林群众在唐岛湾北岸公园草坪顺利举行开斋节会礼活动。宗教方面，召开全区宗教工作座谈会，部署全区下一步宗教工作重点；开展“宗教政策法规学习月”活动，组织宗教界代表人士集中学习十九大精神；依法查处并关停了6处非法宗教活动场所。

【基层统战工作】举办全区基层统战干部培训班，进一步提升基层统战干部业务能力和水平。召开基层统战工作分片座谈会，进一步深化基层统战“双基建设”水平，着力打造李家石桥社区、阿里山路社区、达尼社区3个区级基层统战工作示范点。中德生态园园区统战工作示范基地、省党外代表人士实践锻炼基地、香江路第二小学民族团结进步示范基地被评为青岛统战工作示范点。

【精准扶贫工作】打造统一战线“凝心聚力•精准扶贫”品牌，建立统一战线“阵地产业＋服务”模式，促成青岛荟泽农产品公司与省定贫困村朱家沟村顺利“牵手”，以“园村一体化”的模式打造蔬菜种植示范区，使朱家沟村实现脱贫。打造工商联“双联双扶”精准扶贫工作品牌，共有16家商会与18个村（社区）签订了帮扶协议，帮助省定贫困村西老窝村实现脱贫。发放和谐西海岸同心促进会“同心基金”29.6万元，用于扶危济困、捐资助学。

（封　程）

• 城阳区委统战部 •

2017年，城阳区委统战部始终坚持以习近平新时代中国特色社会主义思想为指引，认真学习贯彻党的十九大精神，坚持问题导向，创新实践，积极作为，在支持民主党派更好履行职能、依法强化民族宗教事务管理、创新实践新的社会阶层人士统战工作、团结联系港澳台代表人士等方面实现新发展。

【构建统战工作新格局】 一是认真贯彻落实“四个纳入”。2017年，六届区委常委会研究统战工作5次，将统战工作纳入重要议事日程。重视统一战线理论政策的宣传，在全区新任科级干部培训班中，安排统战理论知识课程，提高科级干部对统战理论的认识。二是建立横向到边、纵向到底全覆盖工作网络。区委成立4个统战工作领导小组，建立2个联席会议制度，实现统战工作归口管理、各负其责、“横向到边”。形成区委牵头抓统战总体思路、各相关部门协同抓统战合作、各街道相互配合的统战工作新格局。

【强化挂职锻炼和教育培训】 推荐城阳区夏庄街道办事处副主任迟志涛同志到烟台市经济开发区（省级党外代表人士实践锻炼基地）农海局挂实职副局长。积极协调，区委统一安排梁小平、孙政、李迎峰三位同志分别到动车小镇开发建设指挥部、区矛盾纠纷多元化解中心和区综合行政执法局挂职，常蕊花、陈军燕、许萍3名党外干部参加中青年干部培训班，张瑞岩、纪家强、戚莉3名党外干部参加推进“阳光社会”建设专题班学习。

【推进多党合作和协商民主工作】 研究制定《城阳区各民主党派组织发展工作需要把握的事项》，进一步规范民主党派组织发展，严把数量关、质量关、界别要求关。制定印发《关于进一步提高党外代表人士建言献策工作水平的通知》《关于进一步畅通党外代表人士重要建议批办渠道的通知》，通过确定调研课题、开展调查研究、形成调研报告、采取多形式报送、审定答复等环节，保证建言献策有序开展，推进全区协商民主建设制度化、规范化。全年民主党派建言献策42篇，其中11篇得到民主党派中央、省、市委和省政协采纳，1篇得到市政府主要领导同志批示，2篇得到区委主要领导同志批示。

【做好民族宗教工作】 围绕“共同团结奋斗、共同繁荣发展”主题，不断提高民族工作水平。切实维护少数民族合法权益。落实政策，为符合条件的穆斯林农户发放清真牛羊肉补贴，依法查处“清真不清”“冒用清真标识”和“清真泛化”行为。特别是积极科学地做好2名具有特殊丧葬风俗少数民族群众的安葬和治疗工作，资助7名困难少数民族群众。协调安排35名少数民族流动人口子女接受义务教育。强化依法管理，重新修订《突发群体性事件应急预案》，协调和直接处置涉及民族宗教因素的矛盾纠纷和突发事件21起。办理信访件3起，受到省、市主管部门的高度肯定。

【港澳台海外统战工作】 组织“团结合作、造福两岸”政银企座谈会，搭建多元交流平台。邀请和接待新党主席郁慕明、台湾乡林集团等8个团组100余人次访问。组织、协助区科协、夏庄街道、钜祥精密机械等单位赴台洽谈、参展，加强基层业务交流。结合区文创产业发展目标，协助打造青岛海峡两岸文化创意产业园。深入开展“台资企业走访季”活动，深入企业走访调研，帮助企业解决实际困难20余件。打造“真情为侨”服务品牌，公开侨务工作“零跑腿”服务事项，为3名侨胞子女办理升学加分手续。

【服务社会工作】 创新开展“阳光统战工作站”系列活动。依托青大和天安两个工作站，打造“新心家园”和“天安汇+”品牌，为开展外资企业管理技术人员统战工作试点打造了工作平台。举办4期“六点半课堂”，免费培训200余名外资企业管理技术人员。积极开展便民服务活动。通过在园区开办“四点半学校”，为新市民子女提供爱心看护服务，解决新市民子女放学后“失管、失教”问题。积极开展文体娱乐活动。组织开展“天安汇”万人健步行、青大社区羽毛球比赛、企业沙龙、“阳光统战”新的社会阶层人士运动会等活动。

（李臣良）

• 即墨区委统战部 •

2017年，在区委的坚强领导和上级统战部门的有力指导下，全区统一战线以习近平新时代中国特色社会主义思想为指导，深入学习贯彻落实党的十九大精神，着力在服务中心大局、持续创新突破、不断提质增效上下功夫，推动各项工作取得新成效。

【构建统战工作新格局】 区委统战部研究制定了区委统战部、台办、工商联、民族宗教局资源整合相关工作制度和机制，有效地弥补了统战各部门人手不足的短板，将各部门从“小集体”变成“大院落”。同时，指导建起了“五室一家”的统战工作基地，为各民主党派及各统战团体配备办公室和办公设备，切实解决各统战团体日常活动无场所的问题。

【提升民主党派履职成效】 不断强化政治引导，组织引导民进、民建、民盟、农工党等民主党派和侨联、少数民族联合会等统战团体学习十九大精神，特别是在十九大胜利召开之际，区委统战部第一时间专门组织党外干部培训班，赴省社院进行十九大精神解读、习近平关于统一战线新论述等内容的系统学习，通过学习强化对党外干部的政治引导，为巩固和发展最广泛统一战线提供保证；不断完善基层力量，协助民进完成换届工作，协助民建、农工党在即墨区建立基层组织，壮大民主党派基层力量。

【促进非公有制经济领域“两个健康”】 区委统战部组织实施助推民营企业发展活动，7月邀请区长亲自参与区委统战部和工商联组织召开的社会组织和民营企业代表人士座谈会，充分征求和搜集民营企业的意见建议，将责任分解到各相关部门和单位后，进行专项督办；组织以“代际传承”为核心的新生代民营企业家培养活动，指导区委统战部、工商联开展青年企业家培养工作，指导青年商会搭建起一个有场所、有制度、有活动，青年企业家相互交流、开展合作、健康成长的“青年之家”，组织青年企业家走进清华大学、浙江大学等高校进行研修，加强理想信念教育。

【做好民族宗教工作】 根据省、市相关文件，结合即墨区实际，区委统战部牵头研究起草了区委、区政府《关于加强和改进新形势下宗教工作的意见》，对全区宗教工作干部准确把握宗教工作形势、提高依法处理宗教领域矛盾问题能力、支持宗教界加强自身建设，起到很好的指导作用。带头落实重大节日走访慰问民族宗教代表人士等制度，积极帮助他们解决在工作、生活、子女就学等方面的困难，加强沟通联系，促进民族团结、宗教和顺。

【党外代表人士队伍建设】 区委统战部强化对党外代表人士的思想引导，组织实施统一战线“教育培训年”活动，制订打造“凝聚共识•笃信好学”培训品牌实施方案，组织统战干部、党外干部、民族宗教代表人士、社会组织代表人士等各类培训班8期，培训600余人次；加强联系其他党外代表人士，积极发现、举荐没有参加任何政党、有参政议政愿望和能力、对社会有积极贡献和一定影响的人士，11月认定新一批无党派人士；推进新领域党外知识分子工作，完成区知识分子联谊会换届工作，充实人才数据库，继续做好代表人士的发现、培养和举荐工作。

【服务精准扶贫工作】 区委统战部组织实施统一战线同心公益行活动，组织各民主党派和统战团体结合各自特点，开展一系列扶贫、帮困、助学、义诊等活动，广泛动员统战成员积极投身和参与到帮扶救助的社会实践中来，取得了良好的社会反响。抓好“百企帮百村、千企扶千户”活动的落实。实地走访企业帮扶村庄，指导企业通过产业帮扶、用工帮扶、资金帮扶等方式，帮助村庄切实走出一条致富脱贫的道路。

（阎　帅）

•胶州市委统战部•

2017年，全市统一战线紧紧围绕中央和省、市委重大决策部署，以学习宣传贯彻党的十九大精神和习近平新时代中国特色社会主义思想为指引，树立问题导向和创新意识，扎实推进统一战线各领域工作，为全市经济社会平稳运行做出积极贡献。

【构建大统战工作格局】 市委始终把统战工作作为事关全局的重要工作摆上日程、抓在手中，精心研究部署。市委常委会专题听取统战工作汇报4次，主要领导听取汇报6次，参加统战活动4次。在市委统一战线工作领导小组的协调下，构建与人大、政协、组织部、宣传部、党校及政府各相关部门的联席会议制度。全市“大统战”工作格局、“大统战”工作机制更加巩固完善，省内14个兄弟区市前来考察学习。设立市民族宗教事务局，编制独立，下设宗教管理科和市民族事务服务中心，所需人员编制从市委统战部内部得到调剂解决。

【凝聚思想共识】 举办“全市统一战线学习宣传贯彻党的十九大座谈会”，开展“同心大讲堂”教育培训品牌创建工作，进一步统一思想，凝聚共识。赴井冈山、延安、红旗渠等地举办8期党外代表人士研修班，赴莒南举办党外知识分子“重走革命之路·探寻红色情怀”采风联谊活动。充分发挥胶州发展论坛、企业大讲堂等作用，对1200余名党外代表人士进行轮训。承办青岛市2017年度民主党派、工商联领导干部和无党派人士暑期读书班，有力提升各界别统战人士的政治把握能力和参政议政能力。

【推进多党合作工作】 召开市工商联（总商会）领导班子成员集体谈话会议、开展十三届驻胶青岛市政协党外委员参会前谈话工作，强化班子成员和委员的责任意识、大局意识，引导正确行使权利。健全“党委政府出题、党外人士调研、政府采纳、部门落实”大调研机制，连续六年开展党派调研活动，形成的《关于巩固创建全国文明城市成果的调研》等4篇调研报告被市委市政府主要领导批示并转发相关部门参阅落实。召开民主党派与社区“凝心聚力·共建共享”座谈会，民盟胶州总支、农工党胶州基层委员会分别与梧州路社区、阳光丽景社区签署结对共建备忘录，开展爱心义诊、法律咨询、捐资助学等双向服务活动，相关经验做法被省级报纸刊登并受到各级领导充分肯定。

【做好民族宗教工作】 专题部署2017年宗教活动场所安全工作，开展“宗教场所安全生产月”活动，签订安全责任书，开展消防演练。加强宗教活动场所规范化管理，市基督教私设聚会点网格化管理工作和推行宗教活动场所财务代理记账工作被中央统战部推广。指导基督教三自会成立民主管理组织；充实市佛教协会领导班子成员。

【推动新兴领域统战工作】 市党外知识分子联谊会“知行阳光”基地成功揭牌，成立胶州市中华职业教育社以及新的社会阶层代表人士联谊组织“心语社”，进一步充实胶州市统战品牌建设工作。积极争取上级支持，在胶州市建立青岛市新的社会阶层人士实践锻炼基地，选派3名新的社会阶层代表人士开展挂职锻炼，为其培养和提升综合能力提供了新的广阔平台。

【加强党外代表人士队伍建设】 以换届为契机，做好党外人大代表、党外政协委员、党外干部的评价推荐工作，注重做好政治安排和社会安排，推荐295名党外代表人士担任各级人大代表、政协委员；吸纳360余名党外代表人士在各级统战团体中任职。开展全市机关事业单位股级及以下党外干部信息采集工作，充实完善党外干部数据库，形成《关于胶州市党外干部队伍建设的现状和建议》，为市委选配党外干部提供参考。推进党外干部“助理村官·助力共赢”品牌创建工作，全市村主任助理增至91名。实施“海外人才工作站”品牌创建工作，新设澳大利亚、坦桑尼亚2个“海外人才工作站”，总数达到14个，充分发挥其在宣传推介胶州、友好城市对接、投资贸易往来等方面的独特作用。截至2017年，“海外人才工作站”共接待胶州市考察团组8批60余人次，协助引进外资项目3个。

【加强统战干部队伍建设】 结合“两学一做”学习教育、“主题党日+”活动，大力实施“能力提升工程”，坚持周一集中学习制度，带动内部工作人员不断提高学习意识和工作能力。组织各镇（街道）统战委员、统战干事赴“长三角”考察学习，开拓工作视野。组织机关干部开展“大调研”活动，确定5项调研课题，有2项被列为青岛市创新杯统战调研课题。积极申报青岛市统战工作实践创新优秀成果3项、统战理论调研宣传优秀成果6项、优秀统战工作品牌2项。在《金胶州》、电视台开辟“统战之窗”“统战史话”“统战领域代表人士风采”“统一战线学习宣传贯彻十九大精神”等专栏，集中宣传民主党派、统战团体2期；宣传干部教育培训工作2期，宣传党的十九大精神3期。

（王晓蕾）

·平度市委统战部·

2017年，平度市委统战部深入贯彻落实党的十九大精神，中央统战工作会议精神及中央、省、市委关于统一战线系列决策部署；在市委坚强领导下，以“践行初心”主题实践活动为统领，以“学习培训年”“工作落实年”“创新发展年”为总抓手，通过“践行初心”主题教育培训，不断提高统战干部和党外代表人士“两支队伍”的能力；通过培育推广统战品牌，突出统战特色，打造统战亮点；通过开展“践行初心”主题实践一系列活动，引导广大统战成员立足本职，积极作为。

【贯彻落实十九大会议精神和各级统战工作会议精神】 组织全市各领域统战成员认真学习党的十九大精神，引导广大统战成员把学习成果体现在讲政治、尚实干、求创新三个方面，做到学深悟透，紧密团结在以习近平同志为核心的党中央周围，在各自岗位上踏实发挥引领作用。成立全市统战工作领导小组，切实加强市委对统战工作的领导；按照“四个全面”要求将18个镇（街、开发区）、34个市直部门开展统一战线工作情况纳入全市综合考核；完善市委常委与党外代表人士联系交友制度，由市委常委拓展至包括市人大、政府、政协领导班子中的党员领导干部；成立民革平度总支和九三学社支社；按要求加强党外干部配备。

【开展人大、政协换届工作】 与市委组织部和市人大、政协党组密切合作，按青岛市委要求，认真研究开展换届选举工作，多次向市委常委会做专题汇报，如期圆满完成人大、政协换届，得到青岛市委高度肯定。

【开展“践行初心”主题实践活动】 在充分调研基础上，研究制订《全市统一战线践行初心主题实践活动实施方案》，并以市委文件批转。以主题实践活动为引领，市委统战部统揽开展“践行初心•学习培训”“践行初心•统战品牌建设”“践行初心•脱贫攻坚”和“践行初心•基层规范”系列统战活动工作，在提高统战干部和党外代表人士两支队伍能力、突出统战特色创新工作方式、引导党外人士围绕中心积极作为等方面取得积极成效。

【打造统战工作亮点】 通过各级社会主义学院、以会代训等方式开展各类培训30余次、参训党外人士600余人次；建立“侨乡平度”统一战线微信公众号和“践行初心+”系列微信群，编辑发布各类信息200余条，形成线上、线下结合多位一体的教育培训工作体系；精心总结推广“平度统战人的修身观”；在《今日平度》开辟“践行初心•统战新语”专栏，总结推广系列统战典型；着力开展“一党派一亮点”“一团体一特色”活动；组织支持各民主党派与社区结对开展“凝心聚力•共建共享”活动。经常性开展特色活动60余次；青岛市华侨历史纪念馆和“农创平度”创新创业基地获评青岛市统战工作示范点；加强与海外华人华侨联系，建立海外统战工作联络站——平度市澳大利亚珀斯联络站。

【加强新的社会阶层统战工作】 为新的社会阶层代表人士搭建交流平台，成立平度市新的社会阶层人士联谊会，组织会员开展“新阶层•党旗红”品牌创建，在建言献策、参与社会治理、招才引智等领域发挥积极作用，取得明显成效。沙北头蔬菜合作社、金馥隆果蔬协会、轩尔电商创业园等一批新的社会阶层创业示范基地正在形成并发挥出积极作用。

【推进基层规范化建设】 按照基层统战工作“六有”标准（即有固定的办公场所、有挂牌标识、有必要的办公设备、有专（兼）职工作人员、有规范上墙制度、有齐全档案），在各镇（街）党（工）委突出抓好统战工作基层基础规范化建设，在凤台街道星光社区和仁兆镇中心社区等处打造基层统战工作示范点，推动全市统一战线基层基础规范化建设更好发展。

【助力精准扶贫】 积极对上争取支持，省民建、青岛市委统战部等领导先后8次来平度开展调研帮扶工作。市委统战部携手各民主党派、团体，积极实施“同心扶贫攻坚行动”。全年统一战线帮扶到位资金共计800万余元，帮扶18个贫困村、92个贫困户，组织开展产业、就业、捐赠等帮扶活动60余次。

【做好民族宗教工作】 认真制定《民族宗教工作领域应急预案》，组织开展民族团结宣传月活动。会同相关部门抓好宗教团体管理服务，实施社会稳定风险评估，预防和及时化解各类风险，切实维护社会稳定和谐。

【促进“两个健康”】 起草《非公经济发展情况报告》，为市委决策提供依据。充分发挥各工商联、商会、协会作用，通过开展“党旗红”、培训学习、评选表彰等活动，积极引导、助推非公有制经济健康发展和非公有制经济人士健康成长。

（李　雯）

·莱西市委统战部·

2017年莱西市统战工作在中共莱西市委的领导和青岛市委统战部的指导下，认真贯彻各级统战工作会议精神，围绕市委市政府中心工作，坚持抓基础、抓培育、抓服务、抓引导，团结带领统一战线广大成员，为建设大青岛北部绿色崛起的典范之城做出了积极贡献。

【政治协商民主监督工作】 协助莱西市委出台2017年度政治协商计划，进一步完善市委常委与党外代表人士新的社会阶层人士联系交友制度。协助成立民建青岛市莱西支部，推进各党派组织建设有序进行，支持各民主党派加强自身建设。组织召开党外代表人士座谈会、协商会、征求意见会4次，密切同各界人士的联系，进一步夯实共同思想政治基础。开展结对共建活动，九三学社与店埠镇中心社区、民盟与日庄镇河北夼社区、民建与夏格庄镇渭田社区结对，向社区群众传授科技和健康知识，宣传党的十九大精神。在优化社区环境、促进社区精神文明建设、搞好社会治理、促进基层协商民主中发挥独特优势作用。

【民族宗教工作】 制定《莱西市民族宗教联席会议制度》。大力开展民族团结宣传教育，完善少数民族流动人口工作档案，提高服务管理水平。少数民族联合会更名为民族团结进步协会，完成换届工作。做好外来务工少数民族员工服务和管理工作。接待中央统战部组织新疆喀什地区47名爱国宗教人士，到泰光公司考察新疆职工的工作生活情况。制定《莱西市宗教场所管理办法》，进一步规范了“五簿、三册、一账”制度。全年进行宗教活动场所的房屋建筑、用电、消防设施、周边环境等安全检查20余次，组织开展宗教场所消防知识讲座和消防演练，圣诞节期间进行重点督查。指导帮助市基督教青岛南路教堂举行献堂典礼。

【基层统战工作】 全市8个乡镇全部配备专职统战委员，率先实现镇级统战工作专人负责。印发《莱西市基层统战工作规范化建设实施意见》《莱西市委统战部2017年度基层统战工作考核办法》，各镇办按照“五有”标准打造基层统战阵地。打造水集、河头店、九联集团等统战工作示范点，并召开全市基层统战工作现场经验交流会，集中观摩学习，推进基层统战工作全面提升。

【党外代表人士队伍建设】 加强党外干部使用力度。推荐1名正职和3名副职党外干部，达到上级干部配备要求。对全市股级党外干部进行全面摸排，充实党外后备干部人才库。举办党外代表人士培训班3期，依托各级社院培训300余人。

【新的社会阶层人士统战工作】 成立全市新的社会阶层人士统战工作领导小组，建立并完善联席工作会议制度，建立全市新的社会阶层人士信息库，成立新的社会阶层人士联谊会。打造自组织统战工作示范点——沽水墨韵文化艺术联谊会，引导全市自由职业人员中的专业代表人士发挥自身的优势和作用，弘扬正能量，树立新风尚。

【非公有制经济领域统战工作】 促进非公有制经济人士健康成长，推进新生代民营企业家培养工程，牵头市科工信局、金融办、工商联等部门，分3期组织150余名企业家赴上海、成都、中山等先进地市集中学习培训，提升素质能力，加深彼此沟通，促进联系合作。推动非公有制经济健康发展。市委出台《关于进一步加强企业服务工作的意见》，成立市企业服务工作领导小组，市委书记、市长任组长。协助建立市级领导联系非公有制企业制度，促进亲清新型政商关系机制化、规范化。组织编纂《现行支持企业发展政策汇编》。组织对600家规模以上和成长型企业开展了“大走访大调研”活动，市领导带头主动上门走访沟通、调研问需、建立联系，征集各类困难问题和意见建议1800余条。

举办对台招商推介会。两次组织归国留学人员和当地企业家开展社会考察活动，达成合作发展意向12个。帮助台企解决融资、用工、安全生产等方面的困难问题20余个。向全市台企印发“三个安全”（生产、人身、财务）倡议书。

（胡成敏）

淄博市

·淄博市委统战部·

2017年，市委统战部以迎接和学习贯彻党的十九大及省市党代会精神为主线，深入学习贯彻习近平总书记系列重要讲话精神，以贯彻落实中央和省市委统一战线决策部署为重点，突出“工作落实年”、着力破解重点难点问题，突出“服务发展年”、着力聚焦聚力“十个新突破”，突出“学习培训年”、着力提升统战干部成员素质，扎实推进各领域统战工作，为建设现代化组群式大城市凝聚人心、汇聚力量。

【思想政治教育工作】 坚持以思想建设为核心，着力在统一思想、凝聚共识上下功夫，把学习贯彻党的十九大精神作为统一战线强化思想政治引导的基本要求，组织召开各类学习会、通报会、座谈会24次，及时通报传达中央和省市委重要会议精神、重点工作情况，传达学习省委常委、统战部部长邢善萍在民主党派、无党派人士、党外知识分子和非公有制经济人士、留学人员代表等学习贯彻党的十九大精神座谈会上的讲话精神。市委常委、统战部部长李明带头组织学习贯彻党的十九大精神，先后6次召集学习贯彻十九大专题会议、开展主题宣讲、进行动员部署。在“淄博统一战线”微信平台、网站上设立学习贯彻十九大精神专题，增设部长论坛、学习园地、知识问答、他山之石等板块，及时刊发全市统战系统学习贯彻动态、经验做法和学习体会，截至2017年，已刊载各类相关信息180余条。扎实推进“不忘合作初心，继续携手前进”专题教育，持续开展以“守法诚信、坚定信心”为重点的非公有制经济人士理想信念教育实践活动，组织党外知识分子、新的社会阶层人士开展践行社会主义核心价值观等主题实践活动，组织到原山艰苦创业纪念馆等进行革命传统教育，学习红船精神，引导广大统战干部和统一战线成员深入学习贯彻党的十九大精神，增强中国特色社会主义道路自信、理论自信、制度自信和文化自信，确保中央和省市委各项决策部署在淄博市统战系统贯彻落实。

【贯彻落实统一战线重大决策部署】 一是强化组织领导。市委高度重视统战工作，市委书记周连华作为统一战线工作第一责任人，带头学习宣传和贯彻落实党的统一战线理论、方针、政策和法律法规，带头参加统一战线重要活动，带头广交深交党外朋友。根据换届后的实际情况，及时调整全市统一战线工作领导小组成员名单、党政领导干部与党外代表人士联谊交友名单，为贯彻落实统一战线重大决策部署提供坚实组织领导保障。二是注重教育培养。突出“学习培训年”，进一步完善教育培训机制，全市统战系统先后在苏州大学、南京理工大学、省社会主义学院举办党外代表人士能力提升、民主党派新任领导班子成员、非公有制经济人士学习十九大、民族宗教系统干部、统战干部等各类培训班35期，培训人员2000余人次。三是开展实践锻炼。在总结交流第二批党外人士挂职锻炼的基础上，从市财政局、市教育局、市国税局、九三学社市委等单位遴选6名优秀党外干部开展第三期为期一年的挂职锻炼。不断推动各区县深入开展实践锻炼工作。周村区安排9名党外干部、3名少数民族干部到镇、街道挂职锻炼两年，期间享受副科级待遇；沂源县选派8名党外干部到县旅游服务中心挂职锻炼1年，直接参与全县重点项目建设。四是抓好安排使用。严格工作程序，严格考察程序，做好全国人大代表、全国政协委员和省政协委员、常委42名初步人选的推荐提名工作。稳步推进市政协换届人事安排工作，1名主席、7名副主席、1名秘书长、68名常委均高票当选。

【围绕中心服务大局】 一是加强政党协商。畅通民主党派知情出力的渠道，积极营造畅所欲言、理性有度、合法合规的良好协商氛围，市委书记周连华，市委副书记、市长于海田分别主持召开党外人士座谈会，共计6次，为历年来最多；市委市政府其他领导或委托有关部门召开的协商会已达12次。二是积极议政建言。协助和指导各民主党派、工商联做好两会提案、议案，全市统战系统共提交提案、议案、议政报告497件。组织召开年度重点调研课题推进会，深入开展专题调研、联合调研，各民主党派市委、市工商联形成高质量调研成果12件，均得到市委市政府主要领导批示。加强议政报告建议事项督导落实，与市委办公厅联合下发督办文件，确保件件有着落，事事有回应。三是促进“两个健康”

发展。市委、市政府主要负责同志主持召开全市支持非公有制经济健康发展工作会议，制定出台《关于加强各级领导干部联系服务非公有制企业构建新型政商关系的意见》《关于支持非公有制经济健康发展的实施意见》，促进“两个健康”发展。联合相关部门推荐淄博市7家民营企业入选“山东省民营企业100强”，其中5家企业入围“中国民营企业500强”。四是高度重视商会建设。建立党委、政府与民营企业、商会组织沟通协商机制，市工商联联合市政府研究室开展异地商会专题调研活动，市委书记周连华，市委副书记、市长于海田对形成的调研报告分别做出批示。市委常委、统战部部长李明到青岛市淄博商会进行调研考察，并对成立上海淄博商会提出明确意见。12月11日至13日，全国工商联女企业家商会第六届会员大会在淄博召开，期间举办系列招商洽谈交流活动，对提升淄博商会凝聚力、扩大淄博社会影响、开展招商引资工作发挥积极作用。五是同心扶贫共促和谐。深入实施全市统一战线“同心扶贫攻坚行动”，制订《全市统一战线2017-2018巩固提升脱贫攻坚成果实施方案》，充分发挥统战系统资源优势，积极开展送医送药、法律援助、扶贫帮困、捐资助学、志愿服务等“同心”志愿社会公益活动，持续推进民企帮村、帮学、帮老“三帮”活动，捐款捐物、提供帮扶资金580余万元。

【各领域统战工作】 一是开展民主党派“四化”建设工作。着力打造以“组织建设规范化、参政议政精准化、社会服务品牌化、机关建设专业化”为主要内容的民主党派“四化”建设，每月召开秘书长联席会进行研究部署。开展民主党派市委“主委讲作风、秘书长讲提案、科长讲党（盟、会）史”活动，21名机关干部进行授课，党派机关干部业务能力和机关作风建设显著提升，九三学社市委、农工党市直一支部、致公党周村区基层委被评为“坚持和发展中国特色社会主义学习实践活动”全国先进集体。二是指导工商联加强自身建设。率先完成市工商联换届选举工作，指导各区县工商联顺利完成换届工作，配合省工商联做好换届工作。针对换届后的实际，指导工商联主动适应新形势新任务要求，认真总结经验、探索规律，不断提高自身建设水平，最大限度地激发工商联组织的生机和活力。三是提升党外知识分子工作水平。继续推进以“一个人物、一个基地、一个主题”为主要内容的党外知识分子“三个一”活动，共推出37名党外知识分子典型人物，建立87个各具特色的党外知识分子实践锻炼基地。召开市党外知识分子联谊会换届工作会议，筹备成立淄博欧美同学会，指导各区县做好归国留学人员工作，张店、淄川区成立海外留学归国人员组织，推动工作向深度广度拓展。四是创新新的社会阶层统战工作。组织召开全市新的社会阶层人士统战工作会议，协助市委制定出台相关《实施意见》。加强组织建设，成立市自由职业人员联谊会，实现新的社会阶层工作组织的全覆盖。已成立3处实践创新基地，挂牌6家“新的社会阶层代表人士之家”，启动淄博新阶层人士“齐新汇”联盟，成立4处基地。淄川、临淄、周村、高青、沂源成立社会组织联谊会。桓台县在全市率先成立新阶层联谊会党支部，赋予新的社会阶层组织统战功能。五是努力维护民族宗教领域和谐稳定。积极推动解决民族宗教工作机构行政执法主体资格问题，市、县两级民族宗教机构全部完成调整，核定行政编制55名，走在全省前列。先后组织召开全市宗教工作会议和贯彻落实中央和省市委宗教工作重大决策部署会议，制定出台《关于进一步加强宗教工作的实施意见》，举办全市民族宗教新闻发布会。完善城市少数民族流动人口服务管理协调合作机制，与青海省西宁市、海东市，甘肃省临夏回族自治州、平凉市、天水市签订《跨区域协调合作机制协议书》。强化宗教活动场所安全管理，进一步提升宗教活动场所安全管理整体水平。六是开展港澳台海外统战工作。以海外联谊会为平台，协助做好“海外引智淄博行”活动。邀请香港山东商会联合总会开展经贸考察。引导香港福建希望工程基金会加大对淄博市希望小学捐建力度。组织市海联会部分理事签订希望小学捐助改造改建协议书，将沂源县作为长期投资希望小学改造改建重点区县之一。

【加强自身建设】 扎实推进“两学一做”学习教育常态化制度化，组织开展“助力‘十个新突破’党员争先锋机关做表率”主题实践活动，严格落实全面从严治党各项工作任务，把加强机关党的建设放在更加突出位置来抓。按照市委、市政府对标学习的工作要求，先后赴宁波、无锡学习统战工作先进经验；赴天津、河北学习考察民主党派工作开展情况，赴青岛学习非公有制经济领域统战工作，德州市委统战部、江西鹰潭市委统战部、内蒙古赤峰市委统战部到淄博市进行学习交流，对标先进找差距，相互取长补短板。统筹运用好传统媒体和新媒体，强化统战理论政策研究和宣传信息工作，办好淄博统一战线门户网站和微信公众号，不断提高统战理论调研宣传信息工作整体水平，部机关调研宣传科被市委评为“时代先锋”先进科室。

（彭玉超）

• 张店区委统战部 •

2017 年，张店区委统战部着力构建全区“大统战”工作格局取得明显成效，牵头区工商联、民宗局、台办、侨办，做到各项工作通盘考虑、统一商量、统一安排、统一检查，充分展现大统战工作绩效。

【服务全区科学发展】 出台《2017 年全区统战工作要点》，逐条进行分解落实，按月进行督导考核，引起党政机关、社会各界的广泛关注。出台《2017 年度政党协商计划》，通过指导各党派围绕全区经济社会发展的重大问题和涉及某领域、某行业发展的重点问题进行调研和协商，联合市、区各民主党派共同观摩全区的重大项目，形成一批高质量的协商议题，全部被区委、区政府采纳落实；2017 年，各民主党派、工商联共撰写高水平调研报告 10 余篇。区委、区政府多次召开民主党派、工商联、无党派代表人士座谈会，通报全区经济社会发展情况，听取党外代表人士的意见建议。

【民主党派工作】 突出地域文化，指导各民主党派积极履行参政议政职能。深入开展“强班子、建队伍、树形象”活动，指导各民主党派不断加强思想建设、组织建设和制度建设。思想建设方面，以深化党外代表人士理想信念教育和中国特色社会主义教育活动为契机，举办统一战线征文、书画展、摄影展，组织参加法律知识竞赛、“同心同行”活动，树立和践行社会主义核心价值观，深化政治共识、巩固思想基础；不折不扣地按工作计划和要求推进工作，多项工作较往年都有新的进展。按照素质优良、结构合理、数量充足的要求储备一批人选，重点新发展一批区直机关年轻党外人士，增强参政党政治活力。

【非公有制经济领域工作】 制定印发《中共张店区委 张店区人民政府关于支持非公有制经济健康发展的实施意见》。充分发挥非公有制经济人士力量，积极参加脱贫攻坚行动，联合淄博亨得利钟表眼镜有限公司发起“同心扶贫 亨得利光明行”活动，为全区 1256 户贫困户家庭验光配镜；组织工商联界别政协委员捐款助贫助困活动、组织女企业家商会开展“同心扶贫 助学圆梦”活动、开展贫困户免费技能培训活动、组织会员企业山东乐物信息科技有限公司开展就业扶贫，带动 300 余家农产品企业开展电子商务应用，带动当地从事农产品分拣包装、物流运输就业人口 300 余人。

【党外代表人士队伍建设】 结合换届选举，对张店区党外代表人士基本情况进一步调查摸底，并分层次、分类别建立起 700 余人的民主党派成员名册、300 余人的党外知识分子名册、102 人的党外后备干部名册和 40 余人的党外干部名册。进一步完善《关于加强区政府部门与各民主党派对口联系工作的意见》《关于加强特约人员工作的意见》《关于建立全区党外代表人士队伍建设工作联席会议制度》《关于进一步健全区委常委与党外代表人士联系交友制度的意见》等系列文件；选择房镇、马尚镇、科苑街道、科技工业园作为市区两级共享的党外代表人士实践锻炼基地，共有市、区挂职锻炼干部 3 名；安安之家、计保电器、卓创资讯三家市区党外知识分子实践基地建设成绩斐然；按照《张店统一战线教育培训规划（2013-2017 年）》的要求，开展本年度的教育培训任务，共投入教育培训经费 6 万元，用于开展党外代表人士教育培训工作，累计培训党外代表人士 600 余人次。区委、区政府领导与党外代表人士有声有色交友结对子工作，每位领导同志至少与 2 名党外代表人士结为“好友”。

【民族宗教工作】 积极开展第 17 个民族团结进步宣传月活动；加强清真食品监管服务，对全区 100 余户穆斯林标识商户进行分类登记；开展穆斯林开斋节走访活动，为 3 户穆斯林贫困家庭送去价值2000元的慰问品；在宗教领域开展法律法规学习征文、法律法规培训、座谈等活动，共开展学习班5期，培训宗教界人士和教职人员100余人次。对宗教团体财务情况进行定期督导和检查；与宗教团体负责人、教职人员签订个人品行承诺书30份；组织宗教团体参加扶贫济困、救灾助残等公益活动，共捐款捐物合计达6万余元。

【社会服务工作】 在继续发挥优势，打造统一战线“同心”品牌，继续开展“连片服务活动”“轮值活动”“四联活动”的基础上，重点开展多种形式的精准扶贫行动，共投资100万余元，对重点村、重点户开展了扶贫活动。

（李明超）

•淄川区委统战部•

2017年，淄川区委统战部以十八大历次全会和十九大精神为指导，扎实贯彻落实《中国共产党统一战线工作条例（试行）》和中央、省、市、区委统战工作会议精神，紧紧围绕区委区政府工作大局和“持续稳定走在全市前列”工作目标要求，凝心聚力，积极作为，推动全区统战工作再上新台阶。

【巩固共同思想政治基础】 一是组织开展形式多样的学习活动。组织各民主党派基层委员会、无党派人士组织开展座谈会、读书会、研讨笔会5次，统战成员结合自身实际就学习贯彻十九大精神进行深入交流。二是做好统一战线党的十九大精神宣讲工作。牵头成立党的十九大精神统战宣讲团，宣讲团设团长1人，副团长4人，团员3人，面向统战成员、基层群众开展统战宣讲10场，确保十九大精神在统一战线各领域、各界别人士中达到全动员、全知晓、全覆盖，进一步增强坚定跟党走、同心助发展的立场和决心。三是组织开展各类活动，营造良好氛围。举办淄川区各界人士“喜迎十九大”摄影展和“喜迎十九大、志愿我先行”主题系列公益活动。组织统战成员积极参加“同心喜迎十九大 不忘初心跟党走”红色经典朗诵会、“庆祝十九大、同心跟党走”书画摄影展，激发广大统战成员的政治责任感和历史使命感，筑牢多党合作的思想政治基础。

【加强党外代表人士队伍建设】 一是助力参政党履职尽责。引导统战成员关注民生热点难点，献策服务发展。区政协十二届一次会议上，统战成员立足本职，共上交提案129件，占提案总数的88%，内容涉及环境保护、城市建设、医疗卫生、文化教育等多个方面。按照参政议政精准化的要求，组织各民主党派、工商联开展“助力转型升级”专题调研活动，整合各方面力量，围绕商会建设、少数民族流动人口管理、社会组织统战工作、美丽乡村建设、小微企业发展等主题开展一系列调研，形成一批高质量的调研成果，服务党委政府科学决策。二是加强协商民主建设。协助区委办公室制订出台2017年政党协商计划，落实好全年政党协商各项任务。召开情况通报会和座谈会5次，向党外人士通报全区经济社会发展情况并听取他们的意见建议，实现协商民主制度化、规范化、常态化。三是提升思想作风建设水平。在全区各民主党派、工商联、无党派人士中开展“严细实高”思想作风建设活动，制订下发《实施方案》，引导统战成员不断强化“四个意识”，树立严明纪律、真抓实干、高标定位、争创一流的工作导向，通过组织专题学习培训、主题研究讨论、对标学习先进、打造筑牢“同心”品牌等一系列活动，在实际工作中锤炼作风，通过转变作风促进工作提升。

【打造统战“同心”品牌】 一是深入开展“同心扶贫攻坚行动”。开展以关注山区留守儿童心理健康为主题的“关爱麦田行动”，通过专业心理咨询老师以个体咨询与团体辅导相结合形式，帮助留守儿童提高心理适应能力，已先后进行心理辅导4次，辅导学生40余人次。开展实现贫困学生微小心愿为主题的“助力青春、让爱飞翔、帮你点亮小梦想”爱心公益活动，26名知联会成员和爱心人士认领贫困山区42名学生的“小梦想”，赠送生活、学习用品60份，价值6000元。继续组织“同心”服务团队先后到贫困村、敬老院开展免费义诊、送医送药等医疗救助活动2次，义诊患者80余人，发放常用药品价值2000元。二是继续发挥好第一书记作用，因地制宜做好扶贫工作。走访西石门村20户精准识别贫困户，送去油米面等物资，价值3000余元。按照要求搜集汇总相关资料，积极申报省级古村落，4月份西石门村获批省级古村落。扎实推进“专项扶贫项目”建设，完成40亩地的土地复耕，建设u型渠1000余米，完成猕猴桃种植10亩，中草药30亩。挂包洪山镇马家村以来，先后走访马家村党员群众47人，协调硬化村西进村路600米，筹措资金，为大学新生发放奖学金3万余元，为60周岁以上老人发放中秋过节费共计3万元。三是扎实做好对上争取和招商引资工作。积极做好“泛海助学山东行动”申请工作，在与扶贫办、教育局、学校、村委对接基础上，为55名大学新生争取到共计27.5万元的助学资金。完成招商引资任务320万元，完成率320%。

【促进非公有制经济“两个健康”】一是进一步构建亲清新型政商关系。协助区委制定《关于加强各级领导干部联系服务非公有制企业构建新型政商关系的实施意见》，建立党委、政府与民营企业、商会组织沟通协商机制，搭建沟通平台，区级领导干部每人联系一家非公有制企业，定期开展走访调研交流活动。按照五好商会标准，协助区工商联全面加强自身建设，区工商联连续两年荣获全国“五好”县级工商联称号。二是以“守法诚信、坚定信心”为重点，继续深化理想信念教育实践活动。结合实际，将“四信”列入活动内容，重点开展诚信教育，注重正面引导。充分发挥新闻媒体、微博微信等新媒体作用，大力选树非公有制经济人士先进典型。三是助推政策落地和难题破解。开展大走访大调研活动，集中对24家重点非公有制企业开展现场交流、经营状况问卷调查、征求意见活动。采取政企沟通、银企对接、商会交流、一企一策帮扶等办法，帮助企业解决实际问题。通过调查研究、提案办理、部门协调等多种形式协助非公有制经济人士参政议政、建言献策、反映诉求、排忧解难。

【做好民族宗教工作】一是深入贯彻落实全国、全省、全市宗教工作会议精神。开展宗教活动秩序整治专项行动，维护宗教领域和谐稳定。督促协助做好有关宗教活动场所建设，加强宗教活动场所财务监督管理。二是深化民族团结进步创建工作。认真学习贯彻全市民族团结进步创建活动进学校工作推进会精神，将民族团结进步教育融入学校文化建设，开辟民族团结进步教育专栏，组织开展民族团结进步专题讲座、主题征文等校园文化活动，进一步增强维护民族团结的意识。昆仑磁村中学、岭子镇西山学校被表彰为全市民族团结进步创建活动示范学校。三是深化“教风”建设。积极引导宗教界聚集发挥正能量，指导普照寺搭建“慧觉慈善”平台，组织宗教界开展“千斤油米进万家”“践行核心价值观，爱心帮扶贫困村”等慈善公益活动。

【拓展统战工作领域】一是成立淄川区社会组织联谊会。联谊会设单位会员30家，理事38名，中国工艺美术协会陶瓷分会副会长、山东省国瓷陶艺书画院院长王一君当选为会长，负责指导、组织、协调社会组织做好统战工作，开展联谊、宣传、咨询和服务活动。二是启动首届社会组织公益创投大赛。开展以“凝聚温暖人心、汇聚公益力量”为主题的社会组织公益创投活动，邀请评审委员会对进入决赛的项目进行评审，通过项目路演、项目答辩、专家问答环节，公益创投活动将评选出一等奖1个，二等奖3个，三等奖10个，对获奖项目进行资金扶持。三是协助加强自身建设。组织两名班子成员参加淄博市党外代表人士能力提升专题培训班，继续推进“三个一”活动，着力加强蒲翁乡邑和赛岳商贸两个活动室规范化建设。四是着力推进新的社会阶层人士统战工作。深入贯彻落实全市新的社会阶层人士统战工作会议精神，加强新的社会阶层党外代表人士队伍建设，为新的社会阶层联谊会进行换届做好准备。

（王　群）

•博山区委统战部•

2017年，博山区委统战部认真贯彻落实中央和省市区委各级会议精神，围绕中心工作、发挥职能作用，完善工作机制、创新工作品牌，找准服务经济社会发展和统一战线工作的结合点，努力打造“弘扬焦裕禄精神 共建同心博山”工作品牌，取得明显成效。

【开展“同心博山”活动】一是明确目标任务。将“同心博山”建设作为2017年重点工作任务，专题征求各民主党派、工商联主要负责人意见建议，召开同心乡村建设座谈会，统筹统一战线资源力量推进创建活动深入开展。二是学习先进经验。组织全区各民主党派、工商联主要负责人赴重庆、贵州毕节等地参观考察“同心工程”建设情况。组织镇、街道统战委员赴湖南学习“四同工程”建设先进经验。组织区委统战部、区民宗局干部职工赴江苏、浙江“对标先进”考察学习。三是示范带动推进。在源泉镇岱北村建设“同心乡村”示范点，采取“四个三”工作法，完善同心活动场所建设，开展同心统战宣传、同心服务等活动，不断增强统战工作的社会影响力和群众知晓度，以“同心裕禄诚信家园”为载体，深入开展同心微公益活动，形成统战资源和社会服务集约化、集团化，打造同心社会服务新亮点。

【做好政党协商工作】 一是深入推进政党协商活动开展。完善2017年度协商计划，主要领导带头参加政党协商活动2次，协调组织《政府工作报告》、政协换届人事安排征求意见协商会2次，学习十九大精神专题座谈会等活动2次，组织各民主党派、工商联负责同志列席区大班子重点工作部署会，进一步完善知情明政机制。二是引领参政议政。引导民主党派、工商联围绕重点工作，深入开展调查研究，2017年初，在全区“两会”上，党外代表委员提交议案提案80余件，整理意见建议36条，为领导科学决策提供参考。三是加强民主党派自身建设。指导各民主党派不断强化基层规范化活动室建设，打造“党派之家”。区民革在博山陶然艺术学校设立同心沙龙，区民建组织女会员开展历史文化专题参观座谈，区九三学社在12349居家养老中心等处为各支社分别建立活动室。区民进依托锦隐民俗博物馆推进基层组织规范化建设，配套完善党派活动场所，为党派成员学习交流提供活动阵地。2017年9月，博山民进作为山东省两家代表之一，参加民进中央基层组织建设经验交流会。

【加强党外代表人士队伍建设】 一是加强教育培训工作。完善2017年度教育培训工作计划，举办全区民主党派、工商联骨干成员培训班，学习区党代会精神专题辅导报告会，党外代表人士专题培训班、民族宗教培训班；学习党的十九大精神专题会等培训活动6次，切实强化思想政治教育，引导他们继承团结合作优良传统，传承“同心”理念。二是完善培养使用机制。新提拔1名统战部副部长担任区社会主义学校常务副校长（正科级），进一步配齐配强社会主义学校工作力量。在党外干部安排配备方面，健全组织部、统战部联席会议制度，召开全区民主党派青年干部座谈会，组织党外干部参加2017年全区中青年干部专题培训班，不断完善党外干部选拔培养推荐各项工作。2017年，新提拔正科级党外干部2人，其中少数民族党外干部1人；交流担任部门、单位正职正科级党外干部2人，新提拔党外副科级干部2人，交流副科级党派干部4人。全区共有副科级以上党外干部36人。三是发挥党外代表人士优势作用。先后组织同心义诊、文艺汇演、乡村规划、同心宣讲等服务活动10次，协调结对帮扶项目4个，建设“同心家园”“同心农业谷”等实践基地2处，直接服务基层群众1000余人次，捐款捐物价值50万余元。各民主党派、工商联深入开展民企帮村、助老助学、慈善救助等活动，共走访慰问困难群众、一线工人、贫困学生1000余人次，捐助物资总额10万余元。

【做好基层基础统战工作】 一是做好非公有制经济领域统战工作。做好工商联商会换届工作，选举产生工商联新一届领导班子。组织全区50余名青年企业家，成立博山区青年企业家商会暨新生代创业联盟，协调为商会聘请13个区直部门单位负责人作为商会特别顾问，积极为商会搭建政企沟通、法律服务、投融协作等平台载体，打造助推博山经济发展的青年新势力。搭建政企沟通、法律服务、投融协作等平台载体，深入会员企业开展协商、调研等活动，帮助企业解决实际困难和问题。二是做好民族宗教工作。召开全区宗教工作会议，出台《加强和改进新形势下宗教工作的实施意见》，认真落实党的民族宗教工作政策。召开全区宗教界人士联席会暨安全生产工作会议，协调解决清真寺冬季取暖问题，组织开展清真食品安全专题培训，为穆斯林群众创设一个温暖的信教环境。引导宗教界人士和广大信教群众践行宗教理念，开展“助老、助贫、助学”等慈善活动，维护民族宗教领域和谐稳定。三是做好新的社会阶层党外知识分子工作。开展新的社会阶层党外知识分子专题调研摸底，到博山12349、博山民族舞蹈学校等地开展专题调研活动，搭建不拘于时空的多维度统战联络联谊平台，发挥新的社会阶层人士中新媒体从业人员的人才优势，组织开展公益讲座、爱心捐助、结对帮扶等活动，助力全区经济社会建设。

【加强统战部门自身建设】 调整理顺区委统一战线工作领导小组人员组成，由区委书记刘忠远、区长聂玉彬共同担任领导小组组长，着力构建区委统一领导、统战部牵头协调、各部门密切配合、社会组织团体广泛参与的“大统战”工作格局，形成落实工作的强大合力。理顺工作体制，优化调整内设科室，将原有业务科、民族宗教科调整为调研宣传科、党派科、经济联络科，明确各科室工作职能，进一步提升工作效率。新成立副科级事业单位党外代表人士服务中心，编制 3 人，专职做好党外代表人士队伍建设工作。实行区民宗局与区委统战部合署办公，配齐配强基层工作力量。下发《关于健全完善基层统战工作联络员队伍的通知》，全区 10 个镇（街道、开发区）全部配备统战委员和统战干事，辖区村（社区）全部配备统战联络员，打通统战工作“最后一公里”。

（聂忠瑜）

• 周村区委统战部 •

2017 年，周村区统一战线认真贯彻落实中央和省市区委关于统一战线系列重大决策部署，按照年初制定的“3410”工作总体规划，积极实施三大工程、推进四项创新、抓好十件实事，有效提高全区统战工作科学化水平。

【实施三大工程，为全区改革发展凝心聚力】 一是立足畅通知情明政和议政建言渠道，积极实施协商民主规范化建设工程。围绕强化政党协商，制定《周村区统一战线重点工作规划》和 2017 年度政党协商计划，进一步规范协商内容、形式和程序，先后召开《政府工作报告》协商座谈会、党外人士情况通报会、政党协商座谈会等，不断将协商民主贯彻到改革发展稳定方方面面。二是立足建设高素质党外干部队伍，积极实施党外代表人士能力提升工程。在全市率先成立区社会主义学校，组织党外干部参加党政领导干部主体班次培训，开展统战系统业务骨干到胶东爱国主义教育基地教育培训活动，举办庆“七一”经典诵读展演等培训教育活动，强化党外代表人士的理想信念教育。三是立足服务中心服务社会，积极实施统一战线品牌建设工程。在全系统深入开展助老、助学、助医、助残、助困等公益活动，涌现一系列品牌人物、品牌组织和品牌活动，有效凝聚和引导统一战线服务社会的正能量。

【推进四项创新，各领域统战工作亮点纷呈】 一是创新统战系统运行管理机制。经区委研究同意，区委统战部、民宗局、工商联正式合署办公，统一调配使用原有的编制和人员，设立综合办公室、党外人士工作室、民族宗教工作室、非公有制经济工作室，合并组建大统战党支部和工会。“大部制”改革的顺利实施，增强工作力量，降低行政成本，提高工作效率。二是创新政党协商硬件平台。投资 50 万余元在全省首家启用“党派之家”，建筑面积 402 平方米，共设 6 间办公室、1 个会议室、1 个接待室、2 个活动室，并统一配备空调、桌椅沙发、档案柜等办公设施，彻底解决民主党派固定办公场所问题。召开全市民主党派工作暨“四化建设”观摩座谈会。三是创新党外人士管理体制。设立党外代表人士管理办公室并配备专职人员，实现党外人士的专人专职管理服务。积极推行党外代表人士分级分类管理，建立党外后备人才库，选派多批优秀党外干部参加中青班、挂职锻炼、轮岗锻炼等定向培养，逐步形成党外后备干部的梯次结构。四是创新基层统战工作载体。将统战工作纳入全区经济社会发展综合考核，开展“统战工作基层基础建设年”活动，推动镇、街道统战队伍、网络、机制和阵地建设。各镇、街道成立统战工作领导小组，建立统战工作网格员队伍，健全基层统战“六有”工作载体。

【抓好十件实事，促进统战工作全面提质增效】 一是推进党外干部的实职安排。按照上级关于党外干部安排使用的有关规定，推荐进入区级领导班子 1 名，调整交流 2 名，新提拔 4 名，重用 2 名，在中心镇安排政府党外班子成员 1 名。二是强化党外后备干部队伍建设。共安排 12 名党外干部、3 名少数民族干部到镇、街道参加为期 1 年的基层挂职锻炼，优化党外代表人士队伍结构，提高党外代表人士的能力素质。三是配齐配强统战干部队伍。调整统战部、民宗局、工商联领导班子，落实上级“区委统战部副部长兼任工商联党组书记、区社会主义学校常务副校长，区民宗局局长兼任统战部副部长，在少数民族集中的镇、街道安排少数民族领导班子成员”等规定，在镇、街道统一配备专职统战委员，确保各级统战干部配备到位。四是开展党政领导干部联谊交友

“五个一”活动。出台《关于进一步落实区委常委、党员副区长与党外代表人士联系交友制度的意见》，开展党政领导干部联谊交友“五个一”活动，不断拓宽党外代表人士意见表达渠道。五是多形式培训党外代表人士。先后组织非公有制经济人士“青蓝工程”暨理想信念教育培训班、践行十九大重阳孝善扶贫朗诵会等活动。依托党派之家创办“同心夜校”，开展内部培训交流和公益讲座8期。六是解决民族宗教执法力量问题。将区民宗局调整为与区委统战部合署办公，核定行政编制3名，单位性质由事业转为行政，规范行政执法主体资格。七是积极服务非公有制经济。全面优化营商环境，推动非公有制经济“两个健康”，召开全市工商联系统民营经济管理经验交流现场会。八是搭建社会组织服务平台。完成区新阶层联谊会、知联会、无党派联络组换届和社会组织联谊会的组建成立工作，各统战组织领导班子更加精干高效，工作开展更加务实创新，统战领域更加开阔深入。召开全市党外知识分子“三个一”活动现场观摩交流会。九是扎实推进网络统战工作。发挥新儒商微联社的网络服务功能，搭建起统战性质的网络社区，积极在网络社区弘扬主旋律、传播正能量，汇聚网络爱心，开展线上交流和线下公益活动，引导跨地域的网络公益力量向周村聚集。十是深入开展品牌创建。整合统战系统资源，发挥统战成员优势，坚持抓特色、增亮点、创品牌，涌现出“致公党全国扶贫开发先进个人”邓杰等品牌人物，“新阶层厚德公益中心”“民革博爱团队”等品牌组织，“金秋助老”“爱心储蓄”“儒风讲堂”等品牌活动。

（翟昀仪）

·临淄区委统战部·

2017年，临淄区委统战部在区委、区政府的统一领导和上级统战部门的具体指导下，紧扣“大团结、大联合”主题，围绕学习宣传贯彻党的十八届六中全会和十九大精神，不断探索新思路，适应新形势，解决新问题，全区统战、工商联、民族宗教及对台工作取得新的进展。

【巩固共同思想政治基础】坚持把学习贯彻习近平总书记系列重要讲话精神作为统一战线首要政治任务，按照区委的工作部署，结合统战工作的具体任务，采取学习研讨、干部培训、考察调研等形式抓好落实。一是提高政治把握能力，巩固共同思想基础。认真组织各民主党派、工商联、无党派人士学习贯彻落实党的十八届六中全会和十九大精神，以及中央统战工作会议精神，引导统战成员坚定理想信念，增进政治认同，始终保持统一战线的正确发展方向。二是加强业务知识培训，提升统战队伍素质。积极组织统战干部参加各类业务工作培训，组织全区统战委员参加全市统战干部培训班，有针对性、系统地学习统战政策，进一步提升基层统战干部素质；举办全区统战干部及党外代表人士培训班，对党的统战、民族、宗教等方面政策进行培训，进一步提高统战工作理论水平。三是对标先进找出差距，提升标杆补齐短板。先后赴临沂兰山区、枣庄市台儿庄区和宁波市鄞州区对标学习，通过学习先进经验，查找存在问题，不断改进工作方式方法，有效促进统战工作的开展。

【多党合作和政治协商工作】进一步完善共产党领导的多党合作和政治协商制度，巩固和发展新时期的爱国统一战线。一是加强协商民主制度建设。出台政党年度协商计划，通过召开情况通报会、座谈会等多种形式，拓宽党派协商平台，为各党派参政议政创造条件。区委书记宋振波主持召开全区政党协商座谈会，就2018年工作向各民主党派征求意见建议，并做出重要批示；区委统战部召开党风廉政建设通报会，向民主党派、工商联、无党派人士代表通报全区党风廉政建设工作情况。二是着力推进“同心共建”活动开展。充分发挥民主党派人才荟萃、智力密集、资源丰富的优势和特点，在全区范围内组织开展7个民主党派基层组织与镇街道“同心共建”活动，促进民主党派下沉基层接地气，提供针对性服务促发展，开创同心同行、共建共赢的良好局面。三是注重党外干部的培养和人事安排工作。精准发力做好党外干部配备使用工作，调整、提拔党外干部7名，其中正科级2名（部门正职1名），2名担任区政府工作部门副职，新提拔副科级干部3名。严格按照政协委员人选条件、推荐提名和考察审查要求，2017年初安排区政协委员190名，市政协委员22名，6月份增补政协委员54人。

【新的社会阶层人士统战工作】认真贯彻落实全国全省新

的社会阶层人士统战工作会议精神，以“集中力量、夯深基础”为理念，推动新的社会阶层人士统战工作落地生根，开花结果。一是加强组织建设。成立临淄区社会组织联谊会，北大医疗鲁中医院烧伤皮肤科主任苏永涛当选为会长；完成党外知识分子联谊会的换届工作，区政协副主席齐昌成当选为会长。二是加强阵地建设。在淄江社会组织孵化中心、稷下文化园等4处基地进行“新的社会阶层代表人士实践创新基地”揭牌仪式，在规模较小的2处基地挂牌“新的社会阶层代表人士之家”。三是加强品牌建设。联合区委组织部、区民政局，发挥新阶层人士优势，打造“大爱临淄”统战品牌，对新阶层人士中的优秀代表，通过电视台、微信、网络等媒体集中进行宣传，扩大社会影响。

【非公有制经济领域统战工作】 以培塑引导为基础，以助力发展为目标，努力促进“两个健康”发展。一是构建亲清新型政商关系。通过领导干部包建重点项目、联系非公有制经济代表人士、重难点问题专题调研等形式，深入了解企业发展难题，推动落实各项降成本、促发展政策。二是助力精准扶贫攻坚。引导工商联会员企业积极参与精准扶贫攻坚行动，做到“产业对接、一村一企、一户一策”。三是做好基层商会工作。按时完成基层商会换届工作。

【民族宗教工作】 把维护民族宗教领域和谐稳定作为第一目标，积极谱写全区民族宗教工作新篇章。一是深入开展民族团结进步创建活动。齐陵二中、欧木特纸被命名为全市民族团结进步创建活动示范单位，金岭民族文化博物馆被命名为全市民族团结进步教育基地。二是依法加强宗教事务管理。以“规范”为主题开展和谐寺观教堂创建活动，指导宗教团体和活动场所在建章立制上下功夫，针对问题加大整改力度，建立健全长效机制，从根本上堵塞漏洞，规范管理。三是加强民族宗教界代表人士队伍建设。组织举办民族宗教界人士学习培训班，加强政策教育和法律法规宣传，进一步提高民族宗教界人士的政治意识、大局意识和法治意识。

【对台工作】 临淄区以齐文化为纽带，深化对台合作，不断加强与中国台湾地区之间的交往交流。一是积极推动好齐文化入台。在台北市松山文创园区举行2017海峡两岸齐文化节开幕式，既是齐文化首次登陆宝岛台湾，又是推动齐文化走出去的重要一步。二是做好台胞接待工作。做好新党主席郁慕明率领台湾中华儿女文化体验营到齐国故都临淄参访交流和台北市议会议员秦慧珠一行参加齐文化开幕式的接待工作。

（常锦成）

·桓台县委统战部·

2017年，桓台县委统战部在市委统战部的坚强领导下，认真学习贯彻党的十九大精神和习近平新时代中国特色社会主义思想，全面贯彻落实中央和省市县委统战工作会议部署，紧紧围绕中心工作，不断巩固政治性、深化经济性、拓展社会性，为打造宜业宜居新桓台凝聚共识、汇智聚力。

【政党协商工作】 为进一步提高政党协商制度化规范化程序化水平，统战部在广泛听取各民主党派基层委员会、工商联和无党派代表人士意见建议的基础上，研究提出《2017年度政党协商计划》，明确协商时间、参加范围等。桓台民盟《关于进一步强化措施促进桓台高新技术企业发展的报告》、桓台民建《关于加快马踏湖生态旅游项目开发进程的建议》、桓台九三学社《关于加强乌河流域水污染防治切实改善全县水环境质量的建议》等议案均得到县委高度重视，与县科技局、旅游局、环保局等部门开展协商，促进各项工作依法决策、科学决策、民主决策。召开全县党外代表人士座谈会。会议围绕深入学习贯彻党的十九大精神，就做好2018年工作，听取各民主党派、工商联和无党派人士代表的意见建议，县委书记贾刚在会上对政党协商工作做出重要指示，希望广大党外人士团结担当，紧紧围绕县委、县政府中心工作，充分发挥独特优势，加强民主监督，积极建言献策、参政议政，形成推动转型发展、全面振兴的强大合力，齐心协力共创桓台美好明天。

【民主党派工作】 以品牌化建设为抓手，不断增强各民主党派活动的政治性、时代性和创新性，推动各党派健康发展。桓台民盟注重加强思想教育，组织盟员参观红旗渠，学习红旗渠精神；举办“我的民盟·我的桓台梦”诗歌诵读会，展现盟员良好风貌。桓台民建与时俱进，注重创新，会员企业主动适应新常态，抓住供给侧结构性改革机遇，不断提升企业的创新能力和市场竞争力，民建省委“发现和再造企业核心竞争力”现场会在民建会员企业山东海思堡服装服饰集团召开。桓台九三学社打响社会服务品牌，多次开展送医药、送科技下乡活动，受到群众一致好评，承办九三学社市委“为少年而走”户外公益健行活动，通过现场或网络捐款、健走捐步等方式为山区贫困儿童助学提供帮扶。

【新的社会阶层人士统战工作】 坚持打基础、创特色，求实效、争一流，以教育引导为主线，以培养使用为重点，以健全机制为支撑，凝聚起推动桓台发展的正能量。一是夯实阵地建设。顺利完成新阶层联谊会换届工作，加强领导班子队伍建设，在全县范围内建立起600余人的新的社会阶层人士数据库。组织班子成员赴青岛市市南区、江苏昆山市、浙江杭州市等地区考察，进一步对标先进、解放思想，拓展思路、更新观念。积极开展“新阶层党旗红”活动，策划开展“新阶层党支部进社区下乡镇”等系列活动，引导支部党员把先锋形象竖起来，把模范标尺立起来。二是开展创新活动。成立“新阶层联谊会企业沙龙”，设立4处实践服务基地。2017年6月，策划实施“低碳乐骑·一路同行”大型公益环保骑行活动，有效提高桓台县新阶层的知名度、感召力。创办会刊《和壹》，通过“线上+线下”媒介宣传树立新阶层整体的良好形象。三是积极参政议政。新阶层集体提案《关于加大桓台文化旅游推介力度的建议》被列为县政府重点督办事项，为党委政府决策提供有力参考。四是加强自身建设。制定出台《关于加强新的社会阶层人士统战工作的实施意见》，召开全市新的社会阶层人士统战工作现场会、座谈会，新阶层统战工作入选2017年度部门改革创新优秀案例，《中国统一战线》《大众日报》《山东统一战线》予以专题报道。

【党外代表人士队伍建设】 认真落实中央和省市县委统战工作会议精神，对党外代表人士进行再次调查摸排，做到情况清、底数明。积极配合市委统战部对党外代表人士工作的调研。举办全县党外代表人士能力提升培训班，围绕深刻认识和把握习近平新时代中国特色社会主义思想、党外干部和党外知识分子能力提升等内容进行专题讲座和解读，不断提高党外代表人士的思想政治素质，增强参政议政、合作共事的能力。

【非公有制经济领域统战工作】 贯彻落实省、市“支持非公有制经济健康发展工作”会议精神，召开“支持非公有制经济健康发展工作会议”，细化分解目标任务，明确牵头部门和责任人，推动非公有制经济健康发展。组织企业家代表参加井冈山、韶山理想信念教育实践活动；与黑龙江省安达市工商联等多个商会建立友好商会关系，打造对外交流合作品牌；组织考察团赴张家港、昆山等地进行学习交流；搭建“校企合作”平台，组织会员企业与山东理工大学共同举办“2017淄博市重点企业人才招聘会”，帮助会员企业解决用工难问题。

【民族宗教工作】 积极开展民族团结进步创建活动，对已有的4家市级民族团结进步示范基地进行提升，民族团结进步进校园工作走在全市前列；准确掌握民族宗教基本情况，对少数民族常驻居民和流入少数民族人员重新进行摸底统计，对基督教认定备案的22名传道员的信息资料进行核实登记，对基督教152个活动小组进行重新梳理和审核备案登记；进一步强化稳定首位意识，严格落实各级“零报告”制度和不稳定因素月排查上报制度。

【对台工作】 深入挖掘利用桓台县传统文化资源，着力打造涉台交流文化名片，推荐王士禛纪念馆申报山东省海峡两岸交流示范点。与县工商联联合组织部分工商联会员企业赴中国台湾地区参观考察台塑集团、台湾商业总会、高雄市经贸发展协会，建立双向交流渠道，不断加强与台湾的经贸合作。

（钟　娟）

·高青县委统战部·

2017年，高青县委统战部以迎接党的十九大胜利召开和学习贯彻党的十九大及省市县党代会精神为主线，以贯彻落实各级关于统一战线重大决策部署为重点，突出“工作落实年”，补短板、解难题、促提升，构建起大统战工作格局；突出“学习培训年”，摸底数、强培训、提素质，统战工作展现出新气象；突出“服务发展年”，察实情、出实招、见实效，助力“五个高青”建设有新突破，为推动全县经济社会发展实现新跨越凝聚人心、汇聚力量。

【思想引领工作】突出教育培训，出台《2017年全县统一战线教育培训计划》，举办各类培训班4期，以会代训5次，对广大统战干部成员进行轮训。加强民主协商，先后召开座谈会5次，收集意见、建议30余份；召开情况通报会3次，对经济社会发展、重大决策部署、党风廉政建设向党外人士进行通报交流，切实把广大统战干部成员的思想和行动统一到中央和省市县委决策部署上来。加强统战宣传，录制“双创人才”系列专题片，在县电视台《高青正能量》栏目连续播出3个月；在县委机关报开辟“党外人士谈统战”专栏，连续刊发16期；在市级以上媒体发表稿件21篇，讲好统战故事，传播统战声音，扩大统战影响。

【党外代表人士队伍建设】精准化服务管理，对全县统战对象进行调查摸底，建立700余人的重点统战对象数据库，分门别类、建档立卡、动态管理。强化教育培训，将党外代表人士队伍建设纳入县中长期人才发展规划纲要和专题培训计划，举办培训班3期，培训党外代表人士400余名。加大实践锻炼力度，全年新增12处党外代表人士实践锻炼基地，选派3名优秀党外干部开展为期一年的挂职锻炼。做好党外干部安排使用，全年提拔重用5名副科级及以上党外干部，推荐1名党外干部担任政府部门正职。截至2017年底，163名党外人士担任县级以上人大代表、政协委员。

【非公有制经济领域统战工作】深入开展以“守法诚信、坚定信心”为重点的非公有制经济人士理想信念教育，举办培训班3期，组织赴外地考察学习3次。召开支持非公有制经济健康发展座谈会2次，收集意见建议等20余份。重视非公有制经济党建工作，在“两新”组织中推行党建“金红领”工程。组织骨干企业参与村企结对帮扶，引导非公有制经济人士参与精准扶贫献爱心，投入各类物资资金折合人民币120万余元，涌现出奶牛托管、高标准蔬菜大棚、产品代加工、公益助学等一批“民企帮村”优秀典型项目。

【党外知识分子工作】加强专项调研，不断深化党外知识分子“一个人物、一个基地、一个主题”活动要求。提升服务管理，制定《党外知识分子工作制度汇编》，2017年度新增8处实践锻炼基地和2处工作室，通过宣传长廊、展板、展架等，积极宣传党的十九大精神、党外知识分子优秀典型和先进事迹。注册成立县党外知识分子联谊会，制定完善联谊会工作制度，积极组织党外知识分子参政议政、建言献策、服务社会，先后开展党外知识分子“健康义诊”志愿服务、“迎端午庆六一，同心文化进校园”“同心同行·感恩励志”公益讲座进校园活动。

【新的社会阶层人士统战工作】设立新社会阶层人士工作科，配备工作人员，为加强新的社会阶层人士统战工作奠定基础。通过实地走访、摸排统计、问卷调查、座谈了解、征求意见等形式，对全县新的社会阶层人士进行为期3个月的调研，全面摸清各领域新的阶层人士基本情况，并形成书面调研报告。举办培训班3期，座谈会2次，注册成立高青县新的社会阶层人士联谊会及社会组织分会。2017年，新建新的社会阶层人士实践锻炼基地6处、新阶层代表人士之家2处。引领新的社会阶层人士助推智慧高青建设，广泛开展各类社会公益活动，整合新的社会阶层资源，打造便捷民生服务平台。

【民族宗教工作】指导高青四中建成全市民族团结进步创建活动示范学校，建立少数民族流动人口服务中心2处、服务站3处，成立民族工作志愿小组。出台《关于加强和改进新形势下宗教工作的实施意见》，为更好地做好新时期宗教工作提供指导。为青城基督教堂争取修缮资金3万元，解决教堂年久失修的问题。召开全县民族宗教工作联席会议2次。

（张兆鑫）

·沂源县委统战部·

2017年，在市委统战部和县委的正确领导下，县委统战部按照全市统战工作总体部署，强化工作措施，创新平台载体，推动统一战线各领域工作深入开展，为沂源县争先进位、走向前列凝聚智慧和力量。

【党外代表人士队伍建设】加强党外代表人士教育培训和党

外后备干部发现培养，健全完善443名党外后备干部信息数据库。制订党外代表人士年度培训计划，举办全县党外代表人士培训班、民族宗教工作培训班，提高党外代表人士的政治素质和理论素养。制定出台《沂源县党外代表人士实践锻炼管理办法》，在县旅游服务中心新建一处实践锻炼基地，选派8名党外干部挂职锻炼1年，形成调研报告7篇，其中3篇得到县委书记批示。深化党外知识分子工作“三个一”活动，实施品牌沂源、素质提升、服务发展、队伍建设四大“同心”工程，培训党外知识分子160余人，提交提案、议案和工作建议52件，完成“美在沂源”影像志和4个工业品牌、1个农业品牌拍摄制作，开展各类主题活动11次。全年新提拔副科级党外干部3名，交流1名。截至2017年底，全县副科级以上党外干部46名。其中，正科级县直部门主要负责人5人，政府序列部门领导班子副职5人，镇政府副镇长（街道办副主任）3人。

【政党协商工作】印发《2017年度政党协商计划》，明确与党外代表人士协商的时间、内容和形式等。县委、县政府主要领导分别主持召开工商联、党外人士座谈会，县委分管领导主持召开党外人士卫生工作座谈会、党外人士城建工作座谈会、党外人士情况通报会，党外人士围绕全县经济社会发展积极建言献策，提出意见建议60条。

【新的社会阶层人士统战工作】 制定出台《关于加强新的社会阶层人士统战工作的实施意见》，完成县新阶层联谊会换届工作，成立县社会组织联合联谊会，授牌1处新阶层人士实践创新基地、2处新阶层人士之家。健全完善联谊会规章制度，实行会长轮值制度。组织联谊会部分成员，到桓台县、淄川区和周村区考察学习先进经验做法。

【同心扶贫攻坚行动】 印发《2017—2018年巩固提升脱贫攻坚成果实施方案》，组织开展“民企帮村”“结对帮扶”“就业扶贫”“助学助农”等主题活动。为帮包村石桥镇东北庄村，争取扶贫部门资金26万元，建成300余平方米扶贫大棚1个；争取县财政一事一议项目资金10万元，建成长16米、宽6米的小桥一座；协调资金6万元，安装32盏太阳能路灯。积极协调民进省委在燕崖镇举办“同在蓝天下庆六一”捐资助学活动，向燕崖镇中心小学捐赠价值2.6万元的图书文具；从省水利部门争取50万余元的专项资金，用于打井及蓄水池等工程的建设。会同县教体局、县扶贫办，帮助全县113名建档立卡的贫困大学生申请“泛海助学”资金56.5万元。

【非公有制经济领域统战工作】 召开学习贯彻习近平总书记讲话精神座谈会、十九大精神学习宣传专题会议，打造非公有制经济党建示范点1处。印发《关于加强各级领导干部联系服务非公有制企业构建新型政商关系的意见》，组织13名非公有制经济人士到济南市历下区考察学习，举办企业降本增效与精细化管理专题讲座，加强商会组织建设，提升商会服务水平，服务非公有制经济发展。引导非公有制经济人士参与脱贫攻坚行动，2家非公有制企业为沂源县一中学生发放奖学金9万元，女企业家商会捐助近万元物资看望40余个贫困家庭、捐助5万元帮助大张庄镇明末峪村修建环山路。

【民族宗教工作】 落实上级民族政策，为1035户穆斯林农户发放“一次性牛羊肉补贴”41.4万元，争取上级民族资金96万元，用于打井配套和桥梁建设等工程。县民宗局成立行政调解办公室，在历山街道历山社区、城中社区成立少数民族流动人口服务站、文体活动室。举办全县宗教界代表人士及民宗助理培训班，帮助2处宗教场所申请省、市宗教事业发展专项资金8.8万元，用于场所修缮。坚持宗教工作联席会议制度，支持爱国宗教团体加强自身建设，维护宗教领域的和谐稳定。

（王　娜）

枣庄市

·枣庄市委统战部·

2017年，枣庄市委统战部以迎接党的十九大、学习贯彻党的十九大精神和落实市第十一次党代会任务为主线，以全面落实《枣庄市推进〈中国共产党统一战线工作条例（试行）〉实施工作方案》为抓手，以“抓落实、新发展”为重点，改进工作方式，提升业务水平，进一步凝聚各方人心，汇聚更广泛力量，各领域统战工作都取得新的明显成效。

【构建大统战工作格局】 全面落实《枣庄市推进〈中国共产党统一战线工作条例（试行）〉实施工作方案》，逐条对照，并细化明确64项重点工作，实行“清单制＋责任制”方法，建立工作台账、开展挂图作战、实时跟进督导。调整充实市委统一战线工作领导小组，健全完善市、区（市）、镇（街）三级统战工作领导网络。建立港澳台海外统战工作联席会议制度、新的社会阶层人士统战工作联席会议制度等涉及各统战领域的协调会商机制。实现市、区（市）统战部长由常委担任，市委市政府主要领导参加党派协商活动2次，市委其他领导同志参加党派协商活动4次。推动落实全市党政领导班子成员与党外代表人士联谊交友、市委常委联系党外人士制度。全面加强基层统战工作，连续10年把统战工作纳入区（市）目标考核（科学发展综合考核）。

【开展统战成员思想政治教育】 制订2017年统一战线教育培训计划，将党外领导干部综合素质提升专题培训班列入全市2017年干部专题培训班计划。推进“不忘合作初心，继续携手前进”专题教育，突出党的十九大精神和习近平新时代中国特色社会主义思想，引导各民主党派开展形式多样的理论学习活动73次，涉及成员2000余人次。深入开展非公有制经济人士理想信念教育实践活动、第三届枣庄市优秀中国特色社会主义事业建设者评选表彰工作，促进非公有制经济人士健康成长。精心组织民族团结进步宣传月活动，命名2处枣庄市民族团结进步教育基地。创新思想教育形式，启动建设总面积356亩的“枣庄市统一战线同心林”。组织举办“喜迎十九大•同心永向党”书画展和“携手共奋进•同心向未来”统一战线庆祝十九大胜利召开文艺演出。

【服务经济社会发展工作】 力推调查研究，2017年，引导统战成员开展考察调研活动11次，撰写各类提案、议案和调研报告372件，反映社情民意356条，为党委政府决策提供重要参考。引导各民主党派充分发挥各自优势，擦亮社会服务品牌，努力做好社会服务工作。2017年开展社会服务活动98次，涉及金额共计183万余元，受益群众达15500人。引导非公有制企业主动适应新常态，激发非公有制经济发展活力，打造扶贫帮困、捐资助学、法律救助、光彩事业、关爱行动等一批富有统战特色的社会活动品牌，开展“千企帮千户”精准扶贫活动，累计投入扶贫帮扶资金850万元，受益群众达3万余人；认真做好泛海助学、泛海创业工作，为350名贫困大学生发放175万元助学金，协助省专家组筛选6个泛海扬帆创业项目。

【完善多党合作协商民主工作制度】 以市委办公室名义印发《2017年度政党协商计划》，确定协商议题，按时组织开展各类协商会、座谈会、通报会、谈心会等协商活动。筹备召开全市协商民主推进会暨政府部门与民主党派、工商联及无党派人士联系工作座谈会，研究确定做好今后对口联系工作的16条具体意见，市委书记李同道对此专门做出批示。年中协助召开党外人士情况通报会，形成七类9条协商成果，市委副书记、市长李峰专门做出批示。通过市政府办公室将协商成果分解到相关部门进行办理，并及时反馈办理情况。完善意见建议办理反馈制度，以两办名义印发《枣庄市政党协商成果督办落实办法》。以5个领域“重点改革事项”为突破口，创新开展民主党派专项民主监督。借助政务内网协同办公平台，畅通各民主党派市委会阅文收件、知情明政的渠道。

【支持民主党派加强自身建设】 召开支持民主党派加强自身建设现场会，努力建设思想好、班子好、机制好、作风好、组织阵地好的“五好”民主党派组织，推动民主党派基层组织实现有人员、有制度、有场所、有经费、有活动、有平台的“六有”目标。协助各民主党派抓好组织建设，平稳有序协助民建枣庄市委会完成换届工作。召开各民主党派市委会秘书长座谈会，就发展成员的数量、质量、范围和程序等方面做进一步重申和强调。协助各民主党派市委会开展“制度建设年”活动，建立健全述职和民主评议制度，5个民主党派市委会共制定121项制度，其中新制定70项制度，修订完善51项制度。协助成立枣庄市民主党派机关工会，协调有关单位将各民主党派市委会纳入文明单位申报范围。

【加强党外代表人士队伍建设】 开展全市党外科级干部调查统计，建立约700人的数据库。民主党派换届期间，及时更新民主党派组织后备队伍名单。完成党外知识分子联谊会换届，吸收大量新会员，充实无党派人士名单。组织开展国有企业、高校党外知识分子统战工作调研，党外知识分子数据库逐渐完善。在全市各级班子换届和有关宗教团体换届过程中，发现储备一定数量的少数民族、宗教界代表人士。依托工商联换届，调整非公有制经济人士中的副主席、常委、执委名单。通过筹备海联会换届，掌握一大批港澳台海外代表人士。以省、市调研为契机，新的社会阶层人士数据库不断扩充，完成3次更新，一批党外代表人士逐渐进入工作视野。

【服务非公有制经济健康发展】 以两办名义印发《关于加强领导干部联系服务非公有制经济企业构建新型政商关系的实施意见》，全市27位市级领导干部与54家非公有制企业建立联系，并建立《领导干部联系服务非公有制企业调度通报制度》。联合市里12家单位印发《关于开展“深入企业、帮解难题、增强四信、促进发展”活动的通知》，推动建立“亲”“清”新型政商关系，促进各项扶持政策的落实。加强各级工商联组织建设，增加凝聚力，提高吸引力。召开全市非公有制经济人士座谈会，认真落实全省促进非公有制经济健康发展会议精神和《省委省政府促进非公有制经济发展的十条意见》。

【做好民族宗教工作】 深入开展民族团结进步创建活动，加大财政扶持力度，落实省、市两级少数民族发展扶持资金200万余元，推动少数民族经济发展和民生改善。强化城市少数民族流动人口服务管理，及时排查化解涉及民族因素的矛盾纠纷，切实保障少数民族群众的合法权益。坚持依法管理，解决部分区（市）民宗局不具备执法主体资格和部分区民宗局局长没有兼任统战部副部长的问题。开展全市宗教政策法规学习月活动，加大对原有制度的检查督促和规范执行，制定下发《关于进一步规范筹备设立宗教活动场所的实施意见（试行）》，加强对宗教活动场所的日常管理。建立宗教团体领导班子述职和民主评议制度，提高宗教团体自我管理和民主办教水平。进一步健全四级民族宗教工作网络，建立民族宗教突发性事件应急预案，促进社会和谐稳定。

【做好港澳台海外统战工作】 利用联席会议，强化全市涉港澳台海外工作部门的协同配合，推进有关方针政策的贯彻落实，统筹协调重大涉港澳台和侨务活动等。印发《关于加强市、区（市）两级海外联谊会工作的意见》，起草《关于加强与港澳台海外代表人士联系的制度》。在全市范围内开展港澳台海外人士基本情况调查工作，做到不走过场、不留死角，共统计各类人士755人。完成市台湾同胞联谊会成立和市海外联谊会换届工作，理事队伍规模更大、结构更优化、代表性更强。切实加强与港澳台人士及海外华侨、华人社团的交流与往来，不断拓展对外联谊工作领域。

（甘　泉　孙开波）

·滕州市委统战部·

2017年，滕州市统一战线认真贯彻落实上级统战工作方针政策和市委、市政府决策部署，充分发挥法宝作用，紧紧围绕全市经济社会发展大局凝心聚力，全市统一战线呈现出团结、和谐、开拓、活跃的良好局面。

【加强党对统一战线领导】 市委将统一战线工作纳入重要议事日程，市委常委会专题研究统一战线工作4次，市委市政府主要领导对统战工作做出重要批示8次。调整充实市委统一战线工作领导小组成员，进一步加强党委对统一战线工作的领导。市级党政班子成员带头广交党外朋友，每人联系2名党外代表人士。

【多党合作工作】 加强对统战成员思想政治引领。认真开展“不忘合作初心，继续携手前进”专题教育，组织民主党派开展“观故居走红色路”活动。积极引导支持各民主党派探索用“同心”品牌加以统领，建立同心培训、科技服务等“同心服务基地”，着力打造服务社会的新品牌。民革“博爱·牵手”“法律援助”、民盟“烛光行动”“民盟滕州总支讲师团”、民建“思源助学工程”“视力保健校园行”、农工党“春雨行动”“国际科学与和平周活动”、九三学社“科技帮扶”“幼儿园义务查体”等分别都成为各民主党派的品牌活动，知名度、影响力显著增强。认真做好枣庄统一战线同心林的选址、规划和建设工作，打造统一战线成员接受同心教育的新阵地。举行枣庄统一战线同心林建设启动仪式，开展雨季植树活动，300余名党外人士和统战干部共栽植树木2000余株。全国政协副主席、农工党中央常务副主席刘晓峰等领导同志到同心林参加义务植树活动。大力支持民主党派加强自身建设，坚持“一家一品”，各民主党派均建设高标准的活动阵地。召开枣庄市支持民主党派加强自身建设现场会。

【社会主义协商民主建设】 大力加强民主政治协商，全年共召开针对创建国家卫生城市、美丽乡村建设、招商引资等热点难点问题的协商会、座谈会、通报会16次。积极推动对口联系制度和特约人员制度落实，28个政府部门与民主党派、工商联和无党派人士建立对口联系关系，检察、教育、监察、国土资源、审计、国税、地税7个部门全部完成特约人员聘任工作，聘任各类特约人员40名。

【新的社会阶层人士统战工作】 加强组织领导，完善工作机制，建立与宣传、网信、公安部门和重点新媒体企业的沟通机制，召开新社会阶层人士座谈会，听取新的社会阶层人士统战工作情况汇报和意见建议。开展新的社会阶层人士调查摸底工作，建立70人的新的社会阶层人士信息库。做好新的社会阶层人士日常教育和管理工作。深入开展“两新组织”统战工作试点。

【非公有制经济领域统战工作】 制定出台《关于加强各级领导干部联系服务非公有制企业构建新型政商关系的实施意见》，推动市级领导干部与非公有制企业开展常态化联系。大力优化企业发展环境，开展“百名干部进千企”活动，帮助企业破解发展难题。深入开展非公有制经济人士理想信念教育实践活动。组织民营企业家赴外地考察学习。开展市委统战部、市工商联联合向非公有制经济代表人士赠书活动，共向企业家赠送理想信念教育书籍120余套。滕州市工商联再次被全国工商联命名为“五好”县级工商联。滕州市工商联与昆山市工商联、绍兴市柯桥区工商联缔结友好工商联关系。在民营经济基础较好的洪绪镇成立全市首个镇级非公有制经济组织和社会组织综合党委。

【党外代表人士队伍建设】 举办由组织部、统战部联合调训的全市统一战线骨干成员培训班。开展全市党外代表人士摸底调查，广泛物色优秀党外人才，按照“七支队伍”建立代表人士信息库。

（杜　哲）

·薛城区委统战部·

【多党合作和政治协商工作】 继续坚持和完善《中共薛城区委同各民主党派、无党派人士政治协商的实施意见》、制定下发《中共薛城区委关于建立区委常委联系党外人士制度的通知》，成立由区委书记任组长的区委统一战线工作领导小组，形成推进统一战线工作的强大合力，构建大统战工作格局。制订下发《2017年度政治协商计划》，开展以各民主党派、工商联和无党派代表人士为主体的政治协商活动6次。

【党外代表人士队伍建设】 进一步充实完善党外代表人士人才库，并进行动态管理。对各民主党派薛城支部（社）班子和党派成员开展述职和民主评议工作，加强党外代表人士的管理。通过主委推荐、民主推选和组织考察，将掌握的12名优秀党外人才纳入党外后备人才库，加强党外后备干部队伍建设工作。严格按照民主党派组织发展的原则，协助民主党派基层组织做好发展对象的物色选拔、培养教育工作，发展11名民主党派新成员，进一步壮大民主党派基层组织队伍。加大党外干部实职安排、政治安排工作力度，2017年，新提拔1名党外副县级、2名党外正科级、5名党外副科级干部。

【非公有制经济领域统战工作】 开展深化非公有制经济人士理想信念教育实践活动，引导非公有制经济人士认真学习贯彻习近平总书记系列重要讲话精神，进一步加强和改进非公有制经济人士思想政治工作。组织非公有制经济人士代表走出去，到中国人民大学参加优秀企业家培训班，提振发展信心。继续在非公有制经济人士开展“千企帮千户”同心扶贫活动，引导非公有制经济人士参与全区精准扶贫工作，投身脱贫攻坚战。

【服务社会发展工作】 积极引导各民主党派、工商联和无党派人士参政议政，围绕中心建言献策，提出提案、社情民意等90余件。引导各民主党派、工商联和无党派人士开展“同心扶贫攻坚行动”，各民主党派共开展送医疗下乡活动2次，义诊300余人，吸纳贫困人口就业50余名，为希望小学留守儿童送去175套校服，捐资捐物23万余元，为8个合作社争取上级扶贫开发项目资金160万元。

【民族宗教工作】落实好党的民族宗教政策。与教育部门配合，对22名参加中高考的少数民族考生进行民族成分认定；严格政策标准，认真审核把关，为穆斯林农户和城市低保户发放春节一次性牛羊肉价格补贴，共计7800元；开展清真食品管理工作，加强清真食品领域监管，切实尊重少数民族群众风俗习惯；在全区范围内开展少数流动人口调查统计工作；争取上级少数民族发展资金15万元，重点支持枣庄理工学校新疆班学生教学工作和陶庄镇回民公墓道路修建工作，促进少数民族经济社会发展；在全区范围内开展民族团结进步宣传月工作并成功举办民族团结进步知识竞赛活动，巩固和发展各族人民长期团结和睦的优良传统；做好民族领域矛盾化解工作，维护民族领域和谐稳定。依法加强对宗教事务的管理，促进宗教和谐稳定。在全区宗教界以“规范”为主题开展和谐宗教活动场所创建活动，并对7个先进集体、23个先进个人进行表彰；开展“宗教政策法规学习月”活动，依法加强对宗教事务的管理；与区委党校联合开展宗教工作调研，做好宗教领域课题研究，系统梳理区宗教活动情况；完成区基督教三自爱国会换届工作，为宗教事业的和谐发展夯实根基；做好宗教领域相关矛盾纠纷的调处化解工作，维护区宗教领域的和谐稳定。

【统战宣传信息工作】将统一战线工作纳入全区宣传工作计划，制定出台《统战宣传信息调研工作考核办法》，明确考核办法计分标准和奖励措施。在《中国统一战线》《团结报》等国家级杂志报纸上突出宣传区统一战线精准扶贫等工作成果，发文5篇。继续与报社联合在《薛城周讯》推出《统一战线·解答》专栏，解答统战政策、统战知识，进一步扩大统一战线的社会影响。

（张传宇）

·山亭区委统战部·

2017年，山亭区统战工作紧紧围绕中心，服务大局，不断巩固和发展统一战线团结、稳定、开拓的新局面，完成统战工作目标任务。

【学习贯彻十九大精神】召开统战干部学习党的十九大精神座谈会，并把学习宣传贯彻十九大精神作为当前和今后一个时期的首要政治任务，要求统战干部充分发挥示范带头作用，先学一步，学深一层；组织10名党外知识分子参加市党外知识分子学习贯彻党的十九大精神座谈会。

【民主党派工作】筹资20万元，设立全区民主党派活动室。协助区各民主党派、工商联和无党派人士围绕全区经济社会发展，确定各自调研课题，深入开展调研，形成8篇调研文章。组织各民主党派基层组织参加“喜迎十九大·同心永向党”枣庄市统一战线书画展，展示出全区各民主党派成员的精神风貌和文化内涵。

【非公有制经济领域统战工作】非公有制经济领域统战工作得到深入发展，积极引导非公有制企业进一步深化产学研结合，加强与中国农业科学院作物科学研究所、中国农业科学院郑州果树研究所等科研院所的交流，持续推进“互联网+”平台建设，打开科技与民营企业深度融合的通道。进一步构建亲清新型政商关系，搭建党委、政府与非公有制企业沟通协商平台，建立党政领导干部联系非公有制企业制度，区级领导干部联系和服务非公有制企业34家，有效促进全区非公有制经济健康发展。举行“泛海助学山东行动”捐赠仪式，为山亭籍78名家庭贫困学生每人发放5000元助学金。

【民族宗教工作】按时完成穆斯林群众10.16万元牛羊肉补贴发放，争取扶持少数民族发展资金28万元。指导各镇（街）深入开展基督教私设聚会点治理工作，加强宗教活动场所和教职人员的管理，开展宗教基础信息数据核改工作。

【党外代表人士队伍建设】建立健全党外干部培养选拔工作联席会议制度，选派3名党外干部参加枣庄市党外科级干部培训班；加强省级党外代表人士实践锻炼基地建设，组织省派第四批挂职党外干部参加区交运工作座谈会，视察枣庄庄里水库工程项目建设情况，安排党外挂职干部分别参加全国红色旅游纪念馆培训班、全省景区管理人员培训班等培训活动。召开党外干部挂职锻炼第四批总结暨第五批启动座谈会，第五批9名党外挂职干部分别安排到区政府、山亭经济开发区等单位挂职锻炼。

（张　鹏）

·市中区委统战部·

2017年，全区统一战线坚持以学习贯彻党的十九大精神为主线，抓住机遇、勇于担当，重点发力、创新进取，推动各领域统战工作取得突破性进展。

【民主党派工作】 加大经费保障力度，党派办公经费纳入区财政预算，及时足额拨付到位。坚持“四统一”（统一地点、统一设计、统一经费、统一办公）标准，建好民主党派阵地。建立民主党派、无党派人士建言献策“直通车”制度和反馈机制，提出有价值的建议和议案37件。

【非公有制经济领域统战工作】 举办财富市中大讲堂1期，录播财富市中—企业家风采栏目3期，组织31名企业家到北大进行专题培训。深入推进“百企帮百村”活动，实施帮扶项目22个，帮扶贫困人口245人。区工商联被评为全国“五好”县级工商联。

【港澳台海外统战工作】 深化港澳台海外统战工作，组织赴台项目推进活动2次，接待台湾企业考察活动3次。先后两次邀请菲律宾中华统一促进会一行来参观考察，推动与菲律宾打垃市建立友好关系和经贸往来，促进新远大公司、红三叶钢结构等企业与菲律宾打垃市达成丰硕经贸合作成果。

【党外代表人士队伍建设】 做好党外干部培养选拔和实践锻炼工作，提拔重用区级党外干部2人、党外科级干部5人。截至2017年底，全区科级以上党外干部达51人。

【民族宗教工作】 投资1200万余元，对枣庄老街进行道路改造和立面包装，建设民族餐饮文化旅游一条街。发展壮大山东兄弟食品、枣庄颐源山庄等一批民族企业。认真落实新修订的《宗教事务条例》。

【党外知识分子和新的社会阶层人士统战工作】 举办党外代表人士培训班，组织统一战线书画展、十九大宣讲报告以及座谈会等活动6场次、1000余名党外代表人士参加。坚持把新的社会阶层人士作为统战工作新的着力点，创新工作方式载体，实施党建领航行动，成立社会组织培育发展中心，孵化、培育社会组织14个，发展成员800余人。

（王继承　马　菲）

·峄城区委统战部·

2017年，全区统一战线认真学习贯彻党的十九大精神，以全面落实《枣庄市推进<中国共产党统一战线工作条例（试行）>实施工作方案》为着力点，坚持全面性、特色性、创新性原则，进一步改进工作，提升水平，努力凝聚人心，汇聚广泛力量，为全区经济社会发展做出了积极贡献。

【民主党派工作】 协调有关部门，帮助四个民主党派解决办公场所和活动场所。投资25万元对办公场所、活动场所进行修缮和装修。民主党派活动经费足额拨付，单设经费账本，收支单独核算，保证活动正常开展。建成统一战线教育基地一处，为统战成员开展爱国主义、社会主义教育提供了良好的平台。

【政党协商工作】 区委常委会对《2017年度政党协商计划》进行研究，确定全年协商议题、参加人员、召开时间及相关制度。全年组织开展协商活动6次。联合区督察和绩效管理局，对协商成果的办理全程跟踪督导，及时通报办理结果，促进协商成果的有效转化。

【党外代表人士队伍建设】 研究制订《2017-2021年峄城区统一战线教育培训规划》和《2017年党外干部培训计划》，举办党外干部专题研讨班、党外代表人士培训班共2期，培训党外干部、党外代表人士144人次。组织党外干部到枣庄监狱接受警示教育，增强党外干部遵纪守法和廉洁从政的意识，筑牢拒腐防变的思想道德防线。全年提拔党外干部2名，1名提拔为正科级，任部门正职，1名提拔为副科级。

【党外知识分子和新的社会阶层人士统战工作】 成立党外知识分子联谊会，召开第一届会员大会，选举产生理事会和领导班子。引导党外知识分子积极服务社会，组织开展下乡义诊活动3次，义务查体580人次。联合10家单位，对全区新的社会阶层人士统战工作存在的问题、原因进行分析，提出工作建议。开展新的社会阶层人士调研，统计上报366人。推荐12名优秀人士加入全市新的社会阶层人士联谊组织。

【非公有制经济领域统战工作】 组织执委会员认真学习十九大报告，号召会员企业深刻领会、准确把握报告精神实质和丰富内涵。开展以“守法诚信、坚定信心”为主题的理想信念教育实践活动。协助区委制定《关于加强各级领导干部联系服务非公有制企业构建新型政商关系的实施意见》，30名区级领导干部每人联系一家非公有制企业。组织召开“深入企业、帮解难题、增强四信、促进发展”工作座谈会，帮助企业解决难题82个。制订下发《峄城区工商联会员企业助推精准扶贫工作方案》，组织会员企业走访慰问贫困户90户。

【民族宗教工作】 开展以“学方针政策、学法律法规、学教规教义、做合格教职人员（教徒）”为内容的“三学一做”主题教育活动，举办150余人的专题培训班。4个宗教团体全部建立“三个一”班子成员评价机制。召开全区民族宗教工作会议、2次民族宗教领导小组成员部门联席会议，开展联合执法检查2次。与区610办公室开展反邪教警示教育活动，制作展板30块，举办专题讲座，建立反邪教教育基地2处。

【港澳台海外统战工作】 开展赴台招商、经贸交流活动2次，邀请全国台企联驻会常务副会长一行18人来峄城考察。召开台胞台属联谊座谈会，妥善处理涉台突发事件。对港澳台海外人士进行调查摸底，掌握全区港澳台海外人士的底数。配合做好市海联会的换届和台联会的成立，推荐合适人选加入联谊组织。

【脱贫攻坚工作】 制订印发《关于开展“三百工程”精准扶贫活动的实施方案》，号召全区统一战线成员以各种形式助力脱贫攻坚。先后实施特色产业扶贫项目40个，提供就业岗位200个；开展健康义诊活动6次，为全区526户贫困家庭进行免费健康查体；依托区慈善众筹平台，开展慈善捐赠活动2次。

（李　刚）

·台儿庄区委统战部·

2017年，台儿庄区委统战部以党的十八届五中、六中和十九大精神为指引，学习贯彻习近平总书记系列重要讲话精神，紧紧围绕区委区政府“1224”工作格局，着眼于促进社会和谐、汇聚壮大力量、服务科学发展，深入开展“统战精神落地年”和“促进和谐发展年”主题活动。

【思想政治工作】 抓好理论学习，提升政治站位。区委统战部高度重视十九大会议精神的学习和传达，4次组织统战干部集中学习相关文件，同时在全区统战系统内广泛开展学习贯彻党的十九大精神活动。

【民主党派工作】 一是加大对民主党派的支持力度，建设民主党派活动室。申请资金37万余元，为5个民主党派和知联会高标准打造活动平台和载体，配备电脑、办公桌椅等设备。二是加强党外干部的培养和使用。完成民主党派及知联会骨干成员96人的信息采集工作，对120余名党外代表人士进行为期一周的培训，为进一步加强党外干部的培养和使用奠定坚实基础。三是充分发挥民主党派参政议政民主监督作用。积极筹备政治协商座谈会，组织120余名党派成员对实验小学西校区、箭道路综合改造工程等重点项目进行实地调研，在调研基础上召开由区委区政府牵头的政治协商座谈会3次，由政府组成部门牵头的政治协商座谈会4次；为区财政局等13个政府职能部门选聘特约检察员、行政评议员等共计41人。

【民族宗教工作】 一是做好民族团结和服务少数民族经济工作。建立区、镇（街）、村（社区）三级宗教工作网络，开展民族团结宣传教育，促进各民族共同繁荣发展，台儿庄区被命名为山东省第四批全省民族团结进步创建示范单位。二是加强对教职人员的管理和培训。针对宗教信仰人员增加的实际，开展培育和践行社会主义核心价值观、宗教政策法规进寺观教堂活动；基督教区三自爱委会举办教职人员培训班。

【非公有制经济领域统战工作】 一是深化教育引导，促进非公有制经济人士健康成长。以构建亲清新型政商关系为宗旨，统战部联合区委宣传部等12家单位出台《关于开展“深入企业、帮解难题、增强四信、促进发展”活动的实施方案》。二是搭建服务平台，持续做好服务非公有制经济人士工作。联合区人民银行开展“金融服务企业乡镇行”活动；成立济南台儿庄商会；3名非公有制经济人士、1名新的社会阶层代表人士被评为枣庄市优秀中国特色社会主义建设者。

【港澳台海外统战工作】 一是依托全国首家海峡两岸交流基地，积极扩大对台经贸交流与合作。台儿庄大战纪念馆、台儿庄古城旅游有限公司等6家单位赴台参访和交流；接待新党主席郁慕明、“中华儿女文化体验营”等110余人到台儿庄参访交流。二是充实海外联谊活动重点联系人士信息，全面做好涉台及海外统战服务工作。完善对台及海外统战宣传工作制度，创办“两岸一家亲”台儿庄微信群，落实班子成员联系台企制度，设立24小时服务热线。三是积极做好侨联工作。积极协调中国侨联公益基金会向二中“树人班”的学生提供12.5万元的费用；对区贫困归侨侨眷家庭情况逐一进行排查摸底；摸底排查区港澳台海外华侨及出国回国留学人员共计123人；接待菲律宾侨商会等客商42人次。

【扶贫攻坚工作】 一是结对帮扶，统战部带头行动。台儿庄区委统战部定期召开部门扶贫工作会议，扎实开展好帮包扶贫工作，对2处镇（街）6户困难户开展结对帮扶，抽调专人开展驻村扶贫。二是扶贫助学，统战力量广泛参与。民建台儿庄支部在母亲节为10名品学兼优的贫困学子送去3000元助学金，在重阳节为6处镇（街）的孤寡老人捐赠价值13000元的生活用品；区工商联组织企业48家结对帮扶48户贫困家庭，对接威海市环翠区工商联会员企业捐资2万元，资助贫困大学生20名。

（李　栋）

东营市

• 东营市委统战部 •

【多党合作工作】 出台《中共东营市委2017年度同市各民主党派无党派人士政党协商计划》，推进政党协商制度化、规范化。健全完善知情明政机制，召开各民主党派负责人、无党派代表人士参加的座谈会、情况通报会15次，征求意见建议130余条。完善考察调研机制，帮助市各民主党派确定专题调研课题15个。健全联系交友机制，调整《市委常委联系党外代表人士安排》内容，全年开展联谊交友44人次。健全督办反馈和成果转化机制，对市委、市政府主要领导批示的党外人士的意见建议，全部予以反馈并督促有关部门落实。强化党派自身建设，在各民主党派中持续开展“两学一做”学习教育，开展“不忘合作初心，继续携手前行”、树立和践行社会主义核心价值观等主题教育活动13次，召开学习宣传贯彻党的十九大精神等各类报告会、座谈会14次，举办各民主党派、工商联负责人和无党派人士代表暑期读书班，增强党派成员的“五个能力”。党外知识分子工作有序推进，建立联系交友、教育培养、实践锻炼、协商通报等机制，指导市职业学院、利津县成立党外知识分子联谊会。组织各民主党派参加全市统一战线同心扶贫工作，民主党派“同心”服务团积极参与全市脱贫攻坚，累计捐款1000万余元。

【党外代表人士队伍建设】 加强教育培训，举办第十期党外科级干部进修班、全市宗教政策法规学习培训班、全市统战干部培训班，培训各类学员400余人。强化安排任用，市法检“两院”分别配备1名党外干部担任班子副职；市政府2个工作部门由党外干部担任行政正职；市直部门领导班子中配备党外干部的部门数量达总数的三分之一；市人大常委会、市政协分别配备党外副秘书长；东营职业学院、市技师学院领导班子中分别配备1名党外副职；市社科联配备1名党外副主席；市龙海旅游公司、东营综合保税区有限公司领导班子中分别配备1名党外干部；党外人大常委会委员实现零的突破；4名党外干部担任市政协专门委员会副主任。2017年，全市有党外副厅级干部6名、县级干部65名、科级干部513名。

【服务经济社会发展】 强化政策支持，出台支持非公有制经济健康发展十条意见，召开全市支持非公有制经济发展工作会议，提振非公有制企业发展信心。制定实施“鼓励支持一批企业走出去，对接参与国家‘一带一路’战略，促进外向型经济发展；鼓励支持一批企业利用资本市场实现上市融资，减少信贷压力，增加发展优势；鼓励支持一批企业参与混合所有制改革和军民深度融合发展”的“三个一批”战略。组织企业家外出学习考察，与清华大学导航与控制所、中国科学院计算所等高层次科研机构达成项目合作意向。深入开展科技、人才、银企“三对接”活动，主动为全市非公有制经济转型升级牵线搭桥，谋求更好发展。搭建就业信息平台，组织会员企业参加“2017山东民营企业人才招聘会”，568名毕业生签署就业意向。搭建党委、政府与非公有制经济人士沟通协商的制度化平台，全面推进亲清新型政商关系建设。市委书记申长友在全国政协专题协商会上介绍全市构建亲清新型政商关系的先进做法。持续深化“五好”县级工商联创建活动，5个县级工商联全部达到“五好”标准，东营区、垦利区、利津县三个县（区）工商联被全国工商联评为2017年全国“五好”县级工商联。壮大工商联会员队伍，优化会员结构。全年新增会员642个，总数达7028个，会员数量占全市规模以上企业的比例达70%，成为全市重要的经济力量。扎实推进基层商会规范化建设，全市各类商会组织发展到111个，其中60余家被表彰为山东省“五好商会”，镇（街）商会覆盖率达100%，行业组织覆盖全市主导产业。强化教育培训，邀请国内知名经济学家为企业经营“问诊把脉”，创办“民营企业健康发展大讲堂”等高端商务活动，民营企业家素质不断提升。扎实推进“百企帮百村”精准扶贫行动，74家企业结对43个市定帮扶村，开展结对精准帮扶，累计投入帮扶资金4300万余元。300余家工商联会员企业积极开展“民企帮村”“助学解忧”等社会公益活动。开展“泛海助学山东行动”，向上级争取资金50万元，资助贫困大学新生100名。4个“泛海扬帆”山东大学生创业项目获得12万元创业奖励。组织民营企业赴重庆参加山东——重庆工商联东西部扶贫协作座谈会，确定帮扶100个贫困家庭脱贫致富。举办“扶贫攻坚，民品先行”活动，为少数民族贫困户发放捐赠帮扶资金10万元。

【民族宗教工作】 召开市委民族工作会议和全市贯彻落实中央、省市委民族工作会议精神经验交流会，制定《关于加强和改进新形势下全市民族工作的意见》。开展第17个全省民族团结进步宣传月活动，举办促进民族团结进步系列主题宣讲、民族团结进步图片巡展和喜迎党的十九大专场文艺晚会。省民委对东营市民族领域和谐稳定给予满分居全省首位的评价。1个学校和1个单位分别被命名为全省、全国民族团结进步创建示范单位，填补全市无国家级示范单位的空白。探索“企业结对帮扶+专项资金扶持+合作社带动+示范户引领”四轮驱动民族经济发展模式，获2017年度全市“十佳改革创新案例”。举办两期全市少数民族实用技术培训班。强化少数民族群众服务管理，开展禁止歧视少数民族群众做法大检查和全市清真食品安全检查等活动，召开全市少数民族流动人口服务管理工作暨网上平台启用会议，制定《东营市关于加强和改进少数民族流动人口服务管理工作实施意见》。在“古尔邦节”“开斋节”、圣诞节等节日，到清真寺等宗教场所慰问穆斯林群众。积极协调推进宗教活动场所建设，天主教堂、基督教颐养院、清真寺新址完成确址，并为清真寺配备殡葬用车一部。强化对宗教工作的组织领导，出台《加强和改进新形势下宗教工作的实施意见》，调整充实市、县民族宗教工作领导小组，形成油地军共同做好民族宗教工作的良好格局。召开市佛协二届、伊协三届、市三自四届代表大会，选举产生新任领导班子，宗教团体和宗教界代表人士队伍建设不断加强。在宗教界代表人士中开展神学思想巡讲活动，提升宗教界代表人士的理论水平和政策法规意识。研究制定全市性爱国宗教团体领导班子及成员民主测评办法、教育培训制度和重要事项报告等制度，提升宗教管理的规范化、制度化水平。3名宗教界人士任省宗教团体常委、1人任副秘书长。

【海外统战工作】 组团赴澳大利亚、新西兰开展考察交流活动，在联合办学、企业项目合作和社团交流等方面达成合作意向，海外统战工作领域进一步拓展。加强与港澳台海外各界代表人士的联系和团结，指导帮助成立香港东营商会。在2017“香港山东周”期间，协助举办东营市（香港）投资发展恳谈会；在《香港商报》刊载专版，宣传东营经济社会发展成就和统战工作在围绕中心、服务大局中取得的成绩。争取资金25万元，建设5所海联新农村卫生室。举办“情系齐鲁·同心义诊”光彩明天东营行活动，对贫困家庭弱视儿童给予免费救助。积极组织海联会理事和理事企业参与“一助一帮贫致富”和捐资助学等扶贫活动。在传统节日、海外友人返乡期间，积极开展宣传推介活动，吸引港澳台海外朋友来东营投资兴业。

（李画音）

·东营区委统战部·

2017年，在区委的正确领导和市委统战部的指导下，东营区委统战部深入学习贯彻党的十八届历次全会和党的十九大精神及习近平总书记系列重要讲话精神，充分调动各方面的积极性主动性创造性，画出干事创业最大"同心圆"，统一战线工作取得良好成效。

【加强党对统战工作的领导】 区委把统战工作纳入重要议事日程，常委会多次研究统战工作，实现区委常委专职担任统战部长的突破。成立区委书记任组长的统战工作领导小组，调整充实维护民族宗教领域团结稳定工作领导小组。强化考核机制，将统战工作列入综合考核目标管理体系。认真贯彻落实中央、省委、市委关于宗教工作重大决策部署专题会议精神，为区民宗局核增2名行政编制。建立"东营区统一战线"微信公众号，推送60余篇文章。精心打造"最美同心圆联盟"志愿服务品牌，吸收各民主党派、无党派、非公有制经济代表人士等60余人加入同心志愿服务队，开展志愿活动10余次，共170余人次参与活动。

【强化民主政治建设】 出台《关于加强政党协商的实施办法》、制订《2017年度同区各民主党派无党派人士政党协商计划》。调整区委常委联系党外代表人士的安排，确定每名区委常委联系2名党外代表人士。组织区各民主党派开展集中学习教育11次，开展特色活动9次，召开学习实践活动宣传展示会3次，撰写高质量调研文章8篇。组织民革支部开展"做智慧型父母、与孩子共成长"家庭教育主题活动，民盟总支开展"法律服务进社区"活动，民建支部开展"防范化解金融风险、金融扶持中小企业"研讨会，农工党支部开展"关爱群众健康、共建和谐社区"义诊活动。开展新的社会阶层人士调查摸底、建库补库工作，组织召开全区新的社会阶层人士统战工作会议。推荐东营市新的社会阶层人士联谊会会员13名，推荐东营市中华职教社社员5名。联合河口区在山东大学举办全区统战干部暨党外代表人士培训班，推动党外代表人士队伍建设。

【做好民族宗教工作】 出台《东营区城市少数民族流动人口服务管理体系建设试点工作方案》，确定胜利街道办事处和文汇街道办事处为试点单位。组织中山社区迎接全省民族团结进步"互观互检"活动，得到省民委领导充分肯定，淄博、潍坊等市先后来参观学习。配合区教育局做好新疆疏勒县学前双语教师跟岗培训服务工作。协调相关部门，化解7起少数民族举报事件。协调教育局及胜利油田教培中心，为12名外来务工少数民族子女办理入学手续。积极开展民族团结进步宣传月活动，组织开展清真食品大检查活动。做好北二路少数民族商户政策宣传工作，确保北二路拆迁工作顺利开展。依法管理宗教事务，成立东营区佛教协会，开展消防安全知识培训，对辖区30余处登记场所进行全面安全检查。清理非法宗教活动4起，没收非法宗教书籍50余本。做好"四类风险隐患"排查工作，保证十九大期间民族宗教领域稳定。组织基督教界到龙居镇西史村和小杨村开展"送医进社区"义诊活动2次，共诊治115名患者，积极引导宗教界服务社会建设。

【做好非公有制经济领域统战工作】 搭建素质提升平台，组织近百名企业家分别赴上海财经大学、暨南大学、东南大学参加培训班。协调解决融资贷款、项目手续办理等事项60余件。组织企业参与第四届"中国——俄罗斯博览会"经贸交流会、全区银企对接会议、东营财富巅峰论坛。开展"基层商会建设年"工作，指导镇街商会开展换届工作。与苏州市吴江区工商联、大庆市让胡路区工商联建立友好商会。对接东营启迪军民融合产业园项目，签署战略框架合作协议。打造"光彩志愿"服务品牌，受众2000余人，为贫困户捐款近3万元。组织20家企业精准帮扶9个市级贫困村。

（陈晓晓）

·河口区委统战部·

2017年，河口区委统战部在区委的坚强领导和市委统战部的科学指导下，团结带领全区统战成员真抓实干，勇于创新，全区统战各项工作取得显著成绩。

【学习宣传贯彻党的十九大精神工作扎实推进】 通过成立领导小组、出台实施方案、开辟学习宣传专栏、举办专题报告会、组织主题征文活动、上专题党课、开展学习研讨、组织外出培训八项工作措施，掀起学习热潮，统一战线共同的思想政治基础更加巩固。

【民主党派和无党派人士工作取得新进展】 先后召开各类情况通报会、协商会8次，区委、区政府主要领导带头出席，并就落实党外人士的意见建议做出批示。出台《关于协助民主党派组织加强规范化管理的意见》，促进民主党派积极加强自身建设。新成立九三学社河口支社，新发展民主党派成员5名。

【民族宗教领域持续保持和谐稳定】 制定《关于加强和改进新形势下全区民族工作的意见》。开展全区民族宗教领域不稳定因素排查，做好重要节假日和敏感节点的维稳工作，妥善处置3起民族宗教领域的矛盾纠纷。通过组织外出学习，借助外力、激发内力、增强活力，稳步推进基督教"三自"爱委会换届工作，选举产生孤岛基督教活动场所新班子。

【党外代表人士队伍建设工作取得新突破】 充分发挥职能作用，圆满完成人大、政府、政协、工商联换届中承担的任务，党外代表、委员的综合素质有了新提高，参政议政作用进一步增强，安排比例均达到规定标准。联合东营区委统战部在山东大学举办党外代表人士暨统战干部培训班，进一步提升素质能力。加大党外干部使用力度，提拔重用党外科级干部8人（其中部门正职1人），全区党外副科级以上干部发展到33人，在党外干部实职安排上实现新突破。将8月份确定为"区委常委联系党外人士月"，深入开展联谊交友活动。

【围绕中心服务大局取得新成效】 扎实推进"双百"（百企帮百村、百企帮百户）脱贫攻坚行动，18家商会、30家企业结对79个贫困户，累计投入帮扶资金230万余元，实现156人脱贫。围绕落实省市"支持非公十条"，深入镇街、开发区调研，与非公有制经济人士座谈，为出台全区支持非公有制经济健康发展意见提供第一手资料。推进民主党派创品牌活动，开展健康义诊、帮扶贫困学生等社会服务，"点亮微光""启梦行动""同心梦""秒速行动"等活动品牌初具影响力。民进河口支部创建"启梦行动"社会服务品牌的事迹被山东民进微信公众号报道。对台工作主动作为，成功举办招商说明会进行项目推介，组织40余名台商参加会议，部分台商已到本地进行了实地考察。

【统战部门自身建设实现新提升】 启动学习型、规范型、创新型、担当型、文明型"五型"机关创建活动，开设"统战大讲堂"，开通"河口统战"微信公众号，鼓励统战干部"上讲台"，做统战工作的能力和水平显著提升。

（李　丹）

•垦利区委统战部•

2017年以来，垦利区委统战部以贯彻落实各级党委统战工作会议精神和《中国共产党统一战线工作条例(试行)》为切入点，充分发挥统战优势，积极服务垦利大局，用发展聚人心、汇力量，为推动全区经济社会又好又快发展做出了积极贡献。

【党外代表人士队伍建设】 抓好党外代表人士的培养使用。积极推进党外代表人士的实践锻炼，在永安商会、物流商会、鲁兴合作社等3家组织挂牌成立"党外代表人士实践锻炼基地"。合理做好党外代表人士的政治安排，在严格考察、综合评价的基础上，共计推选党外市人大代表10名、区人大代表62名，党外市政协委员12名、区政协委员91名。做好新的社会阶层人士统战工作。深入开展"新阶层 党旗红"工作品牌创建活动，紧紧抓住党建工作这个关键点，坚持红色领航、注重品牌创建、促进作用发挥，精心打造建筑业商会"匠心同圆"、大学生创业园"7点创客"、垦利（西郊）党群服务中心"红蓝领创"、垦利街道"知行合一、活力统战"4个"新阶层 党旗红"工作品牌，起到引领一方、辐射一片的良好效果。民主党派建设开局良好。撤县设区后，根据工作需要，成立九三学社垦利支社，发展民建会员1名、考察农工党党员3名，为下一步全区民主党派建设奠定基础。

【非公有制经济领域统战工作】 深入实施"三个一批"战略，促进民营企业转型升级。组织全市民营企业上市融资辅导报告会、军民融合对接座谈会，探索出"3+3+3+3"推进"三个一批"战略的工作模式，在全市支持非公有制经济健康发展暨国有企业改革发展工作会议上，区工商联做典型发言。加强工商联组织建设。顺利完成区工商联（总商会）

换届，区工商联垦利街道分会、开发区分会、垦东分会陆续成立，工商联组织建设进一步加强，获得全国“五好”县级工商联荣誉称号。加强基层商会建设。把加强行业商会建设作为服务地方经济，打造优势产业的重要举措来抓，在打造地方优势产业方面发挥重要作用。截至2017年底，全区共发展基层商会组织19家，覆盖9个镇街（办事处）、10个领域。加大非公有制经济人士培训力度和深度。根据企业家需求，本着“缺啥补啥”原则，个性化定制培训课程，通过定期举办培训班、研讨会、高端对话等形式，为企业转型升级提供智力支持。继续推进“百企帮百村”精准扶贫工作，大力开展公益慈善事业。区委统战部被市扶贫工作领导小组表彰为脱贫攻坚先进集体。

【民族宗教工作】 加强对民族宗教工作的领导，召开全区宗教工作会议。建立宗教工作联席会议制度。根据工作需要，及时调整区民族宗教工作领导小组，定期召开会议，听取工作情况汇报，研究解决出现的新情况、新问题。实施“四轮驱动”助推民族经济发展。构建“企业结对帮扶＋专项资金扶持＋合作社带动＋示范户引领”四轮驱动民族经济发展模式，发放困难救助资金1万元，发放同心助学金1万元，发放项目帮扶资金3.8万元，发放少数民族发展专项资金10万元。开展流动少数民族管理试点工作。以垦利街道和平社区为试点，探索建立以社区建设为依托、宣传教育为途径、创建活动为载体、服务管理为抓手和矛盾化解为保障的少数民族人口服务管理机制。依法加强宗教事务管理。组织佛教协会、基督教三自爱国运动委员会开展走访困难群众活动，累计走访63户，合计发放物资2.2万元。指导各宗教团体扎实开展“两学一做”，深入开展宗教政策法规学习月活动，引导宗教人士爱国爱教，促进宗教领域和谐稳定。开展“观垦利社会发展 做合格宗教人士”参观活动，邀请部分宗教人士座谈，积极与宗教界人士交朋友，力所能及帮助解决困难。

【基层统战工作】 建立健全基层统战工作制度，以制度化、规范化建设推进基层统战工作深入开展。依靠网格化管理，细化统战工作网络，建立区——镇街——社区三级管理体系。推动实施“一镇一品”工程，指导各镇街结合本地实际，合理确定具体亮点工作，打造垦利街道统战服务中心、董集镇新的社会阶层人士实践锻炼基地等先进典型，逐步形成“一镇一品、各具特色”的基层统战工作格局。

（吴建光）

•广饶县委统战部•

【政治协商工作】 积极开展政党协商，出台《中共广饶县委2017年度同县各民主党派无党派人士政党协商计划》。向全县各界党外代表人士通报县委十二届二次全体会议精神以及全县党风廉政建设和反腐败工作情况。组织召开党外人士全县经济工作情况通报会。指导民盟广饶总支部加强自身建设，做好盟员培养教育、入盟积极分子推荐考察等工作。注重发挥政协委员作用，组织开展界别协商活动。

【党外代表人士队伍建设】 完善县委常委联系党外代表人士制度，建立2处党外干部实践锻炼基地。举行各界代表人士“同心共建新广饶”“喜迎十九大 同心跟党走”座谈会。组织开展统一战线送文化、送法律、送健康，进农村、进社区、进企业的“三送三进”活动，全年累计开展活动9次。开展党外代表人士分组大调研活动，形成专题调研报告6篇，按程序转报县委及省市统战部门。扎实做好党外知识分子统战工作，全年在全县9个镇街及县直22个较大的部门单位组建党外知识分子联谊分会。

【非公有制经济领域统战工作】 圆满完成九届县工商联换届选举工作。扎实开展非公有制经济代表人士综合评价工作。配合做好省市工商联代表、执委推荐考察工作。指导各镇（街）做好基层商会换届工作。建立“服务非公企业直通车”。开展扶贫帮扶工作“回头看”，并制订帮扶计划。召开县工商联执委学习十九大精神专题会议。做好年轻企业家理想信念报告会典型推荐和年轻一代非公有制经济人士“听党话、跟党走、接好班”征文活动。成功组织召开第八届全国山东商会联谊会。来自全国27个省、自治区、直辖市和马来西亚、加拿大等国家的山东商会会长、副会长、秘书长170余人参加盛会。推进商会规范化建设，进一步规范运作机制。

【民族宗教工作】 认真做好少数民族中考考生的认定、穆斯林农户春节牛羊肉价格补贴、清真食品生产和市场管理、少数民族信息调查等基础工作。开展全县民族团结进步宣传月活动。做好贫困少数民族帮扶工作。出台《关于加强和改进新形势下宗教工作的实施意见》。开展宗教活动场所消防安全检查。对全县宗教人员情况进行重新摸底，全县14处正式批建的宗教活动场所全部实现赋码录入管理。着力做好民族宗教政策宣传月活动。实施“三教同心”救贫助学工程，全年累计捐款12次，资助贫困生、走访孤寡老人近百人次，资助现金54750元，送去衣物、日常生活用品等近百件。

【新的社会阶层人士及港澳台海外统战工作】 在全市率先成立新的社会阶层人士联合会，成立医疗保健、财务金融、地产评估3个分会，打造6处“新的社会阶层人士创新创业示范基地”。制定出台《关于加强新的社会阶层人士统战工作的实施意见》。推介广饶孙子文化园成功创建为中国华侨国际文化交流基地。对全县新侨、黄埔同学会等人群进行摸底，建立完善归侨侨眷、海外华人华侨、留学人员台账。

【基层统战工作】 制定《关于加强社区统战工作的意见》，对全县的社区统战工作进行全面安排部署，在大王镇、稻庄镇、乐安街道等地打造5处统战工作示范社区。建立统战部班子成员联系镇街制度、统战委员述职报告制度。组织各镇街统战干部赴临沂、日照、淄博等地考察学习。

【自身建设】 开通“广饶统战”微信公众平台。开展“书记谈统战”活动。2017年，新提拔正科级干部、副科级干部各1名，交流副科级干部1名，1名同志到镇街挂职中层职务，1名同志到村任“第一书记”，新进工作人员4名。全县统战部门“大部制”工作模式被省委统战部以工作通报形式在全省典型推广。组织开展机关干部“读书荟”、轮流领学、“人人上讲台”、统一战线党的十九大精神培训班等活动。高标准打造党建活动室，创建“同心合力•砥砺前行”党建品牌。

（孙春芳）

•利津县委统战部•

【政治协商工作】 推进政党协商的制度化规范化程序化建设。协助县委制订《2017年度协商计划》，调整县委常委联系党外代表人士交友制度，明确10名县委常委联系28名党外代表人士，每名常委每年至少开展4次联系活动。积极健全完善会议协商形式。召开政治协商督办落实工作座谈会，向党外人士反馈参政议政专题调研成果采纳落实情况。全年召开各类党外人士情况通报会、座谈会4次，征集意见建议29条，其中县委书记、县长参加会议2次。继续深化在无党派人士中开展中国特色社会主义实践活动。开展“继承优良传统，学习先进典型”、实地参观爱国主义教育基地等活动，引领无党派人士树立胸怀大局和报效国家之志。

【服务社会经济发展工作】 深入开展“百企帮百村”精准扶贫工作。确定14家企业与14个市定贫困村结成帮扶对子，通过修建村庄公路、组织企业员工购买农产品、赞助举办“采摘节”等活动进行精准扶贫，全年各类帮扶款已累计40万元。积极开展调查研究。结合全县非公有制经济发展中的热点、难点问题，先后组织开展“降低实体经济企业综合成本调研”“年轻一代非公有制经济人士工作情况”“降低企业经营成本情况”等专题调研，形成《利津县工商联年轻一代非公有制经济人士工作情况的报告》《利津县构建亲清政商关系》等调研报告2篇，为各级领导决策提供科学依据。大力进行招商引资。组织31家工商联会员企业召开招商引资交流会，对各经营行业产业链延链补链招商的可行性进行探索交流。全年共发现项目线索9个，签约2个，在建2个，固定资产投资6000万元。

【民族宗教工作】 落实政策，推进民族工作跨越发展。建立少数民族家庭档案，对流动少数民族人口进行动态管理。深入开展“民族团结进步宣传月”活动，帮助1名高中毕业生进行“汉族改满族”的民族成分变更，成功协调处置2起涉及少数民族群众的劳动纠纷，帮助38名彝族群众要回拖欠工资。依法行政，规范宗教事务管理。协助县委、县政府制定出台《关于加强和改进新形势下宗教工作的实施意见》，配套出台《重要举措分工方案》，制定《处置民族宗教突发性事件应急预案》，进一步加强对全县民族宗教事务的统筹协调。扎实开展“宗教政策法规学习月”活动，引导宗教群众知法懂法守法。联合县消防大队对全县5处基督教活动场所开展安全检查，对发现的问题提出整改意见，有效加强宗教活动场所的保障性安全。夯实基础，扎实推进“放管服”改革。积极推行行政执法公示、行政执法全过程记录、重大行政执法决定法制审核“三项制度”的制定执行，编制民族宗教权力清单和责任清单，制定民族宗教事项办理服务指南和业务手册，简化办事环节，优化办事程序，提高服务水平。

【党外代表人士队伍建设】 为推荐选拔营造良好氛围。建立205人的党外人才数据库，丰富党外干部人才源头。1名党外正科级干部被安排担任政府组成部门正职，政府组成部门配备党外班子成员数达到8个，207名党外人士被推荐提名人大、政协、工商联（民间商会）等换届人选，实现全县党外干部实职安排和党外人士政治安排的新突破。教育培养激发工作活力。选派65人参加省、市、县党外干部，宗教政策法规，少数民族实用技术培训班。联合县委组织部印发《关于设立利津县党外代表人士实践锻炼基地的方案》，在3个乡镇（街道）和县重点工程指挥部挂牌设立“党外代表人士实践锻炼基地”。

（付荣升）

烟台市

·烟台市委统战部·

2017年，在中共烟台市委的坚强领导下，烟台市委统战部以深入学习宣传贯彻党的十九大精神为主线，紧紧围绕助推全市发展走在全省前列这一目标定位，牢牢把握新时代统一战线工作的新形势、新特点、新任务，全面推进各领域统战工作，进一步巩固和发展全市统一战线团结、和谐、开拓、活跃的良好局面，为全市创新持续领先发展做出积极贡献。

【学习宣传贯彻党的十九大精神】 一是迅速部署贯彻。十九大召开后，研究制定下发《关于认真学习宣传贯彻落实党的十九大精神的实施方案》，对全市统一战线学习贯彻党的十九大精神做出安排部署，引导广大统战成员和统战干部，自觉把党的十九大精神特别是习近平新时代中国特色社会主义思想，作为指导思想、根本遵循和行动纲领。专门研究部署四项学习贯彻措施，即在全市民主党派各级组织和广大成员中深化开展“三看六比”争先创优活动，在党外知识分子中深入开展践行社会主义核心价值观活动，在新的社会阶层人士中创新开展“新阶层•党旗红”活动，在非公有制企业和商会中着力加强党建工作，引导党外人士以十九大精神为引领，更加牢固树立“四个意识”、增强“四个自信”、做到“四个看齐”。二是强化教育引导。十九大闭幕后第一时间，集中举办为期一周的县处级党外领导干部进修班、各民主党派骨干成员培训班、新任党外政协委员培训班，邀请中央社会主义学院领导来烟台专题解读十九大报告；高标准举办全市非公有制经济发展政策宣讲会，为全市非公有制经济人士讲解十九大报告关于促进“两个健康”的新论述，宣讲中央、省市关于促进非公有制经济发展的新政策。通过打造全方位、广覆盖的统战培训平台，促进了广大统战成员将十九大精神学深学透。三是营造浓厚氛围。加强统一战线十九大精神宣传阵地建设，综合运用传统媒体、新兴媒体手段，将十九大精神及时传达到全市各级统战部门和统战组织。在《烟台日报》、各大网站、微信平台开展“迈入新时代 开启新征程”专题宣传，集中报道各民主党派市委、市工商联对十九大的强烈反响。利用“烟台统一战线”微信公众号，连续刊发各民主党派主委、各县市区统战部长的学习体会、学习部署等，从不同侧面推动十九大精神的学懂、弄通、做实，努力营造了统一战线学习贯彻十九大精神的浓厚氛围。

【多党合作和政党协商工作】 一是政党协商工作扎实开展。研究制订烟台市2017年度政党协商计划，明确年度政党协商的重点任务。坚持重大事项民主协商，组织民主党派、工商联、无党派人士，参加市“两会”人事协商会和《政府工作报告》征求意见会。围绕全市十项重点工作，先后组织召开科技创新工作、医养结合示范市建设、党风廉政建设等专题协商通报会，促进党外人士及时了解全市发展大局，更好地发挥优势、履行职能。编发5期《议政建言》简报，汇集党外人士意见建议32条，直报市委、市政府主要领导参阅。全年政党协商工作受到市委、市政府的高度重视和充分肯定，张永霞市长两次就有关工作专门做出批示。

二是凝心聚力“十三五”行动持续深化。将“凝心聚力‘十三五’行动”作为统一战线服务发展大局的重要抓手，创新启动“大讲堂”“大调研”“大聚力”三大工程。全年举办“同心大讲堂”6期、培训人次达3000余人。各党派确定烟台特色小镇与历史文化名村建设、农村集体产权制度改革、海岸带保护等事关全市发展的重点调研课题17个，部分研究成果得到市委、市政府的重视采纳。三是党派自身建设不断加强。以“新集体新作为新形象”三看六比争先创优活动为抓手，动员各民主党派新一届市委比学赶超、争创一流，努力打造高素质的参政党队伍，确保全市多党合作事业平稳过渡、薪火相传、永续发展。完善组织发展工作，召开全市各民主党派组织发展工作座谈会，协商确定民主党派组织发展相关工作程序，组织工作统筹协调、更加规范。

【党外代表人士队伍建设】 一是抓发现储备促水源涵养。扎实开展摸底调研，对各级各部门党外干部配备情况进行汇总梳理，审核完善104名处级和1012名科级党外干部信息。制定“百人计划名单”，从各部门、各单位和各县市区，重点推荐一批年富力强、表现优秀，具有发展潜力，在本领域系统内有较强影响力和代表性的党外干部，筛选百名政治立场坚定、工作业绩突出、群众认可度高的党外干部，纳入视野作为重点培养使用对象。二是抓挂职锻炼促能力提升。举办党外干部挂职锻炼第四批总结暨第五批启动座谈会，选派5名党外干部到省、市级两级党外代表人士实践锻炼基地挂职锻炼。创新设立“党外干部大讲堂”，定期安排挂职干部到基层单位、重点企业参观调研，干部素质得到明显提升。挂职干部围绕电子信息产业发展、现代公共交通体系建立、产学研联合发展以及重大项目实施，深入开展调研，踊跃献计出力，为挂职地经济发展做出积极贡献。三是抓政治安排促推荐使用。以全国、省人大政协换届为契机，对全市党外代表人士进行全面考察摸底，扎实做好全国、省人大代表、政协委员初步人选推荐工作。联合组织部制定下发文件，切实做好党外代表人士安排使用工作。市、县两级人大、政府、政协中党外代表人士安排使用，基本达到上级要求。

【民族宗教工作】 一是民族工作强宣传促稳定。深入贯彻中央和省、市委民族工作会议精神，积极开展民族团结进步创建和民族团结宣传教育月活动。通过户外宣传、学习宣讲、文体活动和便民服务等形式，向各族群众宣传党和国家民族政策、民族知识，增进各民族交往、交流、交融。在十九大召开等重要时间节点，大力开展民族宗教领域风险排查工作，强化民族宗教舆情监控引导，科学做好全市各少数民族风险评估。统筹涉疆服务管理，支持引导新疆少数民族群众就业创业，先后下发《关于转发＜关于切实做好内地新疆少数民族群众有关工作的通知＞的通知》《关于促进少数民族流动人口就业创业的通知》等多个文件，协助解决少数民族群众生产生活困难。烟台在全省贯彻落实中央、省委民族工作会议精神经验交流会上做了典型发言，被确定为“全国少数民族流动人口服务管理示范城市”。二是宗教工作强机制促和谐。深入贯彻全国和省、市宗教工作会议精神，以市委、市政府名义出台《关于加强和改进新形势下宗教工作的实施意见》，进一步明确了做好新形势下宗教工作的目标任务。切实加强县级宗教工作机构建设，市统战、编办、民宗、法制四部门联合下发《关于进一步加强县级宗教工作机构建设的通知》，就明确县级宗教机构行政执法主体资格、配强工作力量做出部署。全市12个县市区完成机构调整，全部设置民族宗教事务局，与统战部合署办公；明确编制总数33个，工作人员逐步配备到位。有关经验做法得到上级的高度认可，被中央统战部《每日汇报》采用。着力解决宗教领域突出问题，协调有关部门推动回民公墓、天主教房产等有关问题的落实解决。支持宗教团体加强自身建设，组织全市各爱国宗教团体负责人赴井冈山开展爱国主义教育，提高他们的政治素质、爱国爱教觉悟和政策理论水平。积极开展“助力脱贫·五教同行”活动，打造“水滴之家公益联盟”“微心愿”等特色品牌，走访慰问贫困家庭1500余户，捐款捐物1000余万元。扎实推进民主办教，协助市天主教爱国会完成届中调整，协助市佛教协会选举产生新一届领导班子。协助全省性宗教团体完成换届工作，向省五大宗教团体推荐代表28名，其中省佛教协会副会长2人，省道教协会副会长2人，省基督教两会副会长1人。

【非公有制经济领域统战工

作】一是强化教育引导，提高思想素质。深入开展以守法诚信为重点的非公有制经济人士理想信念教育实践活动，首次以视频会议形式举办十九大精神和支持非公有制经济发展有关政策法规宣讲会，编发《非公有制经济发展政策宣讲资料汇编》，近1000名非公有制经济人士听取政策解读，反响强烈。赴浙江大学举办全市非公有制经济代表人士专题研修班，选派非公有制经济代表人士参加中央、省市高层次教育研修，帮助其坚定信念信心，准确把握大势，实现转型发展。二是强化鼓励支持，优化发展环境。研究出台《全市统一战线关于支持非公有制经济健康发展的意见》，围绕凝聚发展共识、拓宽发展空间、创优发展生态，创造性提出服务非公有制经济发展12条举措。搭建市非公有制经济金融服务平台，为非公有制企业解决融资难融资贵的问题。在全省率先启动非公有制新经济培育基地建设，筛选确定高新区创业大厦、开发区业达小微企业孵化园区等21个培育基地，通过打造政策服务、金融服务、创新服务、统战资源服务“四个直通车”，大力发展新技术、新产业、新业态、新模式，促进非公有制经济转型升级、跨越发展。三是强化光彩精神，助力脱贫攻坚。持续打造统一战线“助力打赢脱贫攻坚战”工作品牌，全市661家非公有制企业与451个省市贫困村结对共建，建立市县两级同心扶贫基地43个，启动产业帮扶项目182个，累计投入资金1.37亿元。实施“泛海助学”“光彩助学”“企业助学”三项工程，先后为320名大学生发放助学款170余万元。开展“光彩点睛光明行”活动，为200名贫困白内障患者实施复明手术。烟台统一战线扶贫经验材料《“十百千•助力脱贫攻坚”工程唱响扶贫“四部曲”》被《团结报》全文刊发，《画出最大同心圆 铺就统战扶贫路》一文被“中国统一战线”网站等广为转发，助力脱贫攻坚工作在社会上赢得一致好评。四是强化商会服务，搭建发展平台。重视发挥商会在政企间的桥梁纽带作用，突出抓好商会发展工作。新成立烟台市浙江商会，为促进世界浙商走进烟台、参与烟台发展打造了交流平台。高标准举办浙商走进烟台投资合作恳谈会，浙江大学烟台科技园、“杏花谷”养生小镇、烟台机床市场建设等12个项目达成意向性合作协议。实施“商会会长形象工程”“商会秘书长素质工程”和“商会工作品牌工程”，高水平举办全市“四好”商会建设推进会暨商会秘书长能力提升现场会。积极服务“走出去”战略和招商引资工作，组织非公有制经济人士赴香港贸发局开展招商对接，参加中蒙俄马经贸交流会等10余场重要经贸活动。协办第五届中国（烟台）齐鲁英才合作发展论坛暨齐鲁英才十佳年度人物颁奖典礼、“一带一路”烟台论坛暨首届中巴合作论坛，有力扩大了统一战线的影响力和号召力。五是强化梯队建设，突出政治安排。召开市光彩会换届大会，选举产生新一届理事会、监事会领导机构，顺利完成市光彩会新老交替。严肃开展非公有制经济人士综合评价，完成1800余名代表人士的综合评价工作，为选人用人提供重要保障。实施非公有制经济年轻一代“火炬工程”，建立了年轻一代非公有制经济代表人士数据库。创新成立“泛海扬帆”烟台帆友会，聘请专业创业专家服务团队，帮助青年创业者成长成材，助力全市非公有制经济青黄相接、健康发展。

【港澳台海外统战工作】一是“走出去”加强交流交往。深化互访交流，加强与海外侨团领袖、进入主流社会的华人特别是华裔新生代代表的联系，通过拜访老朋友，结交新朋友，不断拓展港澳台海外统战工作的深度和广度。注重中华传统文化以及齐鲁文化、胶东红色文化的传承与弘扬，切实增强港澳台海外人士对中华文化的自豪感和认同感。利用中外传统节日和港澳台海外人士庆典活动等重要时间节点，以海外联谊会名义寄发贺卡200余份，通信通函、传真贺电100余次，传递家乡新变化、故里新鲜事。二是“请进来”助力发展大局。引导广大港澳台海外代表人士投身家乡发展，海联会企业澳门名嘉集团积极参与助力打赢脱贫攻坚战，赴海阳为困难学生捐款40万元。举办第二期市港澳台海外青年代表人士国情研修班，举办烟港两地青年座谈会，组织港澳台海外青年返乡学习交流和考察，引导他们增进“四个认同”、增强“四个自信”。三是“常态化”筑牢感情基础。对外宣传常态化。充分发挥各新闻媒体平台作用，认真做好烟台改革发展成果的宣传工作。在《人民政协报》《山东侨报》《山东统一战线》等报刊和华商国际网站发表新闻报道20余篇。沟通交流常态化。坚持每年“两会”期间，以市委、市政府名义召开港澳政协委员和侨外顾问座谈会，市委、市政府主要领导面对面听取意见建议，帮助港澳台海外代表人士更好地了解家乡、热爱家乡、服务家乡，为全市经济社会发展献计出力。烟台市港澳台海外统战工作经验做法得到上级统战部门的充分肯定，在全省统战系统港澳台海外工作会议上做了典型发言。

【新的社会阶层人士统战工作】 深入贯彻上级精神，在全省新的社会阶层人士统战工作会议上做大会发言，召开全市新的社会阶层人士统战工作会议，对下步工作做出全面部署。逐步完善载体建设，芝罘区1861文化创意产业园被确立为省级新的社会阶层人士统战工作实践创新基地，福山、龙口等6处市级实践创新基地被成功打造，莱州、招远社会组织联合会正式成立。团结引导持续推进，在新的社会阶层组织中积极开展“新阶层•党旗红”活动，组织代表人士参加全省新的社会阶层代表人士培训班、网络代表人士培训班，组织参加书刻艺术家协会、武术运动协会等社会组织活动，召开社会组织联合会首届年会，受到广大会员好评。

【党外知识分子工作】 加强教育引导，先后组织党外知识分子、无党派人士代表、留学人员等参加高层次创新型人才进修班、全省留学人员研修班。组织开展深入学习贯彻习近平总书记“3.4”党外知识分子重要讲话精神、践行社会主义核心价值观和向黄大年学习等主题活动，引导各级党外知识分子坚定理想信念，服务发展大局。筹备成立载体，扎实做好市社会新阶层党外知识分子联谊会换届筹备工作。经筛选，确定首批吸收会员347名。发挥优势作用，组织参加创新型城市建设情况通报会等协商活动，参与双百计划推荐、创新驱动意见制定出台，切实发挥党外人士参政议政方面的独特优势。

（于庆军）

•芝罘区委统战部•

2017年以来，按照全国、全省、全市统战部长会议精神和《条例》要求，芝罘区委统战部坚持围绕中心，服务大局，认真研究区情实际，找准切入点，突出亮点，不断完善制度措施，扬长补短，务实创新，及时跟进，出台多项实施意见和工作方案，各项工作稳步推进，取得了一定成效。

【围绕中心服务大局】 畅通党外代表人士参政议政渠道，全年开展各类政治协商活动7次，新成立民主党派基层委3个，新建民主党派活动室3处，组织开展“民主党派进芝罘”品牌活动，根据芝罘区经济社会发展需求和民主党派人士专业特长制定“两个清单”，为民主党派专业人士“精准服务基层”打好基础，围绕朝阳、所城历史文化街区改造、塔山南北两路建设、棚户区改造等重点工作开展专题调研座谈4次。

【党外代表人士队伍建设】 联合组织部门筹备召开全区优秀党外干部交流座谈会，将优秀党外干部列入全区“530青年干部”培训计划中。利用1861文化创意产业园积极打造了全市唯一一处省级新的社会阶层人士统战工作实践创新基地。

【非公有制经济领域统战工作】 高标准打造中正集团非公有制经济党建示范基地，加强对非公有制经济企业家的培训力度，创新开展“商帮论坛”品牌活动，举办首届“薪火接力”新生代企业家专题培训班；全年走访深圳山东商会、“正和岛”企业家俱乐部、全国中小企业商业协会等商协会组织50余家，签订友好商会协议书40余份，聘请招商顾问10名。

【统战基层基础工作】 持续抓好基层统战干部教育培养，邀请省社会主义学院、驻烟高校、上级统战部门领导进行培训，提升基层统战干部业务水平；不断完善大统战工作格局，推动全区各级党组织认真落实“四个纳入”“三个带头”，充分发挥统战工作领导小组作用，全年召开领导小组会议4次，区委常委会议研究统战工作3次；探索运用网络手段开拓统战工作新路径，打造“同心首善”微信公众平台和“同心首善”微信交流群，积极拓展新媒体宣传渠道。

（邵俊成）

•福山区委统战部•

2017年，福山区委统战部围绕区委区政府中心，团结带领全区统战成员，创新实干，服务社会，为福山建设开放创新之区做出了贡献。

【完善统战工作机制】结合各级换届时机，健全基层统战工作运行机制，落实镇街副书记主要抓、统战委员靠上抓、统战成员用心抓责任制。围绕各类统战对象的不同特点，依托镇街公共服务场所，按照“五有三规范”的标准，建立“统战工作办公室”“党外人士之家”“统一战线活动室”等活动阵地。对各镇街园统战工作室开展调研督查，对场所建设、组织建设、工作机制、工作档案和活动开展情况进行详细检查，开拓了统战工作新格局。

【促进党外人士作用发挥】积极为民主党派、工商联、无党派人士参政议政创造条件，协助他们充分发挥政治协商、民主监督、参政议政的作用。民盟福山区支部邀请多家律师事务所律师开展送法律下乡活动，向群众宣传法律法规知识，提升群众的法律意识。致公党福山支部为群众举办“糖尿病日”科普知识讲座和免费体检，在崇文中学开展“冬日暖阳”慈善活动，为困难学生捐助羽绒服100套。

【加强党外代表人士队伍建设】研究制订党外代表人士中长期培训计划和年度培训计划，将党外干部培训纳入区委党校主体班次，培训党外人士80余人次；加强多岗位、多层次、多渠道社会实践历练，推荐4名党外干部参与全区项目建设、信访维稳等中心重点工作，推荐1名党外干部交流挂职，建立完善党外干部和党外后备干部数据库，全区副科级以上党外干部已达到33名。开展党外知识分子“向黄大年同志学习”学习活动，增强了广大党外知识分子的责任感和使命感。

【服务非公有制经济健康发展】深入开展“非公有制企业大走访”活动，征求意见建议60余条。召开推动企业发展座谈会3次，为企业提供资金、技术、人才等方面服务，解决实际问题23个。开展非公有制经济人士“遵纪守法·诚信经营”教育实践活动，进一步引导非公有制企业廉洁从业、守法经营。召开工商业联合会第六届代表大会，选举主席1名、副主席33名、常委22名，为非公有制经济健康发展提供组织保障。成立新生代企业家联谊会（青年企业家商会），理事会理事呈现出年轻化、高学历和有留学背景的新生代朝气，为新生代企业家与政府部门建立沟通渠道，有效促进了福山区经济发展和社会进步。

【做好民族宗教工作】扎实开展全区穆斯林农户和城市穆斯林低保户摸底统计工作，确保做到全范围覆盖。认真落实少数民族学生中高考加分政策，为全区少数民族考生办理民族成分证明。主动联系教育部门，协调解决少数民族学生上学事宜。扎实开展对宗教场所安全隐患的风险排查，确保社会和谐稳定。召开宗教团体负责人座谈会，传达全国宗教会议和习近平总书记重要讲话精神。结合“宗教政策法规学习月”活动，举办宗教场所法制培训班，有效提高了教职人员的法治观念和法治意识。

【加强对台工作】走访了解台资企业、台商的生产和生活状况，促进台资企业健康发展。定期对定居台胞慰问走访，帮助解决生活上的困难。为台胞解决遗产纠纷，挽回经济损失70余万元。做好赴台人员审查报批工作，保障赴台经贸活动的顺利开展。

（梁泽修）

·莱山区委统战部·

2017年，莱山区委统战部围绕烟台市委统战部工作部署，探索统战工作的新思路、新方法、新举措，提高基层统战工作制度化、规范化、科学化水平，全面履行统战工作职能，围绕发展中心，补齐短板、助推发展，开创统战工作新局面。

【完善统战工作机制】7个街区、90余个村居根据人员调整情况配齐配全统战委员、统战干事和村居专管人员，利用统战宣传平台，挖掘统战文化资源，积极探索街区统战工作创新。发挥区委统一战线工作领导小组的作用，健全领导小组会议、请示报告、情况通报、督促检查等4项制度。完善区、街区、村居三级统战工作体系。

【服务非公有制经济发展】指导区工商联和7个基层商会完成换届工作。开展优化营商环境专项调研活动，加强基层商会党建工作。开展非公有制经济人士理想信念主题教育，组织非公有制企业参加“同心大讲堂”、全国民营企业家年轻一代理想信念教育视频报告会等各类学习培训活动10余次。组织非公有制企业参加第17届“山东省—山口县经贸洽谈会”“一带一路”沿线国家税收专题讲座等各类活动20余次。开展非公有制新经济培育基地建设工作，莱山经济开发区创新创业基地B区通过审核，成为烟台市非公有制新经济培育基地。

【服务社会民生】 引导全区统战成员回馈、服务社会，培训就业困难农民120余名，组织招工失地农民200余名，资助困难学生80人，资助款物7万余元。统战部党员干部走访慰问困难群众、老党员、老干部16人次，慰问金、慰问品共计6000余元；筹集、协调资金5万元，支持莱山街道刘村民生建设；为20余家民营企业协调解决问题30余个，宣传政策60余次。

【做好民族宗教工作】 成立莱山区民族宗教事务局。指导全区12个宗教场所开展“和谐寺观教堂”创建活动。发挥区基督教“三自”爱国会作用。通过座谈会等形式联系民族宗教代表人士22人次。组织民族宗教培训16人次，为全区120余个村居发放《民族宗教政策法规知识手册》等，普及宣传民族宗教方针政策。发挥区委宗教工作领导小组的作用，组织开展整治基督教私设聚会点等活动，处置非法基督教活动1起，取缔非法活动场所1处，劝诫、劝离参与人员数十人。

【加强对台工作】 开展“台资企业走访月”活动，对驻区台资企业走访调研，了解企业资金、经营、纳税、运营等情况，协调解决生活、生产中的困难问题6件。牵头引进中组部“海外高层次人才引进计划（千人计划）”高层次外国专家项目入选专家钟叶青。加强对台联谊工作，协助省台办拍摄关于台湾青年在烟台就业创业宣传片《筑梦齐鲁•携手未来》，接待“港澳台海外青年代表人士国情研修班”学员参观非公有制企业。

【抓好党外代表人士队伍建设】 落实《中共烟台市莱山区委关于加强新形势下党外代表人士队伍建设的意见》。推荐优秀党外知识分子、民族宗教界代表人士、挂职干部12人次。在莱山区委党校举办莱山区党外代表人士培训班，培训经费3万元，累计培训人数80人，主要围绕十九大精神讲座、中国共产党领导下的多党合作和政治协商制度、如何提高参政议政水平等内容开展培训。指导3个民主党派基层组织完成换届工作；鼓励民主党派基层组织和成员积极建言献策、反映社情民意。组织召开情况通报会6次、参观调研60余人次，民主人士提出议案提案、社情民意80余件。

（李成清）

•牟平区委统战部•

2017年，牟平区委统战部按照区委和上级部门的总体要求和部署，扎实推进凝心聚力“十三五”行动和助力打赢脱贫攻坚战两大品牌，精心组织开展好政策落实年、创新发展年、学习培训年“三个年”活动，统筹推进各领域统战工作，实现重点领域创新发展，服务中心彰显优势，整体工作全面提升，积极为建设富裕美丽和谐幸福的现代新牟平贡献力量。

【非公有制经济领域统战工作】 一是做好非公有制企业走访调研工作。筛选20余家规模以上不同行业、产业的重点企业进行调研，向区委提出了有针对性改进营商环境的意见建议。协调有关部门分组走访规模以上非公有制企业140家，了解情况，征求意见，积极促进全区营商环境改善。二是抓好非公有制经济代表人士的教育培训。联合区委组织部、区工商联在上海交大成功举办全区非公有制企业健康发展研讨班，30余名民营企业主要负责人和部分区直部门主要负责人参加研讨班，进一步构建“亲”“清”新型政商关系，畅通了政企联系沟通渠道。三是召开新生代非公有制经济人士座谈会。组织召开全区新生代非公有制经济人士座谈会，40余名新生代企业家参加了会议。

【政党协商工作】 一是扎实推进政党协商。制订出台《区委2017年度政党协商计划》。区委主要领导主持召开十大战役调研考察成果汇报会，区政府主要领导就非公有制经济健康发展，与党外代表人士进行专题协商，听取意见建议。二是协助加强参政党自身建设。坚持民主党派负责人季度联席会议制度，开展思想建设、组织建设、参政议政、社会服务等方面的工作交流，召开4次季度例会。积极协助做好各民主党派支部班子换届工作。市民盟和牟平支部结合精准扶贫工作，先后在水道和龙泉镇设立法律服务基地和特色小镇服务基地。组织民主党派负责人赴无锡市新吴区、梁溪区开展“十大战役”调研考察，学习外地统战工作和服务企业发展以及互联网+、物联网创新发展方面的先进经验，不断提升服务全区经济社会发展的能力和水平。

【党外代表人士队伍建设】 一是抓好党外人士的实职安排和政治安排。结合换届工作，认真做好区人大代表和政协委员综合评价工作，持续推动党外干部在政府部门实职安排和党外人士在人大、政协的政治安排，使各项指标均达到上级要求。二是抓好党外代表人士培训工作。在区委党校举办全区党外代表人士培训班，党外代表人士50余人参加培训。三是以探索健全体制机制为抓手，推进新的社会阶层人士统战工作。召开新的社会阶层人士工作联席会议，深入开展新的社会阶层人士调查研究，在摸清底数、把握特征的基础上，建立新的社会阶层人士数据库。

【民族宗教工作】 一是加强队伍建设。重新设置牟平区民族宗教事务局，与区委统战部合署办公，列入区政府工作部门序列。组建区、镇、村三级宗教工作网络，建立了宗教工作基层联络员信息库。成立区委民族宗教工作领导小组，建立由统战、民宗、公安、安全、信访等部门组成的联席会议制度，健全了应急预案。二是落实宗教政策。协助指导牟平基督教“三自”爱国运动委员会顺利完成换届工作；落实宗教房产、场所生活用电价格、教职人员社会保障等一系列政策。同时，积极帮助宗教场所解决实际困难，先后帮助解决了牟平教堂用电和内部设施、西三观庙破损维修等问题。三是加强依法管理。制定了一系列有关宗教团体、宗教场所、教职人员和信教群众的管理制度和办法，对各场所的宗教活动坚持经常性监督、检查和引导。

（王欲晓）

•海阳市委统战部•

2017年，海阳市委统战部以服务全市工作大局为统领，紧紧围绕“凝心聚力十三五”和“助力扶贫攻坚”两个品牌，突出建设一支队伍、打造一个品牌、扶持一个产业的“三个一”工作目标，立足实际，高点定位，创新发展，全市统战工作取得显著成果。

【人大、政协换届工作】 在政协委员、人大代表换届选举中，在市委的正确领导下，由市委组织部、市委统战部牵头，组织相关部门密切合作，精心组织，提出影响“两代表一委员”推荐的负面清单，对所有的推荐对象交由包括纪检、税务等20个部门进行综合评价，让推荐出来的市县两级人大代表、政协委员更具代表性、更能发挥作用，选举产生了新一届人大和政协领导班子。

【统战基层基础工作】 按照烟台市委统战部提出的“一县一品”工作要求，结合实际，积极开拓创新，打造多个具有特色的统战工作亮点。一是“双创大厦”楼宇统战。以海阳双创大厦启动为契机，在楼宇内建设“统战之家”活动中心，建立健全统战工作制度，发挥楼宇内入住非公有制经济人士之间的“同心沙龙”作用，对外联系交友的平台作用和招商引资引智的载体作用。二是凤城街道基层统战。按照“四有”商会的要求，对全市各镇区街道商会建设进行了规范提升。

【同心扶贫攻坚】 围绕中央扶贫攻坚部署，进一步创新扶贫思路，整合统战资源，凝聚统战力量，同心同向做好“精准扶贫”。烟台市政协侨外顾问（澳门）李坤女士爱心捐助40万元现金，对盘石店镇、朱吴镇、发城镇、小纪镇、徐家店镇等13处学校348名家庭经济困难学生及全市26名在读孤儿进行爱心精准资助；举行“光彩点睛光明行”活动，对农村100名贫困老人免费进行白内障手术，香港新视觉传媒公司执行董事刘焕明女士提供进口晶体，由国际眼科医生于9月15日至18日在海阳市人民医院实施手术；“泛海助学”争取助学金10万元，对20名家庭困难新录取大学生每人资助5000元；香港工商总会为盘石店镇省定贫困村北鲁家村及联村路安装100盏总价值约40万元的太阳能路灯。统战成员开展力所能及的精准扶贫工作，民建海阳支部、九三学社海阳小组以及新社会阶层代表人士，积极参与到对后进村和贫困学生、贫困人口的精准扶贫中，共计扶贫资金及物资折款62万元。

【民族宗教工作】 召开全市统战工作推进会，确定全市大统战三级网络建设全覆盖民族宗教工作的工作机制，并对全市三级民族宗教工作人员，对村一级工作干部进行重新登记，对全市私设宗教聚会点进行了摸排登记；对全市已设宗教场所及教职人员进行重新登记，民族宗教工作规范有序推进。

【工商联工作】 工商联围绕中心，服务大局，创造性开展工作。一是精心组织工商联换届，创建全国“五好”县级工商联。召开第六届会员代表大会，选举产生海阳市工商业联合会新一届由高素质非公有制经济代表人士组成的第六届执委会，全面加强海阳市工商联领导班子和领导机构建设。二是加强对外交流，提升工商联凝聚力、影响力。广泛开展对外联络、交流活动，邀请崇明区工商联组织20余名企业家来考察投资环境，探讨房产和特产销售合作；参与举办海阳籍在外能人故乡谈发展论坛，60余名外地企业家和20余名内地企业家参加活动；利用到上海交大参加培训的机会，组织企业家与上海市山东商会和崇明区堡镇商会开展合作交流；在烟台工商联组织下，赴哈尔滨、齐齐哈尔等地参加交流活动，推介海阳宜居、宜业、宜游环境；四川泸州商会来海考察，牵线达成海景房、海产品销售合作。三是依托商会抓党建，规范基层商会党的建设。工商联党组与凤城街道工委合力打造凤城商会党建示范点，并组织现场会。规范商会党建工作运行机制，完善基础设施建设，规范基层党组织的创造力、凝聚力和战斗力，提升基层党建工作水平。

（孙　菁）

·莱阳市委统战部·

2017年，在中共莱阳市委的正确领导下，莱阳市委统战部以推进供给侧结构性改革为主线，聚焦“两区一带”总体布局和“实现一个前移、培育两大引擎、力争三个翻番”奋斗目标，深入贯彻落实《条例》，开展“基层统战工作提升”和“凝心聚力十三五”两大行动，实施“多党合作”“党外代表人士队伍建设”和“同心”三大工程，全市统战工作科学化水平实现新突破。

【两大行动】 开展“基层统战工作提升”和“凝心聚力十三五”两大行动。整合全市统战力量，建立“一纵一横多点”统战工作网络，健全统战各部门归口协调机制，建立统战、民族宗教、台办、侨联、工商联工作例会、市及镇街（部门）领导联系党外人士、情况通报、参政议政等制度，按照“先点后面”的工作方法，推出基层统战示范点，建成统战工作办公室38个，统战成员活动室96个，召开了全市基层统战工作现场观摩暨工作推进会。

【三大工程】 “多党合作”工程。协助民主党派做好班子换届和新成员发展工作，完成九三学社莱阳支社、民建莱阳基层委的换届工作，市委、市政府主要负责同志召开各民主党派主委座谈会2次，就全市经济社会发展、政府工作报告等内容进行政党协商。组织党派成员围绕市委中心工作，深入调查研究，积极参政议政，共开展调研活动20余次，撰写调研报告、提案议案20余篇，提出意见建议60余条。“党外干部队伍建设”工程。开展统战大调研活动，完善12类别245名“宝塔型”的统战对象人才库，通过座谈会、“以会代训”和集中培训等形式，提高了党外代表人士“五种能力”。“同心”工程。引导民主党派工商联和无党派人士开展“不忘合作初心，继续携手前进”、强化非公有制经济人士理想信念等“同心”主题活动，巩固夯实了共同思想政治基础。

【港澳台海外统战工作】 充分发挥台胞台属联谊会等统战团体的载体作用，开展港澳台海外经贸交流和医疗、科技、教育等方面交流，引导广大港澳台海外同胞回报桑梓、为国服务。建立健全民警联系台企、律师服务台企、台资企业服务联系卡等制度，为台资企业解决征地、电力改造等问题12件次，维护了社会和谐稳定。

【非公有制经济领域统战工作】 开展光彩事业“点睛光明行”“圆梦助学行”“致富携手行”等特色行动，引导非公有制经济人士积极投身光彩事业和公益慈善事业，参与“凝心聚力·富民兴莱”活动，先后与民生银行烟台分行、烟台光大银行、烟台兴业银行等合作，为78家工商联会员企业争取贷款资金1.2亿元。

【民族宗教工作】 成立民族宗教事务局，开展民族团结进步月和宗教政策法规宣传月活动，累计发放宣传材料及调查问卷3500余份，组织信教群众答题300余人次。组织610、公安、安全、市场监管等部门，对非法宗教活动和清真泛化等进行综合治理，依法管理民族宗教事务。

【机关建设】 推进“两学一做”常态化、制度化学习教育，切实履行全面从严治党主体责任和“一岗双责”；做好统战宣传工作，全年向烟台市委统战部上报信息50余篇，其中在统战部网站发表12篇，统一战线微信公众号采用46篇。创刊发行《莱阳统一战线》季刊，宣传统战知识，展现成员风采，营造了良好的统战工作氛围。

（郭崇安）

·栖霞市委统战部·

2017年，栖霞市委统战部在市委的正确领导和上级统战部门的精心指导下，深入贯彻落实《中国共产党统一战线工作条例（试行）》、省市委《实施工作方案》和各级统战工作会议精神，紧贴市委中心工作，凝心聚力，狠抓落实，全面推进各领域统战工作创新开展。

【贯彻落实党的十九大精神】 以学习贯彻落实党的十九大精神为主线，组织广大统战干部认真学习党章党规和习近平总书记系列重要讲话、统战理论等内容，先后组织开展集中学习26次，领导干部上党课2次，党员活动日3次。认真排查个人和支部班子在思想、组织、作风、纪律等方面存在的问题，列出具体的问题清单、整改清单和台账，抓好整改落实。

【夯实统战基层基础】 纵深推动统战工作“基层基础建设年”活动开展，按照“五有三规范”的要求狠抓贯彻落实。12个镇、3个街道及开发区全部设立统战工作办公室，明确专职副书记分管统战工作，配齐统战委员，在全市953个行政村全部配备统战工作联络员。同时，将统战工作纳入《市镇机关岗位责任制考核意见》，出台《市镇统战工作考核办法》，作为领导班子年度述职主要内容和领导干部选拔任用的重要依据，与其他工作同部署、同检查、同落实。

【开展“同心”品牌活动】 扎实推进“凝心聚力‘十三五’行动”和“助力打赢脱贫攻坚战”活动开展。支持引导36名非公有制经济人士参与民企联村活动，落实帮扶产业项目9个，累计投入资金135万余元；围绕解决经济社会发展热点难点问题，组织广大统战成员开展调研活动，提出合理化意见建议42条；扎实推进“同心·招商引资”活动开展，进一步挖掘非公有制经济人士人脉资源广、信息渠道宽的优势，在招大引强上持续发力，统战成员直接引进或参与引进项目12个。

【加强党外代表人士队伍建设】 认真做好党外代表人士推荐选拔使用工作。按照中央、省市委关于政协换届工作的部署要求，会同市委组织部按照工作分工，对第十届栖霞市政协委员推荐人选进行全面考察。全市安排党外政协委员132人，党外政协常委27人。扎实推进新的社会阶层人士工作。召开全市新的社会阶层人士统战工作会议，部署安排工作任务。各镇街区和有关单位已完成新的社会阶层人士人选推荐工作，并建立由193人组成的新的社会阶层人士数据库。

【促进非公有制经济领域统战工作】 会同市工商联组织开展商务交流活动4次，为企业推荐急需人才16名，帮助企业维权2次，协助企业融资5.6亿元。认真做好招商引资工作。共引进项目2个，一是引进总投资5000万元的富之源建材项目，已投入4000万元用于厂房改造和设备购置，一期安装6条生产线已全面投产。二是引进由日本松统株式会社和烟台加加盛食品有限公司共同投资兴建的总投资500万美元的松统食品项目，一期已投入外资70万美元，部分生产线已开始运行生产。精心组织工商联换届工作。召开栖霞市工商业联合会第五次代表大会，186名会员代表参会。会议听取审议第四届领导班子工作报告，表决通过《栖霞市工商业联合会第五届执委会选举办法》，选举产生了主席、副主席、秘书长15人，常委委员30人，执委66人。

【做好民族宗教工作】 以栖霞市民宗局与栖霞市委统战部合署办公为契机，认真贯彻落实各级宗教工作会议精神，不断强化宗教事务管理工作，以市委文件形式出台《关于加强和改进新形势下宗教工作的实施意见》。召开宗教界人士座谈会议，对开展宗教政策法规学习月活动进行部署安排，积极引导宗教界人士和广大信教群众增强法治意识，依法开展宗教活动。组织开展“助力脱贫、五教同行”活动。全市宗教界人士募捐善款3.6万元，捐赠价值8000余元的大米、食用油等生活物资。

（侯　尧）

·蓬莱市委统战部·

【民主党派及党外代表人士工作】加强民主党派基层组织建设，农工党蓬莱支部、民盟蓬莱支部成功换届。举办全市“党外代表人士培训班”，教育培训全市各民主党派成员、市人大代表、市政协委员、市工商联执委会中的无党派人士和领导干部中的担任副科以上实职的无党派人士120余人。邀请各民主党派负责人举办全市“双招双引”情况通报会。联合纪委召开全市党风廉洁建设和反腐败工作情况通报会，向民主党派和党外代表们通报2017年上半年蓬莱党风廉洁建设和反腐败的工作情况。联合双招双引办向民主党派和党外代表们通报了全市的双招双引情况。组织开展统一战线“庆十一、红色行、话同心、跟党走”活动，邀请全市民主党派、非公有制经济人士、新的社会阶层人士和无党派人士中的部分代表共40余人参观胶东革命烈士纪念馆。全市24个政府工作部门中有7个部门配备党外领导干部，占比29.2%；12个镇街中有2个配备党外副镇长；法院配备1名党外领导干部；国有企业配备1名副科级党外干部。

【民族宗教工作】继续完善宗教工作联席会议制度，整理修订蓬莱市宗教活动场所、教职人员和宗教团体数据库，建立推行蓬莱市民族宗教事务局行政执法三项制度，开展境外利用基督教向民营企业渗透情况的调研和基督教涉外违法宣传视频集中排查清理活动。全年共调研全市各宗教团体和宗教活动场所近百次，并迎接省民委、市民宗局调研16次。开展两次对宗教教职人员和乡镇宗教管理人员的培训班。开展民族团结进步创建活动，发挥典型的示范带动作用。选举产生新一届基督教三自爱国运动委员会领导班子。

【工商联工作】召开蓬莱市工商联（总商会）第五次代表大会，选举产生蓬莱市工商联第五届执委会和主席、常务副主席、副主席、常委、秘书。召开蓬莱市工商联会员企业家年会，企业家们交流经验互通有无，对蓬莱发展提出合理化建议。组织非公有制经济企业家参观圣豪家纺党建教育基地，组织开展蓬莱市“百家企业联贫困户”活动，并举行启动仪式暨慈善募捐活动，现场募捐近百万，后续募捐50余万。举办“金秋硕果献十九大 同心同德建宜居家园”专题论坛。举办蓬莱市医药化工产业发展论坛，举办烟台非公有制经济金融服务平台政策专题宣讲会，邀请平台相关负责人对企业家们进行形势和政策宣讲。

【对台工作】成功举办“人间仙境·魅丽蓬莱”台湾宾朋见面会，来自台湾工业总会、商业总会、工商建研会、商工统一促进会、中华齐鲁文经协会、中华两岸连锁经营协会、鲁青会以及台湾其他有关组织代表60余人参加见面会活动。见面会上主要介绍蓬莱旅游、葡萄与葡萄酒以及重点产业发展情况。会后，蓬莱考察团对台湾各界知名人士进行登门拜访，先后拜会华聚产业基金会、商业总会、乡林集团、隆顺渔业集团等协会和企业，与台方代表座谈恳谈，深化“两岸一家亲”“蓬台一家亲”共识，增进了友谊。会议期间，蓬莱中柏京鲁船业有限公司分别与台湾隆顺渔业集团、达鹏渔业有限公司签订了总价值5000余万美元的船舶建造意向书。

（范玉淑）

·长岛县委统战部·

【推进一县一品创建】以庙岛显应宫为依托，加强对台妈祖文化交流。多方筹措资金对显应宫公共卫生间进行改建、扩建，并对周边岸线、滩涂等进行综合整治。注重发挥省级海峡两岸交流基地长岛显应宫和妈祖文化交流协会的交流主阵地作用，先后邀请并接待中国台湾地区北港朝天宫、桃园慈护宫、法境明镜宫、福兴宫等参访团来岛开展妈祖文化交流和经贸合作项目考察，开展“妈祖心·两岸情”两岸妈祖宫庙走亲活动，获评省级对台优秀交流项目，进一步深化两岸交流联谊。组织赴中国台湾地区开展妈祖文化交流活动，参加“桃园妈”安座纪念及姊妹宫联谊活动。筹办正月十五元宵节妈祖庙会和纪念妈祖诞辰1057周年显应宫春祭典礼、盂兰盆法会等重大节庆活动，吸引岛内外游客、信众数万人。邀请中建集团、天津万盈集团等来岛考察妈祖文化公园规划建设情况，国台办下属的九州文化传播中心来调研长岛妈祖文化历史发展、共同研究探讨下步对台湾妈祖文化交流工作，均达成初步合作意向。

【非公有制经济领域统战工作】组织召开长岛县工商业联合

会第三次代表大会，选举产生长岛县工商联新一届的执委会和主席、副主席，实现了工商联组织结构的调整和工商联领导班子的新老交替。组织引导非公有制企业积极参与妈祖文化交流、双拥共建、爱亲敬老、捐资助学等各类公益活动，在非公有制经济领域掀起慈善公益的新热潮。开启新一轮的非公有制经济大走访活动，重点针对新当选的工商联执委，亟待产业结构调整的企业，与全县重点工作息息相关的非公有制企业，帮助协调解决企业实际困难，引导广大非公有制企业创造性地开展各项工作。确定科技、发改、人事、安监等13个政府部门为工商联顾问单位，切实为非公有制企业提供技术、安全、融资、规划政策等方面咨询指导服务。组织浙大专题培训、十九大精神通报会、非公有制经济座谈会、政策宣讲会等多种形式的教育培训活动。

【民族宗教工作】调整理顺民族宗教工作机构设置和人员编制，重组优化县乡村三级民宗工作网络。加大矛盾纠纷排查化解力度和舆情监测力度，集中开展民族宗教领域影响社会稳定矛盾问题摸排调研工作，保障全县民族宗教领域和谐稳定。针对天主教、基督教有关情况开展调研，就少数民族流动人口、清真食品管理有关情况进行了摸排。赴庙岛、砣矶考察有关民间信仰场所，指导当地民间信仰工作。开展“宗教政策法规学习月”活动，分批对村级联络员开展集中测试，悬挂宣传横幅，发放明白纸等。全面加强对庙岛显应宫、基督教福音堂人员、卫生、安全、财务及宗教活动秩序的监督管理。开展“民族团结进步宣传月”活动，举办“民族团结一家亲，同心共筑中国梦”主题文艺表演。

【统战基层基础工作】成立长岛县党外知识分子联谊会，并组织召开成立大会暨一届一次会员代表大会，依法选举产生第一届领导机构。创建“长岛统一战线”微信公众号，全年累计发布统战新闻、知识、工作动态等信息稿件70余篇。分别组建长岛县工商联、长岛知联会、海岛统一战线等微信交流群，及时转发、解读统战理论政策，有效传递统战“好声音”。依托县乡村三级民宗工作网络，优化为三级统战工作网络，充实、调整乡、村两级网络人员44人，每村配备一名政治素质高、熟悉当地情况的村级统战联络员。举办为期3天的全县统一战线培训班，教育培训党外代表人士47人，进一步提升统战队伍整体素质。先后组织开展十九大精神党外人士通报会、党风廉政建设和反腐败工作党外人士通报会、非公有制经济人士座谈会等政治协商活动。推进开展“联谊交友我先行”活动，协调县委、政府领导带头开展同党外代表人士联谊交友活动。

【港澳台海外统战工作】热心帮助长岛居民寻找失联台湾亲属的骨灰，多次与台湾有关方面沟通协商，为台胞台属提供周到服务。认真实施贫困归侨侨眷、台胞台属精准扶贫行动，多次开展走访慰问活动，发放困难生活补助，为困难台胞台属、贫困侨胞侨眷等服务对象送去帮扶物资4万余元。

（葛茂纯）

•龙口市委统战部•

2017年，龙口市委统战部紧紧围绕上级决策部署，充分发挥统战优势，继续深化“凝心聚力‘十三五’行动”和“助力打赢脱贫攻坚战”两大品牌，精心组织开展好政策落实年、创新发展年、学习培训年“三个年”活动，整体工作全面提升。

【助力精准扶贫工作】继续引导民主党派、工商联和无党派人士认领帮扶贫困村和贫困群众，立足贫困村的自然禀赋、资源条件和工作基础等，引导统战成员支持贫困村因地制宜发展特色种养、农村电商和乡村旅游等增收项目，夯实村级脱贫根基。

【工商联工作】先后举办龙口市非公有制企业核心高管领导力提升研修班、“一带一路”西部行活动、全市金融环境优化座谈会，组织部分非公有制经济代表人士到中宇机械和徐福街道桑岛村进行调研，提出了有关构建人力资源管理体系、村居规划等多条建议。

【民族宗教工作】认真贯彻落实党的民族宗教政策，做好民族团结进步和宗教政策法规宣传教育，积极促进民族团结和宗教领域稳定。依法加强宗教事务管理，严厉打击非法宗教活动，开展以“规范”为主题的和谐宗教活动场所创建活动，引导宗教界继续做好宗教慈善活动。

【社会服务工作】健全统战

联络员议政会、社会各界人士代表座谈会等制度，围绕深入落实《关于在全市统一战线开展凝心聚力“十三五”行动的实施方案》，引导各民主党派成员、工商联和无党派人士积极投身实践，围绕“十三五”规划中涉及的新兴产业、非公有制经济发展、环保节能等热点难点问题，开展专题调研，积极建言献策，在助力经济发展、美丽乡村建设等领域开展社会服务活动。

【党外代表人士队伍建设】在石良镇尹村建立龙口市民主党派同心实践基地，为民主党派成员开展调查研究和社会服务搭建活动平台。开展“推进四个一 为创城添彩”活动，引导党外代表人士围绕全市重点工作献计出力；积极推进党外代表人士在检察、教育等司法机关和政府部门担任特约人员工作。

【新的社会阶层人士统战工作】深入开展新的社会阶层人士调查研究，全面掌握新的社会阶层人士基本情况。在此基础上，通过党建引领、统战融入、资源整合、多方联动，积极打造“六位一体”新的社会阶层人士实践创新基地。

【海外统战工作】接待中华齐鲁文化交流协会理事长带领的台湾“齐鲁情”夏令营一行29人、回乡祭祖探亲的台陆军退役中将朱善权先生以及来考察的台湾恒合营造公司总经理高熙治夫妇；指导市农业、旅游、水利等行业人员赴台交流；在重大节假日对在龙口的台湾同胞进行走访慰问，为台资企业提供政策解读等专项服务；高度重视台湾同胞台属投诉事件的处理工作，对反映的问题认真调查并协调有关部门依法帮助解决。

【机关建设】加强制度建设，规范会议、组织生活、政治业务学习等制度，扎实开展“主题党日”和“党员集体固定学习日”活动；加强信息调研，把统战信息宣传纳入机关考核内容，营造浓厚学习氛围，全面提升机关干部的综合素质；组建同心志愿者服务队，组织开展敬老、助医、扶贫、帮困等多种形式的志愿服务活动。

（赵　妍）

·招远市委统战部·

2017年，招远市委统战部以政策落实年、创新发展年、学习培训年“三个年”活动为主线，创新推进做好理想信念教育、大统战工作格局建设、助力脱贫及党外代表人士等工作，各领域工作均取得了可喜成绩。统战部与台办、民宗局合署办公，市委书记组织召开全市统战工作领导小组（扩大）会议，统战工作实现“四个纳入”，成功举办1期“同心讲坛”、3期主体培训班次、1次统战知识竞赛活动，大统战工作格局基本形成。

【脱贫攻坚工作】全市统战系统开展凝心聚力“十三五”和助力打赢脱贫攻坚战“两个品牌”创建活动，组织党外代表人士开展形式多样的科技脱贫、产业脱贫、就业脱贫、公益脱贫活动30余次，组织非公有制企业与贫困村结对共建，累计投入资金1200万余元，帮助贫困村整修道路、安装路灯、增设致富项目。

【非公有制经济领域统战工作】依托同心讲坛、商会等平台，深入开展以“守法诚信、坚定信心”为重点的理想信念教育活动，组织“统战沙龙”“红色教育”等特色活动12次，举办讲座23次。发放《全市非公有制经济发展政策文件汇编》120本，出台《领导干部联系非公有制企业构建新型政商关系的实施意见》。依托金街文化城筹建非公有制新经济培育基地，组织浙商走进招远等活动，引导非公有制企业积极参与扶贫济困活动，产生良好的社会效应。

【党外代表人士队伍建设】建立380名党外代表人士、230名党外知识分子和2000余名党外后备人才数据库，出台《市委常委联系党外代表人士制度》，召开2次情况通报会，在省社院举办1期高规格党外人士培训班。完成烟台市党外代表人士实践锻炼基地第3批挂职干部来招挂职锻炼接收工作，成立社会组织联合会，建立新的社会阶层实践创新基地，在党校举办1期新阶层代表人士培训班。引导党外人士积极参与经济社会发展、助力脱贫攻坚、提供社会服务、开展公益慈善救助活动，救助贫困人口2000余人，捐款捐物800万余元。

【民族宗教工作】积极发挥协调关系、化解矛盾的作用，在促进民生改善、创新社会管理上主动作为，为社会营造和谐稳定环境。全面建立市、镇、村三级宗教工作网络及镇、村两级工作责任制，与村、社区签订了宗教工作责任状。严抓特殊敏感时期、重大节日及活动期间宗教维稳工作，组织各镇、街道排查风险隐患，及时化解矛盾纠纷，确保全市宗教形势良好稳定。

【对台工作】 突出对台服务的重点和细节，对有代表性的台胞台属定期看望，春节、中秋节等节日上门慰问，积极帮助台商台胞解决困难。开展“平安台企”活动，积极促成相关企业与台企的项目对接，接待多个台湾参访团，有效推荐招远经济、文化，为招远市与岛内经济合作、友好往来奠定基础。

（张　敏）

•莱州市委统战部•

【新的社会阶层人士统战工作】 深入开展新的社会阶层人士调查摸底工作，建立动态数据库。成立烟台市首家县级社会组织联合会，由莱州市1名党外副市长担任联合会会长。举办全市“社会组织代表人士”培训班，并组织开展系列主题活动。构建“一中心四枢纽”新的社会阶层人士统战工作实践创新基地网络，即以市中心较大较成熟的社区为中心，在城南和城北分别建立2处特色鲜明的枢纽基地。与基地建设同步推出“莱州市新的社会阶层暖心工程”工作品牌，从“同心协力促民生”和“助力新的社会阶层人士健康成长”两方面开展活动10次，500余位新的社会阶层人士参加活动。组织新的社会阶层人士开展“新阶层 党旗红”主题活动。印刷并发放《统一战线基本知识》和《解读“新的社会阶层人士”》宣传折页1000余份。在莱州市红木家具城和莱州市电子商务产业园分别挂牌成立莱州市新的社会阶层人士统战工作实践创新基地。莱州市红木城基地建筑面积1.2万平方米，分为统战长廊、统战工作室、文化大观园和个人艺术馆4部分，主要服务莱州市社会组织从业人员和自由职业人员。莱州市电子商务产业园基地建立统战之家活动区、新阶层联谊交友中心、新阶层培训中心，主要服务于莱州市新媒体从业人员。

【非公有制经济领域统战工作】 开展“走百访千”大调研活动，通过集中座谈、实地走访等形式考察掌握84家非公有制企业情况，宣传党的方针政策，提高非公有制经济人士社会责任意识。赴北京、广州等发达地区走访招商15批次，与深圳龙岗区统战部结成友好单位，同青岛同乡会保持密切联系，广泛引资、引才、引智。为郭家店镇嘴头村引进新品种甘薯订单生产项目，无偿提供近30万元的物资，并协调资金50万元为村庄更换变压器，完成电网改造。发放“教育扶植基金”106.8万元，惠及贫困优秀学生220名；发放“泛海助学山东行动”资金10万元；发动统战成员及爱国宗教团体捐款、捐物累计300万余元，助力脱贫攻坚。成立莱商商学院，举办8期封闭培训班，培训非公有制经济人士670余人。

【对台工作】 协助强信公司在中国台湾地区挂牌上市，使之成为烟台市第1家在台湾上市的标杆企业。积极开展招商“大走访”，邀请20名台商组团赴莱考察。与台湾康桥国际文教集团等洽谈项目19个，达成文教、生物科技等领域合作意向8个，引进台资项目1个。邀请台湾“中科院”研究员黄其霖先生来筹建农业高科院。组织30余人次赴台，与台湾中华两岸企业发展总会、农渔业经济发展协会等交流，促进莱州、台湾融合发展。

【海外统战工作】 组织“莱州市与欧中经济文化促进联合会经贸交流合作对接洽谈会”等活动，接待中外协会18批120余人次。山东（莱州）侨商创新创业园等5个项目进行集中签约。协助侨胞刘元生先生为优秀学生、困难学生和优秀教师颁发奖金58万元。积极宣传莱州，刊发《山东侨报•魅力莱州》专刊43期，38万字。

（李　梅）

潍坊市

•潍坊市委统战部•

2017年，在潍坊市委正确领导和省委统战部的具体指导下，潍坊市统一战线深入抓好中央和省委统一战线系列重大决策部署的贯彻落实，全市统战工作取得了新成绩。

【统战成员共同思想政治基础更加坚实】 引导统战成员认真学习党的十九大和省市党代会精神，把听党话、跟党走摆在突出位置。党的十九大召开前，在民主党派持续深入开展“不忘合作初心，继续携手前行”主题教育，组织座谈会、培训班、外地学习考察、参观红色革命教育基地等各类活动20余次；在非公有制经济人士中开展以“守法诚信、坚定信心”为主题的理想信念教育实践活动；在统战社团开展践行社会主义核心价值观主题教育活动，引导统一战线成员增强“四个自信”，夯实共同思想政治基础。举办各民主党派、工商联负责人学习研讨班，组织学员赴贵州三市学习考察。省市党代会和党的十九大召开后，通过召开情况通报会、座谈会、研讨会等形式，通报会议情况，传达学习会议精神，凝聚思想共识。

【政党协商更加有力】 坚持完善市委与民主党派和无党派人士协商议事制度，协助市委制定年度协商计划，组织召开12次协商会、座谈会，分别就党代会报告、政府工作报告、党风廉政建设情况等征求各民主党派、工商联和无党派人士的意见建议。协助、支持各民主党派市委围绕全市“一三四七”目标任务和战略重点，开展调查研究，形成9项重点调研课题，全部得到市委主要领导批示。市委常委、统战部部长王兆辉带队，首次组织民主党派市委主委开展联合调研，取得丰硕成果。积极打造建言献策“直通车”平台，全年编发《潍坊建言献策》12期，7期得到市政府领导批示。各民主党派积极参与社会服务活动，开展关爱帮扶、扶贫助学等活动20余次，捐款捐物近30万元，争取上级资金585万元，为全市近400所义务教育阶段学校捐赠信息化教学用品。

【经济统战工作富有成效】 充分发挥统战优势，有效整合资源，与相关职能部门联合，分别成立“潍坊市金企融合互通平台”和“工商联会员企业法律服务平台”，将各类金融业态与潍坊市工商企业、重点项目进行投融资洽谈对接，扩大融资渠道，提高融资水平；并为会员企业提供法律服务，维护企业合法权益。组织开展“在外潍商2017回乡行”“回乡创业座谈会”等活动，激发潍坊籍在外人才回乡创业热情。依托高校的人才智力优势，在潍坊学院成立“潍坊民营经济发展研究中心”，实现高校、民营企业和经济发展的“共赢”。认真贯彻落实全省支持非公有制经济健康发展工作会议精神和省委省政府《十条意见》，会同有关部门对全市民营经济发展情况开展调研，形成《全市民营经济发展情况调研报告》，为全市民营经济把脉支招。筹备召开全市支持非公有制经济健康发展工作会议，牵头起草市委市政府《关于进一步优化营商环境支持非公有制经济健康发展的意见》，研究制定含金量高、可操作性强的支持非公有制经济发展的具体政策措施。

【党外代表人士队伍建设显著加强】 组织开展全市党外代表人士队伍情况大调研活动，建立健全统战六支队伍人才库，将各行业领军人才、受表彰的典型人物及时纳入人才库。截至2017年底，全市各领域党外代表人士达4000余人，党外后备人才队伍达5200余人。加大党外代表人士培养力度，制订《2017年全市统一战线培训计划》，共举办统战各领域培训班13期，培训1100余人次。依托市委党校，开展常态化、经常性教育培训，每次主体班次都安排党外代表人士参加。协调组织部门，有计划地推动党外代表人士开展多层次、多渠道的轮岗交流和挂职锻炼。安排6名党外高层次人才到民营企业挂职锻炼，安排100余名年轻党外干部到基层艰苦岗位挂职锻炼，丰富基层工作经历，提高处理复杂问题的能力。实施统战干部联系统一战线代表人士“十百千”计划，组织市县两级156名统战干部联系1683名统一战线代表人士，及时掌握思想动态，帮助解决实际问题。以市县两级换届为契机，做好党外代表人士安排使用工作，提拔17名党外干部为县级以上领导职务，有14名县级以上党外干部交流任职。市、县两级人大、政府、政协领导班子严格按规定配备党外干部，符合任职条件的民主党派主委全部进入市级领导班子，市法院、检察院各配备党外副职1人，市政协、市政府各配备党外副秘书长1人，有2人担任市政府直属单位正职。各级人大、政协党外代表人士所占比例不断提高。

【民族宗教领域持续保持和谐稳定】 深入贯彻落实中央和省、市委民族工作会议和全国全省宗教工作会议精神，持续抓好《潍坊市落实省委省政府＜关于加强和改进新形势下民族工作的实施意见＞职责分工方案》贯彻落实，组织召开全市宗教工作会议，对民族宗教工作做出安排。扎实开展民族团结进步宣传和创建活动，联合教育局依托中小学校外综合实践基地启动民族团结进步教育基地建设，打造18个民族团结进步创建示范点。探索少数民族流动人口服务与管理体系建设，提升全市12个少数民族流动人口服务管理体系试点建设标准。坚持依法管理宗教事务，建立宗教活动场所季度安全检查制度，开展清真食品规范化管理自查，确保全市民族宗教领域和谐稳定。

【社会组织统战实现新突破】制定出台《关于加强全市新的社会阶层人士统战工作的实施意见》和《全市新的社会阶层人士统战工作实践创新基地建设实施方案》，进一步明确新的社会阶层人士统战工作的任务目标。在全省率先成立市级新的社会阶层人士联谊会，制定出台《关于加强全市社会组织统战工作的指导意见》《关于开展新媒体从业人员统战工作的实施意见》等指导性文件，将全市1100余名重点联系的新的社会阶层代表人士纳入全市统一战线信息管理系统。全市有5个县市区成立新的社会阶层联谊组织，共建立市级10个、县级30个新的社会阶层统战工作示范点。潍坊市被确定为全省新的社会阶层人士统战工作实践创新基地；奎文区孙家社区新的社会阶层人士统战工作示范点建设被列为全省第一批新的社会阶层人士统战工作实践创新项目。

【统战系统自身建设进一步加强】强化机关党建。扎实开展“两学一做”学习教育，在部机关深入开展“作风建设年”活动，积极开展“担当作为、创争一流”寻标对标行动，市委常委、统战部部长王兆辉和其他部领导分头带队赴江浙和省内青岛等地寻标对标，确定激发统战工作活力、助推经济社会发展等10项任务目标，做到目标明确、责任到人。以党建为引领抓好包村帮扶工作，全年先后10余次到所帮扶村实地调研，共协调资金、物资计95万余元，帮助流转土地建起占地16亩的钢筋大棚，并美化文化广场、绿化村庄道路、捐助教辅器材、配备电脑桌椅、援助有机肥料、慰问建档立卡贫困户中的困难学生。强化学习培训。先后赴西安交大、厦门大学等高校举办统战干部培训班，邀请国内知名高校的专家教授和统战系统领导干部来潍坊为全市统战干部授课，持续提高统战干部队伍整体素质。全年共举办各类培训班5期，培训各级统战干部和统战人士400余人次。强化品牌建设。大力开展“一县一品”创建活动，全市共申报统战工作品牌15个，并配套制定工作目标和具体措施。召开“一县一品”年度工作总结会议，交流经验做法，推进工作开展，全市统战工作品牌效应进一步显现，许多创新性做法被省委统战部宣传推介。

（张晓亮）

·奎文区委统战部·

2017年，奎文区委统战部认真贯彻落实中央和省市区统战工作会议精神，围绕区委工作中心，创新思路，多措并举，不断为现代化中央活力区建设贡献力量。

【思想政治基础进一步夯实】召开全区统战工作会议，传达学习全市统战部长会议精神和全市宗教工作会议精神。将学习党的十九大精神作为首要政治任务，集中统战成员分批分期进行学习研讨。以习近平新时代中国特色社会主义思想为统领，认真开展“两学一做”常态化教育和“作风建设年”活动，切实提升全区统战工作水平。

【非公有制经济领域统战工作进一步加强】区工商业联合会召开第五次代表大会，选举产生其执行委员会和新一届领导班子。开展全区民营企业大走访活动，共同构建“亲”“清”政商关系。建立年轻一代非公有制经济代表人士库，组织参与“听党话、跟党走、接好班”主题教育活动。组织新生代企业家与政协委员、优秀企业家开展“面对面”活动。下发《关于做好街道（园区）基层商会换届工作的实施意见》，各街道基层商会严格按照换届工作方案均已完成换届。则尔庄社区6个专业市场300余家企业商户自发成立社区商会，发挥了积极作用。

【新领域统战工作取得新进展】将新的社会阶层人士统战工作纳入年度工作要点。设立新的社会阶层人士联络服务办公室。建立新的社会阶层人士统战工作联席会议制度和教育培训机制，教育培训纳入全区党外干部教育培训总体规划。成立奎文区新的社会阶层人士联谊会，共有会员169人。下发《关于开展全区基层统战“一街一品”创建活动的通知》，各街道着力打造统战工作品牌。全市新的社会阶层统战工作现场会参观奎文区的中天下统战工作现场，孙家社区被授予“全市社会组织统战工作示范社区”称号，广潍统战工作现场受到省委常委、统战部部长邢善萍的肯定。

【党外代表人士队伍建设取得新成绩】进一步调整完善组织、统战部门相统一的党外代表人士数据库，实行动态管理、跟踪考核、及时调整补充。在曲阜举办全区统一战线代表人士履职能力提升培训班，进一步统一思想、提高能力。建立并落实区级党员领导干部与党外代表人士联谊交友制度，积极听取联谊对象的意见建议。在中天下、阳光100、工福街社区、孙家社区、广潍集团等重点楼宇、社区、企业创建“同心驿站”8处。

【服务经济社会发展体现新作为】区委统战部包靠广文街道，在维护社会稳定、社区“两委”换届工作方面真包实靠，圆满完成各项任务。研究制订《区委统战部“四个城市”建设三年行动计划》，组织辖区统战成员认真学习全区“四个城市”部署暨经济形势分析会议精神，围绕“四个城市”建设建言献策。召开新旧动能转换政策解读会，运用多种方式对企业进行培训，培训200余人次。抓好1532文化产业园项目推进工作，为全市科学发展点评提供现场观摩点。联合统战成员开展义诊、法律咨询等活动8次，义诊病人800余人次，赠药2万余元。引导非公有制经济人士积极参加“同心工程”“光彩事业”，公益捐助活动6次，捐款捐物20万余元。

【民族宗教领域保持和谐稳定】召开全区统战暨宗教工作会议，积极学习贯彻上级会议精神。开展“宗教政策法规学习月”活动。对全区11处宗教活动场所就汛期安全、消防安全、饮食管理等方面进行检查。与区公安分局国保大队一起对宗教活动场所防邪教渗透等进行检查。坚持宗教的中国化方向，积极引导宗教与社会主义社会相适应，促进宗教活动规范化、合法化。建立完善清真食品管理工作台账，进一步加强清真食品领域的监管。依托奎文统一战线平台，将少数民族流动人口信息建档立册，建立完善信息化服务系统。

（张　宁）

•潍城区委统战部•

2017年，潍城区委统战部围绕深入宣传贯彻党的十九大精神，着力在围绕中心服务大局锤炼优良作风，在服务非公有制经济创新发展中打造“一县一品”、在促进团结进步、提升规范管理中实施“两个创建”，全区统战工作取得新成效。

【在围绕中心服务大局中锤炼优良作风】2017年初，市委、市政府确定潍城区站南广场综合改造工程，一期核心区面积4.3平方公里，共30个棚户区、1924户居民、509家企业，涉及群众5万余名，需拆除建筑面积108万平方米、拆迁补偿资金37亿元，潍城区迎来区划调整以来规模最大的一次征迁任务。面对艰巨任务和重大机遇，潍城区作为征迁任务的主体，动员全区各级党员干部投入征迁工作。在征迁工作中，区委统战部主动发挥部门优势，与市伊斯兰协会一起成功解决回族群众沿街商铺和拉面馆的征迁问题，化解基督教慕道友门头房的征迁矛盾，为全面完成征迁任务做出了突出贡献。通过征迁工作，全区统战干部磨砺了战胜一切困难的坚强意志，增长了解决复杂矛盾的才干，展现了统战干部敢于争先、迎难而上的“站南精神”。在征迁工作表彰大会上，全区统战干部有9人受到区委、区政府的通报嘉奖，有23人被授予“征迁工作先进个人”荣誉称号。

【在服务非公经济创新发展中打造“一县一品”】为优化服务政策、搭建服务平台、强化服务措施，为非公有制经济又好又快发展提供服务和支撑，区委统战部与工商联联合开展调研活动，先后到耶利娅服装集团、潍柴重机零部件分公司、潍坊泰山拖拉机厂等知名企业进行实地调查走访，与企业负责人进行座谈分析，对非公有制企业经营发展过程中遇到的问题和困难进行深入剖析，形成依靠新旧动能转换推动全区非公有制经济发展的调研报告，向区委、区政府提出合理化建议，为改善营商环境提供了决策参考。邀请山东大学营销传播学专家王广伟举办“新常态下中小企业经济形势分析与品牌战略升级应对之道”培训报告会，组织全区统战委员、区工商联执委、各基层商会负责人和来自各个行业的企业会员代表150余人参加培训。组织部分企业家赴上海应用技术大学、中铁二十四局对接洽谈，达成初步合作意向，形成长期持续的产学研合作关系，为相关企业搭建了新的技术服务平台。

【在促进团结进步、提升规范管理中实施“两个创建”】开展民族团结进步宣传月和宗教法律法规学习宣传月活动，制订下发《潍城区宗教工作规范化提升工程实施方案》《潍城区街道社区（村）民族宗教工作责任制实施方案》，打造北宫基督教堂、洪福寺、清真寺3个宗教活动场所规范管理示范点和西关街办胜利西社区、潍坊外国语教育集团实验中学、潍坊昶烨食品厂3处民族团结“六进”创建示范点，促进全区民族宗教工作的制度化、规范化，提升了“两个创建”工作水平。争取省级民族宗教事业发展资金6.2万元，市级民族宗教事业发展资金9万元。在喜迎十九大工作中，落实街道、社区（村）两级责任制，依靠基层、爱国宗教团体的力量做好宗教工作，坚持一线工作法，沉到村、社区抓落实，全面掌握了解实情，广泛听取各方面意见建议，对各宗教活动场所及教职人员进行走访调研。从3月份开始，利用两个月的时间，走遍全区9个街办、开发区、管理区和18处宗教活动场所，对全区民族宗教领域的矛盾纠纷、安全风险进行了认真排查，共排查解决苗头性问题4个，维护民族宗教领域和谐稳定，为十九大安保维稳工作做出了民族宗教方面的贡献。

（冯卫兵）

·坊子区委统战部·

【夯实思想政治基础】召开全区统战工作会议，传达学习省市统战部长会议精神和全市宗教工作会议精神，安排部署2017年统战工作任务。将学习党的十九大精神作为首要政治任务，集中组织民主党派、无党派、非公有制经济人士、新的社会阶层人士以及民族宗教界人士分批分期进行学习研讨。以习近平新时代中国特色社会主义思想为统领，引导广大统战成员善于聆听时代的声音，听党话、跟党走。扎实开展“两学一做”常态化教育和“作风建设年”活动，积极开展学访活动，并建立常态化互访机制，切实提升全区统战工作水平。

【加强非公有制经济领域统战工作】一是搭建教育培训平台。联合区经信局举办成长型企业精益管理专题高级研修班，企业家专题管理培训班；组织执委以上企业家分组开展集中学习，搭建盈丰创业园、大学生创业孵化器等教育平台，切实提高了企业家的综合素质。二是搭建金融服务平台。与区金融办联合开展“行长对接厂长”活动，精准对接企业融资需求，为企业量身制定融资计划。引导企业加强资本市场开拓，推进直接融资，全区已有22家企业在国内外资本市场上市、挂牌，上市挂牌后备资源企业数量达到20家。三是搭建对外联络平台。组织企业家学习考察小组赴高新区、潍城区、青岛黄岛区开展学习考察、交流联谊活动。围绕“军民融合”“一带一路”等国家战略，组织共达电声等企业与全联科技装备业商会进行对接，参加第二届香港“一带一路高峰论坛”“一带一路”烟台论坛暨首届中巴合作论坛等活动。

【加强党外代表人士队伍建设】健全完善党外代表人士分级分类培训制度，举办全区党外代表人士提升履职能力专题培训班、宗教团体及堂点负责人政策理论培训班等重点班次，培训200余人次。建立并落实区委常委与党外代表人士联谊交友制度，每人联系2名党外代表人士，定期与党外代表人士进行交流沟通。扎实做好党外政协委员安排工作，负责党外人大代表、人大常委会组成人员候选人的推荐提名工作，确保党外人大代表不少于35%，党外政协委员不少于60%，党外政协常委不少于65%；对推荐为人大代表、政协委员候选人以及在工商联等人民团体、社会组织中任职的非公有制经济人士，按规定进行综合评价。

【开展新领域统战工作】将新的社会阶层人士统战工作纳入年度工作要点，并作为重点工作任务列入统战工作考核内容，为开展新的社会阶层工作搭建保障平台。成立坊子区新的社会阶层人士联谊会，共有会员65人。建立新的社会阶层人士教育培训机制，把新的社会阶层人士教育培训纳入全区党外干部教育培训总体规划，提高新的社会阶层人士的整体水平。安排部署“一街一品”创建工作，挂牌成立恒信社区、商会大厦、亚特尔未来广场、盈丰创业园4处实践创新基地。

【做好民族宗教工作】召开全区统战暨宗教工作会议，传达学习全市统战部长会议及全市宗教工作会议精神，就坊子区贯彻落实情况做安排部署。扎实开展“宗教政策法规学习月”活动，广泛宣传各级宗教工作会议精神，在全社会形成共同做好宗教工作的良好氛围。对全区14处宗教活动场所就汛期安全、消防安全、饮食管理等方面进行安全检查。全面掌握辖区内清真食品生产企业情况，建立完善清真食品管理工作台账，切实尊重少数民族群众风俗习惯，维护其合法权益。围绕民族团结共建，着力突出社区服务少数民族流动人口特色，积极争取上级创建资金7.9万元，在中粮肉食和恒信社区创建少数民族流动人口服务管理体系。

（张海霞）

·寒亭区委统战部·

2017年，寒亭区委统战部坚持服务大局谋发展，凝心聚力促和谐，破解难题求创新，积极整合和发挥统战资源优势，以改革创新精神全面加强和改进统一战线各领域工作。

【凝聚思想政治共识】 把统一战线理论和方针政策纳入党校学科建设和教学内容，在2017年全区青年干部培训班中增加统战理论课程。召开各民主党派纪念中共中央发布“五一”口号69周年座谈会，组织党外人士围绕习近平总书记系列重要讲话精神和党的十九大精神、省市区党代会精神开展专题学习活动8次，不断增进政治共识。

【创建基层统战工作示范点】 按照“一县一品”创建活动要求，以“统一战线·筑梦力量”为主题，扎实开展基层统战工作示范点创建活动，建立“统一战线联谊工作站”。制订实施方案，由区委办公室予以转发。按照“四个有”（有牌子、有制度、有名册、有活动）的标准，加强阵地建设。重点抓好座谈交流、议政建言、联谊走访等“六项制度”建设。在各街道（开发区）、园区、社区、企业、党派、协会建立起9处不同类型的“统一战线联谊工作站”，完善1693名的党外代表人士数据库。组织开展“统一战线凝心聚力‘十三五’行动”“同心汇智献良策”等主题活动3次，党外人士提交意见建议38条，区委统战部以《建言献策专报》的形式报区委区政府，得到主要领导批示。

【服务经济社会发展】 参与承担高铁新片区开发建设重点工程。帮助寒亭街道朱谭村安装路灯和监控设备，帮助固堤街道南赵家官庄村建设文化广场，组织民主党派开展3次义诊活动。加强工商联商会建设，对137名执委人选开展综合评价，顺利完成换届工作。邀请外地企业负责人120余人次来考察，与部分企业达成入驻意向。组织40余家企业参与企业文化论坛、投融资讲座等。引导非公有制经济人士参与“光彩事业”和“精准扶贫、精准脱贫”行动，4家企业被推荐为“潍坊市‘百企帮百村’精准扶贫工作先进企业”，6家企业被区委、区政府评为“慈善爱心企业”。

【加强党外代表人士队伍建设】 举办非公有制经济人士智能化营销运营培训班、党外代表人士培训班、宗教界人士培训班3次，培训人数150人次。全区配备副科级以上党外干部36名，28名党外代表人士担任人大、政协各专门委员会主任委员、委员。向市新的社会阶层联谊会和光彩事业促进会推荐代表人士26人。指导民建支部完成换届工作。深入开展统战干部与党外代表人士“联谊走访月”活动，走访联系党外代表人士368名，帮助解决问题27件次。完善74名寒亭籍在外名人信息资料。录制党外代表人士优秀事迹宣传片9期，在寒亭电视台展播。

【创新开展新的社会阶层人士统战工作】 制定《关于加强全区新的社会阶层人士统战工作的实施意见》。建立127人的新的社会阶层代表人士数据库，在寒亭区物流协会建立“新阶层·统一战线联谊工作站”，被评为“潍坊市新的社会阶层人士统战工作示范点”，为全市新的社会阶层人士统战工作推进会提供观摩现场。

【做好民族宗教工作】 区委、区政府出台《关于加强和改进新形势下宗教工作的实施意见》。指导制定《寒亭区宗教活动场所财务监督管理办法》，对全区堂点负责人、财会人员进行财务培训。深入开展和谐宗教活动场所创建活动和“宗教政策法规学习月”活动。联合相关街道及部门开展宗教活动场所安全检查2次。开展排查安全隐患防范“四类风险”专项行动，扎实做好十九大期间安保维稳工作。组织开展第17个民族团结进步宣传月活动，发放宣传材料5000余份。指导三个单位做好民族团结进步示范创建工作。做好少数民族考生的身份审核工作。开展少数民族贫困人口、民品企业摸底统计及上报工作。

（李新霞）

• 青州市委统战部 •

2017年，青州市委统战部牢牢把握“大团结大联合”主题，以贯彻落实党的十九大和中央统战工作会议精神为引领，各领域统战工作实现创新发展。

【筑牢共同思想政治基础】 迅速传达学习党的十九大会议精神。以座谈会、情况通报会等形式，向各民主党派、工商联和无党派人士传达会议精神，引导党外人士提高“听党话、跟党走”的思想自觉和行动自觉。认真落实政治协商制度。建立健全参政议政、民主监督和政治协商等各项机制。召开多次党外人士情况通报会、座谈会，传达通报上级重要会议精神、全市经济社会发展情况等，听取意见建议。深入开展联谊交友。把联谊交友作为做好统战工作的有效载体和重要方式，市级党政领导每人联系2—3名，统战干部每人联系10名党外代表人士，累计开展联谊活动800余人次。广泛组织活动引导同心同行。组织市书协、市新联会开展送文化下乡活动；组织开展统一战线成员共植“同心林”活动；组织民主党派、无党派人士开展进社区敬老爱老公益志愿活动；组织统一战线举办庆“七一”联欢晚会。

【加强党外代表人士队伍建设】 强化政治培训。在邹城市干部政德教育基地举办全市党外代表人士培训班，党外代表人士60人、统战干部20人参加培训。以提升非公有制经济人士素质和能力为重点，组织市中小企业商会14家会员企业到德国、意大利等欧洲国家考察学习，进一步开阔思路，推动创业创新。做好人大政协换届推荐提名工作。严格按照人大、政协换届工作有关要求和工作原则，认真做好党外代表、委员推荐提名工作。经报潍坊市委批准，青州市政协增设无党派人士界，分配名额8个，为无党派人士更好地履行职责、发挥作用创造了条件。做好党外干部的培养使用。全年，新提拔重用党外领导干部10人次，30岁以下年轻党外副科级干部5人。截至2017年底，24个政府部门中有8个部门共配备10名党外领导干部。

【做好民族宗教工作】 建成市中小学生综合实践基地民族常识馆，推进郭桥社区、旗城学校民族团结创建示范建设。争取上级扶持资金140万余元，用于少数民族村居基础设施改造提升。开展以“民族团结教育进校园”为主题的民族团结进步宣传月活动。扎实开展和谐宗教活动场所建设。组织青州市佛教协会召开第二次代表大会，进一步加强了对佛教工作的管理。争取文保资金400万余元对国家文物保护单位真教寺进行古建维修、消防设施建设。

【促进非公有制经济“两个健康”】 深入开展以“守法诚信、坚定信心”为主题的理想信念教育实践活动。在市工商联常委会议上传达学习党的十九大精神，动员广大非公有制经济人士坚定发展信心，服务经济社会发展。建立市级领导包靠企业制度。每名市级领导包靠2—3家非公有制企业，采取走访调研、电话联系等方式，深化联系沟通，营造亲清的新型政商关系。成立青州市新生代企业家商会，以80后新生代企业家为主，共有会员60余人。在江苏红豆集团举办了新生代企业家培训班。

【开展新的社会阶层人士统战工作】 创新开展“双社联动”社会组织统战工作模式。引导社会组织入驻社区、服务社区，社区为社会组织提供发挥作用的平台，实现二者互融共促发展。截至2017年底，全市已有18个社区与40多家社会组织开展联动共建工作，累计开展送文化进社区、关爱空巢老人、“七一”走访困难党员、结对帮扶困难大学生、养生讲座、法律咨询、社区环境保护、国学启蒙等各类活动60余次，建立了120人的社会组织代表人士队伍和80人的后备队伍。

（张海滨）

• 诸城市委统战部 •

2017年，诸城市统战系统围绕市委工作中心，深入开展各领域统战工作，着力巩固共同思想政治基础，促进社会和谐稳定，为全市经济社会发展做出积极贡献。

【党外代表人士队伍建设】 抓教育培训。与市委组织部联合调训，在市委党校举办1期统战干部理论政策培训班，培训党外代表人士56人。抓联谊交友。在电商创业园、土墙工业园、旗帜教育培训学校等地建立3处“统战之家”。制定《党政领导干部和统战干部联谊交友制度》，每人联络2名党外代表人士，通过谈心交心、情况通报、走访慰问、排忧解难等形式，使他们感受到党的关怀和温暖。筹备成立党外知识分子联谊会和新的社会阶层人士联谊会两个统战社团组织，并根据行业领域设置若干分会，以此为载体平台，开展“凝智慧、聚力量、献良策”活动，先后召开议政建言协商会4次，收集有价值的意见建议20余项。抓安排使用。市统计局配备党外正职局长，实现政府部门党外正职配备的突破，市工商联、知识产权局配备党外正职。在人大政协换届中，安排党外人大代表109名，占33.3%，安排党外政协委员164名，占60%，符合上级有关政策规定要求。

【非公有制经济领域统战工作】 围绕促进非公有制经济人士健康成长，持续深化理想信念教育实践活动，争做合格中国特色社会主义事业建设者；以龙城青年商会为平台，加强对新生代企业家的教育培训；以企业诚信联盟为载体，开展诚信示范企业创建活动；以开展“感恩回报社会”活动为抓手，引导企业家积极履行社会责任，参与捐资助学、扶贫济困等社会公益事业。围绕促进非公有制经济健康发展，打造统一战线招商引资联盟，以商招商、以情招商；发挥工商联全国“五好”县级工商联作用，当好“桥梁纽带”，开展民营企业大走访大调研活动，将73家会员企业走访一遍，收集意见建议50余条，帮助解决实际困难30余件，龙城青年商会被表彰为“山东省五好商会”。

【民族宗教工作】 对民族宗教领域矛盾纠纷和安全隐患进行排查，建立台账。民族方面。有29个少数民族，常住人口1195人，流动人口872人，其中有100余名回族群众经营着45家清真拉面馆。加强基层基础建设，配齐配强镇街园区、社区民宗工作力量。开展民族团结进步创建和民族团结进步宣传月活动，做好城市民族工作和少数民族流动人口服务管理，建设1处民族团结进步教育基地和3个民族团结进步创建示范单位，妥善处置涉及民族方面的矛盾纠纷事件20余起，少数民族流动人口服务管理工作的经验得到潍坊市民宗局高度评价并在潍坊市推广。帮助市外贸公司争取民品政策落实，争取贴息500万元。宗教方面。有基督教和佛教两种宗教，基督教信教群众5000余人，佛教220人，市宗教领域安全稳定有序。贯彻新修订的《宗教事务条例》，依法管理宗教事务，健全基层民族宗教执法工作网络和信息网络，提升宗教活动场所规范化管理水平。深化和谐寺观教堂创建活动，推进宗教活动场所规范化建设。推动宗教团体自身建设，抓好基督教“三自”爱委会换届；开展社会主义核心价值观教育，发挥宗教界正能量，引导支持宗教界从事公益慈善养老活动。

【自身建设】 重点进行“三调”：一调高标杆，既找综合标杆，更找单一标杆，根据单项工作，分设不同的标杆去追求；二是调转工作重点，按照市委中心工作，结合全市实际，把工作的着力点更多地调到为企业服务上；三是调宽境界，围绕“实干担当、激情创业”这一主旋律，对统战干部提出“换脑子、出路子、想点子、争位子、打板子”的“五子干部”要求，调动每一个机关干部为实现统战部“小机关大作为”的目标而积极献计出力，为决胜全面建成小康社会，谱写新时代诸城现代化建设新篇章做出积极贡献。

（李子兵）

·寿光市委统战部·

2017年，寿光市委统战部团结带领全市统战系统认真贯彻落实上级党委决策部署和上级部门统战工作会议精神，主动适应新常态，以“建设品质寿光，创造美好生活”为目标，围绕中心，服务大局，团结协作，创新实干，在服务科学发展和实现自身发展中取得了较好业绩，一些重点工作取得较大突破。

【加强党外代表人士队伍建设】 把党外人士教育培训纳入全市人才和干部队伍教育培训计划，先后在厦门大学举办党外代表人士培训班，在浙江大学举办中青年企业家、非公有制经济代表人士素质能力提升培训班，在市委党校举办基层统战干部培训班，累计培训学员200余人。利用“互联网+”技术，升级“寿光市统一战线信息管理系统”，将党外代表人士、新的社会阶层代表人士及相关后备人才全部纳入系统动态管理，提升了党外代表人士科学管理水平。

【开展新的社会阶层人士统

战工作】成立市新的社会阶层人士联谊会，探索建立联席会议制度，积极推进新的社会阶层人士统战工作。打造寿光市蔬菜协会、防水行业协会和育才集团3个新的社会阶层人士统战工作示范点，配套建立党建工作室和统战工作室，设立党的组织和统战工作联络员，健全规章制度，指导开展“新阶层 党旗红”系列活动。引导组建新的社会阶层人士志愿服务队，多次组织开展扶贫帮困、助学助孤、参与文明城市创建、义务植树等公益活动，赢得了社会各界的一致好评。

【组织开展建言献策】认真落实市委《关于加强社会主义协商民主建设的实施意见》和《寿光市委政治协商工作规范》等文件要求，制订并实施年度政治协商计划，组织民主党派成员、党外代表人士针对《政府工作报告》、党风廉政建设、落实市委全委会议精神等事项，先后召开协商会议，广泛征求意见建议。建立党外人士调研、意见反馈落实机制。2017年，党外代表人士开展调研200余人次、走访群众1000余人次，为群众办实事200余件，调解各类矛盾纠纷32起；累计提出意见建议152条。其中建立全国文明城市创建成果长期保障机制、加强社会信用体系建设、抓好蔬菜质量安全等建议被纳入政府决策。

【做好民族宗教工作】继续深入开展民族团结进步创建活动，将民族宗教工作纳入社会管理综合治理体系。建立健全市、镇（街区）、村（社区）三级民族宗教工作网络，落实属地管理责任，逐级签订责任状，建立预警预研预判和突发事件应急处理机制；坚持定期与不定期相结合，强化宗教活动场所安全隐患排查。支持市基督教爱国会兴办3个社会养老服务项目，入驻护养老人200余人，创建宗教界参与社会养老事业工作品牌。协调市财政每年给予穆斯林临时活动点租房补助，进一步密切政府与信教群众的关系，确保了社会和谐稳定。

（袁江永）

•安丘市委统战部•

2017年，安丘市委统战部以习近平新时代中国特色社会主义思想统领统战工作，紧扣中心、服务大局，系统谋划、整体推进，为全市经济社会发展凝聚共识，汇集力量。

【党外代表人士队伍建设】一是加强联谊交友。市委办印发《关于<市级党政领导同志与党外代表人士联谊交友制度>的通知》（安办发〔2017〕32号），市委常委和市政府党员副市长每人联系2名党外代表人士，通过沟通约谈，调研联谊、引导反馈等方式开展联谊交友活动。组织开展统战干部联系党外人士“一十百”活动，开展各类联系交友130余人次。二是强化培养管理。注重提升党外代表人士素质，针对不同领域党外人士特点，综合运用推荐参训、组织调训、专题培训等方式开展培训，先后举办各领域党外人士专题培训班5期，培训人员420余人次。三是积极推荐使用。全力推动落实党外代表人士安排使用政策规定，在干部调整中，安排1名党外干部担任市民宗局局长，市政府工作部门党外正职安排使用实现“零”突破。积极推进党外代表人士政治安排和社会安排，先后推荐潍坊市新的社会阶层联谊会会员15人、光彩事业促进会会员8人。

【非公有制经济领域统战工作】一是圆满完成市工商业联合会换届工作。换届工作中，市委统战部会同市工商联党组根据换届方案确定的时间节点和标准要求，严格标准，规范程序，积极稳妥地推进换届工作。二是全力支持非公有制企业健康发展。全面贯彻省、市支持非公有制经济健康发展会议精神，参与制定《关于支持工业企业加快发展的意见》《关于支持企业加快技术改造的意见》等4项政策文件。创新银企对接模式，组织“行长走厂长”活动，开展银企交流恳谈56次，达成意向资金26.3亿元。助推企业科技创新，释放企业创新潜能，全市高新技术产业产值占比达到24.8%。三是积极推动非公有制经济人士健康成长。坚持请进来、走出去，深入实施“企业家素质提升工程”，先后举办企业家培训班6期，参训人员500余人次，组织130余名企业家赴浙江大学、清华大学等高校进修培训。积极引导非公有制企业参与公益事业，15家企业参与“扶贫攻坚战”，实施扶贫开发项目2个，安排就业1230余人，捐款320万元。

【民族宗教工作】一是深入推进民族团结进步宣传工作，设立民族团结进步教育基地，培训师生4000余人次。完成清真食品生产企业、清真拉面馆排查摸底，25家拉面馆、15家企业纳入管理台账；先后帮助外来少数民族群众解决子女入学3人。二是依法加强宗教管理。全面加强宗教活动场所安全管理，探索建立安全管理长效机制，坚持每季度巡查1次。三是加强宗教团体建设。以提升宗教教职人员队伍素质为根本，组织开展“宗教政策法规培训班”，培训宗教界人士138人，发放《宗教政策法规测试题》1500份。支持宗教慈善事业发展，积极推进基督教福乐托老院二期工程建设，努力打造宗教慈善养老示范点。

【新的社会阶层人士统战工作】 一是强化组织领导。市委办制定《印发<关于加强新的社会阶层人士统战工作的实施意见>的通知》（安办发〔2017〕33号），对加强新的社会阶层人士统战工作提出具体要求和工作措施，全面加强了对新的社会阶层工作的组织领导。二是不断激发新生代企业家统战活力。先后组织召开安丘市新生代创业者商会2017年会员大会、专题培训会、交流研讨会等13次，引导新生代企业家积极参与社会公益事业，出资1000万元，成立安丘市新生代创业者商会慈善救助基金，被安丘市慈善总会授予“五星级”奖牌。三是积极探索社会组织统战工作模式。借助“两新”组织党建工作平台，积极融入统战工作，组织开展“新阶层•党旗红”品牌创建活动，叫响“安丘义工”“新生代创业者商会”等8个先进典型。

（蒋慧敏）

•昌邑市委统战部•

【加强基层统战工作】 一是提高认识，加强领导。出台《关于加强基层统战工作规范化建设的实施意见》，按照“五有”“三规范”标准，实现统战工作组织和基层统战团体的全方位覆盖。二是以点带面，纵深推进。以奎聚街道为示范点，全面启动全市基层统战工作规范化建设工作，实现“组织机构网络化、制度建设规范化、阵地活动经常化、基础管理信息化”。三是创新机制，强化督导。实行各级党委统战工作例会制度，建立起基层统战工作保障支持机制；完善由统战部牵头，公安、司法、民宗等部门联席会议制度，建立民族宗教工作协调机制。

【创建统战工作品牌】 创新思路、彰显特色，着力打造“同心花开•合力昌邑”统战品牌。开展“一镇一品”创建活动，指导10个镇街区因地制宜，发挥优势，共实施23个重点项，并在此基础上总结形成了全市统战工作品牌——“同心花开•合力昌邑”，重点打造“同心•激发文化统战活力”“同心•增强非公经济动力”“同心•激活服务民生内力”“同心•发掘新的阶层潜力”“同心•汇聚海外侨智侨力”五大版块。每个版块都有示范点引领，有活动载体充实，团结引导广大统一战线成员凝心聚力，展现出服务经济社会发展的新优势。

【促进非公有制经济“两个健康”】 成立新生代企业家联合会，多次组织会员企业开展银企对接活动，为企业注入贷款共计1.4亿元；组织新生代企业家互相学习，加强交流，与老一辈企业家们“结对子”；通过开展系列红色教育，引导新生代企业家坚定理想信念；邀请经济、法律等方面的知名专家来昌邑授课4次；组织40余名新生代企业家到上海财经大学参加高级研修，增进沟通交流，增强发展信心；引导非公有制经济人士积极投身扶贫攻坚、感恩行动和光彩事业，面向困难弱势群体累计捐资10万余元。引导新生代企业家围绕中心对昌邑经济社会发展提出建议提案10余个，意见建议20余条。

【开展新的社会阶层人士统战工作】 出台《昌邑市新的社会阶层人士统战工作联席会议制度》，形成市委统战部牵头抓总，成员单位各司其职的联系协调机制；成立市新的社会阶层人士联谊会，共有会员136人；打造市义工联合会和东方创业谷2处新的社会阶层人士实践创新基地；组织各领域代表人士开展送知识送技术等各类社会服务活动50余次，2万余名群众受益。

【做好民族宗教工作】 组织召开全市宗教工作会议。扎实推进民族团结进步创建活动和宣传教育，西城社区、城关社区和文山小学3个单位通过潍坊市民族团结进步创建示范单位验收。深入开展宗教政策法规学习月活动和民族团结进步创建宣传月活动，举办宗教政策法规教育培训班和宗教界人士学习贯彻十九大精神座谈会。建立健全宗教活动场所季度检查制度，与公安、建设、卫生等部门联合开展多次安全检查，确保场所安全、活动安全。建立清真食品企业季度巡查制度，加强对清真食品的监管。

（王　前）

·高密市委统战部·

2017年，高密市委统战部切实加强组织领导，积极完善体制机制，围绕中心，服务大局，统一战线各项工作实现了新发展。

【构建大统战工作格局】 建立以市委书记为组长的统战工作领导小组和市委副书记为组长的民族宗教工作领导小组，召开全市统一战线暨民族宗教工作会议，将统一战线、工商联和民族宗教工作纳入全市对镇街区的科学发展考核，对全年的统一战线工作任务进行全面安排部署。建立健全市、镇、村三级统战工作网络，打造61人的镇级和900余人的村级统战工作联络员队伍，为县域统战工作开展进一步夯实了坚实的基础。

【构建多层次的统战理论宣传教育格局】 将统一战线和民族宗教理论与政策纳入市委党校主体课程，为500余人次党政领导干部夯实统战理论基础。采取“请进来、走出去”的方式，有针对性、分类别地开展统战理论宣传教育，先后赴中央统战部干部培训中心等举办3期统战工作骨干和统战成员代表培训班，受训160余人次，不断提高统战干部和统战成员的政策把握能力和工作创新能力。

【加强党外代表人士队伍建设】 拓宽选任渠道，搭建成长平台，建立起一支高标准的党外代表人士队伍。圆满完成政协、工商联换届工作，对300余名党外代表人士进行政治安排，极大拓宽了党外代表人士参政议政、建言献策途径。先后召开3次由市委、市政府主要领导召集的民主协商会议，就市委、市政府重点工作征求统一战线成员的意见建议。

【推进社区统战工作】 践行“小社区、大统战”工作理念，周密筹划推进“同心社区”统战工作品牌。在全市150个社区中建立社区统战办公室，召开“同心社区”现场观摩交流会，将示范社区的工作经验在全市复制推广。依托社区统战办公室指导开展宣传、义诊、联谊、咨询等实体性活动11次，统战成员参与度高，受到了社区群众的广泛赞誉。

【做好新的社会阶层人士统战工作】 以“新阶层 党旗红”品牌为引领，切实把新的社会阶层人士作为统战工作新的着力点。申请设立新的社会阶层活动办公室，新增事业编制3名，为工作开展提供新能量。成立“高密市新的社会阶层人士联谊会”，在市书法家协会等打造新的社会阶层人士创新实践锻炼基地，通过丰富多彩的活动引导新阶层人士始终与中国共产党同心、同向、同行。

【促进“两个健康”】 成立高密市新生代创业者商会，并积极开展丰富多彩的培训、交流等提升活动，不断提高非公有制经济人士的政治把握能力、合作共事能力、科学发展能力。动员非公有制经济人士热情投身光彩事业和社会建设，在“慈心一日捐”中筹集善款320万余元，发挥非公有制经济人士致富思源、履行责任的优良传统。非公有制企业党委完成实体化运作，建立高密市非公有制企业服务中心，配备3名专职非公有制党建指导员，“七一”前夕在全市非公有制经济领域对“红色工匠”等进行表彰奖励。

【做好民族宗教工作】 以“两个共同”为主题做好民族工作，抓发展、促繁荣。扎实开展民族团结进步创建活动，打造登升劳保等3处创建示范单位。依托“统战进社区”工作积极为少数民族流动人口提供就业创业等服务。以“依法管理，确保和谐”为主题做好宗教工作，抓规范、保稳定。狠抓宗教活动场所规范化管理，督促各宗教活动场所完善制度、理顺财务。会同市安监局等6部门对各场所进行拉网式安全检查，排查出的108条问题按要求进行限期整改。积极探索民间信仰管理工作的新路子，出台《关于做好民间信仰管理工作的实施意见（试行）》文件，为民间信仰事务管理提供了基本遵循，对维护社会和谐稳定具有十分重要的实践意义。

（王光春）

·临朐县委统战部·

2017年，在省、市委统战部的精心指导下，临朐县突出“学习培训年”“工作落实年”“创新发展年”“基层基础年”工作特色，全面推进各领域统战工作创新发展。

【教育培训工作】深入学习贯彻党的十九大精神和习近平新时代中国特色社会主义思想，会同县委组织部先后到复旦大学、西安交大举办党外代表人士培训主体班次3次。将统战、民族宗教知识列入党校主体班次培训课程，为70余名县科级干部进修班学员做专题讲座。开通“临朐统战”微信公众号，编发信息60余条。向县级领导、各级各部门主要负责人、全县统战干部，赠阅《画出最大的同心圆——习近平总书记在中央统战工作会议上重要讲话精神学习讲座》等书籍300余套。

【党外代表人士队伍建设】调整完善600余人的党外代表人士数据库，扎实做好1688名临朐籍在外知名人士信息征集工作。认真做好县工商联换届工作，对省市县人大代表、政协委员、工商联执委中的319名非公有制经济人士进行综合评价。召开县委党外代表人士情况通报会，征求意见建议29条，以《呈阅件》上报县委、县政府，主要领导做出批示。

【服务经济社会发展工作】做好“泛海助学山东行动”工作，资助118名贫困生、帮扶资金59万元。争取农工党省委的支持，向县教育局及龙山小学捐赠物资95万元。突出抓好新生代创业者商会、窗博城商会等各类行业商会建设，成立上海临朐商会。扎实推进招商引资工作，320余名临朐籍在外工商界人士回乡考察，达成合作项目11个，总投资28.6亿元。组织187名非公有制经济人士开展好“终身式”帮扶农村老党员活动，捐款捐物近20万元。组织97家会员企业与全县84个省定贫困村结成帮扶对子，帮扶资金达820万元、提供就业岗位650个。

【新的社会阶层人士和新媒体领域统战工作】制定出台《关于加强全县新的社会阶层人士统战工作的实施意见》，建立起504人的新阶层人士数据库。着重打造窗博城商会、外国语学校、新媒体从业人员联谊会等3处新的社会阶层人士统战工作示范点。成立全市首家新媒体从业人员联谊会，开通“临朐新媒体”微信公众号，编辑出版2期《临朐新媒体》，多次组织开展创城志愿服务和采风活动，引导新媒体人士健康成长。

【民族宗教工作】为100家穆斯林农户发放补贴款4万元，做好4家清真食品生产企业审批上报工作。协调解决外来务工少数民族群众子女入学、为少数民族考生出具中考特殊考生证明等诉求8件。指导县基督教“三自”爱委会完成换届工作，召开临朐县基督教第五次代表大会。顺利推动13年未换届的佛协换届，指导县佛协实现玉泉寺住持的平稳交接，为4位穆斯林群众出国朝觐办理相关手续。加强教职人员培训，开展“宗教政策法规学习月”专题活动。

【基层统战工作】制定出台关于加强基层统战工作规范化建设的实施意见，召开全县基层统战规范化建设会议，各镇（街园区）、县直有关部门打造“一室一长廊+”品牌。调整充实县镇村三级民族宗教工作网络，建立健全350名民族宗教工作联络员队伍。与各宗教团体签订安全责任书，每季度对各宗教活动场所安全情况进行集中检查，将全县51处宗教活动场所、33名教职人员和2个宗教团体基础数据全部录入数据库。

【自身建设】扎实推进“两学一做”学习教育常态化、制度化，结合作风建设年，开展争做“五讲”统战干部活动。积极参与“进千村、入万户、察民情、解民忧”、服务企业经理人等活动，走访群众200余户，成功争创市级文明单位和过硬党支部。认真做好包村工作，投资4万元用于帮扶村宫家老庄美丽乡村建设。

（王丽丽）

·昌乐县委统战部·

2017年，昌乐县委统战部紧紧围绕县委、县政府的中心工作，以服务经济转型升级为主线，以加强党外代表人士队伍建设为核心，以维护民族宗教领域的和谐稳定为目标，扎实完成了全年工作任务。

【开展政协、工商联换届工作】与县委组织部、政协党组多次会商，制订委员提名推荐分配方案，经过考察、审核、评价等工作程序，共协商确定县政协委员人选230名、县政协常委提名人选46名。做好20名市政协委员人选推荐工作。召开昌乐县工商业联合会第九次会员代表大会，选举产生第九届执行委员会常务委员。

【夯实统战基础工作】 对非公有制经济代表人士、留学归国人员、新的社会阶层人士等领域的统战对象进行新一轮摸底统计，完善了统一战线数据库。建立起少数民族工作、宗教工作、党外知识分子和党外代表人士等12个台账。扎实开展昌乐籍在外知名人士信息征集工作。通过建立微信工作群、充分挖掘知名校友资源、广泛沟通联系、加强督查调度等措施，共征集市外知名人士信息145条，一并掌握县外昌乐籍知名人士信息507条。实行网格化管理。借助县综治信息网格化管理系统平台，搭建起了县、镇（街、区）、村（社区）和基本单元四级工作网络，加强了对外来少数民族流动人口、清真食品和非法宗教活动的管理。

【强化教育引导】 召开全县统战工作会议，传达全市统战部长会议精神、全市宗教工作会议精神。下发《2017年全县统战工作要点》，对全年统战工作进行安排部署。做好党外代表人士队伍建设。召开党外代表人士座谈会，举办昌乐县党外代表人士培训班、昌乐县新的社会阶层人士学习十九大精神培训班。做好党外代表人士的使用。2017年，共有2名党外干部被提拔为正科级，2名党外正科级干部得到交流，1名党外普通干部被提拔为副科级。

【创建"一县一品"活动】 大力实施"统战进民校、同心筑杏坛"工程，以昌乐二中、外国语学校为试点，制定《关于加强中小学校统战工作的意见》，促进民办中小学校统战工作制度化和规范化建设。典型做法在《山东统战信息》和《联合日报》刊发。开展"新阶层•党旗红"品牌创建活动，制定下发《印发〈关于加强全县新的社会阶层人士统战工作的实施意见〉的通知》（乐办发〔2017〕14号）。成立昌乐县新的社会阶层人士联谊会，并在民政部门进行了注册登记。在宝都街道西湖社区、宝都律师事务所、比德文新能源汽车产业基地、昌乐云众创客开展"新阶层•党旗红"统战品牌创建活动，推动统战工作网络与党的组织同步覆盖，实现统战工作效能与党组织职能作用同步发挥。

【做好民族宗教工作】 深入开展"宗教政策法规宣传月"活动。下发《关于开展2017年"宗教政策法规学习月"活动的通知》，发放各种宣传品500余份。对昌乐县基督教中心教堂、方山龙泉寺等宗教活动场所进行实地走访调研，与各场所负责人员进行座谈交流，掌握全县宗教活动场所的基本状况。全面推进民族团结进步创建活动。完成昌乐县西湖小学、昌乐特师附属小学、山东铭基中慧食品有限公司等3个单位的创建工作。会同县消防大队、县安监局每季度对全县22处宗教活动场所进行一次安全大检查，共查处各类安全隐患、漏洞41处，全部落实了整改措施。县民宗局投入资金5000余元，为22个宗教活动场所统一制作安全制度版面84块，全部悬挂上墙。努力做好少数民族服务工作。积极协调公安部门和各镇（街、区），建立流动少数民族基本情况登记制度；帮助少数民族考生完成中考加分7人；为铭基中慧等民品生产企业申请清真食品生产资格提供上门服务。

（牛　群）

济宁市

•济宁市委统战部•

2017年，市委统战部认真学习贯彻党的十九大精神，紧紧围绕贯彻落实中央和省市委统一战线重大决策部署和全国、全省统战部长会议精神，坚持问题导向，创新工作举措，统一战线各领域工作迈上新台阶，为推动济宁全面建成小康、全面转型振兴做出了积极贡献。

【学习宣传贯彻十九大精神】 制订《全市统一战线学习宣传贯彻党的十九大精神实施方案》，组织召开全市统一战线学习贯彻党的十九大精神座谈会，全面听取市各民主党派、工商联、统战团体学习贯彻情况，迅速掀起学习宣传贯彻的热潮。策划开展主题宣讲，深入民主党派、非公有制企业、宗教团体、社会组织共300余家，举办专题培训21场、座谈交流33次，在统战团体组织、党外代表人士、统战工作安排上实现三个"全覆盖"。领导带头学习宣讲，市委常委、统战部部长白山出席市管领导干部党的十九大精神第五期专题学习班，对全市市管党外干部和市属高校县级领导干部进行专题辅导，其他部领导班子成员也都分领域开展主题宣讲活动，增强了统一战线学习贯彻十九大精神的思想自觉、行动自觉。

【持续聚合统战工作力量】 健全完善大统战工作格局，将民族宗教工作纳入全市经济社会发展综合考核和县市区综合评价体系，联合市编办等四部门出台《关于进一步加强县级宗教工作机构建设的通知》，明确县级宗教工作机构在政府序列中保留名称。组织开展统战工作力量大调研，对全市党外知识分子联谊会、社会组织联合会、有关协会、商会、社会组织、宗教团体、孔孟颜曾宗亲联谊会等进行调研，收集意见建议80余条，具体问题17个，为进一步解决统战工作力量短板问题找到了突破口。指导市伊斯兰教协会平稳换届。召开市工商联（总商会）第十三次代表大会，选举产生新一届领导班子和领导机构，先后召开总商会建设工作、市异地商会建设工作座谈会，筹备建立市总商会“公共秘书处”，努力打造“商会之家”。加强党外代表人士队伍建设，先后举办党外代表人士、党外中青年干部、民族宗教代表人士等培训班，市县两级共培训2000余人次，选调7名党外代表人士参加第二批实践锻炼。

【推动实施凝心聚力行动】 鼓励和引导市各民主党派、工商联和无党派人士开展专题调研，2017年两会期间，共提交提案议案317件，其中重点提案议案95件。持续推进政党协商工作，开展各类协商活动11次，其中市委主要领导主持召开的协商活动3次。举办“情系海联·共谋发展”恳谈会，进一步促进与港澳台海外的经贸合作。深入推进全市统一战线“同心扶贫攻坚行动”，210家民营企业与143个贫困村建立帮扶对子，累计投资金额1565.4万元。积极对接“泛海助学山东行动”，向520名贫困大学生资助260万元。联合济南光彩明天儿童眼科医院开展“情系齐鲁·同心义诊”活动，为县区2750余名适龄儿童检查视力，并对筛查出的313名弱视儿童进行免费治疗。认真贯彻三级宗教工作会议精神，成立全市民族宗教工作领导小组，出台《关于加强和改进新形势下宗教工作的实施意见》，宗教工作领域重点难点问题得以改善。协助市级爱国宗教团体加强自身建设，每年给予各市级宗教团体活动经费3万元。召开市海外联谊会第五届会员大会，选举产生新一届领导机构。探索在统一战线领域开展“和合”教育，圆满完成全国伊斯兰教界代表人士学习班、中央统战部宗教界人士研究生班等来济宁市的实践教学工作，顺利完成香港山东青年会参访团、第三期鲁台中华教育论坛等参访工作。

【全面打造工作品牌】 积极实施“一县一品”创建活动，制订《全市基层统战“一县一品”创建工作实施方案》，确立27个“一县一品”创建项目，创建工作取得较好效果。开展民族工作“找差距、树品牌、争先进”活动，在少数民族村居、企业、宗教团体确立13个精品示范点。认真贯彻落实省委省政府《关于支持非公有制经济健康发展的十条意见》，代市委制定《支持非公有制经济健康发展实施意见》和《营造更优营商环境若干意见》。开展非公有制经济“百企护航”暨“千名干部进千企，结对帮扶促发展”活动，及时为企业排忧解难。2017年12月12日至13日，省委常委、常务副省长李群来济宁督导检查支持非公有制经济健康发展工作，并对取得的成效给予充分肯定。全力抓好新的社会阶层人士统战工作，研究制定《关于加强新的社会阶层人士统战工作的实施意见》。打造“同心驿家”工作品牌，设计品牌LOGO，建立6处实践创新基地，组织开展“同心驿家·读书会”“同心驿家·微课堂”等活动，引导新阶层代表人士参与社会服务活动。

【加强自身建设】 “两学一做”学习教育活动持续推进，严格落实建设过硬支部要求，设立机关党建科，实施党员量化记分管理，用好“灯塔党建在线”平台，将学习教育活动由线下向线上延伸。扎实开展驻村帮扶工作，部领导带头做好驻村联户工作，多次到包驻村、“第一书记”村调研指导。全力支持“第一书记”工作，协调资金65万元用于整修排水沟、硬化路面、铺设自来水管等基础设施建设。统战调研宣传信息水平稳步提升，8个统战课题纳入全市社会科学规划研究项目课题指南，并与山东师范大学、济宁学院合作开展课题调研，其中《山东省新的社会阶层人士现状调研及统战策略研究》课题在省社科规划办立项。充实统战理论调研宣传工作力量，建立94个统战调研宣传联系点和93名联络员队伍。加大宣传信息稿件报送力度，在省级以上刊物发表各类宣传稿件45篇，信息32条。

（张黎明　王　磊）

• 任城区委统战部 •

2017 年，任城区委统战部在任城区委的正确领导下，在济宁市委统战部的具体指导下，深入学习贯彻党的十九大精神，坚持以习近平新时代中国特色社会主义思想为指导，紧紧围绕全市统战部长会议和全市统战部长座谈会的部署要求，持续抓好中央和省市委统一战线重大决策部署贯彻落实，着力推进“一县一品”创建，紧抓一条主线、激发三大力量、打造两个品牌，求真务实、探索创新，全区统战工作得到进一步提升。

【抓好“一条主线”】 全区统一战线紧紧抓住“学习宣传党的十九大精神”这条主线，扎实开展学习宣讲、专题培训、主题活动、督导落实等系列活动，切实用党的十九大精神和习近平新时代中国特色社会主义思想，武装统战干部、引领统战成员、指导统战工作。全年，在区直统战系统统战干部中举办集中学习 48 期，开展专题研讨 6 次；在党外代表人士中开展集中宣讲 1 次；在区管党外干部中开设专题学习十九大精神培训班主题班次 1 期；并组织引导各民主党派、无党派人士、非公有制经济人士、党外知识分子和新的社会阶层人士开展学习活动 60 余次。

【激发“三大力量”】 在全区范围内开展统战对象大摸底、大调研活动，统筹发挥体制内自身力量、统战团体（组织）力量、社会组织力量等三大力量的作用，做好统战工作。

加强体制内自身的力量。牢固树立“党管统战”意识，坚持党委统一领导、统战部牵头协调、有关方面各负其责的统战工作格局。充实调整由区委书记任组长的区委统战工作领导小组，健全完善领导协调机制，建立“区——镇（街道）——村（社区）——网格”四级统战工作网络体系，形成统战工作合力。

激发统战团体、统战组织的力量。一是做好换届工作，打好组织基础。严明纪律，严把政协委员提名政治关、素质关；精心组织，顺利完成 6 个民主党派 9 个支部（社）的换届；统筹兼顾，积极开展区工商联、知联会和海联会的换届。二是成立任城区青年企业家创业联谊会，鼓励青年企业家从实际出发、主动作为、服务社会。三是设立知联会办公室、海联会办公室，安排专门工作人员和活动经费。

凝聚各类社会组织的力量。针对统战对象聚集的各类社会组织，主动联系对接，建立由组织部、统战部牵头，民政局、工商联、工商局等部门配合的联席会议制度，依靠代表人士影响带动更多的人，巩固共同思想政治基础，将更多的统战对象转化为统战工作力量。

【打造“两个品牌”】 任城区围绕“同心社区 +”，着力打造“民族团结进步”特色社区、“新阶层楼宇统战”特色社区两个品牌，积极推进“一县一品”创建工作。

统战部牵头、社区搭台、统战团体唱戏，采取“一团体一社区一特色”模式，以点带面、统筹推进。组织各民主党派主委、非公有制经济代表人士等统战团体到实地调研，各统战团体结合自身优势，寻找联建切入点，提出创建建议。统战部汇总统战团体意见建议和联建意向，根据实际情况，确定每个联建社区的统战团体。制订“一县一品”具体创建方案，联建团体拿出具体工作计划，征求街道、社区意见后，共同组织实施。

“民族团结进步”特色社区：在越河北岸，建立民族宣传长廊；在社区服务中心，建立“同心工作站”和“同心民族议事厅”，议事厅采用“10+3+X”的模式，“10”即 10 名群众代表，“3”即 3 名有威望、有代表性的少数民族人士，“X”即议事涉及的相关部门、有关专家等。前期由社区收集群众反映相对集中、难于解决的问题，适时举行议事厅商议、讨论、解决问题。

“新阶层楼宇统战”特色社区：通过创建工作，仙营街道海能电商产业园逐步形成“党建带统战，统战促党建”的楼宇统战格局。建组织，同覆盖。成立海能电商产业园联合党委，实施“党建统领、统战聚力”工程，把统战工作网络构建与党的组织建设同步推进。成立电商园统战工作领导小组，联合党委明确 1 名党委委员为统战委员，负责电商园的统战各项工作。建阵地，同活动。始终坚持引导统一战线成员巩固共同思想政治基础是统战工作的重要内容，建立党群服务中心，专门拿出两层作为党组织和新阶层人士的活动阵地开展丰富多彩的活动，增强新阶层人士的凝聚力和归属感。

（王　川）

• 兖州区委统战部 •

2017年，兖州区统战工作以党的十九大精神和中央、省市委关于统一战线一系列重大决策部署为指引，围绕中心，服务大局，凝心聚力，扎实推进统战领域各项工作，为促进全区经济发展与社会和谐做出了积极贡献。

【巩固共同思想政治基础】 组织广大统一战线成员认真学习十九大关于统一战线的新思想、新要求，举办全区“不忘初心，携手前进”党外代表人士暨统战干部培训班，组织来自全区各民主党派、无党派人士和镇街统战干部共30余人赴湖南省进行培训。

【换届人事安排工作】 结合人大、政协换届，对全区226名党外代表人士做政治安排，其中协商推荐区政协委员215名，市政协委员14名，区人大代表78名，市人大代表7名。指导区工商联换届工作，对拟推荐安排的15名副主席人选进行考察，对执委以上非公有制经济代表人士人选进行综合评价。在上级工商联换届工作中，全区1名非公有制经济人士当选为全国工商联执委、省工商联副主席，2名当选为省工商联常委，2名当选为市工商联副主席，1名当选为市工商联常委，3名当选为市工商联执委。

【党外代表人士队伍建设】 将“党外代表人士队伍建设”作为“一县一品”创建品牌，建设并启用党外代表人士数据库。积极向区委建议，加大对党外干部的选拔使用力度，2017年全区新提拔重用党外干部10名，其中，正科级干部1名。注重发挥党外代表人士作用，举办“同心”扶贫书画慈善义卖活动，全区部分知名书画家捐赠作品30幅，10名公益人士参与作品认购，共募集善款3.6万元。加强对民主党派工作指导，开展党派走访调研，指导九三学社兖州支社完成换届工作。

【民族宗教工作】 召开全区统战暨民族宗教工作会议，调整区委统一战线工作领导小组，初步形成区委统一领导、统战部门牵头负责，各有关方面密切配合的工作格局。积极做好对上资金争取工作，争取各项少数民族发展资金63万元。将“东葛店村3A级景区创建”作为“一县一品”品牌，重点靠上指导，加快创建步伐。组织开展“民族团结进步宣传月”活动，召开民族团结进步先进事迹报告会。顺利通过国家民委督察组对大安镇东葛店村少数民族发展资金管理使用情况的专项检查工作。围绕做好兴隆寺登记开放工作，到汉传佛教全国重点寺院进行调研，形成《关于管理汉传佛教寺院的调研报告》。组织各宗教团体，各宗教活动场所开展“宗教政策法规学习月”活动。组织对全区部分宗教活动场所的消防、防汛等安全工作开展专项检查，消除各类安全隐患。举办全区民族宗教干部暨民族宗教代表人士培训班，提升民族宗教界人士思想政治素质。

【港澳台统战工作】 区政协换届，安排侨界区政协委员1名，为归侨侨眷参政议政提供平台。加强与归侨侨眷以及海外侨胞的联系，接待越南归侨杜荣忠美国亲属来兖州探亲考察团一行。组织归侨侨眷参加市侨联组织的枣庄台儿庄大战纪念馆、嘉祥民兵训练基地参观学习活动。以侨为桥，开展招商引资，通过山东润美生物科技有限公司，与海外华人融恩投资集团董事长宋海旭女士就在兖州设立大健康产业基金项目进行沟通和洽谈。组织参加鲁台经贸洽谈会，接待“两岸台商孔孟故里行”考察团来兖州参观。春节期间，走访慰问在兖州定居台胞、重点台属。

【自身建设】 推进部机关“两学一做”教育常态化制度化，开展“书香统战”读书学习活动，打造统战党建品牌。以“撸起袖子加油干”为主题，开展“解放思想大讨论、遵规守纪大教育、干部作风大提升”三大活动。积极参与全区文明城市创建，成功创建市级文明单位。

（董双飞）

• 曲阜市委统战部 •

2017年，曲阜市委统战部认真贯彻党的十九大精神和省市统战部长会议精神，根据形势的发展和工作实际，不断推动统战工作持续健康发展，为维护全市政治稳定、社会和谐、经济和社会各项事业发展发挥了积极作用。

【统战工作实践创新取得丰硕成果】 成立济宁市第一个县级新的社会阶层人士联谊会，起到抓住重点人群、突破一点、带动一片的示范效应。打造书香曲阜、海棠小镇等7处文化统战基地，曲阜儒学新院被山东省社会主义学院授予教学点并举行揭牌仪式，设计制作“众行致远•同韵圣城”统战品牌标识，推动全市文化统战品牌建设。在鲁城、小雪、姚村3个镇街分别建立统一战线工作联谊站，成为全市统战工作规范化建设示范点。成功举办或承接第三届鲁台中华教育论坛、香港社团领袖国情研修班、澳门中华慈善基金会考察团来曲阜考察等活动，港澳台海外统战工作持续深化。

【协商民主制度建设扎实推进】 着眼提升制度效能，制订下发《2017年政治协商计划》，召开党外代表人士座谈会。着眼加强领导班子思想政治建设，指导民建曲阜总支、民进曲阜支部完成领导班子换届工作，顺利实现新老交替。着眼增强党派成员合作共事能力，相继开展360余人次专题培训和“不忘合作初心、继续携手前行”主题教育活动。着眼提升党外人士履职能力，广泛开展调查研究，积极参政议政。全年累计向有关部门送交调研报告20余篇，提交提案、议案130余件，其中，30余件被列为重点提案、议案，进入市委、市政府决策，促成了一系列重点、难点问题的解决。

【民族宗教领域和谐稳定】 以组织开展全市第17个民族团结进步宣传月活动为载体，积极开展创建省市级“民族团结进步示范单位”活动。实施“双争双创”工程，西关民族文化广场、西关小学文化体育项目相继落地，精准扶贫工作扎实推进。配合做好中央社会主义学院新疆爱国宗教人士研修班、全国伊斯兰教界代表人士培训班等现场教学活动，与甘肃省民委签订流动人口跨域管理合作协议，促进了文化交流和地区合作。

【非公有制经济健康发展】 将电子商务新商业模式作为全市跨越赶超的综合动能，发挥孔府印阁、润强农业等电商典型企业引领作用，开展大小观摩、论坛16次，培训各类电商人员500余人。突出商会规范化、特色化建设。积极引导非公有制企业履行社会责任，累计为精准扶贫、光彩公益事业捐款、捐物价值2000万余元，树立了非公有制经济人士的良好社会形象。

【统战工作科学化水平进一步提高】 进一步完善统战工作考核体系，加大对基层统战工作的督导检查力度。创成济宁市级文明单位，建立曲阜统一战线微信公众平台，荣获全省统战理论调研宣传“四新工程”县级先进单位，被济宁市委统战部评为全市统战信息、调研宣传工作先进单位。

（孔　涛）

•泗水县委统战部•

【贯彻落实党的十九大精神】 自觉以习近平新时代中国特色社会主义思想指导和推动工作，深入推进“两学一做”学习教育制度化常态化。召开“两学一做”学习教育制度化常态化座谈会，制定出台活动实施方案、学习配档表，定期开展专题研讨，组织全体人员学习党章党规和习近平总书记系列讲话、特别是总书记关于统战工作的重要论述，进一步增强全体机关干部党性修养，选调部分领导干部到中央财经大学、北京大学、省社会主义学院等进行集中培训，助力素质提升。

【加强党外代表人士队伍建设】 协助县委制订年度政治协商计划，制订年度党外代表人士培训计划，推荐1名优秀党外干部到上级部门挂职锻炼，举办1期党外干部培训班，组织到林县红旗渠、焦裕禄纪念馆等地参观学习。做好市县人大代表、政协委员推荐考察工作，推荐241名优秀党外人士担任市县人大代表、政协委员，协助做好全国、省人大代表考察工作。召开2次党外代表人士情况通报会，收集涉及文化旅游、招商引资、教育卫生等方面意见建议20余条。

【促进非公经济“两个健康”】 顺利完成县工商联换届工作，创新开展工商联副主席轮值制度，组织直属商会会长半年述职。通过实地调研、座谈等多种形式组织工商联会员加强联谊。筹备成立全县新生代企业家联谊会，组织召开银企对接会，30家企业成功与齐丰银行对接融资2000万余元。组织会员企业参加“庆七一、颂党恩”红色教育活动，召开学习十九大精神座谈会、专题报告会。引导企业履行社会责任，累计投入资金120万余元，完成全国工商联“万企帮万村”精准扶贫系统台账录入工作。举办“泗水县首届十佳餐饮单位”评选、县礼仪庆典业商会年会庆典等活动。做好市对县营商环境考核相关工作。

【推进精准扶贫工作】继续实施“百企帮百村”精准扶贫行动，积极与市工商联会员企业对接扶贫项目，济宁长恒信会计师事务所、华安石化、鸿润集团、永春堂集团等先后到联系村开展走访，帮助建立产业扶贫项目，投入帮扶资金120万余元，争取山东泛海助学、济宁联商公益助学等资助贫困大学生78名。

【做好民族宗教工作】成立由县委书记谢成海同志任组长的民族宗教工作领导小组。开展民族宗教界矛盾隐患问题调研排查，做好民族宗教界信访维稳工作。组织“慈爱人间•五教同行”宗教慈善周系列活动，完成全县36个民间信仰活动场所的摸底统计，39个宗教场所的重新登记和赋码上报工作，举办全县宗教界政策法规暨财务管理培训班，开展民族团结进步手抄报展览、民族政策法规宣传暨民族团结进步工作展，召开全县民族宗教界学习贯彻党的十九大精神座谈会等系列活动，对宗教场所防火、防汛等安全工作进行定期巡查，联合县食药监局、工商局等部门在开斋节、中秋等重点节日期间开展清真食品安全检查活动，确保穆斯林群众饮食安全。发放省级穆斯林群众牛羊肉补贴44.52万元。对上争取少数民族发展扶持资金37.3万元，用于中册镇大李白西村清真寺维修和养殖小区配套设施建设。

【加强自身建设】驻村联户工作进一步深化，部门主要负责人带头驻村，保证驻村时间，按时参加基层组织活动日活动，积极到联建村和联系社区开展走访调研，收集社情民意。召集财政、水利、农业、交运等相关部门集中到联系村调研座谈，解决实际问题。进一步提高党员干部廉洁自律意识。充分利用廉政党课教育、道德讲堂和“两学一做”学习教育活动有利时机，深入开展思想道德、法纪、党的优良传统和作风教育。通过集中观看警示教育片进行警示教育，党员干部遵纪守法的意识得到进一步加强。对原有规章制度重新进行修订和完善，要求部机关党员干部始终做到自重、自省、自警、自励，牢记“两个务必”要求，保持良好形象。

（东野广平）

•邹城市委统战部•

2017年，在邹城市委坚强领导下，全市统一战线以习近平新时代中国特色社会主义思想为指导，深入学习贯彻党的十九大精神，全面贯彻落实中央和省市委重大决策部署，坚持团结一切可以团结的力量，为全市经济社会发展、跨越发展提供广泛力量支持。

【筑牢共同思想政治基础】以习近平总书记系列重要讲话和统一战线重要思想为主要内容，组织开展党外代表人士培训班；支持全市各民主党派开展“不忘合作初心，继续携手前进”主题教育；支持非公有制经济人士开展“守法诚信、坚定信心”教育实践活动。统战成员始终与以习近平总书记为核心的中共中央保持高度一致的自觉性更加坚定。举办统战成员学习党的十九大精神座谈研讨会，在民主党派、非公有制企业、民族宗教群众中开展形式多样十九大精神宣讲活动，凝聚起统战成员对十九大战略部署的高度认同，不断增强统战成员“四个意识”和“四个自信”。

【服务全市发展大局】制订《2017年全市政治协商计划》，市委及统战部门先后多次召开会议，通报全市经济社会发展、党风廉政建设和反腐败等情况，广泛听取意见建议。围绕五化融合、城乡统筹、经济转型升级等重大问题，开展各类专题协商活动12次，议政建言活动9次，提出意见建议100余条，形成调研报告12份，多项调研成果进入市委市政府决策。统战成员多种形式参加社会公益活动，累计捐款捐物320余万元，帮扶贫困学生170余人次，资助贫困家庭100余户。以基层商会和工商联为平台，多种方式帮助民营企业加快转型升级，引导企业以科技创新引领转型升级，打开了新的发展局面。

【加强党外代表人士队伍建设】政府工作部门和司法机关党外干部安排力度进一步加大，全市科级以上党外干部44人，其中党外正职2人，副职9人，市人大代表中党外代表、政协委员中党外代表委员占比符合相关规定。1名党外优秀人才成功当选新一届省政协委员，填补全市党外人士当选省级政协委员的空白。推进民主党派基层工作平台建设，完成致公党邹城支部社区工作室、民建邹城支部基层服务站等建设。积极开展党员领导干部与党外代表人士联谊交友活动，进一步完善党员领导干部与党外代表人士联谊交友制度。开展党外知识分子专题调研，发现一批新年轻党外知识分子。

【开展非公有制经济领域统战工作】 带领企业家参加厦门国际投资贸易洽谈会、全国第三届军民融合发展高技术装备成果展览等经贸活动，拓展企业视野，促进项目合作。商会换届工作顺利开展，5个镇街商会达到“四好”标准，各商会会员企业提供信息助推引进56个项目。举办非公有制经济人士学习贯彻党的十九大精神、“革命传统教育＋视察企业项目”庆“七一”、青年企业家座谈等系列活动。做好非公有制经济人士政治安排工作，先后推荐省工商联副会长1名、执委2名。工商联系统累计捐款捐物320余万元，救助贫困群众和贫困学生170余人次，资助贫困家庭200余户，树立了民营企业的良好形象。

【做好民族宗教工作】 举办民族宗教工作业务培训班，提高基层民族宗教干部综合素质，完成宗教信息系统的摸底填报，开展宗教场所赋码的基础工作。累计争取上级少数民族发展资金48万元，用于民族村居自来水和道路改造工程，改善了民族村居基础条件。深入推进民族政策法规宣传，开展民族团结进步创建“六进”活动。成立清真食品联合监管制度，建立清真食品义务监督员队伍。开展民族宗教工作专题调研，深入推进基督教私设聚会点和佛道教乱象整治工作。多层次组织开展学习新修订《宗教事务条例》，加强宗教出版物的监管，宗教事务更加规范。在民族宗教界代表人士中广泛开展“遵法规、讲道德、守诚信、树新风”主题教育活动，积极推荐代表人士担任政协委员。组织信教群众和爱心人士到贫困山村和镇街敬老院，弘扬社会正能量。

【提升统战工作水平】 市委常委会两次专题研究民族宗教工作，成立邹城市民族宗教工作领导小组，出台《加强和改进新形势下宗教工作实施意见》。民族宗教部门建立宗教工作月报告制度，完善宗教事务长效管理工作机制，建立宗教领域应急预案，民族宗教工作更加理顺。非公有制经济领域“凝聚人心、助力发展、强基固本”三大工程取得显著成绩，观摩市非公有制经济统战示范点。

（孔金龙）

•微山县委统战部•

2017年，微山县委统战部以“一县一品”创建活动为着力点，全面抓好各项工作，全县统战工作呈现新局面。

【党外代表人士队伍建设】 加大党外代表人士的培养教育工作力度。成立由县委常委、统战部部长王君磊同志为组长的党外干部实践锻炼基地工作领导小组。在省社会主义学院举行全县统战干部暨党外代表人士理论政策培训班。发挥党外代表人士的参政议政作用。多次组织党外代表人士召开座谈会，学习十九大精神及省市重要文件，围绕新旧动能转换、经济转型等进行调研，动员引导建言献策，收到建言献策书25份。强化对党外人士的政治安排和实职安排。县政协配备2名党外副主席，县人大配备1名党外副主任。按规定配备县政府党外副县长，有7个政府部门配备党外副职，2名党外干部提拔为正科级，其中1人为部门正职。有171名党外人士被推荐安排为市县政协委员。做好党外代表人士队伍建设及交流活动。县委办公室印发《县级党员领导干部与党外代表人士联系交友制度》，每名县级党员领导干部按要求联系2—3名党外代表人士，开展走访等联谊交友活动20余次。加强民主党派服务社会能力。协助民主党派支社开展了“关爱心脏九三行动”“走进敬老院”慰问困难户等活动。

【民族宗教工作】 加大对民族宗教工作的调研力度。召开宗教界代表人士、市县少数民族界人大代表、政协委员座谈会，宣传党和国家民族政策，维护民族团结。为促进民族团结进步事业发展，节日期间对县民族宗教界人士开展走访慰问活动。县民宗局自身建设得到加强。成立县民族宗教信息中心，为正股级事业单位，事业编制4人。依法加强对宗教事务的管理。下发《以“规范”为主题开展和谐宗教活动场所创建活动的通知》，成立活动领导小组，制订活动方案，明确工作责任。深化边界接壤地区宗教管理，维护社会和谐稳定。与沛县民宗局在微山召开第三次联席会，通报边界地区宗教情况，有效维护边界接壤地区的宗教领域稳定。

【非公有制经济领域统战工作】 做好工商联换届工作。严格按照非公有制人士综合评价系统评选会员，并协助工商联圆满完成换届。协助做好微山县“同心扶贫”攻坚暨“百企帮百村”精准扶贫工作。下发《关于调整微山县“同心扶贫”工商联会员企业联系包保贫困村的通知》。会员企业及各民主党派和无党派人士通过教育扶贫、科技扶贫、捐赠扶贫等方式，有力促进统战成员的精准扶贫活动开展。促进非公有制经济健康发展。县委书记张茂如主持召开全县支持非公有制经济健康发展座谈会，为支持非公有制经济健康发展提供平台。

【基层统战工作】 完善缜密高效的工作网络。县委统战部及各镇街根据人事变动调整充实县委统战工作领导小组。各乡镇街、县直有关部门明确分管统战工作的领导，专职或兼职统战委员，专职统战干事。434个行政村、28个城市社区也都成立统战工作协调小组，全面指导和协调村、社区内的统战工作。完善基层统战工作办公室软硬件建设。初步建立起纵向到底、横向到边的基层统战工作网络体系，解决基层统战工作无人管事、无人干事的问题。建立与县委台办、县政府外事侨办等单位部门的定期座谈会议制度，“大统战”格局初步形成。切实发挥县非公有制经济组织党工委的引领作用，重点非公有制企业建立了党组织。

（裴　静）

·鱼台县委统战部·

2017年，鱼台县委统战部围绕实施“五大工程”，着力搭建统一战线成员献计、党外知识分子助推、非公有制经济人士投身和海外人士参与“四宜”新鱼台发展的“四大平台”，全县统战工作取得新的进展。

【实施“同心思想”强化工程】 通过举办培训班、报告会和开办“同心”论坛以及独具特色的形式，在统一战线成员中广泛开展“同心思想”教育。组织开展“不忘合作初心，继续携手前进”专题教育和非公有制经济代表人士“四有”理想信念教育，在党外知识分子及新的社会阶层人士中开展十九大精神宣讲专场2场次。运用“孝贤文化”平台开展了13个主题题目和20个自选题目的专题调研，邀请外地35位代表人士参加闵子诞辰2553年纪念活动、举办孝贤文化学术论坛，弘扬孝贤文化。邀请外地客商近100人，参加2017年鱼台首届龙虾节，举办孝贤文化湖渔名优特新产品招商洽谈会。

【实施非公有制经济“511”品牌塑造工程】 着眼培养5名领军型新生代企业家，扶持10家新生代骨干企业，带动100名新生代自主创业。指导帮助新生代企业家李小刚建设鱼台品牌农产品展销中心，20余个品牌企业入驻，成立鱼台县青年企业家协会，实现新生代企业家的抱团发展。支持华泰光源有限公司建设中小企业众创空间，为中小企业反映诉求、获取信息、学习交流、享受公益性服务提供渠道和场所，累计入驻企业78家，带动就业3000余人，被评为“济宁市市级示范众创空间”。注重异地商会建设，组织宁波、上海、北京等异地商会的100余位企业家返乡投资考察，达成亿元以上投资意向项目2个；通过银企对接，为5家企业争取到银行贷款约600万元；引导非公有制经济人士参与扶贫帮困、助残助学等公益活动，全年捐献财物10万余元。

【实施民族宗教工作规范管理促进工程】 对全县92处宗教活动场所进行拉网式安全隐患排查，对排查出的问题进行整改；制定两个《规定》，依法规范宗教活动、宗教教职人员和宗教场所财务管理，宗教管理制度化、规范化水平明显提升；对全县宗教活动场所负责人和宗教教职人员进行十九大精神宣传和新《宗教事务条例》培训；开展社会主义核心价值观进场所活动，培养宗教界爱国思想。根据《鱼台县进一步完善民族事务服务体系的意见》文件要求，健全县少数民族信息共享、事务共管机制，切实维护和保障了少数民族合法权益，为广大少数民族群众生产生活提供支持和便利。

【实施统战重点领域“同心聚力”工程】 认真做好党外人士政治安排，在县级政协中全部按规定比例配备党外副主席、常委、委员，推荐9名党外人士为第十三届市政协委员。积极推进党外干部实职安排。全县党外科级以上干部总数25人，其中副县级5名，24个政府组成部门中有8个领导班子中配备了党外干部。重视做好党外干部培养选拔工作。2017年向组织部门推荐一批党外干部人选，其中2名被提拔为正科级，3名被提拔为副科级，4名得到交流使用。

【实施统战干部能力提升工程】 坚持问题导向，通过开展大问计、大讨论、大走访、大调研、大交流，解决统战工作中存在的突出问题，树立统战干部担当实干的理念。认真做好统战调研和理论创新工作，创新统战工作方式，充分利用网络等现代手段，开展统战工作，完善“鱼台统一战线”微信公众号，开设鱼台党外政协委员学习交流群，做好网络议政建言，加强统战工作实践创新成果的宣传。

（国　宏）

•金乡县委统战部•

2017年，金乡县全面贯彻中央统战工作会议精神和上级各项部署要求，不断巩固和发展最广泛的爱国统一战线，为推动全县科学发展增添了新动力。

【民主协商工作】 以民盟、工商联换届为契机，帮助支持新一届班子加强思想、组织和作风建设。多次组织党外各界代表人士学习贯彻党的十九大精神会议。协助县委先后组织召开民主党派座谈会和全县统一战线各界人士座谈会，与会人士围绕如何搞好江北水城建设和党外干部安排使用等工作积极建言献策，提出6条有价值的意见和建议。与教体局、房管局等有关部门联合组织开展6次专题协商活动。协助民主党派搞好自身建设，组织民主党派成员调研现代农业、非公有制经济发展情况，县财政将民主党派活动经费3万元纳入财政预算。

【党外代表人士队伍建设】 召开全县统战暨民族宗教工作会议，印发《中共金乡县委统战部2017年工作要点》和《统战工作知识手册》。认真做好党外干部培养锻炼、安排使用工作。全年，有6名党外干部得到提拔。完成5名党外同志挂职期满考核工作，再次选派3名优秀年轻党外干部到济宁高新区及县党外代表人士实践基地挂职锻炼。加大党外代表人士教育培训培养力度，共举办统一战线各领域培训班10余次，1000余人次参加；充实、完善470人的党外代表人士数据库，及时调整吸纳67名优秀人才入库。严格按照规定和政策，对全县320余名非公有制经济代表人士开展综合评价，在人大、政府、政协换届工作中，188名党外代表人士得到安排使用。

【民族宗教工作】 多措并举扶持少数民族经济发展，农村少数民族群众脱贫率100%。通过穆斯林牛羊肉价格补贴，为少数民族低收入家庭向上争取6万元补贴；扎实开展民族团结进步，金乡街道、清真寺、华光集团分别被评为民族团结进步模范先进集体和全市民族团结进步先进单位。积极推动规范化和谐宗教场所建设，深入推进和谐宗教活动场所创建活动；进一步完善《金乡县宗教活动场所财务监督管理办法》，持续加强宗教场所“四统一”财务监管工作。妥善处理宗教领域遗留矛盾；坚决打击乱建寺观教堂，全力维护民族宗教领域和谐稳定。

【非公有制经济领域统战工作】 推进“四好”商会建设，制订《关于开展“四好”商会建设工作的实施方案》。配合有关部门举行招商引资推介会暨招才引智政策发布会，会同县人社局等部门举办“2017年就业援助暨春风行动招聘会”，80余家企业参会招聘，1000余人当场达成就业意向；召开全县金融工作暨政银企对接会，14家企业和8家银行签约；利用换届有利时机，推荐26名年轻企业家为市、县人大代表、政协委员和县工商联副主席、执委。协调团县委组建青年企业家协会，组织51名青年企业家捐钱捐物60万余元，参与“希望工程，圆梦行动”等活动。大力开展“建组织、扩覆盖”活动，积极推进非公有制企业党建工作。全县单独或联合建立党组织81个，党的工作覆盖面达到100%。

【“双争双创”品牌创建工作】 深入开展非公有制经济人士“双争双创”品牌创建。推动重点企业实施科技创新，亿九科技被评为“2017年度济宁市十佳工业电商服务机构”，宏大食品等6家企业被评为“创新培育先进企业”，鲁特电工获批为市工业设计中心。企业“二次创业”效果明显，润田特色农业专业合作社积极与云天化公司合作，扩大企业规模。

【同心实践活动】 组织各界代表人士开展春节走访慰问送温暖活动；会同县扶贫办、县中小企业局等部门在化雨镇共同举办

"春季扶贫送岗"招聘会，为贫困群众提供就业岗位300余个；结合文明城市创建，组织引导全县广大统战成员全面参与"同心创城"活动，多次开展"学雷锋"志愿活动；组织民主党派成员赴卜集镇石庙村、东门屯村和王丕街道敬老院开展健康义诊、法律维权、科技下乡、金融服务等"同心实践"活动，为精准扶贫户、残疾人等弱势群体提供价值近3万元的生活用品。

（马殿振　曹玉慧）

·嘉祥县委统战部·

2017年，嘉祥县认真贯彻落实中央和省市委统战工作会议精神，发挥优势、履行职能，求真务实、努力创新，各项工作取得实效。

【党外代表人士队伍建设】 举办党外知识分子践行社会主义核心价值观大讲堂，邀请省社会主义学院讲师前来授课。举办党外代表人士培训班，召开学习十九大精神座谈会。全县副科级以上党外干部、民主党派成员、无党派知识分子代表和统战干部共500余人进行统战系统的培训和学习。做好党外人士的政治安排，嘉祥县政协第九届委员会换届工作安排160名党外人士担任县政协委员，提名推荐8名党外人士担任市政协委员。加强实践锻炼基地建设，在县经济开发区打造全县第3处党外代表人士实践锻炼基地，并举行揭牌仪式，首批遴选出4名党外干部进行为期半年的挂职锻炼。

【非公有制经济领域统战工作】 强化基层商会建设，成立青岛嘉祥商会。实行副主席轮值制度，增强工商联兼职副主席（副会长）的责任意识，促进工商联工作健康发展。积极搭建招商平台，收集招商信息，为经济建设服务。动员会员企业参加第17届"山东省—山口县经贸洽谈会"，引导企业走出去引进来，加大对外合作与交流。赴上海、南通、杭州、宁波、上虞等地工商联学习考察，参观会员企业，寻求合作意向，与上海奉贤区、浙江上虞区工商联建立友好工商联关系，为下一步两地工商联之间交流交往创造良好条件。结合精准扶贫，做好光彩事业工作，组织10个会员企业包村帮扶，制定产业扶贫措施，定点帮扶部分贫困家庭脱贫。动员民营企业参与扶贫事业，捐资助学、扶贫济困共计50万余元，举行义诊活动服务群众1200余人。

【民主党派工作】 召开学习贯彻十九大精神座谈会，加强对民主党派人士的思想引导。鼓励支持民主党派开展形式多样的学习实践活动，民盟济宁市委首个"盟员之家"在恒泰钢管集团挂牌成立。民建嘉祥支部组织会员前往南部山区开展文旅产业专题调研。民建和民盟支部又分别组织会员赴重庆接受红色教育，使民主党派人士不忘合作初心，继续携手前进。

【民族宗教工作】 积极开展民族团结进步示范点创建活动，其中嘉祥职业中专和嘉祥街道被省委宣传部、省委统战部、省民委命名为省级民族团结示范单位。为少数民族聚居村吴店村争取扶贫资金20万元，为民族村虎头山争取项目资金33万元。开展民族工作专项调研活动，全面掌握县少数民族的分布、构成等情况，并对全县少数民族基本经济情况进行调查统计，初步建立县少数民族经济基本情况数据库。组织引导宗教界开展慈善公益活动，累计捐款捐物30万余元，举办3次大型义诊活动，义诊800余人次，免费发放药品价值2万余元。组织举办"2017年宗教团体班子成员培训班"，对全县宗教团体的负责人和主要教职人员30余人进行培训。加强对宗教教职人员的备案管理，对全县51位宗教教职人员建档立卡，实行动态管理。开展宗教基础信息数据采集核改工作，录入宗教活动场所47处，宗教教职人员47人，宗教团体3个，核改宗教基础信息数据127条，有效摸清全县宗教工作信息底数，为宗教工作数据库建设和推进宗教工作的规范化、标准化建设奠定基础。

【海外人才工作】 以"同心海联·报家乡"行动为主题，围绕嘉祥经济发展汇聚人才这个重点，加大招才引智力度，在北京、上海成功举办"嘉祥县海外人才联谊座谈会"，邀请留学归来的在京高等院校、科研机构、医疗、金融等领域工作的嘉祥籍高端人才参加座谈。通过这两次联谊活动，掌握海外人才更多的信息以及下步海联会工作重点和方式方法，为经济社会发展储备人才、提供智力支持积累了宝贵经验。

（孙方敏）

·汶上县委统战部·

2017年，汶上县委统战部深入学习党的十九大精神和习近平新时代中国特色社会主义思想，认真贯彻落实统一战线系列重大决策部署，围绕县委、县政府中心工作，深入挖掘资源优势，进一步巩固和发展最广泛的爱国统一战线，各项工作稳步推进。

【学习贯彻全国和省市统战部长会议精神】 及时将会议精神向县委主要领导和县委统战工作领导小组进行专题汇报，牵头拿出贯彻落实具体意见。召开全县统战工作会议，安排部署工作任务，进一步加强对贯彻落实中央和省市统战工作重大方针、政策、法律法规的情况研究、协调指导和督促检查。

【围绕中心服务大局】 倾力服务，保障文化节顺利举办。为文化节宗教活动提供政策把关、志愿服务，助推全县旅游业发展。全力参与，扎实开展驻村联户工作。积极开展驻村调研、入户走访工作，在助力厕改、精准扶贫、夏秋禁烧、安保维稳和政策宣传中发挥积极作用。发挥优势，助力精准扶贫工作。持续开展“同心扶贫攻坚行动”，27家市县级优秀社会主义事业建设者企业帮扶15个村135户贫困户，实现困难群众就业1100人次，免费健康查体群众2100人次，捐赠药品40万余元。公益助学行动资助困难高考生120余人，“情系汶上·同心义诊”行动为14名贫困儿童免费治疗弱视。

【民主协商工作】 认真贯彻落实《中共中央关于进一步加强中国共产党领导的多党合作和政治协商制度建设的意见》精神，印发《政协汶上县委员会2017年度协商工作计划的通知》，完善县级党员领导与党外代表人士联谊交友制度和季度恳谈会制度。推进党外代表人士政治安排，党外政协委员155人，党外人大代表41人。新考察发展民主党派会员4人。

【非公有制经济领域统战工作】 促进非公有制经济人士健康成长。以习近平总书记关于非公有制经济的重要讲话精神为指引，着力构建“亲”“清”新型政商关系，以“守法诚信、坚定信心”为重点，深入开展非公有制经济人士理想信念教育实践活动。促进非公有制经济健康发展。积极探索发挥党组织“两个作用”和党员先锋模范作用的有效途径，以党建促发展。积极贯彻全省支持非公有制经济发展工作会议精神，创优非公有制企业发展环境。

【民族宗教工作】 健全宗教工作网络。成立民族宗教工作领导小组，建立县、乡、村三级宗教工作管理网络。提高宗教工作法治化水平。开展宗教“教风年”、宗教政策法律法规学习月及宗教和谐活动场所创建等活动，促进宗教事务管理规范化。支持少数民族发展。争取上级少数民族发展资金33万元，完成康驿镇金街村文化广场项目、金街清真寺修缮项目、军屯乡马山村桥梁建设项目。引导宗教界积极参与社会公益慈善活动。文化节期间，佛教协会捐赠10万元用于公益慈善事业。

【港澳台海外统战工作】 做好对台交流工作。“山东省海峡两岸交流示范点”在宝相寺挂牌，举办海峡两岸佛教文化交流座谈会，组织参加“第二十三届鲁台经贸洽谈会”等活动。全年办理赴台考察交流交往9批21人次，接待中国台湾地区来汶旅游探亲台胞台商5起35人次。开展台胞台属慰问工作。结合传统节日慰问台胞台属。积极服务台资台属企业发展。联合县安监局对台资台属企业开展季度安全检查，排查安全隐患。

【品牌创建工作】 探索启动“统一战线同心连民心产业扶贫”“联知联心 聚智聚能——依托知联会做好党外知识分子工作”“O2O统战服务平台”3个品牌创建工作，形成多种帮扶新模式，引导党外知识分子积极参政议政、建言献策，进一步密切了与广大统战对象的联系。

（王目军）

·梁山县委统战部·

2017年，梁山县委统战部以学习贯彻党的十九大精神和习近平总书记关于统一战线工作的新理念新论断为主线，把握大团结大联合的主题，整合优化统战资源优势，凝聚团结统战力量，为建设幸福美丽新梁山做出积极贡献。

【完成政协换届工作】 十届县政协委员规模为276人，其中，第一次会议安排委员263人，13名委员空额待届中增补。经请示市委统战部，并经县委常委会研究常委规模定为53名，占委员规模总数的19.2%。

【支持民主党派发挥作用】围绕梁山“工业立县”的战略目标，以专用汽车、教育出版、食品加工、纺织服装等主导产业为基础框架，引导民主党派成员为梁山专用汽车、文化出版等主导产业建言献策，2017年度民主党派和党外人士在全县“两会”上共提交政协提案30余件。

【加强党外代表人士队伍建设】党外代表委员比例达到60%，政协常委达到65%，党外代表当选为县人大代表比例达28%。党外干部使用力度得到加强。梁山县24个县政府序列局中5个局配备党外副职，安排党外副科级以上干部达26人。推荐1名非公有制经济代表人士为全国人大代表，推荐2名非公有制经济代表人士为山东省政协委员人选，推荐9名党外人士选为市政协委员。

【非公有制经济领域统战工作】紧密围绕“创新、创造、创品牌”、加快转型升级、大项目建设、招商引资、城市建设、社情民意等非公有制经济人士普遍关心的热点难点问题，到菱花生物科技、飞驰挂车等10余家企业开展调研，征求意见建议80余条。邀请科技局、质监局、农业局、食品药品监督管理局、文化执法局等职能部门与企业家进行座谈交流7次，促进政企之间的交流互动。组织隆昌塑料、润通石化等企业到兰州参加第二十三届中国兰州投资贸易洽谈会，并考察兰州新区、综合保税区、科天集团及威特焊接材料等企业，与甘肃省山东商会会长等座谈交流。

【民族宗教工作】为7名少数民族高、初中生办理加分手续，为10名少数民族群众办理民族成分更改手续。深入贯彻落实中央民族政策，为98户穆斯林农户办理牛羊肉补贴。举办“宗教慈善周”活动，宗教界朋友和信众代表为夕阳红老年公寓捐赠了各类生活用品，价值万元以上。

【同心扶贫工作】联合县民政局、扶贫办、教育局积极开展“泛海助学山东行动”，帮助58名贫困大学新生享受到总金额达29万元的助学金。20家非公有制企业通过产业扶贫、就业扶贫、科技扶贫、捐助扶贫等方式对接帮扶10个乡镇（街、区）的19个贫困村，覆盖建档立卡贫困户480户、总人口1066人。投资18万元修建文化广场1处、生产道路1条；实施产业扶贫项目1个；提供就业岗位100余个，安排贫困户就业47人；中秋、国庆前夕，组织会员企业对建档立卡贫困群众走访慰问，共捐赠现金、物资25次，折合人民币30万余元。组织开展“助力三城同创，慰问环卫工人”活动，天成书业、神力汽配等5家企业共计向全县450名环卫工人发放价值2万元的防暑茶、冰糖和毛巾等防暑用品。

【自身建设】重新调整全县统战工作领导小组成员，增加行政人员2名，设立党外代表人士工作科，民宗局设立民族宗教事务服务中心。强化内部制度，梳理14项部门工作、学习和管理制度，每周制定本周工作总结和下周计划表。构建统战宣传平台。累计向中央和省市县各新闻媒体和统战系统报送各类信息60余条。在非公有制企业党组织中举办“学习弘扬红旗渠精神”主题演讲比赛和“七一”主题活动。在全县23个规模以上非公有制企业党组织中创建党建示范点。对15个乡镇街道商会进行规范整顿，确保基层商会在促进辖区经济发展、服务会员企业发展方面能够发挥更大作用。

（蔡源源）

泰安市

·泰安市委统战部·

2017年，泰安市委统战部认真学习贯彻习近平新时代中国特色社会主义思想和党的十九大精神，紧紧围绕贯彻落实中央、省委、市委关于统一战线一系列重大决策部署，按照“抓重点解难点出亮点”的工作总要求，统筹谋划，创新开拓，各领域统战工作稳步推进，取得扎实成效。

【推进多党合作事业】抓好政党协商，制订、落实2017年度政党协商计划，全年召开市委民主协商会、《政府工作报告》征求意见会、政协委员提名协商会、全市党风廉政建设和反腐败工作情况通报会等协商活动10次，其中市委市政府主要领导同志出席5次。引导参政议政。市政协十三届一次会议共立案党外提案272件，占提案总数的81%；10

件年度重点提案中民主党派提案有8件，占总数的80%。各民主党派与市、县政府有关部门联合开展专题调研、协商座谈等活动30余次，形成高质量专题调研和界别协商成果14个，为市委市政府科学决策提供有益参考。支持自身建设。协助支持各民主党派和无党派人士深入开展坚持和发展中国特色社会主义学习实践活动和“不忘合作初心，继续携手前进”主题教育活动。举办民主党派市级组织负责人暑期研讨班和各民主党派市委领导班子成员培训班，加强关键少数民主党派领导成员的教育培训。协助各民主党派抓好组织发展和基层组织换届工作。加强民主党派工作规范化建设，按月调度各民主党派参政议政和社会服务工作情况。协助支持各民主党派基层组织加强工作场所和活动阵地建设，支持民主党派开展形式多样的社会服务活动。举办全市统一战线“庆国庆·喜迎党的十九大”联欢会，与ZAKER手机客户端合作进行网络直播，累计有14万人次观看。

【开展新的社会阶层人士统战工作】 认真学习贯彻全国、全省新的社会阶层人士统战工作会议精神，在全市范围内开展调查摸底，掌握基本情况。召开全市新的社会阶层人士统战工作会议，出台《关于加强新的社会阶层人士统战工作的实施意见》。市及部分县市区委统战部到多地参观考察，学习借鉴先进经验。抓好人选推荐筛选，筹备成立市新的社会阶层人士联谊会。支持泰山区先行先试，探索实施“三大工程”推进新的社会阶层人士统战工作，相关经验被《中国统一战线》杂志、中央统战部网站、“山东统一战线”微信公众平台推广。岱岳区以新的社会阶层人士联谊会为圆心，依托四个区域分会和四大服务平台实现全覆盖。新泰市精心打造“同心苑”活动阵地，并把新的社会阶层人士按行业划分为6大类36行，实现各行各业新的社会阶层人士“聚到一起、说到一起、想到一起、干到一起”。其他县市区各有特色，遍地开花，全面推进全市新的社会阶层人士统战工作深入开展。

【服务经济社会发展】 深入开展民族团结进步创建活动和少数民族帮扶工程，对上争取少数民族发展资金362万元，少数民族教育专项资金90万元，连同市级少数民族扶持资金200万元，全部用于民族村项目建设、贫困村帮扶和教育事业发展。召开全市宗教工作会议，出台《市委、市政府关于加强和改进新形势下宗教工作的实施意见》。扎实做好省委巡视“回头看”反馈意见中涉及宗教问题的整改落实工作。推进县级民族宗教部门与统战部合署办公，保障基层宗教工作部门行政执法权。2017年，6个县市区民族宗教部门与统战部已全部合署完毕。深入开展以“守法诚信、坚定信心”为重点的非公有制经济人士理想信念教育实践活动。认真贯彻落实省委、省政府《关于支持非公有制经济健康发展的十条意见》。着眼推动构建“亲”“清”新型政商关系，持续优化非公有制经济发展环境，努力促进非公有制经济健康发展和非公有制经济人士健康成长。抓好非公有制经济人士综合评价工作，严把非公有制经济人士政治安排入口关。指导各县市区工商联换届，做好省工商联换届人选推荐考察等工作。依托泰山国家级海峡两岸交流基地和各交流示范点，广泛开展泰（安）台（湾）经贸文化交流活动。全年，全市新批台资项目1个，合同台资额3000万美元，实际利用台资1500万美元，在建在谈台资项目9个。举办“台湾中南部地区东岳大帝碧霞元君信众泰山行”和“台湾学子中华泰山成人礼”等泰（安）台（湾）文化交流活动，先后接待“中华儿女文化体验营”“中国国民党民意代表山东参访团”“全国台联青年千人夏令营”“齐鲁文经协会鲁籍学生夏令营”“台湾南部社区妇女界基层干部参访团”等20余个台湾社团400余名台湾各界人士参访。加强与港澳及海外社团及代表人士的联系联络，先后接待福建省海外联谊会国情研修班、香港社团领袖国情研修班、奥地利奥中文化交流协会、菲律宾菲华各界联合会、匈牙利华侨华人社团等港澳及海外团组来泰参访。认真做好市海外联谊会换届筹备工作。深入开展统一战线“同心扶贫攻坚行动”，着力推进“百企帮百村”脱贫攻坚行动和“民主党派助力东平脱贫”集中行动。全市统一战线累计实施产业扶贫项目51个，计划总投资36.8亿元，安排贫困人口就业5300余人，开展各类扶贫活动80余次，帮扶投入价值3600余万元。

【加强党外代表人士队伍建设】 对全市副科级以上党外干部进行全面调查摸底，为教育培养和安排使用奠定基础。加强换届后民主党派新任领导班子成员教育培训，在市社会主义学院举办民主党派市委领导班子成员培训班，市委常委、统战部部长李灿玉到会授课。创新开展第二批党外干部挂职工作，做到“上挂”“下派”相结合，选派4名科级干部到市直部门、基层乡镇、泰安高新区等单位开展为期一年的挂职锻炼。加大党外干部安排使用力度，年内提拔重用交流副县级以上党外干部11人，领导班子中配备党外干部的市政府工作部门所在比例由18.75%提高到25%。认真做好省以上党外人大代表候选人和政协委员提名人选推荐及考察工作。

【开展“一县一品”品牌创建活动】 部领导班子成员带队到基层调研，指导各县市区打造县域统战工作品牌。品牌创建工作稳步推进，泰山区“泰山同心”品牌、新泰市“同心联动助力”行动、肥城市“在外肥城人才队伍建设”等品牌工作扎实推进，成效明显。其他县市区以及泰安高新区、泰山景区，围绕非公有制经济发展、脱贫攻坚、民族宗教、对台联络联谊等方面，探索品牌创建，取得阶段性成果。加强基层统战干部队伍建设，在中央统战部干部培训中心举办全市基层统战干部培训班，组织各县市区委统战部、泰安高新区、泰山景区有关负责同志及各乡镇街道、县级工业园区（开发区）统战委员等110余人参加为期一周的培训。强化考核导向，把统战工作纳入对县市区委落实全面从严治党主体责任综合考核重要内容。各县市区通过领导干部调整、工作人员调入、组织借调等形式，补充工作人员10余名，壮大县级统战部门工作力量。

（王　勇）

·泰山区委统战部·

【新的社会阶层人士统战工作】 探索新的社会阶层人士统战工作新路径，实施“三个一”工程，打造“泰山·同心”统战品牌。织密统战工作线、党建工作线和代表人士工作线工作网络，建立“鉴证业联盟、双创联盟、红媒体联盟、律师联盟、爱心联盟”等组织，形成317人的数据库，实现全领域覆盖。提升“律师会客厅”品牌，开展“律师大讲堂”“聚律法律服务中心”进社区、进学校、进企业活动6次。支持“纳税人公益学校”开展培训5期，培训人员398名。创建统战大乡镇，建立“一帮四教一中心”省庄镇全域大统战格局。

【民主党派工作】 帮助支持各民主党派实施“五化五好”工程，制定《关于实施民主党派工作品牌建设的意见》等系列规章制度，按照组织建设规范化党派形象好、履职尽责常态化作用发挥好、阵地建设特色化成员引导好、班子建设标准化核心示范好、实践活动精准化社会评价好“五化五好”标准，加强各民主党派组织思想建设。拨付15万元经费，帮助民建、农工党、民盟支部和九三学社支社建成活动中心，实现活动有场所、有标牌、有设施、有制度。各民主党派累计参与创城义务劳动260余人次，慰问环卫、执法等一线工作人员200余人次。参与经济社会重大工作政党协商11次，提出意见建议30余条。向区人大政协提出提案、议案46件。围绕全区“同心扶贫攻坚行动”，开展精准帮扶活动，支持144名贫困学生完成学业，关注鳏寡孤独老人生活，捐赠款物5万余元。

【助推经济社会发展】 聚焦全区重点、难点工作，开展“泰山同心·聚力攻坚”行动。聚焦经济发展，开展“网络大V泰山行”，宣传推介投资创业政策和区位优势，达成合作意向项目6个，形成规划项目4个。聚焦全国文明城市创建，开展“创建文明城市我先行”活动，参与公共场所文明劝导、公益宣传、环境美化净化等志愿服务活动1500余人次，非公有制经济人士自觉拆除违章建筑3000余平方米。聚焦精准扶贫，开展产业、教育、健康、助老、捐赠扶贫活动8次，帮助贫困家庭100余户，捐赠款物9万余元。聚焦新旧动能转换，“四新”产业领域专家学者，提出建议报告3篇。帮助10家“四新”企业与高校、科研院所联姻。开展“喜迎十九大，温暖助学子”“雨露计划”“泛海助学”等活动，为144名贫困大学生捐资助学。慈善捐款、救助困难户、慰问孤寡老人、看望残障儿童，捐赠款物价值30余万元。

【非公有制经济领域统战工作】 加强思想教育引导，开展以“守法诚信、坚定信心”为重点的理想信念教育，举办培训班3期，培训120余人次。加强商会建设，成立商会4家，发展会员90人，完成街道镇商会换届。优化发展环境，走访会员120余家，商会15家，征求意见建议200余条。与区电视台联合开办非公有制经济人士《高端访谈》专栏，提高企业的影响力。组织会员企业参加校园招聘，签订用人合同120余份。开展“法律进企业”活动，为企业提供法律咨询和法律援助50余件。激发非公有制经济活力，促进非公有制经济健康发展。全区会员企业参与服务全区招商引资，引进项目30余个，引进资金1.2亿元，引进中高端人才100余人。引导会员企业参与“一带一路”建设，岱银集团在马来西亚成功投产，生产规模达50万纱锭，年销售收入达到4亿美元。开展异地商会交流活动12次，参与企业达50余家。

【民族村帮扶工作】 开展民族村精准帮扶工程，实施省庄镇岗上村便民桥及街巷建设、东孙村街巷及生产路硬化、岳庄村生产路硬化、芝田村街巷硬化及排水沟建设、二十里埠村生产路硬化、刘家庄村便民桥建设等6个民族村帮扶项目，总投资156万元，争取无偿帮扶资金102万元，修建便民桥两座，硬化道路2.5公里，硬化面积1.5万平方米，整修排水渠3000米，栽种绿化苗木10000余株，粉刷墙面5000余平方米，帮扶民族村基础设施条件明显改善。

（冯钦峰）

·岱岳区委统战部·

【统战组织体系建设】 调整区委统战工作领导小组，全年区委常委会议研究统一战线工作3次，统战工作领导小组对贯彻落实党的统一战线重大方针政策进行2次督导、1次考核。制定印发《关于加强新的社会阶层人士统战工作的实施意见》《关于区级领导干部联系统一战线代表人士的意见》《关于加强和改进新形势下宗教工作的实施意见》，将统战宣传和教育培训纳入全区宣传教育计划，在全区科级干部培训班中讲授1次统战理论党课。在11个镇街、3个园区和区直22个重点部门成立由党（工）委（组）书记为组长的统战工作领导小组。结合镇街换届，经区委常委会议研究同意，九镇二街道全部实现由党（工）委委员担任统战委员，统战工作任务重的区直部门由分管领导担任统战委员、一般部门由政工科长担任统战委员，实现组织网络全覆盖。

【区政协、民主党派和工商联换届工作】 严格规定程序，对新一届区政协委员进行推荐考察，共选出区政协委员279人，其中党外委员168人，占60.2%。全区5个民主党派支部和区工商联相继召开换届大会，选举产生新一届支部班子成员。参与新一届区人大代表和区内省、市政协委员推荐考察工作。

【党外代表人士队伍建设】 全年共开展各类政党协商活动7次，使各民主党派在有效参与全区中心工作和重点工作中发挥建言献策、民主监督作用。结合换届，加大对党外代表人士的政治安排。全区党外人大代表112名、党外政协委员168名。副科级以上党外干部25名，政府工作部门安排班子成员6名，安排镇政府班子成员3名，比例均超过上级规定。

【新的社会阶层人士统战工作】 区委出台《关于加强新的社会阶层人士统战工作的实施意见》，成立新的社会阶层人士联谊会，在粥店街道、天平街道、满庄镇、范镇成立联谊分会，形成四足鼎立、相互支持、互为补充的工作格局，为新的社会阶层人士统战工作深入开展打下坚实基础。

【非公有制经济领域统战工作】 立足“两个健康”，以创建全国“五好”县级工商联为目标，强化队伍建设、弘扬优秀企业家精神、支持非公有制经济健康发展十条意见、开展“守法诚信、坚定信心”理想信念教育，连续两年被评为全国“五好县级工商联”。

【统战系统扶贫攻坚工作】 成立统战系统扶贫攻坚领导小组，印发《同心扶贫攻坚行动实施方案》，积极引导各民主党派和工商联投身脱贫攻坚行动。涌现出民革支部“夕阳红尊老爱老爱心公益”、民盟支部“同心扶贫·企业联户”、民建支部“民建之光——点亮微心愿”、民进支部“捐资济困助学”、农工党支部“同心义诊健康扶贫”、致公党支部“科技下乡扶贫”、九三学社支社“爱心流动书屋”、区工商联“百企帮百村”等活动品牌，为全区扶贫攻坚做出积极贡献。

【民族宗教工作】 牢牢把握“共同团结奋斗、共同繁荣发展”的民族工作主题，依法加强宗教事务管理，推进全区民族团结进步事业深入开展和宗教事务管理工作不断创新。2017年，岱岳区被省委宣传部、省委统战部、省民委命名为“全省第四批民族团结进步创建示范单位”。充分利用中央、省、市扶持少数民族发展优惠政策，对上争取到位资金454.8万元，在全国民族团结进步创建活动示范单位——粥店街道常家庄社区，建设高标准民族团结进步教育展厅及伊斯兰教文化展厅。以《宗教教职人员行为规范》为总抓手，组织学习新《宗教事务条例》，充分发挥宗教团体桥梁和纽带作用，保护宗教活动场所合法权益及教职人员履行正常教务活动。

【对台工作】 举办海峡两岸泰山书画展，建立台湾新北市泰山艺文协会——泰山写生创作基地，为推动两岸交流搭建新的平台。积极组织文化教育、特色小镇和现代农业三个考察团，赴台开展经贸考察交流。接待台湾成功大学技术长、台湾联群生物科技股份有限公司、原茂企业股份有限公司等到岱岳区考察，为碧桂园幼儿园引进台胞园长，涉台服务取得较好成效。

（冯克涛）

·新泰市委统战部·

【多党合作事业】 加强思想政治教育，举办5次“新泰统一战线大讲堂”，召开各类协商会、通报会8次。深入开展“党派工作品牌提升年”活动。各民主党派开展法制进校园活动、健康义诊活动等社会服务活动80余次，累计捐款、捐物90余万元。建立“选题调研＋对接调研”双调研工作机制，提交7份调研报告。协助民主党派做好换届工作。民盟新泰支部调整为民盟新泰市基层委员会并成功换届，民建新泰支部调整为民建新泰市总支部委员会并顺利完成换届，农工党新泰总支顺利完成换届。与新泰市部分农业、工业、医疗等项目对接，建立专家工作站6个，引进各领域高层次专家人才40余名。

【党外知识分子和新的社会阶层人士统战工作】 以党外知识分子联谊会为平台，召开习近平总书记“7.26”重要讲话精神、党的十九大精神学习座谈会2次，增强政治共识，组织科技下乡、医疗卫生下乡扶贫助困活动12次。创新开展新的社会阶层人士统战工作，细化行业，将新的社会阶层人士细分为6大门类36行，吸纳95家机构和150名代表人士。组织各会员单位互为VIP，根据需求，互相提供VIP服务，对会员单位和个人项目、创意进行培育孵化，孵化出新泰市机器人协会等3个两新组织。新的社会阶层人士统战工作机构和人员编制报批工作正在进行。

【非公有制经济领域统战工作】 以促进“两个健康”为主题，深入开展以“守法诚信、坚定信心”为重点的非公有制经济人士理想信念教育实践活动。实施品牌商会建设工程，全市20个乡镇街道和开发区均建立基层商会。成立12家行业商会（协会）、4家异地商会，会员总数达到2469个。市工商联被评为2017年全国“五好”县级工商联。动员全市非公有制企业、非公有制经济人士积极主动参与“百企帮百村、千岗助千人”专项扶贫活动，积极开展光彩事业活动。着力构建“亲”“清”新型政商关系，完善制度机制，改善营商环境。发挥好非公有制经济人士中的“两代表一委员”积极作用，利用各类参政议政平台及时反映合理化意见建议22条。

【民族宗教工作】 组织“宗教政策法规学习月”活动，举办省伊协“卧尔兹”巡回演讲暨宗教政策法规培训班。建立帮扶项目库，上报中央、省、市级扶贫项目6个，争取资金110万元。

【对台工作】 上报审批组团赴台经贸、文化交流9批23人次，接待台湾来新参访、项目对接团队4批31人次。落地台商投资项目3个，完成投资1亿元。

【党外代表人士队伍建设】 深入调查摸底，进一步掌握全市统战工作对象的基本数据和情况，建立资料库。加强联系服务，统一战线各部门副科级以上干部每人联系2—3名党外代表人士。举办各类党外代表人士教育培训4期。在羊流、泉沟、龙廷等乡镇启动建设党外代表人士实践锻炼基地。加强对党外代表人士的推荐、使用工作，共有28名党外人士受到表彰。

【“同心·联动·助力”行动】 推行“统战工作项目化管理”，全市统一战线树立项目化思维，与全市现有重点产业发展项目对接，建立专家工作站，集聚一批高层次专家。全年成立专家工作站7个，聚集各领域专家40余名。引导20个乡镇街道打造特色项目。精心打造“同心苑”，市财政出资租赁800平方米楼层，打造统一战线活动阵地——“同心苑”，为6个民主党派提供独立办公室，配备公用接待室、会议室、多功能活动区等。

【自身建设】构建“大统战”格局，坚持对外机构牌子、法人主体资格、业务对口联络、经费来源渠道“四不变”，探索实行统战部、台办、工商联、民宗局、外侨办一体化运作。实现统战部与民宗局合署办公。认真开展调研宣传工作，新泰市委统战部被评为2017年度全省统战理论调研宣传“四新工程”先进单位。

（张　啸）

· 肥城市委统战部 ·

【党外代表人士队伍建设】深入学习贯彻党的十九大、习近平总书记系列重要讲话和各级统战工作会议精神，凝聚思想政治共识，先后召开座谈会8次，统战成员喜迎十九大志愿服务活动12次。突出做好落实党外干部人才储备和推荐使用工作，32名优秀党外干部在省社会主义学院参加为期一周的党外干部培训班。强化党员领导干部与党外代表人士联系交友，25名市级党员领导干部与50名党外代表人士结成联系对子。完成新的社会阶层人士摸底，举办座谈会和培训班，引导开展各项服务社会志愿活动。

【多党合作工作】按照年度政党协商计划组织召开民主协商会、征求意见会、专题座谈会、情况通报会等，其中市委、市政府主要领导主持参加协商活动6次，市委其他领导主持参加协商活动4次。加强民主党派基层组织建设，指导各民主党派领导班子召开年度述职评议会，为班子成员政治安排、党派内部安排提供参考。

【非公有制经济领域统战工作】选举产生工商联新一届领导班子，90名执常委中72名来自全市“三强”企业及重点服务发展企业。举办工商联第九届执委培训班，提升工商联干部队伍能力素质。市委统战部、市工商联共同出台《关于加强“三会建设”的实施意见》，进一步加强异地商会、基层商会、行业商会建设，推动驻京、驻济等驻外党组织建设，成立驻北京肥城商会党工委。开展“营商环境改善”调研，形成调研报告供市委市政府主要领导决策参考。引导企业家积极参与光彩事业，全市共有106家民营企业参与，累计捐赠款物449.93万元。

【民族宗教工作】召开全市民族宗教工作会议，为全市民族宗教工作指明发展方向。深入推进民族团结进步事业发展，对上争取资金656万元，成功申报8个帮扶项目，安庄镇成功创建为省级“民族团结进步创建活动示范单位”。加强宗教场所管理，坚持民族宗教不稳定因素月排查和集中排查相结合，举办书香宗教场所、“同心同向、共圆梦想”基督教神学思想演讲比赛等活动。

【海外统战工作】搭建对台交往交流平台，构筑起以海峡两岸（肥城）有机农业示范基地为主体，春秋古城和台湾城市广场两个山东省海峡两岸交流示范点为两翼的对台交流“大舞台”。坚持“请进来、走出去”，以交流促合作，对台经贸合作不断提升，在谈台资项目4个，项目总投资1.5亿元。在建及扩规扩能台资项目3个，总投资6.5亿元。

【“在外肥城人才”工作】按照市委部署安排，把“在外肥城人才”队伍建设作为统战工作的新领域，成立肥城市对外人才联络中心，联系联络工作有序开展，分行业分领域建立人才智库。全市各级各部门通过多种形式联系联络“在外肥城人才”，累计拜访2800余人次，通过“在外肥城人才”联系对接36个项目，总投资53.8亿元，其中20个项目落地，到位资金3.2亿元。“在外肥城人才”以多种形式为家乡捐款捐物，折合人民币1600余万元。

【统战理论调研和宣传信息工作】全市各镇街园区、统战各部门共上报调研课题25项，对推动统战工作再上新台阶提供智力支持。“在外肥城人才”工作经验做法先后在人民网、《大众日报》《泰安日报》头条刊发，在大众网、泰安新闻、新锐大众、山东统一战线和泰安统一战线微信公众平台进行了宣传报道。

（石君楠）

· 宁阳县委统战部 ·

【巩固共同思想政治基础】把深入学习贯彻党的十九大精神和习近平新时代中国特色社会主义思想，作为思想政治引导工作的核心和主线。举办党的十九大精神示范学习班2期，全县党外干部和非公有制经济组织、社会组织、国有企业统战成员共计300余人参训。认证开通“宁阳统战”微信公众号，拓宽线上宣传教育平台，全县统战成员“四个意识”更加牢固、“四个自信”更加坚定、政治共识更加凝聚。

【围绕中心服务大局】积极服务全县创建国家卫生县城、治理违法建设两项全局工作，下发《关于在治理违法建设和创建国家卫生县城中严明纪律切实发挥党外代表人士先进性的通知》，县城环境卫生、市容市貌以及居民的文明素养都发生显著改观。整合统一战线扶贫资源，聚焦精准扶贫，积极争取农工党省委“班班通—同心助学助力教育信息化”公益项目，为全县16所小学捐赠平板电脑、软件学习卡等共计16万元。积极申请“泛海助学山东行动”资助资金，资助贫困大学新生97名，金额48.5万元。实施“民企帮村”扶贫工程和“同心扶贫攻坚行动”，组织20家企业与21个贫困村结成帮扶对子，帮扶资金357万元，开展公益帮扶项目8个，帮扶资金34万元。

【党外代表人士队伍建设】重视党外代表人士的培养使用，对全县党外中层干部进行调查摸底，并建立信息库。1名县直部门党外正职提拔为副县级领导干部，2名党外干部提拔为副科级领导干部，2名乡镇党外副科级干部交流到县直部门任职，1名党外非公有制经济代表人士当选为县工商联主席。

【非公有制经济领域统战工作】紧扣职能定位，充分发挥自身优势，制订《关于在全县非公有制经济领域创建统战工作品牌的实施方案》，坚持团结、引导、服务、教育方针，通过邀请专家授课、先进典型做报告、到爱国主义教育基地现场观摩、在县电视台开辟“民营企业家风采”栏目等方式，加强非公有制经济人士理想信念教育，引导他们积极投身公益事业，履行社会责任，展现企业家风采，有力促进全县非公有制经济人士健康成长。充分发挥工商联桥梁纽带作用，通过举办民营企业家座谈会、电子商务论坛、全县中小微企业管理模式创新培训班等，引导企业提升创新能力，实现转型升级。县委常委、统战部部长担任全县民营经济发展指挥部指挥，强化招商引资，考察论证的中国供销（宁阳）农副产品物流园项目成功落地。优化营商环境，协调职能部门规范执法行为，对接落实上级财税、金融优惠政策条款，推出“助保金”贷款业务，积极帮助企业拓宽融资渠道。

【民族宗教工作】深入开展民族团结进步创建活动，认真落实少数民族帮扶政策，争取到位资金58万元，助力少数民族聚居村美丽乡村建设。召开全县宗教工作会议，制定下发《县委县政府关于加强和改进新形势下宗教工作的实施意见》，开展宗教问题大调研、大排查活动，加强宗教团体建设，扎实推进和谐宗教活动场所创建活动，民族宗教事业取得新成效。

【新的社会阶层人士统战工作】对全县新的社会阶层人士进行调查摸底，出台《关于加强新的社会阶层人士统战工作的实施意见》，筹备成立联谊会。

【对台工作】深入开展“台资项目推进落实年”活动，扎实做好台资企业服务工作，帮助2家台资企业分别申报全省优秀中小企业和市级“一企一技术”研发中心企业，组织5家单位和企业积极参加第23届鲁台经贸洽谈会，积极做好宣传推介工作。扎实开展对台交往交流，组织赴台交流考察工作，重点考察农业和养生养老方面的案例，学习借鉴成功经验。

（谢艳艳）

·东平县委统战部·

【统战基层基础工作】以构建大统战格局为目标，巩固统战阵地，强化基础保障，实现强基固本。成立由县委书记任组长，县委副书记和县委常委、统战部部长任副组长，县直各有关部门主要负责人为成员的统战工作领导小组。积极构建大统战格局，原县民族宗教事务管理办公室隶属县政府办公室，调整为县民族宗教事务局，与统战部合署办公。全县14个乡镇（街道）、93个县直部门和重点企业、医院、学校均设立统战工作办公室，配备统战委员15人、统战工作负责人180人、统战干事30人、统战联络员986人。党外知识分子和“两新”组织集中的11个单位，信教群众集中的15个村、2处宗教活动场所，均聘请统战工作联络员，形成纵到底、横到边的基层统战工作网络。强化督导考核，制定乡镇（街道）、县直部门统战工作考核办法。

【统战两支队伍建设】加强统战干部队伍建设，增强履职能力。采取集中培训、以会代训等形式，加强对统战干部的教育培训。组织17名统战干部参加市委统战部组织的基层统战干部培训班。加强党外代表人士队伍建设，增强服务能力。建立315人的党外代表人士人才库，实行一人一册、动态管理，扩大选人用人视野，延长统战工作触角。

【多党合作事业】制定完善《中共东平县委关于做好政党协商的实施意见》，健全民主党派、工商联、无党派人士知情明政的机制。研究制订《中共东平县委2017年度政党协商计划》，先后开展专题协商、重要人事安排协商和调研协商三个方面的协商活动。219件政治协商成果均按规定程序予以反馈。

【同心扶贫攻坚行动】扎实推进民主党派“同心扶贫攻坚行动”。泰安市委统战部在东平县召开“同心扶贫攻坚行动”推进会。全年各民主党派为东平县累计捐赠折款313.6万元。组织268名党外代表人士与800户贫困户结为帮扶对子。全年党外代表人士为贫困户捐款捐物价值共69.2万元。

【非公有制经济领域统战工作】组织开展全县非公有制经济调研，形成《关于全县非公有制经济发展情况的调查报告》，县委主要领导做出重要批示。先后举办3次非公有制经济高端论坛，组织6批次青年企业家到高校参加高端培训。召开工商业企业家峰会，成立工商业慈善协会、餐饮住宿商会、特产商会。

【民族宗教工作】召开全县宗教工作会议，扎实推进民族团结进步。开展少数民族帮扶，投资60万元实施州城街道北门街、老湖镇展庄村光伏发电项目。开展“民族团结进步”宣传月活动，引导少数民族群众自觉维护民族团结进步大好局面。积极引导宗教适应经济社会发展。深入开展新修订的《宗教事务条例》学习宣传，深化“和谐宗教活动场所”创建活动，引导信教群众爱国爱教、团结进步。全市五大宗教团体捐资30万元，建设东平街道大井村光伏发电项目。健全宗教工作机制，县、乡、村宗教事务网络进一步健全完善。

【港澳台统战工作】加强对台各领域交流合作，突出抓好经贸合作和台资项目建设，积极做好三梁文化建设。深化两岸交流，全年共办理16人赴台业务，接待台湾团体3个，接待台胞、台属、台商87人次。“海峡两岸·情重泰山”——台湾中学生中华成人礼活动在东平县举行。组团参加第23届鲁台经贸洽谈会。

（马学河）

威海市

•威海市委统战部•

2017年，威海市各级统战部门和统一战线广大成员全面贯彻落实党的十八大、十八届历次全会和十九大精神，深入学习贯彻习近平新时代中国特色社会主义思想特别是统一战线系列重要讲话精神，牢记“务必忠诚干事、务必激情干事、务必团结干事、务必为民干事、务必廉洁干事”，坚持“服务大局出人才、服务发展出效益、服务群众出形象”，形成各领域统战工作齐头并进、争创一流的良好局面。

【组织领导工作】召开市委统一战线工作领导小组专题会议。在市级机关党支部中探索增设统战委员。文登区率先构建县级统战大部制。成立威海市欧美同学会，设立秘书处，增加编制2名，申请办公场所，组建分会7个。组建威海市青年民营企业家商会。成立市工商联参政议政专委会。协助民建、致公党、九三学社市委做好基层支部调整工作。创建威海“大统战”家园微信群平台，开展慰问刘公岛驻军、资助贫困准大学生等系列活动。

【多党合作和政治协商工作】协助市委制订印发2017年度政治协商计划，组织协商会、情况通报会12次和考察调研3次；举办“威海统一战线讲坛”2次。出台《威海市统一战线调研课题招标管理办法》，民主党派完成调研报告24篇，形成参阅件16期，协商建言7期。开展“下基层、摸实情、提对策”千家非公有制企业走访调研活动，走访调研企业1001家，向市委市政府上报《威海市非公有制经济发展调研报告》，收集意见建议612条，由各区市、国家级开发区负责协调解决473条，提报市委市政府协调解决139条。召开全市统一战线“三服务”现场观摩会。指导九三学社市委引进中医康养综合体项目落户东部滨海新城。

【党外知识分子工作】 组织市党外文化艺术工作者联谊会举办“同心携手 砥砺奋进”威海统一战线纪念建市30周年优秀书画摄影作品展。协助省委统战部在南海新区举办“泛海扬帆山东大学生创业行动”首届创客节暨“泛海扬帆”山东大学生创业示范基地揭牌活动，建立大学生创业示范基地。

【新的社会阶层人士统战工作】 召开全市新的社会阶层人士统战工作会议。发动社会新阶层党外知识分子联谊会向环卫工人捐赠西瓜3000余斤，开展“新阶层同心公益行”进社区活动、资助弱势群众活动，向贫困学生发放爱心助学金15万元。成立威海市社会组织联合会，组织会员帮助贫困村销售滞销西瓜20000余斤。

【工商联工作】 协调印发《关于开展“深入企业、帮解难题、增强四信、促进发展”活动的通知》。以小分队形式，赴北京、俄罗斯等地宣传推介威海发展环境。组织“异地商会东部滨海新城行”和“山东省女企业家协会、济南市威海商会东部滨海新城行”两次大型活动，介绍多批客商赴东部滨海新城进行考察，引进“连成·智造小镇”项目。建立企业项目信息库。

【民族工作】 赴温州、义乌等地学习城市少数民族流动人口管理和伊斯兰教管理工作经验做法，推荐经区韩乐坊社区、市毛纺织集团作为第四批省级民族团结进步创建示范单位。举办庆祝建市30周年暨民族团结进步宣传月文艺汇演和书画展。建立健全“合作社＋大棚基地”等模式，为少数民族群众改善生产生活条件。妥善处置7起涉及少数民族群众的矛盾纠纷、1起少数民族群众子女入学问题、1起维吾尔族群众上访事件。

【宗教工作】 两区两市民宗局机构性质和人员编制落实到位，与党委统战部实现合署办公，在政府序列中保留名称。开展宗教活动场所规范化建设。深入开展宗教政策法规学习月活动，组织宗教团体负责人及区市宗教活动场所负责人40余人参观胶东（威海）党性教育基地，组织市基督教两会赴广州等地参观见学。依法治理宗教领域非法活动，着力解决宗教领域难点重点问题。宗教慈善周活动累计募集善款48万元。

【港澳台海外统战工作】 组团赴香港对香港友好协进会、香港山东商会等社团访问交流2次。召开香港威海商会在港乡亲座谈会。赴深圳、青岛等地，与香港重点人士联系交流。定期走访慰问老台胞，协调上级部门资助困难台胞，帮助台胞台属解决子女入学、高考等困难。市欧美同学会秘书处举办美俄作品联展，在美国、俄罗斯、加拿大设立威海市欧美同学会海外工作站；促成中科院与威海职业技术学院达成共建检验检测认证学院合作意向，共建院士工作站；为哈工大（威海）、市立医院引进博士各1名。

【党外代表人士队伍建设】 出台《关于加强市社会主义学院教育培训工作的意见》，印发《2017年市委统战部教育培训计划》，举办民主党派领导班子成员“不忘合作初心 继续携手前进”等专题培训班和讲座。协助九三学社市委顺利实现新老交替；印发《关于推荐提名第十三届市政协委员人选有关问题的通知》，市政协委员换新率61%，完成市政协换届人事安排和届中委员调整，帮助各区市做好本级政协换届及届中调整工作，推荐全国政协委员人选1名，省政协委员人选15名；印发《市委统战部关于工商联（民间商会）各级组织换届工作的实施意见》，指导市及区市工商联顺利实现领导班子新老交替。出台《中共威海市委统战部关于严肃会议（培训）纪律的通知》，将相关情况纳入党外人士年度履职考核，作为政治安排和实职推荐的参考依据。

【脱贫攻坚工作】 市委统战部帮助联系村建设38千伏光伏发电项目，投资硬化道路、文化大院等；组织党员干部与所联系村贫困户结成帮扶对子，上门走访慰问。深入开展统一战线同心助学活动，发动统一战线成员捐款10万余元，向53名贫困准大学生发放助学金。指导各民主党派深入实施统一战线“健康扶贫”活动，开展医疗救助活动6次，为1000余名群众提供专业医疗服务；开展捐赠扶贫活动8次，捐助款物40万余元。启动全市统一战线“爱心拉面”活动，向环卫工人捐赠拉面 1.6 万碗；在临街店设立环卫之家 300 余处；104 家清真餐饮店、500 余名穆斯林群众积极响应，环卫工人 1200 余人受益。

【自身建设】 组织统战干部赴胶东党性教育基地接受专题教育，赴枣庄、临沂等地寻标对标；出台《市委统战部新旧动能转换工程实施工作方案》《中共威海市委统战部关于严肃工作纪律的通知》《科级及以下工作人员考核实施细则（试行）》。对市委统战部内设科室进行调整，增加科室 2 个，设置办公室、党派科（民宗科）等科室；在全市选调 4 名科级干部到部机关工作一线。召开全市统战调研宣传信息工作会议；利用在《威海日报》开设的《同心威海·“三服务”在行动》专栏，宣传推广统战工作先进典型和先进经验。

（孙冬青）

·环翠区委统战部·

2017 年，环翠区委统战部以习近平新时代中国特色社会主义思想为指针，以助推发展、争创一流作为工作主基调，通过服务大局出人才、服务发展出效益、服务群众出形象，凝智聚力、创新举措，推进环翠统战工作再上新台阶。

【参政议政工作】 按照“确定议题—开展调研—协商讨论—汇总反馈”流程定期召开季度议政会，组织召开党外人士座谈会、情况通报会等 12 次。定期组织党外人士参观考察全区重点项目和重点工作，拓宽党外人士参政知情渠道。建立“党委出题、党派调研、政府采纳、部门落实”工作机制，引导党外人士围绕医养健康、非公有制经济等主题集中调研，形成调研报告 8 篇、提交提案 42 件，为建设“活力之区”建言献策。

【基层统战工作】 依托既有的社区网格化管理模式，建立“镇（街道）—社区—网格”三级统战工作体系，将辖区 8 个镇（街道）、59 个社区划分为 333 个统战管理网格，明确各级职责任务，为每个管理网格配齐统战管理员，将统战工作触角延伸到基层。在全市首个社区统战之家的基础上，在区委办公楼建立党派活动室、在社会组织创新创业园设立统战工作室，把握党外人士利益诉求。发挥中心城区优势，主动向上与民主党派市委会对接，挖掘市区两级统战资源，建立统战人才库。通过全面摸底调查、分类动态管理，储备各类人才 112 名。

【党外代表人士队伍建设】 加大党外干部安排力度，在全区政府工作部门配备 35 名科级党外干部。通过“走出去、请进来”的方式加强对党外人士教育培训，组织到上海、四川等地学习考察，到青岛、临沂等地寻标对标。依托社会主义学校，每季度举办 1 期“环翠统战讲坛”，邀请专家名师授课。组织环翠区党外知识分子联谊会换届，调整充实统战资源。建立社区统战联络员制度，为党外人士了解政策、交流信息、参政议政服务。

【汇智聚力助推发展】 按照市委统战部统一部署，开展“下基层、摸实情、提对策”企业走访活动，对辖区 135 家重点纳税企业走访调研。与企业家谈心交流，征求企业意见建议 208 条，形成调研报告上报市委统战部和区委，对反映的问题进行梳理、分解到相关职能部门落实解决，推动“亲”“清”政商关系建立。

【统战服务工作】 搭建服务载体、创新服务方式，以“工作在单位，生活在社区，奉献双岗位”为主题，组织 5 个民主党派基层组织与 8 个社区结成共建对子，引导双向服务、实现共赢。民盟主推“同心春雨计划”，定期组织盟员开展关爱社区独居老人、资助贫困儿童等志愿服务活动。民建重点实施“同心思源计划”，组织会员定期开展敬老爱心体检等公益活动，与幼儿园结成帮扶对子，积极认领微心愿。致公党积极打造“同心筑梦计划”，以扶贫帮困为重点，2017 年累计为社会各界捐款捐物价值 40 万余元。九三学社推出“同心阳光计划”，开展系列善行义举活动，社员定期到社区、贫困村开展健康知识讲座等活动 30 余次，全年累计捐赠物资 25 万元。农工党环翠区小组结合医疗专家多的特色推出“同心关爱计划”，进学校、进企业、进农村开展卫生讲座和义诊活动，受益群众上千人。

【调研宣传工作】 2017 年，区委统战部通过针对性举措做好调研宣传信息工作，上报调研宣传信息稿件 220 余篇，在《中国统一战线》发表署名文章 3 篇，在《大众日报》《山东统一战线》

等省级刊物发表调研宣传信息10篇，在《威海日报》发表2篇。

（胡娅坤）

·文登区委统战部·

2017年，文登区委统战部围绕区委的中心工作和目标定位，深入贯彻落实中央、省、市统战部长会议精神，按照“服务大局出人才、服务发展出效益、服务群众出形象”工作要求，科学推进新形势下统一战线工作。

【构建大统战工作格局】 统战工作领导小组成员单位调整为由统战部长统一分管，台办主任、工商联党组书记、民宗局局长均由统战部副部长兼任，领导班子成员达到7人；实现5个统战成员单位、7个民主党派、6个统战团体集中办公；取消原各单位的办公室，设立大综合科，将业务科室从5个增加到10个，全面覆盖12类统战成员，调整充实4名科级干部和5名高学历年轻干部进入大统战队伍。开发“智慧统战”信息管理系统，建立“一库一网三平台”，与“文登统战”微信公众号链接同步，成立9个微信工作群，打造“指尖上的统战”。

【多党合作工作】 考察6名优秀党外代表人士加入民主党派组织，在建立民盟支部的基础上，成立致公党、民建两个支部和九三学社文登支社，全区民主党派支部增加到4个，民主党派人士共47人；通过党外人士通报会、党风廉政建设通报会、《政府工作报告》征求意见座谈会，引导各界统战代表人士积极参政议政、建言献策。

【党外代表人士队伍建设】 抓好党外干部的管理和培养，对全区106名中层党外干部摸底，选拔4名优秀党外干部参加实践锻炼；贯彻落实《文登英才计划》，突出抓好党外知识分子、归国留学人员两个高端群体的联谊服务工作，注重高层次人才的吸纳、培养和推荐，全区有7人获评国家“千人计划”专家、10人入选省“泰山产业领军人才”，2人（团队）获评“外专双百计划专家”，举荐48名党外代表人士担任司法机关和政府部门特约人员。

【基层统战工作】 在镇（街），设统战委员和统战干事，区委组织部发文明确由宣传委员兼任统战委员、宣传干事兼任统战干事；在村级，设统战联络员，由妇女主任兼任，全区专兼职统战干部793人，构建纵到底、横到边的基层统战网络。

【扶贫攻坚工作】 牵头参与精准扶贫，为包扶村提供5万元扶持资金，用于新兴农业项目的经营管理，引导统战成员积极投身脱贫攻坚行动，全区55个省定贫困村均安排非公有制企业结对帮扶，实施蔬菜种植大棚、乡村家纺车间等30余个扶贫项目。对全区2500余名少数民族群众建档立卡，对54户少数民族困难家庭拟订帮扶计划。积极开展“同心助学”“泛海助学”活动，引导仁济基金、爱心基金两家非公募基金持续参与扶危济困，捐资720万元救助贫困学生。

【统战品牌创新】 在开发区创业孵化基地“同心家园”进一步完善服务功能，提高服务水平；在新的社会阶层人士聚集的创客小镇增设软硬件设施，开展教育培训和志愿服务活动；创新民族宗教领域统战工作，组织24位“文登妈妈”与文登师范新疆班学生牵手结对。

（张　婧）

·荣成市委统战部·

2017年，荣成市委统战部认真落实省市委统战会议精神和《条例》，以“基层统战组织建设提升年”为主基调，突出重点，开拓新常态下统战工作新局面。

【学习贯彻十九大精神】 将学习贯彻中共十九大精神及习近平总书记关于统战工作的新思想新论断作为首要政治任务，通过举办情况通报会、专题培训班等形式，实现统战干部、统战团体、党外代表人士学习全覆盖，确保十九大精神落地落实。

【基层统战组织建设】 以镇街、城市社区统战联络站为载体不断延伸工作触角，重点联络对象由1600人增加到2100余人，开展座谈、协商等活动47场次，构建以联络站为基础、重点联络对象为节点的“环形影响圈”，辐射影响2万余人。

【党外代表人士队伍建设】 科学制订7项统战部教育培训计划，投入5万元专项经费，举办统战干部培训班、党外人士培训班、企业大讲堂11次，组织开展理想信念教育活动3次，1600余名党外人士参与培训。加强对党外人士践行社会主义核心价值观的引导工作，110余个志愿组织围绕服务创建全国文明城市工作发起1400余场次活动，捐款捐物60万余元。理顺党外后备干部队伍，建立80人的后备干部数据库。与市委组织部联合下发《关于进一步强化党外干部实践锻炼工作的意见》，对后备干部实践锻炼方式、管理等做出明确规定，实现党外干部实践锻炼常态化、制度化。选派12名党外后备干部分别“上挂”“下派”到6处基地进行实践锻炼，3名党外后备干部被提拔。

【新阶层统战工作】对新的社会阶层人士进行摸底调查，共摸排新的社会阶层人士重点人群200余人。建立“荣成新阶层”微信群，强化日常沟通交流。会同民政等部门对全市社会组织进行全面摸底，从全市423家社会组织中优中选优，筛选30家带动能力强、作用发挥明显的协会和民办非企业重点联络，为成立全市社会组织联合会做好人员储备。

【非公有制经济领域统战工作】组织非公有制企业开展观摩取经、外出招商15次。开展“下基层、摸实情、提对策”走访调研活动，走访民营企业130家，征集问题建议65个。引导非公有制企业致富思源，87家非公有制企业投入940万余元参与包村扶贫工作。

【民族宗教工作】协调、指导、推进泰祥集团宝达食品有限公司获批澳洲牛清真食品认证和清真定点屠宰资格，成为国内第4家清真牛肉加工企业和国内唯一一家向沙特等中东六国出口清真牛肉制品的企业。采取“企业+基地+农户”模式建立少数民族帮扶基地，无偿为22户少数民族家庭提供苗木、化肥等生产资料，新增少数民族无花果种植25亩，户年增收1万余元。

【扶贫攻坚工作】参与包村工作，为省定贫困村夏庄镇大河东村购置桌椅20套、小音响1台，帮助维修破损路灯16盏，协调相关企业投入10万余元硬化村路500米。

（李云峰）

·乳山市委统战部·

2017年，乳山市委统战部探索创新，践岗履责，扎实推进，不断开拓统战工作新局面。

【党外代表人士队伍建设】建立党外知识分子社会服务示范基地，组织党外专家开展以送文化、送医疗、送法律、送农技为主要内容的“同心服务”活动15次；建立归国留学人员创业示范基地，开展创新创业大讲堂、人才沙龙等联谊交流活动4次。突出“党建引领、共享发展”主题，成立统一战线服务中心，发挥社区网格管理细化功能，组建统一战线专家服务团，围绕全市中心工作，结合基层群众的所思所盼，开展“同心系列服务”活动，结合扶贫、新农村建设、社区建设等，组织“四下乡”“惠民直通车”等“同心系列服务”活动18场次，发放法制宣传资料1500余份、农技知识汇编950册，发放农业科普资料800余份，开展各类法律问题咨询300余人次，为群众免费查体600余人次，组织送戏下乡2场次，直接服务社区群众3000余人次。制定出台《关于加强全市新的社会阶层人士统战工作的实施意见》，建立新的社会阶层人士联谊会，坚持以组织为纽带、网络为媒介、活动为抓手、社区为依托，推动新阶层人士统战工作深入开展。以“十九大精神专题学习月”为契机，组织党外知识分子和归国留学人员举办十九大报告心得交流会、参观红色教育基地等活动，进一步增强政治共识。

【非公有制经济领域统战工作】抓走访调研，提升服务经济发展能力。在全市统战系统牢固树立“围绕发展抓统战、抓好统战促发展”的理念，按照威海市委统战部的安排部署，由统战部牵头组织协调，各有关部门通力合作，创新举措，开展全市“下基层、摸实情、提对策”企业走访调研活动，共走访企业146家，归纳共性意见建议20余条，形成高质量的企业走访调研报告。抓制度落实，为非公有制企业排忧解难。探索营商环境建设有效途径，建立干部联系服务会员企业制度，每名干部负责联系30家企业，定期组织相关职能部门干部到企业走访，充分征集、合理引导、积极协调非公有制经济人士的诉求，提高服务效率，打通为企服务“最后一公里”。走访企业114家，为企业解决困难10个，促进合作7项。

【扶贫攻坚工作】结合乳山实际，发动、组织全市45家非公有制企业参与精准扶贫工作。累计在贫困村建立各类农产品基地近2000亩，与贫困村共同开发农业产业项目15个，在贫困村设立加工点9个，吸纳农村剩余劳动力520余名。

【民族宗教工作】 开展“民族团结服务月”活动，保障民族团结和谐。出台乳山市《关于开展2017年全市民族团结进步宣传月活动的通知》，通过讲座、座谈会的方式，宣传弘扬民族团结主旋律，聚合民族团结正能量，突出办实事、解难题，巩固平等、团结、互助、和谐的社会主义民族关系。发挥少数民族农民专业合作社的示范带头作用，召开少数民族群众座谈会，深入了解少数民族家庭现状，帮助少数民族群众发家致富。

（刘小萌）

日照市

·日照市委统战部·

2017年，日照市委统战部深入贯彻党的十九大、省第十一次党代会和市第十三次党代会精神，紧紧围绕市委“一三五”总体发展思路，牢固树立“四个意识”，勇于担当，改革创新，提升标杆，转变作风，以中央、省委、市委关于统一战线重大决策部署贯彻落实为主线，以区县统战部门“大部制”改革为抓手，着力维护统一战线团结稳定，着力破解重点难点问题，着力提高干部队伍素质，推动统战各项工作迈上新台阶。

【思想政治工作】 针对基层统战工作力量分散、人手较少、“统一战线不统一”等突出问题，坚持改革办法着力突破关键制约，狠抓区县统战部门资源整合、力量集中、人员配备，以钉钉子精神全力推进区县统战部门“大部制”改革工作。争取各级党委和有关部门支持，凝聚改革共识。市编委下发《关于构建区县大统战工作格局调整有关机构编制事项的通知》，市委统战部印发《关于区县统战部门“大部制”改革指导意见》，为改革有效推进提供市级层面可操作性的政策指导。四个区县全面展开，市委统战部全力靠上狠抓督查调度，区县统战部门“大部制”改革，按照“一套人马、几块牌子、交叉任职、集中办公”模式建立区县党委统一领导，统战部牵头协调，台办、民宗局、工商联与统战部实行合署办公，侨联机关归口统战部管理的统战部门“大部制”工作机制，各合署单位共享人财物资源，形成集中统一高效的工作机制和运转模式，变“单打独斗”为“攥指成拳”；抓住机遇增添人手，由过去7—8人的“小队伍”，变成21人以上的“大团队”，加强党对统战工作的领导力，增强干部队伍的战斗力，提升落实决策部署的执行力，扩大统一战线的影响力。

【政治协商工作】 推动政党协商实现新提升。印发《市委统一战线工作领导小组2017年工作要点》，制订《2017年度政党协商计划》，按计划按规范开展政党协商活动，着力发挥政党协商制度效能。向各民主党派、工商联、党外代表人士传达市委、市政府重大决策部署，征求意见建议，共汇总整理各民主党派、工商联和无党派人士围绕市委市政府中心工作提出的93件意见建议，细化任务分解，积极推进落实。

【党外代表人士队伍建设】 推动党外代表人士队伍建设实现新提升。强化机制保障，积极探索党外代表人士监督管理机制办法，健全考核评价体系，完善与党外人士联谊交友、联系管理制度，重新调整联谊交友名单，发挥市级领导的带头作用，促进党外代表人士健康成长。组织开展挂职锻炼，为全面提升党外干部素质能力，选派4名党外干部到经济技术开发区和太阳文化旅游度假区挂职锻炼，加强与组织部门、派出单位、挂职单位的联系，为培育优秀的党外后备干部队伍打下坚实基础。注重培训提升，制订《市委统战部2017年学习培训计划》，组织系列培训活动。召开首次高校统战工作座谈会，落实高校党委抓统战的主体责任，明确专门机构和专职人员做统战工作，加强对高校统战工作的指导支持，努力推动高校统战工作创新发展。

【非公有制经济领域统战工作】 坚持团结、服务、引导、教育的方针，一手抓鼓励支持，一手抓教育引导。加强民营企业家队伍建设，积极构建亲清新型政商关系，加强联系服务，加强交流引导，推动非公有制经济领域统战工作实现新提升。

【新的社会阶层人士统战工作】 召开全市新的社会阶层统战

工作会议，制定出台《实施意见》，设立市新的社会阶层人士联谊会办公室（加挂市社会组织联合会办公室）。通过党外知识分子联谊会、新的社会阶层人士联谊会等平台载体，积极做好党外知识分子尤其是“新三种人”的思想政治引领工作，把他们紧紧团结在党和政府周围。推动新的社会阶层人士统战工作实现新提升。

【民族工作】把牢各民族交流交往交融的正确方向，深入做好少数民族流动人口服务和管理工作，帮助少数民族群众解决就业、教育、医疗等方面的实际困难，使他们更好地融入城市生活。深入开展民族团结进步宣传月和创建活动，抓好内地民族班和高校少数民族学生教育引导工作。推动民族宗教和谐稳定实现新提升。

【宗教工作】引导宗教与社会主义社会相适应。稳妥推进爱国宗教团体建设，确保宗教组织领导权始终掌握在爱国爱教人士手中，确保宗教领域和谐稳定。

【基层统战工作】强化组织建设和力量配置，健全完善组织机构、配齐配强统战干部，在各乡镇明确1名党委委员负责统战工作，并配备1—2名专职工作人员具体承担统战工作任务。夯实基层工作基础，坚持“统一标准、严格规范、设施齐全、功能完善”的原则，按照“五有”“三规范”要求，进一步健全完善乡镇街道统战“四位一体”工作模式，强化市、县、乡、村四级统战工作网络建设，努力做到无缝隙、全覆盖。明确工作任务，加强乡镇统战工作的规范化、制度化建设，建立“五项制度”和“六张登记簿”，确保工作开展有章可循，使乡镇统战工作职责更加明确、运转更加有力、工作更加规范。延伸统战工作手臂，推动统战工作进一步向部门单位、高校企业、园区社区、社会团体以及虚拟空间等方面延伸，着力构建纵向贯通、横向联通、平面直通、立体融通的统战工作新格局。

【同心日照·统一战线助力扶贫攻坚行动】引导全市统一战线助力扶贫攻坚，动员全市统一战线发挥各自优势特点，积极参与、精准对接、务实帮扶。在产业、就业扶贫方面，引导民营企业围绕产业延伸、资源合理开发和利用、农产品精深加工和扩大农村剩余劳动力就业等方面做好联字文章。规划实施项目17个（包括产业项目3个，基建项目12个，其他项目2个），投资608.82万元。在捐赠扶贫方面，积极引导广大非公有制经济人士、商协会、各民主党派开展捐赠扶贫。在教育扶贫方面，引导各民主党派、大型民企助力贫困学子就学。组织浮来春集团、兴业集团等民营企业捐资200万余元，用于贫困学生完成学业。在医疗扶贫方面，送医送药，以健康保障民生，农工党市委联合莒县金康医院共为275名农村贫困老人做免费白内障手术。全市统战成员共捐助扶贫资金2000万余元。

【统战宣传工作】适应新形势需要，积极构建立体式宣传网络，努力扩大统一战线工作的影响。加强主流媒体宣传，在《日照日报》开设统一战线专栏，宣传统一战线在助力精准扶贫、文明城市创建、区县“大部制”改革等方面的工作，已做8期整版宣传。充分发挥新媒体作用，在加大“日照统一战线”网站、“日照统战”微信群等新媒体统一战线宣传工作力度的基础上，新开通“日照统一战线”微信公众号，宣传党的政策，宣传统一战线在推动发展、促进和谐中的独特作用。加强意识形态领域工作，每半年上报一次意识形态工作情况，牢固树立“防线”意识，重视互联网舆情管理工作，积极回应网民关切，制订并落实网上突发事件的舆情处置预案。

（徐国防　丁保文）

•东港区委统战部•

按照省、市委统战部“大部制”改革的要求，东港区委统战部先行先试、主动作为，以“三明确、四不变、五统一”“大部制”为改革举措，开创全区统战工作新局面。

【构建大统战工作格局】区委高度重视，专题研究改革问题，明确责任领导、牵头单位和完成时限，落实改革举措，整合资源，建立“大统战”格局。统一办公场所，统一党群活动，开展党员活动。统一部署工作，新增侨联编制6名，统战系统人员增加到30人。建立健全机关干部岗位职责等14项制度，与区人大、区政府及区政协等10余个部门建立广泛的协商议事机制，推动统战部门各项工作高效落实。

【党外代表人士队伍建设】同区委组织部建立党外干部工作

沟通协调机制，召开科级党外干部座谈会，听取情况汇报和意见建议。对全区党政群机关、事业单位年龄在45周岁以下、具有大专以上学历的在编非中共党员干部进行调查统计，共有科级以下党外干部229人，形成《全区科级及以下党外干部基本情况分析及建议》。

【非公有制经济领域统战工作】 举办全区政企恳谈交流会，切实了解并解决企业在发展中遇到的困难和瓶颈，促进非公有制经济健康发展。区台办、区工商联主要负责同志和部分工作人员积极参与服务钢铁配套产业园和积极做好服务园区建设发展工作，制定相关运行制度，梳理项目进展情况，建立存在问题清单，全面加强协调推进，积极主动做好服务工作。

【民族宗教工作】 北京路中学创建为全国民族团结示范点，扎实做好清真食品有关管理工作，按照要求发放穆斯林牛羊肉补贴。召开全区宗教工作会议，贯彻落实国家、省、市宗教工作的会议精神，印发区委、区政府《关于进一步加强和改进宗教工作的实施意见》，完成道教协会换届。

【统战基层基础工作】 全区11个镇街道都配备组统委员和专（兼）职统战干事，设立“三办一会”（统战办、民宗办、侨台联络办和商会联合办公），建设区、镇街道、村社区三级统战工作队伍。组建调研组深入镇街道开展调研，实地查看统战工作阵地和干部队伍建设情况，形成并反馈指导性意见，逐项整改落实。

【新的社会阶层人士统战工作】 统计属地在东港的各类协会和民办非企业组织300家，从业人员2960人。召开东港区新的社会阶层人士联谊会选举大会暨成立大会，表决通过区新联会第一届理事会理事、常务理事名单，选举产生以王勇为会长的区新联会会长班子成员。

【其他工作】 组织承办首届日照（东港）“2017台湾美食名品嘉年华”活动。“三招三引”取得新突破，招引落地项目3个，在谈中通钢构等投资过亿的项目6个，智能新风系统项目招引落地。重点项目取得新进展，对马陵水库生态旅游区进行规划设计，省水运学校训练基地确定选址，包联的“全区百项重点工程”中的9项重点工程均有序推进。同心扶贫方面，5家企业集团对5个省、市定贫困村设立帮扶项目，助力307户贫困户691人脱贫。全面参与南湖镇经济社会发展工作，保质保量完成创建文明城市、十九大维稳工作。

（朱先斌）

·岚山区委统战部·

2017年，岚山区委统战部在市委统战部的指导和区委的领导下，按照全市统战工作会议部署要求，统筹推进各领域工作，全面提升统战工作规范化和科学化水平，统一战线工作取得新突破。

【巩固共同思想政治基础】 统筹资源、稳步推进，顺利完成“大部制”改革。改革后区委统战部实现统战部、民宗局、工商联、台办合署办公，区侨联机关归口统战部管理，初步形成同向合力的大统战工作新格局。完成全区四个民主党派组织的换届工作，顺利实现新老交替和政治交接；召开全区新的社会阶层人士统战会议，把全区88名新的社会阶层人士纳入统战工作范围。组织全区统战干部和党外干部到西北政法大学参加培训，认真学习贯彻党的十九大精神和统一战线理论政策，让十九大精神在统战系统迅速落地生根。

【非公有制经济领域统战工作】 开展非公有制经济大调研，加强非公有制经济人士理想信念教育。在全市率先完成区县工商联（总商会）、乡镇（街道）基层商会换届工作。成立日照市首家区县级茶叶商会，注册成立日照市岚茶茶业有限公司，为实现岚山茶企规范化、品牌化、集团化的目标蹚出新路子。出台企业家主席轮值制度，为企业家展示个人魅力、参与区工商联工作提供重要平台和渠道。鼓励非公有制企业参与脱贫攻坚工作。区工商联成功争创省级“五好”县级工商联。

【民族宗教工作】 完善全区信教群众、少数民族基本情况等工作台账，深入开展民族团结进步宣传月活动和宗教政策法规学习宣传月活动；加强宗教事务管理，依法成立岚山区基督教“三自”爱国运动委员会，阿掖山卧佛寺建设进一步加快，黄墩镇单家沟龙王庙道教活动场所主体建设完成；鼓励宗教界人士参与慈善活动，累计捐款18万元，帮扶贫困群众700余人；在十九大及全国“两会”期间，宗教界人士发挥积极作用，确保岚山区宗教领域和谐稳定。

【港澳台海外统战工作】 建立和完善全区侨台工作领导机制和工作机制，对侨情、台情进行调查摸底，实现对台、侨务工作全覆盖。节日期间走访慰问困难台胞台属、侨胞侨属24户，发放慰问金1.2万元。完成台湾鲁籍陆配人员调查摸底工作，创建岚山区为侨法律服务工作站。协调整合各方资源，切实加强联系服务工作，强化“亲情、友情”纽带，增强港澳台侨胞热爱祖国的向心力。

（代　兵　韩　硕）

•莒县县委统战部•

2017年，莒县统一战线认真贯彻中央、省、市委统战工作部署，以“大部制”改革为统领，按照“抓基层、打基础、强落实”的总体要求，以基层统战规范化建设为基础，以“服务中心、扩大影响”为落脚点，积极探索、努力实践，统战工作主体意识更加凸显、基础更加扎实、作用发挥更加有力。

【构建大统战工作格局】 省市统战系统大部制改革意见出台后，由统战部牵头，组织、人事、编办、财政等部门配合，推进统战部门“大部制”改革，初步构建起一体化融合、一盘棋运转的大统战工作格局。通过改革，将民宗局、工商联、台办与统战部合署办公，新批复设立侨联，增加行政编制3名，事业编制7名，编制总数达25名。实行集中办公，办公面积由原来的125平方米增加到364平方米，建立专门档案室，并争创为省级档案管理工作先进单位。拓展统战宣传阵地，探索实施开门式统战宣传模式，在城区，以城市中心公园建设为契机，打造统战文化主题公园——莒州同心公园；在安庄“同心•社会实践基地”，进一步充实完善同心文化广场，建设同心展览馆和同心文化一条街，提升统战工作的亲和力和影响力。从规范工作运行，创新工作机制入手，科学调剂内部力量。实行一个中枢协调推进，实现“人财物事”的集中统一，优化整合内设科室，设立办公室、调宣科等6个科室。

【夯实基层统战工作基础】 在乡镇街道开展基层统战工作规范化建设，在分组进行基层调研的基础上，制订《关于加强基层统战工作规范化建设的实施方案》，集中打造4处乡镇示范点，召开全县基层统战规范化建设工作现场会议。同时，参照大部制模式，在各乡镇街道推行“四办一会”模式，基层统战工作均达到“五有三规范”。

【汇聚创新发展合力】 深入推进党外人才“吐纳”工程，党外人才库增加到516名。圆满完成各级人大、政协党外人选的提名推荐工作，县十届政协党外委员占比达60%，党外常委占比达65%；县十八届人大产生党外代表124名，占比达36.5%，党外人大代表、政协委员从数量和质量上，都有大幅度提升。以全程参与、全力服务新的社会阶层人士创业孵化基地为切入点，建立党建、统战、群团三方联动机制，分行业健全各类联谊小组，探索出一条统战工作与“双创”工作共建、共创、共享的新路径。

【做好民族宗教工作】 扎实开展“民族团结进步宣传月”活动，深化民族团结进步创建，与县司法局联合挂牌成立全市首个少数民族法律援助联络站。探索基层宗教管理机制，实行宗教活动场所登记备案制、信教群众实名登记制等制度，推进基层宗教事务管理的规范化。加强宗教团体自身建设，成立道教协会，完成伊斯兰教协会、天主教爱国会换届工作。

【支持非公有制经济发展】 在圆满完成县工商联换届的基础上，召开全县基层商会换届现场观摩会，推动乡镇商会实现全面换届。会同县委组织部成立非公有制企业综合党委。参与组织“银企对接”活动2次，召开服务非公有制经济发展座谈会2次，为非公有制企业发展排忧解难。积极参与统战系统助力扶贫“八方行动”，落实“百企联百村”精准扶贫工程，累计投入帮扶资金695万元，覆盖127个贫困村。

【做好港澳台海外统战工作】 进一步更新完善台胞台属档案信息，召开莒县第四次台属代表暨台属联谊会换届工作。接待来莒台湾交流考察团组7个，79人次。协助台北《孔德成传记》摄制组莒县拍摄活动、台湾中国电视公司《大陆寻奇》栏目摄制组莒县专题拍摄活动，进一步提升莒县在台知名度和美誉度。开展侨情调查摸底，筹备成立莒县归国华侨联合会。

（孙运秀）

• 五莲县委统战部 •

2017年，五莲县委统战部认真贯彻落实党的十九大精神，紧紧围绕全县重点工作，积极推进改革创新，促进统一战线工作深入开展。

【构建大统战工作格局】 把推进统战部大部制改革作为统战工作的重中之重，县民宗局、工商联、台办与统战部实现合署办公，统一搬迁到新办公场所；县侨联机构编制事项获县编办批复，侨联机关归口统战部管理，核定事业编制9名；统战部新增5个职能科室，4名同志得到提拔、重用或派出交流。

【党外代表人士队伍建设】 组织3名党外干部赴上海交通大学进行学习培训，召开4次党外代表人士情况通报会和座谈会，协助农工党省委在五莲县召开农工党山东省企业家联谊会二届一次会长会议，筹备完成新的社会阶层人士联谊会成立前期工作，完成政协换届人事安排工作。

【民族宗教工作】 强化宗教事务管理，开展以"规范"为主题的和谐宗教活动场所创建活动，成立光明寺微型消防站。开展"宗教政策法规学习月"活动，加强寺院制度建设。开展"文明敬香"活动，全面停止售燃"高香"，创建生态寺观。引导宗教界积极参与扶贫攻坚，走访慰问贫困户、病灾户及贫困学生，累计捐款捐物6.5万元。召开全县基层宗教工作专题会，对乱建寺观和民间信仰场所情况进行集中摸排，对景区内乱设功德箱等借教敛财问题进行专项整治，深入开展安全隐患排查行动，保持民族宗教领域和谐稳定。

【对台工作】 深化对中国台湾地区的交往交流。2017年，提供赴台交流业务咨询服务60余人次，推动县有关人员50余人次随团赴台交流，洽谈推进项目，寻求务实合作。建立台办党员干部包联走访制度，深入开展服务台企台商台胞台属活动。强化对台宣传和涉台教育，通过报刊、网络等媒体向台胞、台商大力宣传党和国家的对台方针政策，宣传县发展环境、资源优势和产业基础，提高五莲的知名度和美誉度。

【工商联工作】 召开五莲县工商业联合会第五次会员代表大会，选举产生新一届工商联执委会领导班子。成立市北经济开发区商会，共有会员企业82家。指导乡镇（街道）开展商会换届工作，组织基层商会赴江苏常州、无锡等地考察学习外地商会建设先进经验，全面加强工商联乡镇商会建设。县工商联被评为全国"五好"县级工商联。以县委办、县府办名义印发《关于县级领导干部联系服务非公有制企业的实施方案》，进一步加强各级领导干部与非公有制企业的联系，切实为企业排忧解难。

【机关建设】 深入开展"两学一做"学习教育，创新实施由每名党员根据入党时间轮值的"党员月负责制"。组织机关干部到江苏宜兴、武进、黄岛、潍坊等地对标学习，提升工作境界。信息宣传方面，在《大众日报》《日照日报》《今日五莲》"中国台湾网"等媒体发表通讯报道20余篇。组织党员积极包联贫困户，与17名生活困难群众结成帮扶对子，积极捐款捐物，帮助他们解决实际问题。

（席光锋）

莱芜市

• 莱芜市委统战部 •

2017年，莱芜市统战系统在市委的领导下，以"走在前列"为目标定位，提高政治站位、坚定理想信念，彰显统战特色、打造工作品牌，强化担当作为、勇于创新发展，圆满完成各项工作任务。

【学习贯彻十九大精神】 召开全市统战系统学习贯彻党的十九大精神动员会，举办专题党课，组织研讨交流，带领广大干部到临沂红色教育基地进行现场教育，设立学习宣传栏，统一印制学习笔记本。参学人员平均记笔记达8000余字，撰写体会文章50篇，开展研讨交流8次。以"统战讲堂"为切入点，将"三会一课"、主题党日以及党员固定活动日等有效做法上升为制度规范并长期坚持。

【服务经济社会发展】 加强与省人力资源与社会保障厅、省专家服务中心等部门的联系对接，实现人才引进资源和信息共享；派出引才引智小分队，赴深圳、北京等地宣传莱芜引才引智政策，开展引才引智活动；发掘现有招商引资项目人才资源潜力，拓展引才引智范围。充分发挥各民主党派和党外知识分子的人才优势，特别是注重发挥海外联谊会对外联系渠道多的优势，密切与清华大学、中科院、山东大学等高校、科研院所以及海外华人社团的联系，吸引有投资意向的海内外高层次人才来莱芜市投资创业。引进国家“千人计划”1人，博士以上创新创业团队16人。抓好招商工作，新引进过亿元项目2个。争取到山东泛海基金会、省光彩事业促进会等统战组织90万元捐助款，资助贫困学生150名，帮助5名大学生开展创业活动；争取省委统战部、省海联会25万元资金，建设5所农村海联卫生室。同时，争取2个村成为全省统战系统重点扶贫村，由泛海集团直接帮扶，占全省统战系统重点扶贫村数量的三分之一。抓好招宾引客工作，依托统战部门和统战干部联系广泛的优势，紧紧围绕莱芜市产业发展重点。开展招宾引客活动，招宾引客217人。

【发挥党外人士作用】 在全市党外人士中开展“我为莱芜发展献一策”“民主党派基层组织助推十大产业振兴提升”等活动，引导各民主党派、工商联、无党派代表人士紧紧围绕经济社会发展中的重大问题，全面深化改革的难点问题，推动创新创造的关键问题，调查研究、建言献策，为党委、政府的科学决策提供依据。截至2017年底，提交调研报告20余篇、提案议案100余个、意见建议80余条，为经济社会发展提供智力支持。

【非公有制经济领域统战工作】 引导非公有制企业做大做强，健全各级领导干部联系非公有制企业制度，通过走访、座谈等形式对全市非公有制经济发展情况进行专题调研并召开支持非公有制经济健康发展工作会议，开展“深入企业、帮解难题、增强四信、促进发展”活动，开展营商环境改善评议活动，举办青年企业家等专题培训班2期、培训200余人，组织企业家赴江苏、浙江等先进地区考察学习，引导非公有制经济企业转型升级。圆满完成市区工商联换届工作；以创建“四好”商会为目标，积极指导餐饮烹饪、旗袍协会等商会组织开展活动。引导非公有制企业奉献社会，深入开展以“守法诚信、坚定信心”为重点的非公有制经济人士理想信念教育实践活动，强化基层服务型党组织建设，教育引导非公有制经济人士积极参加“民企帮村”“光彩事业”等社会公益活动。帮扶范围覆盖20个省级贫困村，帮扶人口1456人，帮扶项目32个，帮扶资金达732万元。

【民主政治建设】 努力抓好党外代表人士工作。加强教育培训，举办全市党外代表人士培训班等5期、培训党外人士330人，选派8名党外干部到省以及各区（功能区）挂职锻炼，建立党外代表人士实践锻炼基地2个，在民主党派中深入开展坚持和发展中国特色社会主义学习实践活动和“不忘合作初心，继续携手前进”专题教育，不断提高党外人士的综合素质。加强队伍建设，制订《民主党派发展工作流程图》，注重吸收参政议政能力强的代表人士加入民主党派队伍，协助民建成立市委会，做好农工党班子成员调整工作，对全市党外干部进行摸底调查，建立184名代表人士数据库，推荐考察3名县级党外干部。积极助推民主党派开展特色活动，打造工作品牌。如：民革的贫困学生结对帮扶、出版全省优秀基层志《莱芜民革十年》活动，民盟的救助春蕾女童、建设校园文化以及乡村义诊活动，民建的看望孤儿、协助企业捐资助学以及安全宣讲活动，民进的“双岗建功”“启智行动进校园”以及公益讲座活动，致公党的“致公读吧”活动，农工党的高层次人才引进、明日之星捐资助学、贵州毕节贫困山区教师来挂职锻炼活动，九三学社的“百名专家联百企”活动，都在社会上引起积极反响，树立统一战线良好社会形象。大力加强政党协商工作。制订落实年度协商计划，印发关于加强政党协商的实施意见，开通各民主党派征求意见建议专线电话，健全畅通党外代表人士重要建议提报制度，抓好政党协商制度化、标准化建设。截至2017年底，市委主要领导主持召开3次协商活动，市委统战部领导开展5次协商活动。同时，顺利完成十届莱芜市政协换届以及全国、省人大代表、政协委员推荐提名考察相关工作。积极筹备成立莱芜市中华职教社，推荐个人社员112名，团体社员33个。

【民族宗教工作】 强化宣传，制定《加强和改进新形势下宗教工作的实施意见》，扎实开展民族团结进步宣传月、宗教政策法规学习月和民族团结进步创建活动，组织评选49户“民族团结和谐家庭”，推荐东方红社区为全省民族团结进步示范单位。优化服务，积极争取民族宗教专项资金20万元，协调教育、财政等部门为4名少数民族考生落实中考降分政策，为73户低收入穆斯林群众发放2.92万元牛羊肉价格补贴，为4名低收入伊斯兰教职人员发放生活补助费1.5万元。规范管理，以“规范”为主题开展和谐宗教活动场所创建活动，做好宗教活动场所网上赋码和宗教基础信息数据核改工作，抓好星级清真餐馆评审、认定工作，对全市大型商场的清真食品经营情况进行检查，坚持每月对民族宗教方面不稳定因素进行排查，保持民族宗教领域和谐稳定。

【港澳台海外统战工作】 加强市海联会组织建设，强化与港澳台海外的联络交流，走访慰问定居台胞并为生活困难台胞发放困难补助金及慰问品5000余元，对全市黄埔同学会情况进行专题调研，做好香港山东商会莱芜分会的筹备工作。

【新的社会阶层人士统战工作】 制定《关于加强新的社会阶层人士统战工作的实施意见》，召开全市新的社会阶层人士统战工作会议，组织全市新的社会阶层代表人士培训班和现场观摩会，以“双建双促”（引导新的社会阶层人士组建党组织的同时，挂牌成立统战工作室，以党建促统战、以统战促党建）为创新点，开展“新阶层•党旗红”品牌创建活动。同时，做好社会组织统战工作，建立787名市级社会组织代表人士数据库，召开社组联一届二次理事会，成立经济中介、医疗健康等9个分会组织，开展市社会组织联合会成立一周年庆祝活动，设立莱芜在线“社组联之家”窗口，打造“爱心书包送温暖”“爱心妈妈在行动”“莱芜义工爱心永恒”等系列服务品牌，推动社会组织统战工作的开展。

【调研宣传信息工作】 制定重点调研课题，建立24人的全市统战系统信息宣传队伍，及时宣传全市统一战线新闻和信息。刊发《莱芜统战动态》1期，在省委统战部《统战信息》《山东统一战线》发表文章10余篇，信息工作获得全省三等奖，四新工程获得全省二等奖，社会组织统战工作被评为全省统战工作实践创新成果。

【机关建设】 建立健全规章制度，提高机关工作效能。严格机关、公车、办公经费管理，规范公务接待，做好日常节约工作。制定落实《党风廉政建设责任制》，做到与统战业务工作一起部署，一起落实，一起检查，一起考核，推动反腐倡廉工作的开展。加强统战干部队伍建设，树立机关良好形象。树立正确的用人导向，部机关新推荐任用1名县级干部，遴选一名公务员。强化目标管理责任制，形成总体工作上水平，单项工作争一流的良好氛围。

【其他工作】 做好包村工作，争取资金95万元，新建旅游发展办公室，设立游客保健中心、旅游超市，对村庄环境进行美化绿化，硬化道路1公里，开展农业基础设施综合整治。联系协调民建市直三支部、新矿莱芜医院、莱芜明圣眼科医院等单位到村开展免费义诊、送温暖等活动。成立扶贫理事会，及时解决群众生产和生活中遇到的困难和问题，利用旅游项目建设吸纳贫困人口就业，平均每人每月增加收入1500余元。同时，做好申报全国传统村落及省旅游特色村创建项目工作。做好创城工作，制订创城实施方案，建立网格化管理制度，定期派人巡查，抓好卫生打扫、志愿服务、资料报送等工作，为全市创城工作贡献力量。被市委、市政府授予集体二等功，1人获创城工作先进个人。

（桑立恒）

•莱城区委统战部•

2017年，莱城区委统战部按照“抓基础、促提升，抓亮点、求突破”的工作思路，围绕中心、服务大局，积极作为、务实进取，不断提高统战工作科学化水平，为建设生态莱城、决胜小康社会尽到应有责任。

【基层基础建设】 进一步完善和巩固大统战工作格局，形成统战工作合力。全区7个镇（街道）全部落实党（工）委委员专职担任统战委员。进一步改革工作体制，实行区民宗局与统战部合署办公，区委统战部常务副部长兼任区民宗局局长。加强对镇（街道）统战工作的考核，推动全区统战工作的整体提升。

【多党合作和政治协商工作】 坚持政党协商制度，制定并落实区委常委联系党外代表人士制度，加强联谊交友，定期听取党外代表人士的意见建议。召开2次党外代表人士情况通报会，1次学习贯彻党的十九大精神宣讲会，3次民主党派工作座谈会，通报中央及省委、市委、区委重大决策部署和重点工作，引导各民主党派和党外人士建言献策。

【服务经济社会发展】 充分发挥统战资源优势，加大招才引智力度，积极为企业和高等院校牵线搭桥，引进中科院院士1名，硕士3名。落实“三个三分之一工作法”，抽调专人抓招商、服务重点项目、服务园区建设，为重点项目建设献计出力、搞好服务。深入推进脱贫攻坚行动，由统战部、工商联牵头，开展“民企帮村”行动，引导23家民营企业与19个村结成帮扶对子，安排统战部机关6名党员干部与14个贫困户结对子，定期走访慰问。引导各民主党派、社团组织开展捐款、捐物、文化下乡活动，累计争取各类助学金40万余元，争取海联新农村卫生室建设资金10万元。

【党外知识分子工作】 搭建党外知识分子“一会四站”新平台，区级成立党外知识分子联谊会，吸收各个领域60名党外知识分子为联谊会会员，在知识分子集中的教育系统、卫生系统、非公有制经济领域、新的社会阶层领域分别设立党外知识分子工作站，在奔速电梯、阿尔普尔等重点企业设立党外知识分子工作室，为党外知识分子搭建起新的大家庭。着力做好新的社会阶层人士统战工作，不断丰富活动载体，举办“党旗引领新阶层•同心共建新莱城”庆七一读书朗诵大赛，40余个新阶层单位参加，集中展示新阶层同心向党、创新创业、奉献社会的良好风貌。依托区社组联开展献爱心、演讲比赛等活动，指导各镇（街道）成立社会组织工作机构，进一步提升社组联的影响力和凝聚力。

【党外代表人士队伍建设】 强化教育培训，组织30余名党外代表人士参加上级举办的各类培训班，召开党外代表人士座谈会4次。积极搭建党外人士成长进步的实践锻炼平台，先后在阿尔普尔、希格斯新能源、泰莱电气等企业建立党外代表人士实践锻炼基地，选派6名优秀党外代表人士到实践基地挂职锻炼。积极举荐使用党外干部，截至2017年底，全区共有副科级以上党外干部14人；区直部门单位中，7个部门配备党外领导干部，区工商联、区统计局和区综合行政执法局3个部门配备党外正职。做好党外特约人员工作，为他们参政议政搭建平台。

【民族宗教工作】 认真落实中央民族宗教政策，着力维护团结和谐的大好局面。继续深入推进民族团结进步创建活动，建立少数民族流动人口网格化管理服务体系，推动建设东升少数民族之家、西关清真寺少数民族党群服务之家，认真落实少数民族惠民补贴政策，做好穆斯林低保户牛羊肉补贴等工作，莱城区被评为“全市民族团结进步创建活动示范区”。坚持依法管理，对全区宗教活动场所进行调研检查，督促2处活动点纳入依法管理，依法打击、查处一批乱建寺观、滥塑宗教造像和非法设置聚会点、传道等行为，全力维护宗教领域和谐稳定。

【非公有制经济领域统战工作】 全面落实省委省政府支持非公有制经济发展十条意见，研究制定相关政策。先后召开4次企业负责人座谈会，1次银企座谈会，帮助解决实际问题16项。指导加强非公有制企业党建，抓好各类商会建设，推荐30余名非公有制经济人士参加各类培训班，为非公有制经济健康发展和非公有制经济人士健康成长做出积极努力。

【港澳台海外统战工作】 建立健全海外代表人士数据库，深化与港澳台人士的联系交流。认真落实台属、台胞、台商有关政策，坚持月走访、季联系、常态化服务机制，积极为台商提供全方位的服务。加强与在莱城投资创业的归国留学人员联系，为他们创业发展创造良好条件。

（李遵国）

•钢城区委统战部•

2017年，钢城区委统战部认真贯彻落实党的十九大会议精神，紧紧围绕区委确定的“1456”总体工作思路，广泛凝聚各方力量，全面提升统战工作水平，不断开创统战工作新局面。

【夯实基层统战工作基础】 及时调整全区统战工作领导小组，修订议事规则、运转规则、目标职责，将统战工作分解细化任务，落实目标责任。坚持统一战线各部门周四集体学习制度，完善考勤制度，制订学习计划、配档表，通过集体研讨、调研考察、学习交流、轮流上课等形式深入学习党的统战理论方针政策和各种新知识，优化和改善知识结构，增强大统战意识。组织全区统战系统干部到外地考察学习社会组织统战工作2次，拓宽统战干部的视野，培养创新能力，提高解决实际问题的能力。加强基层力量，按照“有人员、有场所、有制度、有活动、有业绩、有档案”的“六有”标准，在各镇（街）建设统战之家，配齐统战委员、干事，统战任务重的村（社区）明确统战工作联络员，实现统战工作网络全覆盖。

【多党合作和政治协商工作】充分发挥民主党派办公中心的平台作用，引导各民主党派定期开展学习交流、调研议政等活动。充分调动各民主党派成员结合自身实际，集中力量就推进供给侧结构性改革、新旧动能转换、精准扶贫等方面，深入调查研究。召开全区统战工作会议和全区经济社会发展情况通报会，向各民主党派、无党派人士、工商联通报相关情况，听取意见建议。认真落实党外代表人士坐班服务制度，从全区党外代表人士中挑选出20名懂法律、知民情、善沟通的优秀代表组成人才库，排好坐班值班表，每月选派两名同志到区信访局坐班服务；月末将坐班服务情况梳理汇总提供给相关部门，促进问题解决和责任落实。在《大众日报》8版发表文章《钢城：党外优秀人才坐班接访为民服务》。统筹协调各民主党派、工商联、无党派人士以及统一战线团体和组织等参与精准扶贫精准脱贫工作。

【新的社会阶层人士统战工作】搭建好新的社会阶层代表人士服务平台，及时调整充实全区社会组织联合会和党外知识分子联谊会，用好锦润农场、蓝宝石蓝莓基地等全区党外人士实践锻炼基地，完善新的社会阶层人士统战工作协调、交友联谊等工作机制，将新的阶层统战工作融入社区网格化管理和区域化党建工作之中。积极引导新的社会阶层人士开展捐资助学、送医送药、民企帮村、瀛元足球捐助等社会公益活动，不断创新新的社会阶层人士统战工作的方式方法和机制载体。积极组织召开全区社会组织联合会现场会，搭建里辛街道统战之家、茶香园社区社会组织服务中心和平安医院三个现场。

【非公有制经济领域统战工作】举办非公有制经济代表人士学习、座谈交流会4次，激发企业家精神，深化理想信念教育活动，增进价值观认同，引导非公有制经济人士特别是年轻一代致富思源、富而思进，做到爱国、敬业、守法、诚信、贡献。会同工商联制定“主席轮流坐班”制度，每季度由一名企业家主席担任轮值主席，负责组织本季度的主席办公会议，增强企业家主席主人翁意识，增强班子凝聚力、向心力。引导非公有制经济代表人士积极参政议政、建言献策，组织担任各级人大代表、政协委员的非公有制经济人士共向各级人大、政协提交建议、提案31件。积极维权，为非公有制经济发展保驾护航，提供法律咨询30余次。组织营商环境改善座谈会，详细了解企业困境，提出解决办法，帮助企业解决实际困难。

【党外代表人士队伍建设】扎实做好引才、育才、聚才文章，搭建层次高、领域广、复合型的党外专家库。扎实做好区政协、区工商联（民间商会）换届工作，吸纳一批民主党派成员、新的社会阶层人士、非公有制经济人士、党外知识分子优秀代表。配备2名党外副职，为党外干部的发展搭建平台，拓展空间。推荐25名中华职教社社员和8名团体社员；推荐10名层次较高的优秀人士充实到省级新的社会阶层党外代表人士数据库。组织全区民主党派成员和无党派人士代表20余人到山东社会主义学院培训，到枣庄市台儿庄大战纪念馆考察学习，不断增强政治意识、大局意识、核心意识、看齐意识。

【民族宗教工作】区民宗局积极构建以区、镇（街）、村（社区）为主的“三级网络”工作机制，畅通信息反馈渠道，实现纵向管理。对全区的民间信仰情况进行摸底排查，撰写《正视现状依法管理积极引导民间信仰与社会主义社会相适应——莱芜市钢城区民间信仰问题调研报告》。扎实开展民族团结进步宣传月系列活动，推荐5家民族团结和谐家庭。

【对台工作】牢牢把握做好对台工作这条主线，在涉及中国台湾地区的宣传教育方面扎实开展“四个一”活动，组织广大台属在春节期间向岛内亲属“寄一封家书，打一个电话，发一个短信，介绍一次家乡的变化”，向岛内台胞介绍钢城经济社会发展新貌和优良的投资环境。组织涉台企业莱芜固可力轮胎有限公司参加第23届鲁台经贸洽谈会，大力宣传推介钢城。

【机关党建工作】 将“两学一做”学习教育与统战工作结合起来，以学习教育活动促进工作落实，以工作落实检验“两学一做”学习教育成效。认真落实“两个责任”，大力加强《条例》、十九大精神学习宣传和贯彻落实，精心制订学习教育方案和安排计划，丰富学习载体，细化学习内容，组织开展好专题学习交流、灯塔—党建在线、主题党日、量化积分考核、民主评议党员等活动，创建“形成最大公约数 画出最大同心圆”党建工作品牌，扎实有效推进学习教育各项工作和党员干部队伍建设。

【脱贫攻坚工作】 开展“民企帮村•携手脱贫”攻坚行动，组织全区16家企业结对帮扶12个省市级贫困村，通过基金会、资金扶贫、安置劳动力、基础设施建设等多种形式助力脱贫攻坚，捐款捐物50万余元，发挥突出作用。

（郑春梅）

临沂市

•临沂市委统战部•

2017年，临沂市各级统战部门坚持以习近平新时代中国特色社会主义思想为指导，深入学习贯彻党的十九大精神，抢抓机遇、锐意进取，重点发力、创新突破，统战工作取得新进展、新成效。

【协商民主建设】 制定《民主党派、工商联和无党派人士向市委建言“直通车”制度》。指导市各民主党派开展“不忘合作初心，继续携手前进”专题教育活动，市各民主党派自身建设不断加强。制定《关于支持各民主党派市委开展考察调研的意见》，组织民主党派、工商联负责人和无党派人士参加各类协商会、座谈会、通报会7次，参政党作用得到充分彰显。

【党外代表人士队伍建设】 建立3500人的党外代表人士数据库，新发现、培养党外代表人士200余人。举办党外代表人士培训班140余期，培训1.6万余人次，提升党外代表人士综合素质。推荐55名党外代表人士到政府部门担任特约人员，调整充实35名党外县处级干部，提名推荐24名优秀党外代表人士担任全国、省政协委员。

【新的社会阶层人士和党外知识分子工作】 出台《关于加强新的社会阶层人士统战工作的意见》，开展“两学一促”“弘扬社会主义核心价值观”学习教育活动，引导党外知识分子开展调查研究30余次，形成89个调研报告和提案议案，其中36个进入党委政府决策。打造“新阶层、党旗红”和“民科苑”两个省级创新实践基地，建立3处市级和15处县级党外知识分子教育培训基地。

【非公有制经济领域统战工作】 指导市县工商联和部分直属商会顺利完成换届。开展大走访、大调研活动，走访企业629家，收集意见建议495条。开展“守法经营、坚定信心”理想信念教育实践活动，打造“民企帮老”“民企助学”“民企济困”三个光彩事业品牌。出台《支持非公有制经济健康发展的十二条意见》，推进全市非公有制经济转型发展。

【民族宗教工作】 健全完善“市、县、乡、村”四级工作网络预警机制，扎实开展民族团结进步宣传月活动，有效推进民族政策法规“六进村（社区）”。不断加强宗教团体自身建设，顺利完成6个全市性宗教团体换届。

【港澳台海外统战工作】 围绕“统一战线服务一带一路•助推临沂商城国际化”，承办全省“海联论坛”活动。围绕海外临沂商城建设、跨境贸易、电子商务等签订合作项目8个，总投资30亿余元。深入开展“台资企业走访季”等活动，打造“台胞之友”“台商之家”服务品牌。开展“专家教授临沂行”活动，与20余名专家教授成功签约，促进临台合作双赢。

【扶贫攻坚工作】 以扶贫攻坚行动为抓手，以“千企精准扶贫联盟”为依托，开展“千村万户帮扶工程”“第一书记结对帮扶”等活动。市各民主党派、工商联、社会组织、宗教团体等充分发挥优势，打造10余个特色服务品牌，开展活动200余次，捐款捐物1.2亿元。

（李　静　姜　东　丁明云）

·兰山区委统战部·

2017年，兰山区委统战部深入学习贯彻党的十九大精神和习近平新时代中国特色社会主义思想，紧紧围绕区委重大决策部署和全区经济社会发展大局，扎实推进统一战线各领域工作。

【民主党派工作】 完成民盟兰山基层委员会换届、调整工作，完善民主党派财务管理和监督制度。制订《2017年度政党协商计划》，开展政党协商5次，积极建言献策；带动各民主党派开展调研活动8次，形成高质量调研报告7件。

【新的社会阶层人士统战工作】 建立新的社会阶层人士统战工作实践创新基地，探索建立有关部门单位共同参与的网络意见人士协调工作机制。开展“新阶层 大讲坛”活动，加强对新的社会阶层人士教育引导；在启阳税务师事务所、三禾律师事务所打造“新阶层 党旗红”新社会组织党建工作品牌；在金锣集团打造全市首家新的社会阶层人士统战工作示范点——“民科苑”，经验做法荣获全省统战工作实践创新优秀成果第一名。兰山区社组联启动“十百千”工程，积极开展社会调研10次，开展医疗下乡、法律援助、精准扶贫等社会服务活动100次，捐款捐物1000万余元。

【非公有制经济领域统战工作】 顺利完成区工商联（商会）换届工作，大力开展“回归兰山”活动，召开回归兰山座谈会2次，上海金运通网络支付有限公司完成对临沂商城电子商务科技有限公司并购重组，注资8400万余元。组织开展基层商会会长业务知识培训1次20人，企业家电子商务培训1次50人，组织非公有制企业党务工作者外出学习2次25人，组织非公有制企业党员100余人次分别到临沭刘少奇纪念馆、沂蒙革命纪念馆接受红色教育；引导非公有制经济人士开展光彩事业，捐款捐物1000万余元。

【民族宗教工作】 集中开展第16个民族团结进步宣传月活动；积极创建民族团结进步示范单位，南关社区荣获全市“最美民族村居”荣誉称号；成立兰山区民族文化促进会；创新开展“宗教政策法规学习月”活动，集中开展“宗教法规下乡赶大集”活动；严厉打击非法宗教活动7起，依法治理私设聚会点10处，科学合理规划宗教场所2处；开展培训1期加强宗教界人士教育引领；成立兰山区佛教协会，指导天主教、基督教团体和教堂成立民主管理组织。

【党外代表人士队伍建设】 顺利完成政协换届人事安排工作和人大换届党外人事综评推荐工作，完成全区300名非公有制经济人士综合评价工作；及时更新党外代表人士人才数据库，副科级以上党外干部36人，初中级职称以上党外知识分子1.2万人；提高在政府组成部门领导班子中党外干部配备比例，在4个区政府组成部门中配备副科级领导班子成员；区党外人大代表115名，占总数的34.3%；区党外政协委员166名，占总数的60.8%。

【统战宣传调研工作】 积极开展“亮承诺 抓整改 见实效”活动，制订《“2+2”工作方案》，抓好问题整改，提升干部队伍整体素质。在全区统战系统组织开展“喜迎十九大·唱响中国梦”歌咏比赛决赛，组织进行颁奖仪式；联合区委宣传部、区文联、区文广新局开展“魅力兰山·影像中国梦”摄影比赛活动。开通“兰山统战”微信公众号，发布讯息52条；在中央统战部发表信息1篇，《山东统一战线》杂志发表文章2篇，《山东统战简报》发表信息5篇，《临沂统战简报》15篇；联合临沂大学、临沂市委统战部开展新社会阶层人士舆情分析调研，形成《新的社会阶层人士舆情动态机制研究报告》，荣获全省优秀理论调研成果二等奖。

（密宗方　刘　跃）

·罗庄区委统战部·

2017年，罗庄区委统战部在区委的领导和市委统战部的指导下，围绕中心，服务大局，牢牢把握“大团结、大联合”主题，较好地履行统战工作职能，总体工作呈现新局面。

【构建大统战工作格局】 集中开展“同心同力、共建共享，发挥‘大统战+’新能量”和“双联双服务，党派惠民生”县区统战品牌创建活动，探索新路子，摸索新经验，推动全区统战工作再上新水平，促进统战工作创新性开展。

【民主党派工作】全区7个民主党派实现集中办公。各民主党派围绕全区正在开展的新旧动能转换、“五路一河”“全域旅游”等重点、难点、热点问题积极建言献策。按照“党政出题、党派调研”要求，认真组织开展专题调研活动，共收到各民主党派高质量调研报告56份，为区委、区政府科学民主决策提供重要参考。

【党外代表人士队伍建设】把党外代表人士队伍建设纳入全区干部队伍及后备干部队伍建设总体规划，建立健全党外后备干部名单，结合《区委区政府关于在产业建设一线培养锻炼干部的意见》精神，安排党外优秀年轻干部参与三引一促、重点项目包抓、镇域经济发展帮扶，通过基层一线实践锻炼提升能力素质水平。

【党外知识分子工作】整合社会组织统战工作力量，建立区委统一领导，统战部协调，16个有关部门单位共同参与的联席会议制度。结合罗庄实际，在成立全区社会组织联合会的基础上，在陶瓷、文化教育、医疗保健等重点行业成立6个社会组织分会，设立社会组织统战工作站，鼓励支持社会组织代表人士根据自身特点，开展形式多样的智力帮扶、爱心奉献、专业咨询等活动。

【社区统战工作】按照社区统战“4321”工作思路，以“抓好四个环节（组织领导、教育培训、制度规范、示范带动），推动三个结合（将社区统战工作与社区服务相结合、与创新社会管理相结合、与社会组织统战工作相结合），打造两个品牌（同心建言献策和同心服务民生品牌），突出一个重点（突出花埠圈民族村统战工作）”为工作步骤，以“统战服务进社区、助推发展促和谐”为主题，在全区14个规模较大的社区开展统战工作示范点建设，以点带面做好社区统战工作。

【非公有制经济领域统战工作】指导工商联顺利完成换届工作。发挥统战部门联系广泛优势，到全国各地“辐射招商”“网格化招商”，成立罗庄区“三引一促”北京工作站和罗庄区新旧动能转换上海工作站。邀请国家“千人计划”专家服务团与8家企业签订产学研项目合作协议。共洽谈项目116个，签约项目64个，计划总投资165.3亿元，实际到位资金37.9亿。

【民族宗教工作】建立完善区镇村三级民族宗教工作网络和镇村两级宗教工作责任制。协调上级资金140万余元用于盛庄街道民族村花埠圈村的路、学、水、电等基础设施的全面提升改造，帮助硬化花埠圈村内道路3.7万平方米。

【脱贫攻坚工作】组织统战系统非公有制企业开展“千企精准扶贫联盟”行动，重点通过企业提供产业扶贫、公益捐赠、设置“虚拟岗”等形式，形成“社会各界自愿扶贫，贫困群众自主脱贫”的良好氛围。全区有116家企业设置1109个扶贫“虚拟岗”，累计发放捐资110万余元，实现全区近1/9贫困人口“虚拟就业”。

【统战信息宣传、调研工作】积极拓展统战工作宣传渠道，不断丰富宣传手段，全力推进统战宣传调研工作水平。重点发动街镇和各民主党派及时报送社情民意信息和党派活动典型经验做法。编辑《同心•建言议政》12期，向中央、省、市委统战部门报送信息稿件60余篇，其中，被各级媒体网站采用信息36篇。在全市统战工作会议上，荣获“全市统战调研宣传工作先进单位”“全市统战信息工作先进单位”等集体及个人类奖项8个，《创新形式服务经济社会发展》获一等奖。

（解党先　汲　祥）

•河东区委统战部•

2017年，河东区委统战部深入贯彻落实中央及省、市各级统战工作会议精神，按照“走在前列、争先进位”的目标要求，推进全区统战工作再上新台阶。

【构建大统战工作格局】成立由区委书记任组长的统一战线工作领导小组，将统战工作列入区委常委会重要议事日程，进一步健全党委统一领导、统战部门牵头协调、有关方面各尽其责、齐抓共管的大统战工作格局。经区机构编制委员会批复，增设新的社会阶层工作科，为区委统战部内设科室，增设区社会主义学校，隶属区委统一战线工作部，为股级公益一类事业单位，核定编制2名。

【政治协商工作】制订出台《2017年度政党协商计划》，政党协商的内容、质量等进一步完善提高。以区委的名义召开党外人士情况通报会、民主协商会和党外人士座谈会，听取各民主党派意见建议，帮助提升党委政府科学决策、民主决策水平。

【基层统战工作】制定《全区镇街（开发区）统战工作综合考核评价体系》。开展“抓基层打基础”品牌创建活动。按照有场所、有人员、有制度、有活动、有档案的“五有”标准，每个镇街打造1处社区统战工作示范点。

【党外代表人士队伍建设】提拔重用12名党外干部，其中，3人被提拔为正科级，7人被提拔为副科级，2人调任；打造1处党外代表人士实践锻炼基地，组织开展1期党外代表人士培训班，培训党外干部及代表人士40余名。推荐200余名党外人士当选政协委员和工商联执委。从民主党派、无党派人士中聘请8名同志为特约审计监督员和特约审计检察员。

【非公有制经济领域统战工作】注重非公有制经济人士培养使用，在区人大任职常委12人，区政协任职常委11人，区工商联（民间商会）任职副主席25人。做好河东区工商联（民间商会）第九届执行委员会换届工作，设主席1名，副主席27名（其中驻会副主席2名），常委87名，执委188名。组织开展光彩事业活动，动员45家企业帮扶45个薄弱村，扶贫捐款1700万余元。积极开展非公有制经济代表人士综合评价。

【党外知识分子工作】以党外知识分子数据库“统战之家”为平台，全面提升党外知识分子工作规范化科学化水平。赴费县三同教育基地开展党外知识分子新旧动能转换联谊学习活动，鼓励引导党外知识分子为河东区经济社会发展提建设性意见。

【新的社会阶层人士统战工作】制定河东区《关于加强新的社会阶层人士统战工作的实施意见》，开展对新的社会阶层人士的调研摸底工作，撰写《新的社会阶层人士统战工作探索研究》调研报告1篇。成立电子商务从业人员联谊会，积极推动统战工作向新的社会阶层人士有效覆盖。打造“社会组织+职教社”统战工作示范点1处。

【民族宗教工作】加强少数民族服务管理，促进区、镇、村民族工作的规范化、制度化、科学化；依法管理宗教事务，强化宗教团体自身建设，举办各类培训班3期。积极动员宗教团体开展各类扶贫活动，向全区260余名贫困群众捐资捐物8万余元。

【扶贫攻坚工作】动员全区统一战线成员积极投身脱贫攻坚战，积极做好“泛海助学山东行动”工作，共资助38名贫困学生，发放助学金19万元；配合九三学社临沂市委会开展“白内障脱盲精准扶贫手术”活动，共计免费手术316人；引导宗教界人士积极参与社会慈善救助活动，向180余名贫困群众捐资捐物4万余元。

【港澳台海外统战工作】投入2万元制作安装侨情资源管理系统，已分类录入华人华侨、归侨侨眷等信息200余条。建立“中国华侨国际文化交流基地”1处。积极开展扶助侨界和社会困难群体活动，为天使学校的孩子们和敬老院的老人们捐赠冬衣160件，为10名贫困归侨侨眷送去慰问金和慰问品。

（许建华　庞　喆）

·沂南县委统战部·

2017年，沂南县委统战部在县委的领导和上级统战部门的指导下，认真贯彻落实党的十八大、十八届历次全会及十九大精神，深入贯彻落实中央、省、市委统战工作要求，紧紧围绕县委中心工作，真抓实干，务实创新，扎实做好各领域统战工作，为全县经济社会又好又快发展做出积极贡献。

【加强阵地建设】打造以山东抗日民主政权创建纪念馆、南村社区、马泉农业创意示范园为代表的5处统战成员思想教育和实践锻炼基地。在全县党外知识分子中深入开展“深化学习·提素质”理论培训、“红色教育·跟党走”现场教学、“建功立业·强担当”演讲比赛、“三宜沂南·话发展”议政建言、“扶贫攻坚·比贡献”结对帮扶、“服务民生·促和谐”公益服务、“六个一”系列主题活动。

【完善统战干部数据库】加强各级统战工作机构建设，继续完善全县统战干部数据库，实行统战干部报备制度。与县委组织部、党校联合组织以各级统战工作会议精神和《条例》《方案》《细则》为重点的专题培训班，组织150余名统战干部参加学习。

【服务经济社会发展】 组成调研组，到全县16家非公有制企业开展优化发展软环境专题调研。深入了解非公有制企业发展中遇到的瓶颈难题，广泛征求非公人士的意见建议，梳理出全县软环境建设中存在的5类突出问题，形成专题调研报告，供领导决策参考，助力全县经济社会发展。

【基层统战工作】 把构建三级网络、扩大社区统战工作覆盖面作为重点，按照“统一标准、严格规范、健全完善”的要求，在全县26个社区设立社区统战办公室，配备办公设施，统一制作工作制度牌，明确统战联络员制度，设立社区统战成员活动室、图书室等活动场所，健全完善统战成员联系交友、工作例会等8项工作制度。通过“双服务”模式，加强与统战对象的联系，引导他们参与社区建设。

【对台工作】 积极开展“进台企、话亲情、助发展”和“平安台企”创建活动，主动帮助台胞台属创业就业、改善生活条件。扎实开展沂台交流，先后接待6个批次、10余名台商台胞来沂南参观考察。

【扶贫攻坚工作】 积极探索“大统战+精准扶贫”模式，动员178家优质爱心企业成立“百企精准扶贫联盟”，对口帮扶全县111个贫困村，开展十大“同德共愿·爱心行动”，实现爱心企业和帮扶户的互利共赢。

【民族宗教工作】 积极推进大成庄住宅社区建设项目，目前一期工程已投资2400万元，完成6座主体住宅楼建设；指导两泉坡村积极学习借鉴全国最先进的种植技术和经营管理模式，持续推进“采摘园”建设，已投资85万元建成11个葡萄采摘棚。以“规范年”创建为契机，指导全县92个宗教活动场所进一步建立健全民主管理委员会、财务管理小组等相应组织机构。积极引导宗教界和信教群众开展社会公益慈善活动，探索宗教促进全县经济发展、社会稳定的新路子。

（惠文斌）

•郯城县委统战部•

2017年，郯城县委统战部在市委统战部的指导和县委的领导下，牢牢把握“大团结、大联合”主题，深化民族宗教、工商联、对台工作，广泛凝聚各方力量，充分发挥统一战线的优势和作用，在服务全县经济社会发展中展现新作为。

【提高党外代表人士向心力】 新发现掌握受市级以上表彰优秀党外人士43人，海外留学生24人。共掌握党外干部、党外知识分子、民族宗教、非公有制经济、海外台胞台属、新的社会阶层人士等6个类别425人。先后开展非公有制经济人士异地高校专题培训班、民族宗教人士专题培训班、新的社会阶层人士专题座谈、党外政协委员培训会、党外知识分子学习十九大精神报告会各1次。同时组织全县各界代表人士120余人召开践行社会主义核心价值观和学习贯彻省第十一届党代会精神专题培训会。组织党外知识分子进行健康体检、“三下乡”、书画影展等活动，同时协调县委县政府出台《县级领导班子成员联系党外代表人士制度》《解决民营企业融资难融资贵九条措施》，增强与党外人士沟通联系。

【做好新的社会阶层人士统战工作】 联合县工商联、新闻中心、科技局等单位，筛选出代表人物52人，成立企业技术人员联盟、新媒体从业人员联谊小组2个平台，同时在全县社会组织联合会下设立6处分会，形成“一会一盟一小组”格局，凝聚全县新的社会阶层代表人士200余名。召开情况通报会1次，组织专题走访2次、主题座谈2次，新的社会阶层人士提出的“精准施策应对校园欺凌的建议”“推进公立医院与私立医院医联体建设”等12条意见建议已经受到有关部门的重视和采纳。组织县内新的社会阶层21名代表人士先后赴孟良崮战役纪念馆、大青山战役纪念馆参观学习。联合新益民眼科医院、仇氏骨科医院、大唐学府等单位先后为群众提供免费医疗救治、免费咨询、减免贫困生学费等服务20余次，服务群众1000余人。

【创新“统战+扶贫”特色品牌】 以“百企精准扶贫联盟”为载体，开展“统战扶贫调研周”活动。其中，高大制帽厂以“企业＋分厂＋代加工点＋贫困户”扶贫路子，两年累计设立代加工点 63 个，共辐射带动周边 1.5 万余人增收。与新益民医院共同组织的“同心健康行”眼科义诊活动，进驻 5 个乡镇，为 2500 名农村老年白内障患者实施健康体检；联合仇氏骨科医院开展的“同心健康行”骨科义诊及小药箱活动，累计派送“三九感冒灵”“藿香正气水”“创可贴”等群众生活常用药品折合约 10 万元。“班班通—同心助学助力教育信息化”公益活动，共援助 26 万余元教育资金；2017 年度“泛海助学山东行动”，为 107 名贫困新大学生共资助 64 万余元；同时电商协会在县社会组织联合会的指导下，采取园区就业岗位优先安排给贫困户的形式，先后安排贫困户 8 人就业，每人每年工资性收入 1200 元。

【巩固民族宗教、工商联、对台工作】 巩固和深化部长办公会议、联席会议等机制在处理统战系统工作中的重要作用，定期沟通、协商问题、部署任务，促进统战系统工作协同高效。积极做好系统各单位上级迎查、工作会议、专项工作的指导和参与工作。具体工作中，指导工商联主办市工商联“面对面、心贴心、原汁原味大走访”经验交流会、郯城青岛商会建立活动；指导民宗局制定 2017 少数民族经济社会发展纲要，开展少数民族学生高考登记工作；指导台办认真处理台资台商台侨相关事宜。召开全县统战工作会议，安排部署全年统战系统工作任务，隆重表彰统战、民族宗教、工商联、对台工作先进集体和先进个人，对全县统战工作进行督导检查，形成统战系统强大合力。

（孙晓莉）

·沂水县委统战部·

【党外代表人士工作】 抓好党外代表人士的发现储备，从企事业单位、人民团体和社会组织中累计推选 142 名党外后备干部充实完善全县党外代表人士数据库；加强党外代表人士的培养使用，选派 2 名党外干部参加全市培训班。在省社会主义学院举办培训班，全县统战工作负责同志、党外代表人士共 45 人参加培训。

【社会组织联合会工作】 建立代表人士数据库，建立新的社会阶层人士实践锻炼基地 7 处，举办党支部书记和新的社会阶层人士培训班 4 期，在全县依法登记注册的 484 家社会组织中建立党支部 65 家。开展电子商务培训、送医下乡等活动。探索出新的社会阶层人士“三位一体”“双联驱动”、服务中心的“321”统战工作新路子。

【基层统战工作】 指导各乡镇实现阵地、制度、人员“三统一”，基层基础工作进一步夯实。举办统战委员、统战干事专题培训班。共开展送教育、文艺、医疗卫生、法律、心理关爱等各类活动近 200 次，惠及群众 6300 余人。

【服务经济社会发展】 在北京、广州等地建立 6 个招才引智工作站，聘请联络员 298 名、宣传员 2900 名。实行县直部门联系服务企业制度，为企业解决实际难题 240 余项。通过银企对接洽谈会、扶贫贷款等形式推动小额贷款发展，共为 63 家企业授信 2.1 亿元，发放贷款 1.2 亿元。成立全县非公有制经济人士综合评价联席会议。

【扶贫攻坚工作】 动员 182 家企业与 135 个贫困村进行结对帮扶，助力精准扶贫。继续支持驻村第一书记工作，2017 年共投入资金 180 万余元；建设莲藕种植基地村集体增收 3 万元；建设高效特色农业灌溉、小农水利项目灌溉面积 500 余亩；硬化道路 1600 米。继续协助九三学社、鲁南眼科医院推进“亮康行动”为符合条件的 600 余例白内障患者进行免费手术，节约费用 300 万元。协助农工党省委捐助 1 所学校援建 10 万元的“班班通—实验班”1 个，并向 29 所中小学捐赠平板电脑、班班通教学资源、软件学习卡共计 29 万元。为全县 94 名建档立卡贫困学生申报“泛海助学”47 万元，每名学生享受 5000 元助学金资助。

【工商联工作】 圆满完成工商联换届工作；成立同城联创和食品产业商会，异地商会建设稳步推进。打造“同心·百企精准扶贫联盟”品牌，组织 182 家非公企业与 135 个贫困村结成帮扶对子，累计投入资金 1500 万余元。2017 年，整个社会扶贫战线累计投入资金物资 5000 余万元；设立项目加工点和产业帮扶项目 61 个，安排就业 500 余人，解决群众生产生活困难和“五通十有”等方面问题 30 余处，各行业协会、商会等社会组织开展献爱心活动 100 余次，捐助善款物资 200 余万元。

【民族宗教工作】调整充实民族宗教工作领导小组。为穆斯林农户发放牛羊肉价格补贴60万余元，向县财政申请慰问资金，对150户少数民族困难户和少数民族人士进行走访慰问，为42名少数民族中考考生办理民族证明。获批复少数民族发展资金项目2个，争取资金100万元。申请到位民族教育专项资金15万元。天主教朝圣活动安全有序，共1.25万信教群众参加。

【统战信息调研、宣传工作】抓好统战信息调研宣传工作，共上报各类调研文章7篇，信息260余篇，被中央、省级、市级各类报刊采用30余篇。

（徐　娜）

•兰陵县委统战部•

2017年，兰陵县委统战部认真履行职能，不断完善统战工作机制，教育引导广大统战成员充分发挥自身优势和作用，围绕中心，服务大局，扎实做好社区统战、党外代表人士、非公经济领域统战、新领域统战、民族宗教、协商民主建设等各项工作，有效促进全县经济发展和社会稳定。

【社区统战工作】在全县开展统一战线"光彩兰陵"主题活动，推进"统战之家"建设，确保基层统战工作"有场所、有专人、有制度、有档案"，全县已设立96处统战之家。认真贯彻落实《全市县区统战品牌创建工作实施方案》，各乡镇（街道、开发区）结合各自实际打造品牌亮点，建立26处基层统战品牌建设观摩点。组织乡镇（街道）统战委员、统战干事集中培训5次，学习党的十九大精神、业务知识和传统文化，提升统战干部的政治素养和思想理论水平。

【党外代表人士队伍建设】深化民主党派成员、无党派人士坚持和发展中国特色社会主义学习实践活动，做好有影响力有个性党外人士的团结和引导工作。强化党外代表人士实践锻炼，选派党外干部参与国家农业公园建设、管理、技术指导、旅游开发及菜博会筹备等工作。加强党外干部的使用，提拔3名党外正科级领导干部，2名副科级领导干部，1名副科级干部进行交流使用。

【非公有制经济领域统战工作】组织非公有制经济代表人士赴中国人民大学、西安交通大学参加培训。完成县级工商联和18个基层商会换届，大力推进"四好"商会建设，并召开全县现场观摩会。积极组织非公有制企业参与"民企帮村"精准扶贫工作，130家企业结对帮扶124个村，扶持带动8855户、14450名贫困人口增收脱贫。

【新兴领域统战工作】顺利完成县知联会换届，在临沂华龙热电、山东球墨铸管两处国有企业成立知联会分会。深入推进党外知识分子"两学一促"（学中国特色社会主义理论、学系列讲话，促建功立业）学习教育常态化制度化工作。在全市率先成立留学人员联谊会，架起县委、县政府与留学人员的桥梁。开展心理健康服务"进校园、进机关、进社区、进医院、进农村"五进活动，举办心理健康讲座5场，受益群众1200余名。党外知识分子工作经验做法被《中国统一战线》杂志予以刊发。建立新的社会阶层代表人士信息库，出台《关于加强新的社会阶层人士统战工作的实施意见》。协调社会组织联合会活动场所240余平方米，建立新的社会阶层人士实践基地4处。加大政治安排，推选2名市人大代表，3名市政协委员，32名县人大代表，41名县政协委员。

【民族宗教工作】举办由宗教工作干部、宗教团体和场所负责人、信教群众骨干等参加的培训班3期。积极组织宗教界开展以"助力脱贫攻坚"为主题的"宗教慈善周"活动，募捐善款约9万元。建立全县信教群众工作台账，进行规范管理。

【文化统战工作】成立山东中华文化学院（兰陵）研修基地，发挥文化凝聚人心、引领方向的作用，推进区域文化研究、普及兰陵文化。开办"劝学大讲堂"，邀请杨朝明教授到兰陵做《让传统文化照亮复兴之路》专题报告。开通兰陵统战微信公众号，发布统战信息62条，并设立"文化兰陵"专栏发布系列原创文章8篇，光彩兰陵人物风采系列原创文章3篇。

【协商民主建设】立足实际健全完善协商平台和协商渠道，探索和推进有效协商机制。2017年共征集提案、意见建议156件，涉及全县非公有制经济发展环境、少数民族村居扶持、教育医疗条件改善、现代农业发展等方面。召开党外代表人士座谈会，听取对县政府工作的意见和建议，开通建言献策直通车，调动党外人士参政议政的积极性。

（朱　超）

·费县县委统战部·

2017年，费县统战部门坚持以习近平新时代中国特色社会主义思想为指导，深入学习贯彻党的十九大精神，全县统一战线齐心协力，勇于担当，敢于创新，善于落实，各领域统战工作取得突破性进展，统一战线事业进入全面提升的新阶段。

【统战品牌创建工作】 打造基层统战工作示范点5处、新的社会阶层人士创新实践基地2处和统战宣传调研工作示范点1处。

【新的社会阶层人士统战工作】 召开费县新的社会阶层人士联合会第三次会员大会，将“社会组织联合会”更名为“新的社会阶层人士联合会”，增选副主席2名、会员单位48家、会员64名。新成立木业之窗联合会。以联合会为载体，组织12家联合会分会开展各类走访慰问活动，募集物资以及现金共计65万余元。引导新的社会阶层人士在网络舆情引导、医疗法律援助、扶贫创业服务等方面发挥积极作用。

【党外代表人士队伍建设】 印制《学习贯彻党的十九大精神宣讲提纲》500余份并对统战成员进行深入培训辅导。对第一批22名党外代表人士的实践锻炼工作进行年度考核，新建立实践锻炼基地6处，选派12名党外代表人士开展第二批实践锻炼工作。新成立县直单位党外知识分子联谊会分会3个。开展全县党外知识分子践行社会主义核心价值观主题培训活动。持续开展党外知识分子“服务民生，回报社会”系列活动，共开展义诊、技术培训、助老助孤等活动33次。

【统战基层工作】 进一步加强基层统战工作阵地建设、健全工作机制、完善工作网络、拓展工作领域。新打造2处社区统战办公室和2处非公有制企业统战办公室。引导各类统战组织创新服务机制、形式和内容，在志愿帮扶、公益服务等领域提供更加精细化、专业化的服务。

【非公有制经济领域统战工作】 召开费县工商联第五次会员代表大会，圆满完成费县工商联（总商会）和各乡镇（街道）商会换届工作。建立工商联兼职主席（会长）轮值制度，全年开展轮值活动5次，赴外地企业考察3次，实现企业资源共享、信息互通的发展新局面。按照“抓覆盖、抓阵地、抓规范、抓活动”的原则，持续推动非公有制企业党建示范点打造工作。

【民族宗教工作】 紧紧围绕“共同团结进步 共同和谐发展”这一主题，开展民族团结进步创建和宣传月活动，维护民族团结稳定局面。实施帮扶工程，为民族村、民族小学、清真寺争取各类资金60万余元，用于基础设施建设。学习宣传贯彻新修订的《宗教事务条例》和全市宗教工作会议精神，以宗教活动场所规范化管理为主线，突出对财务、人员、事务的管理。坚持“保护合法，制止非法，遏制极端，抵御渗透，打击犯罪”原则，开展清理整治基督教私设聚会点和佛道教乱建滥塑活动。

【港澳台海外统战工作】 完善费县侨联组织建设，为全县归侨侨眷开展政策咨询和法律服务活动。加强与费县籍海外人士的联系与交流，深入开展争取人心扩大认同活动。继续开展“进台企、话亲情、促发展”活动，扩大同台胞的交流合作，做好服务工作。经中国侨联批准，在费县建立“中国华侨国际文化交流基地”1处。

【社会主义学校建设】 充分发挥费县社会主义学校在统一战线教育培训中的主阵地作用，牵头举办主题培训班5期，培训400余人次。山东省社会主义学院在费县建立教学实践基地2处。

【扶贫攻坚工作】 积极联系各级统战组织，开展各类扶贫捐助活动100余次，总价值600万余元。其中，开展“白内障脱盲精准扶贫手术”活动，免费进行白内障治疗手术603例；举行关爱听障儿童“启喑”活动暨澳大利亚魏基成天籁列车费县捐助仪式，为听障儿童捐赠价值80万余元的助听器设备，向贫困儿童捐赠羽绒服630件；举行山东省“班班通—同心助学助力教育信息化”精准教育扶贫活动启动仪式，捐赠教学设备价值110万元。

（胡文广　孙　浩）

·平邑县委统战部·

2017年，平邑县委统战部在县委和市委统战部的领导下，高举爱国主义、社会主义旗帜，牢牢把握大团结大联合的主题，以邓小平理论、“三个代表”重要思想、科学发展观、习近平新时代中国特色社会主义思想为指导，深入贯彻落实县十四次党代会精神，重点突出协商民主、党外知识分子、新的社会阶层人士、非公有制经济人士、社区统战、党外代表人士队伍建设6项工作重点，各领域统战工作取得显著成绩。

【协商民主工作】 圆满完成平邑县第十届政协委员的换届工作。召开全县民主党派成员、工商联、无党派和新的社会阶层人士等党外代表人士代表座谈会，通报全县经济社会发展情况，要求全县工商联无党派和新的社会阶层人士站稳政治立场、把牢政治方向，巩固共同的思想政治基础，为建设“山清水秀幸福和谐”市域副中心城市做出更大的贡献。

【知识分子联合会工作】 积极引导知联会把社会服务作为工作的出发点和落脚点。县一中知联会以“服务学校发展”为主线，创立学习互助组，开展学校和家长学生双向交流活动，受到家长和学生的广泛好评。县计生局知联会组织党外知识分子积极参与全县贫困人口免费健康查体活动，开展健康教育260场次，开展义诊、巡诊等活动77场次，取得良好社会效果。

【新的社会阶层人士和非公有制经济人士统战工作】 成立平邑县青年企业家联谊会并举办专题培训班，为全县青年企业家搭建沟通交流平台，进一步提升青年企业家的能力素质。按照全市新的社会阶层人士统战工作会议要求，对全县新的社会阶层人士进行统计，建设1处新的社会阶层人士统战工作示范点。

【品牌创建活动】 召开全县统战工作现场推进会，观摩浚东社区统战工作现场、党外知识分子联谊会、新的社会阶层人士实践锻炼基地3个示范点，对统战品牌建设进行专项动员部署。

【党外代表人士队伍建设】 积极向县委推荐使用党外干部，选派符合条件的党外干部挂职锻炼。结合政协、人大换届工作，统战部积极争取，主动工作，认真落实中央、省委、市委关于党外人士政治安排的政策。对全县党外干部队伍建设进行调查与研究，形成《关于加强党外干部队伍建设的调研报告》，为加强党外干部的培养和政策落实提供支持和依据。平邑县社会主义学校揭牌并举办培训班，全县党外代表人士、统战干部共270人参加培训。

【围绕中心服务大局】 县委统战部紧紧围绕县委、县政府中心工作，着力服务全县经济社会发展大局，认真做好党课学习、三引一促、第一书记任职、脱贫攻坚等各项工作任务。协调配合国际奥比斯农村眼病防治项目暨九三学社“亮康行动”活动为县639名白内障患者进行免费手术。积极争取“泛海助学”行动资金，为94名建档立卡的贫困大学生发放助学金47万元。

（张亚男 赵　锋）

·莒南县委统战部·

2017年，莒南县委统战部在县委和市委统战部的正确领导下，认真贯彻落实全市统战部长会议精神，突出“学习培训年”“工作落实年”“创新发展年”三大特色，围绕全县工作中心，勇于担当、开拓创新、共同努力，各项工作取得新进展、新成绩。

【夯实统战工作基础】 县委始终把统战工作摆在重要位置，常委会多次听取统战工作汇报，研究解决统战工作重大问题；将统一战线政策理论列为县委理论学习中心组学习专题，切实加强党委对统战工作的领导；统战部增加行政编制2个，提拔副科级干部2名，充实班子成员1人。制定《2017年度工作要点》，对2017年要开展的凝聚思想共识、汇聚工作力量、新的社会阶层人士统战工作等9个方面23项工作列出具体要求；下发《2017年度全县统战工作综合评价体系》，将全年统战工作目标任务进行细化、量化。开通莒南统一战线微信平台，面向全县党政领导干部和广大统战成员，定期发送统战工作重大决策、活动，统战理论方针政策及有关规定要求；积极撰写发表宣传信息调研文章，多层次宣传统战工作。

【加强党外代表人士队伍建设】 积极做好党外干部和党外后备干部的培养、选拔、任用工作，2017年，共交流提拔重用党外干部6名；认真开展县政协换届党外委员人选推荐提名考察工作，通过反复协商、充分酝酿、全面考察、征求意见，高质量完成172名党外县政协委员、10名党外市政协委员的推荐提名和考察工作；在党外代表人士中举办党的十九大精神培训班，全县统一战线各界260余名党外代表人士参加培训。

【做好新的社会阶层人士统战工作】设立新的社会阶层人士科，具体开展新的社会阶层人士统战工作；在全县范围内开展新的社会阶层人士调查摸底工作，建立详细的数据库；打造三方集团新的社会阶层实践创新基地，积极为新的社会阶层人士提供发展空间；组织100余名新的社会阶层人士赴台儿庄大战纪念馆，开展以“传承初心之志，筑牢同心之基”为主题的红色革命传统教育。2017年，莒南县委统战部开展新社会阶层人士统战工作的4条创新经验被省委统战部转发。在广大非公有制经济人士中发起招商引资倡议，助力全县“三引一促”工作，招才引智完成率100%；主动深入19家重点企业开展“听意见、改作风”走访活动，为企业解决实际困难。

【形成统战工作合力】向全县统一战线各界人士发出倡议，动员全县统一战线成员积极参与精准扶贫工作；与县教体局协商确立“渊子崖小学”等17所小学为“农工党市委‘班班通—同心助学助力教育信息化’公益活动”受助学校；全面启动“白内障脱盲精准扶贫手术”活动，对全县8200余名贫困、低保户眼病患者进行义诊，对需要手术的630名患者进行免费治疗；开展“泛海助学”活动，为70名贫困大学生每人发放助学金5000元，总计35万元；争取社会各界人士捐助物资100万余元。争取少数民族发展资金50万余元，用于筵宾镇东集西村、十字路街道王庄子村的扶贫大棚建设；设立宗教教职人员信息档案，推进全年宗教工作信息化建设进程。加强对台事务领域统战工作，在全县开展台胞台属涉台婚姻调查统计工作，建立全面准确的涉台信息电子档案；与台商达成经贸合作意向6个；为台湾青年提供实习就业岗位16个。

（徐耀田　宋艳萍　吴东骏）

·蒙阴县委统战部·

2017年，蒙阴县统战工作紧紧围绕县委、县政府工作大局，认真贯彻中央和省市县委关于统一战线的决策部署，尽职尽责、积极作为，各领域统战工作均取得明显成效。

【协商民主工作】制订年度协商工作计划，先后召开协商会议8次，县委主要领导对形成的8个协商建议均做出批示，其中6件经县委批转或转发。印发《关于加强和改进委派民主监督员工作的意见》，向22个执法服务部门委派民主监督员54名，其中党外代表人士30名。推荐63名优秀的党外代表人士和非公有制经济人士纳入特约人员人选库，共参与部门决策、重大问题协商26次，提出意见建议22条，多数得到转化，充分发挥民主监督职能。

【党外代表人士队伍建设】制定党外代表人士协商、发现培养、教育培训等方面的制度。依托县委党校，将统战政策理论教育纳入培训计划，举办统战培训班1期，培训60余人次；组织党外代表人士参加座谈会、调研视察等活动11次，参加人员320余人次，累计收集意见建议87条；抽调3名党外干部到乡镇（街道）挂职锻炼，抽调12名党外干部参与全县片区改造、重点项目建设等中心工作。新建立1处党外代表人士实践锻炼基地，选派3名党外代表人士挂职锻炼。

【新的社会阶层人士统战工作】出台《关于加强社会组织统战工作的意见》和《关于建立新的社会阶层人士统战工作联席会议制度的通知》，建立县委统一领导、县委统战部牵头协调、相关部门单位参与的联席会议制度。组织新的社会阶层代表人士50余人进行座谈交流，观摩企业13家，建立起横向的沟通网络。对全县新的社会阶层人士进行调查摸底，登记新的社会阶层代表人士728人。全县新的社会阶层人士中，担任县工商联副主席8人，市人大代表7人，市政协委员5人，县人大代表24人，县政协委员85人。

【党外知识分子工作】建立健全党外知识分子工作联席会议制度、工作情况定期通报制度、县级领导干部与党外知识分子联谊交友等制度。开展“我为蒙阴献一策”“共建和谐蒙阴”等主题活动，累计收集意见、建议160余条，归纳整理为21条上报县委、县政府。新建党外知识分子创业实践基地1处，组织9名知联会会员参加实践锻炼活动。召开2次党外代表人士座谈会，为党外代表人士了解政策、交流信息、参政议政、建言献策搭建平台。

【民族工作】 广泛开展民族团结进步创建活动，协同驻村“第一书记”帮助民族村整修入村干道、建设高标准集贸市场、新建4座高标准香菇养殖大棚。在少数民族村举办农村实用技术培训班两期，培训民族村学员90余人次。及时发放少数民族生产生活补助金及穆斯林农户和城市穆斯林低保户牛羊肉一次性补贴，并为少数民族高中考生进行身份认定。

【宗教工作】 扎实开展宗教政策法规宣传月活动，深入开展处理涉及佛教寺庙、道教宫观管理有关问题的专项治理工作。举办宗教团体神学培训班2期，组织场所负责人、宗教界代表人士召开座谈会6次，对各宗教团体及场所财务开展1次全面检查。开展宗教工作大调研活动，与加强宗教团体建设、宗教活动场所管理和教职人员的教育管理结合起来，进一步规范各宗教团体自身建设。

【非公有制经济领域统战工作】 开展“同心•圆梦行动”和理想信念教育实践活动，先后3次到大青山、红嫂和孟良崮纪念馆开展红色教育，组织各类培训班、培训会10余次，培训会员和非公有制企业人员400余人。圆满完成县工商联和乡镇商会的换届成立工作。对全县105家工商联常委执委企业开展“察实情、建真言”大走访大调研活动，共协调解决企业在政策、资金等方面的困难和问题27个，收集各类意见建议226条，具体困难问题41个。

【自身建设】 扎实推进“两学一做”学习教育常态化制度化建设，建立完善定期集中学习、个人自学、“三会一课”等制度，充分调动各级统战部门和统战干部干事创业的积极性，促使每名干部主动履职尽责；举办统一战线暨民族宗教理论政策培训班，对全县统战工作干部进行培训；加强与各地市统战、民族宗教、工商联、民主党派等的联系交流，接待各类考察交流学习活动共计23次。

（张　晓）

•临沭县委统战部•

2017年，临沭县委统战部在县委和市委统战部的正确领导下，紧抓工作落实，突出品牌创建，各项工作取得较好进展。

【协商民主建设】 制订《县委统战部2017年度协商计划》，重点围绕县委、县政府年度工作、全县经济社会发展、思想建设、招商引资、创新工作、统战工作等重要课题，广泛征求各级主要领导、党政部门负责人、党外人士和群众的意见、建议。广泛开展前期调研，设计细化协商内容、协商形式、协商程序，强化开展民主协商的针对性和时效性。协同有关部门先后组织开展协商民主活动9次，形成提案126件，建议案2件，社情民意8期，征集意见建议350余条。

【党外代表人士队伍建设】 完善党外代表人士和后备干部队伍数据库，实行动态管理。新建立2个党外代表人士教育实践基地，3处党外代表人士实践锻炼基地。组织全县党外代表人士、社会组织代表人士57人赴江苏邳州、兰陵县开展红色教育。在广大知识分子中广泛开展“‘喜迎十九大•同心促发展’大走访大调研活动”，形成调研报告6篇。开展党外代表人士座谈会3次，政治宣讲、实事政治培训3次。在“临沭统一战线”公众号上开辟“临沭发展大家谈”专栏，有500余人留言及互动。

【新的社会阶层人士统战工作】 增设新的社会阶层科，增加行政编制2名。重新摸底，补充、完善前期数据，建立起400人的新的社会阶层人士数据库。建立新的社会阶层人士实践锻炼基地2个、“同心扶贫攻坚行动”示范点4个。建立党政领导干部与新的社会阶层代表人士联谊交友制度，全县党政领导干部联系新的社会阶层代表人士216名。建立“电商+精准扶贫”新的社会阶层人士工作示范点，举办电商知识公开课3期，电商培训2期。

【社区统战工作】 在具备条件的社区，按照“统一标准、严格规范、设施齐全、功能完善”的要求，加大投入，配备设施，完善制度，健全档案，充实社区统战成员信息库。新建社区统战示范点2个，实现社区统战阵地建设的标准化和功能化。按社区统战成员所属行业和领域不同，打造各自特色联谊组织，如尚庄社区建立新的社会阶层人士联谊会，组织统战成员，参加捐资助学、修路架桥等活动，为和谐社区建设尽心出力。

【企业统战工作】 在企业成立统战工作领导小组，由分管副总担任组长，下设党外知识分子、留学归国人员、新的社会阶层人士、少数民族及信教员工四个基本联谊组，形成企业“领导组—小组长—统战对象”三级统战组织。建设用于学习培训、研讨交流的统战办公室和集休闲、娱乐、健身、情感交流、解压等功能于一体的企业“统战之家”，组织各项活动17次，最大范围内凝聚企业统战成员的政治共识、思想共识和行动共识。

【民族宗教工作】 筛选上报扶贫项目5个，获得省市扶持资金141万元。对全县60余家清真食品生产、经营场所及设清真食堂或清真灶的学校进行集中检查。完成全县608户穆斯林农户和穆斯林城镇低保户认定、统计工作，联合财政部门发放春节牛羊肉补助款24.32万元。投资2.6万元印制《民族宗教政策法规知识汇编》和《穆斯林基本知识》4000余本进行发放，积极宣传民族团结进步知识。加大执法力度，依法治理基督教私设聚会点，共清理基督教私设聚会点8处，清理佛教私设聚会点2处，下达整改通知书6份，依法纳入管理6处。

【非公有制经济领域统战工作】 开展以“守法诚信、坚定信心”为重点的理想信念教育实践活动，组织非公有制经济人士深入学习十九大精神，促进政企交流，积极营造构建“亲”“清”新型政商关系良好氛围。配合两新组织党工委抓好非公有制企业党建工作，全力实施“非公党建+”工程。新发展会员103个，成立临沭县家政服务协会，完成县工商联换届调整，指导镇街商会开展换届工作。

（张　静）

德州市

·德州市委统战部·

【强化思想政治引领】 广泛组织统一战线学习宣传贯彻中共十九大精神，用好“党员活动日”“机关大讲堂”和各类主题教育活动，组织广大统战干部原原本本、原汁原味学习党的十九大报告和党章，增强理论武装。深入开展“大学习、大宣讲、大调研、大落实”活动，到统一战线各领域开展宣讲、调研，采取他们喜闻乐见的方式，推动党的十九大精神更好地入脑入心，引导广大统战成员坚决维护习近平总书记核心地位、领袖权威，切实在思想上政治上行动上同以习近平总书记为核心的党中央保持高度一致。发挥“德州统一战线”微信公众号阵地作用，开辟专栏宣传各界党外代表人士学习中共十九大精神活动动态和心得体会，在全市统战系统掀起学习宣传贯彻的热潮。

【服务协同发展示范区建设】 全市党外人士围绕市委、市政府中心工作提出意见建议418条，采纳落实78条。推进“同心扶贫攻坚”“百企帮百村”“温暖工程·职教扶贫”等活动，“泛海助学·山东行动”资助600名贫困家庭大学新生；组织开展科技、文化、教育、法律、健康等下乡活动220余次，捐赠学习用品、医疗设备价值600万余元；120家工商联会员企业帮助120个贫困村、13705名省定建档立卡贫困人口实现脱贫，德州恒丰纺织集团荣获全国工商联“万企帮万村”精准扶贫行动先进民营企业称号；联合省中华职教社、山东协和学院举办“乡村医生培训班”12期，免费培训乡村医生2000名；启动“职教扶贫·携手圆梦”活动，帮助240名贫困学生到德州交专免费就读。支持非公有制经济健康发展，推进构建亲清新型政商关系，市委统战部、市工商联开展“银企直通车”活动，帮助134家会员企业与15家金融机构对接。

【民族宗教工作】 持续抓好全国、全省、全市宗教工作会议精神的贯彻落实，召开专题会议，制定政策文件，推动重点难点问题解决。建立季度座谈、联席会议等制度，定期与公安、安全、民宗等部门联系沟通，做好重要事件、重要节点、重要场所的摸排管控，切实维护民族宗教领域和谐稳定。

【多党合作和政治协商工作】 协助市委出台《关于加强政党协商的实施意见》，促进各项工作制度化规范化程序化。科学制定年度政党协商计划，认真组织协商活动，推动协商成果督办落实，共组织召开协商会、座谈会、通报会9次，30余个涉及部门全部做出书面反馈。健全完善民主党派直接向中共市委、市政府提出书面建议制度，用好《议政建言》党外人士意见建议专刊，畅通参政议政“直通车”。全年市各民主党派所提意见建议直接报送市委、市政府10件，通过《议政建言》提交7件，市委、市政府主要领导批示4件。探索建立重大课题委托民主党派调研制度。市长陈飞直接委托民进市委就建立工业云服务平台进行专题调研，促进德州市大数据产业园项目建设。

【党外代表人士队伍建设】协助市各民主党派、指导市工商联圆满完成换届，顺利实现组织交替。抓住人大、政府、政协换届契机，推动落实党外代表人士安排使用政策。全市副县级以上党外干部117名。加强教育培训，将全市党外代表人士培训班纳入市委党校主体班次，每年至少举办一期；强化实践锻炼，做好第四批选派的7名党外干部挂职锻炼管理服务，联合市委组织部发文将党外干部挂职锻炼时间延长为2年，参照市派“第一书记”落实管理和待遇，保证真蹲实驻、增长才干；挂职期间的工作实绩，作为选拔使用的重要依据，表现突出的在原单位干部调整时优先考虑使用。

【新的社会阶层人士统战工作】召开新的社会阶层人士统战工作会议，起草政策性文件。抓住省委统战部在德州建立新的社会阶层人士统战工作实践创新基地契机，建设“汇星源”基地，确定“党建引领、统战融入、资源整合、多方联动”工作思路，成立“汇星源”联合党总支，建立统战工作站，组建新的社会阶层专业人士互助联盟，打造新的社会阶层人士人才集聚基地、教育培训基地、创新创业基地、科技成果转化基地和互助合作基地。开展“新阶层 党旗红”工作品牌创建活动，开展“提升素质、做本职岗位标兵；提升境界，做协同发展先锋”主题活动，引导广大新的社会阶层人士踊跃投身于全市经济社会发展中。

【自身建设】开展“县级统战工作提升年”活动，通过“大调研、大摸底”“一县一品”创建、统战干部“大走访、大服务”“大学习、大培训”等活动，破解县级统战工作力量分散薄弱、动力活力不足、体制机制不顺等问题，实现工作质量、体制机制、工作保障、精神状态、素质能力“五个提升”。组织150余名市县乡三级统战干部到省社会主义学院学习，提升培训层次，增强培训效果。开展“机关作风建设年”活动，确定守规矩、提素质、强能力、增效能、做贡献五个专题，通过组织学习讨论、参观考察，开展“人人登台讲业务”“比业务、比作风、比奉献，争做敬业标兵”等活动，领导班子带头、全体同志参与，努力破解机关干部在精神状态、工作作风等方面存在的突出问题，打造从严从实、奋发有为、务实高效的统战机关，夯实统战工作基础。

（时继武）

•德城区委统战部•

【民主党派工作】充分发挥各民主党派联系广泛的优势，围绕提升社区服务质量，拓展社区服务职能，改进社区服务方式，开展调查研究和社会实践活动。组织各党派支部对德城区新湖街道丰华社区等社区展开调研，分析现状，查找问题，提出合理化改进建议，让社会职能发挥得更好。开展形式多样的活动，凝聚人心团结力量。组织6名民革党员到祥和社区为社区群众写字绘画30余幅，通过宣传推介，进一步提升群众艺术修养。联系5名书画艺术工作者到邹李社区为老人写寿字，送去美好祝福与祝愿。在部分社区开展法律进社区活动。

【党外干部工作】对全区党外干部进行全面调查摸底，继续完善以区委党校为主体，以社会主义学校为平台，联合区委组织部，对党外干部及党外代表人士进行轮训。在区委党校举办党外干部及党外代表人士培训班，主要围绕学习贯彻十九大会议精神及坚持和发展中国特色社会主义、实现中华民族伟大复兴中国梦等课题展开。继续与组织部门联合选派4名党外干部到黄河涯镇、新湖街道办事处两个实践锻炼基地挂职锻炼。

【新的社会阶层人士工作】成立区新的社会阶层人士联合会。召开新的社会阶层人士联合会第一次会员代表大会，审议并通过《德城区新的社会阶层人士联合会章程（草案）》《德城区新的社会阶层人士联合会第一次会员代表大会选举办法（草案）》，选举产生德城区新的社会阶层人士联合会第一届领导成员。

【非公有制经济领域统战工作】召开德城区工商联（总商会）第十三次代表大会，工商联圆满完成换届，选举产生新一届区工商联执委会和领导机构，明确今后五年的工作思路、任务目标，为开创工作新局面打下坚实基础。主动投身经济主战场。发挥统一战线联系广泛的资源优势，加强与党派中央、全联、省联及北京、天津、长三角、珠三角地区统战部、商会及社团的联系。总投资3000万元的希良食品公司项目，已正式落地。帮助民营企业破解发展难题。先后到永兴碳素、宇虹新颜料、鑫华润等多家会员企业进行走访调研。了解企业经营状况、面临的困难问题等，积极帮助协调解决。在得知永兴碳素缺少高级环保人才后，积极联系相关科研院校，为企业寻求人才。针对宇虹新颜料、鑫华润面临发展扩建困局、进度缓慢的问题，协调相关部门，简化程序，为企业按计划实现扩建任务提供保障。组织梁子黑陶、安防科技等9家企业参加市工商联组织的“银企直通车”活动，与全市各大银行金融机构进行对接洽谈，有3家企业与银行达成合作意向。充分发挥“联”的作用，加强对外交流。赴吉林省延吉市进行学习交流，与延吉市工商联建立友好商会。与昌邑市工商联缔结友好商会。组织骨干会员企业参加在浙江大学举办的“创新驱动与人才战略”专题培训班。为提高企业发展决策、管理、经营能力，应对经济新常态转型升级增添助力。

【统战调研宣传工作】做好重点课题调研工作，形成调研报告2篇。在各级媒体发表调研宣传信息稿件31篇。引导统一战线各界成员就全区招商引资、项目建设、民生改善等重点工作开展调研，撰写调研报告11篇，向人大、政协提交提案、议案、建议等53件（条）。

（何尉豪）

•陵城区委统战部•

2017年，陵城区委统战部按照“健全组织、开展活动、壮大声势”的总体工作思路，突出“大团结、大联合”这一主题，积极开展联谊交友活动，为助推陵城经济社会科学发展，建设协同发展示范区做出积极贡献。

【围绕中心服务大局】开展招商引资，成功引进投资3亿元的北京东方英宝联合技术有限公司温室大棚智能制造项目落户。联系引进北京德丰集建筑装饰工程有限公司，成功注资盘活约甄特•源家具有限公司，为区产业升级和盘活解困贡献智慧和力量。积极围绕“两个健康”工作主题，深入开展非公有制经济人士理想信念教育，引导恒丰、富路、国力化工等非公有制企业积极参与全区精准扶贫、社会捐助等公益事业，捐款捐物达500万元。鼓励支持民主党派、工商联及无党派人士积极围绕中心进行调研活动，先后提报提案议案140件，调研报告20篇，为区委、区政府科学决策提供有力参考。

【夯实基层基础】调整充实区委统一战线工作领导小组和区宗教工作领导小组；教育界与医卫界成立统战工作领导小组，区直机关工委明确专人负责统战工作，党外知识分子和非公经济领域的统战工作网络得到健全；14个乡镇（街道）配齐统战委员、统战干事；各行政村皆配备统战联络员（民族宗教协理员），在全区范围内形成统战工作全覆盖。

【民主党派工作】积极推荐符合条件的人选加入民主党派队伍，新发展民主党派成员9人，截至2017年底，民主党派成员共43名。成立民盟陵城区支部委员会。民主党派参政议政、建言献策积极性极大提高，各民主党派成员共提报提案议案25篇，调研报告9篇。

【党外代表人士队伍建设】加大教育培训力度，围绕如何加强新形势下党外代表人士队伍建设和新的社会阶层人士统战工作，专门从省社会主义学院邀请知名教授进行专题授课，培训人员110人次。及时调整完善2处、新增1处实践锻炼基地，并与组织部联合选派3名党外干部进行挂职锻炼；在陵城镇西街社区设立社区统战工作室，在社区统战工作方面进行有益探索。对全区党外干部重新进行调查摸底，更新党外后备干部数据库，将符合条件的党外后备干部及时向组织部门进行推荐。

【民族宗教工作】继续加强民族团结教育阵地建设。为更好地服务广大穆斯林群众，成立集教育与服务于一体的穆斯林服务中心。建有民族团结教育阵地一处、外来少数民族流动人口服务站一处、生活服务区一处。在宣传民族政策、普及民族知识的同时，无偿为穆斯林群众提供婚丧嫁娶宴席场地，极大地方便穆斯林群众，对全区的民族团结、社会和谐起到巨大的推动作用。开展丰富多彩的民族团结进步宣传教育活动。成功举办第十六届“民族团结进步杯”篮球比赛、第五届民族团结农民文化艺术节，并承办山东省第十七个民族团结进步宣传月活动文艺巡演等系列民族团结进步活动，增强全区各民族之间的凝聚力，维护全区民族团结、社会和谐。

(刘军升)

·禹城市委统战部·

2017年，禹城市统战工作着眼服务大局，积极凝心聚力，推进实践创新，加强自身建设，实现统战工作新突破。

【服务全市中心工作】助力“双招双引”。发挥统战资源优势，举办鲁台(德州)现代产业合作恳谈会、海外高新科技项目发布对接会等高端活动，对接人才和项目，推介宣传禹城工作。积极对接联系法国波尔多格拉夫葡萄酒协会、三峡集团、中国智慧城市产业联盟考察洽谈项目。汇聚商会力量。成立济南禹城商会，新成立汽车行业商会、中小企业家商会、进出口商会、新生代创业者商会、农村合作经济组织商会5家行业商会，搭建对外交流合作、行业规范发展平台。深入实施统一战线“同心脱贫攻坚行动”，凝聚全市统一战线力量，开展工商联会员结对帮扶贫困户活动，围绕产业扶贫、项目扶贫、公益扶贫，聚力脱贫攻坚。认真实施“泛海助学”行动，资助贫困大学生64人，发放资助金32万元。开展“同心扶贫·乡村医生培训”，选调133名乡村医生参加培训。

【打造工作亮点品牌】推进基层统战规范化建设。将统战工作纳入全市乡镇、街道年度协同发展综合考核体系，出台《关于加强基层统战工作规范化建设的意见》《2017年度乡镇、街道统战工作综合考核细则》。构建全方位教育培训格局。开展“同心同行·聚力发展”统一战线大学习、大走访、大调研活动，遍布全市所有乡镇、街道，调研走访企业30余家；组织外出学习考察5次，学习考察莱州、龙口、黄岛、青州等7个县市区先进工作经验，形成4篇学习调研报告，推动工作开展。举办统战干部、党外代表人士、新的社会阶层人士培训班2期，邀请省社会主义学院专家教授和上级领导做专题报告4场，培训400余人次。举办非公有制经济人士党的十九大精神报告会，200余名民营企业家参加。开拓商会党建工作新途径。在德州首创开展“双建双揭”活动(建立商会的同时建立党组织，商会揭牌的同时党组织揭牌)，实现行业商会党组织全覆盖。建立商会党建工作室，达到有活动场所、有办公设施、有工作制度、有档案资料、有活动计划等五有标准。实施政协委员星级化管理。联合市政协，创新推进政协委员星级化管理，委员星级考核采取百分制量化考核，每年年底按照考核标准对委员当年表现进行量化评分，每位委员五年任期内最高可晋升至五星。创建党外人士工作新亮点。制定《中共禹城市委领导班子成员与党外代表人士联系交友制度》，每位市委领导班子成员联系2—3名党外代表人士。联合组织部，创新开展百名年轻干部“双向挂职”行动，其中党外干部20名。

【创新开展新阶层统战工作】团结凝聚新力量，成立禹城市新的社会阶层人士联合会，吸纳会员300余人。创办《新阶层》会刊，打造宣传新阶层统战工作、展示新阶层人士风采的新平台。健全“一总支五分支”组织架构，设立科技创新、社会组织服务、文化传媒、新生代创业、爱心联盟等5个专委会。构建“一中心五基地”的阵地格局，依托人才公寓打造新阶层活动中心，依托科技创新创业大厦打造创新创业基地，依托龙力公司打造科技成果转化基地，依托傻小二康健公司打造教育培训基地，依托长丰泰文化产业园打造文化传媒基地，依托快乐玖好医养院打造爱心服务基地。建立新阶联党支部，深入开展“新阶层、党旗红”“双提双做”主题活动，践行“树正气、刹歪风、弘扬社会正能量”宗旨，开展“一助力五服务”系列活动，新的社会阶层人士在保持创新活力的同时，发挥专业优势，保持政治坚定，履行社会责任，先后组织开展关爱环卫工人、走访慰问困难群众、助学敬老、义务大扫除、童萌儿童康复中心送温暖、举办优秀传统文化论坛3期等一系列公益活动，投入公益资金近

20万元。

（李梦晗）

• 乐陵市委统战部 •

乐陵市委统战部在职机关干部7人，内设办公室、经济科、干部科、党派科、宣调科，下设新阶联办公室。2017年度被评为"全省统战信息工作县级先进单位"和"全省统战理论调研宣传'四新工程'先进单位"。

【构建大统战工作格局】制订《条例推进工作方案》和《2017—2018重点工作规划》等文件；建立《中共乐陵市委常委与党外代表人士联谊交友制度》；注重发挥市委统战工作领导小组作用，将成员单位增至25个；全面夯实基层统战基础，市委制定《关于加强基层统战工作基础建设规范化的意见》和《关于开展"六型"基层统战工作创建的实施意见》，在全市1089个自然村全部配齐统战工作联络员，有效消除村级管理"盲点"；大力开展社区型、园区型、校区型、村居型、楼宇型、企业型"六型"基层统战工作创建活动，带动全市基层统战工作向纵深开展。

【服务经济社会发展】制定《重点项目建设"十不准"规定》《乐陵市企业帮扶工作方案》，着力构建"亲""清"新型政商关系。建立统一战线助推乐陵发展实践创新基地，积极对接上级统战部门、统战团体，开展专题调研、社会服务、招商引资等工作；依托产业园分别成立五金机电、调味品、电子商务等五大行业商会；组织工商联会员企业参加"光彩乐商联盟"，开展"光彩乐商"青年创业行动等，提供公益岗位2200余个，建立居家就业示范点97处，扶持60名青年大学生创业，吸引500余名在外乐陵人回乡创业。

【加强党外代表人士队伍建设】市委印发《关于加强乐陵市党外干部培养选拔工作规划》，建立市委组织部、统战部联席会议制度，确定80人的党外后备干部信息库，10名党外干部纳入全市"百名干部'双挂双提'培养工程"。市委制定《乐陵市特约人员管理办法》，明确市委统战部为主管部门，在法院、检察院、市场监管局等部门选聘特约人员56名。成立德州首家新的社会阶层人士联合会，引导新的社会阶层人士开展各种活动20余次。市新阶联农民画创作联盟在澳门举办画展，提高乐陵枣乡文化的影响力。

【打造工作品牌】成立冀鲁边抗日民族统一战线研究会，将"一部冀鲁边区的革命史，就是一部冀鲁边区的抗日民族统一战线史"的定位深入人心。进一步整合乐陵红色文化、枣乡文化、民族团结文化、宗教融合文化、乐商创业文化、"根"在乐陵文化等统战资源，积极打造可看、可学、可交流的现场教学模式，乐陵市被确定为全省首个省社会主义学院综合性教学科研基地，已接待全省市县工商联驻会副主席秘书长培训班学员、省市民主党派成员、县市区统战干部等1200余人次。

【做好统战宣传工作】开办"统一战线大讲堂"，举行各领域知识讲座、演出论坛共1500余人次参加。精选统战文化主题电影17部，在市中心广场和各乡镇（街道）、社区（村）文化广场、统战沙龙等地展播，观看群众2万余人次。联合市委组织部、市委党校，发挥市社会主义学院主阵地作用，培训党政领导干部、统战干部和党外代表人士700余人次。设立统战专栏专刊、微信公众号。联合市委宣传部、市人社局在全省率先开展统一战线"最美同心人物"评选活动，唱响统一战线最强音，在全社会引起强烈反响。

（孙长新）

• 宁津县委统战部 •

【强化基层基础】重新调整宁津县统一战线工作领导小组、宗教工作领导小组，重新公布乡镇统战委员，配齐配强基层工作力量。举办宁津县统战理论政策培训班、全县统一战线工作培训班，邀请中央、省、市专家领导授课，提高整个统战队伍对统战工作的认识。参照市对县统战工作考核重点，结合宁津实际，制定《2017年宁津县乡镇统战工作考核办法》，对镇街统战工作实行动态考核，按季度以日常考核促工作改进，切实起到督促推进作用，确保基层统战工作落到实处。

【规范党外干部培养使用管理】深入摸底调研，形成《宁津县党外干部情况调研报告》，向县委常委会做专题汇报，印发县委《关于加强党外干部队伍建设的实施意见》（宁发〔2017〕13号），初步建立起有46名党外后备干部的人才储备库。抓教育培养。在原有3个实训基地的基础上，围绕新型城镇化、扶贫攻坚、建设半小时交通圈工作筹建3个实践锻炼基地。新安排9名党外后备干部参与实践锻炼，截至2017年底，参与挂职党外干部达到19人。抓联谊交友。经县委常委会研究，制定印发《关于建立中共宁津县委常委与党外代表人士联谊交友制度的意见》（宁办发〔2017〕38号），每名常委联系2名党外代表人士，及时掌握情况，凝聚力量。抓使用管理。研究制订《宁津县党外干部考核方案》，认真考察党外人才，积极推荐安排使用，确定1批党外后备干部建议名单报组织部备案，以备干部调整使用。

【助推全县“三个一”建设】 积极落实开展“进解促”帮扶活动，召开工商联主席扩大会议、非公有制企业家代表座谈会，收到意见建议10个方面30余条。联合县法院开展“送法进企业 助三一建设”活动，现场发放《企业防范经营风险法律提示39条》60余份，一线法官为企业现场解答涉企法律难题。积极推荐8名会员分别参加清华大学财经金融与新旧动能转换专题研修班和市工商联组织的浙江大学工商联执委培训班。积极打造商会资源平台，与莱州市工商联、泰山区、义乌市、招远市工商联签订友好商会，友好商会达11家；主动对接京津冀，组建北京宁津企业商会，吸引300余位在京宁津籍企业家入会。参加第19届中国风险投资论坛、第15届中国非公有制经济发展论坛，对接全国知名企业，对接中国风险投资有限公司、西安绍兴商会、深圳市山东商会和前海创投孵化器有限公司，拓展人脉资源，学习前沿经济发展理念。参加成都市德州商会第一次会员代表大会，与宁津籍企业建立联系。成功引进山东智保联保险销售服务有限公司德州分公司落户宁津。统筹各界资源，服务民生改善。积极协调联系各党派资源倾斜，全年山东省民盟来县开展教育帮扶2次，科技帮扶1次；农工党山东省委来县开展公益助学；九三学社德州市委开展下乡义诊；民进中央调研组、省委统战部机关干部、民建市委调研组调研指导。积极宣传省委统战部“泛海助学行动”，协助市委统战部帮包贫困村南邢庄。各类资源惠及50余名大中小学生、3户贫困家庭，涉及资助金13万元。

【加强自身建设】 启动“机关作风建设年”活动，制定完善各项机关工作制度，印刷成册，人手一本。认真落实“党员活动日”活动，创新性开展自主活动。成立驻村帮包联络队，联络员按时参加帮包村党员活动日、困难家庭走访等活动。加强学习，分批次到莱州、泰安、青岛等地参观学习，吸纳党外代表人士队伍建设、商会建设、招商引资、新阶层新社会组织等方面的经验做法。

【做好统战调研宣传工作】 注重对内对外宣传，完成《关于宁津县党外干部培养使用情况的调查报告》《宁津县非公企业党建工作调研报告》《关于优化民营经济发展环境的调查报告》3篇，《中国统一战线》采用王刚书记署名文章1篇，省委统战部采用简报信息2篇，市委统战部采用信息27条。

（李秀青）

•齐河县委统战部•

2017年，县委统战部在县委、县政府的领导和市委统战部的指导下，认真贯彻落实各级统战工作会议精神，围绕中心，服务大局，扎实开展“统战工作提升年”活动，凝心聚力，扎实工作，统一战线的各项工作迈上新台阶。

【政协换届工作】 按照有关要求，与组织部、政协党组密切配合，对上届市、县政协委员情况进行摸底、分析。同时做好新人选的推荐工作。经综合分析研究，形成市、县政协委员初步人选名单，共推荐市政协委员24名，县政协委员227名。并对人选进行严格考察，对所有非公有制经济人士人选进行综合评价，最终确定市、县政协委员人选。推荐确定的市、县政协委员体现结构合理、文化水平高、参政议政能力强、覆盖面广泛的特点，确保市、县政协换届会议顺利召开。

【工商联换届工作】 按照上级工商联换届工作要求，认真组织，周密安排，全程指导，扎实工作，经过制订方案、人选推荐、综合评价、会议筹备等大量细致的工作，召开工商联第八次会员代表大会。共选举执行委员158名，常务委员会委员52名，秘书长1名，副主席21名，常务副主席1名，主席1名。圆满完成工商联换届工作，顺利实现新老班子更替和政治交接，为工商联开展工作，履职尽责，奠定坚实组织基础。

【“两学一做”学习教育】 按照县委的部署要求，组织全体干部响应号召，积极参与。通过集中学习和自学的方式，深入开展“两学一做”学习教育，进一步强化全体党员干部的宗旨意识，增强党性修养。结合每月开展的“党员活动日”，认真开展批评与自我批评、大走访、帮扶等活动。同时以“两学一做”学习教育为契机，深入开展“五型”（学习型、竞争型、高效型、创新型、廉洁型）机关创建活动，着重在学习型和高效型上下功夫，抓党建、带班子，比成绩、争优秀，进一步提高工作效率，提升自身理论水平和政治素养。为深入贯彻学习十九大精神，组织举办统战成员十九大理论辅导报告会，进一步坚定广大统战成员跟党走的决心和信心。

【统战基层基础工作】 及时对县委原统战工作领导小组进行调整。制定领导小组工作规则和领导小组工作细则。调整完善街道统战委员、统战干事、村级联络员人选。对统战委员、统战干事、村级统战联络员情况进行重新登记造册，健全完善县、乡、村三级统战工作网络。截至2017年底，共有统战委员15名，平均年龄40.5岁，学历均在大专以上。统战干事18名，村级统战联络员965人。培育典型，做实社区统战规范化建设工作。把开发区赵刘林社区、祝阿镇古城苑社区、华店镇华中社区、刘桥镇洪洲社区四个乡镇社区作为基层统战工作的品牌来抓，打造典型，树立标杆，配齐配强人员，健全档案，完善制度，完善办公室建设，达到“五有”“六上墙”标准。通过典型的示范带动作用，夯实基层统战基础，扩大统战工作的全覆盖，延伸统战工作触角。

【新的社会阶层人士统战工作】 组织新的社会阶层人士参加全市社会组织“双提双做”演讲比赛，并取得优良成绩。举行“新阶层党旗红”专题文艺晚会，旨在颂党爱国，用红色文艺树立中华民族的文化自信，彰显文化自信，建构时代精神。

【“泛海助学”工作】 组织召开统战部、教育局、民政局、扶贫办负责人碰头会，对活动进行统筹安排部署，明确责任，细化分工。同时，通过电话、微信等多种渠道大力宣传泛海助学行动的相关信息。联合教育局在县一中、实验中学、职业中专三所学校中进行广泛宣传，将通知发放在年级微信群中，以便让广大学生更准确地了解相关要求，及时按质上报相关资料。“泛海助学山东行动”共资助贫困学生37人。

（张志霞）

·临邑县委统战部·

2017年，临邑县委统战部认真贯彻中央、省、市统战工作会议精神，以推进民族团结进步教育和创建、推动非公经济健康发展、创新新的社会阶层人士统战工作为重点，坚持开拓创新，凝心聚力，积极推进各项工作，取得显著成效。

【思想政治引领工作】 “两学一做”学习教育常态化、制度化。制订《2017年“两学一做”常态化制度化实施方案》，每个月最后一个周五下午固定为“党员活动日”，开展集中学习，全程留痕、纪实。引领广大统一战线成员认真学习十九大精神。组织机关干部、党外代表人士、新的社会阶层人士等集中学习十九大精神和习近平总书记系列重要讲话精神。在统战系统开展作风整顿活动，查找自身问题，倾听他人意见，认真做出整改。加强自身队伍建设。调整全县统战工作领导小组，充实“县乡村”三级统战干部队伍，部机关建立学习制度，举办全县统战干部培训班，组织统战干部、民族村“两委”代表到滨州市阳信县考察学习少数民族特色经济发展经验。

【党外代表人士队伍建设】 加强联谊、民主协商，建立健全党政班子成员联系党外代表人士交友制度，召开党外知识分子座谈会2次，制定党外知识分子参政议政专题研究重点课题，择优推荐6篇参加全省统战理论调研宣传“四新工程”优秀成果的评选。加大党外干部培养力度，新选派跟踪培养3名党外干部到乡镇（街道）社区等一线挂职锻炼，1名党外干部调整为县直部门主要负责人，2名调整为单位副职。

【非公有制经济领域统战工作】 加强工商联建设，夯实工作基础。严格按照标准确定、推荐工商联新一届执委候选人，指导工商联顺利完成换届，加强对乡镇（街道）商会建设的指导，鼓励有条件的商会争创“五好”商会，县工商联获得全国“五好”县级工商联称号。丰富活动载体，助推非公有制企业发展。在非公有制企业开展“互学互比互信”活动。先后4次召开分片区非公有制经济人士座谈会。联合金融办举办银企对接会，帮助企业解决资金困难。结合“进解促”活动，深入桦超、德宜新材料等10余家企业调研，进行结对帮扶。大力开展教育培训，提升非公有制经济人士素质能力。邀请北京大学市场经济研究中心在临邑举办新时代经济发展与企业创新论坛。选派2名工商联执委企业负责人到浙大学习。组织40余名非公有制经济代表人士、企业家外出参观学习。弘扬企业家精神，引导非公有制经济人士积极履行社会责任。深入开展“百企帮百村”活动，指导68家企业与68个贫困村结对帮扶，帮助贫困村修建完善基础设施，新上扶贫项目。组织爱心企业积极开展捐资助学、关注老人等活动。认真组织好“泛海助学”活动，为42名贫困大学生申请助学金21万元。

【民族宗教工作】 在全市打造“四个一”（一条路、一颗心、一家人、一个梦）民族团结进步工作品牌，开展创建全国民族团结进步创建活动示范县活动。投资2980万元建设三所民族中小学，投资80万元建设完善民族村文化广场，投资40万元对全县民族进步教育基地进行升级改造，为少数民族发展争取上级资金352万元。

【新的社会阶层人士统战工作】 成为德州市新的社会阶层人士统战工作创新示范点。筹备成立临邑县新的阶层社会人士联合会。齐鲁安替（临邑）制药有限公司成为“德州市新的社会阶层人士统战工作实践创新基地”。大力开展“双提双做”活动，引导广大新阶联人士，爱岗敬业，积极履职，奉献社会，一家新阶层组织被评为全市“双提双做”先进单位，两位代表人士被评为全市“双提双做”先进个人。

（邢　潇）

•平原县委统战部•

2017年，平原县委统战部在县委的领导和上级统战部门的指导下，开拓创新，突出特色，扎实做好各领域统战工作，为全县的改革发展、和谐稳定做出积极的贡献，取得良好成绩。

【夯实基层基础】 县乡换届后及时调整县委统一战线工作领导小组，指导13个乡镇（街区）调整配齐专（兼）职统战委员、统战干事，887个社区（村）统战联络员，建立县乡村三级统战网络，为做好基层基础工作提供有力的组织保障。组织100余名统战干部到省、市、县社会主义院校参训，全方位提升统战干部综合素质，为全县统战工作提供人才支持和智力保障。

【党外代表人士队伍建设】 落实县委常委与党外代表人士联系交友制度，9名常委与18名党外代表人士结成交友对子；选派第三批7名年轻党外干部到实践锻炼基地参加挂职锻炼；开展统战部长与党外干部约谈工作，与全县28名科级党外干部和13名党外后备干部逐一进行谈心谈话；对100名党外代表人士和党外科级领导干部进行培训；召开全县党外代表人士情况通报会，汇总党外代表人士意见建议16条。

【民族宗教工作】 与各场所负责人签订《安全管理目标责任书》、下发《宗教活动场所安全工作台账》，每月对全县103处宗教场所进行抽查。春节期间向2047户穆斯林农户和穆斯林城市低保户发放牛羊肉补贴81.88万元；为前曹镇沙庄、王凤楼镇五麻村两个村争取中央少数民族扶持资金24万元，用于安装太阳能路灯和民族宣传牌；指导宗教团体、各宗教活动场所举办宗教政策法规学习宣传月、民族团结进步宣传月等活动，发放政策宣传手册、法律法规宣传单等学习资料1500份；指导宗教界广泛汇聚慈善资源，积极开展以扶贫攻坚和养老服务为重点的公益慈善活动。

【新的社会阶层人士统战工作】 建立新的社会阶层统战工作联席会议制度，召开2次联合办公会议；对全县138家民办非企业和11家社会组织进行调查摸底，摸排出新的社会阶层代表人士200余名；成立平原县新的社会阶层人士联合会，吸纳代表人士120人。

【服务经济社会发展】 积极开展“百企联村，精准扶贫”，组织61家非公有制企业帮扶183家贫困户；联合工商、民政、财政共同开展“进解促”活动，深入13家企业，合力解决急、难问题20余件；以“统一战线凝心聚力‘四个平原’行动”为主题，组织引导广大统战干部、统战成员开展各类公益活动45次，为贫困户捐赠清洁煤8吨、帮扶资金2万余元，为81名贫困家庭大学新生每人申请帮扶资金5000元，协同商会为6名贫困大学生捐助资金2.8万元。

【统战信息宣传工作】 将统战宣传纳入全县新闻宣传工作计划；建立“平原统一战线”微信公众号，2017年共发布信息46条，被省市统战类公众号采纳信息16条，公众号的运营得到社会各界认可；印发《平原统一战线2017年工作掠影》宣传画册300册。

（侯立菲）

·武城县委统战部·

【党外代表人士队伍建设】 调整完善党外后备人才库，新纳入22名党外后备人才。党外干部安排和轮岗交流有新进展。干部调整中，安排政府部门副职2名，政协委室专兼职副主任2名，事业单位副职4名，轮岗交流3名。与组织部密切协作，选派4名党外后备干部到县产业办，环保专委会挂职锻炼一年。及时调整县委常委同党外人士联谊交友结对子。每个常委联系3名党外人士，其中有1名非公有制经济人士。加强对党外代表人士的培养。举办全县党外代表人士培训班1期，培训55人。组织县4名优秀党外人士积极参加市委统战部、市社会组织联合会举办的“东海”杯“双提双做”演讲比赛，取得优异成绩；组织近30名党外干部到夏津县特殊教育学校，学习民进山东省委会委员，全国人大代表，夏津特殊教育学校校长袁敬华参政议政工作经验。对全县新的社会阶层人士情况进行摸底调研，分门别类建立县120余人的新的社会阶层代表人士数据库，计划2018年成立县新的社会阶层人士联谊组织。

【服务经济社会发展】 积极联系争取各民主党派市委会在武城县开展活动。民革德州市总支部开展“庆六一”传统文化进校园活动，为武城县四女寺镇郭鲁小学捐赠图书600余册；民革德州市总支部举行“爱心润童心·民革伴我行”音乐素养普及教育进校园系列活动；农工党德州市健康教育基地暨农工党德州市人民医院支部医疗帮扶基地揭牌仪式在县四女寺镇卫生院举行，并对60余名乡村医生进行业务培训和指导。

【扶贫攻坚工作】 持续开展“同心扶贫攻坚行动”。在市委统战部、中华职教社德州支社支持帮助下，组织全县105名乡村医生，赴济南协和学院进行为期12天的免费业务培训；开展“泛海助学”活动，共有72名大学贫困新生申请成功。

【党外人士“双提双做”活动】 开展“我为武城发展献良策”活动，号召广大党外人士为武城经济社会发展献计献策。截至2017年底，共收集意见建议35条。对搜集的意见建议，择优刊登在《武城统战动态》上直接报送有关领导和部门，其中，《关于运用大数据思维支撑新型城镇化建设的建议》《农村土地规模化经营缓慢的问题与对策》被县领导批示。

【非公有制经济领域统战工作】 召开县工商联（总商会）第八届会员代表大会，选举产生非公人士副主席13人，商会副会长13人，常委会41人，执委会125人。积极推动统战工作向商会组织有效覆盖，新成立济南、北京分会，武城总商会分会达15家，并有5家分会建立党支部，纳新4人。指导英潮、民福、龙祥、金正大等17家非公有制企业与省定贫困村结成帮扶对子，扶贫成效明显。

【民族宗教工作】 持续抓好全国、全省、全市宗教工作会议精神的贯彻落实，成立县宗教工作领导小组，着力破解重点难点问题。深入开展“民族团结进步宣传月”和“宗教政策法规学习月”活动，积极打造和谐宗教活动场所“示范窗口”。2017年，为少数民族村争取扶持资金60.5万元，为2家民品企业争取民族特许商品贷款贴息款556万元。

【政协换届工作】 在县第十届政协换届工作中，推荐提名县第十届政协委员178名、常务委员28名，其中，党外委员107名，占比60.1%；党外常务委员19名，占比67.9%。另外，推荐第十四届德州市政协委员19名，推荐第十二届德州市工商联执委14名。在各项换届工作中，统战部对市县人大代表、政协委员、党代表、工商联执委中的非公人士候选人337名进行综合评价。

（王春燕）

·夏津县委统战部·

2017年，夏津县委统战部在市委统战部的指导下，立足本职，认真贯彻落实省、市统战工作部署要求，不断加强党的建设，各项统战工作取得长足进步。

【加强党的建设】 认真开展解放思想大讨论，扎实开展“两学一做”学习教育，按上级要求把每月初的第一个星期一作为“党员活动日”，努力做到党建工作的常态化、制度化。党的十九大召开后，县委统战部认真学习习近平新时代中国特色社会主义思想和党的十九大精神，加强党风廉政建设，增强“四个意识”，坚定“四个自信”，提高机关党员干部业务素质和党性修养，树立良好的统战干部形象。

【开展“三大”活动】 扎实开展“大调研、大排查、大整改”活动。通过调查、走访、座谈会等多种形式，重新梳理建立党外知识分子、党外干部、民主党派人士、海外留学归国人员和新的社会阶层代表人士数据库。协调县民宗局、县公安局国保大队对全县的宗教活动场所、信教群众等基本情况进行系统调查摸排，确切掌握信教群众的宗教信仰、身份信息、联系方式等基本情况，对全县宗教活动场所进行统一赋码、换证，对教职人员信息进行核改、备案。联合县工商联进行全县营商环境调研，向县委报送《大力强化治理创新，构建新型政商关系》调研报告。

【加强党外代表人士工作】 紧紧围绕市委统战部“统战工作提升年”活动主题，在县老年公寓建立党外代表人士实践锻炼基地，着力打造“一县一品”统战工作品牌。把党外干部、党外知识分子纳入全县干部和人才发展规划，联合县委组织部、县委党校举办为期三天的党外代表人士培训班。弥补党外干部工作中的短板，县委连续两次调整9名党外干部，党外干部工作实现新突破。

【非公有制经济领域统战工作】 加强基层商会建设，打造经济发展平台。全县14个乡镇（街道）、经济开发区全部成立基层商会，工商联组织在全县实现全覆盖。完善经济环境考核评价体系，对政策环境、政务环境、市场环境、法治环境、融资环境和社会环境等进行全面评议考核，不断优化全县经济发展环境。加强思想教育引导，鼓励广大非公有制经济人士致富思源、富而思进，积极投身光彩事业和公益慈善事业，在“大爱夏津，扶危济困”活动中捐款2000万余元。

【民族宗教工作】 加大政策和法律法规宣传力度。在各宗教活动场所大力宣传国务院新颁布的《宗教事务条例》，宣传党中央新时期民族宗教理念和政策，正确对待和管理民族宗教工作事务。认真贯彻落实少数民族优惠政策。按要求落实少数民族考生中考加分政策，对符合条件的穆斯林农户和城市低保户全部落实每户400元的穆斯林牛羊肉补贴政策。创建和谐宗教活动场所。把依法管理和教育引导相结合，做好宗教团体和广大信众的思想工作，保护合法，打击非法。各宗教活动场所完善“四簿四册”，扎实创建和谐稳定宗教活动场所。

【扶贫攻坚工作】 助力精准扶贫，争取20万元扶贫资金发放到全县200名贫困学生手中，每人1000元。“泛海助学”行动对54名贫困家庭大学生进行资助，每人5000元。机关干部捐款3000余元扶危济困，为帮扶村的22户群众每户送去一床夏凉被。引导开展“百企联百村”扶贫攻坚行动，民进会员曲子江投资10万余元为家乡铺设自来水管道、安装路灯。邦基饲料、华夏筑铭、益和成食品等8家企业携带价值万元的物品慰问县老年公寓和康泰颐养院老人。

（于新军）

·庆云县委统战部·

【民族宗教工作】 创新民族与宗教管理，牵头协调有关单位妥善处置石佛寺交接问题，指导石佛寺规范建设。加强宗教活动场所规范管理，以“规范”为主题，巩固和深化和谐宗教活动场所创建活动，推动落实各宗教《宗教教职人员行为规范》。开展宗教教职人员备案和主要教职任职备案两个专项工作，对县内教职人员进行梳理，摸清底数、掌握动向。与全县10个宗教活动场所签订安全责任书，落实安全主体责任及责任追究制度，并多次深入现场，督促各有关宗教活动场所及时发现防火、食品、卫生、抵御渗透等方面的安全隐患，切实维护宗教领域的和谐稳定。跟踪指导宗教活动，凡宗教活动场所开展大型宗教活动须提前一周以书面形式报县民宗局备案，同时，全程跟踪服务，做好指导工作，及时化解矛盾。

【党外代表人士队伍建设】 召开全县党外代表人士座谈会，通报全县经济社会发展情况。开展党外干部摸底调查，对各乡镇、街道、开发区和县直各部门全日制本科以上学历、45周岁以下党外后备干部配备情况进行统计，共有319人。党外干部配备上，安排政府部门党外正职1名，推荐提拔党外副科级干部4名，进一步调动党外干部的工作积极性。

【新的社会阶层人士统战工作】 对全县新的社会阶层进行调查摸底，推荐选拔优秀的代表人士83人加入县新的社会阶层人士联合会。召开成立大会，选举出会长、秘书长和5名副会长、4名理事，聘请庆云县慈善义工志愿者联合会会长王桂兰同志为名誉会长，为团结新的社会阶层人士、发挥他们的作用搭建平台。召开理事会，学习党的十九大精神，讨论会徽、会旗设计，研究下一步工作，新的社会阶层人士积极性得到充分调动。制订方案，推动在政协中设立"新的社会阶层"界别，吸收新阶层优秀分子加入中国共产党或工会、共青团、科协、美协等群团组织；畅通社会参与渠道，支持其依法开展各种社会活动，表达利益诉求和意见建议；鼓励支持新阶层人士参与社会公益事业。

【工商联工作】 召开县工商业联合会第十一届会员代表大会，选举产生新一届执委会，党组书记、3名专职副主席和1名秘书长全部配齐。对新一届全体会员，进行工商联、安全生产、环境保护、法律法规等知识的培训。新建庆云商会青岛分会、新生代企业家商会和返乡创业商会3个商会，与烟台市芝罘区等6个县市区联缔结友好工商联，进一步扩大"朋友圈"。通过企业文化报、庆云信息网、工商联经济服务微信群等，交流信息，宣传企业。节假日为坚守一线的环卫工人送去价值3万元慰问品。

（刘莉莉）

聊城市

•聊城市委统战部•

2017年，聊城市委统战部以迎接党的十九大召开、学习贯彻党的十九大精神和落实市十三次党代会任务为主线，紧紧围绕中心工作，突出"能力提升年""工作落实年""争先进位年"的工作特色，着力落实中央、省市委关于统一战线一系列重大决策部署，擘画统战工作新篇章。

【统战工作统筹推进】 开展多次主题教育和学习培训活动，在加强各界人士政治引导、提升能力素质和做好意识形态工作方面取得良好效果。贯彻上级决策部署，切实抓好全国、全省宗教工作会议精神的贯彻落实，进一步加强党对民族宗教工作的领导；牢牢把握全省支持非公有制经济健康发展工作会议精神，努力推动营商环境改善，积极促进"两个健康"。按照市委要求，对莘县脱贫攻坚、维护稳定等五项重点工作进行调研和督导，在十九大维稳安保期间无一人进京非访，督导工作任务取得圆满成功。开展"同心惠民•扶贫攻坚"活动、"百企帮百村"精准扶贫行动、"同心•光彩助学"行动，共资助5000余名贫困者，有效发挥统战优势。

【加强非公有制经济领域统战工作】 开展"深入企业、帮解难题、增强四信、促进发展"活动，制定《聊城市优化和创新非公经济发展环境信息联络员制度》，畅通非公有制经济反映诉求渠道。聚焦热点难点问题，开展亲清政商关系和促进两个健康的专题调研，撰写《调研报告》为全市构建亲清新型政商关系、促进"两个健康"提供决策参考。深化完善"星期六企业工作日"制度，探索实行"金融工作日"制度，搭建政商沟通交流平台，市委、市政府领导同志带头听取企业的意见建议，帮助非公有制企业解决困难和问题。全年为83家企业解决涉及资金、用地、人才、电力、审批等方面的问题110个，为278家企业解决资金36.95亿元。推动成立创业指导服务中心，组成"创业指导专家志愿团"，建立创业项目资源库和项目评估推介发布制度，为成功创业开设便捷通道。

【深化党外知识分子和新的社会阶层统战工作】 积极开展践行社会主义核心价值观主题活动、"新阶层 党旗红"活动，"百名专家教授联百企"活动，并召开市知联会一届二次会议，发挥市知联会和社会组织联合会的作用，促进党外代表人士健康成长。搞好调研，分级分类建立新的社会阶层代表人士信息库，并实行动态管理；召开全市新的社会阶层人士统战工作会议，出台《关于加强全市新的社会阶层人士统战工作的实施意见》；对全市新的社会阶层组织党建和统战工作情况进行调查摸底，切实增强全市新的社会阶层人士统战工作的凝聚力、向心力和影响力。

【构建大统战工作格局】为解决市基层统战系统职能虚、机构散、归口乱、力量弱等问题，选取2个县（市、区）开展“一套班子、多块牌子、交叉任职、集中办公”试点工作；协调有关部门组织临清、冠县统战部部长赴日照、临沂观摩学习，临清市按照党的十九大报告关于“在省市县对职能相近的党政机关探索合并设立或合署办公”的要求，按照“一增设、三明确、四不变、五统一”的原则，率先在全市构建“大统战”工作格局新模式。

【推进“两学一做”学习教育常态化制度化】制订《关于推进“两学一做”学习教育常态化制度化的工作方案》和《“两学一做”学习安排表》，组织部机关党员学习《党章》《习近平总书记系列重要讲话读本》《全面从严治党面对面》等书目。先后开展学习廖俊波同志先进事迹、赴东阿检察院反腐倡廉教育基地接受廉政教育、观看警示专题教育片、学习红旗渠精神、重温入党誓词等活动，对党员干部进行党风廉政教育。与具体工作搞好融合。查找分析组织生活是否经常、认真、严肃，党员教育监督管理是否严格、规范，团结教育服务群众是否有力、到位，通过查摆整改，解决党员干部存在的党的意识不强、组织观念不强、发挥作用不够等问题。

【推进多党合作事业】圆满完成民主党派市级组织换届任务，4个党派市委主委实现新老交替，6个民主党派市级组织领导班子成员全部全票或高票当选，班子的整体素质得到提升。指导完成工商联换届任务。召开市工商业联合会第十次代表大会，选举产生市工商业联合会第十届执行委员会班子和市民间商会领导班子。指导各县（市区）工商联圆满完成换届任务。通过换届，市、县级工商联班子配备更加合理、科学，凝聚力、战斗力、影响力进一步增强。

【做好民族宗教工作】共申报分配中央、省少数民族发展资金190.5万元，下发牛羊肉价格补贴179.36万元；为580名少数民族考生办理加分审核手续，少数民族经济、文化事业健康发展。积极引导宗教与社会主义社会相适应。帮助解决宗教教职人员社保问题，使全市教职人员全部参加医疗和养老保险；发放天主教修女、伊斯兰教阿訇等生活困难教职人员生活补贴27.77万元；规范与宗教界人士的联谊交友工作，做好宗教团体班子民主测评工作；组织民族宗教界人士学习十九大精神和新修订的《宗教事务条例》。落实中央和省委统战部对民族宗教领域风险进行排查的《通知》要求，协调有关部门，主动搞好风险评估和化解工作，维护市民族宗教领域的和谐稳定。

【加强党外代表人士队伍建设】加强教育培养。全市建立近千名的党外人才数据库，建立党外人才后备名单，并实行动态管理。选派9名党外干部到锻炼基地进行为期2年的挂职锻炼，选派阳谷县政协副主席、侨办主任王凌峰到省党外代表人士实践锻炼基地挂职锻炼。加强联谊交友。认真执行市级党政班子中党员领导干部与党外代表人士联谊交友制度，加强党政领导干部与党外代表人士的沟通交流，针对换届后市委、市政府领导班子成员变动较大的实际，对联谊交友名单进行调整充实。做好安排使用工作。积极向党委和组织部门举荐，一批党外中青年干部得到提拔使用，换届期间有7名党外科级干部提拔为副县级职务，11名党外副县级干部得以交流任职。在市人大十二届一次会议推荐安排党外代表139名，新配备市人大党外副秘书长1名。

【推进港澳台海外统战工作】围绕争取人心的目标，召开聊城市海联会一届三次理事会，优化理事会结构，扩大联谊范围，加强与港澳及深圳理事的联系。积极推动交流合作，力促澳门山东商会会长魏承波一行5人到聊城市人民医院参观考察，就开展医疗卫生进行交流并达成合作意向。积极拓宽黄埔工作渠道，为黄埔老同学搞好服务、解决生活困难，做好黄埔后代、黄埔亲友和在聊台胞联系联谊工作，帮助他们解决实际困难。

【加强自身建设】加强机关

党支部建设。坚持以“七个带头”建设示范支部为重点，专题研究部署从严治党工作，加强党组织规范化建设。结合统战部实际，组织召开部班子会议研究部署全面从严治党工作6次，组织统战部领导班子和党员干部集体学习党章、党规等30余次。部党组织进行换届选举，成立党总支，并按照知识、年龄、专业结构互补的原则，合理搭配党支部委员会成员，建设过硬支部。加强干部作风建设。按照习近平总书记“把权力关进制度的笼子”总要求，对部门权力进行认真梳理，科学研判，绘制权力运行流程图，明确工作流程、时限节点、风险点及防控措施，重点对市政协委员推荐、党外干部选拔使用、统战团体领导班子换届、统战部门干部作风、自身建设等社会关注度高的工作进行规范，要求部机关全体干部心存敬畏、勤于自省、严格自律。

【加强统战宣传调研工作】 举办全市统一战线宣传调研信息工作培训班，进一步完善信息工作制度。开设“同心聊城”微信公众宣传平台，在聊城日报开设“同心访谈”专栏，加大统战宣传力度。调查研究和理论研究取得新突破，3项研究成果受到省委统战部表彰。

（常晓梦）

·东昌府区委统战部·

2017年，东昌府区委统战部深入学习贯彻党的十九大和中央、省、市党代会精神，以深入开展“两学一做”学习教育为重要抓手，以贯彻落实各级统战工作会议精神和《中国共产党统一战线工作条例（试行）》为工作主线，统筹推进，重点突破，有力推动全区统战工作开创新局面。

【构建大统战工作格局】 对区委统一战线工作领导小组组成人员进行充实调整。严格落实“四个纳入”和“三个带头”，区委领导带头参加统一战线重要活动，把统战工作内容纳入理论中心组学习计划，专题研究统战重点工作，初步形成各级党委重视统战工作的良好局面。

【协商民主建设】 加强和完善中国共产党领导的多党合作和政治协商制度。认真贯彻落实《中共东昌府区委关于加强社会主义协商民主建设的实施意见》，进一步规范政党协商的内容、形式和渠道。区委主要领导同志组织召开协商座谈会3次，听取党外代表人士对区经济社会发展情况的意见和建议。根据实际，及时调整区委、区政府党员领导干部与党外代表人士联谊交友名单。

【党外干部工作】 党外干部实职安排工作取得突破性进展，全年新提拔党外正科级干部3人，重用和交流副科级干部3人；政府工作部门和事业单位党外正职安排工作均实现突破，有1名党外干部担任科技局局长，1名党外干部担任学校校长。严守政治规矩纪律，严格按政策办事，圆满完成今年省、市、区三级党外人大代表、政协委员推荐提名工作。召开东昌府区中华职教社成立大会，选举产生东昌府区中华职业教育社第一届社务委员会领导班子。

【民族宗教工作】 以强化民族宗教事务规范化管理和培养民族宗教界代表人士队伍为重点，以解决民族宗教领域突出问题为突破，团结教育引导全区少数民族和信教群众服从和服务于改革发展稳定大局，促进民族宗教工作迈上新台阶。在西郊回族墓地规范化建设和管理问题上，加强与政府分管领导的工作沟通和对有关部门的工作督促，解决困扰少数民族群众多年的丧葬难问题。将4个爱国宗教团体工作经费列入区财政预算，解决办公经费10万元，出台《东昌府区宗教团体财政补助经费管理办法》，指导经费规范合理使用。争取财政资金10万元，新建以服务少数民族群众为主要内容的铁塔社区统战工作室和少数民族流动人口服务站，帮助外来务工经商的少数民族群众解决就业、教育等生产生活中的困难30余件。19名少数民族干部和民族宗教界代表人士成为各级人大代表、政协委员，少数民族干部、实验中学副校长窦延丽当选为第十三届全国人大代表。

【经济统战工作】 引导各领域统战成员围绕扶贫攻坚、创建文明城市等全区重点工作，开展面向社区、面向基层特别是农业农村的社会服务和调研活动。全年共开展社会服务活动35次，惠及群众9000余人。指导工商联发挥桥梁纽带作用，6月份成立人民调解委员会，帮助非公有制企业解决经济纠纷，改善生产经营环境，避免矛盾激化，自成立以来成功调解涉诉经济纠纷10

件，资金额5000万元。成功举办“台湾里长看水城”“东昌府区精致农业技术交流暨对接合作交流会”，“齐鲁台商聊城行”活动，吸引台商投资100万元，境内引资6700万元。

【党外知识分子和新的社会阶层人士统战工作】 以知联会、社组联工作为抓手，通过积极搭建服务平台，不断增强会员服务经济社会发展的业务水平与能力。研究制订《在全区党外知识分子和新的社会阶层人士中开展践行社会主义核心价值观主题活动实施方案》。在聊城同心国学院建立党外知识分子、新的社会阶层人士教育培训基地，促进统战队伍思想政治素质全面提升。全年开展调研活动4次，举办综合培训班3次，专题培训班2次，各类社会服务活动5次，有效提升党外知识分子和新的社会阶层人士的思想政治素质，加强团结联系、教育引导，发挥党外知识分子和新的社会阶层人士优势作用。

【宣传培训工作】 制定下发《关于做好2017年度全区统战调研宣传信息工作的通知》，进行量化考核管理。部机关全年共发表新闻信息53篇，其中市级刊物5篇；由分管副部长亲自带队，部机关共撰写调研文章5篇。坚持组织机关干部每周四下午集中学习制度，在部机关营造浓厚的学习风气，推动学习型机关建设。十九大召开后召开统战工作各口负责人、各党派、各爱国宗教团体、统战社团负责人的学习动员和宣讲会议3次。组织举办全区民宗干部业务培训班、党外知识分子培训班、全区统一战线理论政策培训班等系列培训，支持鼓励各民主党派、统战团体负责人参加省市委统战部、民主党派举办的各类培训。组织开展以弘扬“中国特色社会主义核心价值体系”为主题的宣传教育活动，带领各民主党派、工商联、爱国宗教团体负责人和部分党外干部到河南兰考、开封学习考察。组织50名企业家赴浙江大学参加企业经营管理与创新发展研修班，引导帮助企业家解放思想，增强创业创新信心，助推非公有制企业健康发展。

（王洪涛）

·临清市委统战部·

2017年，临清市委统战部认真贯彻落实上级有关统一战线的工作部署，牢牢把握“大团结大联合”主题，健全工作机制，加强教育引导，搭建服务平台，构筑起广泛的爱国统一战线，为促进临清科学发展提供有力支持。

【贯彻落实十九大精神】 组织召开临清市党外人士学习党的十九大精神培训班，全市统一战线理论政策培训班，邀请省社会主义学院教授和市委党校教师为全市党外人士解读党的十九大精神和新形势下统一战线理论政策，用习近平新时代中国特色社会主义思想和党的十九大精神武装头脑指导工作。

【构建大统战工作格局】 作为试点单位在聊城市率先进行整合统战资源改革尝试，按照“一增设、三明确、四不变、五统一”的原则，成立社会主义学院和中华职教社，实行工商联机关、台办、民宗局与统战部集中办公，通过完善规章制度，强化保障措施，大统战工作格局优势凸显。

【统战干部队伍建设】 扎实开展“两学一做”学习教育，每周组织集体学习，重点强化对党的科学理论的系统深入学习，切实把思想和行动统一到习近平新时代中国特色社会主义思想上来，不断增强理论指导实践的思想和行动自觉，打造一支素质优良、作风过硬的统战干部队伍。

【民主党派工作】 制订《中共临清市委2017年度政党协商计划》，召开学习贯彻省第十一次党代会精神专题会议、党风廉政建设和反腐败工作情况通报会等，就全市“1+5”重点工作开展调研，广泛征求党外人士意见建议，多党合作制度效能不断提升。支持各民主党派立足界别特点，发挥自身优势，组织开展法律咨询、科技文化下乡、义诊、同心助学、扶贫济困、造福邻里等活动20余次。

【民族宗教工作】 深化民族团结进步教育，开展宗教政策法规学习月和民族团结进步宣传月活动，妥善处理涉民族宗教因素矛盾纠纷，认真开展专项治理，突出抓好抵御境外宗教渗透工作，维护全市民族宗教领域的和谐稳定。

【非公有制经济领域统战工作】 圆满完成工商联（民间商会）换届工作，举办新一届工商联执委培训班和“专家与青年企业家面对面”座谈会，深化“深入企业、帮解难题、增强四信、促进发展”活动，制订领导干部联系非公有制企业名单，进一步构建亲清新型政商关系。深入推进“百企帮百村”活动，引导非公有制企业承担社会责任。开展“同心惠民·光明行动”，免费为54名建档立卡的贫困白内障患者实施手术，帮助他们重获光明。

【新的社会阶层人士统战工作】 对全市社会组织以及新的社会阶层人士进行深入调查研究，分类建立代表人士信息库。临清市扶贫办、共青团临清市委和临清社会组织联合会新媒体网络分会联合推出“扶危济困 情暖临清”新媒体扶贫公益项目，开启“统战＋精准扶贫”新模式，通过全媒体精准扶贫，聚合新的社会阶层人士广泛力量，共同强力推进临清贫困群众脱贫致富。

（武振凯）

·冠县县委统战部·

冠县县委统战部以迎接党的十九大、学习贯彻党的十九大精神和落实县十四次党代会任务为主线，以习近平总书记统一战线重要思想为指导，紧紧围绕县委、县政府工作大局，开拓创新，突出特色，扎实做好各领域统战工作，为全县改革发展稳定做出积极贡献。

【党外代表人士工作】 开展教育培训。分别在鲁西北地委旧址和县检察院辛集检察室，成立党外代表人士爱国主义教育基地和廉政教育基地。通过召开学习习近平总书记关于知识分子重要讲话精神座谈会，发出向黄大年同志学习倡议，进一步激发党外代表人士干事创业热情。出台《冠县县级党政领导班子中党员领导干部与党外代表人士联谊交友制度》和《中共冠县县委办公室关于建立全县党外代表人士队伍建设工作联席会议制度的通知》文件，为进一步推进党外代表人士队伍建设提供组织保障。开展知联会下乡义诊活动。在清泉街道办事处南关村、南街村现场开展医药下乡、扶贫义诊、送健康、送温暖活动。共诊治、提供咨询300余人次，发放各类健康宣传资料400余份。

【新的社会阶层人士统战工作】 摸清全县新的社会阶层人士底数，为做好新的社会阶层统战工作夯实基础。认真遴选社会新阶层代表人士信息库，从中遴选出25名优秀代表，推荐到市人才库。制定出台《关于加强全县新的社会阶层人士统战工作的意见》，努力开展全县新的社会阶层统战工作。

【民族宗教工作】 调整充实县民族宗教工作领导小组，成立县经济开发区、各乡镇（街道）民族宗教工作领导小组，同时明确村支部书记为辖区内民族宗教第一责任人，使基层民族宗教管理“纵到底、横到边”，实现全覆盖。开展宗教活动场所、民间信仰场所调研摸排。县现有千人以上民族村8个，已登记宗教活动场所37处。制定《冠县统战干部广交深交宗教界朋友制度》，利用“开斋节”“圣纪节”等节日不定期开展形式多样的联谊活动，帮助宗教界朋友排忧解难。开展民族团结进步宣传月和宗教慈善周慰问活动，信教群众捐款2万元，慰问兰沃、东古城20户贫困户。

【非公有制经济领域统战工作】 召开工商联换届会，选举产生执委54名，争取全国光彩事业重点项目1个。冠县瑞祥生物科技开发公司年产10万吨大豆蛋白项目一期工程被中国光彩事业促进会认定为全国光彩事业重点项目。明日之星教育基金会为县义务教育阶段70余所中小学校捐赠价值145万元物资。创新开展光彩事业项目认定工作。截至2017年底，已认定15家，认定金额近40万元。着力构建亲清新型政商关系。召开政府涉企服务部门、非公有制企业构建亲清新型政商关系座谈会。继续抓好“百企联百村”活动。2017年，参与企业捐资捐物累计520万余元，土地流转3万余亩，提供就业岗位4800个，扶持带动贫困户6000余户。

【政治协商工作】 出台《中共冠县县委2017年度政治协商计划》文件，推进全县协商民主制度化发展。开展会议协商2次。实施“党委出题、党派调研、政府采纳、部门落实”工作机制，带领工商联、无党派人士开展调研活动。开展专题调研4次。

【双联共建工作】 统战部在“双联共建”工作中负责帮包冠县甘官屯侣庄村。改善村庄基础设施，在村街道两旁栽种绿化树木法桐320棵、冬青400棵、海棠340棵，改善村内生态环境和居住环境。增加土地流转，新增流转土地130亩，继续解放劳动力，创造村民再就业，增加村民收入。争取扶贫资金、建设光伏扶贫项目，争取县扶贫资金9.9万元开展光伏发电扶贫开发项目。3月份确定施工单位，签订合同书。建成项目总装容量13.65KW的光伏发电，并投入使用。开展救助帮扶，山东星海规划设计有限公司为村残疾人捐赠总价值6600元的轮椅11台。

（刘艳玲）

•莘县县委统战部•

2017年，莘县县委统战部以习近平新时代中国特色社会主义思想为统领，全面贯彻落实党的十九大精神，全面贯彻落实中央、省、市统战部长会议精神，紧紧围绕中心工作，积极发挥统战优势，开展各个领域统战工作，为全县经济社会发展做出积极努力。

【完善统战工作机制】 调整充实县统战工作领导小组，印发《中共莘县县委关于调整县委统一战线工作领导小组的通知》莘委〔2017〕29号文件，召开领导小组全体会议，建立部门沟通协调机制，进一步强化党委抓统战工作责任，大统战工作效应初显成效。召开全县统战干部培训班，参会100余人次。建立统战工作目标考核制度，健全完善统战工作、民族宗教三级管理网络，建立统战系统党建办公室，开展“两学一做”学习教育常态化活动，加强统战机关干部作风建设，全力打造一支政治坚定、业务精通、作风过硬的统战干部队伍。

【新的社会阶层人士工作】 建立新的社会阶层人士数据库，将200余人次纳入数据库内，积极推荐省市新的社会阶层代表人士，在党外知识分子、新的社会阶层人士中深入开展践行社会主义核心价值观主题活动，鼓励新的社会阶层人士自觉承担社会责任，引导广大非公有制经济人士大力发展光彩事业和公益事业，做爱国报国、诚信守法、义利兼顾、德行并重的中国特色社会主义事业建设者。

【党外代表人士队伍建设】 注重加强党外干部队伍建设，健全完善党外代表人士培养工作机制，建立更新党外后备干部库；召开党外干部能力提升培训班，开展同心教育；组织全县党外干部“走进新时代、同圆中国梦”主题演讲比赛，55名来自机关单位和镇街的优秀党外青年干部代表参赛并取得优异成绩。

【非公有制经济领域统战工作】 召开莘县工商业联合会第七次代表大会，投票选举产生第七届执委会主席、副主席、秘书长等新一届人选；积极开展非公有制经济转型升级、构建“亲”“清”新型政商关系等专项调研活动；为企业会员做好宣传、融资、培训等服务；参加哈尔滨中蒙俄马经贸交流会、广西农业项目投资合作对接洽谈会等，招商引资成效明显；助力扶贫攻坚，全县同心扶贫企业捐款累计315万元。

【民族宗教工作】 全面落实民族宗教惠民政策，积极争取各类民族发展补贴资金400万余元，实施少数民族发展项目9个。做好维护民族团结工作，认真开展民族团结宣传月活动，积极推荐申报省市民族团结进步和谐单位、村居。加强宗教活动场所规范化管理，依法治理基督教私设聚会点，坚决抵御宗教渗透活动；加强十九大安保维稳工作，及时排除民族宗教领域矛盾纠纷，积极促进民族团结、宗教和睦、社会和谐。

【对台工作】 从国家和平统一的核心利益出发，认真落实党的对台和侨务工作政策，做好台属侨属致富工作。共接待台商33人，到县台资台属企业开展走访调研4次，帮助企业解决困难问题2项。

（陈小雨）

•阳谷县委统战部•

2017年，阳谷县委统战部深入学习贯彻中央、省、市党代会和党的十九大会议精神，紧紧围绕县委、县政府中心工作，在县委的领导和市委统战部的指导下，群策群力、稳中有进，各方面工作再攀新台阶，为全县经济社会建设提供人才和力量支撑。

【巩固共同思想政治基础】 推进“两学一做”学习教育常态化、制度化。在统战系统干部中，扎实开展16次集中学习和4次专题研讨，征求到6个方面的意见建议22条，制订整改措施，召开民主生活会。加强对党外人士的思想引领。举办全县统战干部和党外代表人士培训班1期，培训300人次；利用县政协十一届五次会议、县政协十二届一次会议，以会代训，组织165余名党外政协委员分组讨论、建言献策，增强政治共识；举办学习十九大精神专题辅导班、座谈会3次。引导统战成员在实践中坚定理想信念。开展“智力扶贫”，组织党外知识分子开展有针对性的种植、养殖、加工和销售技术培训班5期；开展“送岗扶贫”，在张平汽车饰品有限公司、谷丰源化肥有限公司成立“同心扶贫”基地，实施“订单式”扶贫计划。依托产业优势，安置全县1000余户4000余名贫困人员就业创业，全年累计支付工资等60万余元。圆满完成“泛海助学山东行动”“同心惠民光明行动”等活动，为266名新入学的大一贫困生发放助学金133万元，为24名贫困白内障患者免费实施手术。

【推进党外代表人士队伍建设】 完善由统战部牵头负责、党政有关部门参加、社会有关团体参与的联席会议制度，形成工作合力。各相关部门按照《中共阳谷县委贯彻落实〈中国共产党统一战线工作条例〉的实施意见》要求，积极主动履行统战工作职责。进一步完善《县委常委与党外代表人士联谊交友制度》《关于进一步加强和完善基层统战工作的实施方案》《关于加强特约人员工作的意见》《阳谷县党外代表人士挂职实践锻炼工作暂行办法》等规定。健全完善民主推荐机制。注重从政府机关、企事业单位、学校、新的社会阶层等领域发现党外代表人士和优秀人才，在全县范围年内开展新的社会阶层人士调查摸底及推荐工作，经调查，全县共有新阶层人士12300名，其中民营企业和外商投资企业管理技术人员3000人，中介组织和社会组织从业人员1500人，自由职业者7000人，新媒体从业人员800人。为126名党外新阶层代表人士建立电子信息档案，作为后备人才进行重点培养。由县卫计局、体育局各推荐1名优秀的党外副科级年轻干部，按照程序被选送到乡镇（街道）党外代表人士实践基地挂职锻炼；同时积极配合市委统战部做好侨润、石佛两个市属党外代表人士实践锻炼基地第二批挂职干部考核和第三批挂职干部的选送工作。建立党外代表人士情况通报制度，召开党外人士通报会6次，分别就全县经济社会发展大计，政协、工商联换届人选等问题征求党外代表人士意见建议。健全完善选拔任用机制。在县人大、县政协换届选举中，配合组织等有关部门对代表和委员人选推荐，严格按照程序进行认真考察和审核把关，特别是对非公有制经济人士进行综合评价，确保人选资格完全符合规定要求。据统计，此次换届共安排党外人大代表79名，党外政协委员165名，分别占人大代表、政协委员总数的30.5%和60.5%。

【非公有制经济领域统战工作】 成功举办由民营企业家代表和10家县直有关部门参加的“构建亲清政商关系促进两个健康”专题调研座谈会。圆满完成工商联换届任务，选举产生由85人组成的新一届执委会，由15人组成的会长、副会长领导班子。引导工商联发挥职能优势，服务非公有制经济发展。研究制定《阳谷县工商联工作制度》《阳谷县工商联主席轮值会议制度》，促进工商联工作新局面的开创步伐。积极破解县汽车坐垫行业在环保治理中面临的发展瓶颈难题，引导其尽快转型升级。指导阳谷汽车饰品行业协会成功举办中国（阳谷）汽车坐垫展览会，现场成交额达3亿元。

【民族宗教工作】 认真做好民族工作，不折不扣落实民族政策。足额发放穆斯林农户牛羊肉补贴款20.16万元，为凤祥集团有限公司、六和清真食品有限公司争取少数民族特需用品生产企业贴息贷款6.5亿元，为全县27名少数民族考生办理加分审核；抓好民族团结进步宣传教育，开展好民族团结进步宣传月活动；关注少数民族贫困人口脱贫，举办少数民族实用技术培训班2期；及时足额发放清真寺教职人员的生活补助。做好宗教工作。按照国家、省、市宗教部门的统一部署和要求，举办“宗教政策法规学习月”启动仪式暨宗教政策法规培训班1期；组织开展“宗教慈善周”活动，引导宗教界开展慈善捐赠，并逐步将慈善捐助常态化。

（李秋云）

·东阿县委统战部·

2017年，东阿县统战系统在县委的领导和市委统战部的指导下，始终坚持“协商、协调、协助、协同”的工作着力点，重抓调研，苦干实干，谱写统战工作新篇章。

【党外干部和党外知识分子工作】 大力加强党外代表人士队伍建设，充实一批优秀党外干部到各级领导岗位，特别是使用党外干部任单位正职实现新的突破。全县有党外副县级干部5人，科级干部25人，其中1人任单位正职（东阿县科协主任）。党外知识分子工作有新起色。县各级知联会开展“服务三农”科技服务、“文化下乡慰问演出”“宣传法律法规、助力企业发展”“理论学习 能力提升”“尊老爱老 同心行”义诊送健康、“同心牵手关爱成长”志愿者行动等活动，知联会理事采取一对二方式，120名理事对接240名留守儿童。县知联会与有关人员组成调研组对近年来东阿县养驴发展及养驴收益情况、经验做法、存在问题进行专题调研，并撰写《关于东阿县养驴产业发展的调研报告》，得到县委书记雷霞的批示。

【非公有制经济领域统战工作】 强化服务引导工作。组织山东东阿奥星太阳能科技有限公司与青岛理工大学进一步科技对接，前期对接达成的6个专利申报工作进展顺利，目前已审批到位2个。组织山东东阿东方阿胶股份有限公司参加“中蒙俄马经贸交流会”。召开全县统战系统学习企业家精神培训工作会议，采取以会代训的形式，原文传达贯彻中发〔2017〕25号、鲁发〔2017〕21号、聊发〔2017〕15号三个文件精神，并下发《2017支持非公经济健康发展文件汇编》册子。组织企业赴涉县参加市工商联组织的聊城市非公有制经济人士理想信念教育实践活动老区行。组织企业赴北京参加市工商联组织的非公有制企业经营管理高级研修班暨聊城市工商联大讲堂。认真做好工商联系统换届工作。召开东阿县工商业联合会第八次代表大会，选举产生东阿县工商业联合会第八届执行委员会、民间商会领导班子。召开东阿县工商联陈集乡商会第四次代表大会暨基层商会换届试点工作会议。11个基层商会全部进行换届，选出新一届执行委员会，为推进工商联工作奠定坚实组织基础。组织开展系列公益活动。明日之星教育基金会为东阿县52所中小学捐助价值220万元的教学设备。东方阿胶股份有限公司资助应届贫困本科大学生10名，每名学生资助2400元。昌隆房地产开发有限公司出资2.1万元，给东阿所有（11人）贫困白内障患者进行救治。东阿县御颜堂阿胶制品有限公司，向铜城办事处南张村70岁以上的75名老年人，捐赠食用油、大米等，价值1.2万元。对外联络、招商引资工作初见成效。山东271教育集团与东阿昌隆房地产发展有限公司合作办学项目签订框架协议，目前一期工程进展顺利。《山东人》曲玉国社长一行4人应邀来东阿考察，期间聘请曲玉国先生为东阿县工商联顾问。 春节期间，聘请贵州省山东商会秘书长为东阿县工商联经济顾问。

【统战队伍建设】 “东阿统一战线”——东阿县委统战部网站开通运行，标志着东阿县统战宣传工作迈进“互联网+统战”的新时代，意味着统战宣传又增添新的重要抓手。“亲”“清”新型政商关系带来新气象。县委常委带头与13名在全县影响较大的非公有制经济人士联谊交友。成立非公有制企业法律维权服务中心，帮助企业解决生产经营中遇到的法律问题。新的社会阶层统战工作踏上新征程。建立新的社会阶层人士统战工作联席会议制度，全县共推荐出147名新的社会阶层代表人士。成立东阿县阿胶保健品行业协会，为打造“阿胶同行携手，共建健康东阿”东阿名片奠定坚实的基础。东阿县义工协会开展“爱心送考 义工先行”、孤儿结对、爱心暖冬、爱心助学、关爱留守儿童、爱老敬老等活动，推动精神文明建设，赢得社会各界的一致好评。宗教人士有新作为。县佛教协会会长释永悟法师带领部分居士，对刘集镇鱼南村、皋上村的11个五保户贫困孤寡老人进行走访慰问，宗教界出资开展扶困助学活动，40名贫困大学生受到捐助。

【统战宣传信息工作】 2017年，共向《中国统一战线》《大众日报》《山东统一战线》省委统战部网站《聊城统战信息》等宣传平台报送信息350余条，被刊登260余条，在2017年度县（市区）统战工作考核中被市委统战部评为先进单位，2017年度全市统战宣传信息工作中，被市委统战部评为二等奖。县工商联被全国工商联评为全国“五好”县级工商联，在全省工商联系统“辉煌历程，砥砺前行”征文活动中评为优秀奖。

（战　蕊）

•茌平县委统战部•

2017年，茌平县委统战部在县委、县政府的领导和市委统战部的指导下，坚持以习近平新时代中国特色社会主义思想为指导，全面贯彻落实党的十九大及中央、省、市统战工作会议精神。紧紧围绕县委、县政府中心工作，按照统战工作部署及目标管理要求，深入开展各项活动，积极推进县党外代表人士、新的社会阶层人士、非公有制经济、民族宗教等领域的统战工作。

【贯彻落实会议精神】 组织召开4次专题县委常委会议，研究部署统战工作。召开全县统战工作会议，传达落实省、市统战部长会议精神，安排部署年度工作目标任务。建立统战工作例会制度，召开5次例会，以会代训学习贯彻上级有关文件精神，督导调度重点工作任务落实，研究解决重点和难点问题。共组织学习会4次，带领统战干部学习党规党章，学习习总书记重要讲话，加强党性修养；举办专题报告会3次，向统战系统全体机关干部、286名党外代表人士宣讲党的十九大会议精神。充分发挥茌平统战信息简报、“同心茌平”微信公众号、统战工作微信群宣传阵地作用，加强对统战成员的政治引领。

【建立党外代表人士数据库】 创新建立茌平县党外代表人士信息管理系统，实现党外代表人士信息管理系统化。系统录入381名党外代表人士的信息，对信息可进行分析、比较、筛选、甄别，提高工作效率。建立党外代表人士综合评价工作机制，推动党外代表人士管理科学化、规范化、系统化，解决党外代表人士信息管理手段落后的现状，为强化政治引领，加强党外代表人士队伍建设提供保障。

【党外代表人士工作】 在市、县人大、政协和工商联换届工作中，严守政治纪律，严格履行酝酿提名、推荐考察和民主协商等程序，积极培养和推荐使用一批优秀党外代表人士。对所做推选的党外人士均征求组织、纪检、公安、税务等17部门意见，对非公有制经济人士按规定全部进行综合评价，确保党外代表人士政治安排整体质量。发展58名个人社员、8个团体社员，成立山东省第一家县级中华职教社。

【新的社会阶层人士统战工作】 实地调研社会组织，摸清新的社会阶层人士统战工作现状及存在的问题。召开新的社会阶层人士统战工作座谈协商会议。举办以倡导“为民创建、全民参与”为主题的全县社会组织参与创建全国文明城市志愿服务活动启动仪式，5500人参加活动，拉开新的社会阶层人士参与社会建设工作的序幕。新的社会阶层人士积极参与，开展“小手拉大手，共创文明城”“新阶层党旗红”“新阶层进社区”“法律顾问进社会组织”等活动。成立“茌平县企业职工维权法律服务中心”“茌平县青少年心理咨询服务中心”“茌平县中小企业服务中心”，推动新的社会阶层人士统战工作落细落小落实。茌平县七彩年轮志愿者协会通过“十元未来·众筹扶贫”等活动，募集社会捐助资金21.5万元，资助55名贫困中小学生。

【助推非公有制经济“两个健康”发展】 制订工作方案，深入开展“深入企业、帮解难题、增强四信、促进发展”活动，县级领导干部到企业走访调研52人次，征求意见建议113条，协调解决系列非公有制企业发展中的困难和问题。圆满完成县工商联换届工作。指导14个乡镇（街道）完成商会组织换届工作。成立3个调研组，深入26家非公有制企业，开展构建“亲”“清”新型政商关系，促进“两个健康”专题调研活动。分别召开涉企部门主要负责人、非公有制企业家座谈会，反馈情况，加强协商。举办“同心惠民·光明行动”捐赠仪式，帮助10位建档立卡贫困户白内障患者重见光明。积极引导非公有制企业参与“回报社会感恩行动”“同心扶贫攻坚行动”。信发集团捐赠资金303万元，对家庭贫困和成绩优秀的200名中考生、302名高考学生进行资助。金号织业捐资100万元，为贫困群众建立299个“健康水站”。101家小微非公有制企业捐赠物资497万元，带动帮助3122户贫困户增收脱贫。

【维护民族宗教领域和谐稳定】 调整宗教工作领导小组，完善宗教工作联席会议制度。对宗教团体工作情况进行调研。召开全县宗教工作会议，安排部署宗教工作任务，开展宗教知识培训。以“中华民族一家亲，同心共筑中国梦”为主题，举办系列民族团结进步宣传活动；深入开展矛盾排查，维护民族宗教领域和谐稳定。

（宋新峰）

·高唐县委统战部·

2017年，高唐县委统战部深入学习贯彻落实党的十九大精神和中央、省委、市委统战工作会议精神，紧密结合县域统战实际，抢抓机遇，开拓创新，狠抓落实，知难而上，拓展统战领域，加大统战对象培训，开创统战工作新局面，为高唐县的改革、发展和稳定做出积极的努力和应有的贡献。

【加强党对统战工作的领导】 适时研究统战工作，重大问题得到有效解决。调整统一战线工作领导小组，实行由县委书记及县委副书记、县长担任组长的“双组长”机制。贯彻落实上级要求，在全市范围内率先落实县民宗局局长担任县委统战部副部长工作。

【非公有制经济领域统战工作】 圆满完成工商联换届工作。选举产生高唐县工商业联合会第八届执行委员会，共计79名。第八届一次执行委员会选举产生主席1名、副主席22名。积极构建亲清新型政商关系。制订《开展“深入企业、帮解难题、增强四信、促进发展”活动的实施方案》，切实加强对非公有制企业的帮扶力度，畅通县委、县政府与非公有制企业的联系沟通渠道，促进非公有制经济发展的政策落地、落细、落实。市委统战部及市工商联就高唐县构建亲清政商关系和促进“两个健康”进行专题调研并给予充分肯定。开展“同心惠民•光明行动”，山东天泰钢塑有限公司捐款3万元，对全县贫困户中的白内障患者进行治疗。圆满完成“泛海助学山东行动”的相关组织活动，共发放助学款34万元，资助68名贫困大学生。

【党外知识分子和新的社会阶层人士统战工作】 制定《在全县党外知识分子和新的社会阶层人士中开展践行社会主义核心价值观主题活动的实施细则》，确定“六个一”活动内容。组织新的社会阶层人士开展“热血豪情创城圆梦”无偿献血、“暖冬行动”送爱心棉被等活动。以原象艺术中心为依托，成立全市首家新的社会阶层人士统战工作实践创新基地，相继举办“同心向党—名家书画作品展”“韵动高唐—古琴公会演”“大手牵小手 共圆中国梦”长卷绘制以及“喜迎十九大 共学7.26讲话精神”等活动。施行新的社会阶层人士“谈心日”制度，充分发挥统战“磁铁”作用，将活跃在各个领域的统战代表人士吸引到组织内。

【民族工作】 积极向省市申报、争取穆斯林群众牛羊肉价格补贴资金8.6万元，惠及215户穆斯林农户和低保户。开斋节深入县南关、北关两处清真寺看望慰问穆斯林群众，送去慰问金。扎实开展“民族团结进步宣传月活动”，整理编辑《少数民族政策知识问答》。

【宗教工作】 建立《高唐统战干部联系宗教界代表人士名单》及《高唐县委统战部深交宗教界朋友制度》。深入贯彻落实《宗教事务条例》等法律法规，提高宗教工作法制化水平。开展宗教政策法规学习月活动，向宗教活动场所发放《宗教政策法规知识手册》500本。召开“全市基督教依法管理现场培训会”。依法依规推动大觉寺、兴国寺、县基督教三自办公培训楼项目建设工作。

【统战培训工作】 强化学习，夯实内功，结合工作实际，对统战干部分类、分批次开展轮训工作。组织全县基层统战干部培训会，就新形势下统一战线各领域重点工作进行培训、部署。组织全县党外领导干部开展“勠力同心 廉洁勤政”专题学习。邀请山东省社会主义学院教授为全县宗教场所负责人与管理小组成员作宗教与和谐社会建设报告会。邀请中共山东省委党校教授为统战系统作“坚定‘四个自信’切实增强核心意识”报告会。十九大结束后，邀请县与会党代表杜立芝同志为全县统战系统成员做十九大精神宣讲报告会。与陕西省爱国主义教育基地联系，带领统战代表人士奔赴革命圣地延安，开展“寻根之旅”。成立“十九大精神•庄户宣讲团”，将十九大精神延伸到最基层。组织非公有制经济代表人士及新阶层人士，召开学习贯彻十九大精神报告会。

（徐　娜）

滨州市

•滨州市委统战部•

2017年，滨州市委统战部全面贯彻落实党的十八大、十九大精神，深入践行习近平新时代中国特色社会主义思想，确立“聚焦主业争一流，严格管理上水平，围绕中心谋发展，凝心聚力促和谐”的工作总基调，各领域统战工作务实创新、扎实推进，为全面建设更高质量更高水平的小康滨州做出积极贡献。

【巩固共同思想政治基础】 召开中共十九大精神党外人士情况通报会，指导市各民主党派、工商联和知联会举办“学习宣传贯彻中共十九大精神”座谈会、培训班30余次，参加人员700余人次。在市各民主党派和无党派人士中深入开展坚持和发展中国特色社会主义学习实践活动和“不忘合作初心,继续携手前进”专题教育。市知联会召开纪念中国共产党成立96周年报告会，市工商联组织会员企业赴延安开展“重走长征路、永葆爱国情”理想信念教育活动，市民宗局举办宗教教职人员学习宣传贯彻十九大精神报告会，进一步增强全市统一战线的凝聚力、向心力。

【推进协商民主建设】 协助市委下发《中共滨州市委2017年度同各民主党派无党派人士政党协商计划》，将约谈协商、书面协商同会议协商一起正式列入协商内容，开展各类协商活动11次。协助市委出台《关于建立市委常委与统战成员联谊交友制度的意见》，市委常委联谊交友实现制度化、常态化。推动各县区出台加强政党协商的实施意见，进一步推进政党协商制度化建设。举办全市民主党派、无党派骨干人士培训班。在司法机关和部分政府部门开展统一战线特约人员聘任工作，统战成员参政议政渠道更加畅通。市“两会”期间，市各民主党派提出提案、议案65件，其中有10件提案被市政协评为“重点提案”。

【夯实统战工作基础】 按照省委要求，惠民、邹平、博兴县委统战部初步完成大部制改革。市县增设机构12个，增加编制32个。市委统战部新增行政编制1个，新设信息中心、新的社会阶层人士管理服务中心，增加事业编制4个。统战干部交流使用实现新突破，提拔厅级干部1名，县级干部2名，交流使用县级干部3名，考入工作人员2名，从市民宗局、民主党派机关选派2名县级干部到县区挂职锻炼。在经济开发区众创空间、山东民颂律师事务所建立统战工作站，为基层统战成员搭建议政建言、参与社会事务管理的平台。山东民颂律师事务所被确定为“市委常委党建示范点”。

【服务经济社会发展】 继续深化“统一战线同心助力北海行动”，组织实施“统一战线同心扶贫工程”，全市统一战线开展各类“同心”活动50余次，参与人员600余人次，协调各类帮扶资金和物品5000万余元，受益群众2万余人。民革市委开展民革中央康养产业项目对接活动，民盟市委邀请民盟山东省农科院委员会专家赴无棣县开展科技扶贫，民建市委开展关爱老人精准扶贫活动，民进滨州市委开展“同心•走进工程—春联万家”活动、举办“庆祝中国共产党成立96周年”书画展，农工党市委开展“班班通—同心助学助力教育信息化”活动，九三学社市委组织“同心助医”活动，致公党开办公益大讲堂，发挥各自优势，助力经济社会发展。

【非公有制经济领域统战工作】 顺利完成市工商联换届工作，新增专职副主席职数2名。指导各县区完成工商联换届工作，配齐配强县区工商联主席、党组书记。积极建立行业商会和异地商会，率先在全省建立滨州市工商联新生代企业家商会。召开支持非公有制经济健康发展工作会议，印发《关于落实〈关于支持非公有制经济健康发展的十条意见〉的实施方案》。先后组织120余家企业参加全省“民营企业招聘周”、银企对接、企业家恳谈会等活动，共引进专业人才768名，完成融资3000万余元，确定意向资金15亿元。加大非公有制经济党建工作力度，成立众成大厦楼宇联合党支部，组织开展党员“唱红歌快闪活动”。

【党外知识分子工作】 深入开展“百名专家教授联百企”活动，为企业新产品研发、新技术应用提供强有力的科技支撑。着力打造“同心献智”活动品牌，组织北海经济开发区教育管理骨干30余人到博兴县第一小学和实验中学实地考察学习。积极推荐项目参加“泛海扬帆山东大学生创业行动”评选，4个项目分获二、三等奖，聘请党外律师为大学生就业创业提供法律服务。指导博兴县开展统战系统站点进企业、进园区活动，在金百特厨业有限公司、京博研究院等设立海外人才联络站、党外知识分子联络站等22处。

【新的社会阶层人士统战工作】 组织召开全市新的社会阶层人士统战工作会议，印发《关于加强新的社会阶层人士统战工作的实施意见》。组建滨州市新的社会阶层人士联谊会，吸纳187名新的社会阶层代表人士加入联谊组织。增设新的社会阶层人士管理服务中心，核定事业编制2名。各县区均成立新的社会阶层人士联谊会，实现全覆盖，并积极开展各类活动。

【港澳台海外统战工作】 邀请旅法山东同乡会、泰国山东总商会、圭亚那山东同乡会、中国光彩事业日本促进会、美国新泽西山东同乡会来滨州考察。举办香港山东商会联合总会青年会员迎春恳谈会，积极宣传推介滨州。推荐定居台胞参加各级统战培训班，提高参政议政能力，市县台联界别政协委员提出提案70余件。

【民族宗教工作】 争取上级少数民族发展资金700万余元，筹措少数民族扶贫专项基金255万元。开展“全市民族团结进步创建示范单位”评选活动，对首批15家示范单位进行表彰授牌。积极推荐滨州市吕剧演艺有限公司、山东广富畜产品有限公司为全省第四批民族团结进步创建示范单位。深入开展“宗教政策法规学习月”活动，做好新修订《宗教事务条例》的宣传和培训。取缔基督教私设聚会点1处，妥善处理涉及民族宗教的矛盾纠纷6起，依法制止非法宗教活动2次，妥善处置涉及伊斯兰教网络舆情4起，确保全市宗教领域和谐稳定。

【党外代表人士队伍建设】 建立761人的党外科级干部数据库，把统战知识纳入党校干部培训主体班次，举办全市民主党派、无党派人士骨干培训班，选派4名党外干部参加市委党校中青班。制定《滨州市党外代表人士实践锻炼基地挂职干部选拔管理办法》，做好8名党外挂职干部的日常管理和考核。各县区党外干部实践锻炼基地全面建成，党外干部梯次培养格局更加完善。结合换届，市县两级27名党外干部提拔使用，其中副厅级2名、正县级1名、副县级16名，全市副县级以上党外干部达71名。市政府32个工作部门中有7个部门领导班子配备党外干部，其中，2个政府工作部门配备党外正职。全市共有14个县区直单位配备党外正职。市政协十一届一次会议安排委员347名，其中党外委员213名，占比61.4%，民主党派成员105名，占比30.3%。

【扶贫攻坚工作】 结合常委“联村为民”“第一书记”包村活动，为北海胡道口村、孙家村，滨城区曹家桥村、北张集后街村，协调扶贫资金300万余元。“泛海助学山东行动”，资助贫困学生335人，累计发放助学金170万余元。市工商联开展“百企帮百村”活动，102家会员企业与100个贫困村对接，确定62个扶贫开发项目。市民宗局筹措资金60万元在民族学校实施三年教育扶贫项目。海联会积极争取香港亚美集团为沾化区泊头镇正心希望小学捐助55万港元优化办学条件。

（王　琼）

·滨城区委统战部·

2017年，滨城区统战工作进一步推进中央、省市委关于统一战线一系列重大决策部署贯彻落实，持续推进各民主党派基层组织建设。引导支持各民主党派、非公有制企业、无党派人士，立足本职岗位，围绕供给侧结构性改革、新旧动能转换、脱贫攻坚、棚户区改造、招商引资等全区重大战略，发挥优势作用，彰显统一战线风采。

【民主政治建设】 下发《中共滨城区委2017年度同各民主党派、无党派人士政治协商计划》。定期召开民主党派负责人、无党派人士座谈会。开展“我为地方献一策”活动，收到有价值的提案7件。协助滨城区检查员完成首批5名特约检查员的考察和推荐。全年共组织各类学习座谈会、专题会4次。举办40名党外优秀干部培训班。协助民建、民盟等6个支部完成换届工作。成立民建滨州市滨城区总支部。成立致公党滨城区支部。

【非公有制经济领域统战工作】 召开区工商业联合会第七届会员代表大会，选举产生新一届领导班子。加强思想政治引导工作，开展“企业家素质提升工程”。非公有制经济组织党建工作有新进展，完成楼宇内党组织及党员摸底，成立众成大厦楼宇联合党支部。

【民族宗教工作】 开展全区民族基本情况和不稳定因素排查摸底，分类建档，动态跟踪管理，确保掌控情况。化解2起涉及少数民族群众的交通事故理赔案件，调处1起清真食品经营群体性重大矛盾纠纷。挂牌成立滨州市首家城市民族流动人口服务站。完成全省第四期清真屠宰培训班任务。

【新的社会阶层人士统战工作】 成立滨城区新的社会阶层联谊会，下设民营企业和外资企业管理技术人员工作委员会、中介组织从业人员和自由职业人员工作委员会、社会组织从业人员工作委员会、新媒体从业人员及网络意见人士工作委员会4个委员会，建立代表人士数据库。

【开展“学标杆、争一流、上水平”解放思想大讨论活动】 制订实施方案，成立活动领导小组。深刻摆问题。活动共摆查出思想观念陈旧、落实工作不力、办事效率不高、思想不够解放；支持民主党派和无党派人士履行参政议政职能的形式不够丰富，履行民主监督职能的工作格局还未形成等13项问题。对排查出的问题经班子会议研究后及时征求各民主党派、部分非公有制经济人士、民族宗教界代表等服务对象的意见。组织相关人员到潍坊市奎文区、济南市市中区大观园街道办事处、惠民县委统战部实施对标学习，根据学习成果制定整改意见并限期进行整改。

【开展“凝心聚智·同心思源”活动】 对民族宗教场所进行走访，了解他们的心声；对非公有制经济领域及围绕招商引资、棚户区改造和创建文明城市等全区重点工作进行调研，为企业释疑解困，引导各民主党派积极建言献策，助力全区经济发展。

（姚洪雷）

·沾化区委统战部·

2017年，沾化区委统战部在区委的领导和市委统战部的指导下，以继续深入贯彻落实中央、省、市、区委关于统一战线一系列重大决策部署为主线，坚持“聚焦主业争一流，严格管理上水平，围绕中心谋发展，凝心聚力促和谐”的工作总基调，持续深化“落实年”，为“加快融入滨州主城区，全力打造滨海新城市”汇聚积极力量。

【加强统一战线工作力量】 沾化区编委落实沾化区民宗局人员编制，明确为正科级行政单位，与统战部合署办公，增设并配备行政编制副局长1人。各乡镇（街道）结合换届工作，配齐专职的统战委员和统战干事，各村也确立一名支部成员分管统战工作。

【民主政治建设】 支持各民主党派加强基层组织建设，协助各民主党派新发展成员7人，新成立九三学社沾化支社，民主党派沾化支部（社）数量达到4个。密切政治协商，共召开以民主党派、工商联负责人和无党派人士为主体的协商活动7次，其中区委区政府主要负责同志参加的活动3次，区委委托常委统战部长召开协商活动4次。

【党外代表人士队伍建设】 依照《沾化区年轻干部、女干部、党外干部2017—2020年培养计划》，联合组织部门建立50人的优秀党外干部后备库，一次提拔2名党外副科级干部，党外副科级以上干部总数达到20人。新成立沾化区新的社会阶层人士联谊会，组织开展贫困帮扶等社会公益活动，捐献款物2万余元。

【扶贫攻坚工作】 开展“统一战线同心扶贫工程”，着力服务好脱贫攻坚工作，各民主党派、非公有制企业、宗教界和无党派人士等统战成员踊跃参与，2017年累计捐赠款物70万余元，帮扶困难群众5000余人，提供就业岗位200余个，帮助贫困学生100余人。

【民族宗教工作】 认真贯彻落实上级民族工作会议精神，积极探索少数民族流动人口服务管理新途径新办法。深入开展第17个民族团结进步宣传月活动，营造“共同团结进步，共同繁荣发展”的浓厚氛围。深入开展宗教政策法律法规学习宣传月活动，引导信教群众尊法守法、正信正行。大力举办宗教慈善周活动，以全区同心扶贫工程为平台，积极引导信教群众慈爱善行，与社会主义社会相适应。着力维护民族宗教领域和谐稳定。

【统战信息宣传工作】 各级统战部门2017年累计报送各类稿件80余篇，刊发60余篇，报送稿件的数量和质量进一步提高，为各级领导决策提供有益参考。沾化区委统战部被省委统战部表彰为“全省统战信息工作先进‘县级单位’”。

【建设“一乡一特色”统战工作新格局】 沾化区富国街道设立社区统战工作站，实现统战工作向社区覆盖；富源街道探索非公有制企业统战工作新模式，建立同心工作站；大高镇建立统战人士接待站，更好地凝聚广大统战成员；冯家镇党外人士挂职锻炼基地等统战亮点工作也在逐步成型并发挥作用。

（苑长涛）

· 惠民县委统战部 ·

2017 年，惠民县委统战部在市委统战部的有力指导和县委的正确领导下，全面贯彻落实《中国共产党统一战线工作条例（试行）》和各级统战工作会议精神，把握大团结、大联合主题，融入大局，创新实践，凝心聚力，统战工作呈现新局面。

【完成大部制改革】制订《惠民县委统战部关于构建统战“大部制”的实施方案》，全面推进实施大部制改革，实现县委统战部、工商联、民族宗教事务局、侨办、台办合署办公模式。新设立“党外代表人士联络中心”和“新社会阶层服务中心”两个机构，新增配 1 个行政人员和 2 个事业人员。健全决策、工作落实、考核及督查机制，统战大部制改革任务全面完成。

【加强统战干部理想信念和思想作风建设】通过走出去和引进来等方式，加强对统战干部队伍的培训，先后赴德州平原县、临邑县进行对标学习。深入开展“问需于民大走访”活动，共入户走访群众 350 余户，收集和梳理各类建议问题 400 余件。扎实开展“解放思想大讨论、机关作风大转变、干部素质大提升”活动，努力推动党员干部解放思想、优化作风、增强才干。

【民主政治建设】协助惠民县委制定印发《关于加强政治协商的实施意见》《2017 年度政治协商计划》，组织无党派人士、非公有制经济代表人士、少数民族代表人士积极开展政治协商活动，实现民主协商制度化。认真贯彻落实“党委出题、党外代表人士调研、政府采纳、部门落实”调研机制，畅通与统战成员联系渠道，定期召开政治协商、情况通报会。

【党外代表人士队伍建设】县委组织部、统战部联合下发《关于做好推荐上报党外后备干部建议人选工作的通知》，建立党外后备干部数据库。认真贯彻落实《中共惠民县委关于进一步加强新形势下党外代表人士队伍建设的实施意见》，对党外代表人士重新摸底，完善党外代表人士数据库。加强对党外代表人士理论培训，制订培训计划，先后在山东社会主义学院举办党外代表人士培训班和中国人民大学举办全县非公有制经济代表人士经济管理培训班。将党外干部纳入党政领导干部交流总体安排，加强党外干部的交流。进一步完善并落实中共党委常委联系党外代表人士联谊交友制度，定期与统战成员谈心交心、增进友谊。加强党外知联会和新阶联建设，确保能组织起来发挥作用。

【非公有制经济领域统战工作】着力构建亲清新型政商关系，以工商联换届为契机，完成 16 个基层民营企业商会建设工作，引领全县经济发展。联合扶贫办深入实施“统一战线同心扶贫工程”和“百企帮百村”脱贫攻坚行动。着力做好“泛海助学山东行动”工作，累计为全县 70 名贫困大学生发放泛海助学金 35 万。

【民族宗教工作】全面贯彻落实中央、省、市民族宗教工作会议精神，22 处宗教场所全部实现规范化建设。积极开展“宗教政策法规宣传月”活动。妥善处理涉及民族宗教的矛盾纠纷 12 起。依法加强对清真食品的管理检查力度。建立少数民族流动人口服务平台 1 个、申报宗教场所修缮项目 2 个，争取省级民族宗教事业到位资金 13.1 万元。积极与甘肃、青海等少数民族群众流出地沟通交流，为城区外来少数民族群众提供服务。

（郭芳芳）

· 阳信县委统战部 ·

2017 年，在县委的领导和市委统战部的指导下，阳信县委统战部全面贯彻落实党的十八大、十九大精神，深入开展“机关干部作风建设年”“基层统战工作规范化建设年”活动，夯实统战基层基础，开创全县统战工作新局面。

【加强思想政治引领】制订《中共阳信县委 2017 年度政治协商计划》《关于党内外领导干部联系交友分工安排的通知》，调整完善县委常委联系党外代表人士名单，每名县委常委联系 2 名党外人士代表，定期交流座谈、征求建议。全年共召开 10 次民主政治协商会，提高决策的科学化、民主化、法制化水平。

【民族宗教工作】举办民品及清真食品企业招聘会，争取少数民族发展资金 140 万余元，扶持少数民族企业发展；大力实施“民族团结进步创建”活动，鸿安清真肉类有限公司被省委宣传部、省委统战部、省民委联合命名为“全省民族团结进步先进集体”，温店镇大营村被市委宣传部、市委统战部、市民宗局联合命名为“全市民族团结进步先进集体”。认真贯彻落实各级宗教工作会议精神，举办县宗教团体人士培训班；开展“宗教政策法规学习月”活动。

【非公有制经济领域统战工作】 指导工商联召开县工商联第九次会员代表大会，选举产生新一届工商联领导班子。开展全县非公有制经济代表人士参与“省级文明县”“巩固省级卫生城市”创建活动，发起“重品行、树形象、做表率，为创建省级文明县贡献智慧和力量”倡议；深入实施“智力助企”工程，组织非公人士、企业家培训班和“重走长征路、永葆爱国情”学习活动；组织70家非公有制企业与70个贫困村结对帮扶；与淄博市桓台县工商联开展扶贫对接，签订《友好商会协议书》和《扶贫合作协议书》。

【党外代表人士队伍建设】 举办统战干部培训班、党外干部暨少数民族干部培训班。加大统战系统干部的交流使用。配备统战部常务副部长；统战部副部长、县台办主任张立军等7名同志提拔重用交流使用；新进4名工作人员。加大党外代表人士安排使用力度，在县人大代表、政协委员、工商联会员中，党外人士的安排比例均符合上级有关要求；县人大、县政协都配备党外副职；6个县政府工作部门配备党外正职，3个政府工作部门配备党外副职，3个乡镇（街道）班子中配备党外副乡镇长（副主任）。

【助力经济社会发展】 截至2017年底，统战部（工商联）所帮扶的劳店镇皂李、五龙堂两村实现整体脱贫。“泛海助学山东行动”资助贫困学生70余人，累计发放助学金35万余元。扎实助力双城联创工作。积极投身到“双城联创”工作的主战场，先后开展30余次的“文明交通岗”“卫生包片集中整治”行动，有力配合全县双城联创工作的整体推进。

【新的社会阶层人士统战工作】 根据中央、省市有关文件精神和会议要求，县委统战部超前谋划、率先行动，及时向常委会专题汇报全市新的社会阶层人士统战工作会议精神，先后赴青岛黄岛区、临沂费县等地学习先进地区的经验与做法，对全县新的社会阶层及其代表人士进行调查摸底。制定下发《关于加强新的社会阶层人士统战工作的实施意见》。成立新的社会阶层人士联谊会，吸纳146名新的社会阶层人士加入联谊组织。

【统战调研宣传、信息工作】 制订《阳信县统战工作基层基础规范化建设年活动实施方案》。按照“八有、五上墙”的要求，各乡镇（街道）均成立统战办公室，配备专职统战干事；重点村（社区）、企业设立统战工作室，明确专人负责统战工作；形成县、乡镇（街道）、村（社区）、企业四级工作网络体系，实现统战工作广覆盖。注重理论学习，扎实推进“两学一做”学习教育常态化制度化。深入学习贯彻落实党的十九大和十九届二中、三中全会精神，提升党员干部的政治理论素养。确定每月5日、25日为主题党日，开展“旗帜鲜明讲政治，不忘初心跟党走”等主题党日活动。宣传信息调研工作实现新突破。有多篇信息在农村大众、滨州日报、滨州大众网等进行刊登；阳信县新联会成立情况，在省委统战部《要情专报》上进行报道。署名文章《民族团结聚合力 科学发展结硕果》《以动能转换源头活水 催进民族关系和合与共》分别在《山东民族宗教》《新华社要情动态》刊物上发表，开通设立阳信统战公众账号，及时对外发布统战工作动态和统战成员思想状况，营造良好的社会氛围。

（吕增刚）

·无棣县委统战部·

2017年，在县委的坚强领导下，无棣县委统战部坚持在思想上强化统战意识，在工作中深化统战优势，在实践中强化统战作用，围绕中心、开拓进取、创新实干，全力推进全县统战事业持续快速健康发展。

【党外代表人士队伍建设】 坚持把党外代表人士培训纳入全县干部教育总体规划，召开党外科级干部学习十九大精神专题培训班和民族宗教事务培训班，培训学员120人次。积极为党外干部成长搭建舞台，在海丰街道建立党外代表人士实践锻炼基地，抽调2名党外干部到新海工业园区、新城棚户区改造指挥部等重点园区和县委中心工作一线锻炼。把党外干部队伍纳入全县干部队伍建设总体规划，建立健全统战部、组织部在党外干部选拔、使用方面的协调机制，逐步落实党外领导干部配备要求，共提拔党外正科级干部4名，副科级1名。截至2017年底，全县共有党外领导干部40人，其中副县级6人，正科级14人，副科级20人。积极开展新的社会阶层人士统战工作，召开全县新的社会阶层人士统战工作会议，制定出台《关于加强新的社会阶层人士统战工作的实施意见》，成立无棣县新的社会阶层人士联谊会，吸纳会员120人。

【基层统战工作】 召开全县统战委员培训班，加强对换届后新任统战委员的业务培训。开展基层统战工作大调研，按照工作机制规范化、工作触角广泛化、工作成果特色化的要求，夯实基层统战工作网络和阵地建设，在统一规范的基础上，各镇街按照自己的实际和特色加强工作创新，抓重点，出亮点，出成果。

【理论武装强共识】 召开全县党外人士学习十九大精神会议、党外知识分子联谊会学习党的十九大精神专题会议，引导广大统战干部和统战成员努力吃透十九大精神实质，进一步统一思想，凝聚共识。在全县党外知识分子中开展践行社会主义核心价值观主题征文活动，鼓励党外知识分子撰写正能量文章，主动传播和阐释社会主义核心价值观，进一步加强团结，强化对党外人士的思想政治引领。

【联谊交友强感情】 把联谊交友作为与党外人士联系的重要方式，县委、县政府主要领导干部带头与党外人士联谊交友，召开非公有制经济代表人士和新的社会阶层代表人士座谈会，利用春节、少数民族开斋节等重大节日机会多次到党外代表人士、非公有制经济人士、民族宗教等代表性人士家中走访慰问。根据人员变动情况及时调整《县委常委联系党外代表人士名单》，县委常委联系党外代表人士更加常态化、规范化。

【政党协商工作】 坚持把政党协商纳入统战工作重点，进一步健全协商机制，制订《2017年政党协商计划》，出台《关于加强政党协商的实施意见》，进一步丰富协商内容，召开各类党外人士协商会3次、党外人士通报会3次，向党外代表人士通报县委全委会精神、全县党风廉政建设等工作情况，保证党外代表人士有序政治参与，听取党外人士意见建议，主动接受民主监督，为县委、县政府的科学决策提供参考。

【非公有制经济领域统战工作】 加强对工商联工作的联系和指导，引导县工商联在促进非公领域发展上发挥积极作用。完成县级工商联换届工作，建立《县级党政领导与重点非公有制企业代表联系制度》，召开全县支持非公有制经济健康发展工作会议。充实调整11个镇街商会健全完善青年企业家创业、电子商务等5个行业商会。新建圣豪、佳圆两个非公有制企业党支部，发展一线职工党员6名。与县委组织部、县文广新局共同组织在非公有制企业中开展党员“红歌快闪”活动，有效发挥基层党组织的战斗力、凝聚力和号召力。积极参与“同心扶贫”，18家企业纳入全市“百企帮百村”精准扶贫活动。协助市委统战部做好“泛海助学山东行动”工作，为全县58名贫困大学生发放泛海助学金29万元。

【民族工作】 深入开展“民族团结进步宣传月活动”，投资30万元建设五营社区民族团结进步文化长廊，开展“听阿訇讲经、忆红色征程、享民族风情”等特色民族民俗活动。积极争创“民族团结进步创建示范单位”，推荐无棣县一中和小泊头镇为“全市民族团结进步示范单位”。加大对少数民族经济帮扶力度，争取少数民族发展资金130万元，帮扶少数民族村全面脱贫。申请160万元的粪污无害化处理设施综合循环利用项目资金，用于少数民族村惠民特色养殖产业园建设。大力扶持少数民族教育，促成五营回民学校与北京育英学校教育合作办学。

【宗教工作】 依法管理宗教事务，加强对宗教政策法规的宣传，发放《宗教事务条例》1000余册，依托五营清真寺等载体，规范开展宗教活动，组织开展“宗教政策法规学习月”活动，与公安局、610办公室等部门联合，开展宗教活动场所大检查和基督教私设聚会点清理整治工作，引导群众向善向美、和睦互助，坚决抵御境外宗教渗透，维护全县宗教领域和谐稳定。

（王　苗）

·博兴县委统战部·

2017年，博兴县委统战部在市委统战部的支持和县委的领导下，以优异的成绩迎接党的十九大胜利召开为主线，深入贯彻落实各级统战部长会议精神和全县统战工作会议精神，突出“三个年”（工作落实年、创新发展年、学习培训年）的工作特色，重点抓好“六项”领域重点工作，与时俱进，开拓创新，凝心聚力促发展，努力开创统战工作新局面。

【构建大统战格局】根据“统战大部制”改革方案将县外事侨务办公室（县政府办公室行政内设机构，正科级，领导职数一正两副）调整为县委统战部行政内设机构，级别不变，划转编制3名；将县台湾工作办公室（县委办公室所属财政拨款事业单位，正科级）整建制（编制4名，领导职数一正一副）调整为县委统战部所属事业单位；县工商联为群团机关，县民宗局为县政府直属事业单位，机构编制事项不做调整，实际管理过程中，由统战部管理。成立博兴新的社会阶层人士管理服务中心，增加3个全额事业编制，新的社会阶层人士管理服务中心隶属博兴县委统战部管理。统战大部制改革后，博兴县委统战部共有行政编制13名，全财政拨款事业编制15名，整体增编共计10名。

【党外代表人士队伍建设】按照“解放思想、拓宽视野，抓住源头、打好基础，完善机制、推进选拔”的总体要求，强化具体措施，有条不紊地打造一支“思想政治上坚定、业务能力上突出、履职尽责上模范”的党外代表人士队伍。健全党外代表人士工作机制，结合实际出台《关于加强新形势下党外代表人士队伍建设的实施意见》《关于建立县级领导与党外代表人士联谊交友制度的意见》。拓宽党外代表人士发现视野。在金佰特厨业有限公司设有海外人才联络站，在京博研究院设有党外知识分子联络站，在教育、卫生等部门单位设立联络点共22处，明确负责人，通过站、点相结合的方式，及时发现优秀党外人士和掌握他们的思想动态。抓好党外代表人士教育培养。加强党外代表人士教育培养主要依靠“两条腿”走路：一是理论培训。把坚定理想信念和提升履职能力作为培训重点，设置菜单式培训课程，突出政治引导，坚持问题导向，实施“靶向性”培训工作机制。2017年举办培训班8期，累计培训1000余人次。二是实践锻炼。丰富经历阅历，提高能力素质，弥补党外干部行政管理和组织领导能力的短板，2017年先后有8名党外干部在县信访局党外干部实践锻炼基地挂职锻炼。注重党外代表人士作用发挥。2017年共召开7次党外人士情况通报会，及时向党外人士传达党的十九大精神和各级统战部部长会议精神，通报全县经济社会运行状况、党风廉政建设和反腐败工作情况，就“两会”报告征求党外人士的意见和建议。开展民主监督活动，在全县开展统一战线特约人员聘任工作，涉及县公安局、县检察院、县法院等11家单位，每个单位配备4名特约人员，进一步创新党外代表人士参与民主监督的方式。强化党外代表人士选拔任用。2017年全县党外干部安排部门正职2名，新提拔1名，交流4名。68名党外代表人士担任县人大代表，113名党外代表人士担任县政协委员。

【统战信息宣传工作】把统战信息宣传工作作为提高统战工作认识、交流统战工作情况、推动统战工作开展、展示统战工作成绩的重要抓手，积极创新信息宣传方式，形成“三专一微”（专刊、专版、专栏、微信公众号）的宣传方式，增强统战工作的生机与活力。制定出台《中共博兴县委统战部关于做好2017年统战调研宣传信息工作的通知》〔博统发6号〕；举办全县统战信息员培训班，邀请市委统战部领导进行授课；编印《统战知识问答知识手册》，宣传普及统战知识，累计发放500份。创建《博兴统一战线》杂志，定期刊发《博兴统一战线》工作简报，发布全县统战工作动态，2017年累计刊发13期。在《今日博兴》报纸开办统战专版，每周1期，对中央统战工作会议精神和《中国共产党统一战线工作条例（试行）》进行解读。在博兴电视台设置统战专栏，在黄金时段播出统一战线方针政策解读和统战成员风采录，截至2017年底已录制播出7期。开通博兴统一战线微信公众号。树立互联网思维，重视运用网络开展统战宣传工作。积极把“博兴统一战线”微信公众号打造成新媒体环境下统战新闻舆论工作的重要阵地，主动发声、回应关切，引导舆论、增进共识，努力在第一时间使统战声音“响”起来，统战故事“讲”起来。

【非公有制经济领域统战工作】召开县工商业联合会第十二次代表大会，选举产生县工商业联合会第十二届执委会主席、副主席、秘书长和民间商会会长、副会长。全县镇（街道）商会换届工作会议召开，会议就镇（街道）商会换届工作进行安排部署。全县12个镇（街道）商会全部完成换届工作。县工商联金属板材商会成功举办中国（滨州·博兴）国际金属板材展览会暨走进“一带一路”中国金属板材产业峰会，共吸引37个国家的13000余名客商参展参会，现场成交额122.9亿元。

（张华杰）

·邹平县委统战部·

2017年，邹平县委统战部认真贯彻落实中央和省市委统战工作会议精神，围绕“聚焦主业争一流，严格管理上水平，围绕中心谋发展，凝心聚力促和谐”的工作思路，发挥优势，突出重点，锐意进取，创新实干，不断推动各领域统战工作取得新进展。

【贯彻落实会议精神】召开专题会议，学习传达全省统战部长会议精神及全市统战部长会议精神。结合工作实际，制定印发《中共邹平县委统战部2017年工作要点》，对本年度9个方面重点工作进行任务分解；加强基层统战队伍建设，全县16个镇（街道）全部调整充实党委统战工作领导小组，重新调整党委统战委员，强化基层统战干部队伍建设，使统战工作向基层延伸。

【统战系统“大部制”改革】通过《关于整合系统资源推进统战系统“大部制”改革的实施方案》。召开统战系统大部制改革联席会议，对“大部制”改革工作推进落实事项进行部署，统战系统“大部制”改革完成，实现县委统一战线工作部和县民族宗教事务局、县工商业联合会、县委台办工作办公室、县侨务工作机构整合，实行合署办公，统一管理，实行统战部统一领导下的部门分工负责制。

【服务经济社会发展】认真落实邹平县全国文明城市创建工作相关要求，组建“同心志愿者”服务队，开展志愿服务活动52次。组织开展“同心创五城，共圆文明梦”活动和“庆国庆，喜迎十九大”书画摄影展活动；动员统一战线组织和广大统一战线成员投身扶贫攻坚。开展“泛海助学”行动，为40名新入学大学新生发放助学金20万元；对口帮扶魏桥镇孙官村建设美丽乡村，累计帮扶6万元。

【多党合作工作】制订2017年度政治协商计划，组织民主党派成员、无党派人士、非公有制经济领域代表人士、少数民族代表人士、宗教界代表人士参加各类政治协商活动7次。收到党外代表人士建设性建议45条，党外代表人士撰写《关于全县土地流转工作情况的调研报告》《关于全县煤场污染防治工作的调研报告》等调研报告5篇。

【非公有制经济领域统战工作】召开邹平县工商联第十次会员代表大会，选举产生新一届工商联领导班子，圆满完成工商联换届工作。各基层商会换届工作全部完成；加强与金融监管部门和金融服务机构协作，建立工商联季度恳谈交流会制度，举办非公有制经济发展和工商联自身建设研讨会，召开非公有制经济代表人士恳谈交流会4次。

【民族宗教工作】引导少数民族群众代表参与城市建设。组织开展以“中华民族一家亲、同心共筑中国梦”为主题的民族团结进步宣传月活动，营造民族团结进步的浓厚氛围；积极引导宗教与社会主义社会相适应。根据上级要求并结合邹平工作实际，增加副局长职数1名，设立邹平县民族宗教事务服务中心，增加事业编制2名，配备主任1名，负责为全县少数民族和信教群众提供相关法律法规、政策和信息咨询；做好宗教场所管理和宗教界人士教育培训。举办基督教活动场所民主管理组织成员培训班，成立排查安全隐患防范四类风险专项行动领导小组，每月2次赴各宗教活动场所进行集中排查。

【港澳台海外统战工作】指导县台胞台属联谊会成功换届。组织开展“两岸一家亲·月是故乡明”联谊活动，台胞台属联谊会为困难台胞台属捐款1万余元；把1季度定为“走访季”，走访台资、台属企业10余家，走访慰问常驻台胞及台属代表8人；做好邹平在台推介工作，组织企业参加第23届鲁台经贸洽谈会；做好滨台联络点工作，确定西王社区和乔新乐府为邹平对台联络点。

【党外代表人士工作】起草推行《邹平县党外代表人士管理办法》。促进党外代表人士履职尽责，提高参政议政能力；更新党外后备干部数据库。在16个镇街和24个政府组成部门建立起66人的党外后备干部数据库；开辟邹平县信访局为新的党外代表人士实践锻炼基地；把党外代表人士教育培训工作纳入干部教育培训工作长期规划和党校理论培训计划，建立县委常委同党外代表人士联系交友制度，更新县委常委同党外代表人士交友名单，增进党外代表人士的政治共识。

【党外知识分子工作】党外知识分子联谊会组织开展“雷锋纪念日•义诊暖人心”创建全国文明城市志愿服务活动；向全体会员发出《全县统一战线同心助力全国文明城市建设倡议书》，号召广大党外知识分子为创建全国文明城市贡献力量；向全体会员发出《关于深入学习宣传贯彻党的十九大精神的决议》，号召广大会员学习中共十九大报告，积极建言献策。

【社会组织统战工作】推进统战工作触角向社会化延伸。与24个县直单位和16个镇街积极沟通协调，通过实地走访，调研考核等方式，确定新的社会阶层代表人士133名；召开邹平县新的社会阶层人士联谊会第一次会员大会，选举出会长、副会长和秘书长，全县新的社会阶层人士统战工作迈出重要一步。

（高　阳）

菏泽市

•菏泽市委统战部•

2017年，菏泽市委统战部围绕工作中心，充分发挥统战优势，服务经济发展、维护大局稳定、助力扶贫攻坚，圆满完成各项工作任务，为菏泽科学赶超、后来居上目标的实现做出积极贡献。

【政党协商工作】制订完善并认真落实《2017年度政党协商计划》，2017年举办政党协商活动7次，其中市委、市政府主要领导参加的3次。在市政协十五届一次全委会上，菏泽市民主党派共提交集体提案25份、个人提案230余份，均占提案总数85%以上。向市政协、党派省委报送社情民意信息380余条，采用率达70%以上。做好党外干部培养选拔和实践锻炼工作，提拔重用党外正县级干部3名、党外副县级干部2名，选派7名党外干部到省级和市级党外代表人士实践基地挂职锻炼。加强思想理论学习，强化“四个意识”，筑牢共同奋斗思想基础。

【非公有制经济领域统战工作】协助市委市政府召开全市支持非公有制经济健康发展大会，牵头制定并出台《关于支持非公有制经济健康发展的实施意见》。成立全国菏泽商会联盟，开展返乡创业和招商引资活动2场。积极开展各类会员服务活动，成立参政议政、金融服务等7个专门委员会，努力缓解会员企业发展人才、资金、技术难题。扎实推进组织建设，指导市县区工商联完成换届工作。

【民族宗教工作】组织开展外来少数民族流动人口“手拉手”联谊活动，召开座谈会3次，走访慰问外来少数民族群众18户，帮助解决实际困难20余个。组织开展菏泽“第17个民族团结进步宣传月”活动。举办菏泽“最美民族村居”评选活动，首批5个民族村居当选。制订《关于深化民族团结进步创建进学校活动的实施方案》。开展“宗教政策法规学习月”活动。制定下发《菏泽市宗教事务联合执法制度》，加强执法队伍和能力建设。开展宗教活动场所网上赋码暨宗教基础信息数据核改专项工作。

【党外知识分子工作】成立市社组联党支部和市新联会党支部，积极开展“新阶层 党旗红”活动。建立“社组联之家”和“新联会之家”。制定各统战团体《专业委员会活动办法》。建立全市新阶层和无党派代表人士库，新阶层人士实践创新基地。开展系列社会服务工作，市知联会建立2个创新创业基地，市社组联建立4个“教育扶贫基地”，市新联会打造“新联心”“新联助爱”“新联助梦”等社会服务活动品牌。成立菏泽市帆友会。成立中华职教社；开展与北京大学、清华大学、中国民航大学等高校的一系列合作，实施“温暖工程”四项行动；实施“同心优教”和“同心优培”工程，代表全国地级社组织在黄炎培职教论坛年会上发言。

【扶贫攻坚工作】选派统战

系统优秀干部到帮包村担任第一书记。加强5个“同心扶贫”示范基地建设，打造民主党派服务社会品牌。开展“精准健康扶贫、助你‘自由行’”活动，为10名贫困患者免费置换膝关节。组织实施菏泽市2017年度“泛海助学行动”，发放助学金1650万元，资助贫困大学新生3300名。争取省级少数民族发展资金259万元，全市3000余名少数民族群众脱贫。实施“百企帮百村”精准扶贫行动，共发动149家民营企业结对帮扶154个贫困村，实施帮扶项目223个，企业投资总额8479万元，帮扶贫困人口14477人，为全市脱贫攻坚大局做出积极贡献。

【自身建设】扎实推进“两学一做”学习教育常态化、制度化，深入开展党章党规和廉洁自律专题学习，制定《全市统一战线认真学习宣传贯彻党的十九大精神的意见》，组织广大统战成员学习贯彻十九大精神。举办全市统一战线喜迎党的十九大文艺晚会等系列宣传活动。抓好教育培训，举办乡镇统战委员培训班2期，青年企业家培训班1期。开展主题沙龙活动5场和优秀传统文化进企业专题讲座4次，累计1000余名代表人士参加培训学习。在省社会主义学院举办学习贯彻十九大精神菏泽市统一战线代表人士培训班。

（侯卧松）

·牡丹区委统战部·

2017年，牡丹区委统战部主要围绕党的十九大开展工作，在凝聚共识上多下功夫、在推动发展上多做贡献、在促进和谐上多尽所能，为党的十九大召开营造一个稳定、和谐的良好氛围。学习宣传贯彻好十九大精神，用习近平新时代中国特色社会主义思想武装头脑，用十九大精神统领统战工作，促进多党合作发展，加强统战队伍建设，提高服务中心水平。

【学习贯彻党的十九大精神】举办全区统一战线“继续向前进，永远跟党走”热烈庆祝党的十九大胜利召开文艺演出，拉开统战系统学习宣传贯彻党的十九大精神的序幕。制定下发《牡丹区委统战部关于认真学习宣传贯彻党的十九大精神的通知》，对全区统一战线学习宣传落实工作做出精心部署。

【民主党派工作】完成政协牡丹区十四届委员提名推荐工作，支持帮助民盟牡丹区委员会、九三学社牡丹区委员会、农工党牡丹区支部委员会顺利换届。以换届为契机，进一步加强民主党派组织规范化建设，帮助解决编制、办公用房、活动经费等困难，积极支持民主党派工作。开展各具特色的主题教育活动，农工党牡丹区支部班子成员，到中共一大会址和嘉兴南湖革命纪念馆参观学习。九三学社牡丹区委会召开座谈会，学习十九大精神，社员谈体会，不忘合作初心，继续携手前进，紧密团结在以习近平为核心的中国共产党周围，为中国人民谋幸福，为中华民族谋复兴。

【党外代表人士队伍建设】6个政府工作部门领导班子中配备党外干部，其中正职两名，其他部门正职1名；19个镇街10个领导班子中配备党外干部，占比53%；少数民族千人以上的4个镇街领导班子均配备少数民族干部。加强对党外代表人士的教育培训。举办牡丹区统战成员培训班，对100余人的统战成员进行党的统战路线方针政策和统战业务知识的教育培训。

【非公有制经济领域统战工作】组织召开提升营商环境座谈会，为民营企业改善经营环境，解决实际困难，提高经营水平。推进非公有制企业实施股改工作，协调帮助艺高不锈钢有限公司做好改制准备。

【民族宗教工作】争取民族宗教发展基金110万余元，帮助完善少数民族村基础设施，改善少数民族群众生产生活条件。及时处理化解涉及少数民族群众的矛盾纠纷5起，维护社会和谐稳定。

【扶贫攻坚工作】发挥统战优势，组织开展送医送药下乡、送农业科技下乡、送工作岗位下乡、捐款捐物等活动，切实提高困难群众生活水平。做实做细泛海助学活动，为牡丹区238名贫困户大学新生争取资金119万元；引导非公有制经济人士为建档立卡贫困户送去米、油、电扇1000份，价值20万元。

【基层基础建设】在统战任务较重、规模较大的10个乡镇街道配备专职统战委员，改变以前统战委员均为组织委员兼任的状况，并组织到市社会主义学院培训，提高统战干部的综合素质，基层统战力量得到加强。完善统战载体，成立牡丹区社会主义学校，人员配备到位，统一战线人才教育培养有主阵地。成立牡丹区道教协会，管理服务道教信教群众有新载体。围绕统战工作新的着力点开展工作，成立新的社会阶层人士联谊会。

（沙启军）

·定陶区委统战部·

2017年，定陶区委统战部在市委统战部的指导下，牢牢把握迎接十九大召开、学习贯彻十九大精神这条主线，紧紧围绕“工作落实年”“学习培训年”“创新发展年”三个重点和“服务发展、争创一流、突出亮点”工作目标，着力推进重大决策部署落实，着力抓好培训，着力开展创新。

【学习贯彻党的十九大精神】 制订学习计划，完善学习措施，多形式学习十九大精神，自觉运用习近平新时代中国特色社会主义思想武装头脑、指导实践、推动创新；举办党外干部、非公人士、宗教界人士学习十九大精神培训班。抓好十九大精神宣传。向统战成员多形式宣传十九大精神，开展十九大精神进企业、进民族村、进宗教场所的“三进”活动。

【夯实统战工作基础】 调整充实统战工作领导小组。针对区和镇街换届、人员变动大的实际，及时调整充实区和镇街党委统战工作领导小组，并制订计划，召开领导小组成员会议。进一步夯实基层统战工作基础。部新增事业编制人员1名，镇街在配齐统战委员基础上，配齐专职统战干事，367个行政村调整统战工作联络员；制定《镇街统战委员年度工作考核办法》，增强做好工作主动性；区和镇街统战经费纳入各级财政预算。

【党外代表人士队伍建设】 建立重大事项向党外人士协商通报制度，开通向党外人士情况通报直通车，全年共主持召开党外人士通报会、协商会7次，党外人士提出的24条意见建议全部办复；完善区委常委与党外人士联谊交友制度；建立区委常委与新的社会阶层人士联谊交友制度；创新党外干部“搭班”培训、分散培训、网上培训、集中培训相结合的培训模式；认真落实《区管党外领导干部人选推荐提名工作意见》，进一步规范党外领导干部人选推荐提名工作的职责、范围、程序。加强教育，提高素质。举办72人全区党外干部培训班和3期统战成员培训班；开展党外人士烈士纪念日公祭活动，组织党外人士参观反腐倡廉警示展、观看现代警示剧两夹弦《干娘》、集体收看十九大开幕式。开展活动，积极引导。在统战成员中开展“爱我家乡、奉献定陶”教育实践活动，多形式宣传定陶、奉献定陶、建设定陶；组织党外医务工作者开展1周义诊活动；成立致公党、民盟定陶支部，积极开展活动。搞好宣传，树立典型。与电视台配合开辟《聚焦定陶党外人士》专栏，宣传党外人士先进典型。

【非公有制经济领域统战工作】 积极为非公有制企业搞好服务。帮招人才136名、解决纠纷9起、为8家企业融资3100万元。积极引导非公有制经济人士健康成长。举办非公有制经济人士学习十九大精神培训班；利用多种平台，宣传企业典型事迹；引导非公有制经济人士服务社会，全年民营企业累计捐款1223万元，提供就业岗位7500余个。积极助力招商引资。依托烟台菏泽商会、上海定陶商会，宣传推介定陶；台湾正觉教育基金会为定陶困难老人、学生捐款240万元；泰好康电子科技公司为定陶捐赠50套泰好康电子血压仪。积极服务扶贫工作。继续推进“百企帮百村”活动开展，协助全市“百企帮百村”推进会在定陶召开；举办96人为期5天“同心助力脱贫·春风行动”培训班；为271名贫困家庭大学新生申请“泛海助学行动”助学金。

【民族宗教工作】 加强民族宗教政策宣传。举办民族宗教界人士法律培训班2期、新宗教事务条例培训班2期、基督教人士学习十九大精神培训班1期；通过展出图板、悬挂横幅、发放材料等，在4个民族村集中宣传民族宗教政策和知识；以“和谐创建树新风”为主题，邀请区两夹弦剧团为民族村送戏4场；组织开展新卧尔兹巡回演讲3次；开展多形式的宗教政策法规学习月活动。进一步完善民族宗教工作网络管理机制。区和镇街均调整充实民族宗教工作领导小组；完善区、镇、村三级民族宗教工作网络，确保全区上下一盘棋；完善区、镇、村、场所四级民族宗教信息网络运行机制，全年3起突发事件均得到及时有效化解；完善民族宗教工作联席会议制度，确保措施落实到位；召开全区宗教工作会议。积极帮助争取少数民族发展资金，共争取各项资金197万元。开展和谐宗教场所创建活动。完善宗教场所财务“三审”制度；实行基督教“三自”成员、教职人员和场所负责人民主评议制度。

【统战信息宣传工作】举办统战信息员培训班1期，由市委统战部领导专门授课，提高写作水平，全年统战信息内刊采用量继续靠前，再获“全省县级统战信息工作先进单位”；《内地回族群众赴沙特朝觐的问题研究》1文获省“四新工程”理论调研成果二等奖；1项工作创新被市推荐上报省参加创新成果评选。

（王克亮）

•曹县县委统战部•

2017年，曹县县委统战部坚持以习近平新时代中国特色社会主义思想为指导，深入学习贯彻党的十九大精神，突出“落实”“创新”“培训”三大特色，抢抓机遇、锐意进取，抓住重点、创新突破，有力推动新时代统战工作创新发展。

【学习贯彻党的十九大精神】制订学习计划，完善学习措施，多形式学习十九大精神，自觉用新时代中国特色社会主义思想武装头脑、指导实践、推动创新，分别举办党外知识分子、非公有制经济人士、宗教界人士学习十九大精神培训班。向统一战线成员多形式宣传十九大精神，开展十九大精神进企业、进民族村居、进宗教场所的“三进”活动。

【多党合作和政治协商工作】协助民主党派加强组织建设，建立学习制度、民主评议制度，开展“加强理论学习，忠诚履职尽责”专题学习实践活动。出台县委《关于加强政党协商的实施意见》，建立完善特约人员工作制度、“党委出题、党派调研、政府采纳、部门落实”的调研制度及民主党派、工商联和无党派代表人士议政建言专报制度等，推动建立政府工作部门与民主党派对口联系工作机制。制订《2017年度政党协商工作计划》，组织开展各类协商活动，引导民主党派无党派人士围绕转变干部作风、现代农业发展、民生工程实施等重大问题开展深入调查研究，积极建言献策。

【党外代表人士队伍建设】出台县委组织部、统战部《关于做好县管党外领导干部人选推荐提名工作的意见》，选派3名党外干部到实践锻炼基地进行挂职，建立63人的党外后备干部人才库，制订梯次储备、递进培养、动态管理的培养方案。建立涵盖政治素质、专业成就、群众基础等内容的党外干部综合评价体系，加强对党外人士的管理和联系。认真落实党外干部在任职条件、任职资格和配备数量上的要求，全县新配备党外科级干部6人。

【新的社会阶层人士统战工作】会同有关行业主管部门进行深入调研，初步掌握全县新社会阶层人士的基本数据和情况，共有社会组织237个，中介机构6家，登记备案的网站75个，私营企业、外资企业的管理技术人员约2000人，自由职业人员约1000人，并建立230人的新的社会阶层人士数据库。以统战部为依托，建立司法、人社、财政等部门和团体共同参与的工作协调联动机制，形成新社会阶层人士统战工作合力。成立新的社会阶层人士联谊会，召开一届一次会员大会，选举产生理事、常务理事及会长、副会长。

【非公有制经济领域统战工作】指导县工商联圆满完成换届，结合换届选拔一批政治思想坚定、综合素质优良的非公有制经济年轻一代代表人士。进一步构建“亲”“清”新型政商关系，建立企业联席会议制度及乡镇领导班子联系企业制度。为会员企业在融资、法律、信息等方面搞好服务，在县农商银行为个体工商户开通政府贴息贷款业务，与邮政储蓄、中银富登、农商等3家银行开展中小企业融资服务对接活动，帮助会员企业贷款1500万元，争取政府贴息35万余元。

【民族宗教工作】健全县乡村民族宗教工作管理网络，实行工作责任制，发挥村镇基层党组织积极作用，开展经常性的矛盾纠纷排查化解工作。举办县乡村民族宗教干部法制培训班2期，深入开展民族团结进步创建活动，培育共同体意识；开展“宗教政策法规知识学习月”活动，增强广大信教群众守法意识。

【扶贫攻坚工作】深入实施“百企帮百村”扶贫行动，引导

43家民营企业对口帮扶43个村，参与扶贫车间建设15个，实施帮扶项目53个，投入帮扶资金1020.2万元。积极打造工商联公益品牌，举办“关爱贫困、情暖万家”活动，联合县扶贫办、白金汉宫婚纱影城投入400万余元赠送“爱心蚕丝被”2000套，拍摄“爱心扶贫婚纱照”2000套，为全县60岁以上30万老年人每人拍摄照片一套；联合青岛曹县商会、红会和青岛阜外心血管病医院救助曹县先天性心脏病患儿31名；联合山东曹县牧原农牧公司举办“金秋爱心助学”活动，捐资16万余元资助93名贫困大学新生。大力实施“泛海助学行动”，对全县481名建档立卡贫困家庭大学新生每人资助5000元，资助金额240.5万元。

（王丽萍）

·单县县委统战部·

2017年，单县县委统战部牢牢把握大团结大联合主题，突出“创新”“落实”“培训”特色，在凝聚共识上狠下功夫，在推动发展上积极贡献，在维护和谐上多尽所能，为推动全县经济社会赶超跨越发展做出重要贡献。

【强化党对统战工作的领导】 党委重视提升影响力。县委书记穆杰主持召开县委统战工作会议，县长张庆国主持召开全县宗教工作会议，县委常委会议及县委全委扩大会议多次研究部署统战工作，拨动各级党政干部的统战弦。深入调研把脉问诊。到全县22个乡镇（街道）进行实地调研，摸清统战工作存在问题，建立健全统战工作规章制度，基层统战工作步入正轨。教育培训助推工作开展。举办各类培训班8期。邀请中央社会主义学院专家做统战理论专题辅导报告，强化各级党员领导干部“第一责任人”意识。

【多党合作工作】 持续深化政治交接。指导协助民革单县支部、民盟单县支部顺利完成换届工作，搞好新老政治交接，继承发扬多党合作优良传统。着力增进政治认同。召开党的十九大精神情况通报会，组织民主党派成员阅读红色经典，参观红色教育基地，坚定合作初心，继续携手前行。广泛开展政党协商活动。组织实施《2017年度政党协商计划》，县委书记、县长、纪委书记分别召开政党协商会议，收集意见建议48条。

【非公有制经济领域统战工作】 全力优化营商环境。深入贯彻落实省委《支持非公有制经济健康发展十条意见》和市委《关于支持非公有制经济健康发展的实施意见》，放手、放胆、放心推动非公有制经济健康发展。建立健全领导干部联系非公有制企业制度，着力构建“亲”“清”新型政商关系。开展理想信念教育实践活动。引导非公有制经济人士，增进“四信”，引导民营企业家以产业扶贫、金融扶贫等形式参与脱贫攻坚。开展理想信念教育培训3期。着力加强工商联班子建设。召开工商联第八届二次执委会，全面加强新一届工商联领导班子思想、组织、作风、能力建设，推动非公有制经济持续健康发展。

【党外代表人士队伍建设】 一次性提拔6名党外科级干部，选派12名党外科级干部到乡镇、信访、稳定部门挂职锻炼。坚持“两学一做”学习教育常态化制度化，把学习党的十九大精神作为统战工作的核心任务和工作主线，坚决维护党中央权威和集中统一领导，打造一支对党忠诚、政治过硬的统战干部队伍。

【宗教工作】 指导成立县佛教协会；引导宗教团体参与脱贫攻坚和社会慈善事业，党同宗教界爱国统一战线不断巩固。

【扶贫攻坚工作】 扎实推进“百企帮百村”精准扶贫行动，大力组织实施“泛海助学”“寒窗暖流”等助学行动，全县所有建档立卡家庭及因突发事件致贫家庭的404名大学新生得到资助。协助九三学社省委开展好“亮康行动”，103名白内障患者免费得到救助。

【其他工作】 全力助推返乡创业工作。通过微信群、春节团拜会、商会联盟、善商网、善德智库“五位一体”密切联系埠外单县商会，推动县委政府出台返乡创业“30条意见”，促成召开春季招商暨万人返乡创业大会，共吸引返乡创业项目288个，计划投资158亿元。举办全国埠外单县商会联盟大会，发起成立善德智库，为经济社会发展“引智、引资、引才、引策”。组织民主党派、无党派和工商联人士围绕供给侧结构性改革、中小企业创新发展、善文化与大健康产业等进行调研，为党委政府决策提供依据。棚户区改造项目顺利推进，双联双创、第一书记工作扎实开展。

（王春梅）

·成武县委统战部·

2017年，成武县委统战部认真贯彻落实十八大历届全会和十九大精神，重点突出“培训、落实、创新”三大特色，紧紧围绕全县发展大局和重点工作，求真务实，开拓创新，扎实工作，充分发挥统一战线优势，为实现全年工作目标尽职尽责。

【夯实共同思想政治基础】坚持把学习贯彻习近平新时代中国特色社会主义思想和党的十九大精神作为加强统一战线思想建设的主线，进一步夯实统战成员的共同思想政治基础工作，认真学习领会十九大精神和党的统战理论政策，准确把握十九大精神实质。深入党外人士、宗教界人士、非公有制企业、社会组织，举办专题报告、座谈交流、理论研讨等30余场次，引导统一战线成员牢固树立“四个意识”，坚定“四个自信”，自觉增强维护新时代中国特色社会主义的新共识。紧紧围绕工作重心，联系统战工作实际，进一步凝聚思想共识，推进工作开展。

【党外代表人士队伍建设】紧紧围绕经济发展抓统战、抓好统战促发展这个中心，努力把各方面的力量团结凝聚到推动科学发展上来。充分发挥统一战线人才集聚、智力密集和联系广泛等优势，积极组织引导人大代表中的非公有制经济代表人士、工商界别的政协委员加强学习，通过集中调研和分别召开党外人士座谈会、非公有制经济人士座谈会围绕经济建设建言献策，当好党委政府的参谋助手，收集意见建议41余条，具体问题12条。加强党外代表人士的培养、选拔和使用工作，提升党外干部和党外代表人士干事创业的能力和水平，为推动全县经济社会转型跨越发展提供有力的人才支撑。全县现有县级人大代表257人，政协委员219人。其中党外人大代表86人，占33.5%；党外政协委员132人，占60%。党外科级干部共21人，其中正科级干部2名。充分发挥社会团体的桥梁纽带作用。成立77名会员的新的社会阶层人士联谊会，在加强政治教育引导，履行参政议政职能的同时，充分发挥联谊会“会员之家”作用，积极为全县经济和社会发展做贡献。

【非公有制经济领域统战工作】加强工商联队伍建设。选举产生县工商联第八届领导班子，工商联领导班子人选的整体能力和素质得到大幅度提升。加强服务指导。通过大走访全面了解基层商会和会员企业发展情况，把握新形势下非公有制企业发展的新趋势、新变化、新特点，指导工商联建设，促进非公有制经济企业健康发展。为提高企业规模膨胀、升级改造意识和能力，推荐一批经济状况较好的企业，统一组织到浙江大学进行集中培训，连续多场组织市县执委以上企业参加十九大报告讲解、企业积分制管理、新经济发展研讨等培训会议。完善制度建设。县政府出台《成武县规范涉企检查暂行办法》，为非公有制企业营造优良发展环境。结合县工商联换届，开展营商环境综合评价，评价结果反馈给县委政府主要领导和相关单位，作为对县直各单位评先树优的参考依据。开展非公有制企业党建活动。按照“双培养、双发展”的思路，把优秀企业人员发展成党员，打造既适应企业发展又擅长党务工作的“两栖”企业人才。

【民族宗教工作】贯彻落实党的民族宗教政策和《宗教事务条例》，依法对宗教事务进行管理，不断完善县、乡、村三级宗教管理网络建设，推动宗教工作健康发展。认真组织开展民族团结进步宣传月活动，积极宣传党的民族宗教政策法规，组织宗教人士学习党的民族、宗教政策、理论知识，引导宗教界、宗教团体把宗教活动与全县中心工作相结合。指导宗教团体建立完善规章制度，加强与宗教人士的联系交友，了解他们的所想所需，及时帮助解决实际困难。加强民族宗教领域的监管，积极配合有关部门开展民族宗教领域安全隐患排查，主动做好信教群众的心理疏导、矛盾化解，确保全县经济社会和谐稳定。

【扶贫攻坚工作】积极参与双联双创和精准扶贫行动。统战部帮联孙寺镇双楼村，节日期间开展走访慰问活动，资助文化广场建设。累计帮扶资金近5万元。开展好“百企帮百村”扶贫活动。县工商联对帮扶企业和帮扶村进行调整完善，重点抓好全县18家帮扶企业的带动作用，在产业扶贫、就业扶贫、公益扶贫上有所提高。通过认真学习鄄城经验，结合各乡镇做好扶贫车间建设，积极动员鼓励工商联会员参与建设扶贫车间建设。带动各镇街区120余家企业也参与精准扶贫活动。全县非公有制企业向县市共捐助扶贫资金535万元，为全县集中扶贫资金办大事奠定基础。截至2017年底，全县建设扶贫车间217个，运行160个；民营企业租赁10家，主要投资项目包括服装、鞋业、蔬菜、网格棉加工等。对全县少数民族贫困户进行调查摸底并建档立卡，制订《成武县民宗局扶贫实施方案》。积极引导民品企业与少数民族贫困户开展结对帮扶，开展扶贫项目5个，投入资金1.7万元。积极协助开展“泛海助学行动”，向全县253名贫困大学新生发放助学金126.5万元。

（许庆贝）

•巨野县委统战部•

2017年，巨野县委统战部以党的十九大和十九届历次全会精神为指导，认真抓好中央、省市委统战工作会议精神的学习贯彻工作，严格落实《中国共产党统一战线工作条例（试行）》要求，全面按照县委统战工作会议的安排部署开展新形势下的统一战线工作，围绕中心，突出重点，努力促进统一战线关系和谐，推动全县统战工作深入开展。

【贯彻落实会议精神】 学习贯彻《条例》和各级会议精神。针对换届后各镇区办、县直有关部门统战工作人员变动较大的情况，通过专题会议和组织培训的方式，对广大统战干部进行教育培训，确保条例和各级会议精神得到贯彻落实。严格履行好主体责任。换届后，县委统战工作领导小组及时进行人员调整，18个镇区办全部成立党委书记任组长的统战工作领导小组，将统战工作纳入重要议事日程，制订专题研究统战工作学习方案，明确党委统战工作的主体责任，确定村（社区）支部书记为基层统战工作联络员，初步建立县镇村三级统战工作网络。进一步强化督导力度。继续将统战工作纳入县综合考核，加强工作督导力度。

【夯实多党合作基础】 认真开展政治协商工作，制订县委《政治协商年度计划》，健全协商保障机制，特别是督办落实和反馈机制，确保协商制度和协商成果落到实处。创新方式方法，充分利用政协、人大和各种联系平台，组织无党派人士、工商联代表紧紧围绕民生、经济等热点领域，深入调研，全年共提交有关提案10余件、撰写调研报告5篇，为县委、县政府科学决策提供参考。支持无党派人士开展民主监督，做好特约人员工作，更好地发挥他们的民主监督作用。

【党外代表人士队伍建设】 着力强化教育培训和实践锻炼。出台年度培训计划，开展多样的培训教育活动；建立3处党外代表人士实践锻炼基地，并选派3名挂职人员进行挂职锻炼。通过与市统战部协调，全体乡镇统战委员参加市委统战部组织的培训学习。建立健全各类统战对象台账，调整充实各类后备队伍，并实行动态管理。不断加大党外干部实职安排力度。县政府24个政府工作部门领导班子中，有4个配备党外干部，其中正职1人；18个镇（区、街道）政府领导班子中有5个配备党外副镇长（副主任）；全县在职党外科级干部达到31人，其中正科级4人。

【非公有制经济领域统战工作】 圆满完成县工商联换届工作。召开县工商联第十次会员代表大会，完成换届工作。深入开展“百企帮百村”扶贫行动。13个帮扶企业共投入产业帮扶资金250万余元，发放就业帮扶工资700万余元，投入公益帮扶资金10万余元，受益人口近千人。引导非公有制经济人士健康成长。组织县重点企业负责人赴郓城、东明、曹县三县考察学习；组织企业家20余人参加人民大学百年明德企业管理培训班2次。组织政企对接会多次，倾听企业心声，助解经营难题。商会组织建设不断加强。会员规模不断扩大，会员数达1350个；异地商会建设取得新突破，“巨野县返乡创业（西安）服务站、西安市巨野商会揭牌仪式暨返乡创业座谈会”在西安举行。

【民族宗教工作】 不断加大对少数民族事业的资金投入力度和帮扶力度，全年争取到少数民族帮扶资金17万元，用于少数民族村的道路维修、路灯安装等基础设施建设；完成全县少数民族贫困人口统计工作；建立外来少数民族流动人口管理台账；980户39.2万元的牛羊肉补贴按时发放到位；市民宗局春节期间慰问看望少数民族困难群众20户。不断加强宗教管理，成立县宗教工作领导小组，县民宗局4人取得执法资格，宗教管理力量全面加强；开展宗教活动场所及教职人员情况调查摸底工作，建立健全全县宗教活动场所管理台账；宗教法规政策宣传不断加强，开展“宗教政策法规宣传行”活动。

（徐宏坤）

·郓城县委统战部·

2017年，郓城县委统战部在县委的领导和市委统战部的支持下，紧紧围绕全县发展大局和重点工作，突出“落实”“创新”“培训”三大特色，求真务实，扎实工作，全县统战工作成效显著。

【学习贯彻党的十九大精神】 党的十九大胜利召开后，郓城县委统战部迅速行动，采取多种形式，积极组织全县民主党派、工商联和无党派代表人士、民族宗教界人士及各统战团体专题学习十九大精神，以党的十九大精神为指导，敬业实干，以知促行，创新谋划工作思路，推动统一战线事业实现新发展。

【政治协商工作】 认真落实党委同民主党派、无党派人士政治协商实施意见，制订《2017年度政党协商计划》，并按照计划召开3次由郓城县委、县政府主要领导同志主持的政党协商会、情况通报会。制定《关于民主党派、无党派开展调查研究工作的意见》，积极协助民主党派、无党派人士开展调研活动。圆满完成民盟郓城支部换届选举工作。制定《关于加强特约人员工作的实施意见》，为郓城县交通局、卫计局、教育局等7个县直部门聘请特约人员，民主监督水平进一步增强。

【党外代表人士队伍建设】 将党外干部纳入全县干部教育培训计划，举办党外干部和党外代表人士培训班。开展党外代表人士登记认定工作，更新信息库。2017年选拔任用5名党外科级干部，设立党外代表人士实践锻炼基地3个，选派3名党外代表人士分别到实践锻炼基地挂职。

【非公有制经济领域统战工作】 深入开展“百企帮百村”扶贫行动，非公有制企业援建扶贫车间44个，组织80家企业结对帮扶80个贫困行政村；顺利完成原全国工商联党组书记全哲洙一行到郓城开展的“扶贫车间”专题调研活动；圆满完成全国工商联、国务院扶贫办、中国光彩事业促进会等单位组织的全国“万企帮万村”扶贫车间座谈会与代表来郓城县参观指导“百企帮百村”精准扶贫工作；开展非公有制经济“新发展、新作为、新贡献”活动，全县非公有制企业在加快新旧动能转换、企业党建、服务社会中行动迅速，取得明显成效；召开郓城籍阜外企业家新春座谈会；成立济南市菏泽商会郓城分会，促进郓城对外宣传推介和对外经贸合作。

【民族宗教工作】 召开全县宗教工作会议，成立由县委副书记孙迁国同志任组长的全县宗教工作领导小组，印发《关于加强和改进新形势下宗教工作的实施意见》，形成“党委政府主导、各部门合作、多层面参与”的宗教管理格局。在全县开展少数民族基本信息普查，建立完整信息库。成立郓城县基督教三自爱国运动委员会，引导全县基督教界人士和信教群众爱国爱教、遵规守法。

【党外知识分子工作】 指导郓城县知联会、新联会开展“助力扶贫健康查体”“‘牵手关爱’留守儿童”“义务法律咨询”“新媒体走进郓城教育采访采风”等一系列活动。成立郓城县社会组织联合会，吸纳全县78个社会团体会员，推动全县社会组织健康发展。

【港澳台海外统战工作】 全面开展港澳台海外统战资源调查活动。成立郓城县台属联谊会，在县高级中学举办“两岸一家亲，共圆中国梦”暨喜迎党的十九大胜利召开演讲比赛。做好海峡两岸中小企业联合促进会两次来郓投资考察对接工作，就水浒文化产业园等两岸文化交流项目签订协议，总投资约49亿元。

【统战信息宣传工作】 印发郓城县《全县统一战线信息宣传调研工作考核评比办法》，开展通报评比并将考核评比作为创先争优的重要依据。印发《郓城统战信息》17期，开通郓城统一战线微信公众号，加强和推动新形势下新媒体统战宣传工作。积极报送统战信息，多篇信息被中央统战部网站、《山东统一战线》和《菏泽统战信息》等网站刊物采用。

（高晟桓）

·鄄城县委统战部·

2017年，鄄城县委统战部认真贯彻落实中央和省、市委关于统一战线重大决策部署，以“凝心、献计、出力”为工作主线，坚持围绕中心、服务大局，务实苦干、争创一流，充分发挥统一战线作为党执政兴国的重要法宝作用，开创全县统战工作新局面。

【政党协商工作】 召开各类通报会、报告会、座谈会6次，及时组织党外人士学习贯彻党的十九大精神，引导广大统战成员以习近平新时代中国特色社会主义思想武装头脑、指导实践、推动工作，牢固树立“四个意识”，特别是核心意识，贯彻落实中央和省、市、县委决策部署。制定《中共鄄城县委同无党派人士政治协商的实施意见》及2017年度政党协商计划，组织召开全县政党协商会议5次，针对党外代表人士提出的60余条意见建议，进行归纳整理，交付给公安局、教育局、文体局等有关部门办理，形成协商成果，以县委办公室的名义下发《2017年度政治协商工作总结报告》。无党派人士先后通过全县“两会”及民主政治协商渠道，提交各种建议、提案75件。完成彭楼镇和育才实验学校两个基地挂牌工作，选派挂职人员。以县委、县政府两办名义下发《关于进一步加强和规范特约人员工作的意见》，在全县8个执法执纪和服务部门，派驻党外特约监督员44名。进一步推进县委常委与党外代表人士联谊交友工作，以县委办名义下发《关于调整县委常委与党外代表人士联谊交友名单的通知》。

【非公有制经济领域统战工作】 开展的“百企帮百村”活动得到国家、省、市领导的充分肯定。全国工商联主要领导先后3次来鄄调研民营企业参与精准扶贫工作，并召开全国现场会，19个省、自治区280余人参加。在随后召开的座谈会中，鄄城县工商联作为全国唯一工商联代表做发言。鄄城县工商联荣获全国“五好”县级工商联和全国工商联“创新中国”大赛特别奖，并且在全市科学发展考核中取得较好名次。

【民族宗教工作】 建设马本斋将军纪念馆，初步打造成全省民族团结进步教育示范基地。举办宗教政策法规学习、养殖技术培训班，培训100余人次。争取民族发展资金63.5万元。投入资金3.5万元，对部分寺观教堂进行修缮。对基督教活动场所硬化面积1000余平方米，实现绿化全覆盖。军屯村获得全省民族团结进步创建示范单位、市“美最民族村居”等荣誉，民族宗教工作在全市综合考核中位列第二名。

【统战团体工作】 县知联会开展公益活动15次，出动爱心车119辆，受益群众3300余人。成立新联会，开展各类慰问活动10次，受惠群众1200余人。成立社区统战服务中心，并在御翠上府小区成立第一个工作站，开展各种公益活动，受到群众广泛欢迎，各项活动的开展，进一步增强统战部的凝聚力、向心力。

【扶贫攻坚工作】 “百企帮百村”活动成效显著。全县69家民营企业结对帮扶贫困村72个，累计投入资金900万余元，建设72个扶贫车间，受益贫困群众达1万余人。投入资金700万余元，建设帮扶项目18个，新修道路20余公里；25家基层商会的214家会员企业捐款捐物累计600万余元，救助困难家庭2000余户；173家会员企业捐助社会扶贫专项资金2640万元。“泛海助学”行动扎实开展。资助贫困大学新生466名，争取助学资金233万元；开展“情系齐鲁·同心义诊”活动，完成符合条件的22名儿童的核查统计工作。县新联会、知联会自成立以来，共开展义诊、走访慰问贫困户等各类扶贫活动20余次，受惠群众近4000人。少数民族扶贫工作扎实推进。民族村军屯、前园均建有扶贫就业点，前园三个养鱼池均已放苗，军屯村1500亩土地进行流转栽种经济作物。引导宗教界积极从事慈善事业，少数民族企业、宗教团体捐款捐物款项达8万余元；中秋节、春节期间筹集资金约10万元，慰问贫困群众292户。帮包村扶贫工作稳步开展。协调25万为凤凰镇孙尚庄建设党员活动室和文化广场。在所包扶贫重点村派驻工作队和第一书记，扎实开展党建工作，完善各项党建制度；协调绿化苗木400棵，价值8000元，为党员活动场所配备价值5万元办公设施；协调解决农田灌溉难题。

【自身建设】 充实调整全县统战工作领导小组，完善各项工作制度。坚持把统战工作纳入对乡镇（街道办事处）年终考核的重要内容，健全乡镇统战工作队伍，在党外知识分子比较集中的教育、卫计、林业、农业、水利5个县直部门，成立统战工作领导小组和专门的统战工作办公室，配备统战委员和统战干事，形成全县大统战工作格局。成立社会主义学校，启动同心大讲堂，对全县县直和乡镇（街道）64名统战干部进行统战理论系统培训。高度重视信息宣传工作，开通微信公众号，及时发布统战政策信息，充分发挥宣传引导作用。

（王　慧）

·东明县委统战部·

【加强思想政治引领】 坚持以习近平新时代中国特色社会主义思想统领统战工作全局，全方位、多领域学习宣传党的十九大精神，统一思想，凝聚共识，筑牢共同的思想政治基础。

【参政议政工作】 圆满完成县政协换届，政协委员中党外人士144名，占比61.3%；组织政党协商会议4次，积极引导统战系统广大成员撰写议案18件，提案24件，意见建议15条，更好地提高大家参政议政的热情。参政议政有序推进。

【党外代表人士队伍建设】 党外副县级干部3名，其中新提拔2名；政府部门和企事业单位党外科级干部12名，其中新提拔2名；乡镇党外副科级7名，党外干部队伍不断充实调整；调整完善联谊交友制度，县委主要领导带头联系党外人士，增强凝聚力。

【党外知识分子工作】 成立“新的社会阶层代表人士联谊会”，首次吸纳会员85人，为更好地培养一支高素质的代表队伍，更好地发挥社会各阶层的桥梁纽带作用奠定基础。“知联会”充分发挥党外知识分子的作用，免费开展医疗服务下乡活动，免费开展科技下乡活动，发放宣传材料2000余份，为500名群众进行健康检查，为100名群众发放6000元的药品，对9个贫困村进行农业技术培训和推广宣传，受益群众达1430人。

【非公有制经济领域统战工作】 工商联换届呈现新面貌，新成员占比70%，外地商会负责人首次吸纳进入工商联执委班子，更好地促进招商考察和对外交流活动。成立“非公有制企业法律服务中心”，积极支持非公有制经济代表人士参加省市县各类专题培训，培训120人次。积极协调对接外地商会，为全县52名贫困先天性心脏病患儿免费进行筛查，帮助16名患病儿童到青岛阜外医院免费进行手术治疗。非公有制经济代表人士积极参与主流媒体和上级部门组织开展的各类主题活动4次。广泛动员85家企业和15家商会包村联户。成功推荐东明石化集团董事长李湘平为全国工商联副主席，东明县工商联被授予“全国五好县级工商联”“全省五好县级工商联”称号。

【民族宗教工作】 强化民族宗教局领导班子；多措并举，采取12项措施，投入90万元，加大对民族村队的扶持；积极有效化解民族宗教领域矛盾问题3起。

【扶贫攻坚工作】 助推脱贫攻坚，以“双联双创”为契机，在城关朱口和东明集回民王庄两个行政村，多措并举开展帮扶。与47户贫困户签订帮扶协议，安装5000元的电视机顶盒，发放6000余元的棉衣棉被，免费开展医疗下乡2次，受益群众500余人，投入10万元为王庄修建出村道路，为朱口村争取捐赠资金5万元；积极协调“泛海助学行动”，为全县339名建档立卡贫困学生协调助学金169.5万元；为城关朱口，东明集王庄，沙窝唐庄、李沙窝4个村党员活动室捐赠空调；慰问4个村贫困群众达120次；积极指导全县15个基层商会、85家会员企业主动帮扶30个贫困村；组织非公企业对焦元、长兴、沙窝、菜园集4个滩区乡镇80个贫困家庭发放救助款4万元。

【统战信息宣传工作】 县电视台开辟《情暖万家·同心扶贫—统一战线风采录》专题栏目，对各领域统战成员参与脱贫攻坚，助推经济社会发展进行全面持续宣传报道。撰写各类宣传文章、信息142篇，市级以上采纳24篇、省《统一战线》采用1篇。充分利用网络媒体平台，在统战交流群、政协交流群、侨聚菏泽等9个网络微信窗口广泛宣传报道统战工作活动情况，为东明经济社会发展汇聚更多智慧和力量。

（司伟华）

4. 国有企业高等院校科研院所

国有企业

·中国铁路济南局集团·

2017年，中国铁路济南局集团共有统战成员12281人，其中民主党派成员53人，无党派人士73人，党外知识分子11214人，少数民族人士859人，宗教界人士3人，出国和归国留学人员68人，台属6人，归侨归眷5人。

【巩固共同思想政治基础】 坚持把学习领会党的十九大精神和习近平总书记系列重要讲话精神纳入集团公司、站段党委理论学习中心组集中学习研讨的重要内容，列入各民主党派、党外知识分子和无党派人士学习活动的内容。举办学习贯彻党的十九大精神宣讲报告会11场次。举办“济铁讲堂”系列讲座，邀请金一南、房绍坤等知名专家教授，系统讲授党的政治理论、国家安全筹划、法制法规、新常态下经济形势等内容。

【基础建设工作】 坚持将统战工作纳入思想政治工作考核，将统战知识纳入干部职工培训教育内容，督促各级党组织和领导干部落实好统战工作。开展统战人士调查摸底，动态掌握统战成员基本情况，进一步完善基础档案。不定期召开党外人士、党外知识分子等代表座谈会，听取他们对企业重大事项、决策的意见建议，2017年召开各类恳谈会87场次。

【开展主题实践活动】 开展“讲好济铁故事”活动，在山东电视台演播厅举办《旅程——企业精神经典故事汇》展演，促进全员价值认同和岗位践行。举办“互联网+”为主题的第三届企业文化周，组织统战成员现场观摩，感受集团公司信息化建设成效。组织统战成员参观胶济铁路陈列馆，接受局史和爱国主义教育，全面提升统战成员政治素养。

【参政议政工作】 大力支持各级政协、人大做好换届选举工作，2017年先后推荐10名党外人士当选各市、区级人大代表或政协委员。协助民主党派选准、选好新一届代表和各级领导骨干，多名党外人士当选为民主党派地市市委委员或支部主委。农工党铁路综合支部，积极参加社会调研活动，被农工党山东省委授予“参政议政工作先进集体”。

【党外人士工作】 深入推进集团公司“1231”骨干人才培育工程，有计划地组织党外人士参加业务进修、学术交流和技术培训，到关键重要岗位参与重大科研项目攻关或重点工程建设，对符合晋升条件的优先评聘、委以重任。做好典型人物培养宣传，1名党外知识分子获评2017年十大“齐鲁最美青年”，2名党外人士获评第六届全省道德模范提名奖。

【民族宗教工作】大力宣传贯彻中央民族政策、宗教政策，积极开展民族团结进步创建活动。在春运、暑运期间，为在鲁少数民族学生购买团体车票提供便利，开通车站绿色通道方便他们乘车。在终到或途经少数民族聚集区的重点列车上，开设双语服务岗，提供清真餐等服务项目。青岛客运段成都车队以创建“鲁蜀金桥”品牌列车为目标，安全运送少数民族旅客122万人次，帮扶救助重点旅客837人次，该车队2017年被国家民委命名为第五批全国民族团结进步创建示范单位。

（潘增虎）

·胜利石油管理局·

截至2017年底，胜利油田共有统战成员28825余人。中专学历以上党外知识分子13579余人，其中博士研究生37人，硕士研究生523人，本科10155人；处级干部12人，科级干部223人；教授级职称20人，高级职称2795人。有各级人大代表、政协委员79人。有民革、民盟、民建、民进、农工党、致公党、九三学社7个民主党派，成员202人。有归侨侨眷和台胞台属1500余人。有34个少数民族3746人，其中少数民族处级干部11人，科级干部79人，教授级职称5人，高级职称192人。依法登记基督教、天主教、佛教、伊斯兰教等宗教活动场所23处，信教群众10000余人。

【党外知识分子工作】认真落实省委统战部“不忘合作初心继续携手前进”主题活动要求，支持民主党派加强组织建设，创建党外代表人士活动基地，进一步系统化加强民主党派和党外知识分子联谊会的社会调研、组织生活、联谊交流，规范集体学习、述职评议等工作。督促民主党派基层组织开展述职考评工作，持续抓好各基层组织班子、队伍思想作风建设。协助民革、民建、九三学社、农工党等部分党派顺利开展班子负责人述职以及党派年度工作考评工作，推进民主党派基层组织建设健康发展。全面了解民主党派换届后各党派成员，尤其是班子成员的工作状态、思想动态，对部分基层组织在制度建设、干部培养、业绩考核等方面存在的不适应、不符合现象进行深刻剖析。针对农工党、民建等党派的纳新要求，积极协助考察推荐入党入会积极分子4名。持续关注民主党派基层组织建设情况，积极做好教育引导和协调服务工作。经过与九三学社市委会的反复沟通，协助九三学社油田基层委员会完成组织改选。选举产生新一届基层委员以及下属两个支社的领导班子，进一步完善组织架构。

【政协工作】认真贯彻省委统战部文件要求，密切保持与集团党委组织部的工作沟通与配合，周密部署新一届全国人大及山东省人大、政协换届任务。深入、扎实开展人选提名、测评谈话、联合审查、政治考查等工作，各项工作按计划和要求顺利推进。完成第八届东营市政协换届任务，考察提名委员人选35名，其中常委3名。确保新一届委员工作顺利开展，党委统战部采取小范围座谈、微信群交流等不同形式，重点加强委员的提案撰写、热点问题采集等方面的业务指导，提升委员的参政热情和提案质量。推荐5名委员任市政协社情民意信息宣传员，激发委员主动开展社会监督的内在动力。组织参加全市政协经济委专委会、东营区委员履职能力培训以及东营区政协学习贯彻十九大精神为主题的第三期“政协讲坛”，委员参政议政意识和能力稳步提升。组织东营市第八届政协驻油田新任委员参加清华大学举办的新任委员培训班，利用为期一周的时间，系统学习《宏观经济形势与政策分析》《转型时期社会热点问题分析》《创新思维与创新管理》等系列内容，为委员增加知识储备，提高理论素养，提升议政建言水平起到积极的促动作用。

【民族宗教工作】大力开展民族团结进步宣传月活动。下发宣传册和通过网页，向广大员工群众宣传党的民族政策和相关法律法规，增强法制观念和民族共同体意识。参加穆斯林“开斋节”和“古尔邦节”，代表局党委为少数民族同胞送去节日的祝福和慰问金5万元。与东营市、青州市民族宗教部门以及油田有关单位积极协调，帮助一回族职工家庭妥善处理在青州回族墓地安葬事宜，既尊重他们的风俗习惯，也及时解决部分回民职工群众因不懂程序和规定而造成的矛盾和问题。组织油田少数民族员工群众参加两期东营市少数民族创（就）业技能培训，油田有50

余名少数民族员工群众接受技能培训。组织少数民族群众参加山东省少数民族毽球邀请赛，男女两队分别获得二等奖、三等奖，局党委统战部获得优秀组织奖。组织参加东营市“各族人民大团结喜迎党的十九大”主题文艺汇演，油田选送的《秧歌情》得到热烈欢迎。完成全国、全省宗教工作会议精神贯彻落实情况专项调研工作。按照省委统战部调研检查内容要求，对油田宗教工作进行全面梳理，通过召开油田各宗教活动场所负责人会议和实地考察等形式，认真摸清油田宗教工作现状，探索研究新形势下油田宗教工作的薄弱环节和重点难点问题，并就如何加强企业宗教工作向上级部门和领导提出意见建议。深入各二级单位开展油田宗教工作调研活动，立项《新形势下油田宗教工作现状及对策》。通过调查问卷的形式，面向信教群众、统战干部和一般员工群众等3方面人员进行调查了解，并组织统战干部对本单位的宗教活动情况进行排查摸底。通过对油田宗教工作进行分析研判，提出新形势下加强思想引领、牢固占领意识形态阵地、规范宗教事务管理工作的具体措施、办法和路径。根据群众反映，对中心医院、胜利医院等公共场所出现的非法传教问题进行工作调研，指导中心医院、胜利医院开展宗教工作事务自查，找出不足，制定有效措施。

【侨务工作对台工作】 认真落实省侨联文件要求，及时部署开展新侨民情况调研，全面掌握油田侨情变化趋势。对油田归侨侨眷联谊会和台胞台属联谊会进行摸底调查，重点摸清侨联组织成员、专兼职干部、侨界人大代表、政协委员以及侨界活力等各方面情况。推选20名代表参加东营市第五次归侨侨眷代表大会。推选3名三代台胞出席山东省台湾台胞代表会议，并推选1名台联工作先进个人和1名优秀台胞。

【统一战线政治引领】 积极回应油田党外代表人士的政治需求，深入开展以社会主义核心价值观为主线的学习教育活动。组织召开油田人大代表、政协委员、民主党派基层组织负责人、油田党外知识分子联谊会负责人等党外代表人士座谈会，传达贯彻习近平总书记及管理局党委主要领导对党外知识分子工作的指示和要求，通报油田形势任务和改革等工作情况。推进党外代表人士思想政治教育活动的成果落地和转化，组织油田民革、民盟、民建、民进、农工党、致公党、九三学社7个民主党派和“知联会”负责人，赴民主党派省委考察学习，参观山东统一战线成果展，为喜迎十九大胜利召开凝心聚力。十九大胜利闭幕后，第一时间组织召开学习座谈会，传达贯彻中共十九大精神，引导党外代表人士进一步统一思想和行动，自觉把智慧和力量凝聚到推进油田改革发展大局上来。

【其他工作】 以活动为载体，引导民主党派优势资源向社会转移。充分发挥民主党派人才和技术优势，以九三学社油田基层委员会为依托，组织部分医疗卫生界的专家大夫，利用休息日，开展“送医送药进社区”义诊活动，方便社区居民的寻医问诊，也树立民主党派良好的社会形象。部署开展向全国“时代楷模”黄大年同志学习活动。认真总结“两学一做”“三严三实”以及油田“三转三创”活动经验，大力推广以油田博士后工作站首席专家王涛为代表的先进人物事迹，并推荐其在油田“三转三创”通报会上做“弘扬胜利精神 勇攀科技高峰”的报告，取得较好的社会影响。积极创造条件，拓宽重点性代表人物的政治及实职安排渠道，向局党委提出建议人选7名，有3名同志进入调整和重点培养序列。

（宗　玮）

•齐鲁石化公司•

2017年，齐鲁石化公司统战工作坚持“融入中心、服务大局、务实有效”，紧紧围绕“保安全、创效益、促改革、抓创新、推发展、强党建”中心任务，把握政策、突出重点，为促进公司中心工作发挥了应有作用。

【统战成员理论学习】 组织统战成员学习贯彻党的十九大，十九届一中全会和十八届历次全会精神，着力在凝聚共识、指导实践、推动工作上下功夫、见实效。紧密结合公司统战工作实际和统战干部、统战成员的思想现状，通过组织十九大学习报告会、集中学习、座谈交流等形式，不断把学习引向深入。组织基层单位党群部门负责人培训班，认真学习《中国共产党统一战线工作条例（试行）》、中央统战工作会议、山东省委统战工作会议精神等，组织上报山东省统战理论政策研究课题2项。

【政协委员参政议政】 2017年初，完成淄博市、临淄区政协委员的推荐考察等换届工作。推荐第十二届淄博市政协委员6人，第十届临淄区政协委员18人，并组织参加地方新一届政协会议。2017年12月，完成全国、山东省政协委员的推荐、考核考察等工作，推荐达建文为第十三届全国政协委员候选人初步人选，推荐张绍光、高鹏、夏恒为第十二届山东省政协委员候选人初步人选，推荐孙蕴为第十三届山东省人大代表候选人初步人选。公司各级政协委员、党外人大代表，提交提案、议案15件，2件提案分别获市、区优秀政协提案。

【落实党的民族政策】 积极开展民族团结进步宣传月教育。以党的十九大会议精神、《中共中央国务院关于加强和改进新形势下民族工作的意见》、公司改革发展形势任务教育等为内容，集中开展民族团结进步宣传月活动。搭建“穆民家园”微信群，发展成员200余人，加强单位之间少数民族职工的交流沟通，促进和谐氛围建设。根据公司专业化重组、人力资源优化等新形势，指导生活管理部完成回民食堂的整合，由原来的7个整合为4个，并督促做好回民食堂管理。加强企地交流，促进民族团结和谐共建。在穆斯林传统节日期间，应淄博市和金岭镇清真寺管委会邀请，统战部负责同志代表公司参加庆典活动，向驻地穆斯林祝贺节日。召开公司民族宗教工作联络会议，组织换届选举，通过理事会成员及联谊会章程等。

【依法搞好宗教事务】 规范企业社区宗教事务活动，定期对社区宗教家庭聚会活动点及信教群众进行登记造册，发现不符合国家规定的活动点及时予以教育引导，对违法活动予以制止。指导会同社区管理部门，宣传党的宗教政策、公司有关规定，以及公司改革发展情况，引导信教人员特别是活动点招募人增强法律意识、安全意识，积极支持公司改革发展与和谐稳定。

【热心做好侨务工作】 中秋、国庆前夕，公司党委统战部会同侨联有关同志走访慰问部分老归侨等重点统战成员，会同淄博市侨办走访慰问公司部分重点归侨侨眷，传递企业的关怀和组织的温暖。

（李 伟）

• 兖矿集团 •

兖矿集团在册职工9.3万人，各界人士18257人，其中党外知识分子13417人，少数民族职工1940人，留学及侨台属1039人，信教群众1693人，政协委员32人，民主党派成员83人。现有民盟、民建、九三学社3个民主党派支部，有党外知识分子联谊会、归侨侨眷属职工联谊会、台胞台属职工联谊会、少数民族职工联谊会、政协委员联络委员会5个统战群众组织和上级批复的鲍店、东滩2个宗教活动点。

【思想引领工作】 坚持把理论武装作为常抓不懈的首要任务，及时向党外人士通报学习党的十九大、中央经济工作会议、省委第十一次党代会、全省“两会”等重要会议精神，邀请党外人士参加集团公司党委举办的十九大精神专题培训班、辅导报告会，引导党外人士用习近平新时代中国特色社会主义思想武装头脑指导工作，进一步增强“四个意识”特别是核心意识、看齐意识。

【党外知识分子工作】 坚持开展献计献策、科技攻关活动，积极组织党外知识分子主持或参与科研项目和QC小组活动。连续12年组织各界人士代表团列席集团公司职工代表大会，认真履行职责，积极建言献策，形成民主参与的长效机制。注重党外人士教育培养和选拔使用，先后选送8名优秀党外干部到中央、省社会主义学院和清华大学、复旦大学等高校学习深造，45名党外干部入选兖矿集团人才库，16名党外代表人士走上集团中层领导岗位。集团公司领导班子中有2名党外人士，18个基层单位领导班子中有党外干部，他们在推动企业改革发展中都发挥重要作用。

【民族宗教工作】 定期调研摸排宗教活动场所情况，约谈场所负责人。开展党员信教问题排查治理，组织26759名党员签订不信仰宗教承诺书。开展民族团结进步宣传教育月活动，坚持回民开斋节放假或调休制度，发放节日补助或慰问品，少数民族职工集中的单位坚持开办回民餐厅或回民灶。

【参政议政工作】 积极组织各级政协委员参加政协会议，认真开展学习考察调研活动，通过提案方式反映集团公司的情况及需要地方政府协调解决的问题，努力维护企业利益和职工合法权益。

【宣传工作】着眼于增强各界人士的凝聚力和向心力，认真抓好典型选树，发挥旗帜性人物在倡树正气、引领发展、和谐稳定中的旗帜性作用。在近3年来“感动兖矿”人物评选中，有16名各界人士光荣当选。维吾尔族职工阿不力孜、澳大利亚人史蒂夫，先后被评为集团公司道德模范、山东省第五届道德模范。开展“走出去看兖矿”活动，先后赴贵州、陕西等对外开发单位调研项目建设。开展地企联谊交流活动，组织地企间统战部门、政协委员、民主党派等进行春节联谊、学习座谈等活动。持续叫响“义诊”品牌，2017年先后开展集团公司民主党派、政协委员医疗志愿者“下乡义诊送健康，把爱送进百姓家”公益活动，九三学社兖矿支社医疗队老年公寓义诊服务活动，为几百名老百姓进行健康检查。

（冯　文）

·山东钢铁集团·

山钢集团共有各类统战成员6200余人，约占职工总人数的7.5%。其中，党外知识分子5562人，约占到职工总数的6.7%；少数民族有回族、满族、蒙古族等700余人。民盟、民革、民建、民进、农工党、致公党和九三学社7个民主党派，共有成员95人，其中担任各级政协委员的8人，担任省政协委员的1人。

【加强党对统战工作的领导】围绕企业中心工作谋划统战工作，坚持统战工作与党委其他工作同部署、同检查、同考核、同总结、同表彰，形成协同高效的运行机制。加强对党的统战方针政策宣传和贯彻，使各级党员领导干部真正从思想上提高对新形势下企业统战工作认识，进一步明确新形势下企业统战工作重点，把统战工作作为集团公司改革、发展、稳定的重要支撑。

【加强基础建设】全面梳理和完善各项工作制度，形成内容完备、科学管用的制度体系，健全完善综合协调、信息沟通、绩效评估、督察落实、目标考核和奖罚的工作机制。不断健全党外代表人士队伍建设工作联席会议制度等多项工作制度，定期研究、分析工作进展情况和存在的问题，提出解决问题的意见和建议。完善“党委对统战工作领导制度”“谈心交友制度”等8项统战工作制度，为进一步强化统战工作力度提供有效保障。坚持定期召开各界人士和党外知识分子座谈会、党外领导干部座谈会，听取意见，改进工作。强化专业管理考核，确保各项统战工作任务的落实。

【加强思想政治引领】深入宣传党的十九大精神，通过举办辅导讲座、专题培训、选送统战成员参加专题学习等，提高政治觉悟，增进政治共识，用新思想、武装头脑、指导实践、推动工作。深入开展“改革转型我担当”主题实践活动，编发12期形势任务教育材料，开展70余场形势教育宣讲。开展“建功新时代 建设新山钢”系列学习展示活动，启动“主题征文”“微竞赛”“书法作品微展示”活动，引导广大统战成员在全面深化改革、推动转型发展中建功立业。

【服务中心工作】在党外知识分子中持续深入开展“爱企业、献良策、做贡献”“爱国爱厂、献技献策”等建功立业活动，为知识分子干事创业搭建平台。开展管理创新和技术创新实践活动，开展“五小”成果、合理化建议、先进操作法、班组管理创新等基层革新、发明、创造活动，2017年全公司共涌现出群众性经济技术创新成果1500余项，提交合理化建议、金点子2100余条。

（苏　斌　田玉山）

·山东能源集团·

2017年，山东能源集团党委统战部认真贯彻落实党的统战方针政策，按照改进工作作风，强化统战部门自身建设；凝心聚力，强化党外代表人士队伍建设；多措并举，助力民族宗教领域团结进步；发挥优势，助力“四新山能”高质量发展“两强化双助力”的工作思路，充分发挥统一战线智力密集、人才荟萃、联系广泛的优势，在山东能源集团大刀阔斧抓改革，科学规范强管理，颠覆传统谋创新，转换动能促发展的过程中发挥积极作用。

【理论学习紧跟新形势】在集团层面成立党的十九大精神宣讲团，基层党委设立“新时代传习所”，基层支部组织“新时代讲习班”，企业先后有3000余名重点统战对象进行系统学习。结合十九大精神学习，设计“为什么我国新旧动能转换首选山东扛大旗”“为什么是十大产业支撑山东动能转换”等四项课题进行深入研讨，200余名党外领导干部参加研讨，确保党的十九大精神在统战系统学懂弄通做实。

【助力发展打开新局面】 积极搭建智囊、智慧、智造“三个平台”，建立“统战提案”、专题调研、课题攻关制度，组织开展“爱企业、献良策、做贡献”等活动，形成调研报告32篇，汇总合理化建议87条，创新立项43项、研究课题159项。枣矿集团发挥统战工作联谊交友优势，促成菲律宾打拉市500万元人民币的轮胎贸易。新矿集团建立“聚能”创客联盟，先后组建60个创客中心，300余名党外知识分子成为“创客”，实现各项工作同心同向、协同共进。

【规范服务取得新成效】 大力推进一会、一访“双一”活动，年初召开各界人士座谈会，年中组织政协委员“大走访”活动。同时，积极为各界人士参政议政创造条件，2017年在各级政协会议上，统战成员共上交提案88件，其中11件提案被评为优秀提案。近年来，淄矿集团有20名党外知识分子走上中层领导岗位；肥矿集团3名党外人士经过市场化选聘走上处级领导岗位，切实发挥党外代表人士队伍的作用。

【民族宗教工作实现新提升】 新矿集团成立清真寺管理委员会，切实加强宗教事务的规范管理。在新疆的权属单位积极融入地方建设，先后招收当地少数民族职工221人，在“民族团结一家亲”活动中，汉族和少数民族职工互帮互助、共同进步，营造良好的民族“大家庭”氛围，公司被命名为伊犁哈萨克自治州“民族团结进步模范单位”。

（张书军　王　俊）

高等院校

·山东大学·

山东大学现有7个民主党派，下设27个支部，党派成员共计1086人，8人担任民主党派省委副主委以上职务。无党派知联会理事38人，入选省无党派代表人士人物库38人。侨联小组3个，归侨16人，侨眷400余人；台联小组2个，台属300余人；在校全日制香港学生90余人，台湾学生40余人，澳门学生10余人；少数民族教师180余人。学校担任各级人大代表、政协委员共计75人，其中党外52人。

【巩固共同思想政治基础】 印发《山东大学统一战线关于学习宣传贯彻党的十九大精神通知》，举办“学习贯彻十九大，不忘初心跟党走”专题政治培训，组织引导全校统战成员以学习贯彻党的十九大精神为主线，开展学习实践，重视教育培训，强化思想引领。印发实施《中共山东大学委员会关于在全校党外知识分子中开展践行社会主义核心价值观主题活动的通知》。

【党外代表人士队伍建设】 以全国、省市各级人大、政协换届为契机，加强党外代表人士队伍建设。学校担任各级人大代表、政协委员共计75人。其中，全国人大代表2人、全国政协委员2人、省人大代表7人、省政协委员35人。开展新任委员专题培训，引导他们“坚定理想信念，忠实履行职责，讲好山大故事，服务改革发展”。协助中央、省、市各级民主党派组织做好负责人的物色、培养和考察工作，共有8人担任各党派省委副主委以上职务。

【民主党派组织建设】 完成学校7个民主党派换届选举，实现新老交替和政治交接。协助做好基层组织负责人的物色、培养、考察等工作，加强对民主党派骨干成员的教育培训。制定并实施民主党派成员发展流程，严把政治关，2017年新发展党派成员9人（不含附属医院）。

【民族宗教工作】 掌握少数民族师生基本信息，引导各族师生不断强化“五个认同”和“三个离不开”思想，促进各民族交往交流交融。按照中央和省委有关要求，牵头协调29个部门，举一反三，做好省宗教工作联合调研组对学校宗教工作开展调研检查之后的整改工作。

【港澳台海外统战工作】 引导港澳台侨师生增进国家认同和中华民族意识，参与制定《山东大学招收和培养香港特别行政区、澳门特别行政区及台湾地区学生的规定（草案）》。配合省台办等有关单位积极做好中华儿女文化体验营等活动的组织工作。

【扶贫攻坚工作】 积极开展“同心·光彩助学行动”，资助学校50名家庭经济困难学生，每名学生受助5000元。党委统战部与齐鲁医院、第二医院共同向菏泽市郓城县张鲁集乡贫困小学捐赠约9000元图书。

（马毓轩　吕淑良）

·中国海洋大学·

中国海洋大学现有7个民主党派基层组织，2个统战团体，共有民主党派成员258人，无党派人士55人，侨联会员750余人。学校党外人士中现有全国人大常委1人，全国政协委员1人；省人大常委1人，省人大代表1人；省政协常委1人，省政协委员5人；市人大代表3人，市政协常委3人（含市政协副主席1人），市政协委员13人；区人大代表2人，区政协委员5人（含崂山区政协副主席1人）。

【思想政治工作】 以学习文件精神和开展学习教育活动为抓手，增进共识。组织统战成员学习党的十九大会议精神，开展赴莒南、荣成、胶州等红色教育基地的学习教育活动11次，不断巩固共同思想政治基础。

【党外代表人士队伍建设】 民革党员薛长湖教授、民盟盟员吴立新院士分别当选民革省委副主委和民盟省委副主委；建立由34位教师组成的侨界代表人士队伍和80位教师组成的党外后备干部队伍，共组织、推荐统战成员（统战干部）参会及培训累计52人次。共有27人担任新一届市、区两级人大代表和政协委员，其中吴立新院士当选青岛市政协副主席。共发展民主党派成员21人，完成民革海大支部、民建海大支部、民进海大支部、农工党海大支部的届中调整或组织换届工作。

【侨务及民族宗教工作】 为学校12位留学归国代表人士办理新一代数字化归侨证，申请创办国务院侨办“侨之家”基地。为50名巍山县少数民族高中女生发放“同心携行·海大统一战线助梦行动”资金9万元，召开少数民族团结进步协会民族工作座谈会，推进青岛市少数民族大学生实践基地筹建工作。

【理论研究工作】 调整“统一战线理论研究基地”的组织架构和人员组成，组织立项11项学校统战课题；在10余个入党积极分子培训班开创“同心携行·我眼中的统一战线”课程；将统战理论知识纳入“干部在线学习”必修内容和新进教工培训班内容。组织召开首次全校统战工作会议，统一思想、明确思路。

【其他工作】 各级人大代表、政协委员共提交议案提案及建议共40余项，提报社情民意等建言类稿件20余件，统战工作及统战成员屡获各级表彰。

（李　萍　王俊玲）

·中国石油大学（华东）·

中国石油大学（华东）有民主党派组织6个，党派成员148人，其中民革8人、民盟67人、民建13人、民进18人、致公党11人、九三学社29人。有党外知识分子联谊会、侨联、少数民族联谊会3个统战团体。无党派人士81人，具有副高职称以上的党外知识分子474人，归侨、侨属侨眷140余人，具有一年以上出国经历的留学归国人员391人，在职少数民族教职工62人，少数民族学生1625名，其中新疆284人，西藏107人。学校党外人士中现有省政协委员4人，市人大代表2人，市政协常委1人，市政协委员8人，区人大代表3人，区政协常委1人，区政协委员6人。

【思想政治建设】 切实发挥学校统一战线工作领导小组的作用，推动重心下移，调整联谊交友名单，11名学校党委常委和20名党外代表人士结对联系。结合党的十九大和学校第十一次党代会的召开，开设学习十九大精神专栏。召开统一战线学习贯彻党的十九大精神座谈会，开展调研考察，瞻仰孔繁森纪念馆，感受十八大以来地方经济和社会发展取得的成绩，接受思想洗礼。

【基层组织建设】 协助做好省市2017年民主党派换届工作，选强配强党派主委。1人当选民盟青岛市委常委，1人当选致公党青岛市委委员，1人当选民建青岛市委委员。九三学社委员会组织关系顺利转移青岛，6个党派基层组织已有4个转移至青岛。10人次参加省市党外中青年领导干部、党外知识分子代表人士培训班、少数民族代表人士培训班。学校中层干部换届中，18名党外人士走上处级以上领导岗位，其中，1人任学校副校长，5人任正处级，12人任副处级。

【民族宗教工作】深入开展民族团结宣传教育活动，加强意识形态领域教育引导工作。举行“我在石大有个家”少数民族学生演讲比赛，举办少数民族大学生“反对民族分裂，维护祖国统一”大学生发声亮剑宣讲活动，选派部分少数民族师生参加中国海洋大学少数民族学生学习党的十九大精神交流座谈会，进一步牢固师生的“五个认同”和“三个离不开”思想意识。

【人大代表、政协委员工作】26人担任市区人大代表、政协委员，在青岛的安排数量由上届的7人增至16人，有力拓宽校地融合的沟通渠道。配合省委统战部等部门，联合审查、组织考察8名全国和省级人大代表、政协委员人选。召开新任市区人大代表、政协委员座谈会，就参政议政、提案撰写进行专题培训。

【统战宣传工作】2017年，统一战线“同心讲堂”报告会以“服务区域经济社会发展，做青岛西海岸最有价值成员”主题，举办报告会4次，500余名教师、干部和学生现场听取报告，并和专家学者互动交流。实施“同心•光彩助学行动”，50名品学兼优、成绩优异的大学生受到资助。

（王　勇　王德钊）

•山东大学（威海）•

山东大学（威海）现有中国民主同盟威海分校支部、中国致公党威海分校支部、山东大学（威海）无党派知识分子联谊会和山东大学（威海）归国留学人员联谊会等4个统战团体组织，有7个民主党派，成员共58人。无党派人数486人，无党派代表人士16人；归国留学人员有226人。

【强化党对统战工作的领导】山东大学（威海）党工委认真把新形势下的统战工作作为一项重大政治任务，纳入党工委工作重要议事日程，纳入党政领导班子工作考核内容，认真组织学习，全面贯彻落实中央、省委统一战线系列重大决策部署。

【党外知识分子工作】学校党工委把新形势下党外知识分子思想政治工作摆在更加突出的位置，坚持教育引导、凝聚共识、热情帮助、真诚服务、搭建平台、发挥作用的工作方针，政治上充分信任、工作上大力支持、生活上关心照顾。

【党外代表人士队伍建设】学校党工委认真执行与党外人士联谊交友制度，切实贯彻落实党的多党合作政策。扎实做好党外代表人士队伍建设工作。对其中代表性强、层次高的人选重点培养，统筹考虑其政治安排、社会安排和实职安排。在学校中层以上领导班子中任实职的党外代表人士16人，其中正处级5人，副处级11人，占全校处级干部的13.6%。

（刘胜民）

•哈尔滨工业大学（威海）•

哈尔滨工业大学（威海）现有教职工864人，其中少数民族教职工38人，在职民主党派成员32人，认定的正高级无党派人士25人；在校全日制本科学生10667人，其中少数民族学生655人；研究生605人，其中少数民族研究生23人。32位民主党派成员主要分布在民盟、民建、民进、农工党、致公党、九三学社6个党派，有1位民主党派教授担任省政协委员，2位民主党派教授担任市政协委员。学校设有致公党支部、九三学社支社、归国留学人员联谊会、党外知识分子联谊会。

【思想政治工作】学校召开首届党委统战工作会议传达中央及哈工大党委统战工作的有关精神，总结学校的统战工作，对下步工作做了部署。学校信息与电气工程学院召开首届党委统战工作座谈会，研究部署学院统战工作。在信息与电气工程学院的带动下，其他院系陆续筹备召开党委（党总支）统战工作会议，推动院系统战工作新高潮。学校召开民主党派、党外人士座谈会，邀请党的十九大代表于长军教授做专题辅导报告。学校各民主党派代表、党外知识分子代表、留学归国人员代表等围绕深入学习贯彻十九大精神、加强立德树人工作畅谈体会，进一步增强他们围绕中共十九大战略部署和校区的发展建设目标任务，抓住机遇，勇担使命，积极建言献策，在哈工大迎百年、创一流和建设与世界一流大学相适应的高水平特色校区新征程中做出更大贡献的信心和决心。

【民主党派及统战团体建设】学校成立九三学社支社，选举赵宜楠为主委，程刚为副主委，黄海滨为委员。新推荐朱永明任致公党支部委员。初步形成以两会（党外知识分子联谊会、留学归国人员联谊会）、两支部（致公党支部、九三学社支部）、两支主力队伍（基层党组织书记为统战工作第一责任人，统战委员为直接责任人）的统战工作格局。

【党外代表人士队伍建设】 新推荐学校留学归国人员联谊会会长张廷斌教授为省欧美同学会常务理事，推荐校党外知识分子联谊会会长宋岩教授为省欧美同学会理事。新推荐威海市欧美同学会会员11名，其中理事2人；新推荐民进会员、语言文学学院院长史光孝与民建会员、海洋科学与技术学院副院长姜杰等2人为威海市政协委员，推荐九三学社社员、谭建宇教授为新一届省政协委员。

【助学行动】 积极参加市委统战部组织的捐资助学活动，连续四年组织参加省委统战部"同心•光彩助学行动"，为50名同学发放助学款25万元，累计受助金额204万元，受助学生208人。

【理论研究工作】 学校持续开展统战理论研究，重点支持思想政治理论教学部开展新时代统一战线研究，立项课题2项。

（季振兴）

• 山东农业大学 •

【思想政治建设】 重视发挥校院两级党委思想引领作用，深入开展十九大精神系列学习活动，组织民主党派和统战团体成员开展"重走红色之路"学习考察、赴"第一书记帮包村"开展扶贫捐赠等活动。同时在学校骨干党外人士中建立"农大同心群""农大欧美同学会•留联会"群，定期发布重要政策、活动通知，宣传统战知识。

【党外代表人士队伍建设】 推荐并成功当选市区两级政协委员共计18人，其中泰安市政协委员12人，泰山区政协委员3人，岱岳区政协委员3人；有10名党外专家在年初召开的市区两级政协会上当选为政协常委。7名民主党派教师参加山东省民主党派代表大会，1人当选农工党山东省第七届委员会委员。向泰山区委推荐泰山区知联会副会长1人并成功当选；协助发展民主党派成员7人，组织考察民主党派成员3人；完善4名无党派人士专家有关信息，报送省委统战部备案。同时，认真落实《关于加强欧美同学会（留学人员联谊会）建设的实施意见》要求，成立山东农业大学欧美同学会（留学人员联谊会），学校民主党派、统战团体达到10个。选派5人参加省级层面的党外干部培训，其中1人参加全省党外厅级领导干部理论政策研讨班，1人参加第二期全省党外中青年领导干部培训班，1人参加全省党外知识分子代表人士培训班，2人参加全省留学人员代表人士研修班。

【民族宗教工作】 对各基层党委、直属党总支的民族宗教情况进行全面调研，对学校少数民族师生基本情况、宗教信仰情况进行梳理总结并形成书面材料。协同相关部门落实政策。

【统战体制机制建设】 成立学校统战工作领导小组，建立学校民族宗教工作机制。向各基层党委、直属党总支书记发放《党委统战部管理一本通》，对统战工作进行全面讲解和部署。在学校党委正式印发的校院两级管理体制改革文件中，正式明确将民主党派成员发展的培养和考察权，政协委员、民主党派和统战团体负责人等党外代表人士的政治安排推荐权下放到学院基层党委。

【统战宣传工作】 2017年在《山东统一战线》杂志发表论文1篇，1人被评为先进个人，在《联合日报》、省委统战部的网站等发表文章4篇，"山东统一战线"公众号采用文章7篇，学校统战工作受到省、市委统战部门和兄弟高校的肯定和好评。

【其他工作】 以"受教育、做贡献、树形象"为目标，全年组织开展"一县、一镇、一村"党外专家"同心"科技支农服务活动，分赴日照莒县果庄镇、枣庄山亭区、第一书记帮包村开展科技帮扶专项活动，学校各民主党派、统战团体分别开展10余次科技帮扶活动。

（李　晨）

• 山东师范大学 •

【加强思想政治引领】 举办统战专题培训，提升统战骨干成员的理论水平，凝聚思想共识；邀请各民主党派、统战团体负责人集中收看十九大开幕会，畅谈学习体会；组织座谈会，广纳意见建议；出台《山东师范大学民主党派基层组织、统战团体职责及年度工作任务》，强化各党派、团体的年度工作制度规范和考核，以多种形式强化统战成员的社会主义核心价值观、革命传统等教育，筑牢共同思想政治基础。

【推动统战工作重心下移】 组织基层党委书记参加国家行政学院网络培训，帮助基层党委书记全面提升对统战政策、任务、原则、方法的了解与把握，增强基层党委负责人的统战意识、统战责任。组织首届基层统战委员培训，加深统战委员对党的爱国主义统一战线伟大历史意义的理解。

【重视党外代表人士队伍建设】 完成16位同志出任市区人大代表、政协委员的推荐考核；推荐9位民主党派负责人任职党派省委常委、委员职务；1人新任省政府参事，2人新任省文史馆员；1名无党派人士当选政协第十四届济南市委员会人资环委员会专家委员会主任；完成18名全国、全省人大代表、政协委员初步人选推荐及考察工作。

【拓展统战工作平台】 成立欧美同学会（留学人员联谊会），推荐吸收高层次会员283名，领导班子成员基本是各专业最卓越的领军人才，通过组织会员培训考察，加强校内留学归国人员的引领，激发他们干事创业的热情。率团访问台湾6所高校，开展文化考察与交流；参与接待台湾学生访问团活动及第三届鲁台教育论坛的专家学者在省的文化交流活动，加强与台湾高校和爱国团体的合作交流。

【拓宽联谊交友渠道】 组织首届山东师范大学“同心同行”统战成员趣味运动会，以竞争、合作、交流为主题，展现统战成员良好的精神风貌；组织民主党派和统战团体新年工作表彰暨联谊会，激励先进，推动统战创新发展。

【民族宗教工作】 以迎接省委宗教工作检查为契机，组织校内相关部门积极联动，全面开展少数民族和信教师生情况摸排调查，规范学校学术论坛管理，完善相关制度和应急保障机制。联系校外非公有制经济界人士提供爱心捐助，资助10余名品学兼优的少数民族贫困学生。

【其他工作】 推动理论创新和成果创新，5篇统战理论调研论文获得省委统战部、省社科联二、三等奖，基地荣获全省统战理论调研宣传“四新工程”先进单位、统战工作创新实践先进单位称号。

（隋文慧　袁华龙）

•烟台大学•

【加强思想政治引领】 聚焦提高政治站位，实行民主党派和统战团体负责人双月座谈会制度，传达中央、省委以及学校党委的决策部署，不断提高民主党派和统战团体负责人的政治把握能力。聚焦凝聚思想共识，实行“一季度一专题”学习制度，召开学习习近平总书记“7.26”重要讲话精神学习座谈会；组织全校统一战线成员赴胶东（威海）党性教育基地深入开展践行社会主义核心价值观主题学习实践活动；举办学习宣传贯彻党的十九大精神专题辅导报告会，引领统战成员在政治上、思想上和行动上始终与党中央保持一致。聚焦画好同心圆，坚持谈心交友制度，将联系交友常态化。

【发挥统一战线优势作用】 发挥统一战线资源优势，联合烟台市委统战部和民建烟台市委企业家联谊会，举办烟台大学统战系统助力大学生就业专场招聘会。发挥统一战线联系广泛优势，为困难学生争取资助金。参与全省统一战线“同心扶贫攻坚行动”，开展政协委员与困难大学生“一对一”帮扶以及对接省派第一书记帮扶村精准扶贫特色活动。

【支持民主党派加强自身建设】 把素质高、能力强、政治上靠得住的优秀党外人士推荐到民主党派领导层，顺利完成民建、民进、农工党的换届以及民盟换届准备、致公党烟大支部成立筹备工作。与各民主党派主委进行一对一深入交流，就思想建设、组织建设、作风建设达成共识，开展“一党派一品牌”活动，指导各民主党派基层组织苦练内功、创先争优，2017年民革、民建、农工党、九三学社四个党派基层组织获市先进集体荣誉称号，21位老师获先进个人荣誉称号。

【加强党外代表人士队伍建设】 创造条件，为学校党外代表人士搭建参政议政平台。新一届人大、政协中，党外人士市政协委员3人，莱山区人大代表2人、政协委员6人。积极指导人大代表、政协委员建言献策，2017年烟台市两会上，学校人大代表和政协委员共提交建议、议案17件，被采纳、立案7项，其中有2项被列为重点议案。统筹规划党外代表人士的教育培养，推荐5位党外干部参加省市党外代表人士培训班，推荐30名党外代表人士入选省市特色人才智库，主动为党外专家教授与企业合作牵线搭桥，有8位党外专家参加省委统战部组织的“百名专家联百企”活动，取得技术合作新成果。

（李育华　朱秀平）

·青岛大学·

青岛大学现有7个民主党派基层组织，20个支部(支社)，成员530人，有17人分别担任各民主党派青岛市副主委、市委常委或委员；有党外知识分子3178人，经省委统战部认定的无党派人士54人；在学校高层次人才中，党外人士占60%以上；校学术委员会委员41人中，党外人士为18人，占比为37%；校中层干部中党外人士39人，占比为12.6%；39个研究院中，党外负责人19人，占比为48%；各级人大代表、政协委员为62人，较上届增幅为59%。

【思想政治工作】 学习贯彻中央、教育部、省市校统战工作精神和要求，深入学习领会上级文件精神，支持各民主党派统战团体平台在加强理论武装、凝聚共识上下功夫，支持统战成员在重大原则上敢于发声。

【党外代表人士队伍建设】 贯彻落实省委统战部、省委高校工委、省教育厅党组《关于加强新形势下高校统一战线工作的实施意见》(鲁厅字〔2017〕12号)，制定颁发《青岛大学关于进一步加强民主党派和党外代表人士队伍建设的意见》，大力加强党外代表人士队伍建设。同时将贯彻文件与学校实际结合，推进学校统战工作制度化、规范化、科学化。开展党外代表人士调查摸底工作，建立完善党外干部档案，调整充实党外代表人士人才库。加大党外代表人士培训力度，有计划、分层次地对民主党派、统战团体负责人和党外骨干成员进行培训，切实提高党外干部素质能力。加强党外代表人士挂职锻炼。

【民主党派、统战团体工作】 完成市区政协委员换届举荐和遴选、市区人大政协考察和政治安排工作。换届后，学校现共有全国人大代表1人，省人大常委1人，省政协委员7人，青岛市人大代表6人(其中常委2人)，青岛市政协委员26人(其中常委7人)，各区人大代表7人，各区政协委员13人，共计61人。较换届前新增22人，增幅56.4%。换届后，学校7个民主党派中1人任民主党派省委委员，17人进入民主党派市委党派班子，7人分别任各民主党派市委副主委。

积极协助民主党派加强自身建设。发展6个民主党派17位成员(民革1人、民建2人、民进2人、致公党3人、民盟6人、九三学社3人)加入民主党派，顺利完成民进青岛大学总支部换届工作，加强民主党派班子力量。

【参政议政工作】 组织人大代表、政协委员开展视察调研活动，支持各民主党派、统战团体参加相关会议、培训和考察调研活动10余次。与青岛市委统战部、市有关民主党派等开展课题联合研究。加强人大代表、政协委员的管理与服务。召开情况通报会、市新一届人大代表、政协委员座谈会，培训新任人大代表、政协委员，提高其参政议政能力；组织政协委员参加省市区两会，积极建言献策，两会期间学校代表共提交提案议案70余件；省市区两会后，统计提案议案采纳情况，进行提案议案汇编工作。

【服务地方工作】 以无党派人士李悦工作室为引领，发挥学校各民主党派和党外代表人士、统战团体优势，打造青岛大学统战工作品牌，服务地方发展。搭建平台，发挥党外人才的智力优势，做好百名教授联百企、人才培养等工作，做好产学研对接与合作，为地方经济建设和社会发展服务，形成良好的社会影响。

【港澳台海外统战工作】 做好2017年海峡两岸校长论坛筹备工作，承办2017年海峡两岸大学论坛。以对台工作为突破，高质量开展港澳台侨实质性合作交流，取得显著成效。在全省对台工作中，学校2个项目被评为山东省2017年优秀对台项目。获批省台办“2017年度涉台委托调研课题”两项。根据国家对台政策走向和学校发展需要，主动作为，派团赴台开展交流，成效显著。坚持招才引智，构建人才高地。通过加强港澳台海外统战工作，搭建平台，在引才引智、高层次合作与交流等多方面实现突破。积极引进海外高层次人才，目前正在引进1位港籍、2位台籍教授来校工作。发挥国侨办华文教育基地作用，承办“一带一路”国家青年夏令营1次。会同市侨办组织重要华人华侨创业团队的申报工作。

【调研宣传工作】以青岛市统战理论研究（青岛大学）基地为引领，打造平台，发挥优势，做好统战理论调研和宣传工作。以多个硕士授权学科为基础，汇聚专家学者和党外代表人士形成多领域研究团队，尝试与省市统战部、市民宗局、各民主党派开展联合攻关，报送多项省市理论课题。学校获市统战理论调研工作先进单位，获得2017年度全省统战理论调研宣传“四新工程”优秀理论调研成果二等奖1项，获得市统战实践创新成果1项，王乙潜、朴英姬、李广民等提交的论文分获市统战理论调研优秀成果一、二、三等奖等。加大统战宣传力度，创造良好的统战工作氛围，扩大统一战线社会影响力。

（韩淑春）

·曲阜师范大学·

【党外代表人士队伍建设工作】在曲阜和日照两个校区组织召开十九大精神学习专题座谈会、向黄大年同志学习座谈会等；配合学校组织部，科学安排使用党外知识分子；进一步完善党外知识分子数据库，加强对党外知识分子的团结引领和培养使用。

【民主党派工作】济宁市九三学社来校调研九三学社工作及有关换届事项，举行换届组织建设座谈会，九三学社曲师大支社举行社员代表大会，成功选举出新一届支社领导班子；济宁市民主建国会负责人来访学校，与学校民建主要成员举行座谈，就成立支部事项进行有效磋商，批复成立民建支部；民盟、九三学社、民建等民主党派发展新成员，新增加致公党、农工党成员。

【人大政协工作】在人大代表、政协委员选举、推荐工作中，重点推介民主党派、无党派代表人士，根据人大、政协推荐使用的需要，建立党外代表人士后备名单，实行动态管理。驻校各级人大代表、政协委员共26人，其中党外人士20人，占总人数的77%。党外代表人士数据库中有41人，掌握270余位高层次党外知识分子信息；完成驻校济宁市和曲阜市人大代表、政协委员换届工作和驻学校全国和省人大代表、政协委员换届工作。

【侨台工作】配合省委统战部和省海联会，承办第三届鲁台中华教育论坛活动，负责邀请专家、学者做报告，与省委统战部及地方统战部多次商谈、对接、协调，完成所承担的各项工作。

【党外知识分子服务社会工作】响应国家号召，支持各级人大代表、政协委员、各民主党派和统战团体发挥自身优势为社会经济文化发展服务。在济宁市排污治污、文化特区建设、小北湖资源开发、传统文化传播等方面开展调研，提交调研报告，提出合理化建议等；“民建曲师大支部服务地方工程——传统文化教育直通车公益活动”基地揭牌仪式在宁阳一中举行。

（李海清　李　毅）

·山东中医药大学·

【制度化建设工作】修订完善《山东中医药大学关于民主党派、无党派人士季度恳谈交流会制度》《山东中医药大学关于党外代表人士管理和考核的制度》《山东中医药大学关于党外知识分子联席会议制度》《山东中医药大学关于与党外代表人士联谊交友工作制度》《山东中医药大学关于支持党外人士发挥作用的有关规定》等文件。

【民主党派及无党派人士工作】在井冈山精神教育研究院举办学校新任民主党派基层组织负责人及班子成员、校党外知识分子联谊会理事会成员等参加的统一战线井冈山精神专题学习班。召开各民主党派、无党派人士学习贯彻党的十九大精神座谈会。支持帮助学校民进基层委员会、民盟附属医院支部完成换届工作；支持学校民进基层委员会、民盟大学支部等组织的专家义诊、考察调研及送温暖等活动。支持各民主党派成员发挥专业优势、服务经济社会发展。学校致公党、民盟、民进等党派有多人次获党派中央或省委表彰。

【党外知识分子工作】支持帮助学校党外知识分子联谊会按照有关规定召开换届大会，讨论通过《山东中医药大学党外知识分子联谊会章程（修订稿）》，选举产生第二届理事会会长、副会长、秘书长。

【港澳台海外统战工作】校长武继彪率团赴台北护理健康大学、长庚大学等五所高校交流访问，进一步巩固和发展学校与中国台湾地区相关高校校际合作关系，在推进双方加强相关学科建设合作、加大学生联合培养力度、加强部分专业和师资的合作交流等方面取得实质性成果，亚洲大学李信达教授被聘为康复学院“荣誉院长”“特聘专家”。接待中国台湾地区中华文化交流促进协会秘书长潘凤莲率30余名台湾大学生组成的全国台联2017年台胞青年千人夏令营山东省分营参访团来校参访体验中医文化。选派的30名优秀大学生参加开营仪式并与30名台湾大学生“一对一”结对相伴交流，全程参加此次台胞夏令营在济南和学校的参访活动。组织举办“2017两岸医护（中医特色）短期体验式研习营”活动，来自台北护理健康大学的10名师生与学校护理专业10名师生“一对一”结对，进行研习和参访活动，增进彼此情谊和台湾师生的文化认同感。

（郭海波）

·山东科技大学·

山东科技大学有7个民主党派，成员117人（其中退休25人），其中民革15人（其中退休5人）、民盟23人、民建6人、民进3人、农工党3人（其中退休1人）、致公党3人、九三学社64人（其中退休19人）。民革、民盟、九三学社3个民主党派在学校建立5个基层组织。党外代表人士中，有省政府参事1人，山东省监察厅特约检查员1人，民主党派省委委员1人。各级人大代表、政协委员23人（其中退休1人），副处级以上党外干部28人。无党派人士43人，归国留学人员259人，少数民族人士54人。

【思想政治工作】组织民主党派负责人开展爱国主义教育活动。组织部分人大代表、政协委员，民主党派、统战团体负责人参观“砥砺奋进的五年”大型成就展。召开统一战线座谈会，学习中央、省委关于统一战线一系列重大决策部署，并就学校发展听取意见和建议。

在全校各基层党组织中开展“一院一品”统战工作品牌创建活动。推荐4位基层党委书记参加青岛市委统战部组织的“统战干部培训班”。为全校38名基层党委书记、党群部门负责人、校统战工作领导小组成员、校宗教工作领导小组成员等订阅《党政干部统一战线知识读本》。

【组织建设工作】完成各级人大代表、政协委员的换届推荐工作。推荐党外知识分子刘明为“省级党外代表人士实践锻炼基地第五批党外挂职干部”。加强民主党派和统战团体建设。学校电子学院教授王卓鹏再次当选为九三学社山东省委委员。九三学社山东科技大学（济南）支社举行换届选举大会。九三学社黄岛区第四支社发展新社员6名。增加统一战线专项活动经费。完成山东科技大学党外知识分子联谊会换届工作。推荐1人为黄岛区党外知识分子联谊会副会长。成立山东科技大学欧美同学会。推荐青岛海外联谊会第七届理事会理事人选5人。

【服务社会工作】2017年，学校24名各级人大代表、政协委员，提交32项提案或建议。推进山东省委统战部开展的“百名专家联百企”活动。开展统一战线学生助学金评选推报工作。

【民族宗教工作】切实落实少数民族有关惠民政策，发放青岛市清真牛羊肉补贴30人共计3000元。在各基层党委中开展民族宗教工作情况调研。

【侨务工作】参加上级侨联组织的工作会议，并在有关会议上做主题发言。做好侨办、侨联安排的各项工作。

（王　岩）

·青岛科技大学·

青岛科技大学现有民革、民盟、民进、农工党、致公党、九三学社6个民主党派基层组织，共有7个民主党派成员188人。有无党派代表人士37人，党外知识分子887人。有少数民族教师49人、少数民族学生961人。有归国留学人员258人，归侨侨眷110人。学校现任各级人大代表、政协委员29人。学校现有无党派知识分子联谊会、归侨侨眷联谊会、欧美同学会等统战团体；设有山东省统战理论研究基地等4个基地、1个全国侨务工作示范点，设有社会主义学院。

【思想政治引领】成立统一战线工作领导小组，通过座谈会、报告会等形式深入开展学习习近平新时代中国特色社会主义思想和党的十九大精神。成立社会主义学院，举办两期专题培训班，并赴延安、寿光等地开展实践教学。成立“同心”合唱团，举办纪念香港回归二十周年音乐会、喜迎十九大书画笔会等活动。

【凝心聚力“十三五”】 组织统战成员积极建言献策，有2件社情信息被省政协等采用。成立党外专家社会服务团，赴枣庄、临沂等有关企业开展科技对接和服务活动，共有59名党外专家与95家企业签订115项合同。

【民主党派和统战团体建设】 指导成立农工党青岛科技大学支部，成立欧美同学会（留学人员联谊会）。选派3名党派年轻骨干成员到区市挂职锻炼。协助校民盟基层委员会承办“喜迎十九大——民盟艺术家走进高校音乐会”，组织侨联成员赴威海接受爱国主义教育。组织欧美同学会成员赴西海岸新区学习考察。

【党外代表人士队伍建设】 调整公布校级党员领导干部与党外代表人士联谊交友名单。选派11人次外出参加培训，举荐8人为省级以上人大代表、政协委员人选并完成考察。

【民族宗教工作】 成立青岛科技大学民族宗教工作领导小组，召开少数民族学生座谈会；深入开展民族团结进步教育，组织少数民族学生进行艺术展演。为少数民族学生发放普惠性生活补助近10万元。

【港澳台侨工作】 与台湾3所大学签订合作协议，开展访学和交流。制作《筑桥》宣传片，开展多种形式的为侨服务活动，获评全国为侨公共服务示范单位。

【调研宣传工作】 积极组织专家学者开展统战理论研究，获全省统战理论调研宣传四新工程先进单位。开通青科大统一战线微信公众号。有9篇统战新闻被省级以上媒体予以推送或转载，获青岛市统战理论调研工作先进单位和宣传工作先进单位。

（刘　敏）

·青岛理工大学·

青岛理工大学现有7个民主党派，成员132人，建有民盟、民进、九三学社3个民主党派基层组织；2个统战团体组织，分别是青岛理工大学无党派知识分子联谊会和青岛理工大学侨联，有无党派代表人士28人，侨联会员57人。各级人大代表、政协委员19人，党外副处级以上干部20人。

【思想政治工作】 按照省委和校党委统一部署，学校各党派组织及统战团体积极组织收听收看党的十九大开幕式盛况，深入开展学习贯彻习近平新时代中国特色社会主义思想和党的十九大精神、省第十一次党代会精神等活动，党外领导干部参加十九大精神培训班专题报告会，进一步牢固“四个意识”，坚定“四个自信”。组织开展“黄大年同志先进事迹”学习活动，增强统战成员的爱国之情、报国之志。

【民主党派基层组织建设】 指导各民主党派加强自身建设，积极开展“不忘合作初心、继续携手前进”专题教育，支持各民主党派开展“留守儿童体验校园”“考察中德生态园”等社会调研和服务活动。全年民主党派新发展成员5名，8人被省、市党派组织评为先进个人。

【党外代表人士队伍建设】 积极推进协商民主建设，九三学社青岛市委主委、副校长赵铁军当选政协第十三届青岛市委员会副主席。新推荐省政协委员会初步人选2名，新当选市、区两级人大代表、政协常委、委员12名，提交提案、建议10件；新当选黄岛区知联会副会长、理事各1名，会员2名。在全校无党派人士中继续开展“筑梦理工”品牌建设活动和“百名专家教授联百企”活动。党外代表人士积极提交教代会提案，参与学校民主管理，建言献策，发挥作用。

【民族宗教工作】 关心少数民族师生的生活学习，加强清真窗口建设，完成有关学生饮食补贴的发放。落实意识形态责任制和宗教政策，维护校园稳定。

【侨务工作】 加强侨联和侨务工作，为学校归侨侨眷颁发新一代数字化归侨侨眷证。选派4人参加各级侨务干部培训班，推荐青岛市海外联席会理事人选5名，组织参加“迎接十九大，我和我的祖国”“创业引领、智汇胶州”等活动。

【自身建设】 认真贯彻落实中央、省委、市委和全国高校统战工作会议精神，成立学校统一战线工作领导小组，出台《关于加强新形势下学校统一战线工作的意见》。落实“同心·光彩助学行动”和“泛海助学山东行动”，资助159名建档立卡学生79.5万元。选派5人参加市统战干部培训，《高校党外知识分子工作时代内涵研究》获青岛市统战理论调研优秀成果奖。

（卢新明　王亚军）

·山东理工大学·

山东理工大学有民主党派基层组织7个，成员128人，2人担任民主党派淄博市委主委，1人担任副主委，4人担任各民主党派市委委员；校党外知识分子联谊会理事44人，校欧美同学会（留学人员联谊会）理事42人。学校党外人士中有省政协委员4人（含省政协常委1人），淄博市政协委员7人（含市政协常委2人），张店区人大代表2人（含区人大常委会副主任1人）。

【民主党派和无党派人士工作】 与校各民主党派基层组织新领导班子加强协商交流，助力民主党派基层组织建设，协助发展新成员4名；支持引导学校各民主党派开展“不忘合作初心，继续携手前进”专题教育，民主党派自身建设得到加强。完成校知联会换届，修改知联会章程，产生第三届理事会和新的领导班子，顺利实现新老交替。成立校欧美同学会（留学人员联谊会），制定欧美同学会章程，为深入开展留学人员统战工作提供坚实的组织保障，学校留学人员工作进入新的发展阶段。

【党外代表人士工作】 开展党外代表人士队伍建设状况调研，调整充实学校党外代表人士队伍数据库。服务学校人才优先战略，落实统一战线联谊交友制度，广交深交党外朋友，凝聚一批有影响力的党外代表人士。加强对党外代表人士的教育培训，选派王明新、何芳等6名党外人士参加各级各类学习培训，切实提高党外代表人士的综合素质。做好党外代表人士的举荐工作。28名党外人士担任校中层领导职务；徐丙垠入选全省无党派代表人士人物库，马国栋入选省级党外代表人士实践锻炼基地第五批党外挂职干部；向淄博市知联会推荐党外知识分子5人；向淄博市欧美同学会推荐会员5人，徐丙垠、纪洪芳分别当选为会长、副会长。以各级人大政协换届为契机，做好代表委员举荐工作。推荐十一届省政协委员、常委1名，淄博市第十二届政协委员8名；推选新一届全国人大代表候选人1名，山东省人大代表候选人1名，山东省政协委员人选5名。根据学校重点工作和热点问题，及时沟通情况，主动听取党外人士的意见和建议。支持党外人士履行监督职能，在重大决策、重要文件出台前，积极征求党外人士意见建议，邀请党外人士参与学校重大活动。深化“同心”实践，鼓励广大统战成员立足本职建功立业。开展“百名专家教授联百企”和“同心”服务活动。

【民族宗教工作】 配合有关部门做好少数民族学生的教育引导，协调淄博市民宗局等妥善处理涉及少数民族学生的事宜。协调、组织少数民族师生参加由省民委举办的民族团结进步文艺汇演。认真贯彻落实全国、全省宗教工作会议精神，坚持问题导向和法治思维，坚决抵御境外敌对势力利用宗教对高校进行渗透，取得扎实有效的成绩，得到省宗教工作领导小组的肯定。

【港澳台及海外统战工作】 出台《山东理工大学赴台交流交换学生管理规定》，派出赴台交换生13人。组团参加2017海峡两岸大学校长论坛。组织、协助3位教师赴台开展学术交流。邀请台湾高雄大学教务长吴宗芳教授等访问学校，邀请台湾学者参加由学校承办的第九届亚洲灾后心理援助国际学术研讨会。探索与港澳高校交流的途径和模式，向香港高校派出访问学者2人。

【自身建设及调研宣传工作】 开设网上建言献策平台，推进协商民主。及时准确完成各种统战资料、数据、调研报告等整理上报工作。组织开展统战理论重点课题调研，获“四新工程”优秀理论调研成果优秀奖一项。

（孙清立）

·济南大学·

济南大学现有民革、民盟、民建、民进、致公党、九三学社6个民主党派基层组织，民主党派成员111名。有党外知识分子联谊会、侨界联合会、少数民族知识分子联谊会、台属联谊会4个统战团体。各级人大代表和政协委员19人次，其中省人大代表2人，市人大代表1人，区人大代表3人；省政协委员3人，市政协委员4人，区政协副主席1人，区政协委员5人。无党派知识分子768人，其中，具有正高级职称的 82 人，具有副高级职称的 268 人，具有博士学位的 275 人。归侨、侨眷和海外华人 24 人，归国留学人员 183 人。少数民族教工 57 人，学生 1277 人，涵盖 36 个少数民族成分。

【思想政治工作】 2017 年，起草学校《关于加强新形势下统一战线工作的实施意见》，成立济南大学统战工作领导小组和民族宗教工作领导小组，明确学校党委在统战工作中的主体责任和学院党委的基础性作用，明确学院党委书记兼任统战委员，并举办学校首届统战工作培训班，构建统战工作新格局。组织学校党外知识分子到临沂红嫂教育基地和 115 师、山东省政府旧址开展“同心沂蒙行”主题教育活动，在沂蒙红嫂纪念馆举行“济南大学党外知识分子教育基地”挂牌仪式，组织学校各民主党派负责人、统战团体负责人和区以上党外人大代表、政协委员赴河南林州红旗渠和河北涉县八路军 129 师司令部旧址开展革命传统教育实践活动。

【党外知识分子工作】 召开济南大学党外知识分子联谊会第二次会员代表大会，通过修订后的《济南大学党外知识分子联谊会章程》，选举产生新一届领导班子。

【党外代表人士队伍建设】 加强学校党外代表人士队伍建设，遴选储备了一批党外代表人士后备人选。陈月辉副校长当选致公党山东省委副主委。推荐济南市市中区专家智库 4 人。配合学校纪委、监察室推荐 14 名特邀监察员。选派 10 人次党外人士参加各级各类培训。发展民主党派成员 4 人，其中 2 人作为党派基层组织班子人选。

【调研宣传工作】 加强统战理论知识宣传学习和研究，编发《统战文件政策选编》。高海虹、胡艳蕾主笔撰写的调研文章《新时期民主党派民主监督职能运行机制研究》获全国统战理论研究创新成果三等奖、全国民主党派工作调研报告一等奖、全省统战理论调研宣传“四新工程”优秀理论调研成果二等奖。完成省委统战部“同心·光彩助学行动”和“泛海助学山东行动”学生推荐及助学金发放工作，全校共有 159 名贫困学生获得资助，资助金额达 79.5 万元。加强统战工作平台和品牌建设，会同社科处与济南市委统战部筹备共建“济南新社会阶层人士统战工作理论研究基地”。

（张硕秋　商　华）

·聊城大学·

截至 2017 年底，聊城大学共有副处级以上党外干部 12 名。建有民革、民盟、民建、民进、九三学社、致公党 6 个民主党派基层委员会和农工党 1 个小组，成员 93 余人。各级人大代表、政协委员 13 人，省政府参事 2 人。

【思想政治引领】 引领统战成员深入认真学习领会十九大精神，聘请学校十九大报告宣讲团专家为各民主党派和无党派人士开展十九大精神专题培训。并以学习、领会为契机，进一步加强自身建设，增强参政议政、建言献策的能力。充分利用党委统战部网站弘扬时代主旋律、实施正面舆论引导等方面的积极作用，及时转载和发布党和国家发布的统战政策、理论文章，中央、省委和学校党委关于统战工作的重大决策部署和重要文件。在统战部网站开设“学习践行社会主义核心价值观”“学习黄大年先进事迹”“学习十九大精神”等思想政治引领性专栏。引领党外人士牢固树立四个意识，坚定四个自信。

【统战成员服务社会】 鼓励民主党派人士以自身专业优势，服务中心大局、积极服务社会。民盟聊城大学支部到冠县开发区邢八里村进行苹果种植、养护与管理的培训工作；联合聊城市脑科医院的骨干医务人员赴冠县定远寨镇金郭庄村为 200 余名村民进行义诊；民革党员赴聊城莘县古城镇中心小学，为 15 名贫困生捐赠善款 3 万元。引领党外代表人士围绕社会热点、民生问题，积极建言献策。在社会保障、医疗卫生、生态保护、能源资源等方面提出社情民意调研意见 16 项，其中 13 项得到上级或本级采纳。学校民革主委唐明贵被确定为聊城市“百人计划”服务地方贡献突出的“水城领军人才”。由学校民革成员卢艳丽带队的大学生龙舟队卫冕 2017 年青少年男女总成绩冠军，并喜获中华龙舟大赛三连冠。

【党外代表人士工作】 根据统筹兼顾、民主协商和党管干部的原则，推荐唐明贵、赵建立、张保华、石立岩、陈彦为聊城市第十三届政协委员；推荐吕桂霞、姚昕为东昌府区政协委员；推荐黄勇担任九三学社聊城市支部主委、王学臣担任民革聊城市支部主委、陈雪梅担任民盟聊城市支部副主委、张保华担任民进党聊城市支部副主委、唐明贵担任民革聊城市支部副主委。

【民族宗教工作】 加强党的宗教政策学习，畅通信息渠道，建立健全信息员队伍，及时收集信息，加强信息研判，引导师生正确认识和对待宗教问题。协调相关部门做好少数民族学生尤其是新疆籍毕业学生的毕业创业工作，多措并举为新疆学生的就业创业搭建平台。

【港澳台海外统战工作】 配合有关部门积极做好有关港澳台海外学术交流等活动的组织工作；维护侨胞侨眷权益，热心为侨服务，在推动学校改革发展的事业中，为促进两岸关系和平稳定贡献力量。

（魏爱平）

•山东建筑大学•

【民主党派基层组织建设工作】 以组织发展为保障，深入推进民主党派基层组织建设。加强教育培训，抓好思想建设，筑牢共同思想政治基础，2017年度参加学习培训、主题教育活动200余人次；把抓好组织发展作为培养和举荐党外代表人士的源头工作，全年共协助民主党派发展新成员6人。

【党外代表人士队伍建设工作】 做好党外干部的遴选培养和举荐工作，加强党外代表人士队伍建设。实施党外干部培养计划，组织7人次参加省、市组织的党外干部培训，学校统战部组织民主党派骨干成员培训两批35人次。在省、市级政协换届工作中，积极推荐学校优秀党外人士，共推荐4位第十二届省政协委员、1位政协市委常委。做好各民主党派省委委员的推荐工作，学校4位主委分别当选本党派省委委员；民革支部主委刘海霞作为正式代表参加民革中央十三次代表大会。

【参政议政工作】 发挥专业特长，深入推进党外人士参政议政、服务社会。落实“百名专家联百企”活动，大力支持、协助党外专家教授发挥专业特色和人才智力优势与企业的直接对接，促进科研成果向现实生产力转化。民盟、九三学社、致公党、民建的专家学者与山东高速、四川华庆、深圳比亚迪、江苏天南等企业紧密合作，加强技术指导，助力技术升级。在取得较大经济社会效益、扩大学校社会影响的同时，党外专家教授也以“双百”活动为平台，得到锻炼和提高，进一步扩大统一战线的社会影响，营造统战工作良好氛围。引导党派结合自身专长，服务社会、参政议政。2017年各民主党派开展培训及技术服务类社会服务工作7次，受助对象累计750余人次；开展捐赠活动6次，受赠人数300余人。民盟、民进与致公党支部分别被党派省委评为先进基层组织。

【党外知识分子、归国留学人员工作】 做好新形势下党外知识分子、归国留学人员工作。成立学校欧美同学会（留学人员联谊会），完成学校党外知识分子联谊会换届工作，加强与广大归国留学人员、党外知识分子联系的桥梁与纽带，为学校广大归国留学人员、党外知识分子提供交流和学习的平台。

【扶贫攻坚工作】 落实“同心•光彩助学行动”和“泛海助学山东行动”，做好家庭经济困难学生的帮扶工作。全年共有140名家庭困难学生获得资助，累计发放助学金70万元。在做好资困的同时，重视受资助学生的长期发展，按照省委统战部的安排部署，做好跟踪调研，探索资助育人新路径。

【理论研究工作】 做好统战数据采集，加强统战理论研究。建立统战对象信息库，编纂《统战工作基本数据（2017）》。致公党支部成员承担致公党省委重点调研课题2项；民进支部主委高岩副教授主持并和支部成员共同完成民进山东省委参政议政调研课题《公共建设工程政府监管法律机制研究》。

（蒋炜玮）

•鲁东大学•

【思想政治引领工作】 通过座谈交流、专题研讨、答题竞赛等形式，组织引导统战成员学习贯彻党的十八届历次全会、十九大精神和习近平新时代中国特色社会主义思想。组织统战成员学习黄大年先进事迹，组织协调各党派支部、侨联赴福山区、高新区及威海、莱州、龙口等地企业或爱国主义教育基地考察调研，夯实统一战线共同思想政治基础，画好最大同心圆。

【党外代表人士工作】 完善党外知识分子数据库和党外代表人士信息库；选派1名党外干部到全省党外代表人士实践锻炼基地挂职锻炼，选派11名党外代表人士参加省市相关部门组织的学习培训；向省市统战部门和省市侨联推荐党外代表人士31人次；制定印发《关于进一步加强党员领导干部与党外代表人士联谊交友工作的意见》，推进联谊交友工作规范化、制度化、常态化；根据学校讲“鲁大故事”主题教育活动精神，挖掘统战成员的典型事迹，做好3名优秀党外代表人士事迹宣传工作。

【民主党派工作】 协助民盟支部、致公党支部、民进支部完成换届工作；支持党派支部、侨联赴福山区、高新区、莱州市等地考察调研，深入企业开展调研服务活动，与芝罘区侨联、龙口市侨联开展合作交流；协调相关部门邀请党外代表人士参加学校重要会议，发挥民主监督作用；支持党派成员参政议政，建言献策。在烟台和芝罘区政协会议上提出20余项提案，得到有关部门的重视或采纳。

【民族宗教工作】 开展党的侨务工作和民族宗教政策的宣传教育，贯彻落实全国全省宗教工作会议精神。深入各学院调研宗教工作情况，指定各学院党总支书记为负责宗教工作的委员，落实宗教工作舆情信息员，明确宗教工作政治责任。2017年3月，省宗教工作领导小组来校调研检查，对学校近几年统战工作取得的成绩以及贯彻落实全国、全省宗教工作会议精神情况给予充分肯定。

【港澳台海外统战工作】 与台湾嘉南药理大学签署学术交流协议，与义守大学、东华大学等高校续签学术交流协议。进一步巩固和深化与港澳台高校之间的合作，为教师互访学生研修牵线搭桥，协调组织11个批次62名师生赴港澳台高校进行学术交流。做好面向港澳台招收本科学生申请工作，经教育部港澳台事务办公室复函，获得面向港澳台地区招收本科生资格，从2018年开始，可招收港澳台本科学生。培育特色活动，打造品牌项目。“两岸大学生暑期科技交流营”和“两岸大学生书写夏令营”项目获评山东省2017年度优秀对台交流项目。

（曲秀玉　曲卫君）

·青岛农业大学·

【思想政治引领】 组织开展党外人士双月学习活动4次，为各民主党派、统战团体及广大统战成员订购十九大精神学习资料。开展香港回归祖国20周年、中国共产党成立96周年等专题纪念活动4次，开展党外人士通报情况征求意见座谈会2次。在全校开展党外知识分子政治思想状况调研活动。协助民盟基层委组织开展“深入学习十九大精神暨纪念青岛民盟成立70周年”社会考察活动；协助民建支部开展“喜迎十九大·红色海洋行”地雷战革命教育基地参观考察活动；协助致公党支部、九三学社基层委组织开展十九大精神专题学习。

【民主党派和统战团体建设】 建立民主党派活动室和党外人士之家，配备必要的条件设施，为民主党派、统战团体开展活动、存放档案提供必要场所；制作统一战线专题展览，购置统一战线学习书籍，进一步完善统一战线宣传教育阵地，为广大统战成员了解统一战线历史、提高对统一战线的认识提供必要学习条件。协助各民主党派、统战团体开展学习实践活动20余次。协助民盟、民建、致公党、九三学社、民进支部5个民主党派基层组织进一步加强思想建设、组织建设和制度建设。协助民盟、民进、致公党、九三学社4个民主党派考察发展新成员8人。指导和协助无党派知识分子联谊会、归侨侨眷留学归国人员联谊会完善章程和制度，加强与省市知识分子联谊会、省市欧美同学会的工作对接。

【党外代表人士队伍建设】 开展优秀党外知识分子推荐和无党派人士评价工作，进一步完善党外知识分子人才库。推荐23人次参加省市统战部门举办的培训班。2人被成功推荐为青岛市人大代表，6人被成功推荐为青岛市政协委员。根据上级有关要求，按照1:2的比例认真完成省级以上人大代表、政协委员人选的物色、考察和推荐工作，推荐6人作为青岛市海外联谊会理事人选，在学校内提拔和聘任3位党外中层干部。

【服务经济社会发展】 召开党外人士通报情况、征求意见座谈会2次，就学校主要工作征求意见和建议；在各级“两会”上党外人大代表、政协委员提报提案、建议、社情民意30余项；各民主党派基层组织、统战团体及成员开展社会调研和服务活动30余次，提报建言献策信息20余条；组织开展建言献策和“两会”参政议政线索征集工作，征集2018年各级“两会”提案建议社情民意线索17项，继续推进“百名专家教授联百企活动”，积极调动民主党派、无党派专家学者联系和服务企业，在科技创新、技术更新、动能转换等方面予以指导和支持，党外专家联系企业并实施的17个合作项目顺利开展。鼓励党外各级人大代表、政协委员认真履行职责，积极参政议政。在2017年全国、省、市、区各级“两会”上，提报提案、建议、社情民意30余项，均得到省、市、区有关部门的重视和答复。支持民主党派、无党派人士发挥优势服务社会，鼓励党外专家通过校地合作共建平台、专家大院、专家工作站、田间课堂等形式，积极服务群众生产。争取增加统战工作专项经费和民主党派活动经费支持，为民主党派、无党派人士社会考察、开展社会服务、党外代表人士参政议政等活动集体用车提供保障。

【自身建设】 制定《中共青岛农业大学委员会关于加强新形势下统一战线工作的实施意见（征求意见稿）》《中共青岛农业大学委员会党外代表人士校内挂职锻炼管理办法（征求意见稿）》《关于完善党员领导干部与党外人士联系交友制度的意见（征求意见稿）》等文件。在党委中心组学习扩大会议上，3次专题传达学习统一战线理论和政策。安排专兼职统战干部10人参加国家教育行政学院举办的学习培训班。加强统战理论调研和宣传工作，主持的山东省社会科学（思政专项）课题《高校青年党外知识分子工作实效性研究》已通过中期检查，完成省委统战部、青岛市委统战部统战调研课题2项，在2017年学校思政课题立项中设立统战专项课题2项。

【其他工作】 开展“同心·光彩助学行动”和“泛海助学山东行动”，评选出“同心·光彩助学行动”受助学生50人，每人获资助金5000元。根据省委统战部、泛海控股集团安排，对153名建档立卡的贫困家庭学生进行资助，每人资助5000元。认真做好师生赴台工作审批和手续办理工作，征集申报山东省“鲁台文化交流”项目4项。

（徐以师　盛金玉）

·山东财经大学·

【思想政治引领】 突出重点，抓好十九大精神的贯彻学习。组织学校广大统战成员通过多种形式认真收听收看十九大，各民主党派负责人热议习近平总书记报告，并主动撰文在第一时间通过校园网畅谈感想。组织召开党外代表人士学习十九大精神座谈会，校党委副书记出席，学校各级党外人大代表、政协委员和民主党派负责人参加会议并交流学习体会。组织统战干部和统战成员围绕统一战线的新形势新政策新要求展开学习研讨，选派10余人次参加各级专项学习和培训活动。突出实践教育特色，围绕“不忘初心、牢记使命、凝聚同心”主题开展活动。赴沂南参观统一战线教育基地“山东抗日民主政权创建纪念馆”、红嫂纪念馆、红色文化建设基地等，接受党与人民群众血肉相连的革命传统教育；赴林州红旗渠考察，现场感受自力更生、自强不息、开拓创新、团结协作、无私奉献的艰苦创业精神。

【民主党派工作】 结合学习贯彻中共十九大精神，民主党派基层组织以座谈、研讨、参观、调研等多种方式组织活动，增强组织的凝聚力，提交多项议案、提案，获得多项表彰。推荐4人分别担任民革、民盟、民建、九三学社省委会委员。做好校内民主党派基层组织换届调整工作，顺利完成民进基层委员会的换届工作。

【党外代表人士工作】 配合做好市、区级人大、政协换届工作，经过积极协商，学校推荐担任济南市、莱芜市及市中区、历下区、章丘区、历城区人大代表、政协委员的党外代表人士共计14人。在学校党委指导下，在组织、纪检等部门协助下，认真组织新一届省级人大政协换届的提名、推荐、审核、考察等工作，共8名人选得到使用和安排（其中党外人士7名），为党外代表人士更好地发挥作用提供新的平台。

【其他工作】 顺利组织第六批“同心·光彩助学活动”，使学校50名优秀学子获得25万元资助。

（车　滨　张　骐）

·齐鲁工业大学·

【加强党外人士思想引导】为深入贯彻落实习近平总书记重要讲话精神，结合学校党外知识分子工作实际，在全校党外知识分子中开展践行社会主义核心价值观主题活动。召开党外人士学习贯彻中共十九大精神学习交流会，引领党外人士不断坚定“四个自信”，牢固树立“四个意识”。

【推动党外专家挂职锻炼】学校选派多名党外专家到地方挂职锻炼。九三学社社员、轻工学部林茂海副教授挂职德州市夏津县副县长；致公党党员、化学与制药工程学院教授段洪东先后挂职泰安市宁阳县副县长、聊城市茌平县副县长；党外专家、轻工学部祝文兴挂职德州市禹城市副市长。

【助推党外专家服务社会发展】学校推动省委统战部“百名专家教授联百企”活动取得突出成绩，涌现出九三学社李天铎教授、民进崔云前教授、致公党段洪东教授、无党派人士许崇海教授等一批优秀党外专家学者。他们依托于学科专业优势和科研优势，加强产学研合作，帮助数十家企业解决技术难题，助力企业发展和山东省社会经济发展。首批齐鲁工业大学驻枣庄企业科技特派员签约仪式在枣庄举行，崔波、蒋文强、冯益华等多名党外专家成为科技特派员，与签约企业精诚合作，科技服务创新取得实效。无党派人士崔波教授入选新一批“泰山学者特聘专家”。民进崔云前教授入选“泰山产业领军人才”。

【加强统战理论研究】为学校山东省统战理论研究基地专家教授创造良好的科研环境，形成一批优秀理论研究成果。山东省统战理论基地（齐鲁工业大学）完成山东省统战理论政策研究课题申报五项，全部被省委统战部立项，其中一项被山东省社科规划办批准为省部级课题。获2017年度全省统战理论调研宣传“四新工程”优秀理论调研成果优秀奖一项。

（马铁军）

·泰山医学院·

泰山医学院党委于1987年10月29日设统战部，与党委办公室合署办公。2004年6月，独立设置机构，统战部成为党委独立的工作部门，有专职统战部长1名、科长1名。港澳台工作办公室与国际合作处合署办公。民主党派等统战团体办公活动场所1间。学校现有民主党派成员共145名，民主党派基层组织7个，分别是农工党总支（50人）、民革支部（9人）、民盟支部（24人）、民进支部（11人）、致公党支部（10人）、九三学社（36人，2个支社）和民建成员5名。有归侨侨眷联合会和无党派知识分子联谊会2个统战团体。

【思想政治引导工作】引导广大统战成员深入学习习近平新时代中国特色社会主义思想，学习贯彻党的十九大精神，进一步坚定理想信念，坚持和把握正确的政治方向。支持党外知识分子采取多种形式开展政治理论学习和交流活动，召开统一战线学习贯彻党的十九大精神座谈会；在全校党外知识分子中开展践行社会主义核心价值观主题活动；在民主党派及统战团体中开展向黄大年同志学习活动。

【党外知识分子工作】进一步补充完善党外知识分子和无党派人士信息库。强化校院两级党员领导与党外人士联谊交友工作。积极推荐优秀党外代表人士参加各级社会主义学院举办的培训班。整理补充6名无党派代表人士的信息材料，扩充到全省无党派人士人物库。根据省委统战部有关文件精神要求，制定下发《关于在全校党外知识分子中开展践行社会主义核心价值观主题活动的通知》，要求学校各民主党派和无党派知识分子联谊会认真落实执行上级和学校统战部通知精神，深入开展主题活动，并按时把活动情况报统战部。广泛开展与党外知识分子交朋友活动，征求他们对学校和统战工作的意见与建议。

【民主党派工作】协助支持各民主党派加强思想和组织建设。支持协助2个民主党派基层组织顺利换届。农工党泰山医学院总支和民主促进会泰山医学院支部分别顺利进行换届工作。支持帮助各民主党派积极开展和参加社会调研和考察等活动。2017年，考察民主党派新成员5人。

【政协工作】协助泰安市、岱岳区政协委员换届工作。推荐考察11名市区政协委员候选人，并对考察材料进行整理填报和上报工作。泰山医学院共有13人次担任市区政协委员，其中，省政协委员1人，泰安市政协副主席1人，泰安市政协委员9人，岱岳区政协委员3人。

【少数民族和归国留学人员工作】认真落实党和政府民族宗教工作政策，努力帮助少数民族学生融入学校、融入集体、融入社会。为归国留学人员发挥作用营造良好环境，推荐唐心强参加“全省归国留学人员代表人士研习班”学习。

（贾　利）

·滨州医学院·

【强化思想政治理论学习】制订出台《滨州医学院2017年统一战线培训活动实施方案》，启动“统一战线培训年”系列主题活动，通过专家讲座、党外人士座谈会、胶东红色教育基地参观、统战知识竞赛、《致各主委的一封信》、开展十九大精神诵读活动等形式，全面系统地对统战成员开展培训教育。

【加强统战工作组织领导】制定《滨州医学院关于加强新形势下统一战线工作的实施意见》，明确学校统一战线工作的地位、范围和任务，调整、增加校党委成员与党外人士交友名单，对“大统战”网络进一步健全。校级领导亲自参加统战部组织的各项活动，校党委书记车先礼开讲学校统战工作“第一课”，并带队参加胶东革命纪念馆主题教育活动等。

【支持民主党派加强自身建设】支持各民主党派、统战组织加强自身建设，完成农工党、九三学社、民盟等基层组织换届；正在筹建民进、致公党等基层支部。协助各民主党派开展各类学习实践活动，全年累计20余场次。引导各民主党派基层组织建立健全提案提交、成员发展、成员培养等各项规章制度。

【加强统战工作平台建设】构建以线上为主导、多渠道整合的统战工作平台，在QQ群的基础上建立微信群，便于政策宣传、信息传达、交流经验。开通“滨州医学院统一战线”微信公众号，及时对各党派基层组织的政治学习和服务活动进行跟踪报道，被省、市统战微信平台采纳20余篇。与校内外新闻宣传单位加强沟通和联系，累计在省市级以上媒体推送新闻报道10余条。

【创建统战工作服务品牌】精心策划，组织统战成员、党外专家开展以“学习贯彻十九大精神 助力打赢扶贫攻坚战”为主题的系列服务活动。开展“春风行动”，从社会各界筹措资金20万余元，购买驼绒被、米、面、油等各种物资捐赠给烟台市低保户。开展“烟台市乡村医生培训工程”，计划用3年时间对烟台市6000余名乡村医生进行全部培训，已培训近千人。开展“烟台市基层贫困百姓健康档案完善”活动，活动前期以省贫困村为试点，后期逐步扩展至全市重点建档立卡的贫困人口和民政部核准的重点扶贫对象，为广大基层群众提供全方位、全周期的健康服务。助力大学生教育，从社会各界筹措助学金28.6万元，为特殊教育学院的残疾贫困生提供羽绒服60件。

【做好校园民族宗教工作】建立宗教工作校党委——党总支（党委）——党支部三级联动机制，既分层级上下联动收集研判，又聚合各方力量整体推动。定期深入部门、学院，对师生宗教信仰情况进行调查记录摸底，邀请烟台市委统战部副部长为全校师生开展当前宗教形势与热点问题的专题讲座，加强对外籍教师、归国留学人员、留学生和信教师生的教育引导，杜绝利用民族宗教等问题引发不稳定事件的发生。

（唐　晓）

·潍坊医学院·

潍坊医学院现有民革、民盟、民建、农工党、九三学社等民主党派基层组织7个，民主党派成员147人；党外知识分子联谊会成员22名，副高以上无党派人士162人。现有省民革常委、省政协委员，市人大代表、市政协常委及委员等市级以上人大代表政协委员9名；1人担任潍坊市民革主委，2人分别担任市民盟、市农工党副主委，3人分别担任市致公党、农工党和九三学社委员；5人担任学校处级党外干部。

【加强党对统战工作的领导】独立设置党委统战部，配齐配强专职统战干部，现有统战部部长1人、统战部综合科科长1人。制定《中共潍坊医学院委员会关于进一步加强统一战线工作的意见》；调整由党委统一领导，统战部门牵头，相关部门和院（系）党组织主要负责人参加的统一战线工作领导小组，明确职责任务；建立《潍坊医学院党员领导干部与党外代表人士联谊交友制度》。领导带头执行和落实《中国共产党统一战线工作条例（试行）》及相关制度。

【巩固共同思想政治基础】 组织党外人士开展以“讲学习、强自信、做贡献”为主题的坚持和发展中国特色社会主义学习实践活动，引导广大统战成员和党外知识分子认真学习中共十九大和学校第三次党代会精神，尤其是习近平新时代中国特色社会主义思想，坚定拥护中国共产党的领导，坚定走中国特色社会主义道路，积极践行社会主义核心价值观。有10余人次参加全国、省、市相关学习培训；协助完成潍坊市人大常委会和政协的换届，学校有2人当选新一届市人大代表、7人成为新一届市政协委员（其中2人为政协常委）；有4位民主党派成员代表分别出席民革、农工党、致公党、九三学社省级换届大会，其中李向云博士当选为民革山东省委十三届常委；民革、民建、农工党、九三学社等支部组织分赴红色教育基地参观学习。有多个党派和个人分别受到上级组织的表彰。协助吸收3名同志分别加入九三学社和农工党。组织召开以“凝心聚力、共谋发展，建言献策、干事创业”为主题的党外人士座谈会和以“站在新时代•共画同心圆”为主题的民主党派党外人士学习中共十九大精神座谈会。学校党委主要领导出席每次会议并讲话，统一思想，凝聚力量，鼓舞干劲，创新业绩。灯塔—党建在线、中国高校之窗、中共山东省委统战部等网站及社会媒体分别进行专题报道。

【提高建言献策水平】 在省、市“两会”上，校人大代表政协委员提交议案提案15份，分别得到立案并予以逐步落实；校市政协委员联名提出的《关于将潍坊市城市轨道交通线1号线一次性修达浮烟山的建议》，由市政协作为政协信息直报市主要领导，得到高度重视；党外人士对学校工作提出的意见建议39条由统战部梳理及时转交相关部门和单位予以研究落实或参考，并呈校领导参阅，有的意见建议进入决策。

【推进民族宗教工作】 制定并落实《潍坊医学院抵御和防范传教渗透工作联席会议制度》，编印下发《全国全省宗教工作会议精神学习材料汇编》《民族宗教工作基本知识》等，杜绝校园传教。学校民族宗教工作受到省委专项调研检查组来校调研检查的充分肯定和认可；被市委统战部推荐在全市统战部长会议上做题为“切实做好新形势下高校宗教工作”的大会发言。完成《切实做好新形势下高校宗教工作的研究》课题的调研报告，有1项关于民族问题研究被省社会规划办列为立项课题，有1项课题获省“四新工程”优秀成果奖并受到省委统战部、省社科联的表彰。

【加强对台工作】 由校领导任团长的赴台文化教育交流团一行6人顺利访问台湾阳明大学、长庚大学、义守大学、高雄医学大学、中山医学大学等，实现校级层面对台交流“零”突破，取得积极成果。该项目获评“山东省2017年度优秀对台交流项目”并受到省台办表彰。学校成为海峡两岸康复医学教育资源中心创始会员单位，组派两批28名骨干教师赴台湾阳明大学参加PBL教学法学习培训。学校有百余名师生应邀参加由国务院台办、山东省人民政府主办的在潍坊鲁台会展中心举行的第二十三届鲁台会暨海峡两岸博览会，增强“一脉承两岸，鲁台共发展”的理念和情怀。

【其他工作】 开展“同心•光彩助学行动”，资助50名家庭困难、品学兼优学生25万元；有36名大学新生获18万元的“泛海助学山东行动”资助。

（王爱成 杨奎亭）

•济宁医学院•

【思想政治工作】 印发关于全校统一战线认真学习宣传贯彻党的十九大精神的通知，认真组织学习贯彻党的十九大精神及新时代习近平中国特色社会主义思想，把学习十九大精神与部门专题宣讲活动结合起来，组织党外人士通过观看十九大开幕式、开展十九大专题学习座谈会等方式深入学习、互动、交流，不断巩固统一战线共同思想政治基础。组织政协委员、党外人士等30余人参观台儿庄大战纪念馆，重温那段中华民族英雄儿女可歌可泣的抗日历史，激发大家珍惜和平、凝心聚力、共筑梦想的积极主动性。

【参政议政工作】 充分发挥党外代表人士民主监督，建言献策职能。召开党外人士暨一线教师代表座谈会，与会党外人士结合自身工作实际，从学科专业发展、精准人才引进与培养、师资队伍建设与职称评聘、附属医院发展等方面提出意见和建议。济宁市“两会”期间，学校组织广大政协委员积极撰写提案，反映社情民意。提交的《关于增设老年人服务窗口、完善老年人服务保障体系的建议》《关于济宁历史文化进中学课堂的建议》得到市政协的重视并采纳。致公党、农工党撰写并提交提案、社情民意素材28件，积极开展调研活动，完成《关于健全“河长制”的建议》《关于加强中医药文化建设的调研报告》，参政议政能力和成果逐年提升。

【社会服务工作】 农工党多年坚持举办“关爱老年人，真情送温暖”活动，农工党医学院支部为老年公寓的老人送去牛奶等生活必需品，并组织枣店阁小学的学生和老人进行快乐互动。九三学社支部发挥专业优势，社员定期定点下乡义诊，为当地患者带去福音。组建一支精准医疗队伍走进军屯乡，为40余名患者进行精细的检查、诊治、宣教和答疑，切实为解决偏远地区就医难等问题提供帮助。

（王乐军　高启达）

·山东艺术学院·

【深入学习贯彻党的十九大精神】 引导统一战线成员和统战干部深入学习贯彻习近平新时代中国特色社会主义思想。认真学习贯彻《中国共产党统一战线工作条例（试行）》，学习中央、省委统战工作会议精神。向民主党派负责人、学校知联会负责人等统一战线成员和学校统战委员等统战干部发放《党的十九大报告学习辅导百问》《党的十九大辅导读本》《党政干部统一战线知识读本》等学习材料，通过集体、个人学习等多种形式深入学习十九大精神。组织参加省委统战部、省委宣传部主办的全省学习贯彻党的十九大精神文艺骨干培训班、全省归国留学人员代表人士研修班等学习活动10余次。

【做好民主党派换届工作】 在严格遵守换届程序、充分酝酿、全面考察的基础上完成民进山东艺术学院支部、九三学社山东艺术学院支社的换届工作。

【做好人大代表政协委员推荐工作】 按照省委统战部统一部署和要求，在学校党委领导下，会同学校党委组织部、人事处等部门，严格按照程序，广泛听取意见和建议，完成推荐人大代表、政协委员人选6人。

【支持党外代表人士开展调研】 采取多种形式支持各民主党派、无党派人士开展调研工作。民进山东艺术学院支部赴潍坊高密、杨家埠进行非遗考察调研活动，到博山考察红色文化，参观焦裕禄纪念馆和原山艰苦创业纪念馆，深入学习体会中共十九大精神。校知联会成员、长清区政协委员李景平教授赴河南开封、兰考考察学习，赴德州市宁津县柴胡店镇崔杨村考察乡村文化建设情况。

【积极建言献策】 全国人大代表刘晓静、学校各级人大代表、政协委员能够认真履职，关注民生，聚焦艺术教育事业等方面提交“关于加强高层次科技人才队伍建设的建议”“关于加强养老服务和管理专业人才培养的建议”“关于加强政府购买专业社会工作服务的建议”“关于在中小学设置社会工作专业岗位的建议”4份议案，积极建言献策。

【加强党外代表人士培养与推荐】 按照省委统战部要求，复核山东艺术学院无党派代表人物库17人；推荐14人加入长清区欧美同学会。按照相关章程和程序，2017年民进山艺支部发展会员1名，民盟山东艺术学院支部发展盟员2名，校知联会发展成员1名。

（张　磊　王立燕）

·山东工艺美术学院·

山东工艺美术学院2017年共有民主党派成员41人，涵盖民革、民盟、民建、民进、致公党、九三学社等6个民主党派，设有民革山东工艺美术学院支部、民盟山东工艺美术学院支部2个民主党派基层组织，成立有山东工艺美术学院党外知识分子联谊会。

【健全统战工作机制】 2017年，学校认真推进“党委统一领导、统战部门牵头协调、有关部门和基层党组织有力保障、民主党派及无党派组织主动发挥作用”的统战工作体系，加强统战工作的制度化、规范化建设，努力提高统战工作科学化水平。学校党委根据中央、省委的部署和学校的重点工作每年初对统一战线提出工作任务，定期研究、部署重点工作，形成了统战工作有领导、有牵头、有参与、讲配合的整体格局。

【凝聚思想共识】 把学习习近平新时代中国特色社会主义新思想和党的十九大精神作为党外代表人士学习的重要内容。2017年11月9日，学校召开党外代表人士学习中国共产党第十九次全国代表大会精神专题会议，学校知联会成员、民主党派成员及党委统战部人员参加会议。会上，传达《中共山东省委关于深入学习贯彻党的十九大精神的实施意见》《中共山东工艺美术学院委员会关于认真学习贯彻党的十九大精神的通知》等文件精神。与会人员集中学习《党的十九大报告学习辅导百问》，并进行交流讨论。

【加强联谊交友】 根据统战工作的新变化新要求，学校党委修订党委联系专家制度，按照工作安排，6名党委领导班子成员分别联系6名专家。党委领导班子成员通过与党外专家结对子、交朋友等方式，及时宣传党的路线方针政策，通报学校事业发展情况，听取专家对学校重要决策、发展战略、办学举措等方面的意见建议。

【加强党外代表人士队伍建设】 注重党外干部的教育培养，选派党外处级及以上干部参加全省各类领导干部培训班37人次。在省委统战部的指导下，认真做好省政协委员换届有关工作。注重党外代表人士队伍建设，学校开展处级干部选拔调整工作，新提拔党外处级干部10名。全体党外处级干部集中参加学校组织的处级干部学习党的十九大精神专题培训班。

【积极发挥作用】 鼓励支持党外代表人士围绕社会经济发展中的热点和难点问题开展调查研究。2017年，校各级政协委员共提交高质量提案11件。鼓励支持党外代表人士立足本职岗位，发挥自身优势，服务经济社会发展和学校建设。多名党外学科骨干参加“2017哈萨克斯坦世博会”山东馆山东工艺美术学院设计团队，在社会服务工作中展现党外代表人士的风采。

（房　磊）

·山东体育学院·

【加强党对统战工作的领导】 山东体育学院积极贯彻党的十八大、十八届历次全会和十九大精神，认真落实中央和省委关于统一战线的各项决策部署，坚持把统战工作纳入重要议事日程，纳入宣传工作计划，纳入干部培训重要内容，形成了党委统一领导、统战部门牵头协调，各相关单位密切配合的“大统战”工作格局。

【夯实共同思想政治基础】 组织统战成员举办喜迎十九大文艺晚会、学习十九大报告、组织十九大宣讲，开展全国全省高校思想政治工作会议精神、中央统战工作会议和省委统战工作会议精神等专题学习。组织统战干部和全体统战委员参加国家教育行政学院网络培训班、组织5名教师参加山东省社科骨干政治理论培训班、参加政德大讲堂等理论学习。全面落实党的统一战线工作和高等教育工作方针政策，统一思想，凝聚共识，使全校广大统战成员在思想政治行动上与中央、省委保持高度一致。

【支持民主党派加强自身建设】 组织推荐省、市政协委员提名人选名单和对4名初步人选的民主测评和考察工作，其中，1名当选为政协第十二届山东省委员会常务委员，1名担任政协第十二届山东省委员会委员；1名担任政协第十四届济南市委员会委员，政协第十届日照市委员会委员。支持和帮助民主党派加强自身建设。统战部参加民进省委组织的民进山东体育学院支部换届选举会议；在中国民主同盟山东省第十次代表大会上，1名盟员被选举为中国民主同盟山东省第十届委员会委员。支持民主党派开展爱国主义和革命传统教育。民盟山东体育学院支部和民盟山东建筑大学支部赴沂蒙开展革命传统教育，组织召开学习十九大报告座谈会，统战部负责同志应邀做专题辅导。

【加强自身建设】 加强统战理论方针政策学习，提高工作预见性，把握工作规律性，增强工作针对性、时效性，切实提高工作自觉性、主动性，树立统战干部良好形象。立足学校特色，实施以文化人，推进省级重点项目“齐鲁体育文化遗产博物馆”的建设工作；加强政治理论学习，理论联系实际开展研究，参加全国体育院校德育工作研究会2017年会，交流学习学校德育工作经验；研究成果《新媒体时代如何强化高校意识形态话语权》获山东高校工委、山东省教育厅全省高校思想政治教育优秀成果二等奖。

（张兴华）

·山东工商学院·

【贯彻落实上级精神】 组织召开“学习习近平总书记‘7.26’重要讲话喜迎党的十九大统一战线交流座谈会”。组织开展喜迎党的十九大“不忘合作初心 继续携手前进”征文活动，评选出一等奖2名，二等奖4名，三等奖11名。组织召开“统一战线学习贯彻党的十九大精神学习座谈会”，各民主党派、知联会、侨联代表畅谈学习体会。学校归国华侨留学人员联合会赴山东栖霞苹果拍卖中心考察调研，深入了解农业、农村电商项目和互联网+实现路径；民盟支部结合研究方向和技术专长深入蓬莱，现场观摩和详细了解蓬莱科技产业及其技术创新状况，与相关企业围绕科技服务开展对接；致公党支部召开学习贯彻党的十九大精神参政议政研讨会，按照“一人一案”的要求，就两会议案提案进行研讨。

【加强党外代表人士队伍建设】 徐世艾当选烟台市党外知识分子联谊会会长、孙志伟当选副秘书长兼教育分会副会长，李中东、蒋晓玲、胡中惠当选烟台市党外知识分子联谊会会员。1人受邀作为专家代表全程参与烟台市政协组织的烟台市旅游公共服务调研活动，深入各县市区对烟台市旅游公共服务建设情况进行实地调研及座谈交流；1人当选为莱山区人大教育科学文化卫生委员会委员；1人当选为莱山区人大内务司法和民族侨务外事委员会委员。选派1名无党派代表人士和2名民主党派成员参加烟台市高层次创新型人才进修班；推荐1名无党派人士参加在井冈山举办的全省党外知识分子代表人士培训班；推荐2名归国华侨留学人员联合会成员参加全省归国留学人员代表人士研修班；先后选派10余人次参加烟台市委统战部“同心大讲堂”活动。了解社会、服务社会，助推地方发展有声有色。组织党外人士走进开发区先进制造业，与开发区就海外高端人才信息搜集、引进承接、定期交流以及加快高校科研项目产业转化等方面进行交流，达成初步合作意向。组织部分政协委员和党外学者“走进福山区重点项目”考察调研，与重点项目和企业进行科技对接。拓展资源，搭建平台，支持统一战线成员在建言献策、社会服务上发挥作用。

【支持民主党派加强自身建设】 在学校党委的部署下，与致公党烟台市委协商成立致公党山东工商学院支部，组建致公党烟台市委山东工商学院参政议政专家咨询团，6名专家学者受聘成为咨询团专家，这是烟台市民主党派市委成立的第一个参政议政专家咨询团。民盟支部获民盟省委思想宣传工作先进基层组织，2人被民盟省委分别评为组织建设工作先进个人、思想建设工作先进个人，3人被民盟市委评为优秀盟员；2人获民革市委优秀党员；1人被民建市委评为优秀会员、烟台市企业家联谊会优秀会员；3人被致公党市委评为优秀党员；九三学社支部获九三学社市委参政议政工作先进集体。

【开展港澳台侨海外工作】 严格贯彻落实党的宗教工作基本方针，坚持教育与宗教相分离原则，加强抵御和防范校园传教渗透工作，保障学校的安全稳定。认真贯彻落实党的民族工作基本方针，引导各族师生互学互融、共同成长。港澳台侨工作有序开展。先后选派6名两批次学生赴台湾辅仁大学进行短期交流学习，5名老师赴香港和台湾进行访学。徐世艾参加海峡两岸大学校长论坛，围绕“深化两岸交流合作，促进两岸高等教育共同繁荣”的主题展开研讨交流，并做交流发言。上报2项成果申报“四新工程”评选；获批省社科规划统战专项课题1项；1人增补为山东省统战理论研究会理事；向“烟台统一战线”公众号报送宣传文章6篇，“山东统一战线”公众号报送文章3篇，向省台办报送文章2篇。

【积极建言献策】 统战成员参政议政建言献策服务地方成果丰硕。致公党支部承担6项致公党省委调研课题，承担1项烟台市委统战部调研课题，提交5项烟台市政协提案，提交多份社情民意信息；民盟支部提交烟台市政协提案3项，1项已获答复；民建支部向山东省政府提交1份关于完善地方政府金融监管职能的提案。

【其他工作】 与市委统战部光彩事业促进会共同开展资助活动，圆满完成6名家庭困难学生资助，第一批资助款共计30500元。学校致公党支部与莱山支部联合举办参政议政咨询团精准扶贫活动，从学校对口资助5名品学兼优贫困学生，共计10000元，并建立咨询团专家与学生“一对一”学习生活指导帮助机制。

（孙黎丽）

·山东交通学院·

山东交通学院有党外知识分子联谊会会员47人，民革、民盟、民建、民进、九三学社、农工党、致公党7个党派的成员62人；九三学社、民盟、民进3个民主党派建有基层组织；学校副处级以上党外干部10人，其中，无党派人士5人，民主党派成员5人。

【思想政治工作】 学院党委多次召开党委会专题传达学习中央和省委有关文件精神；召开学校基层党组织书记和统战工作座谈会，把统战理论列为校、院二级中心组必学内容；并通过校园网、校报等媒介，引导全校各级党组织和广大党员干部深刻认识统战工作在全校工作中的重要地位，切实增强做好新形势下统战工作的自觉性和主动性。

【党外代表人士队伍建设】 学院党委高度重视党外代表人士队伍建设，动态管理党外代表人士名单，把党外代表人士培养选拔纳入人才和干部队伍建设总体规划。2017年，学校向省委统战部推荐无党派人士2人，向长清区欧美同学会推荐归国留学人员8人。

【教育培训工作】 学院党委注重对广大党外代表人士尤其是党外干部的教育培训，不断提高他们的政治把握、参政议政、组织协调、社会活动和合作共事能力。2017年，选派中国民主同盟山东交通学院支部盟员庞来学参加省欧美同学会培训。

【建言献策工作】 学院党委以座谈会、学习活动、走访调研等方式，畅通党外知识分子建言献策渠道。中国民主同盟山东交通学院支部对济南市五方教育培训学校进行调研；支部成员到济南市公安局出入境管理局、济南市外事办等调研并撰写《关于高等教育国际化背景下做好来济留学生教育工作的提案》。“九三学社山东交通学院支社社会实践基地”揭牌仪式在潍坊市张雪岩纪念馆举行；支社社员李秀菊和杨庆敏合作申报的课题“关于加强对青少年健康知识教育的建议”获得九三学社省委立项。

【民主协商工作】 学院党委把联谊交友作为发现、培养、使用和管理党外代表人士的工作方法，广泛听取党外代表人士的意见和建议，促进民主协商。2017年，学校召开统战工作座谈会4次，就学校党委统战工作广泛征求意见。

（娄进举　孙婷艳）

·山东政法学院·

【学习贯彻十九大精神】 党的十九大胜利闭幕后，学校各民主党派基层组织通过座谈会、报告会等形式认真学习党的十九大精神和习近平新时代中国特色社会主义思想，继续坚定“四个自信”、树立“四个意识”，始终坚持中国共产党的领导，为建设中国特色社会主义伟大事业贡献力量。

【履行参政议政职能】 积极引导学校人大代表、政协委员参政议政、发挥作用。校长吕涛（民进会员）作为省政协常委参加2017年省政协十一届五次会议，殷立峰教授（民进会员）担任济南市历下区第十八届人大代表并向大会提交议案，王立武（无党派人士）当选第九届历下区政协委员并向大会提交议案。

【组织党外人士参与学校重要会议】 中国共产党山东政法学院第二次代表大会召开及学校第二届教职工代表大会暨工会会员代表大会第三次全体会议召开时，均邀请党外代表人士全程参与，通报学校事业发展情况，积极听取意见建议。

【加强民主党派基层组织建设】 在学校党委领导和党委统战部的协调下，民进山东政法学院支部召开换届会议，会议选举产生新一届民进山东政法学院支部主任委员。民进省委组织部和学校党委、统战部相关负责同志及民进支部成员参加会议。

（马宇飞）

·齐鲁师范学院·

2017年，齐鲁师范学院共有统战成员203人，其中，民主党派40人，分布在7个民主党派，党派人数最多的是民进22人；具有高级职称无党派人士51人，副处级以上党外干部19人，留学人员38人，少数民族教工12人，无党派代表人士8人，民主党派代表人士10人，省政协委员2人，常委1人，第十三届章丘政协委员1人，历下区人大代表1人。有党外知识分子联谊会、欧美同学会和齐鲁师范学院民进支部3个统战团体。

【贯彻落实统一战线重大决策部署】 认真贯彻落实中央、省委关于统一战线工作一系列重大决策部署，围绕大局促发展，创新思路破难题，各领域工作取得显著成效。召开党委会专题学习中央、省委统战工作精神和习近平总书记系列重要讲话，把统战理论列为党委理论学习中心组必学内容。成立统战工作领导小组，制订年度工作计划。

【巩固共同思想政治基础】 组织党外知识分子以各种方式收看、收听党的十九大开幕式。发放《党的十九大报告辅导读本》，召开统战成员学习党的十九大精神心得体会交流座谈会，引导统战成员切实掌握十九大报告的丰富内涵和精髓要义，不断增强对中国共产党的理论路线方针政策的政治认同、思想认同、情感认同，巩固统一战线共同的思想政治基础。组织党外知识分子开展践行社会主义核心价值观主题活动，发放《社会主义核心价值观学习读本》。

【做好民主党派工作】 协助民进齐鲁师范学院支部召开换届会议，选齐配强领导班子。广泛征求民主党派等统战成员意见、建议，积极主动交朋友，了解掌握思想、工作和生活方面的基本情况，尽力为他们解决问题。对生病住院的统战成员及时看望慰问，体现校党委对他们的关心。组织部分统战成员及统战委员赴泰安徂徕山抗日武装起义纪念馆开展革命传统和爱国主义教育活动。

【加强党外代表人士队伍建设】 筹备并召开齐鲁师范学院欧美同学会（留学人员联谊会）成立大会，为留学人员立足岗位、提高素质、自我管理、议政建言、更好地发挥作用搭建组织平台。注重党外代表人士教育培训，做好党外代表人士外出学习培训的服务工作。选派1名无党派知识分子参加省委统战部组织的全省党外知识分子代表人士培训班，选派2名留学人员参加省委统战部、省欧美同学会举办的全省留学人员代表人士研修班。

【服务学校中心工作】 做好《中共齐鲁师范学院委员会关于加强党员领导干部与党外代表人士联谊交友工作的意见》的贯彻落实，做到校领导与二级学院党员领导干部都确立联谊对象，明确责任和内容。积极为党外代表人士发挥民主协商、民主监督和参政议政作用提供机会创造条件，协助党委召开第二次党代会工作报告征求意见和建议座谈会，积极听取党外人士意见和建议，为党委科学决策提供参考。

（陈光军　朱　慧）

•山东青年政治学院•

【党外知识分子思想政治工作】 扎实开展党外知识分子思想政治工作，热情服务，主动关心党外知识分子，特别是做好青年教师、归国留学人员工作，帮助他们解决工作、生活中的困难。加强学校领导同党外知识分子的密切联系，通过组织党外知识分子联谊活动、座谈会等了解情况、掌握政策、协调关系、举荐人才，积极发现和培养党外重点人才。

【民族工作】 加强马克思主义民族观的宣传教育。落实党委政府的民族工作政策，推动民族理论政策和法律法规进课堂、进教材、进头脑，教育青年学生养成民族团结的意识，打下民族团结的思想和感情基础，增强中华民族共同体意识。高度重视少数民族大学生教育管理服务工作，注重从学习和生活上关心少数民族大学生，同时通过开展丰富多彩的文体交流活动增进了解、加强团结。

【宗教工作】 坚持教育与宗教相分离的原则，严禁任何组织和个人在校园设立宗教活动场所、举行宗教活动、建立宗教组织。严格意识形态领域阵地和网络的管理，健全课堂教学管理体系，加强报告会、研讨会、讲座等管理，加强网上正面引导。

【统战工作制度建设】 贯彻落实学校加强统一战线工作的实施意见，推进统战工作规范化。推荐上报“四新工程”优秀成果1项，认真统计上报各项无党派人士统计表。坚持和完善民主监督制度，邀请党外知识分子、归国留学人员和民主党派成员等参与学校重大决策，对关系学校改革发展和教职工切身利益的重大决策，广泛听取意见和建议，切实开展民主监督。建立和完善走访慰问制度，利用重大节假日开展慰问活动。

（杜　秀）

·山东女子学院·

山东女子学院现有教职工743人，统战成员涉及致公党、民革、民盟、民进、农工党、九三学社6个民主党派20人，无党派120人，留学归国人员50余名。

【思想政治引领】 成立统一战线工作领导小组。通过座谈会、报告会等形式深入开展学习习近平新时代中国特色社会主义思想和党的十九大精神专题。学校在办公楼第四会议室召开党外人士座谈会，党委副书记王淑霞主持座谈会并讲话。各部门、单位的党外人士代表，宣传（统战）部全体工作人员参加座谈。王淑霞向与会人员通报学校学习宣传贯彻十九大精神的情况。基础部思政课教授李慧芬为大家解读习近平新时代中国特色社会主义思想和党的十九大精神。

【参政议政工作】 组织统战成员积极建言献策，致公党支部成员申报1项致公党山东省委调研课题。宋小霞主委参与“民生直通车”栏目的“委员听民声”“追踪报道”及“委员热线”等节目，认真调研、听取民生，真正把群众的心声反映上来。

【党外代表人士队伍建设】 做好党外代表人士培养推荐工作，推荐致公党山东女子学院支部主委、音乐学院院长宋小霞担任第十二届山东省政协委员。配合上级建立健全无党派人士数据信息库，推荐闫小红为山东省无党派代表人士人物库成员。推荐合适人选参加全省留学人员代表人士研修班，深入学习领会习近平总书记系列重要讲话精神和治国理政新理念新思想新战略，深入学习统一战线理论政策特别是留学人员工作方针政策，学习贯彻省第十一次党代会精神，加强国情省情教育。

【社会服务工作】 每周四致公党支部赴长清万德镇新之航希望小学进行艺术支教，从未间断。成功举行庆六一儿童节文艺联欢会，致公党支部为希望小学的孩子捐赠图书。

【海外联谊工作】 支持致公党支部发挥专业优势，组织统战成员代表学校和山东省外事办参加斯里兰卡山东文化周活动及斯中友好60周年纪念活动，得到斯里兰卡方面和山东省外事办的高度认可，新华社等10余个新闻媒体进行报道。

（闫　滨）

·临沂大学·

【建章立制强化责任】 独立设置党委统战部，加大统战工作力度，由各基层党委书记兼任统战委员，强化基层党委统战工作责任，加强党外人士思想政治建设。调整临沂大学抵御和防范校园传教渗透工作专门协调机制组成人员，修订《党员领导干部联系党外代表人士制度》。定期召开党外人士座谈，向党外人士传达重要方针政策，通报学校发展重要事项，并征求意见。

【注重基层组织建设】 支持和帮助民主党派基层组织加强思想建设，协助民盟临沂大学总支换届。2017年各党派共发展新成员5名，学校民主党派增加到7个。推动学校知联会开展党外知识分子践行社会主义核心价值观主题活动，与临沂市委统战部联合举办临沂市党外知识分子践行社会主义核心价值观演讲比赛。

【加强党外代表人士队伍建设】 树立使用也是培养的观念，注重实践锻炼，为党外代表人士搭台铺路压担子。2017年中层干部换届调整后，21名党外同志走上处级管理岗位。选派2名民主党派博士到江苏、宁夏挂职；党外代表人士参加省市培训学习15人次；11名优秀党外代表人士当选为第十五届临沂市政协委员，其中4位当选第十五届临沂市政协常委。

【做好民族宗教及海外统战工作】 会同学工部、国际交流与合作处、保卫处、后勤处等部门做好抵御和防范校园宗教传播，加强少数民族学生民族观、宗教观教育，调研少数民族餐厅，做好少数民族学生生活保障。重视出国和归国留学人员管理，及时更新数据库。2017年学校有出国留学归国人员180余人，结合省委统战部工作部署，正积极筹备成立学校欧美同学会（出国归国留学人员联谊会）。

【支持民主党派开展社会服务】 协助省政协举办“共筑中国梦，颂歌献给党——喜迎十九大，庆祝党的生日和香港回归20周年”文艺晚会，并进行现场书画捐赠。协助民革临沂市委、民革临沂大学支部等联合举办“交广·正直第二届高考学子临沂大学行”，为200余名高考学子答疑解惑。

【加强自身建设】建立临沂大学统战微信群，全方位、多层面、宽渠道做好统战宣传工作。两项课题分获2017年度全省统战理论调研宣传“四新工程”优秀理论调研成果二、三等奖。

（刘建华　刘艳春）

·德州学院·

【抓好教育注重引导】高度重视统战成员的思想政治建设，切实加强统战成员的教育引导工作。加强社会主义核心价值观教育，为全校民主党派、无党派人士代表订阅《社会主义核心价值观学习读本》，通过学习进一步凝聚共识，形成合力。认真学习、深刻领会习近平新时代中国特色社会主义思想和党的十九大精神。和市工商联联合开展“贯彻落实十九大精神企业家走进高校”主题报告会，邀请民营企业家进校宣讲创业创新之道。组织知联会代表赴井冈山接受红色教育，增强党外知识分子的向心力。组织海联会代表赴省社会主义学院学习，进一步增强海外留学归国人员对祖国的热爱。

【搭建舞台发挥作用】深化“百名专家联百企活动”，8名党外专家教授积极对接各县（市）企业，在农业、化工、机械、计算机等方面为企业排忧解难，创造出良好的经济效益和社会效益。对民建、九三学社等民主党派的周年庆祝活动给予支持，不断拉近和民主党派的感情。主动和人大代表、政协委员沟通，鼓励他们积极建言献策、参政议政。学校重要会议譬如党代会、职代会、教代会等邀请民主党派和无党派人士代表参加，鼓励他们积极参与学校民主管理，重大决策问题征求他们的意见。

【持续关爱暖服人心】按照省委统战部统一部署，继续开展“同心·光彩助学行动”“泛海助学山东行动”。完成2017年度“同心·光彩助学行动”50个受助学生的纸质材料和电子材料申请、筛选、审核、统计、邮寄、上报工作。组织“泛海助学山东行动”“同心·光彩助学行动”助学金发放工作，25万元受助资金及时发放到每个受助同学卡中。完成部分贫困新生家长代表到济南、烟台、潍坊的免费体检工作。

（杨　斌）

·潍坊学院·

【学习党的十九大精神】学校党委统战部专门组织民主党派负责人、潍坊学院党外知识分子联谊会、潍坊学院留学归国人员联谊会负责人一起学习十九大报告、习近平在中共中央政治局第一次集体学习时的讲话及《十九大报告精神解读》。要求党外代表人士充分发挥统战成员智力密集、联系广泛、工作在一线的优势特点，围绕中心服务大局，不忘初心，牢记使命，勇建诤言，广献良策，努力为学校各项事业的发展做出更大贡献。

【组织召开第二次联谊会】驻潍坊高校统战部长联谊会第二次会议在潍坊科技学院召开，与会人员相互交流了统战创新工作经验，研究了联谊会下一步活动安排。

【聘请统战工作顾问】学校党委聘任10名全国、省、市、区人大代表或政协委员担任统战工作顾问，为高校统战工作把脉开方。统战顾问参与学校统战工作规划的制定修改，指导学校统战文化规划，共同开办学校“同心大讲堂”活动。

【推动党外专家挂职锻炼】潍坊学院与潍坊市工商联签约成立潍坊民营经济发展研究中心并在潍坊学院经济管理学院挂牌，对潍坊民营经济发展进行系统研究。学校党委统战部与潍坊市委统战部、潍坊市工商联联合，组织6名博士、教授到潍坊市区和个别县级市6个知名民营企业进行挂职，帮助企业解决人才短缺的难题，提高潍坊学院人才队伍的整体素质和能力。

【组织开展专题网络培训】根据省委高校工委《关于组织开展“凝心聚力 巩固发展最广泛的爱国统一战线”专题网络培训的通知》要求，组织学校统战工作人员、各党总支（直属）支部书记，各民主党派负责人，党外知识分子联谊会、留学归国人员联谊会会长、秘书长，共计43人，参加国家行政学院开展的专题网络培训，所有人员完成培训课时，并获得结业证书。

【做好统战理论调研宣传工作】成立2个课题组，对“新一代党外代表人士成长规律和对策研究”“构建亲清新型政商关系研究”等课题进行调研，成果分别获得省统战理论调研宣传“四新工程”优秀奖，潍坊市一等奖和二等奖。《潍坊学院请来智囊团 开门办统战》在山东统一战线网站“高校统战”栏目发表，《突出重点 多措并举 潍坊学院党委落实统战工作重大决策部署有实效》在《山东高教通讯》第3期发表。

（马荣舟）

·泰山学院·

【政治理论学习】组织全体统战成员学习贯彻落实习近平新时代中国特色社会主义思想和党的十九大会议精神，引导统战成员不断坚定“四个自信”，牢固树立“四个意识”。组织党外代表人士专题集中学习中共十九大精神2次，组织全体市政协委员参加市政协举办的党的十九大精神培训班1次。

【民主党派工作】按照省、市委统战部的要求，顺利完成民建支部、农工党支部的换届工作。开展形式多样的各民主党派支部活动，增强各民主党派基层组织的凝聚力。民建泰山学院支部与民建泰山支部联合在泰山学院举行学习中共十九大精神研讨会，九三学社支社全体社员参观孟良崮战役纪念馆和沂蒙红嫂纪念馆等。

【党外代表人士队伍建设】学校党委召开党外代表人士座谈会2次，通报学校发展情况，听取党外代表人士在教育教学、师资队伍建设、学校管理等方面的意见建议。省知联会常务理事、市政协委员赵兴彬参加省委统战部组织的党外代表人士培训班。组织党外代表人士先后到孟良崮战役纪念馆、沂蒙红嫂纪念馆、东平县沙河站镇第一书记帮包村、岱岳区夏张镇里峪村、南京中山陵、南京大屠杀纪念馆等地实地考察调研。1人当选泰安市知联会副会长，1人当选泰山区知联会副会长。

【参政议政工作】广大统战成员参与各级政府及部门组织的考察、调研20余次。提出涉及交通、教育、旅游开发等10余个方面的意见、建议20余项，提案30余个。

【民族宗教工作】认真落实民族宗教政策，尊重少数民族的风俗习惯，学校食堂专门增设少数民族售饭窗口，关心少数民族学生就业问题。利用“两课”课堂及校园文化活动，宣传党的宗教政策，加强法律法规教育。泰山学院承接“泰安市民族团结进步教育暨伊斯兰教文化展厅”项目。迎接省宗教工作专项调研检查组调研检查工作，并根据调研检查结果进行宗教工作的整改。

（孙衍国）

·枣庄学院·

枣庄学院现有教工1131人，党外知识分子393人。有归国留学人员40人，少数民族师生254人，有宗教信仰的67人。现有中国民主同盟、九三学社2个民主党派基层组织；在职的各民主党派成员43人，市级以上人大代表2人、政协委员7人。

【健全统战体制机制】认真贯彻落实党的十九大关于统一战线的重大决策部署，适应新时代对高校统战工作的新要求，扎实做好枣庄学院统战工作。学校党委经过认真研究，报省编办批准，在原党委统战部与组织部合署的基础上，把统战部作为学校党委独立部门单列，进一步巩固党委统一领导——统战部组织协调——各单位部门分工负责、密切配合的大统战工作格局，确保各项统战工作得到全面深入开展。

【巩固共同思想政治基础】在学校党委的安排部署下，统战部积极组织协调各民主党派和党外知识分子加大对习近平新时代中国特色社会主义思想和党的十九大精神的学习力度，深刻领会习近平新时代中国特色社会主义思想的历史地位和丰富内涵、党的十八大以来党和国家事业发生的历史性变革，切实增强“四个自信”，牢固树立“四个意识”，筑牢共同奋斗的思想政治基础，“不忘合作初心，继续携手前进”的共识更加坚定，实现两个一百年奋斗目标和中华民族伟大复兴“中国梦”的热情更加高涨，了解国情民情校情的积极性更强，发挥自身智慧和作用的空间更大。

【开展主题活动】认真贯彻落实中央、省委统战部《关于在全省党外知识分子中开展践行社会主义核心价值观主题活动的通知》精神，学校党委高度重视，结合学校党外知识分子工作实际，出台《关于在全校党外知识分子中开展践行社会主义核心价值观主题活动的实施方案》，并成立主题活动领导小组，制订详尽的推进计划表。学校通过召开党外知识分子践行社会主义核心价值观主题活动代表座谈会，邀请枣庄市委党校副校长刘春泉教授为学校党外知识分子做报告，组织党外知识分子参加党外知识分子学习黄大年同志座谈会等形式推进活动开展。

【加强党外代表人士队伍建设】学校加大党外代表人士的培训和建设力度。举办"学习贯彻党的十九大精神暨践行社会主义核心价值观"培训班，组织40余名党外代表人士参加，不仅邀请专家给学员做报告，而且组织学员到滕州张汪镇大宗村开展新农村建设实地考察。着眼提升党外人士综合素质，推荐3名党外代表人士参加省、市统战部门举办的培训班，4名民主党派成员参加综合素质提升和红色教育培训。组织完成枣庄市第十届政协委员的推荐选举工作。推荐1名党外代表人士参加民盟山东第十次代表大会。

【支持参政议政】学校党委全力支持民主党派成员和各级人大代表、政协委员参与社会管理，为他们参政议政提供服务和保障。九三学社学校支部、民盟学校支部开展各类工作调研11次，座谈会10次，民主党派共上交市级提案8件，社情民意调研报告12份，较好地发挥民主党派参政议政、建言献策、建功立业的作用。

【做好民族宗教工作】认真贯彻落实中央、省委关于宗教工作的决策部署，尊重少数民族的风俗习惯，主动为少数民族及信教师生搞好服务。利用"两课"课堂以及校园文化活动，加强社会主义核心价值观教育。同时，时刻保持政治敏锐性，重点加强对网络、微信信息监管，防止境内外反动势力利用民族宗教问题搞渗透破坏活动，维护学校和谐稳定。

（章　亮）

•滨州学院•

2007年7月，学校设立党委统战部，与党委组织部合署办公，下设统战科。2011年11月，经校党委研究、滨州市委批准，党委统战部单设，下设综合科、民主党派工作科。2015年下设科室调整为只设综合科。2017年，全校共有民主党派成员36人，涉及民盟等7个党派。其中，民盟成员9人，建有一个支部（民盟滨州教育一支部）；民革6人，民进1人，民建5人，农工党6人，致公党4人，九三学社5人。具有副高以上专业技术职务的无党派知识分子114人，具有博士学位的无党派知识分子59人，成立有无党派知识分子联谊会。党外干部中具有处级以上职务的9人、科级职务的13人。

【思想政治建设】深入学习贯彻习近平新时代中国特色社会主义思想，全面贯彻党的十九大精神，按照省第十一次党代会部署，结合学校统战工作实际，进一步加深对新的时代条件下统一战线地位作用的认识，充分发挥统一战线凝聚人心、汇聚力量的特色优势，不断加强自身建设，努力提高履职能力。

【党外代表人士队伍建设】进一步完善党外代表人士数据库。2017年新提拔党外处级领导干部2人。召开2017年度党外人士座谈会，通报学校发展情况，听取党外代表人士在人才培养、教育教学、师资队伍建设等方面的意见建议，畅通建言献策渠道。积极支持学校的各级人大代表、政协委员、民主党派和无党派知识分子参加省市相关部门组织的会议、调研或交流。协助完成滨州市第十一届政协委员推荐人选的考察及考察材料和现实表现材料撰写等工作，滨州学院现有市政协委员8人，3名政协委员被评为"2017年度履职考核优秀等次市政协委员"。

【支持民主党派加强自身建设】积极指导民主党派加强自身建设，支持和帮助各民主党派以多种形式为载体，开展政治学习教育活动，协助市委统战部和民主党派完成3名民主党派干部考察工作。

【无党派人士工作】根据中央和省委统战部部署安排，全面总结无党派人士坚持和发展中国特色社会主义学习实践活动好的经验和做法，巩固学习实践活动成果，建立和完善学校无党派人士工作制度和工作规范，形成有效的工作机制。继续加强学校无党派知识分子联谊会的建设，积极支持党外知识分子参加省市相关部门组织的会议、调研或交流，为他们参加各种活动提供良好的服务。

【其他工作】圆满完成2017年度“同心•光彩助学活动”“泛海助学山东行动”全校50名受助学生的遴选、推荐和助学金发放工作。

（林晓金　侯庆军）

•菏泽学院•

菏泽学院2017年7月设立党委统战部，负责全校的统一战线工作。截至2017年底，民革菏泽学院总支有党员18人；民盟菏泽学院委员会有盟员47人；农工党菏泽学院支部有党员10人；九三学社菏泽学院委员会有社员27人；致公党有党员5人；无党派知识分子联谊会成员29人。其中菏泽市政协常委1人、委员12人；省欧美同学会理事1人，省党外知识分子联谊会常务理事1人，菏泽市党外知识分子联谊会副会长1人；民革菏泽市副主委1人，民盟菏泽市副主委1人，九三学社菏泽市委员1人。

【加强政治理论学习】通过专题研讨、座谈会等形式，组织统一战线成员认真学习习近平新时代中国特色社会主义思想和党的十九大精神，深刻把握精神实质，把统一战线成员的思想和行动统一到中央、省委、市委和学校党委的要求上来，进一步增强统战成员接受中国共产党的领导、走中国特色社会主义道路的自觉性。

【支持民主党派加强自身建设】菏泽学院结合学校各民主党派自身建设的实际情况，协助各民主党派基层组织加强组织建设。支持各民主党派基层组织成员发展工作，协助民主党派做好组织发展对象培养考察工作。在学校党委的指导下，统战部协助民盟菏泽学院委员会和农工党菏泽学院支部进行换届选举。

【加强党外代表人士的培养使用】菏泽学院党委注重对党外代表人士的培养和安排使用。在干部调整中，注重将德才兼备的党外代表人士提拔到学校重要工作岗位上来。学校党外代表人士中有处级干部9人，科级干部23人；教授及相应职称的5人，副教授及相应职称的42人。为党外知识分子提升学历层次和职称提供支持和帮助，截至2017年底，全校党外代表人士中具有博士学位的9人，具有硕士学位的48人。

【做好民族宗教工作】学校党委高度重视和加强民族宗教工作，学校分管副书记带领统战部和有关部门相关人员，深入学校各院系、学生宿舍走访调查，了解少数民族干部、师生的情况，帮助他们解决遇到的实际困难。通过多种途径方式，宣传党的宗教政策，加强法律法规教育和思想引导，维护学校的正常秩序。

（刘　鹏）

•济宁学院•

学校现有中国民主同盟等5个民主党派，民主党派成员31人，无党派人士393人，市、区政协委员10人。学校有少数民族教职工20人，学生234人。

【思想政治工作】组织30名中层干部和统战人员参加省委高校工委、国家教育行政学院开展的“凝心聚力•巩固发展最广泛的爱国统一战线”专题网络培训。周密部署、精心组织全校统战系统党的十九大精神的学习宣传贯彻。成立济宁学院统战部学习贯彻党的十九大精神宣讲团。召开全校统战工作座谈会，出台《中共济宁学院委员会统一战线工作实施细则》。

【参政议政工作】协助完成济宁市、曲阜市政协委员换届选举工作。朱宁波委员撰写的提案《关于深化校地合作，提升新常态下服务经济社会发展能力的建议》被评为优秀提案。

【党外代表人士工作】建立济宁学院校级领导与党外知识分子联谊交友实施办法。在全校党外知识分子中开展践行社会主义核心价值观主题活动。党外知识分子李传银教授当选为省人大代表。

【民主党派工作】协助民主党派加强组织建设，做好组织发展和成员教育管理以及后备人才培养工作；协助民主党派做好换届工作，选好配强领导班子人选。2017年，新提拔一名民主党派人士担任部门副职。

【民族宗教工作】认真贯彻落实全国、全省民族工作会议精神。开展迎接省委统战部学习贯彻全国宗教工作会议精神督导检查工作；学校召开思想政治工作会议，出台《实施意见》，对统战和宗教工作做出部署。

（关　磊　李　芬）

·山东农业工程学院·

【落实统战工作制度】严格落实《中共山东农业工程学院委员会关于进一步加强统一战线工作的实施意见》《党员领导干部联系党外代表人士制度》《党外人士参与学院民主管理、民主监督制度》《向党外人士通报情况和征求意见制度》《向党外代表人士传达文件和邀请他们参加有关会议的制度》等制度，营造全校上下关心、支持统战工作的良好氛围。

【加强引导凝聚共识】组织统一战线成员深入学习习近平新时代中国特色社会主义思想和党的十九大精神，积极开展坚持和发展中国特色社会主义学习实践活动，通过召开党外知识分子座谈会、无党派人士座谈会，统一思想，凝聚共识，使全校广大统战成员在思想政治上、行动上与中央、省委保持高度一致。

【召开党外人士座谈会】校党委书记李允祥主持召开党外人士座谈会，并就学校发展征求党外人士意见建议。与会代表结合自身工作围绕人才培养、教学科研、学科建设、师资队伍建设、校园文化建设等方面积极建言献策。

【做好党外人士举荐工作】注重对党外人士的政治引导和培养教育，在学校党委统一领导下，积极做好推荐张兆明副校长为第十一届省政协常委的工作；选拔任用无党派代表人士杨现德为学校信息科学与工程学院院长。

【开展统战工作相关培训】认真深刻领会党中央关于统一战线的新思想新要求，准确把握做好新形势下统战工作的重要原则、重点任务和工作要求，学校依托中国教育干部网络学院培训平台，组织“凝心聚力 巩固发展最广泛的爱国统一战线”专题网络培训班，山东农业工程学院共有30名党务工作者参加。

（陈　浩）

·山东管理学院·

【调整统战工作领导机构】全面落实中央统战工作会议和《中国共产党统一战线工作条例（试行）》，加强学院统战工作，根据工作需要，校党委对学校统战工作领导小组进行调整。

【强化政治理论学习】学习习近平总书记系列讲话，特别是党的十九大胜利召开之后，党委统战部深入学习贯彻党的十九大会议精神，全面准确把握党的重大战略思想、重大方针政策和重大工作部署，学习新党章，学习用习近平新时代中国特色社会主义思想武装头脑、指导实践、推动工作。加强统战业务学习，提升业务水准，强化服务管理。学校1项课题获省统战理论政策研究重点课题立项。

【加强基层统战工作】强化党总支在全校统战工作中的基础性作用，增强学校基层统战工作活力，提升全校统战工作成效。推荐党总支统战委员参加全省留学人员代表人士研修班，加强对留学归国人员的政治引领。推荐2名留学归国教师成为省欧美同学会青年委员会委员。

【党外代表人士工作】与组织部门加强配合，认真做好党外干部的培养、选拔工作，加强党外代表人士队伍建设。积极主动地向校党委汇报统战成员的工作动态。学校教职工代表大会、教师座谈会等始终保持适当数量的党外代表人士，充分发挥广大党外知识分子在学校教学科研、社会服务和参政议政中的积极作用。制订《关于在党外知识分子中开展践行社会主义核心价值观主题活动的实施方案》，在党外知识分子中开展向黄大年同志学习的活动，召开党外知识分子迎接党的十九大座谈会，引领广大党外知识分子积极发挥主动性与积极性，为学校建设发展做贡献。

【维护统战成员信息库】通过在全校范围内对相关人员情况进行调研、摸底，不断丰富和完善统战成员信息库，为有针对性地开展统战工作打下良好基础。强化安全管理，注意工作内容的保密性。统战成员具有一定的特殊性，在管理工作中注重保密等级，对不同的材料进行归类存放，实现专人对专项的管理办法。

（祝　瑞）

·山东英才学院·

【参政议政工作】引导党外人士紧紧围绕区域经济社会发展大局和学校中心工作建言献策、尽智尽力，党外人士发挥参政议政的作用突显，形成一批有分量、有价值的成果。2017年，各民主党派支部成员和无党派人士共提交社情民意和政协提案20余件。

【社会服务工作】 民盟山东英才学院支部主委赵琳担任山东民营经济研究院院长，为企业、政府部门提供最优质的研究成果和决策分析服务。民建主委刘存刚带队参加民建山东省委法制工作委员会、民建东营市委员会举办的“深入学习贯彻中共十九大精神用法治思维推进生态文明建设”座谈会，为全面推进生态文明建设建言献策。

【扶贫攻坚工作】 学校统战部充分发挥人才荟萃、联系广泛的优势，构建爱心公益大格局。动员全校师生和广大统战成员积极投身“同心扶贫攻坚行动”，为58名建档立卡贫困学生，每人发放5000元的助学金，发放“中国十大杰出母亲杨文奖助学金”300万元。致公党支部成员赴菏泽市郓城县李集镇李垓村开展帮扶活动。

【理论研究工作】 致公党支部成员积极参与致公党省委组织的参政议政调研课题，其中6项课题申报成功并于9月申请结项。民建英才支部会员主持的课题被山东省软科学研究计划列为重点项目。民进英才支部会员在科研、教学、管理等方面获批省级课题5项，厅级课题2项，出版专著1部，发表论文14篇，获得各类成果奖9项。学校无党派人士丰曙霞博士研究的课题《一种高粉煤灰掺量Ⅰ型无机建筑保温砂浆》获国家发明专利，并将其转让给深圳港创建材股份有限公司投产，为企业带来巨大效益。

【党外代表人士队伍建设】 学校党委统战部深入各职能部门、二级学院了解党外后备干部人选情况，保证学校在政治安排和实职安排中有充分的人才储备。积极做好优秀党外人士的选拔推荐工作，6名政治素质高、参政议政能力强的优秀代表人士分别担任市、区（县）人大代表、政协委员、省青联委员等。

（郭　芹）

·山东协和学院·

【巩固共同思想政治基础】 学校党委下发《关于学习贯彻党的十九大精神的意见》，对深入学习宣传贯彻党的十九大精神进行部署，通过组织学习培训、开展宣传座谈、精心组织宣传、深化研究阐释4种形式，组织全校统战成员深入学习贯彻党的十九大精神，确保党的十九大精神传达到每一位统战成员，切实把统战成员的思想和行动统一到十九大精神上。认真学习习近平新时期中国特色社会主义思想，用习近平中国特色社会主义思想统一思想、指导行动、推动工作，使其在学校落地生根，形成生动实践。开展向黄大年同志学习活动，把学习黄大年同志活动与学习习近平总书记“7.26”重要讲话、推进“两学一做”学习教育常态化、贯彻全国全省高校思想政治工作会议精神、落实师德建设长效机制结合起来，动员广大统战成员用自身行动推进学习活动深入开展。

【加强统战业务学习】 倡导理论与调研相结合，加强统战业务学习，进一步提高统战干部、统战成员的业务能力和综合素质，提升业务水准，提高服务水平。理论方面，学习全国、全省统战工作会议精神，认真研读《中国共产党统一战线工作条例（试行）》《统一战线知识手册》《统一战线政策选编》等材料，熟知统战理论和相关政策；实践方面，将学习政策与钻研业务相结合，以“两学一做”为契机，达到学以致用、用以促学、学用相长。

【统一战线扶贫攻坚工作】 学院承办的省委统战部、省职教社“同心扶贫 乡村医生培训”第160期乡村医生培训班开学，来自聊城市的150名乡村医生开始为期两周的免费培训。自2005年起，学院持续13年开展免费培训乡村医生工作，累计培训人数3万余人。2017年“泛海助学山东行动”受助学生59人，“同心·光彩助学行动”受助学生50人，109名家庭经济困难学生获得54.5万元资助。

（钱秋苓）

科研院所

·国家海洋局第一海洋研究所·

截至2017年底，国家海洋局第一海洋研究所有6个民主党派，共计38人。其中：九三学社22人，民盟6人，致公党4人，民进3人，民革2人，民建1人。党外知识分子237人，其中省政协委员1名，市政协委员4名，区政协委员4名。设有九三学社崂山区基层委和民盟海洋一所基层委2个民主党派基层委员会。4名市委统战部认定的无党派人士。中国工程院院士3人，另外聘中国工程院外籍院士1人（国家“千人计划”人选），外聘中国科学院院士1人。处于管理期的泰山学者2人。

【贯彻落实统战工作会议精神】认真贯彻落实全省统战部长会议精神，研究所党委通过建立并落实情况通报制度、座谈会制度、征求意见制度等加强与党外知识分子的沟通和联系，注重发挥党外知识分子的参政议政和民主监督作用，支持民主党派加强基层组织建设并开展活动，促进统战工作的全面开展。

【支持党外知识分子工作】支持党外知识分子积极发挥作用，为推动经济社会发展、区域经济建设和科教兴国做贡献。强化平台建设，采取多种形式，协调机制，整合资源，积极引导鼓励专家教授与企业专业对接，开创新型产学研一体化科研道路。发展科研事业的同时注重科普教育活动，开展“送海洋知识进学校”主题活动、举办“走向海洋，探秘海洋”科普讲座、利用“向阳红01”船首次环球海洋综合科学考察开展“海陆连线课堂”“海上大讲堂”等连线活动，组成“走向深蓝”海洋科普教育专家顾问团，指导共建单位平邑一中蓝色海洋特色教育，通过多种优势平台、利用党外知识分子的力量，提高全民海洋科学素养和海洋意识，为国家海洋强国事业做贡献。

【推进建言献策】民盟郑彦鹏研究员作为市政协十三届委员会委员，在2017年青岛市两会提出的“关于编制鳌山湾综合整治规划并纳入国家蓝色海湾整治的建议案”，被采纳为第318号提案。中国致公党党员崔志松博士撰写的《关于建立和推广海洋污染生态毒性快速检测技术国家标准的建议》，经致公党青岛市委报送，被全国政协采纳，并转送国务院相关部门办理。

（姚　菁）

·中国水产科学研究院黄海水产研究所·

黄海水产研究所现有民主党派成员60人，其中民革2人，民盟11人，民建1人，农工党2人，致公党5人，九三学社39人，另有经青岛市委统战部认定的无党派人士7人。设有民盟黄海水产研究所支部委员会、九三学社黄海水产研究所基层委员会2个民主党派基层委员会，党外知识分子联谊会、留学归国人员联谊会2个社团组织。

【思想政治引领工作】黄海所高度重视统战工作，不断加强对党外人士的政治引领和思想引导。党的十九大召开后，所党委邀请民主党派代表参加党的十九大精神理论中心组学习、党课报告等活动，引导党外人士进一步坚定理想信念，增进政治认同；努力营造合作共事氛围，邀请民主党派代表参加所党委、纪委以及领导班子换届大会，深入了解全所党政工作情况，定期召开民主党派座谈会，悉心听取党外人士对所改革发展的意见建议，有力形成党内党外共谋发展、共同奋斗的良好氛围。

【党外代表人士队伍建设】黄海所现有民主党派成员及无党派代表人士67人，其中在职39人中，有中国工程院院士1人，享受国务院特殊津贴4人，泰山学者2人，省级拔尖人才7人。全国人大代表1人，山东省人大代表1人，政协委员2人，青岛市人大代表2人，政协委员2人，市南区区人大代表1人，市南区政协委员1人。13名党外知识分子担任中层领导干部，占中层干部总数的29%。党外知识分子中有1人被科技部授予“中青年科技创新领军人才”、泰山学者特聘专家，1人获山东海洋与渔业青年科技奖，1人获“青岛国家实验室鳌山人才——卓越科学家”荣誉称号，1人获青岛市政府特殊津贴，1人获“山东省女职工建功立业标兵”荣誉称号。

【参政议政工作】黄海所党委引导党外人才立足岗位、建言献策，并把各民主党派建言献策采纳情况纳入绩效考核奖励范围。1人获中国侨联特聘专家建言献策一等奖，1人被表彰为九三学社山东省委年度信息工作先进个人。各民主党派上报的10余项提案议案中，九三学社谭志军提交的信息“我国水产品中海洋生物毒素亟待关注”被全国政协采用转送给主管部门；李秋芬提交的信息“关于控制商品过度包装的建议”被社中央采用；刘慧提交的信息“关于依法加强海草床保护的建议”被社中央采用，同时被全国政协单篇采用转给主要领导。致公党莫照兰提交的“高度重视解决水产生物引种存在问题”和“进一步提升我省参与国际科技合作交流水平的建议”均被省政协采用。

【社会服务工作】支持民盟青岛市委和民盟黄海所支部共同举办民盟老前辈朱树屏先生诞生110周年影集出版及纪念活动，支持九三学社黄海所委员会组织“纪念九一八，喜迎十九大”“追随先贤、弘扬社史”等主题活动，引领统战成员以前辈先贤为榜样，为国家发展贡献智慧力量。黄海所充分发挥在渔业科技成果转化方面的技术优势，深入开展“百名专家联百企”活动，组织开展产学研合作活动。搭建技术服务平台，组织开展科技下乡。年内派出科技人员200余人次，在省内外开展技术培训活动120余次，培训基层技术人员10000余人。九三学社黄海所委员会开展科技惠渔、服务社会系列活动，牵头建立青岛金沙滩水产、蓬莱海益苗业、日照水产研究所、江苏中洋集团等四个“同心•科技惠渔基地”，进一步拓展了黄海所为广大渔民提供科技服务的载体平台。搭建产学研转化平台，推进技术项目合作。全年共拜访和接洽地方政企单位200余批次，与全国水产技术推广总站、青岛国信集团、山东好当家等单位签订合作协议155项，“四技服务”登记数近300项，参与专家人数约75人，服务企业数104家。鼓励和支持各民主党派、无党派人士、知联会成员等与企业联合承担课题研究。九三学社社员周德庆联合荣成泰祥食品股份有限公司等单位完成的“贝类食用安全典型危害因素检测与控制技术的建立与应用”获山东省科技进步三等奖，陈四清联合盐城市龙翔水产有限公司合作完成的“海蜇轮放轮捕高效养殖技术”获中国产学研成果奖优秀奖。

（赵宪勇）

•山东社会科学院•

截至2017年底，山东社会科学院共有党外代表人士47人，其中：具有正高职称11人（二级研究员2人），泰山学者岗位特聘专家1人，具有正处级行政职务2人，副处级行政职务3人，具有博士学位22人。党外知识分子联谊会1个，成员36人；民进支部1个，成员5人；九三成员1人；留学归国人员15人。

【巩固共同思想政治基础】重视统战思想政治工作，在学习教育中提高思想政治共识。组织统战成员学习习近平总书记在全国政协十二届五次会议民进、农工党、九三学社委员联组会上重要讲话精神和对新时期统一战线的重要论述，全面领会习近平总书记治国理政新理念新思想新战略，加强政治引领；学习黄大年同志秉持科技报国理想，把为祖国富强、民族振兴、人民幸福贡献力量作为毕生追求和热爱祖国的炽热情怀、创新创造的可贵担当、恪尽职守的高尚风范和忘我拼搏的崇高精神。通过学习教育，增强党外人士的政治认同、思想认同、情感认同。

【党外知识分子工作】开展“在党外知识分子中开展践行社会主义核心价值观主题活动”，组织党外代表人士赴福建古田会议旧址、江西瑞金中华苏维埃共和国临时中央政府参观调研。通过有效的组织活动，提高党外人士对“不忘初心，牢记使命”更深层次的理解，牢固树立“四个意识”，坚定“四个自信”。

【其他工作】党外代表人士的对策建议有9项获得副省级以上领导肯定性批示，获省社会科学优秀成果二等奖1项、三等奖2项。全国人大代表张卫国同志在出席“2017中国道路欧洲论坛”（西班牙、法国、意大利等）国际学术会议并做《中欧经贸合作新旧动能的四重选择》发言。

（赵世忠）

•山东省科学院•

【思想政治引领工作】以深入学习贯彻习近平新时代中国特色社会主义思想和党的十九大精神作为主线，广泛开展党的十九大精神的辅导讲座、专题培训、座谈会等，引导全体党外人士把握新时代新要求，牢固“四个意识”，坚定“四个自信”，推动习近平新时代中国特色社会主义思想和党的十九大精神转化为开拓进取、攻坚克难的思路举措和实际行动。

【党外知识分子工作】引导党外知识分子聚焦党的十九大和省第十一次党代会做出的重大决策部署，围绕新旧动能转换重大工程、三大攻坚战等重大问题深入开展调查研究，形成一批有价值的参政议政成果。为党外知识分子创新创业搭建平台，新承担或组建的E级计算机项目、国家中药材产业技术、省污泥安全处置及资源化工程实验室、光纤传感器与安全物联网工程技术研究中心、省新能源汽车创新中心、人工智能研究院、省区块链技术应用创新中心等，其科研骨干近三分之一由党外知识分子担任。支持党外科研骨干率领团队积极参与实施国家和省重大课题，在医养健康、潜标、智能机器人等领域取得重大进展。获省科技进步奖5项，其中2项为无党派代表人士主持或参与研发，民进成员王加宁（第2位）主持研发的“石油污染土壤生物与强化修复技术及应用”获省政府颁发的山东省科技进步一等奖。引导党外专家发挥优势、服务社会，积极参与“百名专家教授联百企”活动。组织党外专家与企业对接，牵头成立产业联盟，共建产业技术及应用示范平台，帮助企业解决发展中的技术难题。

【党外代表人士队伍建设】 将党外人士纳入人才队伍建设总体规划，对年轻一代党外高层次人才进行重点培养、科学使用。全院有党外处所级干部9人，其中5人担任研究所或机关处室正职领导岗位。6人担任省市区政协委员，其中1人为省政协常委。支持民主党派和无党派人士加强自身建设，设有民盟科学院支部，1人新加入民盟组织。针对留学归国学者大幅增加的现状，主动将全院70多名留学归国人员纳入工作视野，积极筹备成立院留学归国学者联谊会。

（刘方玉）

·山东省医学科学院·

截至2017年底，省医科院共有党外代表人士300人，具有副高级以上专业技术职称的217人。共有6个民主党派基层组织，民主党派成员84人（57人具有副高级以上职称）。其中民革成员13人，民盟成员24人，民建成员1人，民进成员7人，农工党成员19人，致公党成员2人，九三学社成员18人；14人担任所在民主党派基层组织的主任委员或副主任委员。

【强化党委对统战工作的领导】 院党委定期听取关于统战工作的情况汇报，与中心工作一同部署、一同推进。党委书记履行第一责任人职责，直接分管统战工作，院机关党委负责全院统战和党外代表人士工作，院人事处负责留学归国人员工作，院属各单位均由党组织主要负责人分管统战工作，全院党政有关部门、基层党组织、群团组织密切配合、齐抓共管，为统战工作创新发展提供了坚实保障。进一步提升制度效能，根据医科院《加强统一战线工作的意见》，健全完善院党委成员与党外知识分子联谊交友制度、向党外代表人士通报情况制度，引导各民主党派、无党派人士围绕全院事业发展中的重点难点问题，开展调查研究，积极建言献策。院党委主要领导同志深入院属单位调研，召开各类座谈会10余次，认真听取民主党派代表、无党派代表人士的意见和建议。全院基层党组织全部配齐了专兼职的统战委员，进一步提高了统战工作水平。

【贯彻落实中央、省委关于统一战线系列重大决策部署】 认真贯彻落实《中国共产党统一战线工作条例（试行）》、省委《推进〈条例〉实施工作方案》和中央、省委《关于加强新形势下党外代表人士队伍建设的实施意见》等政策法规。深入开展“百名专家教授联百企”活动，积极引导各民主党派基层组织发挥自身优势，开展社会服务活动。目前，全院有9名党外优秀人才担任处级领导职务，1人担任省政协委员，2人当选市政协委员，1人当选区政协委员，2人当选区人大代表。

【加强思想政治引领】 坚持以理论武装为先导，加强各民主党派成员、党外代表人士的思想政治建设。组织处级党外干部参加院党委理论学习中心组活动，积极选派党外优秀人才参加省委统战部举办的各类培训班，认真组织开展学习宣传贯彻党的十九大精神主题活动，使全院各民主党派成员、无党派代表人士及时学习掌握习近平新时代中国特色社会主义思想，牢固树立“四个意识”，坚定“四个自信”，坚决维护以习近平同志为核心的党中央权威。

（杨　军）

·山东省农业科学院·

山东省农业科学院现有7个民主党派，成员151人，其中副高以上职称77人，博士学位57人。全院党外知识分子中副处级以上职务和副高级以上职称286人。党外知识分子中中国工程院院士1人，泰山学者7人（含攀登计划人选2人），“百千万人才工程”人选2人，国家有突出贡献专家1人，省有突出贡献专家2人。全院112名留学归国人员中，取得博士学位的47人，取得硕士学位的12人。院致公党党员毕玉平担任省人大常委，致公党党员高建伟担任省政协委员。

【强化思想政治引领】 统一思想，扎实开展理论学习，认真学习贯彻中央、省委关于统一战线的一系列重大决策部署，不断提高对统战工作重要性的认识。

【加强党对统战工作的领导】 院党委将统战工作纳入党的工作计划和考核体系，制定印发《关于加强统战工作的意见》，促进全院统战工作科学规范开展；院党群工作处承担院党委统战工作职能，院属各单位党组织均增设统战委员。

【完善统战制度建设】 坚持和完善建言献策制度，通过召开民主党派座谈会，广泛听取意见建议。坚持和完善民主监督制度，主动接受民主党派民主监督。坚持和完善联系交友制度，每位院党委委员负责联系1—2名党外代表人士，并通过多种方式谈心交流。完善走访慰问制度，对党外人士生病住院等特殊情况开展走访慰问活动。做好2名党外干部在西藏日喀则、枣庄市山亭区挂职工作管理和服务，新选派1名党外干部赴青岛黄岛区挂职锻炼。

【支持民主党派、统战团体开展工作】 协助院民主党派完成省级党派组织换届委员候选人的考察推荐工作，院九三学社、民盟、农工党基层委员会主要负责同志均当选所在党派省委委员。协助院农工党支委会改建为基层委员会，选举产生农工党山东省农业科学院第一届基层委员会。支持院农工党、民盟、九三学社等党派开展社会考察调研活动，发挥其在反映社情民意、协调社会关系、维护社会稳定方面的作用。支持院各民主党派、党外知识分子联谊会及留学人员联谊会开展活动，提供活动经费15万元，建立民主党派活动室。组织院留学人员联谊会召开一届二次会议。

（贾　无　蔡亭友）

5. 名录

山东省各级党委分管统战工作负责人

·省级·

吴翠云（女） 省委常委、统战部部长（2017年6月前）
邢善萍（女） 省委常委、统战部部长（2017年6月后）

·济南市·

苏树伟 济南市委副书记
雷天太 济南市委常委、统战部部长（2017年4月前）
王拥华（女） 济南市委常委、统战部部长（2017年4月后）
杜宝现 历下区委常委、统战部部长
王云刚 市中区委常委、统战部部长
窦　虎 槐荫区委副书记、统战部部长（2017年1月前）
周　敬（女，回族）槐荫区委副书记（2017年1月后）
叶　辉（女） 天桥区委常委、统战部部长
孟祥民 历城区委常委、统战部部长
魏宏新 长清区委常委、统战部部长
董运峰 章丘区委常委、统战部部长
王秀成 济阳县委副书记
李冬利 商河县委副书记
翟立波 平阴县委副书记、统战部部长

·青岛市·

边祥慧（女） 青岛市委常委、组织部部长、统战部部长（2017年4月4日前）
王久军 青岛市委常委、统战部部长（2017年4月4日后）
周国栋 市南区委常委、统战部部长
赵宇龙 市北区委常委、统战部部长、政法委书记（2017年1月15日前）
市北区委常委、统战部部长（2017年1月15日后）
管成密 李沧区委常委、统战部部长（2017年1月15日前）
谭　鹏 李沧区委常委、统战部部长（2017年1月15日后）
王　斌 崂山区委常委、统战部部长

王　艳（女）西海岸工委区委常委、统战部部长
高尚伦　城阳区委常委、统战部部长
于　澎　即墨区委常委、统战部部长（2017 年 1 月 17 日前）
衣立渊　即墨区委常委、统战部部长（2017 年 1 月 17 日后）
赵发海　胶州市委常委、办公室主任、统战部部长（2017 年 3 月 13 日前）
李同舜　胶州市委常委、统战部部长（2017 年 3 月 13 日至 12 月 5 日）
李晓光　胶州市委副书记（2017 年 12 月 5 日后）
郭　萍（女）平度市委副书记、统战部部长（2017 年 1 月 26 日前）
王富军　平度市委常委（2017 年 1 月 25 日后）、统战部部长（2017 年 1 月 26 日后）
孙明明　莱西市委常委、统战部部长

·淄博市·

丛锡钢　淄博市委常委、统战部部长（2017 年 2 月前）
李　明　淄博市委常委、统战部部长（2017 年 2 月后）
赵元刚　张店区委常委、统战部部长
焦翠平　淄川区委常委、统战部部长
王　冲　博山区委常委、统战部部长
王志臣　周村区委常委、组织部部长、统战部部长
杨晓军　临淄区委常委、统战部部长
周　婷（女）桓台县委常委、统战部部长（2017 年 6 月前）
徐　伟　高青县委常委、统战部部长
武光明　沂源县委常委、统战部部长

·枣庄市·

张　兵　枣庄市委常委、统战部部长
高　鹏　滕州市委常委、组织部部长、统战部部长
孙中坤　薛城区委常委、统战部部长
刘庆东　山亭区委常委、统战部部长，枣庄市庄里水库建管处副主任
王凤堂　市中区委常委、统战部部长
孙中军　峄城区委常委、统战部部长
刘洪鹏　台儿庄区委常委、统战部部长

·东营市·

聂建军　东营市委常委、统战部部长，市社会主义学院院长
杜书亮　东营区委常委、统战部部长
王永跃　河口区委副书记（2017 年 1 月后）
盖举波　垦利区委副书记（2017 年 5 月前）
张和森　垦利区委副书记（2017 年 5 月后）
陈伟颂　广饶县委副书记
邵红双（女）利津县委副书记（2017 年 5 月前）
王英明　利津县委副书记（2017 年 5 月后）

·烟台市·

于松柏　烟台市委常委、统战部部长（2017 年 1 月前）
于永信　烟台市委常委、统战部部长（2017 年 1 月后）
咸国涛　芝罘区委常委、统战部部长
李心敏（女）福山区委常委、宣传部部长、统战部部长
王嗣强　莱山区委常委、统战部部长
林福云　牟平区委常委、统战部部长
蒲晓虹（女）海阳市委常委、统战部部长
葛卫华（女）莱阳市委常委、统战部部长
杨东霖　栖霞市委常委、统战部部长、市委办公室主任
薛建伟　蓬莱市委常委、统战部部长
田存基　长岛县委常委、统战部部长、县委办公室主任
高景波　龙口市委常委、统战部部长
赵美瑜（女）招远市委常委、统战部部长
李光耀　莱州市委常委、统战部部长

·潍坊市·

张小梅（女）潍坊市委常委、统战部部长（2017 年 2 月前）
王兆辉　潍坊市委常委、统战部部长（2017 年 2 月后）
陈香萍（女）奎文区委常委、统战部部长
贾　平（女）潍城区委副书记
李寿岩　坊子区委常委、统战部部长
孙占勇　寒亭区委常委、统战部部长（2017 年 11 月前）
陈　栋　寒亭区委副书记（2017 年 11 月后）

魏林卿（女）青州市委常委、统战部部长
赵治国　诸城市委常委、统战部部长
孙修炜　寿光市委副书记
牛茂荣　安丘市委常委、统战部部长
刘焕成　昌邑市委常委、统战部部长
张英杰　高密市委常委、统战部部长（2017年9月前）
刘建安　高密市委常委、统战部部长（2017年9月后）
衣利民　临朐县委常委、统战部部长
张建伟　昌乐县委副书记

·济宁市·

刘中会　济宁市委副书记、统战部部长（2017年1月前）
白　山　济宁市委常委、统战部部长（2017年3月后）
徐志波　任城区委常委、统战部部长
寇　宁　兖州区委副书记
山桂岭　曲阜市委副书记
李翠玲（女）泗水县委常委、统战部部长
姜永伟　邹城市委副书记
王君磊　微山县委常委、统战部部长
张令华　鱼台县委副书记
刘东利　金乡县委副书记
宋令义　嘉祥县委常委、统战部部长、经济开发区党工委书记
王昌贝　汶上县委副书记，县社会主义学校校长
钟秀芳（女）梁山县委副书记

·泰安市·

李灿玉　泰安市委常委、统战部部长
王冠祥　泰山区委常委、组织部部长、统战部部长
袁义明　岱岳区委常委、统战部部长
刘敬锋　新泰市委常委、统战部部长（2017年10月前）
季　将　新泰市委副书记（2017年10月后）
付　玲（女）肥城市委常委、统战部部长
王广浩　宁阳县委常委、统战部部长
徐彩虹（女）东平县委常委、统战部部长

·威海市·

高旭光　威海市委常委、统战部部长，市社会主义学院院长（2017年3月前）
戴龙成　威海市委常委、统战部部长，市社会主义学院院长（2017年3月后）
梁　明　环翠区委常委、组织部部长、统战部部长
于晓东　文登区委常委、统战部部长，区政府党组成员
张宗涛　荣成市委常委、统战部部长，市经济开发区党工委书记
孔祥雷　乳山市委常委、统战部部长，市政府党组副书记

·日照市·

杨留星　日照市委常委、统战部部长（2017年2月后）
李　斌　东港区委常委、统战部部长
范彩英（女）岚山区委常委、统战部部长
邵明法　莒县县委常委、统战部部长
高子孟　五莲县委常委、统战部部长

·莱芜市·

李兴钰　莱芜市委副书记、统战部部长（2017年12月前）
薛　亮　莱城区委常委、统战部部长
孙秀梅（女）钢城区委常委、统战部部长

·临沂市·

张广敬　临沂市委常委、统战部部长（2017年2月前）
边　峰　临沂市委常委、统战部部长（2017年2月后）
陈士贤　兰山区委副书记
熊珂安　罗庄区委常委、统战部部长
李　鲁　河东区委常委、宣传部部长、统战部部长
陈庆村　郯城县委副书记、政法委书记
吴恩坤　兰陵县委副书记
刘国栋　莒南县委常委、统战部部长
戚树启　沂水县委常委、统战部部长
杨荣涛　蒙阴县委副书记
李志斌　平邑县委常委、副书记

张　钰　费县县委副书记
聂成芳（女）　沂南县委常委、统战部部长
赵　明　临沭县委副书记

·德州市·

彭小毛　德州市委常委、统战部部长
孟　宇　德城区委常委、统战部部长
耿祥忠　陵城区委常委、统战部部长
崔立民　禹城市委常委、统战部部长
苏利军　乐陵市委常委、统战部部长
武永生　宁津县委常委、统战部部长
刘吉喜　齐河县委常委、政法委书记、统战部部长
李　伟　临邑县委常委、统战部部长
梁　蕊（女）　平原县委常委、统战部部长
刘呈辉　武城县委常委、统战部部长
王跃华　夏津县委常委、统战部部长
乔玉华　庆云县委常委、统战部部长

·聊城市·

秦存华　聊城市委常委、统战部部长
董胜军　东昌府区委常委、统战部部长
张学宏　临清市委副书记
韩德振　冠县县委副书记
孙孟花（女）　莘县县委常委、统战部部长
李　超　阳谷县委常委、统战部部长
高　峰　东阿县委副书记
张　琳　茌平县委书记
李保胜　高唐县委常委、统战部部长

·滨州市·

张兆宏　滨州市委常委、统战部部长（2017年2月前）
李家良　滨州市委常委、统战部部长（2017年2月后）
孙文利　滨城区委副书记
孔令峰　沾化区委常委、宣传部部长、统战部部长
刘卫忠　惠民县委副书记
乔　铭　阳信县委副书记
杨德江（回族）阳信县委常委、统战部部长
赵树根　无棣县委常委、统战部部长
郑令健　博兴县委副书记
李　刚　邹平县委常委、统战部部长

·菏泽市·

王永华　菏泽市委常委、统战部部长
刘广珍　牡丹区委常委、统战部部长
孟令选　曹县县委副书记
王铁军　定陶区委副书记
李璐璐（女）　成武县委常委、统战部部长
张体信　单县县委常委、统战部部长
楚德勤　巨野县委副书记
孙迁国　郓城县委副书记
温雪梅（女）　鄄城县委常委、统战部部长
李东燕（女）　东明县委常委、统战部部长

·国有企业高等院校科研院所·

李翔鹏　中国铁路济南局集团有限公司党委副书记
韩　辉　胜利石油管理局党委副书记
孔　健　齐鲁石化公司纪委书记
岳宝德　兖矿集团党委副书记
苏　斌　山东钢铁集团党委副书记
王　勇　山东能源集团党委副书记
陈向阳　山东大学党委副书记
鞠传进　中国海洋大学党委书记
王　勇　中国石油大学（华东）党委副书记
周慧如（女）　山东大学（威海）党工委副书记
王建文　哈尔滨工业大学（威海）党委副书记、纪委书记
朱　莉（女）　山东农业大学党委副书记
向来生　山东师范大学党委副书记（2017年1月至4月）
王焕斌　山东师范大学党委副书记（2017年4月至7月）
张文新　山东师范大学党委副书记（2017年7月至12月）
孙祥斌　烟台大学党委常委、副校长
杜方波　青岛大学党委副书记
马善军　曲阜师范大学党委副书记
姜少华　山东中医药大学党委副书记
尹　华　山东科技大学党委副书记
李庆领　青岛科技大学党委副书记
张殿恒　青岛理工大学党委副书记
胡兴禹　山东理工大学党委副书记

张硕秋　济南大学党委副书记
徐传光　聊城大学党委副书记（2017年11月前）
王　强　聊城大学党委副书记（2017年11月后）
祖爱民　山东建筑大学党委副书记
郑明珍　鲁东大学党委副书记
王庆军　青岛农业大学党委副书记
车　滨　山东财经大学党委副书记
周有波　齐鲁工业大学副校长
徐淑凤（女）　泰山医学院党委委员、副院长
李文喜　滨州医学院党委副书记
张潍华（女）　潍坊医学院党委副书记
高哲学　济宁医学院党委副书记
王力克　山东艺术学院院长（2017年3月前）
孔祥华　山东艺术学院党委副书记（2017年3月后）
苗登宇　山东工艺美术学院党委副书记
张云龙　山东体育学院党委副书记
郭金创　山东工商学院党委副书记
唐　勇　山东交通学院党委副书记
李玉福　山东政法学院党委书记
张殿臣　齐鲁师范学院党委副书记
高　峰　山东青年政治学院党委副书记
王淑霞（女）　山东女子学院党委副书记
王明福　临沂大学党委副书记
王金利　德州学院党委副书记
孙文亮　潍坊学院党委书记
李玉洋　泰山学院党委副书记
曾宪明　枣庄学院党委副书记
杨洪章　滨州学院党委委员、副书记
赵汝坤　菏泽学院党委副书记
马　恩　济宁学院党委副书记
刘永波　山东农业工程学院党委副书记
李明勇　山东管理学院党委副书记
孙玉香（女）　山东英才学院党委副书记、副院长
李宏征　山东协和学院党委常务副书记
乔方利　国家海洋局第一研究所党委书记
赵宪勇　中国水产科学研究院黄海水产研究所党委书记、副所长
王兴国　山东社会科学院党委副书记
工英龙　山东省科学院党委书记、院长
韩金祥　山东省医学科学院党委书记
逯　岩　山东省农业科学院党委副书记

山东省委统战部领导班子

吴翠云（女）　省委常委、统战部部长（2017年6月前）
邢善萍（女）　省委常委、统战部部长（2017年6月后）
赵　强　省委统战部常务副部长（正厅级）
张心骥　省委统战部副部长，省政协党组成员、秘书长
马　啸　省委统战部副部长，省社会主义学院党组书记（正厅级）、第一副院长（2017年12月前）
周云平　省委统战部副部长兼省工商联党组书记、常务副主席（正厅级）（2017年12月后）
曲　涛　省委统战部副部长（正厅级）
亓同秋　省委统战部巡视员（2017年3月前）
李法信　省委统战部副部长兼省工商联党组书记、常务副主席（正厅级）（2017年12月前）
省委统战部副部长（正厅级）（2017年12月后）
牟　强　省委统战部副部长，省民委党组书记（正厅级）（2017年2月至4月）
省委统战部副部长，省民委党组书记（正厅级）、副主任（省宗教局副局长）（2017年4月后）
张小梅（女）　省委统战部副部长兼省社会主义学院党组书记、第一副院长（正厅级）（2017年12月后）

王　健　省纪委驻省委统战部纪检组组长（2017年1月前）
刘永鹏　省纪委驻省委统战部纪检组组长（2017年1月后）
张　静（女）　省委统战部副部长
孙中亮　省委统战部副巡视员（2017年6月前）
省委统战部二级巡视员（2017年6月后）
冯尚伟　省委统战部副巡视员（2017年5月至6月）
省委统战部二级巡视员（2017年6月后）

山东省市委统战部领导班子及县（市、区）委统战部部长

·济南市·

雷天太　济南市委常委、统战部部长（2017年4月前）
王拥华（女）　济南市委常委、统战部部长（2017年4月后）
万秀水　济南市委统战部常务副部长
李文秀（女）　济南市委统战部副部长
张　鹏　济南市委统战部副部长，市工商联党组书记、常务副主席（正局级）
王亚托　济南市委统战部副部长（2017年1月至5月）
张　勇　济南市委统战部副部长（2017年8月后）
齐振虎　济南市委统战部巡视员
王保书　济南市委统战部副巡视员
徐艳芳（女）　济南市社会主义学院副院长（2017年8月后）
胡振宇　济南市委统战部副巡视员（2017年8月后）
杜宝现　历下区委常委、统战部部长
王云刚　市中区委常委、统战部部长
窦　虎　槐荫区委副书记、统战部部长（2017年1月前）
张新村　槐荫区委常委、统战部部长（2017年1月后）
叶　辉（女）　天桥区委常委、统战部部长
孟祥民　历城区委常委、统战部部长
魏宏新　长清区委常委、统战部部长
董运峰　章丘区委常委、统战部部长
翟立波　平阴县委副书记、统战部部长
张　方　济阳县委常委、统战部部长
孟庆华　商河县委常委、统战部部长

·青岛市·

边祥慧（女）　青岛市委常委、组织部部长、统战部部长（2017年4月4日前）
王久军　青岛市委常委、统战部部长（2017年4月4日后）
胡义瑛　青岛市委统战部常务副部长
王吉春　青岛市委统战部副部长
王振海　青岛市委统战部副部长，市社会主义学院党组书记、常务副院长（2017年3月2日前）
方　妍（女）　青岛市委统战部副部长，市台办主任
王修照　青岛市委统战部副部长，市社会主义学院党组书记、常务副院长（2017年3月2日后）
孙宗子　青岛市委统战部副部长，市民族宗教局局长
高善武　青岛市委统战部副部长，市工商联党组书记
王进东　青岛市委统战部巡视员
宋立春（女）　青岛市委统战部副部长、机关党委书记
闫　利　青岛市委统战部副巡视员
周国栋　市南区委常委、统战部部长
赵宇龙　市北区委常委、统战部部长
管成密　李沧区委常委、统战部部长（2017年1月15日前）
谭　鹏　李沧区委常委、统战部部长（2017年1月15日后）

王　斌　　崂山区委常委、统战部部长
王　艳（女）　西海岸工委区委常委、统战部部长
高尚伦　　城阳区委常委、统战部部长
于　澎　　即墨区委常委、统战部部长（2017年1月17日前）
衣立渊　　即墨区委常委、统战部部长（2017年1月17日后）
赵发海　　胶州市委常委、办公室主任、统战部部长（2017年3月13日前）
李同舜　　胶州市委常委、统战部部长（2017年3月13日后）
郭　萍（女）　平度市委副书记、统战部部长（2017年1月26日前）
王富军　　平度市委常委、统战部部长（2017年1月26日后）
孙明明　　莱西市委常委、统战部部长

·淄博市·

丛锡钢　　淄博市委常委、统战部部长（2017年2月前）
李　明　　淄博市委常委、统战部部长（2017年2月后）
国先彧　　淄博市委统战部常务副部长，市政协副秘书长
吕爱国　　淄博市委统战部副部长，市工商联党组书记
王爱军（女）　淄博市委统战部副部长，市民宗局局长
杜海圣　　淄博市委统战部副部长
荣先锋　　淄博市委统战部副部长
赵元刚　　张店区委常委、统战部部长
焦翠平　　淄川区委常委、统战部部长
王　冲　　博山区委常委、统战部部长
王志臣　　周村区委常委、组织部部长、统战部部长
杨晓军　　临淄区委常委、统战部部长
周　婷（女）　桓台县委常委、统战部部长（2017年6月前）
徐　伟　　高青县委常委、统战部部长
武光明　　沂源县委常委、统战部部长

·枣庄市·

王常胜　　枣庄市委常委、组织部部长、统战部部长（2017年2月前）
张　兵　　枣庄市委常委、统战部部长（2017年2月后）
李书亭　　枣庄市委统战部常务副部长
朱瑞志（回族）枣庄市委统战部副部长，市民宗局局长
周　浩　　枣庄市委统战部副部长，市工商联党组书记、常务副主席
朱景宜（女）　枣庄市委统战部副部长
屈彦锋　　枣庄市委统战部副部长（2017年7月后）
高　鹏　　滕州市委常委、组织部部长、统战部部长
孙中坤　　薛城区委常委、统战部部长
刘庆东　　山亭区委常委、统战部部长，枣庄市庄里水库建管处副主任
王凤堂　　市中区委常委、统战部部长
孙中军　　峄城区委常委、统战部部长
刘洪鹏　　台儿庄区委常委、统战部部长

·东营市·

聂建军　　东营市委常委、统战部部长，市社会主义学院院长
杨志高　　东营市委统战部常务副部长（2017年3月前）
孙继续　　东营市委统战部常务副部长（2017年9月后）
徐荣华　　东营市委统战部副部长，市工商联党组书记（2017年3月前）
高申廉　　东营市委统战部副部长，市工商联党组书记、常务副主席（2017年3月后）
邵小龙　　东营市委统战部副部长，市民宗局党组书记（2017年3月前）
李召法　　东营市委统战部副部长，市民宗局党组书记（2017年3月至5月）
　　　　东营市委统战部副部长，市民宗局党组书记、局长（2017年5月后）
陈宏伟　　东营市委统战部副部长
张洪滨　　东营市委统战部副调研员（2017年9月前）东营市委统战部副部长（2017年9月后）
李金锋　　东营市委统战部副部长（2017年9

月后）
栾庆恩　东营市委统战部调研员
周秀荣（女）　东营市委统战部调研员
杜书亮　东营区委常委、统战部部长
刘　斌　河口区委常委、统战部部长（2017年9月前）
王建文　河口区委常委、统战部部长（2017年9月后）
刘　军　垦利区委常委、统战部部长（2017年9月前）
杨文娟（女）　垦利区委常委、统战部部长（2017年9月后）
李增明　广饶县委常委、统战部部长
许明德　利津县委常委、组织部部长、统战部部长（2017年1月前）
胡　伟　利津县委常委、统战部部长（2017年1月至9月）
白高云　利津县委常委、统战部部长（2017年9月后）

·烟台市·

于松柏　烟台市委常委、统战部部长（2017年1月前）
于永信　烟台市委常委、统战部部长（2017年1月后）
杜永刚　烟台市委统战部常务副部长，市工商联党组书记（2017年7月前）
王天立　烟台市委统战部常务副部长，市工商联党组书记（2017年11月后）
于茂清　烟台市委统战部副部长，市民宗局局长（2017年9月前）
于忠杰　烟台市委统战部副部长，市社会主义学院副院长
孙国斌　烟台市委统战部副部长，市民宗局局长（2017年10月后）
咸国涛　芝罘区委常委、统战部部长
李心敏（女）　福山区委常委、宣传部部长、统战部部长
王嗣强　莱山区委常委、统战部部长
林福云　牟平区委常委、统战部部长
蒲晓虹（女）　海阳市委常委、统战部部长
葛卫华（女）　莱阳市委常委、统战部部长
杨东霖　栖霞市委常委、统战部部长、办公室主任
薛建伟　蓬莱市委常委、统战部部长
田存基　长岛县委常委、统战部部长、办公室主任
高景波　龙口市委常委、统战部部长
赵美瑜（女）　招远市委常委、统战部部长
李光耀　莱州市委常委、统战部部长

·潍坊市·

张小梅（女）　潍坊市委常委、统战部部长（2017年2月前）
王兆辉　潍坊市委常委、统战部部长（2017年2月后）
王志明　潍坊市委统战部常务副部长
于来刚　潍坊市委统战部副部长（正县级）
胡　立　潍坊市委统战部副部长，市工商联党组书记、常务副主席
肖建华　潍坊市委统战部副部长，市民宗局局长
王和平　潍坊市民宗局副局长
郝信富　潍坊市民宗局副局长
徐海宏（女）　潍坊市委统战部副部长，市社会主义学院副院长
许朋礼　潍坊市民宗局副局长
齐瑞祥　潍坊市委统战部调研员（2017年6月前）、二级调研员（2017年6月后）
宋长林　潍坊市委统战部副调研员（2017年6月前）、四级调研员（2017年6月后）
田世华　潍坊市委统战部副调研员（2017年6月前）、四级调研员（2017年6月后）
唐焕暖　潍坊市民宗局副调研员（2017年3月前）
宋永利　潍坊市民宗局副调研员（2017年6月前）、四级调研员（2017年6月后）
陈香萍（女）　奎文区委常委、统战部部长
李铁柱　潍城区委常委、统战部部长
李寿岩　坊子区委常委、统战部部长
孙占勇　寒亭区委常委、统战部部长
魏林卿（女）　青州市委常委、统战部部长
赵治国　诸城市委常委、统战部部长
乔日升　寿光市委常委、统战部部长
牛茂荣　安丘市委常委、统战部部长
刘焕成　昌邑市委常委、统战部部长

张英杰　高密市委常委、统战部部长（2017年9月前）
刘建安　高密市委常委、统战部部长（2017年9月后）
衣利民　临朐县委常委、统战部部长
丁进全　昌乐县委常委、统战部部长

·济宁市·

刘中会　济宁市委副书记、统战部部长（2017年1月前）
白　山　济宁市委常委、统战部部长（2017年3月后）
王衍安　济宁市委统战部常务副部长
王成玉　济宁市委统战部副部长，市工商联党组书记、副主席
王　原（女）　济宁市委统战部副部长
梁建坤　济宁市委统战部副部长
韩利峰　济宁市委统战部副部长
徐志波　任城区委常委、统战部部长
王仁娜（女）　兖州区委常委、统战部部长
李　强　曲阜市委常委、统战部部长
李翠玲（女）　泗水县委常委、统战部部长
万庆军　邹城市委常委、统战部部长
王君磊　微山县委常委、统战部部长
刘　健　鱼台县委常委、统战部部长、政法委书记
马留再　金乡县委常委、统战部部长
朱令义　嘉祥县委常委、统战部部长
薛建民　汶上县委常委、统战部部长
张卫东　梁山县委常委、统战部部长

·泰安市·

李灿玉　泰安市委常委、统战部部长
刘卫东　泰安市委统战部常务副部长
朱志平（回族）　泰安市委统战部副部长（2017年2月后），市民宗局局长
刘　华　泰安市委统战部副部长，市侨联主席、党组书记
高树顺　泰安市委统战部副部长，市工商联党组书记
张庆峰　泰安市委统战部副部长（2017年7月后），市台办主任
薛其福　泰安市委统战部副部长、调研员
杨　灏　泰安市委统战部副部长
王冠祥　泰山区委常委、组织部部长、统战部部长
袁义明　岱岳区委常委、统战部部长
刘敬锋　新泰市委常委、统战部部长
付　玲（女）　肥城市委常委、统战部部长
王广浩　宁阳县委常委、统战部部长
徐彩虹（女）　东平县委常委、统战部部长

·威海市·

高旭光　威海市委常委、统战部部长，市社会主义学院院长（2017年3月前）
戴龙成　威海市委常委、统战部部长，市社会主义学院院长（2017年3月后）
姜文秋（女）　威海市委统战部常务副部长
陈　文　威海市委统战部副部长，市工商联党组书记
李忠楠　威海市委统战部副部长，市民宗局局长（2017年9月后）
程晓军　威海市委统战部副部长
丁永东　威海市委统战部副调研员
梁　明　环翠区委常委、组织部部长、统战部部长
于晓东　文登区委常委、统战部部长，区政府党组成员
张宗涛　荣成市委常委、统战部部长，市经济开发区党工委书记
孔祥雷　乳山市委常委、统战部部长，市政府党组副书记

·日照市·

杨留星　日照市委常委、统战部部长（2017年2月后）
郭长军　日照市委统战部常务副部长
彭　波　日照市委统战部副部长，市工商联党组书记
刘海诚　日照市委统战部副部长，市民宗局局长
滕厚林　日照市委统战部副部长，市社会主义学院副院长
纪铜军　日照市委统战部副部长
滕以钊　日照市委统战部副部长
李　斌　东港区委常委、统战部部长

范彩英　岚山区委常委、统战部部长
邵明法　莒县县委常委、统战部部长
高子孟　五莲县委常委、统战部部长

·莱芜市·

李兴钰　莱芜市委副书记、统战部部长（2017年12月前）
毕占明　莱芜市委统战部常务副部长，市民宗局局长
孟昭友　莱芜市委统战部副部长，市委台办主任
刁建国　莱芜市委统战部副部长，市工商联党组书记
刘爱忠　莱芜市委统战部副部长，市社会主义学院常务副院长
宛　岳　莱芜市民宗局副局长
薛　亮　莱城区委常委、统战部部长
孙秀梅（女）　钢城区委常委、统战部部长

·临沂市·

张广敬　临沂市委常委、统战部部长（2017年2月前）
边　峰　临沂市委常委、统战部部长（2017年2月后）
曹德玉　临沂市委统战部常务副部长（2017年2月前）
钟呈春　临沂市委统战部常务副部长（2017年2月后）
张建军　临沂市委统战部副部长，市工商联党组书记（2017年12月前）
孙　涛　临沂市委统战部副部长，市工商联党组书记（2017年1月后）
黄　杰　临沂市委统战部副部长，市民宗局局长（2017年1月前）
任建军　临沂市委统战部副部长，市民宗局局长（2017年1月后）
李　静（女）　临沂市委统战部副部长
相　彬　临沂市委统战部副部长
周少华　临沂市委统战部调研员
许金涛　临沂市委统战部副调研员、党派科科长
王子鹤　临沂市委统战部副调研员、办公室主任
郑金峰　临沂市委统战部副调研员
李建成　兰山区委常委、统战部部长
熊珂安　罗庄区委常委、统战部部长
李　鲁　河东区委常委、宣传部部长、统战部部长
苗运全　郯城县委常委、组织部部长、统战部部长（2017年1月前）
付海峰　郯城县委常委、统战部部长、财政局局长（2017年1月后）
毛彦玲（女）　兰陵县委常委、统战部部长
刘国栋　莒南县委常委、统战部部长
戚树启　沂水县委常委、统战部部长
李永刚　蒙阴县委常委、统战部部长
王力伟　平邑县委常委、统战部部长
邵长满　费县县委常委、统战部部长
聂成芳（女）　沂南县委常委、统战部部长
王建平　临沭县委常委、统战部部长

·德州市·

彭小毛　德州市委常委、统战部部长
曹致源　德州市委统战部常务副部长
邹　岩　德州市委统战部副部长，市社会主义学院副院长
赵金刚　德州市委统战部副部长，市工商联党组书记、第一副主席（2017年1月后）
李雯静（女，回族）德州市委统战部副部长
杨会军　德州市委统战部副部长
刘书霞（女）　德州市委统战部副调研员
孟　宇　德城区委常委、统战部部长
耿祥忠　陵城区委常委、统战部部长
崔立民　禹城市委常委、统战部部长
苏利军　乐陵市委常委、统战部部长
武永生　宁津县委常委、统战部部长
刘吉喜　齐河县委常委、政法委书记、统战部部长
李　伟　临邑县委常委、统战部部长
梁　蕊（女）　平原县委常委、统战部部长
刘呈辉　武城县委常委、统战部部长
王跃华　夏津县委常委、统战部部长
乔玉华　庆云县委常委、统战部部长

•聊城市•

秦存华　聊城市委常委、统战部部长
谭学国　聊城市委统战部常务副部长（2017年4月前）
杨　达　聊城市委统战部常务副部长（2017年4月后）
徐文华　聊城市委统战部副部长，市工商联党组书记、常务副主席（2017年5月后）
李超雪　聊城市委统战部调研员
辛刚英　聊城市委统战部副部长，市民宗局局长（2017年4月后）
翟书敬　聊城市委统战部副部长
董胜军　东昌府区委常委、统战部部长
陈玉国　临清市委常委、统战部部长
王保壮　冠县县委常委、统战部部长
孙孟花（女）　莘县县委常委、统战部部长
李　超　阳谷县委常委、统战部部长
杨长林　东阿县委常委、宣传部部长、统战部部长
李　光　茌平县委常委、统战部部长
李保胜　高唐县委常委、统战部部长

•滨州市•

张兆宏　滨州市委常委、统战部部长（2017年2月前）
李家良　滨州市委常委、统战部部长（2017年2月后）
张金梅（女）　滨州市委统战部常务副部长、市政协副秘书长（2017年3月前）
鲁宝国　滨州市委统战部常务副部长（2017年4月后）
滨州市政协副秘书长（2017年7月后）
邱希敏　滨州市委统战部副部长，市民宗局局长（2017年9月前）
宋成琴　滨州市委统战部副部长，市民宗局局长（2017年9月后）
杨玉鑫　滨州市委统战部副部长，市工商联党组书记（2017年7月前）
朱光辉　滨州市委统战部副部长，市工商联党组书记（2017年7月后）
刘培峰　滨州市委统战部副部长，市社会主义学院副院长
高令章　滨州市委统战部副部长（2017年1月后）
边洪芳　滨城区委常委、统战部部长
孔令峰　沾化区委常委、宣传部部长、统战部部长
袁光新　惠民县委常委、统战部部长
杨德江（回族）　阳信县委常委、统战部部长
赵树根　无棣县委常委、统战部部长
胡新国　博兴县委常委、统战部部长
李　刚　邹平县委常委、统战部部长

•菏泽市•

王永华　菏泽市委常委、统战部部长
王乃光　菏泽市委统战部常务副部长
靳海岩　菏泽市委统战部副部长，市社会主义学院常务副院长，市工商联党组书记（2017年2月后）
王　敏（女）　菏泽市委统战部副部长，市社会主义学院常务副院长（2017年2月后）
彭益芳　菏泽市委统战部副部长，市民宗局局长、党组书记
常乐鸿　菏泽市委统战部副部长
吕义军　菏泽市委统战部副部长（2017年11月后）
刘广珍　牡丹区委常委、统战部部长
盛冬梅（女）　定陶区委常委、宣传部部长、统战部部长
李　玮　巨野县委常委、统战部部长
李璐璐（女）　成武县委常委、统战部部长
张体信　单县县委常委、统战部部长
魏宏峰　郓城县委常委、统战部部长
温雪梅（女）　鄄城县委常委、统战部部长
张本朝　曹县县委常委、统战部部长
李东燕（女）　东明县委常委、统战部部长

山东省国有企业高等院校科研院所党委统战部部长

·国有企业·

单玉晓　　中国铁路济南局集团有限公司党委统战办主任
朱克军　　胜利石油管理局党委统战部部长
高　鹏　　齐鲁石化公司党委宣传部、统战部部长
皮光灿　　兖矿集团党群工作部（党委统战部）部长
田玉山　　山东钢铁集团党委宣传部部长
张书军　　山东能源集团党委统战部部长（党委宣传部部长）

·高等院校·

戴智章　　山东大学党委统战部部长
李　萍（女）中国海洋大学党委统战部部长
张　军　　中国石油大学（华东）党委统战部部长（2017 年 9 月 2 日前）
王德钊　　中国石油大学（华东）党委统战部部长（2017 年 9 月 2 日后）
姜　强　　山东大学（威海）党工委宣传统战部部长
黄美香（女）哈尔滨工业大学（威海）党群工作部部长
史文宪　　山东农业大学党委统战部部长
隋文慧（女）山东师范大学统战部部长
李育华　　烟台大学党委统战部部长
张　燕（女）青岛大学党委统战部部长
李海清　　曲阜师范大学党委统战部部长
梁红卫　　山东中医药大学党委统战部部长
吴　强　　山东科技大学党委统战部部长、机关党委书记
陈洪宗　　青岛科技大学党委统战部部长
沈文青　　青岛理工大学组织部、统战部部长
何庆梅（女）山东理工大学党委统战部部长（2017 年 6 月前）
张思灵　　山东理工大学党委统战部部长（2017 年 6 月后）
商　华（女）济南大学党委统战部部长
刘法力　　聊城大学党委统战部部长
李少琳（女）山东建筑大学党委统战部部长
曲卫君（女）鲁东大学党委统战部部长
慕乾伟　　青岛农业大学党委统战部部长
张　骐（女）山东财经大学党委统战部部长
张以刚　　齐鲁工业大学党委统战部部长
谢晋东　　泰山医学院党委统战部部长
杜永俐（女）滨州医学院党委统战部部长
王爱成　　潍坊医学院党委统战部部长
王乐军　　济宁医学院党委统战部副部长
张　磊　　山东艺术学院党委宣传部、统战部部长
韩世春　　山东工艺美术学院党委统战部部长
任　杰　　山东体育学院党委宣传部、统战部部长
杨峰丽（女）山东工商学院党委统战部部长
娄进举　　山东交通学院党委统战部部长
林　爽　　山东政法学院党委统战部部长
蒋恩世　　齐鲁师范学院党委统战部部长
杜　秀　　山东青年政治学院党委统战部部长
王丽芹（女）山东女子学院党委统战部部长
孔　霞（女）临沂大学党委统战部部长（2017 年 1 月前）
刘建华　　临沂大学党委统战部部长（2017 年 1 月后）
任立春　　德州学院党委统战（宣传）部部长
徐树芝　　潍坊学院党委统战部部长
马兆龙　　泰山学院党委宣传（统战）部部长
田素安　　枣庄学院党委统战部部长（2017 年 12 月 29 日前）
章上泉　　枣庄学院党委统战部部长（2017 年 12 月 29 日后）
吕昌春　　滨州学院党委统战部部长
宁继红（女）菏泽学院党委统战部部长
邓新民　　济宁学院党委统战部部长
赵　斌　　山东农业工程学院党委统战部部长
潘　峰（女）山东管理学院党委统战部部长

韩帮峰　　山东英才学院党委统战部部长
徐会吉　　山东协和学院党委组织统战部部长

·科研院所·

孙　捷　　中国水产科学研究院黄海水产研究所党委委员、纪委副书记、工会副主席、综合办公室主任
于　菲（女）国家海洋局第一研究所党办主任
赵世忠　　山东社会科学院人事处副处长
谷震昭　　山东省科学院政工处处长、机关党委专职副书记
杨　军　　山东省医学科学院政工处长、机关党委专职副书记
王志诚　　山东省农业科学院机关党委专职副书记、党群工作处处长

山东省各民主党派省市级地方组织领导班子

·中国国民党革命委员会·

民革山东省委主委：孙继业
副主委：刘晓静（女）　宋新强　孔维克　王伯芝　王鸣歧　徐恩虎　薛长湖
秘书长：高贤德
民革济南市委主委：王伯芝
副主委：衣光军　臧　浩　王东晨　唐玉秋（女）　姚虎明
秘书长：王化峰
民革青岛市委主委：薛长湖
副主委：尹明琴（女，朝鲜族）　王维礼　曾学锋（女）　单若冰（女）
秘书长：于学燕（女）
民革淄博市委主委：王怀宾
副主委：张庆盈（女）　郝　博　曹令兴　赵西敏
民革烟台市委主委：隋子林（女）
副主委：贾志林　周晶明　赵德彬
民革潍坊市委主委：李向云（女）
副主委：王增祥　李安战　王学军
秘书长：迟同全
民革泰安市委主委：徐恩虎
副主委：林国志　杨维仁　刘清廷　朱　丽（女）
秘书长：李　芳（女）
民革枣庄市委主委：徐　玲（女）
副主委：张宪依　郑遵法　朱士刚　吕东来
秘书长：王忠香（女）
民革威海市委主委：李淑芳（女）
副主委：刘德钧　杨美琴（女）张朝明
民革聊城市委主委：王学臣
副主委：刘东安　唐明贵　闫　方
秘书长：李广祥
民革菏泽市委主委：赵胜利
副主委：张秀华（女）　王新玲（女）　王爱秋（女）
民革临沂市委主委：王学斌
副主委：王志伟　马晓春（女）　李咏梅（女）
秘书长：李咏梅（女）（兼）
民革滨州市委主委：史　东
副主委：孙兆泉　宁彩云（女）　李世祥
秘书长：孙兆泉（兼）
民革东营市委主委：张义泉
副主委：李中杰　杜利峰　李成银　宗爱民
秘书长：李中杰（兼）
民革日照市委主委：王坤英（女）
副主委：李振函　安丰华（女）
秘书长：李广秋（女）

·中国民主同盟·

民盟山东省委主委：温孚江（2017年6月前）
王修林（2017年6月后）
副主委：安利国　董利忠（驻会）

崔大庸　侯桂华（女）
吴立新（2017 年 6 月后）
田兴松（2017 年 6 月后）
民盟济南市委主委：崔大庸
副主委：华　巍　张怀成　印　东（女）
王钢城　张殿岭　张爱波（女）
秘书长：李会芹（女）
民盟青岛市委主委：吴立新
副主委：张晓东　韩　文　崔　作
陈立波（驻会）　庞重光（女）
秘书长：陈　洁
民盟淄博市委主委：达建文
副主委：裴培科　杨　永　王一君
秘书长：高　清
民盟枣庄市委主委：刘吉忠
副主委：吴元芳（女）　刘　茜（女）
管明坤　孙允宝
秘书长：王宜友
民盟东营市委主委：刘树亮
副主委：王旬果　高　敦　徐长海
王国柱（驻会）　郭福聚
秘书长：王国柱（兼）
民盟烟台市委主委：梁　辉
副主委：俞祖华　王　瑞　苗志萍（女）
秘书长：鞠晓明（女）
民盟潍坊市委主委：毛秀凤（女）
副主委：李来传　张敬军　杨爱君（女）
秘书长：丁　薇（女）
民盟济宁市委主委：郭洪敏
副主委：张黎明　张玉忠　刘　霁
孙　冰（女）　刘小颖（女）
吴　婧（女）
秘书长：刘小颖（女）（兼）
民盟泰安市委主委：孙岱峰
副主委：张春庆　丁　爽（女）
张　清（女）　周　奎
秘书长：徐建英（女）
民盟威海市委主委：周　宁
副主委：宋　敏（女）　谭志刚
杨荣明　张馨之（女）
秘书长：姜茂林
民盟日照市委主委：梁云爱（2017 年 7 月前）
胡尊良（2017 年 7 月后）
副主委：卢爱玲（女）（2017 年 7 月前）
赵为爱（女）
秘书长：陈为军
民盟莱芜市委主委：李兴实
副主委：马传军　李娅丽（女）
武沛荣（女）
民盟临沂市委主委：孟凡明
副主委：左志文　张秀丽（女，回族）
李善农
秘书长：孟凡明（兼）
民盟德州市委主委：康志民
副主委：张　苹（女）　王志刚　杨立新
秘书长：张泽军
民盟聊城市委主委：郝光华
副主委：闫淑青（女）
陈雪梅（女）（2017 年 2 月后）
金　平（女，回族）（2017 年 2 月后）
秘书长：李永军
民盟滨州市委主委：万永格
副主委：王　强　李保国　刘树松
秘书长：李保国（兼）
民盟菏泽市委主委：汤建梅（2017 年 6 月前）
谢圣稳（2017 年 6 月后）
副主委：罗盼生　杨冬云（女）
王　勇（2017 年 6 月后）
秘书长：于新浩（2017 年 6 月后）

• 中国民主建国会 •

民建山东省委主委：郭爱玲（女）
副主委：亓久平（2017 年 5 月前）
于永晖　庄文忠　王法亮
赵联冠（2017 年 3 月前）
于　萍（女）（2017 年 5 月前）
王建森
李旭茂（2017 年 5 月后）
陈增敬（2017 年 5 月后）
李　伟（2017 年 5 月后）
秘书长：李旭茂（2017 年 5 月前）
范　虎（2017 年 5 月后）
民建济南市委主委：王建森
副主委：刘　燕　杜　岩　王传秋
王翠香（女）　杨　捷（女）
丁保国

秘书长：孙　罡
民建青岛市委主委：于　萍（女）（2017年1月前）
陈增敬（2017年1月后）
副主委：王继尚（驻会）高　歌（女）
姜志荣（女）
李　江（2017年1月前）
刘龙江（2017年1月后）
孔令华（2017年1月后）
秘书长：陈成意
民建烟台市委主委：潘士友
副主委：郎丰忠　王凤泰　王秀姬（女）
秘书长：郎丰忠（兼）
民建淄博市委主委：王法亮
副主委：林治国　毕玉秀（女）徐兴明
秘书长：葛春强
民建潍坊市委主委：刘秀平（女）
副主委：李明喜　李瑞文　李通利
秘书长：墨　萍（女）
民建济宁市委主委：吴霁雯（女）
副主委：张修占　周中稳　于安玲（女）
杨　峰　李爱国
秘书长：刘训阔
民建枣庄市委主委：赵联冠（2017年10月前）
王　凌（女）（2017年10月后）
副主委：刘荣渊　田　静（女）　王金山
刘忠立
秘书长：王金山（兼）
民建泰安市委主委：张庆明
副主委：黄屹峰　尹洪宗　魏云刚
陈　文（女）
秘书长：戚　锋
民建德州市委主委：吕永忠
副主委：周相国（女）　高　红（女）
马春荣
秘书长：周相国（女）（兼）
民建聊城市委主委：张广霞（女）（2017年2月前）
马卫红（女，回族）（2017年2月后）
副主委：王俊山（2017年2月前）
张　斌
张高丞（2017年2月后）
钱振宇（2017年2月后）
曹长俊（2017年2月后）
秘书长：钱振宇（兼）
民建临沂市委主委：庄乾元
副主委：刘海亮　田爱秋（女）
赵　岩（女）
民建滨州市委主委：吴国瑞（女）
副主委：商建文　何建华　徐佃海
秘书长：商建文（兼）
民建东营市委主委：王新明
副主委：李　强　牛金臣　宋继亮
孙金春
秘书长：李　强（兼）
民建威海市委主委：毕礼伟
副主委：李　青　韩　静（女）于国胜
民建莱芜市委主委：刘　杰（女）
副主委：井润峰　李秀芳（女）
杨文安　吕永军
秘书长：吕永军（兼）

·中国民主促进会·

民进山东省委主委：骆宝臻(女)（2017年6月前）
栾　新(女)（2017年6月后）
副主委：王凤山　刘德增
金德岭（回族）　徐　清(女)
郭永军　吕　涛
秘书长：王学爱（女）
民进济南市委主委：金德岭（回族）
副主委：陈学中　刘海萍（女）　徐　琳
潘荣庆　叶　霖（女）
秘书长：寇佃法
民进青岛市委主委：栾　新（女）
副主委：宗成中　黄　勇（驻会）
宫庆礼　王继荣（女）
秘书长：刘志勇
民进淄博市委主委：禚淑萍（女）
副主委：杜元刚　王新刚　李大鹏
齐玉芝（女）
秘书长：李大鹏（兼）
民进烟台市委主委：曲荣君
副主委：于　泳　宋华西　赵　燮
姜洪波（女）
民进潍坊市委主委：王贤臣
副主委：周赤舟　刘煜东　孙其孝
秘书长：孙其孝（兼）

民进济宁市委主委：李良品
副主委：杨朝明　刘海涛　汪　林
李素真（女）李　玲（女）
民进泰安市委主委：王昌元
副主委：董　洁（女）吕忠堂
苏雪峰（女）贾汇红（女）
秘书长：孙圆景（女）
民进威海市委筹委会主委：陈伟胜
副主委：吕爱权
民进日照市委主委：郇　梅（女）
副主委：杜　琳（女）李　莉（女）
秘书长：刘德忠
民进滨州市委主委：刘庆敖
副主委：李秋兰（女）张　岩
田希婷（女）
秘书长：李秋兰（女）（兼）
民进聊城市委主委：张金伦
副主委：杨庆云　王效文　张保华
秘书长：王艳鑫（女）
民进德州市委主委：陈晓强
副主委：李晓梅（女）相子国
张涤非（女）邢庆杰
秘书长：吴丙友
民进临沂市委主委：冯　安（女）
副主委：郑世东　张炳才　杜宝珍（女）

·中国农工民主党·

农工党山东省委主委：段青英（女）
副主委：吕善勇　陈子江（女）
仇冰玉　王　军
宣世英（女）刘德山
秘书长：王　军（2017年5月前）
付　军（2017年5月后）
农工党济南市委主委：段青英（女）
副主委：段　林　白秋生
时华勤（女）
孙　蓉（女）逄曙光（女）
秘书长：华文俊（女）
农工党青岛市委主委：宣世英（女）
副主委：赵起良　薄　涛（驻会）
李玉海　王岩青（女）
秘书长：尹成方
农工党淄博市委主委：张京河
副主委：郑　杰　张振宝　武守南
宋丰柳
秘书长：张振宝（兼）
农工党枣庄市委主委：艾百灵（女）
副主委：林　青（女）李培永
马洪玲（女）王　涛
秘书长：张荣民（女）
农工党烟台市委主委：李京波（女）
副主委：邹常厚　王茂波　郝翠芳（女）
秘书长：贺业赤
农工党潍坊市委主委：刘棣俭
副主委：钟　池　于贞杰（女）
赵振玺
秘书长：崔向东（女）
农工党泰安市委主委：徐　坤
副主委：陈玉社　赵晓民
吕学爱（女）梁群言
秘书长：巩相会
农工党威海市委筹委会主委：李光华
副主委：王玉珍（女）王晓雷
农工党日照市委主委：林玉营
副主委：惠　旻
秘书长：惠　旻（兼）
农工党莱芜市委主委：张桂爱（女）
副主委：杨桂钊　孟　坤（2017年8月前）
张茂勇　刘国华
孙宪军（2017年8月后）
农工党临沂市委主委：任兴业
副主委：张永民　王观利
韩冬梅（女）
农工党德州市委主委：商怀君
副主委：李贵信　李　挺　刘振河
秘书长：张立英（女）
农工党聊城市委主委：孙　菁（女）
副主委：刘建喜　赵素婷（女）
秘书长：张　冰
农工党滨州市委主委：刘　凤（女，蒙古族）
副主委：高玉君　孙翠玲（女）
傅廷亮
秘书长：韩德富（2017年9月前）
李淑艳（2017年9月后）
农工党菏泽市委主委：黄秀玲（女）
副主委：张国华　刘冬翠（女）

司世同
秘书长：包立强

·中国致公党·

致公党山东省委主委：赵家军
副主委：张行如（2017年5月前）
陈德展（2017年5月前）
马传凯（回族）刘光烨
王桂英（女）
姜　明（女）（2017年5月后）
陈月辉（2017年5月后）
刘新泳（2017年5月后）
秘书长：姜　明（女）（2017年5月前）
孙晓筠（女）（2017年5月后）
致公党济南市委主委：赵家军（2017年3月前）
王桂英（2017年3月后）
副主委：毕玉平　刘作宗　袁淑玲（女）
张元玺　张春清
秘书长：张元玺（兼）
致公党青岛市委主委：刘光烨
副主委：李　静（女）（2017年2月前）
莫照兰（女，壮族）
王兴武
郭建礼（2017年2月后）
王志斌（2017年2月后）
秘书长：郭振栋（2017年2月前）
娄红民（2017年2月后）
致公党烟台市委主委：王成华（女）
副主委：唐振铎　刘林德　李忠维
邵伟伟
致公党德州市委主委：马传先（女，回族）
副主委：刘红梅（女）　路合江
孙金鑫
秘书长：张俊英（女）
致公党菏泽市委主委：孙凤云（女）
副主委：朱明燕（女）　孔兆京
李　军
秘书长：朱明燕（女）（兼）
致公党淄博市委主委：王明新
副主委：刘玉泽（女）　赵　毅
姜　红（女）　邓　杰（女）
致公党威海市委主委：于富波
副主委：姜世波　孙月丽（女）
刘治国
秘书长：孙月丽（女）（兼）
致公党潍坊市委主委：王桂英（女）（2017年3月前）
副主委：钟　毅（女）　王泳亮
曹　春
秘书长：王　燕（女）
致公党泰安市委主委：梁望东
副主委：张丽霞（女）　鞠达青
李传泰
秘书长：卢晓堂
致公党济宁市委主委：班　博（女）
副主委：孔祥利　赵广红（女）
王振星　程秀兰（女）
高广勇
秘书长：禹连书

·九三学社·

九三学社山东省委主委：程　林
副主委：王　琳（女）　刘梦海
宋尚桂　王玉志　徐茂波
李国琳（女）　赵铁军
秘书长：王　博
九三学社济南市委主委：刘梦海
副主委：牟国营　陈宁宁（女）
侯建国　付修琍（女）
王文生
秘书长：陈宁宁（女）（兼）
九三学社青岛市委主委：赵铁军
副主委：于　鹏（女）
阎　军　张　旭
秘书长：任红梅（女）
九三学社烟台市委主委：邹志强
副主委：梁启华　常黎明　张桂德
秦　松
秘书长：李　玲
九三学社淄博市委主委：王济众
副主委：孟　强　闸建文　张新清
魏会东
秘书长：刘　双（女）
九三学社泰安市委主委：刘　君
副主委：孙启凯　刘　峰
诸葛玉平　肖　玲（女）
秘书长：刘彦涛

九三学社枣庄市委主委：付廷安
副主委：薛宝政　姜爱英（女）
孙友华　林　捷（女）
秘书长：韩　梅（女）
九三学社济宁市委主委：陈　颖（女）
副主委：刘要武　杨冬林
李长华（女）　王祥生
赵长地　褚福梅（女）
秘书长：李洪海
九三学社潍坊市委主委：李传恒
副主委：赵同祥　李　莉（女）
王建良
秘书长：岳建利
九三学社德州市委主委：钟　玲（女）
副主委：田正祥　李和平（女）
郭天德　张兰菊（女）
秘书长：戴连强
九三学社临沂市委主委：李宗涛
副主委：孙敬忠　石德亮
九三学社聊城市委主委：黄　勇
副主委：刘继光　周保松　潘鸿海
秘书长：吕爱红（女）
九三学社东营市委主委：刘志坚
副主委：徐冬梅（女）　燕德华
王进河　张保国
秘书长：燕德华（兼）
九三学社日照市委主委：董全宏
副主委：赵　琦（女）
谭　洁（女）
秘书长：赵　琦（女）（兼）
九三学社滨州市委主委：曹玉斌
副主委：宋月雁（女）　蔡长松
李江涛
秘书长：张三元
九三学社菏泽市委主委：侯　婕（女）
副主委：王庆英（女）　张传新
九三学社威海市委主委：贾国哲
副主委：高孝忠
崔胜民（2017 年 5 月前）
曲　兴（2017 年 5 月后）
赵宜楠（2017 年 5 月后）
秘书长：曲　兴（兼）

山东省省市工商联领导班子及县级工商联主席

·山东省工商联·

主　席：王乃静（2017 年 4 月前）
王随莲（女）（2017 年 4 月后）
党组书记、常务副主席：李法信
副主席：孙占甲　赵延彤（2017 年 6 月前）
孙美菊（女，2017 年 6 月后）
高洪岩（2017 年 6 月后）
郭建礼（2017 年 6 月后）
夏春亭（2017 年 6 月前）
苏寿堂（2017 年 6 月前）
宗立成（2017 年 6 月前）
徐　航（2017 年 6 月前）
田友海（2017 年 6 月前）
彭德洲（2017 年 6 月前）
谢硕文（2017 年 6 月前）
袁仲雪（2017 年 6 月前）
张建华（2017 年 6 月前）
卢志壮（2017 年 6 月前）
黄淑玲（女）　唐一林（2017 年 6 月前）
张建宏　尚吉永　邵仲毅（2017 年 6 月前）
林凡儒　张　刚　张　波（2017 年 6 月前）
陈焕德（2017 年 6 月前）
翟　君（2017 年 6 月前）　李湘平
邱亚夫（2017 年 6 月前）
赵焕臣（2017 年 6 月前）　宗艳民
张　泉　冯希宁（2017 年 6 月前）
焦文玉（女）　刘锋杰
刘爱丽（女，2017 年 6 月后）

杨　文（女，2017年6月后）
刘敬锟（2017年6月后）
孔令磊（2017年6月后）
杨为东（2017年6月后）
牛　腾（2017年6月后）
丁　杰（2017年6月后）
林　波（2017年6月后）
赵　菁（女，2017年6月后）
翟世兰（2017年6月后）
秘书长：孙美菊（女，2017年6月前）
于　玲（女，2017年6月后）
巡视员：刘冠凤（女）
纪检组长：张永法（2017年2月前）
副巡视员：宋艳丽（女，2017年2月前）
李承新（2017年6月后）

•济南市工商联•

主　席：李景全
常务副主席：张　鹏
副主席：靖淑兰（女）　刘延国　王道国
韩光美（女）　孔令磊　盖守岭
张成如　李　燕（女）　李茂年
于大卫　尚兴军　陆建林　林　擘
邢乐成　申作伟　牛余刚　张英正
孙　倩（女）　裴忠毅
秘书长：刘　华（2017年7月前）
孙国栋（2017年7月后）
历下区工商联主席：刘思广
市中区工商联主席：王云刚
槐荫区工商联主席：李宗孝
天桥区工商联主席：王　睿
历城区工商联主席：张传淼
长清区工商联主席：殷　晓（女）
章丘区工商联主席：牛余刚
平阴县工商联主席：孔令磊
济阳县工商联主席：张学兰
商河县工商联主席：路荷香（女）（2017年5月前）
崔泽花（女）（2017年5月后）

•青岛市工商联•

主　席：徐　航（2017年3月17日前）
姜巧珍（2017年3月17日后）
常务副主席：高善武
副主席：解　军（2017年3月17日前）
薛世山　刘瑞金　周雪燕（女）
乔伟光（2017年3月17日前）
纪爱师（2017年3月17日前）
张永升（2017年3月17日前）
张贤存（2017年3月17日前）
李金堂（2017年3月17日前）
辛华龙（2017年3月17日前）
陈索斌（2017年3月17日前）
周永恒（2017年3月17日前）
姜俊平（2017年3月17日前）
袁仲雪（2017年3月17日前）
袁　杰（女）（2017年3月17日前）
韩方如（女）（2017年3月17日前）
于德翔　亓久平（2017年3月17日前）
王志庆（2017年3月17日前）
余静怡（女）
吴旭峰（2017年3月17日前）
张世安（2017年3月17日前）
李廷勇　杜　波　杨效慧
李松群（2017年3月17日前）
杜永利（2017年3月17日前）
姜丰寿（2017年3月17日前）
郝　斌（女）（2017年3月17日前）
崔树彬（2017年3月17日前）
葛尧伦　刘仲生（2017年3月17日前）
郭少泉（2017年3月17日前）
孙　涌（2017年3月17日后）
孙思波（2017年3月17日后）
张海英（女）（2017年3月17日后）
李坚之（2017年3月17日后）
崔　健（2017年3月17日后）
张国防（2017年3月17日后）
姜　龙（2017年3月17日后）
纪建奕（2017年3月17日后）
张兰兰（女）（2017年3月17日后）
蔡尔航（2017年3月17日后）
刘学政（2017年3月17日后）
纪检组长：张　伟（女）
秘书长：张冬勇（2017年3月17日前）
刘传华（2017年3月17日后）
市南区工商联主席：杨　斌
市北区工商联主席：姜佩霞（女）

李沧区工商联主席：吕伟烈
崂山区工商联主席：王兴武
西海岸新区工商联主席：王　波
城阳区工商联主席：焉　峰
即墨区工商联主席：迟建珉（女）
胶州市工商联主席：仲锡云（女）
平度市工商联主席：崔传富
莱西市工商联主席：孙焕伟

·淄博市工商联·

主　席：毕红卫（女）
党组书记：吕爱国
副主席：祝　云（女）　周　勇　范家平
牛　震　赵德森　吕丕军
刘宁博　冯宝令　王　琳（女）
杨长海　蔡爱红（女）　范宗升
赵叶青　贾雷声　郑家晴　鹿　超
苏金河
秘书长：韩少山
张店区工商联主席：张文东
淄川区工商联主席：张俊杰（女）
博山区工商联主席：李绪苹（女）
周村区工商联主席：杜刚声
临淄区工商联主席：宗学昌
桓台县工商联主席：荆德宗
高青县工商联主席：赵新国
沂源县工商联主席：齐爱英（女）
高新区工商联主席：常　征

·枣庄市工商联·

主　席：张德琦
党组书记、常务副主席：周　浩
副主席：苏卫红（女）　黄贵华　宋　峰
张　民　吕金朝　刘学强　孙景洲
孟凡京　朱宗启　李金元　吴德合
王佃敏　田　勇　刘　刚　刘　皓
安全平　张建海　郑　建　周新文
贺成伟（回族）　程终发　付瑞军
褚　琪　宋树省　邓连修　史晓明
秘书长：王洪军
滕州市工商联主席：杜孝玺
薛城区工商联主席：姚　磊
山亭区工商联主席：李　平
市中区工商联主席：殷　琪
峄城区工商联主席：吴　萍（女）
台儿庄区工商联主席：马维纲（回族）

·东营市工商联·

主　席：生钦勇
党组书记：徐荣华（2017年3月前）
党组书记、常务副主席：高申廉（2017年3月后）
副主席（专职）：张建军（2017年3月前）
崔玉海（2017年12月后）
刘剑辉
副主席（兼职）：马　娟（女）（2017年3月前）
刘双珉（2017年3月前）
张春良（2017年3月前）
刘福海（2017年3月前）
杨献平（2017年3月前）
陈建平（2017年3月前）
赵曰岭（2017年3月前）
尚吉永　王　军　徐云亭
王秀生　崔志祥　罗　冰
徐绥远　刘吉昌（2017年3月后）
刘锋杰（2017年3月后）
李晓亮（2017年3月后）
赵　栋（2017年3月后）
李明刚（2017年3月后）
管耀梅（女）（2017年3月后）
王湛源（2017年3月后）
秘书长：张学胜
东营区工商联主席：张龙潭
河口区工商联主席：胡爱民
垦利区工商联主席：翟向军
广饶县工商联主席：宋继明（2017年2月前）
刘兴军（2017年2月后）
利津县工商联主席：刘立清

·烟台市工商联·

主　席：夏晓峰
副主席：周　敏　崔建成　纪华芹（女）
栾鲁闽　彭德洲　王　海　邹德松
于晓宁　李海锋　邓博毅　唐　波
车　轼　张宝健　张海波　程绍华
朱瑞超　于　波　孙崇信　周忠昌
李国安　王永才　曹积生　李河谊

林裕明　赵学政　丁英虎　王兆信
管　军　梁　平　王　勇　张树政
王珍海　王金勇　吴健民　纪涵文
任吉宏　王家惠
秘书长：纪华芹（兼）
芝罘区工商联主席：曲云峰
福山区工商联主席：宋夕纯
莱山区工商联主席：李　波
牟平区工商联主席：王寿纯
海阳市工商联主席：徐东生
莱阳市工商联主席：王作鹏
栖霞市工商联主席：林德义
蓬莱市工商联主席：任建民
龙口市工商联主席：王珍海
招远市工商联主席：李广武
莱州市工商联主席：张波涛
长岛县工商联主席：王作文

·潍坊市工商联·

主　席：李传恒（2017 年 5 月前）
李士来（2017 年 5 月后）
副主席：胡　立　刘杰然　郭富斌　谭述霞
秘书长：吴锦霞（2017 年 5 月后）
奎文区工商联主席：李　莉（女）（2017 年 5 月后）
潍城区工商联主席：王泳亮
坊子区工商联主席：李叶忠
寒亭区工商联主席：高允琴（女）
青州市工商联主席：刘传明
寿光市工商联主席：刘美霞（女）
诸城市工商联主席：吴建智
安丘市工商联主席：王洪书
昌邑市工商联主席：孔德奎
高密市工商联主席：赵海龙（2017 年 3 月前）
魏　征（女）（2017 年 3 月后）
临朐县工商联主席：郭家荣
昌乐县工商联主席：张正民

·济宁市工商联·

主　席：李克学
党组书记、副主席：王成玉
副主席：焦军道　王　浩　李庆义　刘洪彬
倪奉尧　王利民　司相芳　丁　行
程永席　侯成安　宋新省　赵华盛
胡桂花（女）　杜振新　杜亚中
杜月野　郑兆国　任　鹏　王潇夏（女）
李全民　王井春　郭经田　陈　梅（女）
赵之玉　崔金声　陈洪庆　何兆广
秘书长：王　浩（兼）
任城区工商联主席：高秀国
兖州区工商联主席：戴宪亭
曲阜市工商联主席：杨晓东
泗水县工商联主席：孔繁华
邹城市工商联主席：卓克忠
微山县工商联主席：王　毅（女）
鱼台县工商联主席：王翠云（女）
金乡县工商联主席：赵仕福
嘉祥县工商联主席：张克环
汶上县工商联主席：魏明科
梁山县工商联主席：孙　颖（女）

·泰安市工商联·

主　席：王淑玲（女）
党组书记、副主席：高树顺
副主席：亓金海　杨启航　周　晓　李　勇
刘庆印　杜欣涛　单　丽（女）
姜广利　吕如峰　王传武　孟广银
宋衍庆　金延斌（回族）　刘孝平
于万震　刘电新　梁训美（女）
陈书来　孟凡亮　康瑞霞（女）
刘胜利　李红雷
秘书长：周　晓（兼）
泰山区工商联主席：张　玲（女）
岱岳区工商联主席：法臣文（回族）
新泰市工商联主席：马丽丽（女，回族）
肥城市工商联主席：付振江
宁阳县工商联主席：赵传昌
东平县工商联主席：王金艳（女，满族）

·威海市工商联·

主　席：夏春亭（2017 年 4 月前）
杨　丽（女）（2017 年 4 月后）
副主席：陈　文　夏忠平　苗建臣
刘德顺（2017 年 4 月前）
刘芳友（2017 年 4 月前）
单永强（2017 年 4 月前）
孙树仁　邵明喜　林晓合　邵茂智

翟佳禹　于建洋　张艳红（女）
张华威　张　智　冯鲁威
郑美兴（2017 年 4 月前）
杨立强　汪　军　郝凡森
周永生（2017 年 4 月前）
林三豹（2017 年 4 月前）
吴　勇（2017 年 4 月前）
龙路钢　倪永军　王丛涛
庄　胜（2017 年 4 月后）
刘明波（2017 年 4 月后）
杨明燕（女）（2017 年 4 月后）
吴忠凤（女）（2017 年 4 月后）
张可新（2017 年 4 月后）
姜学峰（2017 年 4 月后）
夏振翔（2017 年 4 月后）
高晖富（2017 年 4 月后）
慕镕键（2017 年 4 月后）
环翠区工商联主席：王战友（2017 年 1 月前）
隋良杰（2017 年 1 月后）
文登区工商联主席：倪永军
荣成市工商联主席：于建洋
乳山市工商联主席：王丛涛

·日照市工商联·

主　席：陈　丰
副主席：彭　波　张　锋　杜树登　秦绪方
张永堂　王东升　武玉杰　闫秀训
拜文汇　李挺岳　郑　强　于波涛
靳伟然　姜文娟　马祖斌　相　丰
周　平
东港区工商联主席：苏海斌
岚山区工商联主席：杜传山
莒县工商联主席：刘香初
五莲县工商联主席：赵荣芬

·莱芜市工商联·

主　席：孟　坤
副主席：刁建国　李登杰　王永胜　杨国莉（女）
李长明　吴卫平　郝振刚　马宝忠
耿国凌　周　震　柳建增　李兆霞
王希俭　吴振华　谭永兵
秘书长：孟海涛
莱城区工商联主席：张卫静（女）
钢城区工商联主席：尚翠芹（2017 年 4 月后）

·临沂市工商联·

主　席：王晓嫚（女）
党组书记：张建军（2017 年 12 月前）
孙　涛（2017 年 12 月后）
副主席：驻 会：孙家常　张维森　石玉启
纪庆兰（女）
不驻会：万连步　万新利　王宗岭
王宗继　王景连　刘　军
刘广宝　刘永国　李　辉
李忠山　李银程　何成国
宋连胜　张贵民　陈学荣
谷明霞（女）　武汉玺
林　波　郁万杰　金保华
周　昆　郑培清　赵久标
相荣涛　秦　剑　钱　进
徐　军　高　娟（女）
黄圣权　戴景明
秘书长：孙家常（兼）
兰山区工商联主席：宿振友（2017 年 4 月前）
宋敬华（女）（2017 年 4 月后）
罗庄区工商联主席：李　兴（2017 年 4 月前）
杨翠晓（2017 年 4 月后）
河东区工商联主席：王文升（2017 年 5 月前）
李宗芬（女）（2017 年 5 月后）
郯城县工商联主席：李步明（2017 年 1 月前）
梅占洋（2017 年 1 月后）
兰陵县工商联主席：任　力（女）
莒南县工商联主席：刘汉虎
沂水县工商联主席：郭春玲（女）
蒙阴县工商联主席：赵久标（2017 年 3 月前）
李玉国（2017 年 3 月后）
平邑县工商联主席：刘克祥
费县工商联主席：孙伯文（2017 年 3 月前）
杨东霞（女）（2017 年 3 月后）
沂南县工商联主席：宋汝金
临沭县工商联主席：朱孔科

·德州市工商联·

主　席：辛志才
副主席：专职：赵金刚　孔　毅　刘　伟
杨晓梅（女）

兼职：卞建钢　王印芳　李　峰　靳海洋
李洪胜　郑毓禄　谯　斌　刘阿平
车长利　焦文玉（女）　王永刚
孙国芳　王宗兴　刘军胜　王金华
刘俊杰（女）　张成河　王福华
翟春泉　陆付军　张　新
范书琴（女）　李　松　李敬芳
林祈倡　刘立新　汪　静（女）
董战东　赵卫良　姚汝勇　谭英潮
庞玉合　刘洪恩　郑长胜　刘玉国
程贵华　魏建国　陈　飞　刘挥进
孙　勇

秘书长：刘承金

德城区工商联主席：王福华

陵城区工商联主席：李丰新

禹城市工商联主席：王　欣（女）

乐陵市工商联主席：李敬芳

宁津县工商联主席：于慧真（女）

齐河县工商联主席：李杰功

临邑县工商联主席：张丁森

平原县工商联主席：姚汝勇

武城县工商联主席：林红昕（女）

夏津县工商联主席：李　强

庆云县工商联主席：张洪亮

·聊城市工商联·

主　席：马丽红

党组书记：徐文华

常务副主席：徐文华（2017 年 5 月后）

党组副书记：武玉春（2017 年 5 月后）

副主席：专职：李丙刚
葛鸿雁（女）（2017 年 5 月后）
兼职：李玉华（2017 年 5 月前）
刘玉杰（2017 年 5 月前）
贺怀芝（2017 年 5 月前）
韩天进（2017 年 5 月前）
付朝军（2017 年 5 月前）
胡志忠（2017 年 5 月前）
崔　阁（2017 年 5 月前）
陈振国（2017 年 5 月前）
徐焕普（2017 年 5 月前）
付崇会（2017 年 5 月前）
张继忠（2017 年 5 月前）
张本华（2017 年 5 月前）
宫增民　岳修高　邢志勇　贾振忠
胡爱军　付崇建（2017 年 5 月后）
马登坤（2017 年 5 月后）
宛　斌（2017 年 5 月后）
马　山（2017 年 5 月后）
王其亮（2017 年 5 月后）
梁兆江（2017 年 5 月后）
桑昌营（2017 年 5 月后）
高宪武（2017 年 5 月后）
赵云峰（2017 年 5 月后）
张怀青（2017 年 5 月后）
刘庆成（2017 年 5 月后）
康克力（2017 年 5 月后）
张天星（2017 年 5 月后）
任家斌（2017 年 5 月后）

秘书长：李丙刚（2017 年 5 月前）
武玉春（2017 年 5 月后）

东昌府区工商联主席：王风清

临清市工商联主席：宛秋生（2017 年 3 月前）
宛　斌（2017 年 3 月后）

冠县工商联主席：申丽伟（2017 年 3 月前）
李　娟（2017 年 3 月后）

莘县工商联主席：刘庆革

阳谷县工商联主席：王文跃

东阿县工商联主席：司家勇

茌平县工商联主席：刘继军

高唐县工商联主席：刘维华（2017 年 4 月前）
刘　敏（2017 年 4 月后）

·滨州市工商联·

主　席：侯学锋（女）

副主席：杨玉鑫（2017 年 8 月前）
朱光辉（2017 年 8 月后）
魏书辉　展　飞
李　梅（女）（2017 年 2 月后）
马韵升　崔立新　魏龙柱　王玉瑞
赵友谊　韩洪亮　杨广富　从桂兰（女）
吴风耀　赵红星　林依铿　江中木
黄大顺　李小得　齐民超　李　茜（女）
高殿学　满峰泉　于海滨　张晓芬（女）
赵振鹏

秘书长：吴殿华（2017 年 2 月前）

王义中（2017年2月后）
滨城区工商联主席：郭晓民
沾化区工商联主席：杜长亮
惠民县工商联主席：王翠兰（女）
阳信县工商联主席：赵永顺
无棣县工商联主席：张荣德
博兴县工商联主席：聂泉刚（2017年4月前）
安长东（2017年4月后）
邹平县工商联主席：张　芬（女）

·菏泽市工商联·
主　席：肖　云（女）
副主席：靳海岩　朱坤鹏　田明刚
秘书长：田明刚
牡丹区工商联主席：申瑞萍（女）
曹县工商联主席：杨淑珍（女）
定陶区工商联主席：张宪春
成武县工商联主席：陈承旭
单县工商联主席：吴基因
巨野县工商联主席：田兴学
郓城县工商联主席：刘汉升
鄄城县工商联主席：王凤芹（女）
东明县工商联主席：王留锋

山东省省市社会主义学院领导班子

·山东省社会主义学院·
院　　长：孙继业
党组书记：马　啸
副 院 长：马　啸　孙传军　尹晓民（女）
牛　宏（2017年6月后）
纪律检查组长：贾洪江（2017年3月前）
副巡视员：牛　宏（2017年6月前）
二级巡视员：解军先（2017年6月后）

·济南市社会主义学院·
院　长：王　平
副院长：扈书乘　武善欣　张　勇（2017年8月前）
王旭玲（女）（2017年7月后）
孔祥敏（2017年7月后）
徐艳芳（女）（2017年8月后）
教育长：张月琴（女）（2017年7月前）

·青岛市社会主义学院·
院　　长：王修林（2017年4月22日前）
栾　新（女）（2017年4月22日后）
党组书记、常务副院长：王修照（2017年3月2日前）
王振海（2017年3月2日后）
副 院 长：李辛夷　马苏文
副巡视员：高广斌

·枣庄市社会主义学院·
院　长：徐　玲（女）
副院长：李书亭　刘军业

·潍坊市社会主义学院·
院　长：丁志伟
副院长：林国祥　徐海宏（女）

·东营市社会主义学院·
院　长：聂建军

·济宁市社会主义学院·
院　长：石光亮

·威海市社会主义学院·
院　长：高旭光（2017年3月前）
戴龙成（2017年3月后）

·日照市社会主义学院·
副院长：腾厚林　吴红委

·莱芜市社会主义学院·
院　　长：李庆铸
常务副院长：刘爱忠

·德州市社会主义学院·

副院长：邹　岩

·滨州市社会主义学院·

院　长：李家良

副院长：刘培峰　王兴胜

山东省各级人大、政协党外领导干部

·省级·

温孚江　省人大常委会副主任，山东农业大学名誉校长，民盟中央常委、省委主委，十二届全国人大常委（2017年6月前）

省人大常委会副主任，山东农业大学名誉校长，民盟中央常委，十二届全国人大常委（2017年6月至12月）

省人大常委会副主任，山东农业大学名誉校长，十二届全国人大常委（2017年12月后）

孙继业　省政协副主席，省监察厅巡视员，民革中央常委、省委主委，省社会主义学院院长，十二届全国人大代表

郭爱玲（女）　省政协副主席，民建中央常委、省委主委，省中华职业教育社社务委员会主任，十二届全国人大代表

赵家军　省政协副主席，致公党中央常委、省委主委、济南市委主委，省立医院副院长，十二届全国政协委员（2017年4月前）

省政协副主席，致公党中央常委、省委主委，省立医院副院长，十二届全国政协委员（2017年4月后）

王乃静　省政协副主席，全国工商联常委、省工商联主席，十二届全国政协委员（2017年4月前）

省政协副主席，全国工商联常委，十二届全国政协委员（2017年4月至6月）

省政协副主席，十二届全国政协委员（2017年6月后）

王　琳（女）　省政协副秘书长（正厅级），九三学社省委副主委，十一届省政协常委

·济南市·

巩宪群（女）　济南市人大常委会副主任（无党派）

段青英（女）　济南市政协副主席，农工党省委主委、济南市委主委

崔大庸　济南市政协副主席，市文化广电新闻出版局副局长，民盟省委副主委、济南市委主委

金德岭（回族）　市政协副主席，市城乡建设委员会副主任，民进省委副主委、济南市委主委

刘梦海　济南市政协副主席、市科协主席，九三学社省委副主委、济南市委主委

王伯芝　济南市政协副主席，中国重型汽车集团有限公司董事长，民革省委副主委、济南市委主委

荆甫荣　历下区人大常委会副主任，民进历下区总支主委

房玉萍（女）　历下区政协副主席（无党派）

刘　岩（女）　历下区政协副主席，历下区法院副院长，民建济南市委会常委、历下区总支主委

刘　军（回族）　历下区政协副主席，九三学社历下区委员会副主委

郭振南　历下区政协副主席，国家开发银行山东省分行贷委会办公室主任（无党派）

苗　萌（女）　市中区人大常委会副主任，民盟市、中区基层委员会主委

陈淑平（女）　市中区政协副主席，民革市中区总支主委

刘　健　市中区政协副主席，民建市中区总支主委

管延勇　市中区政协副主席（不驻会），济南大学数学科学学院院长，民革济

南大学支部主委
印　东（女）　槐荫区人大常委会副主任，民盟济南市委副主委、槐荫区基层委员会主委
马厚强　槐荫区政协副主席，区科协主席，民革槐荫区总支委员会主委
吕红艳（女）　槐荫区政协副主席，区生产力促进中心主任，民盟槐荫区基层委员会副主委
李庆甲　槐荫区政协副主席，区农业发展局局长（九三学社）
李宗孝　槐荫区政协副主席，区工商联（民间商会）主席（会长），民进槐荫区总支副主委
李　建（回族）　天桥区人大常委会副主任，济南留学人员联谊会副会长兼秘书长（无党派）
王洪新（女）　天桥区政协副主席，民进天桥区总支主委
上官生　天桥区政协副主席，区发改委调研员（无党派）
陈士阳　天桥区政协副主席，区经信局调研员（民建）
刘群群（女）　天桥区政协副主席、区爱卫办主任（致公党）
王连平　历城区人大常委会副主任（民建）
贺光幸　历城区政协副主席，区住建委副主任，民进历城区主委
王钢城　历城区政协副主席，区教育局副局长，民盟历城区主委
宫玉玲（女）　历城区政协副主席（无党派）
吕大海　历城区政协副主席，区统计局局长，致公党历城区主委
郑宝明　历城区人大常委会预算处副处长（九三学社）
时华勤（女）　长清区人大常委会副主任，农工党长清区支部主委
张　勇　长清区政协副主席，民建长清区支部主委
郭卫东　长清区政协副主席，致公党长清区支部主委
赵　洁（女）　长清区政协副主席，民革长清区支部主委
张春阳　长清区政协副主席（无党派）
王　勇　章丘区人大常委会副主任，区科协副主席，民进章丘总支主委
刘乃娟（女）　章丘区政协副主席（无党派）
牛凤学（女）　章丘区政协副主席（无党派）
李会德　章丘区政协副主席，法院副院长（无党派）
付　丽（女）　平阴县人大常委会副主任（无党派）
孟庆华　平阴县政协副主席（无党派）
宫建泉　平阴县政协副主席，县人民医院院长、县中医院院长（无党派）
崔召龙　平阴县政协副主席，县畜牧局副局长（无党派）
杨玉美（女）（回族）　济阳县人大常委会副主任（无党派）
张学兰（女）　济阳县政协副主席，县工商联主席（无党派）
卢士平　济阳县政协副主席，县人民医院院长（无党派）
乔红兵　济阳县政协副主席，县人民法院立案庭庭长、审委会委员（无党派）
于爱华（女）　济阳县政协副主席，工商联副主席（无党派）
吕丙翠（女）　商河县人大常委会副主任（无党派）
张立森　商河县政协副主席，县人民医院院长（无党派）
任道庆　商河县政协副主席，县第一中学工会主席（无党派）
康建华（女）　商河县政协副主席，县人民医院妇产科主任（无党派）

•青岛市•

徐　航　青岛市人大常委会副主任（2017年4月20日前），青岛市人大常委会副市级领导干部（2017年4月20日后）（民革）
刘光烨　青岛市政协副主席（2017年4月19日后），青岛科技大学副校长，致公党青岛市委主委
吴立新　青岛市政协副主席（2017年4月19日后），中国科学院院士，中国海洋大学副校长，青岛海洋科学与技术国家实验室发展中心主任，民盟青岛市委主委

赵铁军　青岛市政协副主席（2017年4月19日后），青岛理工大学副校长，九三学社青岛市委主委
姜巧珍（女）　青岛市政协副主席（2017年4月19日后）、工商联主席，仲裁办主任（无党派）
麦康森　青岛市政协副主席（2017年4月19日前），中国工程院院士（民革）
王修林　青岛市政协副主席（2017年4月19日前）（民盟）
于　萍（女）　青岛市政协副主席（2017年4月19日前）（民建）
邵峰晶（女）　青岛市政协副主席（2017年4月19日前）（九三学社）
宋修岐　青岛市政协副市级领导干部（农工党）
方　漪　青岛市政协副市级领导干部（民进）
孟祥杰　市南区人大常委会副主任（民建）
杨　斌　市南区人大常委会副主席、工商联主席（无党派）
修先约　市南区政协副主席（农工党）
王宇平（女）　市南区政协副主席（民革）
刘树国　市南区政协副主席，民建市南区基层委员会主委
綦淑清（女）　市南区人大教科文卫工作委员会主任、民盟市南区基层委员会主委
姜培永　市南区政协提案工作和委员活动办公室主任（民革）
吉红军（女）　市北区人大常委会副主任（无党派）
赵　冰　市北区人大常委会顾问（2017年2月前）（民盟）
周海鸥　市北区政协副主席（2017年2月前）（民革）
董锡全　市北区政协副主席，法院副院长，民建市北区基层委主委（民建）
姜佩霞（女）　市北区政协副主席、工商联主席（农工党）
王德顺　市北区政协副主席，民进市北区基层委主委（民进）
刘展蓉（女）　市北区政协副主席（2017年2月后）（民建）
肖传勇　市北区人大常委会城建环资工作委员会副主任（无党派）
王荣顺（女）　市北区政协经济与人口资源环境工作办公室副主任，民盟市北区工委副主委（民盟）
李　燕（女）　李沧区人大常委会副主任（九三学社）
戴玉环（女）　李沧区政协副主席（无党派）
吕伟烈　李沧区政协副主席、工商联主席（民建）
朱光亮　李沧区政协副主席（无党派）
王国庆　李沧区人大内务司法与法制工作室副主任（民建）
吴翠芝（女）　李沧区政协教科文卫体与文史工作室副主任（民盟）
于青云（女）　崂山区人大常委会副主任（农工党）
王兴武　崂山区政协副主席（致公党）
李恒光（女）　崂山区政协副主席
赵广涛　崂山区政协副主席，中国海洋大学海底科学与探测技术教育部重点实验室副主任（民盟）
于惠娟（女）　西海岸新区人大常委会副主任（无党派）
赵雪梅（女）　西海岸新区人大常委会法制工作委员会主任（民革）
朱能虎　西海岸新区人大常委会财政经济工作委员会主任（无党派）
王世锋　西海岸新区政协副主席（无党派）
刘淑岚（女）　西海岸新区政协副主席（民盟）
许传辉　西海岸新区政协副主席（无党派）
王　波　西海岸新区政协副主席、工商联主席（民盟）
陈相娟（女）　西海岸新区政协经济与人口资源环境工作办公室副主任（无党派）
焉　峰　城阳区人大常委会副主任，工商联主席（无党派）
贾宝忠　城阳区政协副主席（民建）
牛爱春（女）　城阳区政协副主席（无党派）
刘庆华　城阳区政协副主席，青岛农业大学园林规划设计研究院院长、园林与林学院院长（九三学社）
闫丕云（女）　即墨区人大常委会副主任（民盟）
孙红兵　即墨区政协副主席（民建）

王立峰　　即墨区政协副主席（民进）
迟建珉（女）　　即墨区政协副主席（民进）
孙文英（女）　　即墨区政协副主席（无党派）
姜青华（女）　　胶州市人大常委会副主任（无党派）
徐启斌　　胶州市政协副主席（无党派）
李军梅（女）　　胶州市政协副主席（无党派）
王天鸿　　胶州市政协副主席（无党派）
陆君玉　　胶州市政协副主席（民盟）
窦利群　　平度市人大常委会副主任（无党派）
殷　清　　平度市政协副主席，山东黄金矿业（鑫汇）有限公司副总经理（无党派）
刘明娟（女）　　平度市政协副主席，民革青岛市委常委、民革青岛平度支部主委
崔传富　　平度市政协副主席，工商联主席（无党派）
王珂木　　平度市政协副主席（2017 年 2 月 27 日后），民盟平度支部副主委
王志强　　莱西市人大常委会副主任（无党派）
李美玲（女）　　莱西市政协副主席，市工商联主席（民建）
王志超　　莱西市政协副主席（九三学社）
孙焕伟　　莱西市政协副主席，市监察局副局长（无党派）
吕英志　　莱西市政协副主席，市文广新局局长，九三学社莱西市委员会主委

·淄博市·

王法亮　　淄博市人大常委会副主任、民建市委主委
董学武　　淄博市政协副主席（无党派）
达建文　　淄博市政协副主席、民盟市委主委
王济众　　淄博市政协副主席、九三学社市委主委
毕红卫（女）　　淄博市政协副主席、市工商联主席（无党派）
马家军　　淄博市政协社会法制委员会主任（无党派）
高庆云　　淄博市政协经济科技委员会主任（无党派）
苗　波（女）　　淄博市政协常委（民建）
段迎春（女）　　淄博市政协常委（无党派）
尹　鹏　　淄博市政协常委（无党派）
李　玲（女）　　淄博市政协常委（民盟）
魏秀芹（女）　　淄博市人大农业与农村委员会工作室副主任（无党派）
赵秀秀（女）　　淄博市政协经济科技委员会副主任（民革）
禚淑萍（女）　　张店区人大常委会副主任、山东理工大学化工学院院长、民进市委主委
姜尚敬　　张店区政协副主席、淄博实验中学副校长（民进）
宋丰柳　　张店区政协副主席、区法院湖田法庭庭长、农工党市委副主委
张方祥　　张店区政协副主席，区中医院院长、党支部书记，民盟张店区基层委主委
王洪霞（女）　　张店区政协副主席、区司法局局长（九三学社）
唐凤德　　淄川区人大常委会副主任、区科协主任，民建淄川区基层委主委
苏成宝　　淄川区政协副主席（农工党）
王聿发　　淄川区政协副主席、淄博师专人文科学系副主任（正科级）、民进淄川区基层委副主委
李　洁（女）　　淄川区政协副主席（民盟）
房宽良　　博山区人大常委会副主任、民建博山区委主委
丁修海　　博山区政协副主席（民革）
李绪苹（女）　　博山区政协副主席、区工商联主席（九三学社）
张新清　　博山区政协副主席、区史志办主任、九三学社市委副主委、博山区基层委主委
张红蕾（女）　　周村区人大常委会副主任、九三学社周村区基层委主委
刘智平（女）　　周村区政协副主席、淄博职业学院文化传媒系主任（九三学社）
周艳萍（女）　　周村区政协副主席（民建）
李玉清（女）　　周村区政协副主席（民盟）
武守南　　临淄区人大常委会副主任、农工党淄博市委副主委
齐昌成　　临淄区政协副主席（无党派）
于　海　　临淄区政协副主席（九三学社）
苗　玉　　临淄区政协副主席（民革）

李松岭　临淄区政协副主席、市环保局齐鲁石化分局副局长、九三学社临淄区基层委主委
裴培科　桓台县政协副主席、民盟淄博市委副主委
毕玉秀（女）　桓台县政协副主席、民建淄博市委副主委
荆　锐　桓台县政协副主席（无党派）
张　瑞　高青县人大常委会副主任（无党派）
李俊国　高青县政协副主席（无党派）
吴志明　高青县政协副主席、县经济开发区副主任（无党派）
于凤云（女）　高青县政协副主席（无党派）
陈英华（女）　高青县政协副主席（民进）
苗希峰　沂源县人大常委会副主任（无党派）
陈传禄　沂源县政协副主席（无党派）
齐爱英（女）　沂源县政协副主席、县工商联主席（无党派）
张　玲（女）　沂源县政协副主席、县经协办主任（无党派）

·枣庄市·

徐　玲（女）　枣庄市人大常委会副主任，枣庄学院政治与社会发展学院院长，民革枣庄市委主委
付廷安　枣庄市政协副主席，九三学社枣庄市委主委
艾白灵（女）　枣庄市政协副主席，农工党枣庄市委主委
张德琦　枣庄市政协副主席，市工商联主席，市检察院副检察长（九三学社）
刘　茜（女）　滕州市人大常委会副主任，民盟枣庄市委副主委、滕州总支主委
杜孝玺　滕州市政协副主席、市工商联主席（民盟）
乔令梅（女）　滕州市政协副主席、市红十字会常务副会长（无党派）
李　军　滕州市政协副主席（民革）
李培永　滕州市政协副主席、市人民医院副院长，农工党枣庄市委副主委、滕州总支主委
贾继芳（女）　薛城区人大常委会副主任，九三学社薛城支社主委
林　捷（女）　薛城区政协副主席，九三学社枣庄市委副主委
姚　磊　薛城区政协副主席、区工商联主席（民革）
刘洪彦（女）　薛城区政协副主席、区科协主任，农工党薛城支部主委
庞　东（女）　薛城区政协副主席，区文广新局副局长、文化市场综合执法大队大队长，民建薛城支部主委
汤爱霞（女）　山亭区人大常委会副主任、区红十字会会长，九三学社山亭支社副主委
孙友华　山亭区政协副主席、九三学社枣庄市委副主委
彭智杰　山亭区政协副主席、区林果中心主任，九三学社山亭支社主委
贾庆仁　山亭区政协副主席、区人防办主任，民盟山亭支部主委
袁　媛（女，回族）　山亭区政协副主席（民建）
郑遵法　市中区政协副主席、区红十字会副会长、永安镇卫生院院长，民革枣庄市委副主委，民革市中支部主委
周爱国　市中区人大常委会副主任、区人民医院院长，民盟市中支部主委
田　静（女）　市中区政协副主席，民建市中总支主委
宋　青（女）　市中区政协副主席、区文广新局局长，农工党市中支部主委
殷　琪　市中区政协副主席、区工商联主席（无党派）
刘传玲（女）　峄城区人大常委会副主任、区中医院院长，农工党峄城支部副主委
仲维光　峄城区政协副主席、区安监局局长、区建材局局长，农工党峄城支部主委
张敬银　峄城区政协副主席、区人民医院院长，九三学社峄城支社主委
吴　萍（女）　峄城区政协副主席、区工商联主席（无党派）
孙念素（女）　台儿庄区人大常委会副主任，农工党台儿庄区支部主委
张健民　台儿庄区政协副主席、区法院副

	院长，区知联会会长（无党派）
马维纲（回族）	台儿庄区政协副主席、区工商联主席
朱宪磊（回族）	台儿庄区政协副主席，九三学社台儿庄支社主委
杨　红（女，回族）	台儿庄区政协副主席，民建台儿庄支部主委

·东营市·

温晓杰（女）	东营市人大常委会副主任（2017年3月前）东营市人大常委会副厅级干部（2017年3月后）（九三学社）
马　俊（女）	东营市人大常委会副秘书长（2017年10月前）东营市人大常委会办公室调研员（2017年10月后）（无党派）
李红燕（女）	东营市人大常委会副秘书长（无党派）（2017年10月后）
王景春	东营市政协副主席（无党派）（2017年3月前）
张作龙	东营市政协副主席（民革）（2017年3月前）
王新红	东营市政协副主席（民盟）（2017年3月前）
生钦勇	东营市政协副主席、市工商联主席（无党派）
张义泉	东营市政协副主席、民革东营市委会主委（2017年3月后）
刘志坚	东营市政协副主席、九三学社东营市委会主委（2017年3月后）
王吉能	东营市政协副主席（无党派）（2017年3月后）
王新明	东营市政协副秘书长、提案委员会主任（2017年3月前）、民建市委会主委
李雪梅（女）	东营区人大常委会副主任、区计生协会常务副会长（无党派）
刘瑞俭	东营区政协副主席（无党派）
马献忠	东营区政协副主席、区地方史志办公室主任（无党派）
陈卫红（女）	东营区政协副主席、区司法局局长（无党派）
张兆栋	河口区政协副主席（无党派）
郭玉珍（女）	河口区人大常委会副主任（无党派）
杨　芳（女）	河口区政协副主席（无党派）
岳桂杰（女）	河口区政协副主席，区人民法院副院长（无党派）
戚德仁	广饶县政协副主席（无党派）
贾效国	广饶县政协副主席（民盟）
吴晨曦	广饶县政协副主席（无党派）
郑秀社	广饶县政协副主席（无党派）
刘海涛	广饶县政协常委（无党派）
陆长河	垦利区人大常委会副主任（无党派）
黄　虎	垦利区政协副主席、区职业中等专业学校副校长（无党派）
冯建国	垦利区政协副主席（无党派）
李朝晖（女）	垦利区政协副主席（无党派）
李玉红（女）	垦利区政协副主席（无党派）
刘立清	利津县人大常委会副主任、县工商联主席（无党派）
刘建民	利津县政协副主席（无党派）
岳春先	利津县政协副主席（无党派）
王　蕾	利津县政协副主席（无党派）

·烟台市·

潘仕友	烟台市人大常委会副主任（民建）
王成华（女）	烟台市人大常委会副秘书长（致公党）
田明宝	烟台市政协副主席（无党派）
李京波（女）	烟台市政协副主席、市人民检察院副检察长（农工党）
刘建峰	烟台市政协副主席、市文广新局调研员（无党派）
曲荣君	烟台市政协副主席、鲁东大学副校长（民进）
秦　松	烟台市政协副主席、中科院烟台海岸带研究所实验室主任（九三学社）
张行如	烟台市政协常委（致公党）
迟景国	烟台市政协副秘书长、调研员（无党派）
林　江	烟台市政协社会法制和民族宗教委调研员（无党派）
刘志庆	芝罘区人大常委会副主任（无党派）
郭桂英（女）	芝罘区政协副主席（无党派）
杜文韬	芝罘区政协副主席、区医院院长（无党派）

邵伟伟　芝罘区政协副主席、烟台高新区卧龙园管理委员会副主任（致公党）
井明霞（女）　芝罘区政协副主席（无党派）
杨　凯　福山区人大常委会副主任、区医院内二科主任（民盟）
张宏政　福山区政协副主席、区教体局副局长（无党派）
李彦香（女）　福山区政协副主席、区法院副院长（无党派）
金　峰（回族）　福山区政协副主席（无党派）
宋夕纯　福山区政协副主席、区工商联主席（无党派）
王莉莉（女）　莱山区政协副主席（无党派）
胡小宁　莱山区政协副主席（无党派）
丛新红（女）　莱山区政协副主席（民革）
黄晨林　莱山区政协副主席、区投资促进局局长（致公党）
孙　萍（女）　牟平区人大常委会副主任、区工商联主席
王　宁　牟平区政协副主席、养马岛旅游度假区土地规划 建设局局长（无党派）
车秀德　牟平区政协副主席（无党派）
侯雁冰　牟平区政协副主席（民进）
纪广惟　海阳市人大常委会副主任（无党派）
刘炳国　海阳市政协副主席（无党派）
于建章　海阳市政协副主席（无党派）
周绪刚　海阳市政协副主席（无党派）
郑　正　海阳市政协副主席、山东核电技术部部门副经理（无党派）
邹常厚　莱阳市人大常委会副主任（农工党）
姜国栋　莱阳市政协副主席（无党派）
张晓军　莱阳市政协副主席、市科技局局长、知识产权局局长（无党派）
祝学丹　莱阳市政协副主席、市经济技术开发区管委副主任（无党派）
刘振华　栖霞市人大常委会副主任（无党派）
孙宗升　栖霞市政协副主席（无党派）
崔韶霞（女）　栖霞市政协副主席、市侨联主席（无党派）
于凌飞　栖霞市政协副主席（无党派）
宋　霞（女）　蓬莱市人大常委会副主任（无党派）
寇润平　蓬莱市政协副主席、市职业中等专业学校校长（无党派）
刘云鹏　蓬莱市政协副主席（无党派）
丛　芸（女）　蓬莱市政协副主席（民盟）
王尊清　长岛县人大常委会副主任（无党派）
王作文　长岛县政协副主席、县旅游服务中心主任（无党派）
于淑波（女）　长岛县政协副主席（无党派）
吴小平（女）　龙口市人大常委会副主任（无党派）
李忠维　龙口市政协副主席、龙口市利佳电器有限公司董事长（致公党）
杨呈显　龙口市政协副主席、科协主席（无党派）
连淑琴（女）　龙口市政协副主席（无党派）
于艳丽（女）　龙口市政协副主席（无党派）
李广武　招远市政协副主席（无党派）
赵金菊（女）　招远市政协副主席、山东中矿集团有限公司董事长（无党派）
梁祝丽（女）　招远市政协副主席（无党派）
王宏伟　招远市政协副主席（无党派）
李文正　招远市政协副主席、市工商联主席（无党派）
梁艳霞（女）　莱州市人大常委会副主任（无党派）
刘笃深　莱州市政协副主席（无党派）
刘　芳（女，满族）　莱州市政协副主席、市国土资源局副局长（无党派）
班晓东　莱州市政协副主席（无党派）
刘臻艳（女）　莱州市政协副主席（无党派）

·潍坊市·

毛秀凤（女）　潍坊市人大常委会副主任、民盟省委会常委、市委会主委
李传恒　潍坊市政协副主席、九三学社市委主委
王贤臣　潍坊市政协副主席、市中级人民法院副院长、民进市委主委
李士来　潍坊市政协副主席、市工商联主席（致公党、九三学社）
李　平（女）　潍坊市政协副主席（无党派）（2017年2月前）
刘秀平（女）　潍坊市政协副主席、民建市委主委（2017年2月后）
王颖红（女）　奎文区人大常委会副主任（民革）
马雪莲（女）　潍城区人大常委会副主任（无党派）

蔡志敏　坊子区人大常委会副主任（民革）
马继山　寒亭区人大常委会副主任（民革）
王新民　青州市人大常委会副主任（无党派）
郑晓瑛（女）　诸城市人大常委会副主任、市妇幼保健中心副主任（无党派）
李昌武　寿光市人大常委会副主任、潍坊科技学院院长（无党派）
王洪书　安丘市人大常委会副主任（无党派）
李建军　昌邑市人大常委会副主任、市妇幼保健院院长（无党派）
施玉梅（女）　高密市人大常委会副主任（无党派）
许孝新　临朐县人大常委会副主任、县人民医院副院长（无党派）
周晓玲（女）　昌乐县人大常委会副主任（无党派）
陈立宝　奎文区政协副主席（民进）
李　莉（女）　奎文区政协副主席、区工商联主席（九三学社）
刘广斌　奎文区政协副主席（民盟）
刘宏亮（女）　潍城区政协副主席、区工商联主席（无党派）
李汝林　潍城区政协副主席、区审计局副局长（无党派）
王泳亮　潍城区政协副主席（致公党）
夏廷民　潍城区政协副主席（无党派）
于仁之　坊子区政协副主席（无党派）
常庆科　坊子区政协副主席（民建）
李叶忠　坊子区政协副主席、区工商联主席（无党派）
李子木　坊子区政协副主席（无党派）
刘伟宏　寒亭区政协副主席、区水利局副局长（无党派）
高允琴（女）　寒亭区政协副主席、区工商联主席（无党派）
王建岗　寒亭区政协副主席、区高新技术产业园管理办公室主任（民进）
张玉山　寒亭区政协副主席、区人民法院副院长（无党派）
牛建一　青州市政协副主席、潍坊市益都中心医院院长（致公党）
田玉强　青州市政协副主席（无党派）
马振春（回族）　青州市政协副主席（无党派）
张海铁　诸城市政协副主席、市知识产权局局长（无党派）
吴建智　诸城市政协副主席、市工商联主席（无党派）
臧晋运　诸城市政协副主席、市农机局副局长（无党派）
袁柳天　诸城市政协副主席、市统计局局长（无党派）
刘建安　寿光市政协副主席（无党派）
袁昌彪　寿光市政协副主席（民盟）
刘美霞（女）　寿光市政协副主席、市工商联主席、市民宗局局长（无党派）
高文浩　寿光市政协副主席、潍坊科技学院副院长（民盟）
王振红（女）　安丘市政协副主席、市科协主席（无党派）
马良明　安丘市政协副主席、市法院副院长（无党派）
王俊莉　安丘市政协副主席、市检察院副检察长（无党派）
冯义军　昌邑市政协副主席、市农业局副局长（无党派）
吴红玉（女）　昌邑市政协副主席（无党派）
李　敏　昌邑市政协副主席（无党派）
孙永涛　昌邑市政协副主席（民盟）
吴金晶　高密市政协副主席、市政府教育督导室督学（民盟）
李　薇（女）　高密市政协副主席、市旅游局局长（民盟）
倪若强　临朐县政协副主席、县科协主席（无党派）
白雪峰　临朐县政协副主席、县规划局局长（无党派）
于文瑞　临朐县政协副主席、县农业局总农艺师（无党派）
傅廷国　临朐县政协副主席、县住建局主任科员（无党派）
崔全华　昌乐县政协副主席（无党派）
滕恩禄　昌乐县政协副主席（无党派）
刘乐增　昌乐县政协副主席（无党派）

·济宁市·

陈　颖（女）　济宁市人大常委会副主任、城乡建设与环境资源保护委员会主任、民族侨务外事委员会主任，九三学社

济宁市委主委
戴伟娟（女） 济宁市政协副主席、文史资料委员会主任，济宁医学院高教园管理工作领导小组副组长（无党派）
郭洪敏 济宁市政协副主席、港澳台侨外事和民主宗教委员会主任，民盟济宁市委主委，市第一人民医院副院长
李良品 济宁市政协副主席、社会法制委员会主任，民进济宁市委主委，市中级人民法院副院长
班　博 济宁市政协副主席、人口资源环境委员会主任，致公党济宁市委主委，济宁医学院临床医学院常务副院长、济宁医学院附属医院副院长
刘兆泉 济宁市政协副秘书长、港澳台侨外事和民族宗教委员会副主任（九三学社）
高秀国 任城区人大常委会副主任（无党派）
刘鹭威 任城区政协副主席（无党派）
王正军 任城区政协副主席（民建）
颜光谱 任城区政协副主席（无党派）
宋新光 兖州区人大常委会副主任（无党派）
刘　春 兖州区政协副主席（无党派）（2017年1月前）
郭元强 兖州区政协副主席（无党派）
朱前春（女） 兖州区政协副主席、区妇幼保健计划生育服务中心主任（无党派）
刘保国 曲阜市人大常委会副主任（无党派）
李　刚 曲阜市政协副主席（民盟）
翟绪军 曲阜市政协副主席（民革）
胥国红（女） 曲阜市政协副主席（无党派）
王士珂 泗水县人大常委会副主任(九三学社)
周传祥 泗水县政协副主席（无党派）
宋恩林 泗水县政协副主席、泗水一中副校长（无党派）
蒋晓波 泗水县政协副主席（无党派）
孙启方 泗水县政协副主席、县检察院副检察长（无党派）
高善东 邹城市人大常委会副主任（无党派）
闫荣阶 邹城市政协副主席（民盟）
孟淑勤 邹城市政协副主席（民盟）
仇成全 邹城市政协副主席（无党派）
李德贵 微山县人大常委会副主任（民盟）
林　森 微山县政协副主席、县安监局副局长（无党派）
程　敏（女） 微山县政协副主席、县农机局局长（无党派）
孙　磊 微山县政协副主席（无党派）
韩光丽（女） 鱼台县人大常委会副主任、县经济开发区人大工作委员会主任（无党派）
王翠云（女） 鱼台县政协副主席、县工商联主席（无党派）
王海玲（女） 鱼台县政协副主席、县商务局副局长（无党派）
李　进 鱼台县政协副主席、县发改局副局长（无党派）
李　丽（女） 金乡县人大常委会副主任（无党派）
史衍岭 金乡县政协副主席（无党派）
孙和平 金乡县政协副主席（无党派）
赵仕福 金乡县政协副主席、县工商联主席（无党派）
储艳丽（女） 金乡县政协副主席、县民族宗教局局长（无党派）
王瑞峰 嘉祥县人大常委会副主任（民建）
高　歌（女） 嘉祥县政协副主席、县中医院院长（无党派）
王巧玲（女） 嘉祥县政协常委、办公室主任科员（民盟）
刘爱华（女） 汶上县人大常委会副主任（无党派）
魏明科 汶上县政协副主席、县工商联主席（无党派）
李臣兴 汶上县政协副主席（无党派）
郭宗林 汶上县政协副主席、县人民医院副院长（无党派）
冯　凯 汶上县政协副主席、县红十字会常务副会长（无党派）
刘　征 梁山县政协副主席、县商务局局长（九三学社）
王学灵 梁山县政协副主席、县供销社监事会主任（无党派）
于安玲（女） 梁山县政协副主席、民建济宁市委副主委、济宁市农产品质量检测中心主任

·泰安市·

王淑玲（女）　泰安市人大常委会副主任（2017年2月后）、市工商联主席（九三学社）
徐恩虎　泰安市政协副主席（2017年2月后），民革泰安市委主委
张庆明　泰安市政协副主席（2017年2月后），民建泰安市委主委
刘　君　泰安市政协副主席，市中心医院院长，九三学社泰安市委主委
王昌元　泰安市政协副主席，泰山医学院现代教育技术中心主任，民进泰安市委主委
孙岱峰　泰安市政协副主席（2017年2月后）、市中级人民法院副院长，民盟泰安市委主委
刘　凤（女）　泰山区人大常委会副主任（无党派）
李战德　泰山区政协副主席，市中医二院副院长（无党派）
张　玲（女）　泰山区政协副主席，区工商联主席（民盟）
孙圆景（女）　泰山区政协副主席，民进泰安市委秘书长
唐晓飞（女）　岱岳区人大常委会副主任，致公党岱岳区支部主委
游志成　岱岳区政协副主席、区科协主席（无党派）
法臣文（回族）　岱岳区政协副主席、区工商联主席（无党派）
肖　玲（女）　岱岳区政协副主席、区审计局总审计师，九三学社泰安市委副主委、岱岳区支社主委
徐建英（女）　岱岳区政协副主席，民盟泰安市委秘书长
渠红梅（女，回族）新泰市人大常委会副主任（民革）
张传军　新泰市政协副主席、市人民医院院长（农工党）
殷培文　新泰市政协副主席、市卫计局副局长，农工党新泰市总支主委
徐加柱　新泰市政协副主席、市建筑工程管理局局长（无党派）
马丽丽（女，回族）新泰市政协副主席、市工商联主席，九三学社新泰支社主委
王同华（女）　肥城市人大常委会副主任、市老龄办副主任（民革）
杨淑贞（女）　肥城市政协副主席、市文广新局副局长（无党派）
付振江　肥城市政协副主席、市工商联主席（致公党）
李红伟（女）　肥城市政协副主席、泰山护理职业学院基础医学教学部主任（农工党）
刘　琴（女）　肥城市政协副主席、市法院执行局局长（致公党）
尚　勇　宁阳县政协副主席（民革）
辛艳珍（女）　宁阳县政协副主席（无党派）
连桂荣　宁阳县政协副主席、县财政局副局长（无党派）
戴　伟　宁阳县政协副主席、县林业局局长（无党派）
李元申　东平县人大常委会副主任、县疾控中心主任（无党派）
吴绪季　东平县政协副主席、县农业局副局长（无党派）
王金艳（女）　东平县政协副主席、县工商联主席（无党派）
孟　光　东平县政协副主席、县人民医院副院长（致公党）

·威海市·

毕礼伟　威海市人大常委会副主任、民建威海市委主委
李淑芳（女）　威海市政协副主席、民革威海市委主委
戚建波　威海市政协副主席（无党派）
刘亚东（女）　威海市政协副主席、市体育局副局长（无党派）
陈伟胜　威海市政协副主席、民进威海市委筹委会主委（2017年3月后）
韩　静（女）　环翠区人大常委会副主任、民建威海市委副主委
隋良杰（女）　环翠区政协副主席、区工商联主席（无党派）（2017年2月后）
邓　洁（女）　环翠区政协副主席、区林业局副局长、九三学社环翠区支社主委
许德勤　环翠区政协副主席（民盟）
李健夫　文登区人大常委会副主任、区电

	业总公司副总经理（无党派）
王江炜	文登区政协副主席（无党派）
杨学文	文登区政协副主席、区法院副院长（无党派）
黄梅花（女）	文登区政协副主席、区工商联副主席（无党派）
姜红江	文登区政协副主席、整骨医院副院长（无党派）（2017 年 1 月后）
刘书国	荣成市人大常委会副主任（无党派）
刘建忠	荣成市政协副主席（无党派）
郭光远	荣成市政协副主席、市人民医院院长（无党派）
张新颖（女）	荣成市政协副主席（无党派）
武华锋	荣成市政协副主席、市教育局副局长、市第一中学校长（无党派）（2017 年 1 月）
侯常青	乳山市人大常委会副主任、市外商投资促进服务中心主任（无党派）
李新权	乳山市政协副主席、市水利局副局长（无党派）
丛宝云	乳山市政协副主席、市科技局副局长（无党派）
于　馗	乳山市政协副主席、山东省威海艺术学校副校长（无党派）（2017 年 1 月后）

• 日照市 •

梁云爱	日照市人大常委会副主任、民盟日照市委主委（2017 年 7 月前）
戚素芬（女）	日照市政协副主席、市党外知识分子联谊会会长（2017 年 2 月前）
王坤英（女）	日照市政协副主席、民革日照市委主委
董全宏	日照市政协副主席、九三学社日照市委主委
林玉营	日照市政协副主席、农工党日照市委主委
郇　梅（女）	日照市政协副主席、民进日照市委主委
王　诺（女）	东港区人大常委会副主任（无党派）
杨静静（女）	东港区政协副主席、区监察局副局长（民革）
申　蒙（女）	东港区政协副主席（致公党）
张永花（女）	东港区政协副主席、日照职业技术学院教务处处长（无党派）
韩建设	岚山区政协副主席（民盟）
谭　洁（女）	岚山区政协副主席、区总工会主席（九三学社）
王培玲（女）	岚山区政协副主席（民革）
邵仲毅	莒县人大常委会副主任（无党派）
常志全	莒县政协副主席（无党派）
刘香初（女）	莒县政协副主席（无党派）
徐志霞（女）	莒县政协副主席（不驻会）、县监察局副局长、民盟莒县支部主委
胡　靖（女）	五莲县人大常委会副主任（无党派）
赵荣芬（女）	五莲县政协副主席（无党派）
邬云海	五莲县政协副主席（无党派）
刘玉燕（女）	五莲县政协副主席、县旅游和文体广电局局长（无党派）

• 莱芜市 •

刘　杰（女）	莱芜市人大常委会副主任、民建莱芜市委员会主委
张桂爱（女）	莱芜市人民政府副市长、农工党莱芜市委员会主委
董　杰	莱芜市政协副主席、九三学社莱芜市基层委员会主委
赵　涛	莱芜市政协副主席、致公党莱芜市基层委员会主委
李兴实	莱芜市政协副主席、民盟莱芜市委主委
周长珍（女）	莱城区人大常委会副主任（无党派）
李润亭	莱城区政协副主席、莱芜职业中专教师（无党派）
王启壮	莱城区政协副主席、鲁中矿医院病理科主任（无党派）
孙晓昕（女）	莱城区政协副主席（致公党）
张卫静（女）	莱城区政协副主席、区工商联主席（民革）
侯尚俭	钢城区人大常委会副主任（无党派）
邹　峰	钢城区政协副主席（无党派）
尚翠芹	钢城区政协副主席（无党派）
潘长喜	钢城区政协副主席（民盟）
吴金学	钢城区政协副主席（农工党）

·临沂市·

冯　安（女）　临沂市人大常委会副主任、民进临沂市委主委

王晓嫚　临沂市政协副主席、市工商联主席（无党派）

任兴业　临沂市政协副主席、市食药监局局长、农工党市委主委

李宗涛　临沂市政协副主席、临沂商城管委会主任、九三学社市委主委

王启成　临沂市政协副主席（民革、九三学社）（2017年2月前）

刘继双　临沂市政协副主席（民盟）（2017年2月前）

丁成建　临沂市政协副主席（民进、民建）（2017年2月前）

王爱君（女）　兰山区人大常委会副主任（无党派）

宋敬华（女）　兰山区政协副主席，区工商联主席、九三学社兰山总支主委

王观利　兰山区政协副主席、科技局副局长（农工党）

张豪轩　兰山区政协副主席 、民进兰山总支主任

朱海燕（女）　兰山区政协副主席（无党派）

杜宝珍（女）　罗庄区人大常委会副主任、区纪委廉政教育中心主任、民进罗庄区支部主委

王志伟　罗庄区政协副主席、区科技局副局长，民革临沂市委副主委

李善农　罗庄区政协副主席、区水务局副局长（民盟）

何　雪（女）　罗庄区政协副主席、区红十字会会长（无党派）

盖慧涵（女）　河东区人大常委会副主任、区残联理事长（无党派）

李宗芬（女）　河东区政协副主席、区工商联主席（民建）

张炳才　河东区政协副主席、民进临沂市委副主委

李东芹　河东区政协副主席（无党派）

张　强　河东区政协副主席、区粮食局副局长（无党派）

梅占洋　郯城县政协副主席、区工商联主席（无党派）

张凤梅（女）　郯城县人大常委会副主任（无党派）

谢春红（女）　郯城县政协副主席、县计生协会常务副会长（无党派）

葛兆广　郯城县政协副主席、县职教中心校长（无党派）

李　玲（女）　兰陵县政协副主席、县科协副主任（无党派）

王　永　兰陵县政协副主席（无党派）

任　力（女）　兰陵县政协副主席、工商联主席（无党派）

焦中志　兰陵县政协副主任（九三学社）

郭秀章（女）　莒南县人大常委会副主任（无党派）

李贵续　莒南县政协副主席（无党派）

刘汉虎　莒南县政协副主席（无党派）

郑佩芹（女）　莒南县政协副主席（无党派）

王明晓（女）　莒南县政协副主席（无党派）

庞秀英（女）　沂水县人大常委会副主任（无党派）

郭春玲（女）　沂水县政协副主席（无党派）

赵清锋　沂水县政协副主席（无党派）

牛嗣红（女）　沂水县政协副主席（无党派）

张振田　沂水县政协副主席、县林业局副局长（无党派）

李玉国　蒙阴县人大常委会副主任、县工商联主席（无党派）

李　芸（女）　蒙阴县政协副主席、县科协主任（无党派）

李守才　蒙阴县政协副主席、县科技局副局长（无党派）

罗汉勤　蒙阴县政协副主席、县经信局副局长（无党派）

刘玉山　平邑县人大常委会副主任(无党派)

王　霞（女）　平邑县政协副主席（无党派）

张庆伟　平邑县政协副主席、县卫计局局长、县中医院院长（无党派）

王秀冬（女）　平邑县政协副主席、县审计局副局长（无党派）

吴庆民　平邑县政协副主席、县科技局副局长（无党派）

杨东霞（女）　费县人大常委会副主任、县工商联主席、总商会会长（无党派）

刘成武　费县政协副主席、县农业局副局长（无党派）

英静玲（女） 费县政协副主席、县果业局局长（无党派）
任庆珠 费县政协副主席、县卫计局副局长（农工党）
刘　露（女） 费县政协副主席、县史志办主任（无党派）
张生花（女） 沂南县人大常委会副主任（无党派）
宋汝金 沂南县政协副主席，县工商联主席（无党派）
孔庆德 沂南县政协副主席、县政府外事办主任、县电动车产业办主任（无党派）
高海梅（女） 沂南县政协副主席，县卫计局副局长（无党派）
卢京礼 沂南县人大办公室副主任（无党派）
郭允彩（女） 沂南县政协办公室副主任（无党派）
云雪飞（女） 临沭县人大常委会副主任（无党派）
朱孔科 临沭县政协副主席（无党派）
孟庆然 临沭县政协副主席、县教体局副局长（无党派）
李　秀（女） 临沭县政协副主席（无党派）
胡文君（女） 临沭县金融办主任、政协副主席（无党派）

·德州市·

钟　玲（女） 德州市人大常委会副主任、九三学社省委常委、市委主委、德州学院大学外语教学部主任
马春荣 德州市人大常委会副秘书长、研究室主任，民建德州市委副主委
马传先（女，回族）德州市政协副主席、致公党德州市委主委
康志民 德州市政协副主席、民盟德州市委主委
张彦才 德州市政协副秘书长
李和平（女） 德城区人大常委会副主任（九三学社）
刘惠平（女） 德城区政协副主席、区司法局副局长（九三学社）
王太勇 德城区政协副主席、区文联主席（民进）
戴连强 德城区政协副主席、九三学社德州市委会秘书长
高玉林 德城区政协副主席、区监察局副局长（民建）
李丰新 陵城区人大常委会副主任（无党派）
郭云山 陵城区政协副主席（无党派）
高长峰 陵城区政协副主席（民建）
李连明（女，回族）陵城区政协副主席（致公党）
武秀莲 陵城区政协副主席（无党派）
段昭基 禹城市人大常委会副主任（无党派）
孙凤云（女） 禹城市政协副主席（民盟）
李　艳（女） 禹城市政协副主席（无党派）
韩　东 禹城市政协副主席（无党派）
徐　玲（女） 禹城市政协副主席（民革）
王　静（女） 乐陵市人大常委会副主任（无党派）
马润洲 乐陵市政协副主席（无党派）
崔俊良 乐陵市政协副主席（民建）
寇静波（女） 乐陵市政协副主席（无党派）
解国勇 乐陵市政协副主席（无党派）
姜国华 宁津县人大常委会副主任（无党派）
方学武 宁津县政协副主席（无党派）
迟吉红（女） 宁津县政协副主席（九三学社）
于振建 宁津县政协副主席（农工党）
周　芹（女） 齐河县人大常委会副主任（九三学社）
郑桂萍（女） 齐河县政协副主席（无党派）
张景伟 齐河县政协副主席、县人民医院院长（无党派）
于　静（女，回族）临邑县人大常委会副主任、县疾控中心主任（致公党）
董玉德 临邑县政协副主席（无党派）
单玉森 临邑县政协副主席（无党派）
唐东一 临邑县政协副主席、县中医院副院长（无党派）
姚汝勇 平原县政协副主席、县工商联主席（九三学社）
李玉明 平原县人大常委会副主任（无党派）
朱春光（女） 平原政协副主席、县档案局局长（民盟）
马卫武 平原政协副主席、县人民医院副院长（农工党）
袁长霞（女） 武城县人大常委会副主任（致公党）
石尚贞 武城县政协副主席（致公党）
潘华伟（女） 武城县政协副主席（民进）
王广东 武城县政协副主席（无党派）

刘长青　夏津县人大常委会副主任（无党派）
袁敬华（女）　夏津县政协副主席、县特教学校校长（民进）
杨　红（女）　夏津县政协副主席（民进）
刘红晓（女）　夏津县政协副主席（民盟）
韩修波　夏津县政协副主席（无党派）
张金梅（女）　庆云县人大常委会副主任（农工党）
杨金堂　庆云县政协副主席（无党派）
窦文胜　庆云县政协副主席、县一中副校长（无党派）
王兴东　庆云县政协副主席、县人民医院副院长（九三学社）
张志博　庆云县政协副主席、县总工会主席（民盟）

·聊城市·

孙　菁（女）　聊城市人大常委会副主任、农工党市工委主委
张金伦　聊城市政协副主席、民进市委主委
黄　勇　聊城市政协副主席、九三学社市委主委
马卫红（女，回族）聊城市政协副主席、民建市委主委
孙凌云（女）　聊城市政协副主席（无党派）
刘继光　东昌府区人大常委会副主任、九三学社聊城市委副主委、九三学社东昌府区委名誉主委
闫　方　东昌府区政协副主席、民革东昌府区委主委
王万增　东昌府区政协副主席、民进聊城市委副主委、民进东昌府区委名誉主委（2017年7月去世）
张永利（女）　东昌府区政协副主席（无党派）
孙慧芳（女）　东昌府区政协副主席（无党派）（2017年1月后）
贾艳华（女）　临清市人大常委会副主任（无党派）
王俊山　临清市政协副主席（民建）
宛秋生（回族）　临清市政协副主席（无党派）
张学庚　临清市政协副主席（无党派）
姚　晨（女）　临清市政协副主席、民建临清支部主委
郭秀芳（女）　冠县人大常委会副主任（无党派）
苏法旺　冠县政协副主席（无党派）
边玉芝（女）　冠县政协副主席（无党派）
苏兴玲（女）　冠县政协副主席（无党派）
刘淑青（女）　莘县人大常委会副主任（无党派）
杨庆云（回族）　莘县政协副主席、民进聊城市委副主委
刘锡金　莘县政协副主席（无党派）
武清燕（回族）　莘县政协副主席（无党派）
宋玉平（女）　莘县政协副主席（无党派）
程仁国　阳谷县人大常委会副主任（无党派）
潘景会　阳谷县政协副主席（无党派）
闫邦一　阳谷县政协副主席（无党派）
冯继勇　阳谷县政协副主席（无党派）
王凌峰　阳谷县政协副主席（民建）
黄玉华　东阿县人大常委会副主任（无党派）
陈荣梅（女）　东阿县政协副主席（无党派）
杨星荣（女）　东阿县政协副主席（无党派）
李爱军（女）　东阿县政协副主席（无党派）
王恒庆　东阿县政协副主席（无党派）
张丽华（女，回族）茌平县人大常委会副主任（无党派）
曹志程　茌平县政协副主席（无党派）
费瑞金　茌平县政协副主席（无党派）
李　莉（女）　茌平县政协副主席（无党派）
巩德春　高唐县人大常委会副主任（无党派）
黄广鸿（女）　高唐县政协副主席（无党派）
刘维华　高唐县政协副主席（无党派）
常　婕（女）　高唐县政协副主席（无党派）

·滨州市·

刘　凤（女）　滨州市人大常委会副主任，农工党滨州市委主任委员，滨州医学院护理学院院长
万永格　滨州市政协副主席，民盟滨州市委主任委员
史　东　滨州市政协副主席，民革滨州市委主任委员
吴国瑞（女）　滨州市政协副主席，民建滨州市委主任委员
王方正　滨州市政协副主席，致公党滨州市总支部主任委员
侯学锋（女）　滨州市政协副主席、市工商联主席、市党外知识分子联谊会会长
李　峰　滨州市人大常委会民侨外工委副

	主任兼办公室主任
赵金芳（女）	滨州市政协委员联络工作委员会副主任
杨　军	滨州市政协人口资源环境委员会副主任
巩红梅（女）	滨州市政协委员活动工作室副主任
袁海芳（女）	滨州市政协调研员（2017年9月前）
孙兆泉	滨州市政协副秘书长，民革滨州市委副主委、秘书长
王　莉（女）	民盟滨州市委秘书长（2017年4月前）
商建文	滨州市人大常委会副秘书长，民建滨州市委副主委、秘书长
高立忠	滨城区人大常委会副主任（民建）
赵立军	滨城区政协副主席（无党派）
李　莉（女）	滨城区政协副主席（民盟）
何慧霞（女）	滨城区政协副主席（九三学社）
郭晓民	滨城区政协副主席，区工商联主席（农工党）
王　娜（女）	沾化区人大常委会副主任（民建）
陈　明	沾化区政协副主席（无党派）
张振华	沾化区政协副主席（无党派）
李国志	沾化区政协副主席（无党派）
郭庆学	沾化区政协副主席（无党派）
孟立军	惠民县人大常委会副主任、滨州市中心医院（结防院）副院长（无党派）
魏小蕾（女）	惠民县政协副主席（无党派）
王翠兰（女）	惠民县政协副主席、县工商联主席（无党派）
秘淑芳	阳信县人大常委会副主任（无党派）
王义军	阳信县政协副主席、县文广新局副局长（无党派）
赵永顺	阳信县政协副主席、县工商联主席、县商务局局长（民建）
马云霞（女，回族）	阳信县政协副主席、县科技局局长（2017年8月前）、县民宗局局长（2017年8月后）（无党派）
刘振华（女）	无棣县人大常委会副主任（无党派）
孔宪军	无棣县政协副主席、检察院副院长（无党派）
孟德辉	无棣县政协副主席（无党派）
张荣德	无棣县政协副主席（无党派）
高延华	无棣县政协副主席（无党派）
张新生	博兴县人大常委会副主任（无党派）
宋　珂	博兴县政协副主席、县人民医院院长（无党派）
安长东	博兴县政协副主席、县工商联主席（无党派）
王　磊	博兴县政协副主席（无党派）
毛海峰	博兴县政协副主席、县中医医院院长（民盟）
朱秀东	邹平县人大常委会副主任（无党派）
王允栋	邹平县政协副主席，县水利局局长（无党派）
耿洪海	邹平县政协副主席（无党派）
张　芬（女）	邹平县政协副主席、县工商联主席（民盟）
曲　坤	邹平县政协副主席（无党派）

·菏泽市·

汤建梅（女）	菏泽市人大常委会副主任（民盟）
黄秀玲（女）	菏泽市政协副主席（农工党）
孙凤云（女）	菏泽市政协副主席（致公党）
张建新	菏泽市政协副主席（无党派）
王晓梅（女）	牡丹区人大常委会副主任（无党派）
俞志顺	牡丹区政协副主席（2017年1月前）（民革）
刘　铮	牡丹区政协副主席（2017年1月后）（九三学社）
赵奎明	牡丹区政协副主席（无党派）
徐光进	曹县人大常委会副主任（无党派）
李士英（女）	曹县政协副主席（无党派）
吴大彦	曹县政协副主席（无党派）
王凤娟（女）	定陶区人大常委会副主任（无党派）
张宪春	定陶区政协副主席（无党派）
耿战秋	定陶区政协副主席（九三学社）
高奂文	定陶区政协副主席（九三学社）
魏凤云（女）	成武县人大常委会副主任（无党派）
陈承旭	成武县政协副主席（无党派）
朱坤玲（女）	成武县政协副主席（无党派）
刘清华（女）	成武县政协副主席（无党派）
朱艳霞（女）	单县人大常委会副主任（无党派）
吴基因	单县政协副主席（无党派）
王冠坤	单县政协副主席（无党派）
卜祥静（女）	单县政协副主席（无党派）

赵　瑞　单县政协副主席（无党派）
王海英（女）　巨野县人大常委会副主任（无党派）
魏玉坤（女）　巨野县政协副主席（无党派）
李平华　巨野县政协副主席（无党派）
尚瑞芬（女）　巨野县政协副主席（无党派）
王秀丽（女）　郓城县人大常委会副主任（民盟）
刘汉升　郓城县政协副主席（无党派）
曹运国　郓城县政协副主席（致公党）
孟玉生　郓城县政协副主席（无党派）
王凤芹（女）　鄄城县人大常委会副主任（无党派）
赵广华　鄄城县政协副主席（无党派）
祝传新　鄄城县政协副主席（无党派）
李宝纯　鄄城县政协副主席（无党派）
王成文　东明县人大常委会副主任（无党派）
王留锋　东明县政协副主席（无党派）
刘　鹏（女）　东明县政协副主席（无党派）
徐国忠　东明县政协副主席（无党派）

山东省各级政府及政府部门和司法机关县处级以上党外领导干部及厅级党外领导干部（不含人大、政协任职）

·省直·

王随莲（女）　副省长，九三学社中央常委、省委主委，十二届全国人大代表、十二届省人大代表（2017年4月前）
副省长，九三学社中央常委、省委主委，省工商联主席，十二届全国人大代表、十二届省人大代表（2017年4月至6月）
副省长，九三学社中央常委，全国工商联常委、省工商联主席，十二届全国人大代表、十二届省人大代表（2017年6月至12月）
副省长，全国工商联常委、省工商联主席，十二届全国人大代表、十二届省人大代表（2017年12月后）

张志勇　省教育厅副厅长，民进中央委员、省委副主委、省监督委员会主任（2017年4月前）
省教育厅巡视员，民进中央委员、省委副主委、省监督委员会主任（2017年4月至6月）
省教育厅一级巡视员，民进中央委员、省监督委员会主任（2017年6月后）

徐茂波　省科技厅巡视员，九三学社省委常委、省科技委员会主委（2017年6月前）
省科技厅一级巡视员，九三学社省委副主委（2017年6月至12月）
省科技厅一级巡视员，九三学社中央委员、省委副主委（2017年12月后）

马传凯（回族）　省民委主任（宗教局局长），致公党省委副主委（2017年5月至12月）
省民委主任（宗教局局长），致公党中央委员、省委副主委（2017年12月后）

赵胜村　省监察厅副厅长（无党派）
宋守军　省国土资源厅副厅长（无党派）

王玉志　省住房和城乡建设厅厅长，九三学社省委常委（2017年6月前）
省住房和城乡建设厅厅长，九三学社省委副主委（2017年6月至12月）
省住房和城乡建设厅厅长，九三学社中央委员、省委副主委（2017年12月后）

曹金萍（女）　省水利厅副厅长，民进省委常委，省社会组织联合会会长（2017年12月前）
省水利厅副厅长，民进中央监委会委员、省委常委，省社会组织联合会会长（2017年12月后）

庄文忠　省农业厅副厅长，民建中央委员、

	省委副主委
刘均刚	省林业厅厅长（无党派）
李国琳（女）	省文化厅副厅长，九三学社中央委员、省委常委、省文教委主委（2017年6月前）
	省文化厅副厅长，九三学社中央委员、省委副主委、文教委主任、青工委主任（2017年6月后）
宋新强	省卫计委副主任，民革中央委员、省委副主委（2017年4月前）
	省卫计委巡视员，民革中央委员、省委副主委（2017年4月至6月）
	省卫计委一级巡视员，民革中央委员、省委副主委（2017年6月后）
仇冰玉	省卫计委副主任，农工党省委副主委
邱枫林（女）	省卫计委副巡视员（无党派）（2017年6月前）
	省卫计委二级巡视员（无党派）（2017年6月后）
栾心勇	省审计厅副厅长（民革）（2017年5月前）
	省审计厅副厅长，民革省委常委（2017年5月后）
周　杰	省环保厅副厅长，民盟省委委员（2017年6月前）
	省环保厅副厅长，民盟省委常委（2017年6月后）
王延奎	省体育局副局长，农工党中央委员、省委副主委（2017年5月前）
	省体育局副局长，农工党中央委员（2017年5月至12月）
	省体育局副局长（2017年12月后）
蔡福安	省工商局副局长，民盟中央委员、省委常委、省直燕山支部主委（2017年6月前）
	省工商局一级巡视员，民盟中央委员、省委常委、省直燕山支部主委（2017年6月后）
罗新军	省安全生产监督管理局副局长（无党派）
张开兴	省人民法院副院长（无党派）（2017年3月前）
	省人民法院副院长（民革）（2017年3月至5月）
	省人民法院副院长、民革省委常委（2017年5月后）
王效彤	省人民检察院副检察长（无党派）
张宪省	山东农业大学校长、党委副书记（民盟、中共）
张洪海	曲阜师范大学校长、党委副书记（九三学社、中共）
杨　冰	曲阜师范大学副校长（无党派）
刘光烨	青岛科技大学副校长，致公党省委副主委、青岛市委主委（2017年12月前）
	青岛科技大学副校长，致公党中央委员、省委副主委、青岛市委主委（2017年12月后）
赵铁军	青岛理工大学副校长，九三学社省委委员、青岛市委主委（2017年4月前）
	青岛市政协副主席，青岛理工大学副校长，九三学社省委委员、青岛市委主委（2017年4月至6月）
	青岛市政协副主席，青岛理工大学副校长，九三学社省委副主委、青岛市委主委（2017年6月后）
张铁柱	山东理工大学校长、党委副书记（九三学社、中共）
陈月辉	济南大学副校长，致公党省委委员、济南大学支部主委（2017年5月前）
	济南大学副校长，致公党省委副主委、济南大学支部主委（2017年5月后）
刘　甦	山东建筑大学副校长（无党派）
曲荣君	鲁东大学副校长，民进烟台市委主委（2017年6月前）
	鲁东大学副校长，民进省委常委、烟台市委主委（2017年6月后）
原永兵	青岛农业大学副校长（九三学社）
王庆宝	泰山医学院副院长（九三学社、中共）
白咸勇	滨州医学院副院长（无党派）
李建军	济宁医学院副院长，农工党省委常委
刘晓静（女）	山东艺术学院副院长，民革中央委员、省委副主委
李　新（女）	山东工艺美术学院副院长（无党派）

张艳霞（女，满族）山东体育学院副院长，民盟省委委员、山东体育学院支部主委
徐世艾　山东工商学院副院长（无党派）
吕　涛　山东政法学院院长，民进省委常委（2017年6月前）
山东政法学院院长，民进省委副主委（2017年6月后）
刘德增　齐鲁师范学院副院长，民进省委副主委
张兆明　山东农业工程学院副院长（无党派）
温金祥　烟台职业学院院长，九三学社省委常委（2017年6月前）
烟台职业学院院长（2017年6月后）
张　晖（女）　山东药品食品职业学院院长（无党派）
顾润国　菏泽医学专科学校校长（九三学社、中共）
王鸣歧　民革中央委员、省委专职副主委
高贤德　民革省委秘书长
何桂兰（女，壮族）民革省委委员、副巡视员（2017年6月前）
民革省委委员、二级巡视员（2017年6月后）
董利忠　民盟省委专职副主委，省政协副秘书长（不驻会）（2017年12月前）
民盟中央委员、省委专职副主委，省政协副秘书长（不驻会）（2017年12月后）
于永晖　民建中央委员、省委专职副主委
李旭茂　民建省委秘书长（2017年5月前）
民建省委专职副主委（2017年5月后）
范　虎　民建省委秘书长（2017年5月后）
谷莎丽（女）　民建省委副巡视员（2017年2月至6月）
民建省委二级巡视员（2017年6月后）
骆宝臻（女）　民进中央委员、省委主委（2017年6月前）
郭永军　民进省委专职副主委（2017年12月前）
民进中央委员、省委专职副主委（2017年12月后）
王学爱（女）　民进省委秘书长
吕善勇　农工党中央委员、省委专职副主委
王　军　农工党省委秘书长（2017年5月前）
农工党省委专职副主委（2017年5月至12月）
农工党中央监委会委员、省委专职副主委（2017年12月后）
付　军　农工党省委秘书长（2017年5月后）
马传凯（回族）　致公党中央委员、省委专职副主委（2017年5月前）
姜　明（女）　致公党省委秘书长（2017年5月前）
致公党省委专职副主委（2017年5月至12月）
致公党中央委员、监委会委员、省委专职副主委（2017年12月后）
孙晓筠（女）　致公党省委秘书长（2017年5月后）
宋尚桂　九三学社省委专职副主委（2017年12月前）
九三学社中央委员、监委会委员、省委专职副主委（2017年12月后）
王　博　九三学社省委秘书长
王龙然　九三学社省委二级巡视员（2017年6月后）
刘冠凤（女）　省工商联巡视员（无党派）（2017年6月前）
省工商联一级巡视员（无党派）（2017年6月后）
郭建礼　省工商联专职副主席（2017年6月后）
宋艳丽（女）　省工商联副巡视员（民建）（2017年1月前）
徐　清（女）　省贸促会会长，民进省委副主委
肖培树　省老龄工作委员会办公室副主任，致公党省委常委（2017年5月前）
省老龄工作委员会办公室副主任（2017年5月后）
李掖平（女）　省作协副主席（不驻会）（无党派）
于联华（女）　省文联副主席（不驻会），致公党省委常委（2017年5月前）
省文联副主席（不驻会）（2017

年5月后）

孔维克　省文联副主席（不驻会），山东画院院长，民革中央委员、省委副主委

孙楂文　省文联副主席（不驻会）（无党派）

杨朝明　孔子研究院院长，民进省委委员、济宁市委副主委

•济南市•

王桂英（女）　济南市政府副市长，致公党山东省委副主委、济南市委主委

崔大庸　济南市政协副主席、市文化广电新闻出版局副局长，民盟山东省委副主委、济南市委主委

金德岭（回族）　济南市政协副主席、市城乡建设委员会副主任，民进山东省委副主委、济南市委主委

王建森　济南市工商局局长，民建山东省委副主委、济南市委主委

白秋生　济南市投资促进局巡视员，农工党济南市委副主委

刘作宗　济南市监察局巡视员，致公党济南市委副主委（2017年12月20日前）

济南市文化广电新闻出版局巡视员，致公党济南市委副主委（2017年12月20日后）

丁小玲（女，回族）济南市审计局副局长（无党派）

王翠香（女）　济南市司法局副局长，民建济南市委副主委

丁　毅　济南市经信委副主任（民革）

刘　霞（女）　济南市国土资源局副局长（无党派）

林海铭　济南市规划局副局长，民建济南市委常委

王传秋　济南市财政局副巡视员，民建济南市委副主委

杨志强　济南市卫计委副巡视员（九三学社）

陈　锐　济南市科技局副巡视员（九三学社）

宋　蔚（女）　济南市法院副院长，民建济南市委常委

衣光军　济南市检察院副院长，民革济南市委副主委

刘　佳（女，满族）历下区人民政府副区长，济南市人大代表

岳　红（女）　历下区经信局副局长，信息产业服务中心主任

杨东斌　历下区经信局副局长，民建历下区总支副主委，区政协委员

李剑波　历下区商务局副局长，致公党历下区总支副主委，区政协委员

王振东　历下区卫生和计划生育局副局长，民盟历下区基层委员会副主委，区政协委员

曲　芳（女）　历下区卫生和计划生育局副处级，致公党济南市委常委、历下区总支主委，区政协常委

孙　东　历下区食药监局副局长、区卫生和计划生育局副局长，九三学社历下区委员会副主委，区政协委员

刘保顺　历下区审计局调研员，区政协委员

王琼英（女）　历下区市场监督管理局调研员

毛爱军（女）　历下区体育局调研员，民盟济南市委常委、历下区基层委员会主委，区政协常委

李咸梁　市中区政府副区长、区工商联主席（九三学社）

梁　艳（女）　市中区卫生和计划生育局副局长，民盟市中区基层委员会副主委

丁　一（女）　市中区监察局副局长，民进市中总支副主委

孙　勇　市中区安监局副局长，民盟市中区基层委员会副主委

王瑞文　市中区司法局副局长，鲁源公证处主任（无党派）

吕杼容（女）　市中区人民法院副处级调研员（无党派）

尹　娜（女）　市中区泺源街道办事处副主任，农工党市中总支副主委

杨泉琳　市中区二七新村街道办事处副主任（民盟）

于　晶（女，回族）市中区工商联副主席（九三学社）

杨胜强　市中区国有资产监督管理委员会主任，九三学社市中区委员会主委

彭玉红（女）　市中区社区教育办公室副主任，致公党市中总支主委

李　清（女）　市中区妇幼保健计划生育服务中

心副主任（致公党）
张宝静（女） 市中区金融工作办公室副主任（无党派）
韩　炜（女） 市中区王官庄街道办事处社区服务中心主任（民建）
韩　辉（女） 市中区实验初中副校长（无党派）
刘元聚 市中区贸促会副会长（中共、民建）
张卫东 市中区魏家庄街道办事处社区服务中心主任，民进市中总支主委
周永忠 市中区政府项目资金管理中心副主任，民建市中总支副主委
张雨薇（女） 市中区经济责任审计办公室主任（民革）
孙炜农 市中区人防工程管理服务中心副处级（无党派）
陈　锐 民建槐荫区总支主委，槐荫区政府副区长，民建市委常委
李庆甲 槐荫区政协副主席，槐荫区农业发展局局长（九三学社）
吕红艳（女） 槐荫区生产力促进中心主任，民盟槐荫区基层委员会副主委
刘福云（女） 槐荫区农业发展局副局长，区政协常委（民进）
吴　波（女） 槐荫区民政局底核中心主任，致公党槐荫区总支委员会副主委
孙秀华（女） 槐荫区卫生局调研员，农工党槐荫区总支副主委
韩鲁娜（女） 槐荫区体育局副调研员，民盟槐荫区基层委员会副主委
孙翠芬（女） 槐荫区发改委物价局副调研员（无党派）
曹　峰 槐荫区体育局副调研员（民革）
王　静（女） 槐荫区卫生计生局副调研员，农工党槐荫区总支委员
张　剑 槐荫区食药局稽查大队大队长，民建槐荫区总支委员
华　刚 槐荫区统计局副调研员（无党派）
刘莹莹（女） 槐荫区法院副院长，槐荫区政协常委（无党派）
王　尧 槐荫区法院副调研员（无党派）
刘希红（女） 槐荫区检察院驻西客站监察室主任（无党派）
王　睿 天桥区人民政府副区长（无党派）
李汝奎 天桥区食药监局副局长（无党派）
慈勤玲（女） 天桥区人民法院调研员（无党派）
周宗雁 天桥区人民检察院调研员（无党派）
郭　芳（女） 天桥区科技局调研员（民进）
李东强 天桥区人民检察院副调研员（无党派）
李　峰 天桥区外事侨务办公室副主任（无党派）
房晓鸣 天桥区教育局教育教学研究中心主任（农工党）
孙晓蔓（女） 天桥区审计局副调研员（无党派）
于　雁（女） 天桥区民政局低收入家庭经济状况核对中心主任（民盟）
黄　伟 天桥区司法局普法办副主任（无党派）
张　铬 天桥区环保局副局长（无党派）
郑颖旭 天桥区文化局副局长（九三学社）
王海霞（女） 天桥区文化局副调研员（九三学社）
郎庆文（女） 天桥区民政局双拥办副主任（无党派）
赵思菲（女） 天桥区社会经济综合调查队队长（无党派）
周方政 天桥区贸促会副主席（无党派）
刘风宝 天桥区政府项目资金管理中心副主任（民盟）
弭　娜（女，回族） 天桥区投资促进服务中心副主任（民进）
刘　军 天桥区无影山街道办事处副主任（民革）
何　莉（女） 天桥区人社局农村社会养老保险管理处主任（民革）
张　萍（女） 天桥区北园街道办事处副主任（无党派）
张东耀 历城区机关行政事务管理局副局长、调研员（无党派）
张传森 历城区工商联主席，农工党历城区总支主委
赵　彤 历城区农业局副局长、调研员（民进）
金兆坤 历城区发改委副主任（民盟）
李　纲 历城区农业局副处级干部（无党派）
高桂丽 历城区水务局副局长（无党派）

韩少敏　历城区民宗局副局长（民盟）
李金娣　历城区节能办主任，民革历城区总支主委
窦希梅　历城区遥墙法庭庭长（无党派）
张诗春　唐冶新区管理委员会副主任（致公党）
王效慧　历城区鲍山街道办事处副主任，致公党历城区总支副主委
任玉琴　历城区房屋征收服务中心副主任，民建历城区总支主委
陈　萍　历城区科技局副局长（民进）
赵　鑫　历城区食药监局副局长，民进历城区总支副主委
李轶锋　长清区副区长（民革）
殷　晓（女）　长清区工商联主席（农工党）
张　茜（女）　长清区政协提案委主任（九三学社）
禹淑红（女）　长清区监察局副局长（致公党）
蔡河江　长清区科技局副局长（无党派）
张　明　长清区文广新局调研员（无党派）
李大鸾（女）　长清区发改委副调研员（无党派）
王　凌（女）　长清区纠风执法监察办公室副调研员（无党派）
吕　华（女）　长清区卫计局副调研员（无党派）
王少华　章丘区卫计局调研员（无党派）
马　强　章丘区市场监管局调研员（无党派）
李　红（女）　章丘区科技局副局长，民盟章丘区基层委员会副主委
费玉萍（女）　章丘区司法局副局长（无党派）
吴春明　章丘区人社局副调研员（九三学社）
刘学峰（女）　章丘区卫计局副局长（无党派）
陈军华（女）　章丘区法院副处级审判员（无党派）
侯秀贞（女）　平阴县人民政府副县长（无党派）
郭冬梅　济阳县人民政府副县长（无党派）
崔泽花（女）　商河县人民政府副县长，商河县工商联主席（无党派）
刘继明　南部山区管委会生态保护局局长（无党派）
刘庆福　济南市历城区精神卫生防治中心主任（九三学社，中共）

·青岛市·

栾　新（女）　青岛市政府副市长（民进）
尹明琴（女）　青岛市政府侨办主任，民革青岛市委副主委
鲍国春　青岛市食品药品监督管理局巡视员（农工党）
崔　作　青岛市监察局副局长，民盟青岛市委副主委
王书剑　青岛市司法局（监狱管理局）副局长（无党派）
王咸宁　青岛市国土资源与房屋管理局副局长（无党派）
贺如泓（女）　青岛市水利局副局长（无党派）
宣世英（女）　青岛市卫生和计划生育委员会副主任，市立医院院长，农工党青岛市委主委
潘　强　青岛市审计局副局长（群众）
王　亮　青岛市工商局副局长（农工党）
刘龙江　青岛市质监局副局长（无党派）
林光琳（女）　青岛市政府教育督导室副主任督学（民进）
熊　红（女）　青岛市文化市场行政执法局副局长（无党派）
李焕亭　青岛市人民法院副院长（无党派）
张　薇（女）　青岛市检察院副检察长、检委会委员（民进）
孙晋华　市南区政府副区长（民建）
仲　荣（女）　市南区审计局副局长（民建）
于衍萍（女）　市南区卫生和计划生育局局长（无党派）
张　萍（女）　市南区安监局副局长（群众）
崔　羿　市南区法制办副主任（无党派）
周宗刚　市南区国有企业监事会专职监事（副处级），海诺投资公司监事会主席（无党派）
王同柱　市南区香港中路街道办事处副主任（民盟）
李　静（女）　市南区湛山街道办事处副主任（民盟）
韩昕莅（女）　市南区珠海路街道办事处副主任（无党派）
关　键　市南区八大峡街道办事处副主任（民革）
王冰冰（女）　市南区金融办副主任（民盟）
曲　波　市南区检察院副检察长（民进）

卞　涛（女）　市南区人民法院副院长（致公党）
刁丽霞（女）　市南区教体局教育研究中心副主任（民盟）
李　华（女）　市南区红十字会专职副会长（民盟）
马志梅（女）　青岛第七中学副校长，民进市南区基层委员会副主委
李　霞（女）　青岛第 24 中学副校长（群众）
童　煜（女）　市北区政府副区长，民盟市北区工委主委
姜锐锋　市北区教育局副局长（无党派）
于小倩（女）　市北区科技局副局长，致公党市北区基层委副主委
孟晓慧（女）　市北区监察局副局长（无党派）
李建国　市北区老龄办主任（2017 年 10 月 18 日后）（民盟）
徐　辉（女）　市北区司法局副局长，致公党市北区基层委副主委
王文浩　市北区财政国库支付中心主任（2017 年 10 月 18 日后）（民建）
王秀丽（女）　市北区属国有企业第一监事会主席，建投集团监事会主席（无党派）
刘德芝（女）　市北区属国有企业第二监事会监事，城发集团监事（2017 年 10 月 18 日后）（致公党）
赵树茂　市北区劳动人事争议调解仲裁院院长（民革）
于镜龙　市北区文化新闻出版局副局长（2017 年 10 月 18 日后），致公党市北区基层委副主委
马海莉（女，壮族）市北区卫生和计划生育局副局长（2017 年 10 月 18 日后），民盟市北区工委副主委
黄文辉（女）　市北区计划生育协会副会长（无党派）
刘惠民　市北区审计局副局长（无党派）
王　霞（女）　市北区体育局局长（2017 年 5 月 2 日后），九三学社市北区基层委主委
姜新民　市北区体育局副局长、二级调研员（无党派）
苑振强　市北区统计局局长（2017 年 5 月 2 日后）（农工党）
董锡全　市北区政协副主席，区人民法院副院长，民建市北区基层委主委
高昌华　市北区检察院副检察长（无党派）
刘春花（女）　李沧区政府副区长（民建）
徐敬青（女）　李沧区科技局局长（民进）
赵　蓉（女）　李沧区建管局副局长，民革李沧支部主委
李修枫（女）　李沧区法制办副主任（民盟）
姚文汇　李沧区安监局副局长（民盟）
郭　卫　李沧区机关事务局副局长(民进)
陈黎明（女）　李沧区发改局副局长（致公党）
胡铁民　李沧区审计局副局长（无党派）
侯宗梅（女）　李沧区教体局副局长（无党派）
王　静（女）　李沧区统计局副局长（无党派）
乔洪利　李沧区残联副主席（无党派）
陈　红（女）　李沧区综合行政执法局副局长（无党派）
高　牛　李沧区综合行政执法局副调研员（无党派）
马改蓉（女）　李沧区检察院副检察长，民盟李沧区委员会主委
文学良（彝族）　李沧区人民法院副院长（无党派）
郭振栋　崂山区政府副区长（致公党）
孙仁杰　崂山区审计局副局长（民革）
黄淑波（女）　崂山区文化局局长（民进）
王　薇（女，仡佬族）崂山区旅游局局长（无党派）
于鸣溅　崂山区科技局副局长兼任青岛高新技术创业服务中心主任(民盟)
曹鹏利(女，满族)　崂山区卫生和计划生育局副局长（民建）
夏　林　崂山区食品药品监督管理局副局长（群众）
于荣玲（女）　崂山区食品药品监督管理局调研员（无党派）
王光辉　崂山区人民法院副院长（民盟）
张磊娜（女）　西海岸新区管委副区长（无党派）
李　巍　西海岸新区城管局局长(无党派)
刘守田　西海岸新区卫生和计划生育局副局长（农工党）
刘仲台　西海岸新区食品药品监督管理局副局长（无党派）
丁丛蓉（女）　西海岸新区副局长（无党派）
隋俊昌　西海岸新区工信局副局长（九三学社）

张茂启　西海岸新区发改局副调研员（无党派）
贾凤岳（女）　西海岸新区商务局副调研员（无党派）
付玉华（女）　西海岸新区市场和质量监管局副局长（民进）
苟文杰（女）　西海岸新区财政局调研员（无党派）
王洪宾　西海岸新区发改局副局长、灵山湾影视文化产业区指挥部土地规划建设处副处长（民进）
王　敏　西海岸新区文化广电新闻出版局副调研员、文联副主席（无党派）
张仁平　西海岸新区教体局副局长（无党派）
王　波　西海岸新区安全生产监管执法局副局长，青岛经济技术开发区安全生产监管执法局局长（九三学社）
徐　立（女）　西海岸新区薛家岛街道办事处副主任（无党派）
王洪玮（女）　西海岸新区隐珠街道办事处副主任（无党派）
张焕平（女）　西海岸新区胶南街道办事处副主任（无党派）
梁民江　西海岸新区红石崖街道办事处副主任（无党派）
李传文　西海岸新区大村镇副镇长（民建）
朱亚军　西海岸新区王台镇副镇长（民建）
唐晓鲁　黄岛区人民法院副院长（无党派）
于永伟（女）　黄岛区检察院副检察长（无党派）
李玉海　城阳区政府副区长（农工党）
于文潭　城阳区监察局副局长（无党派）
刘建民　城阳区审计局副局长（无党派）
梁小平（女）　城阳区城市规划建设局副局长、调研员（无党派）
张瑞岩（女）　城阳区教育体育局副局长（民盟）
张　洁（女）　城阳区科学技术局副局长（民盟）
纪家强　城阳区统计局副局长（民建）
张元清　城阳区安全监管局副局长（无党派）
于　芝（女）　城阳区卫生和计划生育局副局长（无党派）
皮海波　城阳区检察院副检察长（群众）
李　黎（女）　即墨区政府副区长（民进）
王平建　即墨区人民法院副院长（民盟）
耿兴君　即墨区检察院副检察长（无党派）
迟超勋　即墨区文化广播新闻出版局副局长（民进）
汤凤兰（女）　即墨区审计局副局长（农工党）
高　燕（女）　胶州市政府副市长（民盟）
于敬军　平度市政府副市长（2017 年 1 月 22 日后），农工党青岛市委常委
丁朝霞（女）　莱西市政府副市长（无党派）

·淄博市·

张庆盈（女）　淄博市政府副市长，民革市委副主委
饶明忠　淄博市政府特邀咨询（民革）
陶志民　淄博市法院副院长，正县级干部（无党派）
张志超　淄博市政府法制办主任，市行政服务中心主任（无党派）
尹玉法　淄博市监察局副局长、调研员（无党派）
吴建虹　淄博市科技局副局长（无党派）
林治国　淄博市住房和城乡建设局副局长，民建市委副主委
崔新花（女）　淄博市林业局副局长（无党派）
李玉福　淄博市文化广电新闻出版局副局长、调研员（民进）
刘观湘　淄博市卫生和计划生育委员会副主任（无党派）
刘志强　淄博市卫生和计划生育委员会副主任（无党派）
房　虹（女）　淄博市审计局副局长（无党派）
杨　永　淄博市法院司法技术管理处处长、副县级干部，民盟市委副主委
张志毅　淄博市地震局调研员（民建）
李寅萍（女）　周村区政府副区长，红十字会会长（九三学社）
张欣欣（女）　高青县政府副县长（九三学社）
张莹莹（女）　沂源县政府副县长（无党派）

·枣庄市·

刘吉忠　枣庄市政府副市长，民盟枣庄市委主委
杨庆东　枣庄市教育局副局长（致公党）
张　伟　枣庄市司法局副局长（无党派）

李　慧（女）　枣庄市规划局局长（无党派）
吕东来　枣庄市旅游和服务业发展委副主任，民革枣庄市委副主委
任怡春（女）　枣庄市卫生计生委副主任（无党派）
于　晨（女）　枣庄市审计局副局长（无党派）
薛宝政　枣庄市环保局副局长，九三学社枣庄市委副主委
林　青（女）　枣庄市体育局局长，农工党枣庄市委副主委
邵泽法　枣庄市体育局副局长（无党派）
张德琦　枣庄市检察院副检察长（九三学社）
马洪玲（女）　峄城区政府副区长，农工党枣庄市委副主委
张健民　台儿庄区法院副院长（无党派）

·东营市·

王吉能　东营市人民政府副市长（2017 年 3 月前）（无党派）
冯艺东　东营市人民政府副市长（2017 年 1 月后）（民盟）
王秀凤（女）　东营市食品药品监督管理局局长，致公党东营市支部主委
王志安　东营市经济和信息化委员会副主任（2017 年 5 月前），东营市统计局局长（2017 年 5 月后）（无党派）
马占峰　东营市司法局调研员（无党派）
燕海云（女）　东营市农业局副局长（2017 年 2 月前）（无党派）
东营市农业科学研究院院长（2017 年 2 月后）（无党派）
王进河　东营市海洋经济发展研究院院长，九三学社市委会副主委
徐冬梅（女）　东营市计生协会常务副会长，九三学社市委会副主委（2017 年 10 月后）
刘月良　东营市农业局副局长（2017 年 12 月后）（无党派）
马玉兰　东营市民政局副调研员，致公党东营市支部副主委（2017 年 12 月后）
李志山　东营市政府投资审计办公室主任（2017 年 12 月前），东营市非税收入征收管理局副局长（2017 年 12 月后）（无党派）
王玉文　东营市文广新局副局长，民进东营市总支主委（2017 年 12 月后）
燕少华　东营市体育总会办公室（东营市老年人体育协会办公室、东营市奥林匹克体育中心）主任（2017 年 12 月后）（无党派）
郭乃利　东营市科技局副局长（2017 年 12 月后）（无党派）
许钦增　东营市口岸办副主任（无党派）
尹芳田　东营市财政局副局长（无党派）
李延庆　东营市城市规划设计研究院院长（无党派）
王培庆　省农广校东营市分校（市农村科技教育培训中心）校长（主任）（民盟）
张冬梅（女）　东营市审计局总审计师（无党派）
温绍云（女）　东营市审计局经济技术开发区分局（东营港开发区审计分局）局长（无党派）
李春庆　东营市林业局副调研员（无党派）
牛效强　东营市住建委副调研员，民建市直三支部副主任
牛金臣　东营市检察院副检察长，民建市委副主委
宋学民　东营市法院副院长（无党派）
巴沾红（女）　东营区副区长（无党派）
胡　琳　河口区政府副区长（无党派）
迟　健（女）　广饶县政府副县长（无党派）
郭乃利　利津县政府副县长（2017 年 12 月前）（无党派）

·烟台市·

张　波（女）　烟台市政府副市长（无党派）
张邦业　烟台市审计局调研员（无党派）
王培学　烟台市监察局副局长（无党派）
李　玲（女）　烟台市文化广电新闻出版局副局长（无党派）
王　瑞　烟台市食品药品监督管理局副局长，民盟烟台市委副主委（民盟）
崔　伟　烟台市卫生和计划生育委员会副主任（无党派）
邹志强　烟台市卫生和计划生育委员会副主任，市传染病医院院长，九三学社烟台市委主委
姜洪波（女）　烟台市司法局副局长，民进烟台市委副主委（民进）
孙小侠　烟台市商务局副县级干部（无党派）

宋毅骏　烟台市投资促进局副局长（无党派）
王少琴（女）　烟台市城市水源工程建设管理局总工程师（无党派）
董翠娜（女）　烟台市文化艺术界联合会副主席（九三学社）
于　泳　烟台市法制办副主任，民进烟台市委副主委
杨　林　烟台市人民对外友好协会副会长（无党派）
吴　颖（女）　烟台市人民对外友好协会副调研员（无党派）
杨世安　烟台市政府驻韩国代表处首席代表（民盟）
王茂波　烟台市疾病预防控制中心副主任，农工党烟台市委副主委
朱春红（女）　烟台市老干部活动中心副主任（无党派）
李　娟（女）　烟台市数字化城市管理监督中心副主任（无党派）
迟万提　亚太国际贸易中心副主任（无党派）
于军修　莱山区政府副区长（无党派）
王晓燕（女）　海阳市政府副市长（无党派）
隋玉娜（女）　蓬莱市政府副市长（无党派）
陈端梅（女）　长岛县政府副县长（无党派）
王秀姬（女）　招远市政府副市长（民建）
李亚林（女）　莱州市政府副市长（无党派）
姜　涛　烟台经济技术开发区卫生和人口计划生育局副调研员（农工党）
王　颖（女）　烟台高新区管委副调研员（无党派）

·潍坊市·

王桂英（女）　潍坊市政府副市长（2017年2月前）（致公党）
李　平（女）　潍坊市政府副市长（2017年2月后），市食品药品监督管理局局长（2017年4月前）（无党派）
李端梅（女）　潍坊市教育局副局长（民进）
安卫红（女）　潍坊市科技局副局长（民盟）
单连功　潍坊市司法局副局长（无党派）
刘秀平（女）　潍坊市市政局调研员，民建市委主委
叶　林　潍坊市海洋与渔业局副局长（民建）
孙建秋（女）　潍坊市文化广电新闻出版局副局长（无党派）
任翠爱（女）　潍坊市卫生与计划生育委员会副主任（无党派）
王卫东　潍坊市体育局副局长（无党派）
许传平　潍坊市监察局副局长（无党派）
刘洪营　潍坊市人防办副主任（无党派）
岳　元　潍坊市环保局副调研员（无党派）
赵同祥　奎文区政府副区长（九三学社）
曹　春　潍城区政府副区长（致公党）
赵海龙　昌邑市政府副市长（致公党）
张惠玉　临朐县政府副县长（无党派）
陈　曦　潍坊市人民检察院副检察长（无党派）
于冬菊（女）　潍坊市食品谷推进协调办公室主任（无党派）

·济宁市·

吴霁雯（女）　济宁市政府副市长，民建济宁市委主委
李克学　济宁市工商联主席，市民族宗教事务局局长（民建）
董学琛　济宁市体育局局长（无党派）
刘海涛　济宁市城乡规划局调研员，民进济宁市委副主委
孔祥利　济宁市水利局副局长，致公党济宁市委副主委
孙　进　济宁市审计局副局长（无党派）
李长华（女）　济宁市统计局副局长，九三学社济宁市委副主委
李　玲（女）　济宁市民政局副局长，民进济宁市委副主委
李连习　济宁市科技局副局长（无党派）
沙东娟（女）　济宁市民族宗教事务局副局长（无党派）
宋忠逵　济宁市政府法制办公室副主任（无党派）
郝　民　济宁市教育局副局长（民进）
相广灿　济宁市监察局副局长（无党派）
高广勇　济宁市环境保护局副局长，致公党济宁市委副主委（2017年9月后）
刘绪军　济宁市商务局副调研员（无党派）
孔凡学　济宁市人民检察院副检察长（正县级）（无党派）
褚福梅（女）　兖州区政府副区长，九三学社济宁市委副主委
杨晓东　曲阜市政府副市长（无党派）
孙启方　泗水县政协副主席，县检察院副检

察长（无党派）
吴　婧（女）　邹城市政府副市长，民盟济宁市委副主委
王　毅　微山县政府副县长（民建）
李清霞（女）　鱼台县政府副县长（无党派）
杨美兰（女）　金乡县政府副县长（无党派）
宁瑞锋　嘉祥县政府副县长（民革）
布方峰　汶上县政府副县长（民革）
孙　颖（女）　梁山县政府副县长，县工商联主席（九三学社）
马　磊（女）　济宁太白湖新区管委会副主任（民盟）

·泰安市·

袁久党　泰安市政府副市长（2017年2月后），市安全生产监督管理局局长（民建）
孙岱峰　泰安市政协副主席（2017年2月后），市中级人民法院副院长，民盟泰安市委主委
苏雪峰（女）　泰安市教育局副局长(正县级)(2017年2月后)，民进泰安市委副主委
张克峰　泰安市教育局调研员（无党派）
刘　磊　泰安市司法局调研员（民革）
英　玲（女）　泰安市住建局调研员（民建）
齐田峰　泰安市农业局调研员（2017年2月后）（民进）
谭晓蕾（女）　泰安市监察局副局长（民进）
韩　明　泰安市规划局副局长（无党派）
朱　丽（女）　泰安市文化广电新闻出版局（市文物局）副局长，民革泰安市委副主委
赵兴广（回族）　肥城市政府副市长（无党派）
柳桂敏（女）　宁阳县政府副县长（民建）
程　鹏（女）　东平县政府副县长（民革）

·威海市·

杨　丽（女）　威海市政府副市长（无党派）（2017年1月后）
周　宁　威海市统计局局长，民盟威海市委主委（2017年6月后）
陈伟胜　威海市监察局副局长，民进威海市委筹委会主委（2017年3月前）
孙思深　威海市审计局副局长（无党派）
郭承宇　威海市文广新局副局长（无党派）
刘亚东（女）　威海市体育局副局长（无党派）
朱文娟（女）　威海市食药监局副局长（无党派）（2017年5月前）
徐　伟（女）　威海市卫生局副局长（农工党）
高　杨　威海市水利局副局长（无党派）
杨　芳（女）　威海市科技局副局长（农工党）（2017年9月后）
孟艳玲（女）　文登区政府副区长（九三学社）
王继静（女）　荣成市政府副市长（无党派）
宫洪霞（女）　乳山市政府副市长（无党派）（2017年1月后）

·日照市·

林彦芹（女）　日照市政府副市长，致公党日照总支主委
林玉营　日照市文广新局副局长，市政协副主席，农工党日照市委主委
董全宏　日照市监察局副局长，市政协副主席，九三学社日照市委主委
林彦芹（女）　日照市中级人民法院副院长，致公党日照总支主委
陈祥金　日照市交通运输局副局长，市党外知识分子联谊会副会长（无党派）
陈　丰　日照市工商联主席，市科技局局长，市党外知识分子联谊会副会长兼秘书长（无党派）
张宗焕　日照市侨联主席，致公党总支副主委
费　融　日照市环保局副局长，民革市委委员
胡尊良　日照市教育局副局长，民盟市委主委
刘晓华（女）　日照市民间组织管理局局长（无党派）
王利侠（女）　东港区政府副区长（无党派）

·莱芜市·

邹学博　莱芜市中级人民法院副院长(无党派)
李登杰　莱芜市统计局副局长（无党派）
何文红（女）　莱芜市科技局副局长（无党派）
杨桂钊　莱芜市人大常委会财政经济委员会主任委员，农工党莱芜市委员会副主委
韩国强　莱芜市安监局副局长（民盟）
郭　芳（女）　莱芜市食品药品监管局副局长(民建)
刘振伟　莱芜市农业局副局长，民进莱芜市基层委员会主委
刘俊敏　莱芜市卫计委副主任（民盟）

杨文安　莱芜市审计局副局长，民建莱芜市委员会副主委
亓　剑　莱芜市水资源管理办公室（市节约用水办公室）主任（民进）
朱应彬　莱芜市规划局副局长（无党派）
李娅丽（女）　莱城区政府副区长，民盟莱芜市委员会副主委
李秀芳（女）　钢城区政府副区长，民建莱芜市委员会副主委

·临沂市·

张玉兰（女）　临沂市政府副市长（无党派）
张艳丽（女）　临沂市卫计委副主任，市妇女儿童医院院长（无党派）
张春腾　临沂市质监局调研员（无党派）
祝远昌　临沂市教育局调研员（无党派）
尹云平　临沂市经信委工会主任（无党派）
刘庆云（女）　临沂市科技局副局长（民盟）
李　楠（女）　临沂市司法局副局长（无党派）
张建华　临沂市文广新局副局长（无党派）
闫光星　临沂市文物局局长（民盟）
张学金　临沂市体育局工会主任（无党派）
韩冬梅（女）　临沂市统计局副局长，农工党市委副主委
杨忠森　临沂市审计局副局长，民进市委副主委
孙沂东　临沂市监察局副局长（无党派）
晁德新　临沂市招商局副调研员（民建）
李照东　临沂市园林局副局长，滨河景区管委会办公室副主任（无党派）
庄乾元　临沂市地震局副局长，民建市委主委
褚　冰（女）　河东区政府副区长（九三学社）
祖丽梅（女）　沂南县政府副县长（无党派）
于丽华（女）　临沭县政府副县长（无党派）

·德州市·

商怀君　德州市政府副市长，农工党德州市委主委
路　平（女）　德州市政府法制办副主任（农工党）
许　慧（女）　德州市政府办公室副调研员（无党派）
郝吉国　德州市发改委重点项目办副主任（致公党）
李晓梅（女）　德州市司法局副局长，民进德州市委副主委
戴希祥　德州市审计局调研员（无党派）
谢俊杰（女）　德州市漳卫南运河污水改排工程管理处主任（无党派）
张洪伟　德州市商务局副调研员（致公党）
刘浩儒　德州市水利局副局长（无党派）
李　挺　德州市畜牧局副调研员，农工党德州市委副主委
高　红　德州市土地储备中心主任，民建德州市委副主委
张　苹（女）　德州市监察局副局长，民盟德州市委副主委
田正祥　德州市安监局调研员，九三学社德州市委副主委
孙金鑫　德州市公用事业局副局长，致公党德州市委副主委
孙大鹏　德城区政府副区长（九三学社）
杜昌春　陵城区政府副区长（致公党）
武秀莲（女）　陵城区检察院专职检委会委员（无党派）
司红玉（女）　禹城市政府副市长（民进）
苗建东　禹城市政府副县级干部（九三学社）
牟正君（女，满族）　乐陵市政府副市长（民盟）
王新志　宁津县政府副县长（民进）
赵传雷　齐河县政府副县长（民盟）
孟令军　临邑县政府副县长（民盟）
何新梅（女）　平原县政府副县长（农工党）
孙旭红（女）　武城县政府副县长（无党派）
任桂英（女）　夏津县政府副县长（九三学社）
胡晓琴（女）　庆云县政府副县长（无党派）

·聊城市·

马丽红（女，回族）　聊城市政府副市长（无党派）
张金伦　聊城市城市管理局局长（民进）
马卫红（女，回族）　聊城市地震局局长（民建）
冯能斌　聊城市规划局局长（无党派）
秦新义　聊城市教育局正县级督学（无党派）
李艳军（女）　聊城市农委调研员（民盟）
张　斌　聊城市审计局副局长（民建）
范纯志　聊城市科技局副局长（无党派）
杜　娟（女）　聊城市监察局副局长（无党派）

张爱英（女）　聊城农村合作经济经营管理处主任（无党派）
赵素婷（女）　聊城市干部保健处主任（农工党）
郭海英（女）　东昌府区人民政府副区长（无党派）
王怀华　东昌府区人民政府咨询（无党派）（2017 年 5 月前）
周志雯（女）　临清市政府副市长（民盟）
杨廷军　阳谷县政府副县长（无党派）
侯林江　高唐县人民政府咨询（无党派）

·滨州市·

曹玉斌　滨州市政府副市长，九三学社滨州市委主委
王世强　滨州市林业局局长（无党派）
刘庆敖　滨州市文广新局局长，民进市委主委
蔡桂玲（女）　滨州市海洋与渔业局副局长（无党派）
张　凯　滨州市统计局副局长（民建）
牛瑞波　滨州市监察局副局长（无党派）
崔连民　滨州市食品药品监督管理局副局长（民革）
吴国华　滨州市体育局副局长（无党派）
张树林　滨州市房地产管理局副局长（无党派）
李保国　滨州市基层财政管理局局长（民盟）
董风华（女）　滨州市教育局副县级督学（民进）
伊守国　滨州市计划生育指导中心主任（民盟）
马荷滨　滨州市法院执行一庭庭长（无党派）
武明悦　滨州市政府行政审批制度改革办公室副主任（无党派）
杜长亮　沾化区政府副区长（致公党）
王景军　无棣县政府副县长（无党派）
孔宪军　无棣县检察院副院长（无党派）
王允栋　邹平县水利局局长（无党派）

·菏泽市·

侯　婕（女）　菏泽市政府副市长，九三学社菏泽市委主委
谢圣稳　菏泽市教育局局长（民盟）
赵中华　菏泽市司法局局长（无党派）
毛宝军　菏泽市审计局副局长（2017 年 11 月前），市审计局调研员（无党派）
张源溪　菏泽市民族宗教局副局长（无党派）
孔兆京　菏泽市规划局副局长（致公党）
袁士忠　菏泽市农业局副局长（无党派）
赵胜利　菏泽市卫计委副主任（民革）
刘存勇　菏泽市金融办（地方金融管理局）调研员，市金融办副主任（2017 年 11 月前）（无党派）
梁衍锋　菏泽市监察局副局长（无党派）
李　军　菏泽市质量技术监督局副局长（致公党）
沙向东　菏泽市检察院副检察长（无党派）
申瑞萍（女）　牡丹区政府副区长（无党派）
田兴学　巨野县政府副县长（无党派）
王明华　郓城县政府副县长（无党派）

山东省省市级爱国宗教团体领导班子及县级宗教团体主要负责人

·省级·

山东省佛教协会

会　长：仁　昌
常务副会长：本　悟（2017 年 12 月后）
副会长：本　悟（2017 年 12 月前）
　　心　见　郑子昌　李长吉　真　龙
　　陶书童　悟　实（2017 年 12 月后）
秘书长：弘　庵（兼）（2017 年 12 月后）

山东省道教协会

会　长：张诚达（2017 年 12 月后）
　　刘怀元（2017 年 12 月前）
副会长：张诚达（2017 年 12 月前）　侯信阳

周枫林　李宗贤（2017年12月前）
霍怀虚　尹利举
李宗清（2017年12月后）
刘万弓（2017年12月后）
孙宇德（2017年12月后）
朱雪梅（2017年12月后）
常务副会长：李宗贤（2017年12月后）
秘书长：尹利举（2017年12月后）

山东省伊斯兰教协会

会　长：王树理
副会长：张瑞正　金述龙　李全福　韩来社
杨永光　王明壁　马惠亚　张家发
白兆富　陈金海　马肇维
马　杰（2017年12月后）
丁永峰（2017年12月后）
秘书长：张瑞正（兼）

山东省天主教爱国会

主　任：房兴耀（2017年12月后）
副主任：杨永强　张宪旺　吕培森　张家起
陈天浩　张　辉　李树兴　孙文君
刘柏年（2017年12月前）
赵凤昌（2017年12月前）

山东省天主教教务委员会

主　任：杨永强
副主任：房兴耀（2017年12月前）　张宪旺
吕培森　张家起　陈天浩　李树兴
孙文君　刘柏年（2017年12月前）
赵凤昌（2017年12月前）
秘书长：吕培森(兼）

山东省基督教“三自”爱国运动委员会

主　任：高　明
副主任：吴建寅　李洪玉　陈光旭　赵克玉
黄　斌　邹钟毅（2017年12月后）
秘书长：王增辉（2017年12月后）

山东省基督教协会

会　长：高　明（2017年12月前）
董美琴（2017年12月后）
副会长：董美琴（2017年12月前）吴建寅
李洪玉　孙法田　张建顺　夏伶珺
吕昭十（2017年12月后）
总干事：王孟坤（2017年12月后）

·济南市·

济南市佛教协会

会　长：弘　庵
副会长：陶书同　界　空　弘　恩　印　慈
常　净　吴成志
秘书长：陶书同（兼）

济南市道教协会

会　长：李宗清
副会长：窦明水(女)　兰元红（女）　温清辰
于明清
秘书长：兰元红（女）（兼）

济南市伊斯兰教协会

会　长：马　杰（回族）
副会长：金述龙（回族）　李全福（回族）
金恩庆（回族）　金忠义（女，回族）
赛　宁（回族）　刘洪军（回族）
左文明（回族）　马世杰（回族）
秘书长：赛　宁（回族）（兼）

济南市天主教爱国会

主　任：张宪旺
副主任：张家起　孙淑慧（女）　高长德　张寿勇
李守明　肖建国
秘书长：张家起（兼）

济南市基督教“三自”爱国运动委员会

主　任：赵克玉（女）
副主任：李赋真　段国山　孙　晶（女）
周　蕾（女）
秘书长：段国山（兼）

济南市基督教协会

会　长：李赋真
副会长：段国山　孙　晶（女）　郝　萍（女）
梁　川
总干事：梁　川（兼）

济南市县级宗教团体主要负责人

历下区基督教“三自”爱国运动委员会主任：王文欢
市中区基督教“三自”爱国运动委员会会长：张淑媛（女）
槐荫区基督教“三自”爱国运动委员会主任：段国山
天桥区伊斯兰教协会会长：丁永年（女，回族）
天桥区天主教爱国会主任：鲁统村
天桥区基督教“三自”爱国运动委员会主任：杨莉（女）
长清区伊斯兰教协会会长：杨春生
长清区基督教“三自”爱国运动委员会主任：田兴勇

章丘区伊斯兰教协会会长：张连新
章丘区基督教“三自”爱国运动委员会主任：张兴森
章丘区天主教爱国会会长：张寿勇
平阴县基督教“三自”爱国运动委员会主任：郭海荣（女）
济阳县基督教“三自”爱国运动委员会主任：王显成

·青岛市·

青岛市佛教协会

会　长：心　见
副会长：王圣瑛　妙　智　吴联国
秘书长：程丕忠

青岛市道教协会

会　长：李宗贤
副会长：刘洪升　许国恩　郭德宝　高明见
　　　　侯永凯　于秦玉
秘书长：侯永凯（兼）

青岛市伊斯兰教协会

会　长：马肇维
副会长：李海通　李英杰　李　鹏　刘玉杰
秘书长：金绍蓉（女）

青岛市天主教爱国会

主　任：陈天浩
副主任：李明述　孙　明　刘红妍（女）　隋泽泉
　　　　冯士杰　王传力
秘书长：孙　明（兼）

天主教青岛教区民主管理委员会

主　任：李明述
副主任：陈天浩　陈书杰　冯士杰　张　松
　　　　刘红妍（女）　隋泽泉
　　　　孙凤永（日照）
秘书长：冯士杰（兼）

青岛市基督教“三自”爱国运动委员会

主　任：董美琴（女）
副主任：高永亮　赵开洁　方　静（女）　沈光明
秘书长：赵开洁（兼）

青岛市基督教协会

会　长：高永亮
副会长：董美琴（女）　孙锡英（女）
　　　　张　霞（女）　王加加（女）
总干事：孙文乐（女）

青岛市县级宗教团体主要负责人

市北区佛教协会会长：王圣瑛
李沧区基督教“三自”爱国小组负责人：张　霞（女）
李沧区“三自”爱国小组负责人：张　松
崂山区基督教“三自”爱国运动委员会主任：董其利
青岛开发区基督教“三自”爱国运动委员会主任：朴明山
城阳区基督教“三自”爱国运动委员会主任：任睦江
即墨市基督教“三自”爱国运动委员会主任：刘振涛
胶州市基督教“三自”爱国运动委员会主任：邓　杰
胶州市佛教协会会长：了　善
平度市基督教“三自”爱国运动委员会主任：王　霞（女）
平度市天主教爱国会主任：崔元庆
莱西市基督教“三自”爱国运动委员会主任：李卿德（女）

·淄博市·

淄博市佛教协会

会　长：释仁昌
常务副会长：释仁炟
副会长：释常净　释果善　袁　鲲　姚秀林
　　　　刘晋东　释曙峰
秘书长：释仁宣（兼）

淄博市道教协会

会　长：尹清钧
副会长：秦清恒　刘静昇　王嗣亮
秘书长：秦清恒（兼）

淄博市伊斯兰教协会

会　长：刘荣喜
副会长：沙文义　查希佳　丁传民　刘荣军
　　　　王建国　马俊英　王衍军
秘书长：沙文义（兼）

淄博市天主教爱国会

主　任：杨永强
副主任：王玉同　张志先　张兆玺
秘书长：王玉同（兼）

淄博市基督教“两会”

主任（会长）：翟善水
副主任（副会长）：张秀霞（女）　李冬英（女）
　　　　　　　　　王国兴
秘书长（总干事）：翟善水（兼）

淄博市县级宗教团体主要负责人

张店区佛教协会会长：释常净
张店区道教协会会长：刘照乾
张店区伊斯兰教协会会长：查希佳
张店区天主教爱国会会长：王玉同
张店区基督教“三自”爱国运动委员会主任：

张秀霞（女）
淄川区佛教协会会长：袁　鲲
淄川区伊斯兰教协会会长：王建国
淄川区天主教爱国会会长：张兆玺
淄川区基督教“三自”爱国运动委员会主任：翟善水
博山区伊斯兰教协会会长：杨志薪（女）
博山区天主教爱国会会长：张焘发
博山区基督教“三自”爱国运动委员会主任：李永忠
周村区佛教协会会长：释仁宣
周村区天主教爱国会会长：张克海
周村区基督教“三自”爱国运动委员会主任：
李冬英（女）
周村区伊斯兰教协会会长：刘荣喜
临淄区伊斯兰教协会会长：王　其
临淄区天主教爱国会会长：孙本业
临淄区基督教“三自”爱国运动委员会主任：谢洪礼
桓台县天主教爱国会：吴世豪（主持工作）
桓台县基督教“三自”爱国运动委员会代主任：
李淑贞
高青县天主教爱国会会长：周焕斌
高青县基督教“三自”爱国运动委员会主任：王国兴
沂源县伊斯兰教协会会长：马俊英（女）
沂源县天主教爱国会会长：魏学安
沂源县基督教“三自”爱国运动委员会主任：李怀光
高新区基督教两会会长：陈来勇

•枣庄市•

枣庄市佛教协会
会　长：陈庆平
副会长：褚衍光　释心安　释惟正　王效奇
秘书长：褚衍光（兼）
枣庄市伊斯兰教协会
会　长：苏伯喜（回族）
副会长：金亚南（回族）　丁玉振（回族）
吕敬友（回族）　沙光谦（回族）
张忠广（回族）　周光成（回族）
赵光辉（回族）　扈延春（回族）
秘书长：金亚南（回族）（兼）
枣庄市基督教“两会”
会长（主任）：孙法田
副会长（副主任）：许鸿海　张恩源　冯相广
枣庄市基督教“三自”爱国运动委员会
秘书长：于福宝
枣庄市基督教协会
总干事：张茂祥
枣庄市县级宗教团体主要负责人
市中区佛教协会会长：释惟正
市中区基督教“三自”爱国运动委员会主任：冯相广
市中区伊斯兰教协会会长：沙光谦（回族）
薛城区天主教爱国领导小组组长：褚思训
薛城区基督教“三自”爱国运动委员会主任：翟俊伟
薛城区伊斯兰教协会会长：扈延春（回族）
峄城区佛教协会会长：释心安
峄城区基督教三自爱国运动委员会主任：张茂祥
峄城区伊斯兰教协会会长：周百顺（回族）
台儿庄区佛教协会会长：尤鸿源
台儿庄区基督教“三自”爱国运动委员会主任：许洪海
山亭区基督教“三自”爱国运动委员会主任：邱敬义
山亭区伊斯兰教协会会长：韩东锋（回族）
滕州市佛教协会会长：王效奇
滕州市伊斯兰教协会会长：周光成（回族）
滕州市基督教“三自”爱国运动委员会主任：张恩源

•东营市•

东营市佛教协会
会　长：释清净
副会长：劳海卫　释印尚　孙维红　释觉林
秘书长：劳海卫（兼）
东营市伊斯兰教协会
会　长：马明月
副会长：丁群宗　邱希祥　沙启伦　杨国栋
秘书长：丁群宗（兼）
东营市天主教爱国会
主　任：刘振学
副主任：杜丙雪　黄　峰
秘书长：杜丙雪（兼）
东营市基督教“三自”爱国运动委员会
主　任：张晓梅
副主任：马俊贵　刘德祥　刘传美　成道美
秘书长：马俊贵（兼）
东营市县级宗教团体主要负责人
东营区佛教协会会长：孙维红
河口区基督教“三自”爱国运动委员会主任：马俊贵
垦利区基督教“三自”爱国运动委员会主任：
刘传美（女）
垦利区佛教协会会长：释清净

垦利区道教协会会长：陈桂宏
广饶县基督教“三自”爱国运动委员会主任：燕西九
利津县基督教“三自”爱国运动委员会主任：刘松成

• 烟台市 •

烟台市佛教协会
会　长：（暂无）
副会长：真　龙　悟　实　觉　光　华　振
王胜田　郝　萍（女）
秘书长：真　龙（兼）

烟台市道教协会
会　长：侯信阳
副会长：龚清泰　刘万弓　高　鉴（女）
秘书长：龚清泰（兼）

烟台市伊斯兰教协会
会　长：金宗峰（回族）
副会长：杨肇君（回族）　仝道林（回族）
秘书长：杨肇君（回族）

烟台市天主教爱国会
主　任：张心祥
副主任：魏　磊　孔庆丽（女）　韩昌军　张剑锋
秘书长：张　克

烟台市基督教“三自”爱国运动委员会
会　长：邹钟毅（女）
副会长：于　磊　高丽丽（女）　孔晓丽（女）
秘书长：于　磊（兼）
协会总干事：于　磊（兼）

烟台市县级宗教团体主要负责人
福山区佛教协会会长：悟　实
龙口市佛教协会会长：悟　才
莱州市佛教协会会长：彭峒胜
莱山区基督教“三自”爱国运动委员会主任：黄万晓
牟平区基督教“三自”爱国运动委员会主任：
孔晓丽（女）
海阳市基督教“三自”爱国运动委员会主任：孙德水
莱阳市基督教“三自”爱国运动委员会主任：梁兆波
栖霞市基督教“三自”爱国运动委员会主任：王忠凯
蓬莱市基督教“三自”爱国运动委员会主任：李永前
龙口市基督教“三自”爱国运动委员会主任：
邹钟毅（女）
招远市基督教“三自”爱国运动委员会主任：
刘永爱（女）
莱州市基督教“三自”爱国运动委员会主任：
高丽丽（女）
开发区基督教“三自”爱国运动委员会主任：臧崇刚

• 潍坊市 •

潍坊市佛教协会
会　长：（暂无）
副会长：释常文　释昌圣　释本悟
秘书长：释常文（兼）

潍坊市伊斯兰教协会
会　长：（暂无）
副会长：李新平　马　俊
秘书长：马　俊

潍坊市天主教爱国会
主　任：李心法
副主任：孙文君　张树臣

潍坊市基督教“两会”
会长（主任）：陈光旭
副会长（副主任）：石乐新　王复兴　胡双美
秘书长（总干事）：石乐新（兼）

潍坊市县级宗教团体主要负责人
潍城区基督教“三自”爱国运动委员会主任：夏朋辉
坊子区基督教“三自”爱国运动委员会主任：张天民
奎文区基督教“三自”爱国运动委员会主任：赵永泰
青州市天主教爱国会负责人：孙文君
青州市基督教“三自”爱国运动委员会主任：王长玉
青州市伊斯兰教协会会长：马忠辉
诸城市基督教“三自”爱国运动委员会主任：张夕瑞
寿光市基督教“三自”爱国运动委员会主任：王复兴
寿光市佛教协会会长：释正德
安丘市基督教“三自”爱国运动委员会主任：
韩玉萍（女）
昌邑市基督教“三自”爱国运动委员会主任：王云南
昌邑市天主教爱国会主任：张志刚
高密市基督教“三自”爱国运动委员会主任：赵永泉
临朐县基督教三自爱国运动委员会主任：夏全生
昌乐县基督教“三自”爱国运动委员会主任：
曲雪芹（女）

• 济宁市 •

济宁市佛教协会
会　长：释正德
副会长：夏义勇　觉一法师　李忠英（女）
妙建法师　张太斌

秘书长：夏义勇（兼）

济宁市道教协会

会　长：明艳兰（女）

副会长：扈东朔　王兴乾　焦玉建

秘书长：铁玉良

济宁市伊斯兰教协会

会　长：马相智

副会长：王明璧　文洪坤　温伟重　马建波
沙庆水　夏庆民　马　海　何岱新
陈雨东　张明武　夏乾良

秘书长：王明璧（兼）

济宁市天主教爱国会

会　长：周传铎

副会长：吕培森　孙建波　胡国祥　郭洪新
王国祥

秘书长：周传铎（兼）

济宁市基督教“两会”

主任（会长）：高　明

副主任（副会长）：孔祥玲　赵秀芳（女）
李宝华　商威伦　刘　敏

秘书长：孔祥玲（兼）

济宁市县级宗教团体主要负责人

任城区天主教爱国会会长：周传铎

兖州区佛教协会会长：释正德

兖州区基督教“三自”爱国运动委员会主任：张恩霞

曲阜市佛教协会会长：林　森（释隆谦）

曲阜市伊斯兰教协会会长：王兆勋

曲阜市天主教爱国领导小组主任：李建荣

曲阜市基督教“两会”主任（会长）：丰宗洁

泗水县伊斯兰教协会会长：沙庆水

泗水县基督教“两会”主任（会长）：颜乐园

泗水县天主教爱国筹备小组组长：王希常

邹城市伊斯兰教协会会长：袁彩銮

邹城市基督教“两会”主任（会长）：李保华

微山县基督教“三自”爱国运动委员会主任：田广富

微山县基督教协会会长：吕瑞久

鱼台县佛教协会会长：释会达

鱼台县伊斯兰教协会会长：夏庆民

鱼台县基督教“两会”主任（会长）：姚元启

金乡县佛教协会会长：释妙净

金乡县基督教“三自”爱国运动委员会主任：赵秀芳

金乡县基督教协会会长：李国才

金乡县道教协会会长：鹿义才

嘉祥县佛教协会会长：释妙谛

嘉祥县天主教爱国领导小组主任：申桂云

嘉祥县基督教“两会”主任（会长）：杨存璋

汶上县佛教协会会长：释正德

梁山县基督教“两会”主任（会长）：万福华（女）

·泰安市·

泰安市佛教协会

会　长：释大悲

副会长：周知一　吴　军（女）　释仁通
释法圆　洪贵明

秘书长：马海民

泰安市道教协会

会　长：张诚达

副会长：刁宇松（女）　李怀宇　袁海勇　张伟明

秘书长：李永阳

泰安市伊斯兰教协会

会　长：丁永峰

副会长：金兰英（女）　弭兆杰　王寿文
韩义才　弭宪宽　马道同　李忠国
左风刚

秘书长：金兰英（女）（兼）

泰安市天主教爱国会

会　长：王兴春

副会长：刘学兵　李成秋　胡明刚　郭衍泉
丁世军　赵乐缘　王俊宝　李传东

秘书长：刘学兵（兼）

泰安市基督教“两会”

会　长：付　林

副会长：石光合　李庆珍（女）　肖文花（女）
王桂芝（女）　任现海

秘书长：石光合（兼）

泰安市县级宗教团体主要负责人

泰山区伊斯兰教协会会长：弭宪宽

岱岳区伊斯兰教协会会长：马道同

岱岳区天主教爱国会会长：李成秋

岱岳区基督教协会会长：肖　梅（女）

新泰市基督教“三自”爱国运动委员会主任：付　林

肥城市基督教“三自”爱国运动委员会主任：
王桂芝（女）

宁阳县伊斯兰教协会会长：王　健

宁阳县基督教“三自”爱国运动委员会主任：任现海

宁阳县佛教协会会长：释清云（女）

·威海市·

威海市佛教协会

会　长：释体净
副会长：王书强　释演学　释恒门
秘书长：王书强（兼）

威海市道教协会

会　长：孙诚修
副会长：单玉梅（女）　段信源　史冯波
秘书长：孙诚修（兼）

威海市伊斯兰教协会

会　长：刘国军
副会长：刘　文（女）　王增学　王小亭
秘书长：侯　俊

威海市天主教爱国会

主　任：包颖明（女）
副主任：董文科　袁廷美（女）
秘书长：董文科（兼）

威海市基督教“三自”爱国运动委员会

主　任：吕昭十
副主任：张建军　许玉红（女）　张永军　周玉财
秘书长：许玉红（女，兼）

威海市基督教协会

会　长：吕昭十
副会长：张建军　许玉红（女）　张永军　周玉财
总干事：张永军（兼）

威海市县级宗教团体主要负责人

文登区佛教协会会长：释果真
文登区道教协会会长：段信源
文登区基督教“三自”爱国运动委员会主任：张建军
荣成市佛教协会副会长：释演学（主持工作）
荣成市道教协会会长：孙诚修
荣成市基督教“三自”爱国运动委员会主任：周君秋（女）
乳山市佛教协会会长：释恒门
乳山市道教协会会长：单玉梅（女）
乳山市基督教“三自”爱国运动委员会副主任：周玉财（主持工作）

·日照市·

日照市伊斯兰教协会

会　长：杨兆玺（回族）
副会长：张传宇　锁旭升　丁德全　马孝军　马利明　张厚峰

日照市县级爱国宗教团体主要负责人

东港区佛教协会会长：高　品
东港区道教协会会长：宋佰军
东港区基督教协会会长：高春光
东港区基督教“三自”爱国运动委员会会长：高春光
岚山区基督教“三自”爱国运动委员会主席：刘　冬
莒县佛教协会会长：耀　诚
莒县道教协会会长：孙诚敬
莒县伊斯兰教协会会长：丁德泉（回族）
莒县天主教爱国会主任：郭庆连
莒县基督教“三自”爱国运动委员会副主任：康正聚

·临沂市·

临沂市佛教协会

会　长：释惟方
副会长：释海富　释玄明　释妙莲　释可行　释仁莲（女）　释明藏
秘书长：释惟方（兼）

临沂市道教协会

会　长：魏高清
副会长：周枫林　谢贞秀（女）　朱红超　付丙杰　管士忠　张宏苇（女）　赵义诚
秘书长：周枫林（兼）

临沂市伊斯兰教协会

会　长：韩来社（回族）
副会长：文彦礼（回族）　王佩玉（回族）　李春秋（女，回族）　杨艳明（回族）　肖付权（回族）　杨　毅（回族）　金殿君（回族）　李华军（回族）
秘书长：李春秋（女，回族）（兼）

临沂市天主教爱国会

主　任：房兴耀
副主任：尤锡玖　卜祥武　杨新成　陈登元　廖计祥　房建东　史方伦
秘书长：李汝玉

临沂市基督教“三自”爱国运动委员会

主　任：张建顺
副主任：刘宗昌　曹宗府　邵永田　徐连增
秘书长：张永胜

临沂市基督教协会

会　长：刘宗昌
副会长：曹宗府　王桂林　邵永田　徐连增
总干事：张永胜

临沂市县级宗教团体主要负责人

兰山区佛教协会会长：陈　华
兰山区伊斯兰教协会会长：金殿君（回族）
兰山区天主教爱国会会长：史方伦
兰山区基督教协会会长：曹宗甫
罗庄区道教协会会长：管士忠
罗庄区天主教爱国会会长：吴彦秋
罗庄区基督教“三自”爱国运动委员会主任：张建顺
罗庄区基督教协会会长：张建顺
河东区佛教协会会长：释妙莲
河东区天主教爱国会会长：房建东
河东区基督教“三自”爱国运动委员会主任：王桂林
河东区基督教协会会长：王桂林
郯城县天主教爱国会会长：卜祥武
郯城县基督教“三自”爱国运动委员会主任：管宜松
郯城县基督教协会会长：徐祗刚
兰陵县佛教协会会长：释慧悟
兰陵县基督教“三自”爱国运动委员会主任：邵永田
兰陵县基督教协会会长：邵永田
兰陵县天主教爱国运动委员会会长：廖计详
莒南县佛教协会会长：释可行
莒南县基督教“三自”爱国运动委员会主任：樊九思
沂水县天主教爱国会会长：王东红（女）
沂水县基督教协会会长：王恩田
沂水县基督教“三自”爱国运动委员会主任：王恩田
沂水县伊斯兰教协会会长：白清慎（回族）
蒙阴县天主教爱国会会长：张玉霞（女）
蒙阴县基督教“三自”爱国运动委员会主任：王均珠
蒙阴县基督教协会会长：王均珠
平邑县伊斯兰教协会会长：杨艳明（回族）
平邑县基督教“三自”爱国运动委员会主任：时维勤
费县道教协会会长：周枫林
费县基督教“三自”爱国运动委员会主任：李殿华
费县基督教协会会长：李殿华
沂南县天主教爱国会会长：袁忠良
沂南县基督教“三自”爱国运动委员会主任：王佃瑞
沂南县基督教协会会长：赵忠太
临沭县基督教“三自”爱国运动委员会主任：陈久选
高新区基督教“三自”爱国运动委员会主任：钱圣标
高新区基督教协会会长：李荣光

·德州市·

德州市佛教协会

常务副会长：徐章练
秘书长：张　克

德州市伊斯兰教协会

会　长：白兆富（回族）
副会长：李治勇（回族）　李全英（女，回族）
张廷智（回族）　马增跃（回族）
韩在元（回族）　马德谦（回族）
秘书长：马德谦（回族）（兼）

德州市天主教爱国会

副主任：韩素云　胡素英（女）　马广森　梁吉业
聂井伦
秘书长：马广森（兼）

德州市基督教“两会”

主任（会长）：孔祥安
副主任（副会长）：王晋利　刘立奎　周汉威
霍世宽　李西丁
总干事（秘书长）：李西丁（兼）

德州市县级宗教团体主要负责人

德城区伊斯兰教协会副会长（主持工作）：
冯良才（回族）
德城区基督教“三自”爱国运动委员会主任：
李西丁（回族）
陵城区伊斯兰教协会会长：张廷智（回族）
陵城区伊斯兰教协会副会长兼秘书长：夏超凡（回族）
禹城市佛教协会会长：郑连国
禹城市天主教爱国会主任：张兆平
禹城市基督教“三自”爱国运动委员会主任：周汉威
乐陵市基督教“两会”会长（主任）：陈贵珍（女）
宁津县道教协会会长：孙高德
宁津县伊斯兰教协会会长：张会忠（回族）
宁津县基督教“三自”爱国运动委员会主任：
井书真（女）
齐河县基督教“三自”爱国运动委员会主任：孔祥安
临邑县伊斯兰教协会会长：马增跃（回族）
临邑县天主教爱国会主任：孙寿国
临邑县基督教“两会”主任（会长）：刘立奎
平原县道教协会会长：赵高勇
平原县伊斯兰教协会会长：麻然军（回族）
平原县基督教“三自”爱国运动委员会主任：王晋利
武城县伊斯兰教协会会长：马国辉（回族）
武城基督教“两会”主任（会长）：王曰安
夏津县基督教“三自”爱国运动委员会主任：张合庆

· 聊城市 ·

聊城市佛教协会

会　长：释界空
副会长：李　彬　释永悟　释仁海　李成志
秘书长：李　彬（兼）

聊城市道教协会

会　长：蔡高真
副会长：刘宗勇　贺泽伟　贾善娥　庄文全
　　　　刘凤华
秘书长：梁高弘

聊城市伊斯兰教协会

会　长：马荣锁
副会长：窦余亭　王景元　沙英民　李振江
　　　　马玉奎　蔡英利
秘书长：王景元（兼）

聊城市天主教爱国会

主　任：李树兴
副主任：吕端重　邢福成　李文岭　姜玉连
秘书长：吕端重（兼）

聊城天主教民主管理委员会

主　任：李树兴
副主任：吕端重　邢福成　李文岭　姜玉连
秘书长：吕端重（兼）

聊城市基督教“三自”爱国运动委员会

主　任：李全新
副主任：汪尚军　江凤友　司学仁　孙欣环（女）
秘书长：汪尚军（兼）

聊城市县级宗教团体主要负责人

东昌府区佛教协会会长：界　空
东昌府区伊斯兰教协会会长：窦余亭
东昌府区天主教爱国会主任：商金保
东昌府区基督教“三自”爱国运动委员会主任：
汪尚军
临清市佛教协会会长：李成志
临清市道教协会会长：蔡永兵
临清市伊斯兰教协会会长：杨万青
临清市天主教爱国会主任：李文岭
临清市基督教“三自”爱国运动委员会主任：于秀兰
冠县伊斯兰教协会会长：李正伟
冠县天主教爱国会主任：徐则周
冠县基督教“三自”爱国运动委员会代主任：刘书峰
莘县佛教协会会长：潘业宏
莘县道教协会会长：刘协勇
莘县伊斯兰教协会会长：李少振
莘县天主教爱国会主任：邢福成
莘县基督教“三自”爱国运动委员会主任：孙欣环
阳谷县佛教协会会长：释仁海
阳谷县道教协会会长：李嘉桥
阳谷县天主教爱国会主任：吕端重
阳谷基督教“三自”爱国运动委员会主任：司美成
东阿县佛教协会会长：释永悟
东阿县天主教爱国委员会主任：张维刚
东阿县基督教“三自”爱国运动委员会主任：王建营
茌平伊斯兰教协会会长：王学信
茌平县天主教爱国委员会主任：姜　丽
茌平县基督教“三自”爱国运动委员会主任：桑秋菊
高唐县佛教协会会长：释觉映
高唐县基督教“三自”爱国运动委员会主任：李全新
高唐县基督教协会会长：盖秀清

· 滨州市 ·

滨州市佛教协会

会　长：释常固
副会长：释长空　张建英
秘书长：王胜军

滨州市伊斯兰教协会

会　长：陈金海
副会长：张　力　从恩广　马玉才　杨明友
　　　　从延华
秘书长：从立宙

滨州市天主教爱国会

主　任：张美华
副主任：时云华　杨宝和　杨道灵　刘成武
秘书长：时云华

滨州市基督教“三自”爱国运动委员会

主　任：马　慧（女）
副主任：李维顺
秘书长：刘树莹（女）

滨州市县级宗教团体主要负责人

滨城区基督教“三自”爱国运动委员会主任：安红卫
沾化区天主教爱国小组组长：杨长新
沾化区基督教“三自”爱国小组组长：丁培改（女）
惠民县基督教“三自” 爱国运动委员会主任：
尹增芝（女）
阳信县伊斯兰教协会会长：马玉才
阳信县天主教爱国会主任：刘成武

阳信县基督教“三自”爱国运动委员会主任：赵玉田
无棣县伊斯兰教协会会长：从恩广
无棣县天主教爱国会主任：杨宝和
无棣县基督教“三自”爱国运动委员会主任：刘树莹
博兴县基督教“三自”爱国运动委员会主任：李维顺
博兴县天主教爱国会副主任：杨道灵
邹平县基督教“三自”爱国运动委员会主任：马慧（女）

·菏泽市·

菏泽市佛教协会
会　长：郑子昌
副会长：释证威（女）　释一来　释印元
秘书长：丁　涛
菏泽市道教协会
会　长：朱雪梅（女）
副会长：李念东　王立君
秘书长：秦家安
菏泽市伊斯兰教协会
会　长：马惠亚（回族）
副会长：闫红心（回族）　金占军（回族）
　　　　李克世（回族）　马敬端（回族）
　　　　沙德金（回族）
菏泽市天主教爱国会
主　任：郭德华
秘书长：李全胜
菏泽市天主教教务民主管理委员会
副主任：韦立根
菏泽市基督教“三自”爱国运动委员会
主　任：田素良
副主任：尹起照　李成永　张　镇
秘书长：贾防震

菏泽市县级宗教团体主要负责人
牡丹区佛教协会会长：郑子昌
牡丹区道教协会会长：胡　玉
牡丹区伊斯兰教协会会长：张广德（回族）
牡丹区基督教“三自”爱国运动委员会主任：张　镇
定陶区伊斯兰教协会会长：沙德金（回族）
定陶区基督教“三自”爱国运动委员会主任：张信福
巨野县天主教爱国会主任：丁福连
巨野县基督教“三自”爱国运动委员会主任：刘平（女）
成武县天主教爱国会主任：陈巧云（女）
成武县基督教“三自”爱国运动委员会主任：李成永
郓城县佛教协会会长：姚翠岚（女）
郓城县道教协会会长：李兰臣（女）
郓城县基督教“三自”爱国运动委员会主任：
刘香玲（女）
单县佛教协会会长：释静一
单县道教协会会长：朱雪梅（女）
单县伊斯兰教协会会长：闫万春
单县天主教爱国会主任：纪德付
单县基督教“三自”爱国运动委员会主任：田素良
鄄城县伊斯兰教协会会长：张广振
鄄城县基督教“三自”爱国运动委员会主任：王圣记
曹县佛教协会会长：朱相成
曹县道教协会会长：王立君（女）
曹县伊斯兰教协会会长：王　超
曹县天主教爱国会主任：赵再民
曹县基督教“三自”爱国运动委员会主任：尹起照
东明县伊斯兰教协会会长：海廷焕（回族）
东明县天主教爱国会主任：李永臣
东明县基督教“三自”爱国运动委员会主任：王金山

山东省省市台湾同胞联谊会领导班子

·山东省台湾同胞联谊会·

会　　长：林红霞（女，高山族）
名誉会长：叶武杰
副 会 长：林　青（女）　李建平
　　　　　韩中光（高山族）
　　　　　张　玲（女，高山族）
秘 书 长：韩广梓

·济南市台湾同胞联谊会·

名誉会长：吴远潮
会　　长：袁大川
副 会 长：张　玲（女，高山族）聂爱华（女）

刘　栋　　韩　晗（高山族）
高　雁（女）　叶　江
秘 书 长：徐　波

•青岛市台湾同胞联谊会•
会　　长：林　青（女）
副 会 长：黄　岩（女）
秘 书 长：李丰民

•枣庄市台湾同胞联谊会•
会　　长：于春明
副 会 长：尤　可　　吴台山（高山族）
郁馥馨（女）　胡信吉
秘 书 长：郁馥馨（兼）

•烟台市台湾同胞联谊会•
会　　长：李建平
副 会 长：潘永丽（女）　蔡志强（高山族）
秘 书 长：王伟光

•泰安市台湾同胞联谊会•
会　　长：马鹏举（回族）
副 会 长：苏　民　宿燕峰　刘　欣　齐传新
秘 书 长：周　燕（女）

山东省省市黄埔军校同学会领导班子

•山东省黄埔军校同学会•
会　长：陈镇中
副会长：王　健　郭毅杰
秘书长：张铁岩

•青岛市黄埔军校同学会•
会　长：王　健
副会长：鲁　芒　马竞适
秘书长：贺照宾

•淄博市黄埔同学联络组•
组　长：于寿增

•枣庄市黄埔同学联络组•
副组长：赵后昌

•东营市黄埔同学联络组•
组 长：于修玉

•烟台市黄埔同学联络组•
组 长：丁金榜

•潍坊市黄埔军校同学会•
副会长：郎　钦　郭登年

•济宁市黄埔军校同学会•
会　长：孟繁英

•泰安市黄埔同学联络组•
组　长：傅汝有

•临沂市黄埔同学联络组•
组　长：梅设元

•德州市黄埔同学联络组•
组　长：曹万兴

•聊城市黄埔同学联络组•
副组长：王树功

•滨州市黄埔同学联络组•
组　长：张荣祥

•菏泽市黄埔同学联络组•
组　长：欧阳纪声

山东省省市海外联谊会领导班子

·山东省海外联谊会·

会　　长：吴翠云

荣誉会长：王久祜　齐乃贵　张传林　林树哲
徐增平

名誉会长：张雪燕（女）　朱达伟　王　华
刘方会　徐　清（女）　丁文志
马志毅　王伯明　王国华　王国樑
王金销　尹永政　尹德胜　叶　成
曲瑞峰　吕世祥　吕台年　吕明华
刘竹承　李丽娜（女）　李国强
杨世杭　张永言　张积祥　张道宇
陈明金　陈振东　林加者　官俊博
胡国赞　宫瑞卿　贺定一（女）
黄玮璋　葛建业　董　军　董志清
韩邦琨　韩晟昊　焦志侠

副 会 长：赵　强　梁　波　马　啸　张继刚
曲　涛　亓同秋　李法信　牟　强
任　浩　程广辉　相开进　张新文
孙　亮　马纯济　孙丕恕　李秀川
谷　澍　陈　军　于泽水　李安喜
陈焕德　朱铭泉　谢硕文　刘士凯
王淑梓（女）　陈汉才　吴立春
王家惠　施教益　郑和国　李建清
钟诚富　王殿杰　胡智荣　朱新胜
欧润荣　韩　兵　黄惠珍（女）
余静怡（女）　宗艳民　黄清海
赖伙成　陈清海　安全忠　宋建波
陈太宝　杜月野　尹国桥　施乾平

秘 书 长：李跃文

·济南市海外联谊会·

会　　长：杨庆林

副 会 长：陈亚建　李素华（女）　闫继红（女）
郭海华　司志坤　李元东　史同伟
李　敏（女）　王晓霞（女）
吴玉明　李光明　韩明东　王望平
李爱华（女）　王亚托　王瑞云
张才奎　唐一林　朱铭泉　陈吟挥（女）
谢建明　谢硕文　王淑梓（女）　王鹏飞

秘书长：刘延国

·青岛市海外联谊会·

会　长：边祥慧（女）

副会长：胡义瑛　崔延南　王可梅　田云南
王吉春　贺天润　王修照　王进东
贺照宾　崔卫东　李北林　胡　辛
夏临华　仪垂杰　牟新民　李德孚
侯保荣　尹明琴（女）　江玉民
于　萍（女）　赵高潮　乔俊良
李　静（女）　林　萍（女）
甘行茂　尹德胜　王为民　乔伟光
刘宝恩　许利雄　余静怡（女）
李松群　杜　超　吕　燕（女）
陈一琳（女）　陈伯阳　陈振豪
官俊博　林　青（女）　骆　滨
康宝驹　黄清莲　洪犹男

秘书长：周雪燕（女）

·枣庄市海外联谊会·

会　　长：张　兵

名誉会长：韩惊涛　张熙滨　岳增波　王占军
张　磊　王玉如（女）

副 会 长：于春明　王永议　尹国桥　刘　刚
安全平　屈彦锋　魏彦君

秘 书 长：张　磊

·东营市海外联谊会·

会　长：聂建军

副会长：杨志高　栾庆恩　徐荣华　陈广风
李明选　徐　峰　赵　军　邵小龙
刘杰元　刘汝勇　朱克军　张　军
杨兴中　董大刚　于志勇　杨　宪
刘德杰　王秀生　徐建民　杨晓宏
吴　君　翁志尧　蔺爱国　须　颖

　　　　陈功明　吴伟东　刘锋杰　崔仕章
　　　　燕志富
秘书长：赵国富

·烟台市海外联谊会·

会　长：程德智
副会长：秦　英　王连松　隋东玲（女）
　　　　于忠杰　栾军波　孙赋欣　刘士凯
　　　　谢硕文　宫瑞卿　陈汉才　杨世杭
　　　　潘立芳　王家惠　施教益　吕锡柱
　　　　姜永正　吕志全　于健安　唐云龙
　　　　尹国桥　曹经庚　张希忠　廖庆富
　　　　江兴浩　王志强　宋建民　丁建生
　　　　王　安　王珍海　于新建　唐　波
　　　　曲继光　于晓宁　邓博毅　贺　强
　　　　陈云昌　黄晓明　王寿纯　李树建
　　　　刘治波　宋华西

·潍坊市海外联谊会·

会　长：张小梅（女）
副会长：王长利　王建陵　齐瑞祥　李朝阳
　　　　宗立成　赵　丽（女）　钟诚富
　　　　柳松波　魏宗明
秘书长：齐瑞祥

·济宁市海外联谊会·

会　长：白　山
副会长：王衍安　王成玉　王新颜（女）
　　　　李　丽（女）　王　原（女）
　　　　梁建坤　韩利峰　李洪信　杜月野
　　　　任　鹏　赵兼国　李毓玺　王　春（女）
秘书长：冯　伟

·泰安市海外联谊会·

会　长：朱永强
副会长：戴　磊　杨　灏　陈汉才　李振德
　　　　胡总营　毛邦杰　刘健安
秘书长：杨　灏

·威海市海外联谊会·

副会长：于连波　于富波　毛邦杰　王仕玮
　　　　刘秀华（女）　许英杰　许荣芳
　　　　闫卫国　张　德　李　杰　李文高
　　　　施教益　郭洪源　彭　霞（女）
　　　　程晓军
秘书长：孙洪学

·莱芜市海外联谊会·

会　长：（暂无）
副会长：（暂无）
秘书长：李龙生

·临沂市海外联谊会·

会　长：张广敬
副会长：马永印　王文涛　王岚保　王彦军
　　　　王淑梓（女）　王景连　卢　山
　　　　冯　凯　朱振民　朱铭泉　刘竹承
　　　　刘健安　许绍凰　李兆臣　李宗涛
　　　　李海宁　宋连胜　陆晓东　岳利娟（女）
　　　　金保华　郑玉玺　赵久标　胡照普
　　　　相　彬　钱春生　徐会连　解红日
　　　　薛　平（女）
秘书长：王佰圣

·德州市海外联谊会·

会　　　长：彭小毛
常务副会长：邹　岩　周晓峰　姜桂廷　常　青
　　　　　　黄立仁　蔡永龙　靳海洋　魏建国
副　会　长：尹国桥　叶松华　刘健安　吕子群
　　　　　　吕芳远　李蓬星　邱维斌　陈嘉和
　　　　　　周　伟（女）周海燕（女）林锡灯
　　　　　　唐云龙　赖银水　王　岩　王宁坤
　　　　　　刘文利　刘挥进　张学慧　张洪涛
　　　　　　张海军　杨学政　郑毓禄　秦庆平
　　　　　　崔俊良　黄子华
秘　书　长：刘兰勇

·聊城市海外联谊会·

会　长：秦存华
副会长：孙光木　鲁亚真（女）　耿冰天
　　　　刘法力　王大伟　刘焕明（女）
　　　　李树勤（女）　李合银　韩　军
　　　　郑和国　宛秋生　陈希峰　赵兴志
　　　　贺怀芝　尹国桥　张士宏
　　　　郝　霞（女）　王全发　李正文
　　　　李克京　张连庆　张良军

秘书长：王　文（女）

•滨州市海外联谊会•

会　长：李家良

副会长：刘培峰　宋成琴（女）　王殿杰
　　　　刘凤强　由福浩

秘书长：任建勇

山东省省市中华职业教育社领导班子

•山东省中华职业教育社•

主　　任：郭爱玲（女）

常务副主任：刘均刚

副 主 任：牟　强　王　坦　周春艳（女）
　　　　　马广水　杨　文（女）　荣兰祥
　　　　　申维君　温金祥　盛振文　刘常青

专职秘书长：孙大川

•青岛市中华职业教育社•

主　任：方　漪

副主任：胡义瑛　王　铨　王维礼　江玉民
　　　　王继尚　赵高潮　乔俊良　李　静（女）
　　　　林　萍（女）　刘常青　车景华

秘书长：王继尚

•临沂市中华职业教育社•

主　任：赵爱华（女）

副主任：相　彬　王君川　徐光奎　张　鑫
　　　　李　毅　李　茜（女）　王志国

秘书长：李　茜（女）

•德州市中华职业教育社•

主　　任：吕永忠

常务副主任：魏荣庆

副 主 任：邹　岩　王玉起　桑　青（女）
　　　　　李永平　周爱红（女）　梁玉国
　　　　　周　伟　李文祥　陈玉刚
　　　　　焦文玉（女）　张　斌　王宗兴

•聊城市中华职业教育社•

主　　任：张广霞（女）

常务副主任：孙　菁（女）

副 主 任：李超雪　杜新亭　李　正　程学武
　　　　　刘德云　宛　斌　于瑞祥

秘 书 长：曲成磊

•菏泽市中华职业教育社•

主　　任：侯　婕（女）

常务副主任：王　敏（女）

副 主 任：蒋银忠　曹宜华　马　飞　陈俊启
　　　　　谢圣稳　闫永丽（女）　台　东
　　　　　董会龙　宋化玲　刘　涛　孙军利

秘 书 长：李　钊（女）

山东省省市统战理论研究会领导班子

·山东省统战理论研究会·

会　长：（暂无）

副会长：孙传宏　崔　巍　孙　矩　衣　芳（女）
包心鉴　席　伟　马　啸　孙继业
姚东方　王韶兴　王新力

秘书长：贾洪江

·青岛市统战理论研究会·

会　长：胡义瑛

副会长：贺天润　华文峰　葛仁水　尹明琴（女）
江玉民　董福强　赵高潮　乔俊良
李　静（女）　林　萍（女）
黄建青　马银邦

秘书长：周雪燕（女）

·临沂市统战理论研究会·

会　长：张广敬

副会长：李　静（女）　徐兴东　杨兴文
杨建中　孔　霞（女）

秘书长：王子鹤

山东省省市光彩事业促进会领导班子

·山东省光彩事业促进会·

会　　长：（暂无）

副 会 长：张心骥　孙传宏　孙孺声　王晓炜
栾文通　梁向前　曹　元（女）
陈守国　尚吉永　程　平　韩金来
周晓峰　刘慧兰（女）　朱新胜
刘爱丽（女）　刘敬锟　卢志壮
唐一林　郝在杰　乔伟光　李学峰
王金勇　姜卫东　赵　涛　张令泉
王德文
程淑萍（女）　刘玉岭　吴旭峰
郝　斌（女）　张明亮　葛尧伦
佘静怡（女）　张继富　王　瑛
刘鑫荣（女）

秘 书 长：王吉春（兼）

·东营市光彩事业促进会·

会　　长：倪胜希

副 会 长：杨云山　王延生　蔡祖奇　罗　冰

秘 书 长：王延生（兼）

·青岛市光彩事业促进会·

常务副会长：徐　航　王吉春

副 会 长：贺照宾　杨常义　解　军　刘宝恩
纪爱师　李延庭　乔伟光　陈伯阳
周永恒　金景善　姜丰寿　李松群
王晓光　李廷勇　刘双全　韩金凤(女)
张代信　张永升　张贤存　纪玉君
辛华龙　袁仲雪　韩方如（女）
袁　杰（女）　陈一琳（女）

·烟台市光彩事业促进会·

会　　长：杜永刚

副 会 长：周　敏　崔建成　王作鹏　彭德洲
姜军武　管　军　王彦力　宋　勇
栾鲁闽　曹长宏　邹　钧　杨晓云
赵　鹏　孙翠梅（女）　王永才
王珍海　邢新强　陈　蕾（女）
盛晓丽（女）　谢玉玺　周忠昌
张宝健　柳喜军　董良盛　巴良山

姜　军　曲云峰　宋向阳　杨君敏
谭成策　宋华西　赵丽谦　梁　军
监　事　长：刘兰清
秘　书　长：唐鹏斐

·潍坊市光彩事业促进会·

会　　长：杨卫东（2017 年 11 月前）
副　会　长：孙向林　刘文德　王群利　郑和平
刘国田　李传孝　王明峰　刘文先
邓其华　赵新生　王兆连　王永堂
冯子军
秘　书　长：孙向林（兼）

·泰安市光彩事业促进会·

会　　长：朱永强
副　会　长：高树顺　张武宗　陈队范　尹绪珠
王元成　赵传喜
秘　书　长：高树顺（兼）

·威海市光彩事业促进会·

会　　长：姜兆军（2017 年 4 月前）
陈　文（2017 年 4 月后）
副　会　长：董旭日（2017 年 4 月前）
张　德（2017 年 4 月前）
丛建滋（2017 年 4 月前）
夏春亭（2017 年 4 月前）
刘德顺（2017 年 4 月前）
刘芳友（2017 年 4 月前）
王坤玺（2017 年 4 月前）
于富波（2017 年 4 月前）
冯国森（2017 年 4 月前）
谷源政（2017 年 4 月前）
单永强（2017 年 4 月前）
于建洋（2017 年 4 月后）
王丛涛（2017 年 4 月后）
龙路钢（2017 年 4 月后）
冯鲁威（2017 年 4 月后）
孙树仁
杨立强（2017 年 4 月后）
汪　军（2017 年 4 月后）
张　智（2017 年 4 月后）
张华威（2017 年 4 月后）
张艳红（女）（2017 年 4 月后）
邵茂智
邵明喜（2017 年 4 月后）
林晓合（2017 年 4 月后）
郝凡森（2017 年 4 月后）
倪永军（2017 年 4 月后）
翟佳禹　庄　胜（2017 年 4 月后）
刘明波（2017 年 4 月后）
杨明燕（女）（2017 年 4 月后）
吴忠凤（女）（2017 年 4 月后）
张可新（2017 年 4 月后）
姜学峰（2017 年 4 月后）
夏振翔（2017 年 4 月后）
高晖富（2017 年 4 月后）
慕镕键（2017 年 4 月后）
王　鹏（2017 年 4 月后）
乔明文（2017 年 4 月后）
李长伟（2017 年 4 月后）
李佰科（2017 年 4 月后）
陈书明（2017 年 4 月后）
邵正伟（2017 年 4 月后）
于国杰（2017 年 4 月后）
王　浩（2017 年 4 月后）
王志方（2017 年 4 月后）
王树跃（2017 年 4 月后）
刘　燕（女）（2017 年 4 月后）
韩　强（2017 年 4 月后）
蔄　滨（2017 年 4 月后）
秘　书　长：张　德（兼）（2017 年 4 月前）
邵　伟（2017 年 4 月后）

·临沂市光彩事业促进会·

会　　长：张广敬
副　会　长：曹德玉　张建军　李长存　高进华
张守信　徐　军　陈伟强　孙学堂
苗胜伟　郁万杰
秘　书　长：张建军（兼）

山东省民营企业家协会领导班子

会　　长：宗艳民
常务副会长：王　琳（女）　刘阿平　刘锋杰
　　　　　朱呈镕（女）　孙建成　李　娜（女）
　　　　　宗剑飞（女）
副 会 长：于　剑　于大卫　王文涛　王永胜
　　　　　叶乐明　邢世忠　刘德杰　孙有华
　　　　　李　勇　李廷勇　李安东　杨列军
　　　　　杨林山　张　泉　赵　菁（女）
　　　　　夏振翔　徐绥远　徐朝明　高晖富
　　　　　韩彦明　程少博　魏龙柱

山东省省市社会新阶层党外知识分子联谊会领导班子

·山东省社会新阶层党外知识分子联谊会·

会　长：王百忠
顾　问：赵永琨　李文中（女）
常务副会长：臧天翔　许　健　李　伟　孙世满
　　　　　徐青峰　赵迎光
副会长：温江鸿（女）王玉亮　高月明
　　　　赵振玺　李　玲（女）　孔令华
　　　　张国俊　董雅娟（女）　苏　波
　　　　侯本领　王剑虹　王　振　张晓磊
　　　　商雪梅（女）韩　萌（女）张松旺
　　　　王汉斌　王德勇　刘方生　李连祥
　　　　朱德泉　韩　群　庄勇刚
秘书长：张胜利

·青岛市社会新阶层党外知识分子联谊会·

会　长：王　伟
副会长：毛方国　王　伟　刘学刚　李明均
　　　　莫蓓茜（女）
秘书长：林向峰

·淄博市社会新阶层党外知识分子联谊会·

会　长：杨光磊
副会长：于立华（女）　马恒艳（女）
　　　　高　蓓（女）　张　娜（女）
　　　　巩森贤　李秋峰　焦　新　王曙光
　　　　刘同玉　范　杰　胡业忠　夏应祥
　　　　董桂斌　郑茗月（女）
秘书长：卢希利

·烟台市社会新阶层党外知识分子联谊会·

会　长：柳喜军
副会长：潘　澍（女）张金祖　王学敏　张　文
隋修国　杨德琳　李旭光　慈仲博

·潍坊市社会新阶层党外知识分子联谊会·

（2017年7月前）
会　长：任洪武
副会长：许朋礼　李传孝　薛迎春（女）
　　　　袁　源　李建国　王建国　麻　凯
　　　　郑风利（女）唐玲玲（女）李　滨
　　　　王成利　王　超
秘书长：曹　春

·潍坊市新的社会阶层人士联谊会·

（2017年7月后）
会　长：王建国
副会长：代卫平　王　超　孙占坤　方　强
　　　　赵　岳
秘书长：张　健

·泰安市社会新阶层党外知识分子联谊会·

会　长：戴　磊

副会长：王元成　司嘉林　钟　敏（女）
　　　　王　宏　王　清　沈　明　赵永林
秘书长：吕华章（女）

孙　易　曹庆彬　张星卫　丁慎强
马兴涛　杨国荣　王培钊　常连春
王子亮

·威海市社会新阶层党外知识分子联谊会·

会　长：韩　强
副会长：唐艳丽（女）　张均爽　郭红玉（女）
　　　　高勤学　崔建涛　单志勇　郭洪源
秘书长：崔建涛（兼）

·临沂市新社会阶层专业人士联合会·

会　长：杜家东
副会长：刘海亮　吴广民　孙　辅　孙旭晖

·滨州市社会新阶层党外知识分子联谊会·

会　长：刘树松
副会长：綦跃勤　汪　猛　荆　强　王　新
秘书长：张　晔

·菏泽市社会新阶层党外知识分子联谊会·

会　长：孙军利
副会长：袁绍飞　张雅维　高登福　王文明
秘书长：李　钊（女）

山东省省市党外知识分子联谊会领导班子

·山东省党外知识分子联谊会·

会　长：程　林
副会长：王晓炜　龚瑶琴（女）　李广雪
　　　　姚　军　林　海　李掖平（女）
　　　　孙　伟（女）李玉霞（女）刘　甦
　　　　唐家路　孙　谧（女）　张卫国
　　　　杨合同　李国红　王春亭　戚建波
　　　　王　革　李新峰　王成利
秘书长：程海峰（女）

·济南市党外知识分子联谊会·

会　长：巩宪群（女）
副会长：马春元　衣光军　刘　军　田学雷
　　　　范　海　王翠春（女）　王德勇
　　　　王晓林（女）　宋　诏　高咏辉
　　　　耿金碧（女）　王振华　海　沫（女）
　　　　庞　勃
秘书长：刘瑞玲（女）

·青岛市党外知识分子联谊会·

会　长：侯保荣
副会长：于　华　王庆昭　王春生　尹学军
　　　　印　萍　吉红军　吕　谋　刘永红
　　　　刘鲁民　孙焕利　李　悦　李中华
　　　　宋立春　张　琳　荣　超　袁　宁
　　　　郭庆杰　崔传富　魏志强
秘书长：周兴宏

·淄博市党外知识分子联谊会·

会　长：魏艳菊（女）（2017年11月前）
　　　　陶志民（2017年11月后）
常务副会长：国先彧（2017年11月前）
副会长：路盛芝（2017年11月前）
　　　　荣先锋（2017年11月前）
　　　　尹玉法（2017年11月前）
　　　　刘观湘（2017年11月前）
　　　　陶志民（2017年11月前）
　　　　齐昌成　尹　鹏　李　娜（女）
　　　　徐俊英（女）（2017年11月前）
　　　　邹斯峰（2017年11月前）
　　　　刘永杰（2017年11月前）
　　　　昃秀花（女）
　　　　刘泽海（2017年11月前）
　　　　王　星（2017年11月前）
　　　　王霞光（2017年11月前）
　　　　徐培力（2017年11月前）

王　岩（2017 年 11 月前）
董雅娟（女）（2017 年 11 月前）
王鲁民（女）
刘志强（2017 年 11 月后）
张莹莹（2017 年 11 月后）
李传英（2017 年 11 月后）
荣　博（2017 年 11 月后）
秘书长：牛会平（女）

•枣庄市党外知识分子联谊会•

会　长：任怡春（女）
副会长：邵泽法　乔令梅（女）　马维纲（回族）
秘书长：邵泽法（兼）

•济宁市党外知识分子联谊会•

会　长：戴伟娟（女）
副会长：兰　青（女）　李　敬　李传银
寻素华（女）　高秀国
秘书长：寻素华（女）（兼）

•泰安市党外知识分子联谊会•

会　长：林　海
常务副会长：薛其福
副会长：王元成　刘然慧　李松和
宋文新（女）　赵兴彬
唐　华　韩　明
秘书长：姜　华（女）

•日照市党外知识分子联谊会•

会　长：戚素芬（女）
副会长：陈祥金　陈　丰
秘书长：陈　丰（兼）

•临沂市党外知识分子联谊会•

会　长：李宗涛
副会长：于丽华（女）　王岚宝　王远振
王　霞（女）　主如彬　孙沂东
朱海燕（女）　何　雪（女）　张玉兰（女）
张生花（女）　张建华　张春腾
张艳丽（女）　李玉国　李英奎
李晓东　李　楠（女）　李照东
杜家东　杨东霞（女）　范秋艳（女）
郑佩芹（女）　祝远昌　徐瑞明
郭春玲（女）　高思圣　隋长虹（女）
褚　冰（女）
秘书长：王佰圣

•德州市党外知识分子联谊会•

会　长：王文龙
副会长：戴希祥　姚汝勇　艾宪松
秘书长：艾宪松（兼）

•聊城市党外知识分子联谊会•

会　长：秦新义
副会长：高建鲁　田　耘（女）　孔繁军
范纯志　杜　娟（女）　孙慧芳（女）
王荣敏
秘书长：李广波

•滨州市党外知识分子联谊会•

会　长：侯学锋（女）
常务副会长：刘培峰
副会长：王世强　谭业武　商振敏　贾　涛
牛瑞波（女）　吴国华
秘书长：孙维勇

•菏泽市党外知识分子联谊会•

会　长：赵中华
常务副会长：丁新甫
副会长：张源溪　袁士忠　何常丽（女）
于文江（女）　夏建胜　李卫东
冉德蒙　高登福　孟中文（女）
李宝纯　张雅维　赵娅楠（女）
秘书长：李　钊（女）

山东省省市社会组织联合会领导班子

·山东省社会组织联合会·

会　长：曹金萍（女）
监事长：臧天翔
副会长：王华莹（女）　宋心仿　卞志良
　　　　姜俊平　于维利　张　泉　刘玉光
　　　　林　擘　蔡绪旺　王一君　孙承武
　　　　吴梦军（女）　朱文秋　孙　水
　　　　秦　松　陈建新　曹京敏　曲绪仙
　　　　翟丽彬（女）　王　超　冯　凯
副监事长：王玉亮
秘书长：张胜利

·济南市社会组织联合会·

会　长：温江鸿（女）
常务副会长兼秘书长：张　鹏
副会长：杨　文（女）　王玉亮　林　擘
　　　　赵　奕　于　冰　张松旺　王　琳
　　　　王文生　朱　涛　高文浩　李　侠（女）
　　　　张维东

·青岛市社会组织联合会·

主　席：张国俊
常务副主席：王修照
副主席：马　骏　王　超　刘玉环（女）
　　　　刘景玮　孙希玲（女）　李　勇
　　　　李中帅　李文渊　李向红（女）
　　　　张守鑫　张锡科　张黛婕（女）
　　　　贾桂波　徐从德
秘书长：陈丽莉（女）

·淄博市社会组织联合会·

会　长：林治国
副会长：李清河　陈玉健　姜　蓓（女）
　　　　孟翔远　束小刚　李宝宝（女）
秘书长：卢希利

·烟台市社会组织联合会·

会　长：杨　丽（女）
副会长：于忠杰　秦　松　杨小平　李明治
　　　　刘治波　张恩宁
监事长：王建平
秘书长：王伟光

·济宁市社会组织联合会·

会　长：董学琛
副会长：陈庆龙　程　辉　谢长伟　沈建华
　　　　陈士乾　李志文　张丹枫　侯　强
　　　　杜月野　王书平
秘书长：张学鹏

·威海市社会组织联合会·

会　长：孙玉荣（2017年6月后）
副会长：李　川（2017年6月后）
　　　　马浩然（2017年6月后）
　　　　张建芬（2017年6月后）
秘书长：张建芬（兼）（2017年6月后）

·临沂市社会组织联合会·

主　席：相　彬
副主席：丁慎强　王　慧（女）　王玉军
　　　　王宗继　冯　凯　孙道田　孙　易
　　　　杜家东　李　茜（女）杨明芬（女）
　　　　吴广民　张学凯　范道厚　郁万杰
　　　　戴　新
秘书长：王佰圣

·德州市社会组织联合会·

会　长：辛志才
副会长：魏建国　艾宪松　焦文玉（女）
　　　　周淑华（女）　陈玉刚　高　健
　　　　桂大智　袁敬华（女）　李长云
　　　　夏传波　王宗兴
秘书长：陈建磊

·聊城市社会组织联合会·

会　长：曹永明

常务副会长：梁少波　韩子军　刘洪海

副会长：李立增　贾　岩　谭雪峰　刘　岩（女）
孙思胜　段玉民　谭祥跃　刘登立
杨　杰　王福存　杨国伟　袁建军
宋　伟　高海新　吴国栋　李　强
徐红霞（女）　郭丙海　苑广海
张修军　王广诗　葛景芳（女）

秘书长：李以瑞

·菏泽市社会组织联合会·

主　席：侯宪会

副主席：常乐鸿　甄爱华（女）　胡世群
曹　钰　钟国栋　赵　磊　郑子林

秘书长：李　钊（女）

山东省省市欧美同学会（留学人员联谊会）领导班子

·山东省欧美同学会（山东省留学人员联谊会）·

名誉会长：于金明　吴立新

会　　长：程　林

副 会 长：赵　强　惠新安　陈必昌　关延平
李伯平　李　荣（女）　张宪省
邵峰晶（女）　王　革
董雅娟（女）　杨　文（女）
秦梦华　赵玉璞　庞　琦　唐晓明
陈月辉　杨小平　毕玉平　苏学文
马晓丽（女）

秘 书 长：程海峰（女）

·济南市留学人员联谊会·

会　　长：王　革

常务副会长：李　建（回族）　刘作宗　宋爱民
孙卫华

副 会 长：马汝建　关华建　于保法
佟月华（女）　牟壮博　陈冬岩
李惠民　方　诩　刘存刚

·青岛市欧美同学会（青岛市留学人员联谊会）·

会　　长：邵峰晶（女）

副 会 长：马书根　王　凡　王乙潜　王春德
尹学军　刘卫国　刘佳生　池一凡
纪建奕　李华军　李庆领　沈　雷
宋立春（女）张晓春（女）
陈　霜（女）陈宝权　周东华
赵　毅（女）荣　超　胡义瑛
徐凌云（女）黄海波　薛　平
薛庆忠

秘 书 长：宋立春（女）

·淄博市留学归国人员联谊会·

会　　长：徐丙垠（2017年5月后）

副 会 长：郑忠辉（2017年5月后）
叶大勇（2017年5月后）
司纪涛（2017年5月后）
田端华（2017年5月后）
王金珂（2017年5月后）
纪洪芳（2017年5月后）

秘 书 长：王金珂（2017年5月后）

·潍坊市留学归国人员联谊会·

会　　长：王春林

副 会 长：刘新刚　刘　强　蒋吉英　孙明茂
付东亮

秘 书 长：张佳伟

·威海市归国留学人员联谊会·

会　　长：赵玉璞

副 会 长：张廷斌　姜　燕（女）　王仕玮
高炜琳（女）　许英杰
许艳男（女）　史　伟　孙玉鼎
薄振杰　邢洪涛

秘 书 长：于　淼（女）

·聊城市留学人员联谊会·

会　　长：马　萌

副 会 长：丁　冶　范瑞倩（女）张　娜（女）
金　衡　李　开　亓瑛磊　孟庆山
杨俊国　宋　丽（女）王　敏（女）

秘 书 长：史丙旺

2017年度山东省统一战线获国家级和省部级表彰集体名单

·民革·

民革济南市委	获民革中央颁发的民革全国组织建设工作先进集体
民革青岛市委	获民革中央颁发的民革全国组织建设工作先进集体
民革枣庄市委	获民革中央颁发的民革全国社会服务工作先进集体
民革东营市委	获民革中央颁发的民革全国社会服务工作先进集体
民革潍坊市委	获民革中央颁发的民革全国社会服务工作先进集体
民革滨州市委	获民革中央颁发的民革全国参政议政工作先进集体
民革山东省委参政议政部	获民革中央颁发的民革全国参政议政工作先进集体
民革济南市委宣传（议政调研）处	获民革中央颁发的民革全国参政议政工作先进集体
民革青岛市委参政议政处	获民革中央颁发的民革全国参政议政工作先进集体
民革青岛市委办公室	获民革中央颁发的民革全国社会服务工作先进集体
青岛中山公益服务中心	获民革中央颁发的民革全国社会服务工作先进集体
民革淄博市周村区基层委员会	获民革中央颁发的民革全国社会服务工作先进集体

·民进·

民进山东省委	获民进中央颁发的2017年民进省级组织电子信息化建设工作先进单位

·农工党·

农工党山东省委	获农工党中央颁发的开展坚持和发展中国特色社会主义学习实践活动省级组织先进集体
农工党山东省委	获农工党中央颁发的开展坚持和发展中国特色社会主义学习实践活动组织建设工作先进集体

农工党山东省委	获农工党中央颁发的开展坚持和发展中国特色社会主义学习实践活动社会服务工作先进集体
农工党济南市委	获农工党中央颁发的坚持和发展中国特色社会主义学习实践活动优秀地市（县）级组织
农工党烟台市委	获农工党中央颁发的开展坚持和发展中国特色社会主义学习实践活动优秀集体
农工党德州市委	获农工党中央颁发的开展坚持和发展中国特色社会主义学习实践活动先进集体
农工党菏泽市委	获农工党中央颁布的开展坚持和发展中国特色社会主义学习实践活动先进集体
农工党山东省直一支部	获农工党中央颁发的开展坚持和发展中国特色社会主义学习实践活动先进基层组织（参政议政工作）
农工党山东省千佛山医院支部	获农工党中央颁发的开展坚持和发展中国特色社会主义学习实践活动先进基层组织（社会服务工作）
农工党山东农业大学支部	获农工党中央颁发的社会服务工作先进集体
农工党临沂市罗庄区支部	获农工党中央颁发的党史和理论工作先进集体
农工党山东大学基层委员会	获农工党中央颁发的开展坚持和发展中国特色社会主义学习实践活动先进基层组织（组织建设工作）
农工党山东省立医院基层委员会	获农工党中央颁发的开展坚持和发展中国特色社会主义学习实践活动优秀基层组织
农工党山东省中医药研究院基层委员会	获农工党中央颁发的开展坚持和发展中国特色社会主义学习实践活动先进基层组织（宣传思想工作）
农工党东营市总支部委员会	获农工党中央颁发的开展坚持和发展中国特色社会主义学习实践活动先进基层组织（宣传思想工作）

·致公党·

致公党山东省委	获致公党中央颁发的中国致公党社会服务工作先进集体
致公党山东省委	获致公党中央颁发的中国致公党坚持和发展中国特色社会主义学习实践活动优秀集体
致公党山东省委	获山东省政协颁发的 2016-2017 年度反映社情民意信息工作先进单位
致公党山东省委	获山东省政协颁发的“全民阅读•委员立行”活动优秀组织者
致公党济南市委	获致公党中央颁发的中国致公党社会服务工作先进集体
致公党济南市委	获致公党中央颁发的中国致公党坚持和发展中国特色社会主义学习实践活动先进集体
致公党青岛市委	获致公党中央颁发的中国致公党社会服务工作先进集体
致公党青岛市委	获致公党中央颁发的中国致公党坚持和发展中国特色社会主义学习实践活动先进集体
致公党烟台市委	获致公党中央颁发的中国致公党社会服务工作先进集体
致公党烟台市委	获致公党中央颁发的中国致公党坚持和发展中国特色社会主义学习实践活动先进集体
致公党济宁市委	获致公党中央颁发的中国致公党社会服务工作先进集体
致公党济宁市委	获致公党中央颁发的中国致公党坚持和发展中国特色社会主义学习实践活动先进集体
致公党菏泽市委	获致公党中央颁发的中国致公党坚持和发展中国特色社会主义学习实

	践活动先进集体
致公党日照市总支	获致公党中央颁发的中国致公党坚持和发展中国特色社会主义学习实践活动先进集体
致公党临沂市总支	获致公党中央颁发的中国致公党坚持和发展中国特色社会主义学习实践活动先进集体
致公党滨州市总支	获致公党中央颁发的中国致公党坚持和发展中国特色社会主义学习实践活动先进集体
致公党德州市第一支部	获致公党中央颁发的中国致公党坚持和发展中国特色社会主义学习实践活动先进集体
致公党威海市环翠区支部	获致公党中央颁发的中国致公党坚持和发展中国特色社会主义学习实践活动先进集体
致公党潍坊市潍城支部	获致公党中央颁发的中国致公党坚持和发展中国特色社会主义学习实践活动先进集体
致公党山东大学基层委员会	获致公党中央颁发的中国致公党社会服务工作先进集体
致公党莱芜市基层委员会	获致公党中央颁发的中国致公党坚持和发展中国特色社会主义 学习实践活动先进集体
致公党淄博市周村区基层委员会	获致公党中央颁发的中国致公党坚持和发展中国特色社会主义学习实践活动先进集体

· 九三学社 ·

九三学社山东省委	获九三学社中央颁发的九三学社 2013-2017 年度参政议政工作先进集体、2017 年度信息工作先进单位三等奖
九三学社济南市委	获九三学社中央颁发的九三学社 2013-2017 年度参政议政工作先进集体
九三学社青岛市委	获九三学社中央颁发的九三学社 2013-2017 年度参政议政工作先进集体
九三学社淄博市委	获九三学社中央颁发的九三学社 2013-2017 年度参政议政工作先进集体
九三学社烟台市委	获九三学社中央颁发的九三学社 2013-2017 年度参政议政工作先进集体
九三学社潍坊市委	获九三学社中央颁发的九三学社 2013-2017 年度参政议政工作先进集体
九三学社泰安市委	获九三学社中央颁发的坚持和发展中国特色社会主义学习实践活动先进集体
九三学社山东省财经委员会	获九三学社中央颁发的九三学社 2013-2017 年度参政议政工作先进集体
九三学社山东省科技委员会	获九三学社中央颁发的九三学社 2013-2017 年度参政议政工作先进集体
九三学社山东省文教委员会	获九三学社中央颁发的九三学社 2013-2017 年度参政议政工作先进集体
九三学社济南大学委员会	获九三学社中央颁发的九三学社 2013-2017 年度参政议政工作先进集体

2017 年度山东省统一战线成员获国家级和省部级表彰人员名单

· 民革成员 ·

卢晓娴（女）	获民革中央颁发的民革全国组织建设工作先进个人（民革山东省委）
王若峰	获民革中央颁发的民革全国参政议政工作先进个人（民革山东省委）
郑爱玲（女）	获民革中央颁发的民革全国组织建设工作先进个人（民革淄博市委）

王忠香（女）	获民革中央颁发的民革全国组织建设工作先进个人（民革枣庄市委）
李广秋（女）	获民革中央颁发的民革全国组织建设工作先进个人（民革日照市委）
刘　静（女）	获民革中央颁发的民革全国组织建设工作先进个人（民革临沂市委）
孙兆泉	获民革中央颁发的民革全国组织建设工作先进个人（民革滨州市委）
杨文生（女）	获民革中央颁发的民革全国参政议政工作先进个人（山东财经大学）
张少春	获民革中央颁发的民革全国参政议政工作先进个人（山东省审计厅）
展　玲（女）	获民革中央颁发的民革全国参政议政工作先进个人（山东省律师协会）
傅　文	获民革中央颁发的民革全国参政议政工作先进个人（山东傅文律师事务所）
庞岸清	获民革中央颁发的民革全国参政议政工作先进个人（临沂日报报业集团）
李海燕	获民革中央颁发的民革全国社会服务工作先进个人（民革新泰市基层委员会）
孙艺洲	获民革中央颁发的民革全国社会服务工作先进个人（山东荣华食品集团有限公司）
李振函	获民革中央颁发的民革全国社会服务工作先进个人（山东地矿新能源有限公司）
赵　勇	获民革中央颁发的民革全国社会服务工作先进个人（山东启德科技发展有限公司）
林祁倡	获民革中央颁发的民革全国社会服务工作先进个人（山东澳林控股集团公司）
李荣凯	获民革中央颁发的民革全国社会服务工作先进个人（山东省人民调解员协会）
郭柳金（女）	获民革中央颁发的民革全国社会服务工作先进个人（山东思诚文化传媒有限公司）

·民盟成员·

姜　东	获中共中央宣传部颁发的全国敬老爱老助老模范人物、第三批“全国岗位学雷锋标兵”（青岛仲裁委员会市北中心）
吴立新	获科技部颁发的首届“全国创新争先奖”（中国海洋大学）
李博洋	获交通运输部颁发的交通运输部教育优秀教师奖（青岛远洋船员职业学院）
胡敦欣	获山东省人民政府颁发的山东省科学技术最高奖（中科院海洋研究所）
庄　媛（女）	获中共山东省委、山东省人民政府颁发的第十届泰山文艺奖三等奖（泰安市艺术馆）
王丽娜（女）	获山东省政协颁发的山东省政协工作先进个人、参政议政工作先进个人（泰安市岱岳区大汶口镇）
徐建英（女）	获山东省政协颁发的山东省参政议政工作先进个人（民盟泰安市委）

·民建成员·

刘培德	获中共中央组织部颁发的万人计划哲学社会科学领军人士 获中共中央宣传部颁发的文化名家暨四个一批理论人才（山东财经大学）
王书平	获国务院颁发的国家科学技术进步二等奖（山东圣丰种业科技有限公司）
桑　哲	获山东省政协颁发的全省全民阅读积极推动者（曲阜师范大学）
夏天然（女）	获山东省政协颁发的全省信息工作先进个人（民建济宁市委）

·民进成员·

史　谦	获民进中央颁发的坚持和发展中国特色社会主义实践活动先进个人（菱花集团）

·农工党成员·

吕莹莹（女）	获农工党中央颁发的开展坚持和发展中国特色社会主义学习实践活动优秀党员（农工党山东省委）
吕善勇	获农工党中央颁发的开展坚持和发展中国特色社会主义学习实践活动先进党员（农工党山东省委）

陈子江（女） 获农工党中央颁发的开展坚持和发展中国特色社会主义学习实践活动先进党员（山东大学）
王　军 获农工党中央颁发的开展坚持和发展中国特色社会主义学习实践活动先进党员（农工党山东省委）
王建廷 获农工党中央颁发的开展坚持和发展中国特色社会主义学习实践活动先进党员（农工党山东省委）
于　玲（女） 获农工党中央颁发的开展坚持和发展中国特色社会主义学习实践活动先进党员（农工党山东省委）
孙文彬 获农工党中央颁发的开展坚持和发展中国特色社会主义学习实践活动先进党员（农工党山东省委）
周艳红（女） 获农工党中央颁发的开展坚持和发展中国特色社会主义学习实践活动先进党员（农工党山东省委）
吴　真（女） 获农工党中央颁发的开展坚持和发展中国特色社会主义学习实践活动先进党员（农工党山东省委）
万雅囡（女） 获农工党中央颁发的开展坚持和发展中国特色社会主义学习实践活动先进党员（农工党山东省委）
吕莹莹（女） 获农工党中央颁发的《前进论坛》发行工作先进个人（农工党山东省委）
华文俊（女） 获农工党中央颁发的开展坚持和发展中国特色社会主义学习实践活动先进个人（农工党济南市委）
邹常厚 获农工党中央颁发的开展坚持和发展中国特色社会主义学习实践活动先进个人（农工党烟台市委、莱阳市人大）
朱洪升 获农工党中央颁发的开展坚持和发展中国特色社会主义学习实践活动优秀党员（山东省政协《联合日报》社）
徐　坤 获农工党中央颁发的开展坚持和发展中国特色社会主义学习实践活动先进个人（山东农业大学）
高中强 获农工党中央颁发的开展坚持和发展中国特色社会主义学习实践活动先进党员（山东省农业技术推广总站）
甘宜梧 获农工党中央颁发的开展坚持和发展中国特色社会主义学习实践活动先进党员（山东科博生物产业有限公司）
杜　平（女） 获农工党中央颁发的开展坚持和发展中国特色社会主义学习实践活动先进个人（农工党威海市委筹委会）
徐　坤 获国务院颁发的政府特殊津贴（山东农业大学）
逄曙光（女） 获国务院颁发的政府特殊津贴（济南市中心医院内分泌科）
胡雪梅（女） 获中共山东省委、山东省人民政府颁发的泰山学者特聘专家（滨州医学院）
郭敬元 获中共山东省委、山东省人民政府颁发的泰山文艺奖艺术作品二等奖（泰安市城市建设设计院）
于　玲（女） 获山东省政协颁发的全省政协先进提案和信息工作者二等功（农工党山东省委）
获山东省政协颁发的十一届省政协先进提案工作者（农工党山东省委）
获山东省政协颁发的十一届省政协先进信息工作者（农工党山东省委）
林　霞（女） 获山东省政协颁发的十一届省政协先进信息工作者（农工党济南市委）
张国华 获山东省政协颁发的十一届省政协先进信息工作者（菏泽市政协）
包立强 获山东省政协颁发的十一届省政协先进信息工作者（农工党菏泽市委）
王观利 获山东省政协颁发的十一届省政协先进信息工作者（临沂市兰山科技局）
王鸿雁（女） 获山东省政协颁发的十一届省政协先进信息工作者（山东省国资委）
孙录宝 获山东省政协颁发的十一届省政协先进信息工作者（山东创新管理学院）
林　霞（女） 获山东省政协颁发的“社情民意信息先进个人”（农工党济南市委）

·致公党成员·

叶双池　获致公党中央颁发的中国致公党坚持和发展中国特色社会主义学习实践活动先进个人（致公党山东省委）

王彦春（女）　获致公党中央颁发的中国致公党坚持和发展中国特色社会主义学习实践活动先进个人（致公党山东省委）

孙晓筠（女）　获致公党中央颁发的中国致公党社会服务工作先进个人（致公党山东省委）

王言快　获致公党中央颁发的中国致公党社会服务工作优秀组织工作者（致公党山东省委）

张元玺　获致公党中央颁发的中国致公党社会服务工作优秀组织工作者（致公党济南市委）

刘玉泽（女）　获致公党中央颁发的中国致公党社会服务工作优秀组织工作者（致公党淄博市委）

王　燕（女）　获致公党中央颁发的中国致公党社会服务工作先进个人（致公党潍坊市委）

王秀凤（女）　获致公党中央颁发的中国致公党坚持和发展中国特色社会主义学习实践活动先进个人（东营市食药局）

甘　露　获致公党中央颁发的中国致公党坚持和发展中国特色社会主义学习实践活动先进个人（山东电力工程咨询院有限公司）

张才擎　获致公党中央颁发的中国致公党坚持和发展中国特色社会主义学习实践活动先进个人（山东省千佛山医院）

陈　勇　获致公党中央颁发的中国致公党坚持和发展中国特色社会主义学习实践活动先进个人（山东省妇女儿童活动中心）

赵广洪　获致公党中央颁发的中国致公党坚持和发展中国特色社会主义学习实践活动先进个人（山东省政府外事办公室）

胡俭宏　获致公党中央颁发的中国致公党坚持和发展中国特色社会主义学习实践活动先进个人（联合日报社）

俞淑静（女）　获致公党中央颁发的中国致公党坚持和发展中国特色社会主义学习实践活动先进个人（枣庄市干部保健工作委员会办公室）

徐　麟　获致公党中央颁发的中国致公党坚持和发展中国特色社会主义学习实践活动先进个人（山东省立医院）

韩　銘　获致公党中央颁发的中国致公党坚持和发展中国特色社会主义学习实践活动先进个人（山东省中医）

韩吉书　获致公党中央颁发的中国致公党坚持和发展中国特色社会主义学习实践活动先进个人（山东安信种苗股份有限公司）

于　溪（女）　获致公党中央颁发的中国致公党社会服务工作先进个人（齐鲁电子音像出版社）

王　成　获致公党中央颁发的中国致公党社会服务工作先进个人（山东省胸科医院）

王广伟　获致公党中央颁发的中国致公党社会服务工作先进个人（济南华谋企业管理咨询有限公司）

王晓峰（女）　获致公党中央颁发的中国致公党社会服务工作先进个人（《环球慈善》山东记者站）

邓　杰（女）　获致公党中央颁发的中国致公党社会服务工作先进个人（山东祥业针制品有限公司）

朴恩女（女）　获致公党中央颁发的中国致公党社会服务工作先进个人（威海瑞翔电子有限公司）

安伯海　获致公党中央颁发的中国致公党社会服务工作先进个人（山东琪尊珠宝首饰有限公司）

杨永辉　获致公党中央颁发的中国致公党社会服务工作先进个人（山东师范大学）

吴梦军（女）　获致公党中央颁发的中国致公党社会服务工作先进个人（山东凯文科技职业学院）

张才擎　获致公党中央颁发的中国致公党社会服务工作先进个人（山东省千佛山医院）

胡俭宏　获致公党中央颁发的中国致公党社会服务工作先进个人（联合日报社）

侯宪会　获致公党中央颁发的中国致公党社会服务工作先进个人（菏泽康辉旅行社有限公司）

俞淑静（女）　获致公党中央颁发的中国致公党社会服务工作先进个人（枣庄市干部保健工作委员会办公室）

韩　銘　　获致公党中央颁发的中国致公党社会服务工作先进个人（山东省中医）
韩吉书　　获致公党中央颁发的中国致公党社会服务工作先进个人（山东安信种苗股份有限公司）
程秀兰（女）　获致公党中央颁发的中国致公党社会服务工作先进个人（济宁富豪防盗科技有限公司）
薛　平（女）　获致公党中央颁发的中国致公党社会服务工作先进个人（山东环宇集团）
戴国锋　　获致公党中央颁发的中国致公党社会服务工作先进个人（齐鲁医院）
姜　明（女）　获山东省政协颁发的“全民阅读•委员立行”活动积极推动者（致公党山东省委）
王彦春（女）　获山东省政协颁发的先进信息工作者（致公党山东省委）
娄红民　　获山东省政协颁发的先进信息工作者（致公党青岛市委）
马海涛　　获山东省政协颁发的先进信息工作者（致公党烟台市委）
姜世波　　获山东省政协颁发的先进信息工作者（山东大学（威海）法学院）
王乙潜　　获山东省政协颁发的先进信息工作者（青岛大学）
李继生　　获山东省政协颁发的先进信息工作者（菏泽市农业局）
刘惠萍（女）　获山东省政协颁发的先进信息工作者（山东财经大学）
贾小平　　获山东省政协颁发的先进信息工作者（青岛科技大学）
刘红文　　获山东省政协颁发的先进信息工作者（济南高新区中欧制造业发展中心）
裴忠毅　　获山东省政协颁发的“全民阅读•委员立行”活动优秀文化传播者（山东环球雅思出国留学服务有限公司）

·九三学社成员·

刘志坚　　获九三学社中央颁发的九三学社 2013—2017 年度参政议政工作先进个人（东营市政协）
孟凡珍　　获九三学社中央颁发的坚持和发展中国特色社会主义学习实践活动全国先进个人（济宁腰椎病医院）
杨海涛　　获九三学社中央颁发的九三学社中央参政议政工作先进个人（济宁市发改委）
刘彦涛　　获九三学社中央颁发的九三学社 2013—2017 年度参政议政工作先进个人（九三学社泰安市委）
吴春明　　获九三学社中央颁发的九三学社 2013—2017 年度参政议政先进个人（章丘区人社局）
贾国哲　　获九三学社中央颁发的坚持和发展中国特色社会主义学习实践活动先进个人
获九三学社中央颁发的九三学社 2013—2017 年度参政议政工作先进个人
获山东省政协颁发的省政协课题最高优秀等次
获山东省政协颁发的十一届省政协优秀提案（并被收入在山东人民出版社出版的《履职风采：十一届山东省政协文稿选编—优秀提案卷》（九三学社威海市委）
刘　康　　获九三学社中央颁发的九三学社 2013—2017 年度参政议政工作先进个人（山东省海洋经济文化研究院区域经济研究室）
获山东省政协颁发的十一届省政协先进信息工作者
段　超　　获九三学社中央颁发的九三学社 2013—2017 年度参政议政工作先进个人（山东众成清泰律师事务所）
赵　宁（女）　获九三学社中央颁发的九三学社 2013—2017 年度参政议政工作先进个人（九三学社济南市委）
赵同祥　　获九三学社中央颁发的九三学社 2013—2017 年度参政议政工作先进个人（潍坊市奎文区政府）
岳建利　　获九三学社中央颁发的九三学社 2013—2017 年度参政议政工作先进个人（九三学社潍坊市委）
范鑫烨　　获九三学社中央颁发的九三学社 2013—2017 年度参政议政工作先进个人（聊城大学）
李逢春（女）　获九三学社中央颁发的九三学社 2013—2017 年度参政议政工作先进个人（山东省税务干部学校）
常　勇　　获九三学社中央颁发的九三学社 2013—2017 年度参政议政工作先进个人（山东师范大学）
高奂文　　获九三学社中央颁发的九三学社 2013—2017 年度参政议政工作先进个人（菏泽市定陶区财政局）

宋尚桂	获九三学社中央颁发的九三学社2013—2017年度参政议政工作先进个人（九三学社山东省委）
王玉志	获九三学社中央颁发的九三学社2013—2017年度参政议政工作先进个人（山东省住房和城乡建设厅）
钟　玲（女）	获九三学社中央颁发的九三学社2013—2017年度参政议政工作先进个人（德州学院）
付廷安	获九三学社中央颁发的九三学社2013—2017年度参政议政工作先进个人（九三学社枣庄市委）
马建春（女）	获九三学社中央颁发的九三学社2013—2017年度参政议政工作先进个人（山东财经大学）
岳　鹏（女）	获九三学社中央颁发的九三学社2013—2017年度参政议政工作先进个人（九三学社山东省委）
刘　佩（女）	获九三学社中央颁发的九三学社2013—2017年度参政议政工作先进个人（九三学社山东省委） 获山东省政协颁发的十一届省政协先进信息工作者 获山东省人社厅、山东省政协、山东省公务员局颁发的全省政协先进提案和信息工作者记三等功
张桂德	获九三学社中央颁发的九三学社2013—2017年度参政议政工作先进个人（九三学社烟台市委） 获山东省政协颁发的十一届省政协先进信息工作者
李文军	获九三学社中央颁发的九三学社2013—2017年度参政议政工作先进个人（中科院烟台海岸带研究所）
王玉鹏	获九三学社中央颁发的九三学社2013—2017年度参政议政工作先进个人（日照市岚山区司法局）
蔡长松	获九三学社中央颁发的九三学社2013—2017年度参政议政工作先进个人（滨州市公路局）
党安坤	获九三学社中央颁发的九三学社2013—2017年度参政议政工作先进个人（山东省动物疫病预防与控制中心）
万同军	获九三学社中央颁发的坚持和发展中国特色社会主义学习实践活动全国先进个人（烟台安茂喜连升鞋业有限公司）
樊　静（女）	获民政部颁发的民政部政策理论研究成果三等奖（烟台大学法学院）
张凤山	获国家教育部颁发的科技进步一等奖（山东华泰纸业股份有限公司）
焉传祝	获中共山东省委、省政府颁发的2017年泰山学者特聘专家（山东大学齐鲁医院）
曾振宇	获中共山东省委、省政府颁发的2017年泰山学者特聘专家（山东大学）
张　伟	获中共山东省委、省政府颁发的2017年泰山学者特聘专家（山东省中医院）
王梦旸（女）	获中共山东省委、省政府颁发的第十届泰山文艺奖三等奖（济宁市艺术研究所主任）
李爱峰（女）	获山东省人民政府颁发的山东省科技进步一等奖（聊城大学）
张纪刚	获山东省人民政府颁发的山东省科技进步一等奖（青岛理工大学）
周德庆	获山东省人民政府颁发的山东省科技进步三等奖（第1位）（中国水产科学研究院黄海水产研究所）
周艳丽（女）	获山东省政协颁发的十一届省政协先进信息工作者（菏泽市财政局）
宋传杰	获山东省政协颁发的十一届省政协先进信息工作者（中国农业银行股份有限公司山东分行）
徐冬梅（女）	获山东省政协颁发的十一届省政协先进信息工作者（东营市计生协会）
李兵校	获山东省政协颁发的十一届省政协先进信息工作者（九三学社青岛市委）
王海龙	获山东省政协颁发的十一届省政协先进信息工作者（九三学社德州市委）
姜玉兰（女）	获山东省政协颁发的十一届省政协先进信息工作者（青岛市农科院）
余秋玲（女）	在山东省政协颁发的“全民阅读·委员立行”活动中获“最美读书人”称号 （山东微山宏信食品有限公司）
崔　静（女）	获山东省政协颁发的山东政协新闻奖三等奖（九三学社山东省委）

2017年度山东省统一战线成员获全国和省部级社会科学、自然科学奖励人员名单

·民盟成员·

高永吉	《坎地沙坦酯原料与制剂关键技术体系构建及产业化》 获国务院颁发的国家科学技术进步二等奖（山东迪沙药业）
艾希珍（女）	《抗逆辣椒砧木雄性不育系创制及新品种选育与应用》（第一作者） 获山东省人民政府颁发的山东省科技进步二等奖（山东农业大学）
魏佑营	《抗逆辣椒砧木雄性不育系创制及新品种选育与应用》（第二作者） 获山东省人民政府颁发的山东省科技进步二等奖（山东农业大学）
纪圣华	《基于激光瑞利干涉技术的超长距离入侵安全实时监测系统》（第二作者） 获山东省人民政府颁发的山东省科技进步三等奖（威海北洋光电信息技术股份公司）
王知学	《汽车先进动力与车载能源系统关键技术及其在新能源汽车上的应用》（第三作者） 获山东省人民政府颁发的山东省科技进步一等奖（山东省科学院自动化所）
程安玮（女）	《果蔬中抗氧化、抗炎活性物质制备关键技术及产业化》（第一作者） 获山东省人民政府颁发的山东省科技进步二等奖（山东省农科院）
孙金月	《果蔬中抗氧化、抗炎活性物质制备关键技术及产业化》（第二作者） 获山东省人民政府颁发的山东省科技进步二等奖（山东省农科院农产品研究所）
刘　超	《果蔬中抗氧化、抗炎活性物质制备关键技术及产业化》（第六作者） 获山东省人民政府颁发的山东省科技进步二等奖（山东省农科院农产品研究所）
张中祥	《地下水系统水资源调控与贫水区找水关键技术》（第二作者） 获山东省人民政府颁发的山东省科技进步二等奖（山东省地矿工程勘察院）
肖家治	《高苛刻度低结焦速率焦化炉技术》（第一作者） 获山东省人民政府颁发的山东省科技进步二等奖（中国石油大学化学工程学院）
王华进	《系列改性丙烯酸乳液的合成及其在水性环保涂料中的应用》（第二作者） 获山东省人民政府颁发的山东省科技进步二等奖（海洋化工研究院有限公司）
李　利（女）	《节能型橡胶连续混炼技术》（第三作者） 获山东省人民政府颁发的山东省技术发明二等奖（青岛科技大学）

·民建成员·

王书平	《多抗广适高产稳产小麦新品种山农20及其选育技术》 获国务院颁发的国家科学技术进步二等奖（山东圣丰种业科技有限公司）

·民进成员·

王　天	《药物抗炎与致炎作用评价、机制研究及其应用》 获教育部颁发的科技进步二等奖（烟台大学）
竺晓平	《蔬菜新发重要病毒病害检测预警和综合防控技术应用》（第一作者） 获山东省人民政府颁发的山东省科技进步二等奖（山东农业大学）

·致公党成员·

郑乾坤	《两百种重要危害因子单克隆抗体制备及食品安全快速检测技术与应用》

获国务院颁发的 2017 年度国家科学技术进步二等奖（山东得利斯集团潍坊办事处）

·九三学社成员·

田纪春　《多抗广适高产稳产小麦新品种山农 20 及其选育技术》（第一作者）
获国务院颁发的国家科技进步二等奖（山东农业大学）

张凤山　《造纸行业清洁生产和末端治理相结合的水污染全过程控制集成技术》（第四作者）
获教育部颁发的科技进步一等奖（华泰集团）

邢世岩　《银杏种质资源收集评价与新品种选育利》（第一作者）
获山东省政府颁发的山东省科技进步二等奖（山东农业大学）

·无党派人士·

黄　伟　《肺癌精准放射治疗关键技术研究与临床应用》（第六作者）
获国务院颁发的国家科技进步二等奖（山东省医学科学院）

山东省获 2017 年度全国统战理论政策研究创新成果奖名单

三等奖

关于城市民族工作的调查与思考——以山东省为例（山东省委统战部、省民族事务委员会课题组）

基于催生新动能的“亲”“清”政商关系构建研究（山东省委统战部、山东师范大学课题组）

山东省获 2017 年度全国统战工作实践创新成果奖名单

破解难题、试点先行，积极探索推进国有企业统战工作（青岛市委统战部）

以“中产部落”为试点积极探索开展“自组织”统战工作（青岛市委统战部）

山东省获 2017 年度全国统战信息工作先进单位和优秀信息员名单

一、先进单位

一等奖：

青岛市委统战部

二等奖：

山东省委统战部　　济南市委统战部

二、优秀信息员

张灵敏（山东省委统战部）

张　斌（青岛市委统战部）

范　帅（济南市委统战部）

2017年度全省统战理论调研宣传“四新工程”先进单位名单

市级先进单位

青岛市委统战部　济南市委统战部　潍坊市委统战部
临沂市委统战部　东营市委统战部　菏泽市委统战部
烟台市委统战部　滨州市委统战部　淄博市委统战部

县级先进单位

招远市委统战部　曲阜市委统战部
新泰市委统战部　威海市文登区委统战部
日照市东港区委统战部　乐陵市委统战部
临清市委统战部　威海市环翠区委统战部
莱芜市钢城区委统战部　枣庄市台儿庄区委统战部

省直统战系统、省统战理论研究基地及高校、企业先进单位

民盟省委　省工商联
省社会主义学院基地　山东师范大学基地
青岛科技大学基地　山东农业大学
青岛农业大学　胜利石油管理局

2017年度全省统战理论调研宣传“四新工程”优秀成果名单

一、优秀理论调研成果

一等奖

关于城市民族工作的调查与思考——以山东省为例（省民委课题组）
基于催生新动能的亲清政商关系新生态构建研究（山东师范大学　娄树旺　隋文慧　王季秋等）
新形势下青年一代党外人士统战工作方式方法创新思考
（青岛市社会主义学院　王娜娜　青岛市委统战部　高天宝　田　早）
“互联网+”民主党派工作研究（省社会主义学院、省委统战部一处课题组）
做好新形势下宗教工作的问题分析及对策建议（东营市委统战部课题组）

二等奖

新形势下与党外代表人士联谊交友问题探析（济南市委统战部　张　勇　姚爱雨）

新媒体从业人员统战工作问题研究（潍坊市委统战部课题组）
关于新的社会阶层人士舆情动态机制研究（临沂市委统战部、临沂大学、兰山区委统战部课题组）
从中国天主教本地化的实践看我国宗教中国化的现实路径（青岛科技大学 李晓晨 王建美 范晓婧等）
推进山东民营经济新旧动能转换的思路与对策（省工商联课题组）
基层自由职业人员的政治取向及统战策略分析（招远市委统战部 卢 鹏）
内地回族群众赴沙特朝觐的问题研究（菏泽市委统战部 陈 忠 定陶区委统战部 王克亮）
山东科技大学大学生宗教信仰状况调研报告（山东科技大学 苗汝昌）
从找到非权力监督与有效监督之间的平衡点看如何增强民主党派民主监督效能（青岛市社会主义学院 王娜娜 青岛市委统战部 高天宝 陈崇水）
大统战格局下区县统战基层基础工作研究（淄博市委统战部 张昊宇 马丽静）
习近平科学思维方式给多党合作以重要的方法论指引（九三学社威海市委 贾国哲 威海市委统战部 苗建臣）
党外代表人士队伍现状及问题研究（民盟省委课题组）
外资企业管理技术人员统战工作实效性研究——以青岛市城阳区为例（青岛市城阳区委统战部、青岛农业大学课题组）
城市少数民族流动人口服务管理研究（滨州市委统战部 滨州市民宗局）
民主党派履行民主监督职能运行机制的实证研究（济南大学 胡艳蕾 高海虹 省委统战部 邢维恭）

三等奖

农村居民宗教信仰的形成机制与社会影响（山东财经大学 武中哲）
西藏少数民族大学毕业生职业发展及作用发挥情况研究（中国海洋大学 周妮妮）
枣庄市民间信仰情况调研报告（枣庄市民宗局 王 晨）
做好城市民族工作 促进各民族交往交流交融（聊城市委统战部 辛刚英 陈学忠 周 源）
关于对区县统战部门“大部制”改革的实践思考（日照市委统战部 郭长军）
新媒体视角下高校学生统战工作研究（济宁市委统战部 王传军 戴伟娟 高启达 王乐军）
关于在农村宗教势力发展中坚持“导”的方针的几点思考（泰安市委统战部课题组）
统战网络舆情管理路径探究（德州市委统战部 高焕然）
新时期充分发挥民主党派民主监督作用的对策与思考（致公党省委 王乙潜）
创新新媒体下高校党外知识分子统战工作的对策和建议（烟台市委统战部 宫晓峰 王丽娜）
针对“一带一路”沿线国家宗教影响在我省建立宗教风险防控与应对体系的建议（山东师范大学 崔若楠）
换届后民主党派自身建设问题研究（民革省委 韩景慧）
新实体经济从业者统战工作研究（青岛科技大学 戴雪丽 孙德菁）
统战工作视阈下山东高校党外知识分子发挥作用的机制研究（临沂大学 张世爱）
关于提升高校青年党外知识分子政治素养问题的思考（青岛农业大学 徐以师 慕乾伟 盛金玉）
深入推进“1523”工作体系大力加强党外干部队伍建设（济南市委统战部 万秀水 徐艳芳 赵 浩）
加强新形势下党外知识分子思想政治引领的研究与思考（淄博市委统战部课题组）
基于“互联网+”视阈的高校网络统战工作调查（山东交通学院 吴延芝）
中小企业家眼中亲清政商关系的内涵与边际研究（鲁东大学 王纪孔）
民主党派的民主监督职能研究（滨州市委统战部 高令章 民革滨州市委 郑 珂）

优秀奖

宗教中国化的文化路径研究（青岛科技大学 陈 乐）
以人为本 增强认同——内地新疆籍少数民族大学生心理疏导策略研究（中国石油大学 徐拥军 孙鹏燕 李宝玺 葛长波）

网络时代国有企业统战工作创新实践与思考（胜利石油管理局 郑 滨 孟凡莹 赖 健）
试论党外青年干部成长中的困惑及化解对策（东营市委统战部 陈 靖）
县域经济视域下发挥海外人才作用路径初探（嘉祥县委统战部课题组）
关于高校党外知识分子意识形态共识引领和整合的几点思考（泰安市委统战部课题组）
新媒体从业人员统战工作现状问题及应对路径研究（青岛科技大学 朱 鹰 秦宁波 临沂市委统战部 姜 东）
民主党派参政现状及能力提升研究（菏泽市委统战部 杨冬云 陈 忠）
加强新形势下高校党外代表人士队伍建设的几点思考（山东农业大学 史文宪 王 娟 杨圣慧等）
民主党派政治交接与领导班子建设的思考（东营市委统战部 陈宏伟）
构建“四位一体”的亲清新型政商关系（潍坊市委统战部、潍坊学院课题组）
新的社会阶层人士统战工作研究（威海市环翠区委统战部 张起刚）
以换届为契机 加强民主党派基层组织自身建设（临沂市委统战部、民革兰山支部课题组）
构建亲清新型政商关系促进聊城非公有制经济健康发展研究 （聊城市委统战部 秦存华）
非公有制经济领域新型政商关系构建研究（烟台市委统战部 徐天文）
关于构建亲清新型政商关系的调研报告（日照市委统战部 周 平）
莱芜市非公有制企业发展现状调研（莱芜市委统战部 张志良）
增强非公经济人士对党和政府信任的路径研究（德州市委党校 陈宝华）
从海峡两岸青年学生辩论赛看两岸青年学生交流（滨州市委统战部 舒 明 滨州市台办 于 青）
全面从严治党与统一战线的协同性研究（齐鲁工业大学 许忠明 陈旭辉）
参政党民主监督的实现机制研究（民建省委 徐超丽）
民主监督存在问题及良好环境的营造（致公党省委 张文艳 张国华）
习近平关于党外代表人士的思想政治引导研究（山东大学 韩志宏）
论协商式监督的理论基础和独特优势（青岛大学 李广民 王文波）
运用典型选树机制加强党外人士思想政治引导的研究（胜利石油管理局 刘加骥 王东营 马 莉 李 斌)
构建亲清新型政商关系研究（菏泽市委统战部 张志栋 王 哲 赵文文）
运用新媒体开展统战工作的探索与实践（胜利石油管理局 宋政谦 李岭松 纪青海 梁 秦)
高校在港澳台海外统战工作中的作用研究（山东师范大学 隋文慧）
以民营企业家队伍建设推动山东品牌建设的思考（山东工商学院 王飞鹏）
济宁市民营经济发展政策环境与落实问题调研（济宁市工商联 王 浩 刘 佳）

二、优秀宣传成果

一等奖

永远铭记大师风范（山东农业大学 于振文）
全国首档关注新的社会阶层人士谈话类节目“新智汇、新力量” （青岛市委统战部 陈丽莉）
布帛上渲染多彩人生（滨州市委统战部 张国清）

二等奖

满腔热情履职 竭诚为民谏言——记全国人大代表、山东省社会组织联合会副会长宋心仿
（东营市委统战部 徐国强 李 成）
民盟山东省委十年帮扶铸就平凡大爱（民盟省委 许玲然 张丽君）
统一战线“最美同心人物”评选活动（乐陵市委统战部）
烟台唱响扶贫“四部曲” （烟台市委统战部 崔春光）
注重顶层设计 坚持整体推进 全力推动区县统战部门“大部制”改革 （日照市委统战部 李 洋）

三等奖

看潍坊如何打造“文化统战”品牌（潍坊市委统战部）

桓台县新阶层联谊会“线上＋线下”联谊又连心（淄博市委统战部 钟 娟 刘迎新）

杨朝明：从经典的浸润中走来（济宁市委统战部 崔海鹰 李 芳）

麦田寄情60载（泰安市委统战部 张基瑞）

“加减乘除”构建县级大统战工作格局（威海市文登区委统战部 于晓东）

强化品牌创建意识 用精品激活基层统战工作活力（临沂市委统战部 姜 东）

扎实做好新形势下党外干部培养选拔工作（菏泽市委统战部 陈 忠）

鲐背之年的故事人生——记九三社员、中共党员、中科院院士文圣常（中国海洋大学 李华昌 冯文波）

山东省中华职教社聚焦走在前列争创工作品牌再出新招（省中华职教社 朱令珍 马玉稳）

她懂蔬菜 更懂农民——记蔬菜专家、园艺学院艾希珍教授（山东农业大学 翟荣惠）

优秀奖

民革山东省委会参政议政工作的三个“面向”（民革省委 韩景慧 贾 硕）

一次难忘的精神之旅（民建省委 苏洪亮）

厉害！山东民进要出教科书了！（民进省委 李世来）

引领方向 凝聚力量——“培育和践行社会主义核心价值观”主题宣讲纪实（农工党省委 吕莹莹）

发挥履职优势 凝聚侨海力量 做亮工作品牌 致公党省委侨海报国谱新篇（致公党省委 王言快）

经世济用 尽责履职——记青岛市政协委员、九三学社山东省委参政议政特约研究员、青岛大学经济学院副院长张旭（九三学社省委 崔 静）

党外优秀人才坐班接访为民服务（莱芜市钢城区委统战部）

聚智汇力 共谋发展——山东大学发挥统一战线智库作用见实效（山东大学 马毓轩）

山东科技大学开展“一院一品”统战工作品牌创建活动（山东科技大学 王 岩）

强化政治引领 加强队伍建设 聊城让24万新阶层人士发挥正能量（聊城市委统战部 吴国芳）

2017年度全省统战工作实践创新优秀成果名单

深入推进“1523”工作体系，大力加强党外干部队伍建设	（济南市委统战部）
槐荫区破解基督教聚会点拆迁安置难题	（济南市委统战部）
破解难题，试点先行，青岛市积极探索国有企业统战工作	（青岛市委统战部）
抢抓机遇，主动作为，积极探索开展功能区统战工作	（青岛市委统战部）
探索发挥党外特约人员作用渠道，助推党风廉政建设显成效	（淄博市委统战部）
以“五好”为目标，以“六有”为支撑，枣庄市民主党派自身建设工作成效显著	（枣庄市委统战部）
完善机制，创新方式，“四轮驱动”模式推动少数民族经济跨越发展	（东营市委统战部）
打造“四行”品牌，光彩社会民生	（烟台市委统战部）
探索基层社会组织“345”统战工作机制，助推社会治理创新发展	（潍坊市委统战部）
加强协商成果转化落实，提升政党协商民主实效	（济宁市委统战部）
坚持试点先行，强化示范引领，探索推进县域新的社会阶层人士统战工作	（泰安市委统战部）
注重顶层设计，坚持整体推进，日照全力推动区县统战部门“大部制”改革	（日照市委统战部）
双建双促，创新发展，开创新的社会阶层人士统战工作新局面	（莱芜市委统战部）

临沂市首创“民科苑”，打造新的社会阶层人士统战工作实践创新基地（临沂市委统战部）
探索打造城市楼宇新的社会阶层人士统战工作综合示范点（德州市委统战部）
聊城实行金融工作日制度，拓宽亲清政商关系新平台（聊城市委统战部）
建立基层统战工作站，焕发基层统战工作活力（滨州市委统战部）
菏泽市落实《党外领导干部推荐提名意见》，推动党外干部培养使用实现新突破（菏泽市委统战部）
以“同心•服务社区在行动”为试点，积极探索社区统战工作新模式（济南市历下区委统战部）
“1+4”工作模式高效服务海外人才创新创业，助力烟台开发区加快推进新旧动能转换（烟台开发区工委组织部）
以“海创园”为载体，打造留学人员“智汇高区，同心报国”品牌（威海市高区工委统战部）

2017年度全省统战信息工作先进单位名单

一等奖

青岛市委统战部　济南市委统战部
东营市委统战部　潍坊市委统战部
临沂市委统战部　省委统战部八处

二等奖

淄博市委统战部　德州市委统战部
威海市委统战部　济宁市委统战部
省委统战部四处　省委统战部六处
省委统战部一处　省委统战部三处

三等奖

菏泽市委统战部　聊城市委统战部
烟台市委统战部　日照市委统战部
莱芜市委统战部　省委统战部五处
省中华职业教育社秘书处　省委统战部二处
省欧美同学会秘书处　省委统战部七处

县级先进单位

济南市历下区委统战部　济南市章丘区委统战部
青岛西海岸新区工委统战部　胶州市委统战部
淄博市周村区委统战部　东营市垦利区委统战部
广饶县委统战部　招远市委统战部
临朐县委统战部　昌邑市委统战部
青州市委统战部　寿光市委统战部
昌乐县委统战部　嘉祥县委统战部
威海市文登区委统战部　莱芜市莱城区委统战部
沂水县委统战部　临沂市兰山区委统战部
莒南县委统战部　沂南县委统战部

乐陵市委统战部 茌平县委统战部
滨州市沾化区委统战部 菏泽市牡丹区委统战部
菏泽市定陶区委统战部 曹县县委统战部

2017年度全省统战信息工作先进个人名单

刘　东　青岛市委统战部新的社会阶层人士工作处一级主任科员
王　敏　济南市委统战部调研宣传处副调研员
李画音　东营市委统战部海外联谊会办公室副主任
钟福军　潍坊市委统战部宣调科负责人
王　静　临沂市委统战部党派科副科长
刘德民　省委统战部八处一级主任科员
马丽静　淄博市委统战部调研宣传科科长
时继武　德州市委统战部办公室副主任
孙冬青　威海市委统战部办公室主任
张黎明　济宁市委统战部研究室副主任
李　涛　省委统战部四处三级主任科员
张　峻　省委统战部六处一级主任科员
梁景珲　省委统战部一处一级主任科员
梁　晓　省委统战部三处一级主任科员
陈　忠　菏泽市委统战部宣传调研科科长
张玉才　聊城市委统战部民族宗教科副科长
王金铭　烟台市委统战部科员
王　颖　日照市委统战部办公室科员
张志良　莱芜市委统战部调研宣传科科员
周　鹏　省委统战部五处三级主任科员
马玉稳　省中华职业教育社秘书处一级主任科员
刘晓建　省委统战部二处一级主任科员
吴　猛　省欧美同学会秘书处副处长
王行超　省委统战部七处四级主任科员
刘明信　济南市历下区委统战部主任科员
杨建顺　济南市章丘区委统战部调研信息科科长
封　程　青岛西海岸新区工委统战部民族宗教科科长
王晓蕾　胶州市委统战部调研宣传科科长
翟昀仪　淄博市周村区委统战部办公室副主任
刘　强　东营市垦利区委统战部科员
王　飞　广饶县委统战部民族宗教与侨联服务中心主任
冯军东　招远市委统战部副部长
赵玉霞　临朐县委统战部民宗科副科长
马丽娟　昌邑市委统战部统战科科长
刘志涛　青州市委统战部统战科科员
袁江永　寿光市委统战部副部长（正科级）
张福升　昌乐县委统战部办公室主任
孙方敏　嘉祥县委统战部干部科科长
张　婧　威海市文登区委统战部大综合科科员
李遵国　莱芜市莱城区委统战部副部长
赵明久　沂水县委统战部副部长
杜庄磊　临沂市兰山区委统战部经济科科长
吴东骏　莒南县委统战部科员
惠文斌　沂南县委统战部办公室主任
史　磊　乐陵市委统战部办公室副主任（挂职）
靖　会　茌平县委统战部科员
苑长涛　滨州市沾化区委统战部科员
沙启军　菏泽市牡丹区委统战部办公室主任
王克亮　菏泽市定陶区委统战部常务副部长
王丽萍　曹县县委统战部办公室主任

7. 统计表格

2017年山东省统一战线基本资料统计表

项目		单位	省级		济南	青岛	淄博	枣庄	东营	烟台	潍坊	济宁	泰安	威海	日照	莱芜	临沂	德州	聊城	滨州	菏泽	合计
*民主党派	地方组织	省级		7	0	0	0	0	0	0	0	0	0	0	0	0	0	0	0	0	0	7
		市级		0	7	7	7	5	4	7	7	5	7	7（含2个筹委会）	5	3	6	6	6	6	5	100
		县级		0	0	0	4	0	0	1	0	1	0	0	0	0	0	0	4	0	2	12
	成员人数			4766	6458	8931	4011	1938	833	3149	2009	2614	2360	928	603	589	1259	1009	1333	1087	997	44874
工商联基本情况	组织机构	工商联组织		1	12	11	10	7	14	13	13	12	7	8	5	5	12	12	9	8	10	169
		各类商会		37	179	671	171	104	176	224	173	220	174	108	72	36	311	202	160	138	174	3330
	成员数量	企业会员	省工商联直属商会	37	7878	13874	11257	5665	8724	5386	18761	14160	11561	8852	3989	3210	22739	2122	4439	5175	1925	150024
			省工商联直属会员	270																		
		团体会员	省工商联直属商会	37	162	213	222	181	195	59	405	519	202	108	15	54	2523	0	157	138	893	6127
			省工商联直属会员	44																		
		个人会员	省工商联直属商会	0	5444	872	6719	4994	9468	2239	5503	11859	3850	4735	1381	2133	3535	0	8253	1770	3370	76150
			省工商联直属会员	25																		
少数民族		成分个数			52	52	48	44	43	49	40	42	44	46	50	32	48	43	43	43	46	52
		人数			128493	72600	24573	27059	7353	22161	40107	60720	81206	21402	5259	3700	54811	96108	66512	25700	97395	835159
宗教		佛教信徒			10630	46000	71135	34843	9450	22862	16347	104926	17680	26200	8752	2700	15398	5677	21011	7511	56002	477124
		道教信徒			6326	3500	11476	13365	1852	3755	4048	10822	9970	6065	1602	1700	4018	1983	2359	1789	20270	104900
		伊斯兰教信徒			101635	20000	18593	14365	2316	1725	24470	47080	77921	3545	1533	3500	34426	80385	59870	19919	92568	603851
		天主教信徒			12693	6088	59200	6671	2680	872	8563	10098	8480	321	2630	260	22807	5450	6151	6329	17673	176966
		基督教信徒			57849	103175	30000	77027	16862	41968	69055	139121	34280	35920	73310	8000	435762	71294	66561	24919	158510	1443613
		宗教团体（个）		7	24	19	32	23	11	157	23	33	16	15	9	0	41	31	36	15	32	524
		宗教教职人员			517	439	443	324	45	179	207	411	246	153	43	24	197	356	357	182	607	4730

续表

项目		单位	省级	济南	青岛	淄博	枣庄	东营	烟台	潍坊	济宁	泰安	威海	日照	莱芜	临沂	德州	聊城	滨州	菏泽	合计
港澳台海外	香港	政协委员	31	15	17	2	0	0	26	0	2	0	0	0	0	0	0	0	0	0	93
		海联会理事	230	25	24	14	5	18	37	7	9	16	10	0	22	2	33	1	27	0	480
		台联会理事	0	0	0	0	0	0	0	0	1	0	0	0	3	0	0	0	0	0	4
	澳门	政协委员	10	6	8	0	0	0	0	0	0	0	0	0	0	0	0	0	0	0	24
		海联会理事	55	11	9	1	1	0	4	0	1	4	0	0	5	0	13	0	3	0	107
		台联会理事	0	0	0	0	0	0	0	0	0	0	0	0	0	0	0	0	0	0	0
	台湾	政协委员	0	0	2	0	0	0	0	0	5	0	0	0	0	2	2	0	4	0	15
		海联会理事	35	4	32	5	5	13	9	0	21	15	3	17	17	5	16	0	17	0	214
		台联会理事	30	28	48	0	14	0	0	0	1	0	0	0	3	0	6	7	6	9	152
	海外	政协委员	0	0	0	0	0	0	0	0	5	0	0	0	2	0	5	0	0	0	12
		海联会理事	104	22	142	5	13	27	37	14	79	12	15	39	66	0	37	1	24	0	637
		台联会理事	0	0	0	0	0	0	0	0	1	0	0	0	0	0	5	0	0	0	6
知识分子	总人数			344682	1295300	649000	165420	101163	218507	210237	226232	358300	285390	196420	157700	191433	86943	254612	69579	192904	5003822
	党外知识分子			201778	1020300	452000	110267	63999	150289	115197	155593	228165	171420	134907	94600	123820	63239	151126	46544	117908	3401152
	自由择业党外知识分子			63198	131724	231000	53699	17866	23719	18310	21909	44945	91923	24530	29000	25595	10013	48873	2643	17035	855982
无党派人士			1167	1278	2908	773	1158	1508	64195	2536	5748	4671	845	134303	1200	72433	13322	1072	1985	16436	327538
留学人员	海外留学生			1377	5581	1078	424	203	1233	2677	930	133	2347	2020	720	560	228	303	200	304	20318
	归国留学人员			1328	5337	1476	211	181	351	1249	250	62	820	337	140	264	117	86	194	72	12475
聘请党外人士担任特约人员数量			59	529	424	383	251	196	710	921	462	298	319	176	44	793	344	199	148	323	6579

备注：1. 本表由省委统战部汇总。2. 标注“*”的栏目，根据相关要求，统计的数据为2016年的数据。3. 有些数据因各地统计口径不一，有差距，仅供参考。

2017 年济南市统一战线基本资料统计表

项目			单位 市级		历下区	市中区	槐荫区	天桥区	历城区	长清区	章丘区	平阴县	济阳县	商河县	高新区	合计
*民主党派		地方组织	7		0	0	0	0	0	0	0	0	0	0	0	7
*民主党派		成员人数	2521		839	900	710	635	400	126	109	0	0	0	218	6458
工商联基本情况	组织机构	工商联组织	1		1	1	1	1	1	1	1	1	1	1	1	12
工商联基本情况	组织机构	各类商会	29		18	5	18	19	14	2	29	8	15	18	4	179
工商联基本情况	成员数量	企业会员	市工商联直属商会	310	1550	888	0	1049	740	366	1030	578	0	556	501	7878
			市工商联直属会员	310												
工商联基本情况	成员数量	团体会员	市工商联直属商会	5	18	21	0	19	19	14	29	13	0	18	1	162
			市工商联直属会员	5												
工商联基本情况	成员数量	个人会员	市工商联直属商会	328	783	315	0	17	360	793	674	940	0	906	0	5444
			市工商联直属会员	328												
少数民族		成分个数			36	41	26	31	48	33	39	23	23	23	25	52
少数民族		人数			12401	30000	18000	18024	6846	6665	9880	373	12400	13200	704	128493
宗教		佛教信徒			2127	0	0	483	200	2560	1000	4100	35	125	0	10630
宗教		道教信徒			1471	150	0	450	0	550	0	3700	5	0	0	6326
宗教		伊斯兰教信徒			3479	25000	14000	15423	4200	5456	8500	120	12400	13057	0	101635
宗教		天主教信徒			4021	11	0	1123	1000	110	1700	4160	160	82	326	12693
宗教		基督教信徒			3554	4500	8000	4546	4100	8600	11000	5440	3800	3205	1104	57849
宗教		宗教团体(个)	6		1	1	1	3	0	2	3	1	1	0	5	24
宗教		宗教教职人员			35	81	35	70	14	40	72	38	66	56	10	517

续表

项目		单位	市级	历下区	市中区	槐荫区	天桥区	历城区	长清区	章丘区	平阴县	济阳县	商河县	高新区	合计
港澳台海外	香港	政协委员	15	0	0	0	0	0	0	0	0	0	0	0	15
		海联会理事	25	0	0	0	0	0	0	0	0	0	0	0	25
		台联会理事	0	0	0	0	0	0	0	0	0	0	0	0	0
	澳门	政协委员	6	0	0	0	0	0	0	0	0	0	0	0	6
		海联会理事	11	0	0	0	0	0	0	0	0	0	0	0	11
		台联会理事	0	0	0	0	0	0	0	0	0	0	0	0	0
	台湾	政协委员	0	0	0	0	0	0	0	0	0	0	0	0	0
		海联会理事	4	0	0	0	0	0	0	0	0	0	0	0	4
		台联会理事	0	0	1	0	9	0	18	0	0	0	0	0	28
	海外	政协委员	0	0	0	0	0	0	0	0	0	0	0	0	0
		海联会理事	22	0	0	0	0	0	0	0	0	0	0	0	22
		台联会理事	0	0	0	0	0	0	0	0	0	0	0	0	0
知识分子	总人数			67000	79000	12000	27982	36800	48200	44000	6000	8000	5600	10100	344682
	党外知识分子			36900	41000	7000	22048	15430	33700	30000	5100	5200	5400	0	201778
	自由择业党外知识分子			8000	26000	200	5898	3750	9200	8150	900	900	200	0	63198
无党派人士				179	125	20	208	69	192	231	110	91	53	0	1278
留学人员	海外留学生			0	120	80	89	145	5	350	0	60	0	528	1377
	归国留学人员			179	41	40	2	63	150	7	60	12	0	774	1328
聘请党外人士担任特约人员数量			151	51	95	35	23	21	9	56	19	24	36	9	529

备注：1. 本表由济南市委统战部汇总。2. 标注“*”的栏目，根据相关要求统计的数据为 2016 年的数据。

2017 年青岛市统一战线基本资料统计表

项目		单位		市级	市南区	市北区	李沧区	崂山区	西海岸新区	城阳区	即墨区	胶州市	平度市	莱西市	合计
*民主党派		地方组织		7	0	0	0	0	0	0	0	0	0	0	7
		成员人数		8931	/	/	/	/	/	/	/	/	/	/	8931
工商联基本情况	组织机构	工商联组织		1	1	1	1	1	1	1	1	1	1	1	11
		各类商会		388	11	44	16	12	61	18	32	24	36	29	671
	成员数量	企业会员	市工商联直属商会	4904	0	0	0	0	0	0	0	0	0	17	4921
			市工商联直属会员	512	1202	2446	0	1008	1503	0	2	0	1121	1159	8953
		团体会员	市工商联直属商会	33	0	0	0	0	0	0	0	0	0	0	33
			市工商联直属会员	59	8	6	0	14	61	0	0	0	15	17	180
		个人会员	市工商联直属商会	0	0	0	0	17	0	0	0	0	0	0	17
			市工商联直属会员	45	47	234	0	0	137	0	0	0	182	210	855
少数民族		成分个数			38	36	38	42	45	41	46	40	32	35	52
		人数			4815	4749	5740	3453	12099	17360	10400	9090	1492	3402	72600
宗教		佛教信徒			3464	10544	0	155	4055	2028	2774	2703	18925	1352	46000
		道教信徒			28	593	0	69	81	406	860	407	1056	0	3500
		伊斯兰教信徒			3174	4156	0	707	7273	2078	1471	1039	102	0	20000
		天主教信徒			1423	252	296	3	547	36	904	438	2189	0	6088
		基督教信徒			7410	28714	28713	3520	13894	5558	2141	4631	5558	3036	103175
		宗教团体（个）		7	0	1	2	1	1	1	1	2	2	1	19
		宗教教职人员		295	7	17	9	28	18	16	15	14	14	6	439

续表

项目		单位	市级	市南区	市北区	李沧区	崂山区	西海岸新区	城阳区	即墨市	胶州市	平度市	莱西市	合计
港澳台海外	香港	政协委员	17		0	0	0	0	0	0	0	0	0	17
		海联会理事	21	1	1	0	0	1	0	0	0	0	0	24
		台联会理事	0	0	0	0	0	0	0	0	0	0	0	0
	澳门	政协委员	8	0	0	0	0	0	0	0	0	0	0	8
		海联会理事	8	0	1	0	0	0	0	0	0	0	0	9
		台联会理事	0	0	0	0	0	0	0	0	0	0	0	0
	台湾	政协委员	2		0	0	0	0	0	0	0	0	0	2
		海联会理事	9	5	0	0	0	10	0	0	8	0	0	32
		台联会理事	12	0	0	0	9	22	0	0	5	0	0	48
	海外	政协委员	0	0	0	0	0	0	0	0	0	0	0	0
		海联会理事	23	0	1	0	0	2	0	91	25	0	0	142
		台联会理事	0	0	0	0	0	0	0	0	0	0	0	0
知识分子	总人数		520392	236133	190000	43780	53290	61000	62000	18210	52289	45644	12562	1295300
	党外知识分子		494451	203651	110000	10945	43989	31000	53000	546	30857	33329	8532	1020300
	自由择业党外知识分子		9600	39467	11000	3547	3876	5000	46000	382	6017	4255	2580	131724
无党派人士			2006	67	120	122	46	52	33	37	319	27	79	2908
留学人员	海外留学生			2632	300	47	762	526	36	78	506	672	22	5581
	归国留学人员			513	3000	31	632	300	80	25	482	256	18	5337
聘请党外人士担任特约人员数量			424	29	70	23	46	53	14	10	120	0	59	848

备注：1. 本表由青岛市委统战部汇总。2. 标注“*”的栏目，根据相关要求统计的数据为2016年的数据。

2017年淄博市统一战线基本资料统计表

项目			单位	市级	张店区	淄川区	博山区	周村区	临淄区	桓台县	高青县	沂源县	合计
*民主党派	地方组织			7	2	0	1	1	0	0	0	0	7市级 4县级
*民主党派	成员人数			1227（高新区151）	734	383	495	496	361	164	0	0	4011
工商联基本情况	组织机构	工商联组织		1	2	1	1	1	1	1	1	1	10
工商联基本情况	组织机构	各类商会		34	22	24	16	10	16	13	15	21	171
工商联基本情况	成员数量	企业会员	市工商联直属商会 市工商联直属会员	1760	1968	1387	1044	889	1073	951	900	1285	11257
工商联基本情况	成员数量	团体会员	市工商联直属商会 市工商联直属会员	38	26	26	48	12	18	14	16	24	222
工商联基本情况	成员数量	个人会员	市工商联直属商会 市工商联直属会员	523	1426	1358	566	498	724	600	463	561	6719
少数民族	成分个数				36	26	28	29	32	26	22	19	48
少数民族	人数				4373	1222	1009	2021	12024	376	556	2572	24573
宗教	佛教信徒				21855	6300	3900	3935	9400	15145	8500	2100	71135
宗教	道教信徒				4000	1500	157	350	1080	1389	1500	1500	11476
宗教	伊斯兰教信徒				2700	860	870	1400	9180	0	0	3583	18593
宗教	天主教信徒				9000	19800	17200	2600	1500	3000	600	5500	59200
宗教	基督教信徒				7700	7500	10000	0	300	0	0	4500	30000
宗教	宗教团体（个）			6	5	4	3	4	3	2	2	3	32
宗教	宗教教职人员				56	59	83	45	76	54	32	38	443

续表

项目		单位	市级	张店区	淄川区	博山区	周村区	临淄区	桓台县	高青县	沂源县	合计
港澳台海外	香港	政协委员	2	0	0	0	0	0	0	0	0	2
		海联会理事	14	0	0	0	0	0	0	0	0	14
		台联会理事	0	0	0	0	0	0	0	0	0	0
	澳门	政协委员	0	0	0	0	0	0	0	0	0	0
		海联会理事	1	0	0	0	0	0	0	0	0	1
		台联会理事	0	0	0	0	0	0	0	0	0	0
	台湾	政协委员	0	0	0	0	0	0	0	0	0	0
		海联会理事	5	0	0	0	0	0	0	0	0	5
		台联会理事	0	0	0	0	0	0	0	0	0	0
	海外	政协委员	0	0	0	0	0	0	0	0	0	0
		海联会理事	5	0	0	0	0	0	0	0	0	5
		台联会理事	0	0	0	0	0	0	0	0	0	0
知识分子	总人数			122000	183000	85000	16000	60000	100000	20000	63000	649000
	党外知识分子			85000	127000	60000	12000	33000	75000	16000	44000	452000
	自由择业党外知识分子			70000	32000	25000	5000	12000	69000	5000	13000	231000
无党派人士			92	74	121	75	56	88	175	37	55	773
留学人员	海外留学生		（高新区110）	150	140	135	125	123	130	80	85	1078
	归国留学人员		（高新区200）	240	205	160	145	171	170	95	90	1476
聘请党外人士担任特约人员数量			105	36	26	25	42	62	27	29	31	383

备注：1. 本表由淄博市委统战部汇总。2. 标注“*”的栏目，根据相关要求统计的数据为2016年的数据。

2017年枣庄市统一战线基本资料统计表

项目		单位	市级	滕州市	薛城区	山亭区	市中区	峄城区	台儿庄区	合计
*民主党派		地方组织	5	0	0	0	0	0	0	5
		成员人数	882	356	198	101	156	140	105	1938
工商联基本情况	组织机构	工商联组织	1	1	1	1	1	1	1	7
		各类商会	11	33	7	16	19	11	7	104
	成员数量	企业会员	3416	875	382	586	130	114	162	5665
		团体会员	109	16	16	16	12	12	/	181
		个人会员	2512	729	336	712	18	45	642	4994
少数民族		成分个数		31	23	23	24	22	28	44
		人数		5000	2731	1520	10418	608	6782	27059
宗教		佛教信徒		10000	2500	1260	19670	702	711	34843
		道教信徒		8000	2800	2362	/	0	203	13365
		伊斯兰教信徒		2800	990	814	9110	321	330	14365
		天主教信徒		1000	5030	80	/	361	200	6671
		基督教信徒		30000	14600	4000	10290	8101	10036	77027
		宗教团体（个）	4	4	3	2	3	4	3	23
		宗教教职人员		130	42	44	21	17	70	324

续表

项目		单位	市级	滕州市	薛城区	山亭区	市中区	峄城区	台儿庄区	合计
港澳台海外	香港	政协委员	0	0	0	0	0	0	0	0
		海联会理事	5	/	/	/	/	/	/	5
		台联会理事	0	/	/	/	/	/	/	0
	澳门	政协委员	0	0	0	0	0	0	0	0
		海联会理事	1	/	/	/	/	/	/	1
		台联会理事	0	/	/	/	/	/	/	0
	台湾	政协委员	0	0	0	0	0	0	0	0
		海联会理事	5	/	/	/	/	/	/	5
		台联会理事	14	/	/	/	/	/	/	14
	海外	政协委员	0	0	0	0	0	0	0	0
		海联会理事	13	/	/	/	/	/	/	13
		台联会理事	0	/	/	/	/	/	/	0
知识分子	总人数			84000	13800	2474	2917	32103	30126	165420
	党外知识分子			54600	3100	2208	2008	24805	23546	110267
	自由择业党外知识分子			50000	700	552	446	978	1023	53699
无党派人士			148	58	600	31	222	51	48	1158
留学人员	海外留学生			49	49	72	218	21	15	424
	归国留学人员			19	38	34	93	17	10	211
聘请党外人士担任特约人员数量			42	70	16	17	22	28	56	251

备注：1. 本表由枣庄市委统战部汇总。2. 标注“*”的栏目，根据相关要求统计的数据为 2016 年的数据。

2017 年东营市统一战线基本资料统计表

项目			市级	东营区	河口区	垦利区	广饶县	利津县	合计
*民主党派		地方组织	4	0	0	0	0	0	4
		成员人数	593	146	65	0	29	0	833
工商联基本情况	组织机构	工商联组织	1	1	1	9	1	1	14
		各类商会	111	18	18	10	15	4	176
	成员数量	企业会员	4315	1100	65	1760	1183	301	8724
		团体会员	144	0	25	18	8	0	195
		个人会员	2769	0	826	5840	33	0	9468
少数民族		成分个数		32	24	21	34	19	43
		人数		4738	1327	336	703	249	7353
宗教		佛教信徒		3800	450	1600	3600	0	9450
		道教信徒		40	0	1800	12	0	1852
		伊斯兰教信徒		1618	479	46	150	23	2316
		天主教信徒		2300	180	200	0	0	2680
		基督教信徒		6354	3590	1200	5220	498	16862
		宗教团体（个）	4	1	1	3	1	1	11
		宗教教职人员		21	5	11	6	2	45

续表

项目		单位	市级	东营区	河口区	垦利区	广饶县	利津县	合计
港澳台海外	香港	政协委员	0	0	0	0	0	0	0
		海联会理事	18	0	0	0	0	0	18
		台联会理事	0	0	0	0	0	0	0
	澳门	政协委员	0	0	0	0	0	0	0
		海联会理事	0	0	0	0	0	0	0
		台联会理事	0	0	0	0	0	0	0
	台湾	政协委员	0	0	0	0	0	0	0
		海联会理事	13	0	0	0	0	0	13
		台联会理事	0	0	0	0	0	0	0
	海外	政协委员	0	0	0	0	0	0	0
		海联会理事	27	0	0	0	0	0	27
		台联会理事	0	0	0	0	0	0	0
知识分子	总人数			25820	12450	31680	19755	11458	101163
	党外知识分子			15492	8715	19650	13038	7104	63999
	自由择业党外知识分子			2170	1296	4230	8900	1270	17866
无党派人士			749	40	248	98	346	27	1508
留学人员	海外留学生			10	49	7	110	27	203
	归国留学人员			57	31	21	54	18	181
聘请党外人士担任特约人员数量			60	39	32	18	21	26	196

备注：1. 本表由东营市委统战部汇总。2. 标注“*”的栏目，根据相关要求统计的数据为 2016 年的数据。

2017年烟台市统一战线基本资料统计表

项目		单位	市级		芝罘区	福山区	莱山区	牟平区	海阳市	莱阳市	栖霞市	蓬莱市	长岛县	龙口市	招远市	莱州市	合计
*民主党派		地方组织	7		0	0	0	0	0	1	0	0	0	0	0	0	7市级 1县级
		成员人数	1427		1149	69	249	38	19	19	1	42	0	82	11	43	3149
工商联基本情况	组织机构	工商联组织	1		1	1	1	1	1	1	1	1	1	1	1	1	13
		各类商会	38		15	9	8	20	22	6	18	22	9	3	20	34	224
	成员数量	企业会员	市工商联直属商会	0	1260	190	258	518	0	3	635	1	116	0	952	1430	5386
			市工商联直属会员	23													
		团体会员	市工商联直属商会	0	0	0	8	21	0	0	18	0	9	3	0	0	59
			市工商联直属会员	0													
		个人会员	市工商联直属商会	0	18	0	0	295	0	0	6	0	15	475	0	1430	2239
			市工商联直属会员	0													
少数民族		成分个数			33	22	41	26	27	34	24	22	7	25	24	32	49
		人数			4631	1600	6280	1125	1034	1256	619	2764	38	1230	24	1560	22161
宗教		佛教信徒			200	4000	1500	750	540	2800	110	750	30	6000	1182	5000	22862
		道教信徒			5	10	0	0	10	2400	300	0	20	0	810	200	3755
		伊斯兰教信徒			415	120	400	540	0	30	0	0	0	0	200	20	1725
		天主教信徒			50	10	0	0	0	0	40	102	0	300	0	370	872
		基督教信徒			600	2000	1050	4100	2560	13560	1000	6240	58	5100	0	5700	41968
		宗教团体(个)	6		0	16	1	1	1	1	1	1	0	2	125	2	157
		宗教教职人员			5	43	4	12	8	9	35	8	2	43	1	9	179

续表

项目		单位	市级	芝罘区	福山区	莱山区	牟平区	海阳市	莱阳市	栖霞市	蓬莱市	长岛县	龙口市	招远市	莱州市	合计
港澳台海外	香港	政协委员	18	0	0	0	0	0	0	0	0	0	0	8	0	26
		海联会理事	37	0	0	0	0	0	0	0	0	0	0	0	0	37
		台联会理事	0	0	0	0	0	0	0	0	0	0	0	0	0	0
	澳门	政协委员	0	0	0	0	0	0	0	0	0	0	0	0	0	0
		海联会理事	4	0	0	0	0	0	0	0	0	0	0	0	0	4
		台联会理事	0	0	0	0	0	0	0	0	0	0	0	0	0	0
	台湾	政协委员	0	0	0	0	0	0	0	0	0	0	0	0	0	0
		海联会理事	9	0	0	0	0	0	0	0	0	0	0	0	0	9
		台联会理事	0	0	0	0	0	0	0	0	0	0	0	0	0	0
	海外	政协委员	0	0	0	0	0	0	0	0	0	0	0	0	0	0
		海联会理事	37	0	0	0	0	0	0	0	0	0	0	0	0	37
		台联会理事	0	0	0	0	0	0	0	0	0	0	0	0	0	0
知识分子	总人数			6200	1550	5030	8020	1600	137	3308	15362	4200	60000	20100	93000	218507
	党外知识分子			4736	1350	4230	3850	1500	91	2350	9132	2000	40000	21050	60000	150289
	自由择业党外知识分子			411	26	800	830	50	22	958	1432	210	10000	2480	6500	23719
无党派人士			2543	194	97	136	140	167	0	181	156	116	60000	135	330	64195
留学人员	海外留学生			223	56	0	75	50	0	0	43	6	300	420	60	1233
	归国留学人员			26	25	10	16	34	11	12	19	2	165	11	20	351
聘请党外人士担任特约人员数量			112	15	29	31	11	33	37	16	6	9	30	376	5	710

备注：1. 本表由烟台市委统战部汇总。2. 标注“*”的栏目，根据相关要求统计的数据为2016年的数据。

2017 年潍坊市统一战线基本资料统计表

项目		单位	市级	奎文区	潍城区	坊子区	寒亭区	青州市	诸城市	寿光市	安丘市	昌邑市	高密市	临朐县	昌乐县	合计
*民主党派		地方组织	7	0	0	0	0	0	0	0	0	0	0	0	0	7
		成员人数	946	425	360	67	85	75	3	16	1	7	12	9	3	2009
工商联基本情况	组织机构	工商联组织	1	1	1	1	1	1	1	1	1	1	1	1	1	13
		各类商会	9	8	3	7	6	21	26	27	20	6	12	18	10	173
	成员数量	企业会员	12569	332	400	187	146	1472	1024	1045	200	0	1385	1	0	18761
		团体会员	216	8	0	7	6	19	43	27	20	0	24	0	0	405
		个人会员	4404	105	35	20	0	292	0	0	40	0	441	1	165	5503
少数民族		成分个数		23	23	24	26	36	29	40	31	26	32	28	31	40
		人数		1528	709	610	436	27700	1195	3700	780	253	1693	799	704	40107
宗教		佛教信徒		890	2089	200	1618	2000	220	1000	2000	2000	1600	1500	1230	16347
		道教信徒		0	598	0	0	400	0	50	0	0	0	3000	0	4048
		伊斯兰教信徒		306	670	0	9	22700	160	300	120	0	0	190	15	24470
		天主教信徒		30	195	0	33	1800	0	60	200	350	5	5600	290	8563
		基督教信徒		2263	3511	2300	3686	4800	5000	10500	15000	1195	5000	7800	8000	69055
		宗教团体(个)	5	1	1	1	1	3	1	2	2	2	1	2	1	23
		宗教教职人员		12	19	4	11	51	5	18	22	10	10	33	12	207

续表

项目		单位	市级	奎文区	潍城区	坊子区	寒亭区	青州市	诸城市	寿光市	安丘市	昌邑市	高密市	临朐县	昌乐县	合计
港澳台海外	香港	政协委员	0	0	0	0	0	0	0	0	0	0	0	0	0	0
		海联会理事	7	0	0	0	0	0	0	0	0	0	0	0	0	7
		台联会理事	0	0	0	0	0	0	0	0	0	0	0	0	0	0
	澳门	政协委员	0	0	0	0	0	0	0	0	0	0	0	0	0	0
		海联会理事	0	0	0	0	0	0	0	0	0	0	0	0	0	0
		台联会理事	0	0	0	0	0	0	0	0	0	0	0	0	0	0
	台湾	政协委员	0	0	0	0	0	0	0	0	0	0	0	0	0	0
		海联会理事	0	0	0	0	0	0	0	0	0	0	0	0	0	0
		台联会理事	0	0	0	0	0	0	0	0	0	0	0	0	0	0
	海外	政协委员	0	0	0	0	0	0	0	0	0	0	0	0	0	0
		海联会理事	14	0	0	0	0	0	0	0	0	0	0	0	0	14
		台联会理事	0	0	0	0	0	0	0	0	0	0	0	0	0	0
知识分子	总人数			16249	4988	3860	8013	13500	15300	85000	30000	5100	8700	7200	12327	210237
	党外知识分子			4910	3723	2700	5046	7470	14250	51000	4000	4530	6600	3600	7368	115197
	自由择业党外知识分子			1908	475	150	121	196	3300	7000	2000	670	1780	230	480	18310
无党派人士				101	230	148	113	510	350	5	3	190	270	386	230	2536
留学人员	海外留学生			1721	73	12	27	0	30	352	200	91	145	0	26	2677
	归国留学人员			612	52	23	25	37	13	272	50	95	45	12	13	1249
聘请党外人士担任特约人员数量			60	51	57	108	54	73	63	169	105	44	42	37	58	921

备注：1. 本表由潍坊市委统战部汇总。2. 标注“*”的栏目，根据相关要求统计的数据为 2016 年的数据。

2017年济宁市统一战线基本资料统计表

项目		单位	市级	任城区	兖州区	曲阜市	泗水县	邹城市	微山县	鱼台县	金乡县	嘉祥县	汶上县	梁山县	合计
*民主党派		地方组织	5	0	0	1	0	0	0	0	0	0	0	0	5市级 1县级
		成员人数	2614	0	0	0	0	0	0	0	0	0	0	0	2614
工商联基本情况	组织机构	工商联组织	1	1	1	1	1	1	1	1	1	1	1	1	12
		各类商会	33	28	18	16	22	28	2	5	19	17	12	20	220
	成员数量	企业会员	市工商联直属商会 27 市工商联直属会员 7843	589	944	46	17	1330	95	572	489	254	1522	432	14160
		团体会员	市工商联直属商会 27 市工商联直属会员 244	28	10	68	5	28	10	17	19	31	12	20	519
		个人会员	市工商联直属商会 27 市工商联直属会员 7814	38	188	600	232	1700	5	14	422	592	139	88	11859
少数民族		成分个数		29	29	32	25	34	16	26	29	31	17	33	42
		人数		21518	7550	3535	3590	9165	1350	3333	4010	2680	2091	1898	60720
宗教		佛教信徒		28000	3676	600	1650	2500	4000	16000	4500	8000	25000	11000	104926
		道教信徒		1100	27	0	860	1300	4000	35	1500	2000	0	0	10822
		伊斯兰教信徒		17000	5396	3000	2850	7200	1249	2650	3500	2005	2000	230	47080
		天主教信徒		1300	2915	500	400	90	3150	135	500	368	20	720	10098
		基督教信徒		6600	10610	14000	12600	26100	16300	12300	26000	6000	411	8200	139121
		宗教团体(个)	0	2	4	4	3	3	2	5	3	4	1	2	33
		宗教教职人员		90	29	18	10	13	12	40	119	45	22	13	411

续表

项目		单位	市级	任城区	兖州区	曲阜市	泗水县	邹城市	微山县	鱼台县	金乡县	嘉祥县	汶上县	梁山县	合计
港澳台海外	香港	政协委员	2	0	0	0	0	0	0	0	0	0	0	0	2
		海联会理事	5	1	0	0	0	0	0	1	0	2	0	0	9
		台联会理事	0	0	0	0	0	0	0	1	0	0	0	0	1
	澳门	政协委员	0	0	0	0	0	0	0	0	0	0	0	0	0
		海联会理事	0	0	0	0	0	0	0	1	0	0	0	0	1
		台联会理事	0	0	0	0	0	0	0	0	0	0	0	0	0
	台湾	政协委员	0	5	0	0	0	0	0	0	0	0	0	0	5
		海联会理事	6	11	0	0	0	0	0	1	0	3	0	0	21
		台联会理事	0	0	0	0	0	0	0	1	0	0	0	0	1
	海外	政协委员	0	5	0	0	0	0	0	0	0	0	0	0	5
		海联会理事	18	14	0	0	0	0	0	2	4	41	0	0	79
		台联会理事	0	0	0	0	0	0	0	1	0	0	0	0	1
知识分子	总人数			32000	17000	16000	14310	23216	12750	12000	11230	55000	10000	22726	226232
	党外知识分子			24000	11900	10988	10331	10772	9127	7200	7860	42000	8000	13415	155593
	自由择业党外知识分子			231	976	1000	1650	734	420	5500	72	9600	500	1226	21909
无党派人士			331	301	398	620	260	569	246	270	133	1600	652	368	5748
留学人员	海外留学生			57	156	6	27	83	55	98	23	165	165	95	930
	归国留学人员			26	65	1	4	13	10	23	32	55	3	18	250
聘请党外人士担任特约人员数量			45	27	49	26	58	44	65	9	31	69	24	15	462

备注：1. 本表由济宁市委统战部汇总。2. 标注“*”栏目，根据相关要求统计的数据为2016年的数据。

2017 年泰安市统一战线基本资料统计表

<table>
<tr><th colspan="3">单位
项目</th><th colspan="2">市级</th><th>泰山区</th><th>岱岳区</th><th>新泰市</th><th>肥城市</th><th>宁阳县</th><th>东平县</th><th>合计</th></tr>
<tr><td rowspan="2">*民主党派</td><td colspan="2">地方组织</td><td colspan="2">7</td><td>0</td><td>0</td><td>0</td><td>0</td><td>0</td><td>0</td><td>7</td></tr>
<tr><td colspan="2">成员人数</td><td colspan="2">/</td><td>/</td><td>/</td><td>/</td><td>/</td><td>/</td><td>/</td><td>2360</td></tr>
<tr><td rowspan="8">工商联基本情况</td><td rowspan="2">组织机构</td><td>工商联组织</td><td colspan="2">1</td><td>1</td><td>1</td><td>1</td><td>1</td><td>1</td><td>1</td><td>7</td></tr>
<tr><td>各类商会</td><td colspan="2">27</td><td>14</td><td>21</td><td>36</td><td>34</td><td>26</td><td>16</td><td>174</td></tr>
<tr><td rowspan="6">成员数量</td><td rowspan="2">企业会员</td><td>市工商联直属商会</td><td>2672</td><td rowspan="2">903</td><td rowspan="2">1621</td><td rowspan="2">1868</td><td rowspan="2">2168</td><td rowspan="2">545</td><td rowspan="2">1420</td><td rowspan="2">11561</td></tr>
<tr><td>市工商联直属会员</td><td>364</td></tr>
<tr><td rowspan="2">团体会员</td><td>市工商联直属商会</td><td>27</td><td rowspan="2">14</td><td rowspan="2">5</td><td rowspan="2">5</td><td rowspan="2">20</td><td rowspan="2">11</td><td rowspan="2">120</td><td rowspan="2">202</td></tr>
<tr><td>市工商联直属会员</td><td>0</td></tr>
<tr><td rowspan="2">个人会员</td><td>市工商联直属商会</td><td>356</td><td rowspan="2">380</td><td rowspan="2">369</td><td rowspan="2">596</td><td rowspan="2">1117</td><td rowspan="2">782</td><td rowspan="2">145</td><td rowspan="2">3850</td></tr>
<tr><td>市工商联直属会员</td><td>105</td></tr>
<tr><td colspan="2" rowspan="2">少数民族</td><td>成分个数</td><td colspan="2"></td><td>29</td><td>33</td><td>25</td><td>26</td><td>32</td><td>18</td><td>44</td></tr>
<tr><td>人数</td><td colspan="2"></td><td>18802</td><td>22450</td><td>15700</td><td>11700</td><td>8324</td><td>4230</td><td>81206</td></tr>
<tr><td colspan="2" rowspan="7">宗教</td><td>佛教信徒</td><td colspan="2"></td><td>510</td><td>4100</td><td>2000</td><td>9980</td><td>600</td><td>490</td><td>17680</td></tr>
<tr><td>道教信徒</td><td colspan="2"></td><td>520</td><td>3150</td><td>0</td><td>5100</td><td>1200</td><td>0</td><td>9970</td></tr>
<tr><td>伊斯兰教信徒</td><td colspan="2"></td><td>17821</td><td>21000</td><td>15000</td><td>11700</td><td>8300</td><td>4100</td><td>77921</td></tr>
<tr><td>天主教信徒</td><td colspan="2"></td><td>710</td><td>2600</td><td>110</td><td>3800</td><td>100</td><td>1160</td><td>8480</td></tr>
<tr><td>基督教信徒</td><td colspan="2"></td><td>2450</td><td>4000</td><td>4500</td><td>15700</td><td>4000</td><td>3630</td><td>34280</td></tr>
<tr><td>宗教团体(个)</td><td colspan="2">6</td><td>1</td><td>3</td><td>1</td><td>1</td><td>3</td><td>1</td><td>16</td></tr>
<tr><td>宗教教职人员</td><td colspan="2">28</td><td>49</td><td>75</td><td>35</td><td>34</td><td>18</td><td>7</td><td>246</td></tr>
</table>

续表

项目		单位	市级	泰山区	岱岳区	新泰市	肥城市	宁阳县	东平县	合计
港澳台海外	香港	政协委员	0	0	0	0	0	0	0	0
		海联会理事	16	0	0	0	0	0	0	16
		台联会理事	0	0	0	0	0	0	0	0
	澳门	政协委员	0	0	0	0	0	0	0	0
		海联会理事	4	0	0	0	0	0	0	4
		台联会理事	0	0	0	0	0	0	0	0
	台湾	政协委员	0	0	0	0	0	0	0	0
		海联会理事	15	0	0	0	0	0	0	15
		台联会理事	0	0	0	0	0	0	0	0
	海外	政协委员	0	0	0	0	0	0	0	0
		海联会理事	12	0	0	0	0	0	0	12
		台联会理事	0	0	0	0	0	0	0	0
知识分子	总人数			62870	64000	88700	60400	45800	36530	358300
	党外知识分子			40865	46000	53030	37290	26380	24600	228165
	自由择业党外知识分子			9395	6500	8820	10050	5050	5130	44945
无党派人士			362	444	660	1236	602	557	810	4671
留学人员	海外留学生			27	15	23	18	21	29	133
	归国留学人员			21	21	7	1	7	5	62
聘请党外人士担任特约人员数量			35	15	30	58	14	24	122	298

备注：1. 本表由泰安市委统战部汇总。2. 标注“*”的栏目，根据相关要求统计的数据为 2016 年的数据。

2017年威海市统一战线基本资料统计表

项目		单位	市级	环翠区	文登区	荣成市	乳山市	合计
*民主党派		地方组织	7（含2个筹委会）	0	0	0	0	7（含2个筹委会）
		成员人数	782	97	36	9	4	928
工商联基本情况	组织机构	工商联组织	4	1	1	1	1	8
		各类商会	37	13	17	24	17	108
	成员数量	企业会员	2182	1500	2309	1303	1558	8852
		团体会员	37	13	17	24	17	108
		个人会员	1776	7	188	2756	8	4735
少数民族		成分个数	46	31	34	33	30	46
		人数	8452	5058	2561	3197	2134	21402
宗教		佛教信徒	7500	8000	5000	3200	2500	26200
		道教信徒	300	1000	3000	265	1500	6065
		伊斯兰教信徒	3000	300	0	145	100	3545
		天主教信徒	200	78	0	8	35	321
		基督教信徒	9300	5200	10000	5420	6000	35920
		宗教团体（个）	6	0	3	3	3	15
		宗教教职人员	76	14	16	30	17	153

续表

项目		单位	市级	环翠区	文登区	荣成市	乳山市	合计
港澳台海外	香港	政协委员	0	0	0	0	0	0
		海联会理事	10	0	0	0	0	10
		台联会理事	0	0	0	0	0	0
	澳门	政协委员	0	0	0	0	0	0
		海联会理事	0	0	0	0	0	0
		台联会理事	0	0	0	0	0	0
	台湾	政协委员	0	0	0	0	0	0
		海联会理事	2	0	0	0	1	3
		台联会理事	0	0	0	0	0	0
	海外	政协委员	0	0	0	0	0	0
		海联会理事	11	0	0	2	2	15
		台联会理事	0	0	0	0	0	0
知识分子	总人数		137600	18900	45190	41500	42200	285390
	党外知识分子		79020	11700	31500	21200	28000	171420
	自由择业党外知识分子		54033	4000	13690	12700	7500	91923
无党派人士			190	152	78	245	180	845
留学人员	海外留学生		1796	134	139	180	98	2347
	归国留学人员		504	65	83	96	72	820
聘请党外人士担任特约人员数量			84	67	48	70	50	319

备注：1. 本表由威海市委统战部汇总。2. 标注“*”的栏目，根据相关要求统计的数据为 2016 年的数据。

2017年日照市统一战线基本资料统计表

项目			市级		东港区	岚山区	莒县	五莲县	合计
*民主党派		地方组织	5		0	0	0	0	5
*民主党派		成员人数	398		133	37	20	15	603
工商联基本情况	组织机构	工商联组织	1		1	1	1	1	5
工商联基本情况	组织机构	各类商会	1		21	15	21	14	72
工商联基本情况	成员数量	企业会员	市工商联直属商会	0	791	765	1883	550	3989
			市工商联直属会员	0					
工商联基本情况	成员数量	团体会员	市工商联直属商会	0	0	0	0	15	15
			市工商联直属会员	0					
工商联基本情况	成员数量	个人会员	市工商联直属商会	0	991	157	6	227	1381
			市工商联直属会员	0					
少数民族		成分个数			31	12	30	25	50
少数民族		人数			1436	510	2302	1011	5259
宗教		佛教信徒			2416	1935	2136	2265	8752
宗教		道教信徒			586	259	371	386	1602
宗教		伊斯兰教信徒			433	0	1100	0	1533
宗教		天主教信徒			81	12	2505	32	2630
宗教		基督教信徒			29040	9620	27520	7130	73310
宗教		宗教团体（个）	1		4	0	4	0	9
宗教		宗教教职人员			11	6	16	10	43

续表

项目		单位	市级	东港区	岚山区	莒县	五莲县	合计
港澳台海外	香港	政协委员	0	0	0	0	0	0
		海联会理事	0	0	0	0	0	0
		台联会理事	0	0	0	0	0	0
	澳门	政协委员	0	0	0	0	0	0
		海联会理事	0	0	0	0	0	0
		台联会理事	0	0	0	0	0	0
	台湾	政协委员	0	0	0	0	0	0
		海联会理事	17	0	0	0	0	17
		台联会理事	0	0	0	0	0	0
	海外	政协委员	0	0	0	0	0	0
		海联会理事	39	0	0	0	0	39
		台联会理事	0	0	0	0	0	0
知识分子	总人数			58850	34560	59400	43610	196420
	党外知识分子			41758	23590	39880	29679	134907
	自由择业党外知识分子			6220	3450	10030	4830	24530
无党派人士				41429	23510	40340	29024	134303
留学人员	海外留学生			370	580	390	680	2020
	归国留学人员			55	102	76	104	337
聘请党外人士担任特约人员数量			79	23	13	38	23	176

备注：1. 本表由日照市委统战部汇总。2. 标注“*”的栏目，根据相关要求统计的数据为2016年的数据。

2017 年莱芜市统一战线基本资料统计表

项目		单位	市级	莱城区	钢城区	合计
*民主党派		地方组织	3	0	0	3
		成员人数	408	124	57	589
工商联基本情况	组织机构	工商联组织	3	1	1	5
		各类商会	21	8	7	36
	成员数量	企业会员	1810	1400	0	3210
		团体会员	54	0	0	54
		个人会员	2133	0	0	2133
少数民族		成分个数		26	16	32
		人数		3200	500	3700
宗教		佛教信徒		2300	400	2700
		道教信徒		1000	700	1700
		伊斯兰教信徒		3400	100	3500
		天主教信徒		160	100	260
		基督教信徒		5000	3000	8000
		宗教团体(个)		0	0	0
		宗教教职人员		19	5	24

续表

项目		单位	市级	莱城区	钢城区	合计
港澳台海外	香港	政协委员	0	0	0	0
		海联会理事	22	0	0	22
		台联会理事	3	0	0	3
	澳门	政协委员	0	0	0	0
		海联会理事	5	0	0	5
		台联会理事	0	0	0	0
	台湾	政协委员	0	0	0	0
		海联会理事	17	0	0	17
		台联会理事	3	0	0	3
	海外	政协委员	2	0	0	2
		海联会理事	66	0	0	66
		台联会理事	0	0	0	0
知识分子	总人数		66990	64360	26350	157700
	党外知识分子		40930	40210	13460	94600
	自由择业党外知识分子		24317	3463	1220	29000
无党派人士			834	232	134	1200
留学人员	海外留学生		452	156	112	720
	归国留学人员		81	43	16	140
聘请党外人士担任特约人员数量			30	7	7	44

备注：1. 本表由莱芜市委统战部汇总。2. 标注“*”的栏目，根据相关要求统计的数据为 2016 年的数据。

2017 年临沂市统一战线基本资料统计表

项目		单位	市级	兰山区	罗庄区	河东区	郯城县	兰陵县	莒南县	沂水县	蒙阴县	平邑县	费县	沂南县	临沭县	合计
*民主党派		地方组织	6	0	0	0	0	0	0	0	0	0	0	0	0	6
		成员人数	627	301	176	140	0	0	0	0	0	2	8	0	5	1259
工商联基本情况	组织机构	工商联组织	1	1	0	1	1	1	1	1	1	1	1	1	1	12
		各类商会	57	17	11	2	31	37	8	31	19	21	26	26	25	311
	成员数量	企业会员	市工商联直属商会 7000 市工商联直属会员 160	2900	808	315	2800	1672	536	12	1346	2500	1228	316	1146	22739
		团体会员	市工商联直属商会 57 市工商联直属会员 180	17	11	11	12	30	22	0	2	10	26	2120	25	2523
		个人会员	市工商联直属商会 0 市工商联直属会员 0	144	229	19	0	1109	309	0	645	200	333	164	383	3535
少数民族		成分个数		33	12	18	26	31	29	32	17	38	29	25	31	48
		人数		7673	7500	362	6300	7478	2323	6989	935	5767	4006	1938	3540	54811
宗教		佛教信徒		684	1000	10000	1500	194	954	222	70	500	19	90	165	15398
		道教信徒		197	1000	2000	0	0	5	1	22	0	757	0	36	4018
		伊斯兰教信徒		3486	7000	80	5200	3971	848	4650	427	4000	1974	791	1999	34426
		天主教信徒		3275	5000	6000	4500	927	5	1144	214	0	429	1287	26	22807
		基督教信徒		25761	27000	35000	28000	44626	3351	2369	3301	12000	8407	7115	6982	203912
		宗教团体（个）	6	4	3	4	3	3	2	5	2	2	3	3	1	41
		宗教教职人员		27	18	14	23	29	10	15	3	8	23	15	12	197

续表

项目		单位	市级	兰山区	罗庄区	河东区	郯城县	兰陵县	莒南县	沂水县	蒙阴县	平邑县	费县	沂南县	临沭县	合计
港澳台海外	香港	政协委员	0	0	0	0	0	0	0	0	0	0	0	0	0	0
		海联会理事	1	1	0	0	0	0	0	0	0	0	0	0	0	2
		台联会理事	0	0	0	0	0	0	0	0	0	0	0	0	0	0
	澳门	政协委员	0	0	0	0	0	0	0	0	0	0	0	0	0	0
		海联会理事	0	0	0	0	0	0	0	0	0	0	0	0	0	0
		台联会理事	0	0	0	0	0	0	0	0	0	0	0	0	0	0
	台湾	政协委员	1	0	0	0	0	0	0	0	0	0	1	0	0	2
		海联会理事	0	0	0	0	0	0	0	5	0	0	0	0	0	5
		台联会理事	0	0	0	0	0	0	0	0	0	0	0	0	0	0
	海外	政协委员	0	0	0	0	0	0	0	0	0	0	0	0	0	0
		海联会理事	0	0	0	0	0	0	0	0	0	0	0	0	0	0
		台联会理事	0	0	0	0	0	0	0	0	0	0	0	0	0	0
知识分子	总人数			13000	4200	6240	45000	24000	19860	16630	18080	12248	12265	5210	14700	191433
	党外知识分子			12000	3300	4350	38000	10000	11130	11940	11420	2450	8630	3600	7000	123820
	自由择业党外知识分子			390	910	1890	6000	3200	1050	1823	7660	730	262	110	1570	25595
无党派人士				680	126	280	70000	410	199	55	87	196	285	25	90	72433
留学人员	海外留学生			58	0	52	43	25	52	25	6	7	190	30	72	560
	归国留学人员			23	56	47	12	12	20	8	2	5	12	27	40	264
聘请党外人士担任特约人员数量			320	24	31	27	60	0	37	35	60	5	131	3	60	793

备注：1. 本表由临沂市委统战部汇总。2. 标注“*”的栏目，根据相关要求统计的数据为 2016 年的数据。

2017年德州市统一战线基本资料统计表

项目			单位：市级		德城区	陵城区	禹城市	乐陵市	宁津县	齐河县	临邑县	平原县	武城县	夏津县	庆云县	合计
*民主党派	地方组织		6		/	/	/	/	/	/	/	/	/	/	/	6
	成员人数		640		196	35	24	15	13	7	14	17	13	15	20	1009
工商联基本情况	组织机构	工商联组织	1		1	1	1	1	1	1	1	1	1	1	1	12
		各类商会	23		5	16	30	11	17	17	17	10	24	20	12	202
	成员数量	企业会员	市工商联直属商会	65	313	175	184	174	160	172	143	89	230	134	175	2014
			市工商联直属会员	108	0	0	0	0	0	0	0	0	0	0	0	108
		团体会员	市工商联直属商会	/	/	/	/	/	/	/	/	/	/	/	/	/
			市工商联直属会员	/	/	/	/	/	/	/	/	/	/	/	/	/
		个人会员	市工商联直属商会	/	/	/	/	/	/	/	/	/	/	/	/	/
			市工商联直属会员	/	/	/	/	/	/	/	/	/	/	/	/	/
少数民族	成分个数				28	28	25	10	25	31	24	16	18	19	10	43
	人数				11822	31828	7775	2320	5600	3888	17006	6500	3512	357	5500	96108
宗教	佛教信徒				500	262	1520	258	89	197	70	88	83	2420	190	5677
	道教信徒				0	0	0	180	145	0	0	36	51	1550	21	1983
	伊斯兰教信徒				8000	31328	7441	900	5300	3300	9650	6141	3325	0	5000	80385
	天主教信徒				0	128	2900	138	68	500	80	0	416	420	800	5450
	基督教信徒				5620	460	28560	4700	100	18864	6300	2137	177	4215	161	71294
	宗教团体（个）		5		2	1	4	3	3	1	4	3	4	1	0	31
	宗教教职人员				23	46	46	6	11	42	50	33	17	45	37	356

续表

项目		单位	市级	德城区	陵城区	禹城市	乐陵市	宁津县	齐河县	临邑县	平原县	武城县	夏津县	庆云县	合计
港澳台海外	香港	政协委员	0	0	0	0	0	0	0	0	0	0	0	0	0
		海联会理事	32	1	0	0	0	0	0	0	0	0	0	0	33
		台联会理事		0	0	0	0	0	0	0	0	0	0	0	0
	澳门	政协委员	0	0	0	0	0	0	0	0	0	0	0	0	0
		海联会理事	12	1	0	0	0	0	0	0	0	0	0	0	13
		台联会理事		0	0	0	0	0	0	0	0	0	0	0	0
	台湾	政协委员	1	0	0	0	0	1	0	0	0	0	0	0	2
		海联会理事	11	5	0	0	0	0	0	0	0	0	0	0	16
		台联会理事		5	0	0	0	1	0	0	0	0	0	0	6
	海外	政协委员	1	1	0	0	0	0	0	3	0	0	0	0	5
		海联会理事	22	9	0	0	0	0	0	5	0	1	0	0	37
		台联会理事		5	0	0	0	0	0	0	0	0	0	0	5
知识分子	总人数			6200	1080	11500	8247	6200	9087	7060	1300	29000	4100	3169	86943
	党外知识分子			5100	890	9200	3569	4100	4321	4810	780	24650	3500	2319	63239
	自由择业党外知识分子			1050	73	2300	328	200	378	2250	154	2030	400	850	10013
无党派人士			432	77	860	185	387	7800	1528	459	244	270	120	960	13322
留学人员	海外留学生			72	35	18	0	50	0	10	11	30	2	0	228
	归国留学人员			30	12	7	15	14	0	10	9	8	12	0	117
聘请党外人士担任特约人员数量			43	43	1	22	56	15	13	18	21	33	61	18	344

备注：1. 本表由德州市委统战部汇总。2. 标注“*”的栏目，根据相关要求统计的数据为2016年的数据。

2017 年聊城市统一战线基本资料统计表

项目			市级		东昌府区	临清市	冠县	莘县	阳谷县	东阿县	茌平县	高唐县	合计
*民主党派	地方组织		6		4	0	0	0	0	0	0	0	6 市级 4 县级
	成员人数		889		279	121	0	12	0	0	26	6	1333
工商联基本情况	组织机构	工商联组织	1		1	1	1	1	1	1	1	1	9
		各类商会	10		14	22	20	26	19	12	20	17	160
	成员数量	企业会员	市工商联直属商会	/	505	748	823	525	10	506	499	748	4439
			市工商联直属会员	75									
		团体会员	市工商联直属商会	10	29	22	20	26	0	12	20	18	157
			市工商联直属会员	/									
		个人会员	市工商联直属商会	/	2659	791	974	568	1340	277	360	864	8253
			市工商联直属会员	420									
少数民族	成分个数				35	31	20	25	20	23	30	20	43
	人数				10274	18437	17000	14812	2770	184	2280	755	66512
宗教	佛教信徒				10000	1345	3000	2386	500	1560	500	1720	21011
	道教信徒				0	929	1000	230	200	0	0	0	2359
	伊斯兰教信徒				12000	17528	11000	14486	2600	60	1600	596	59870
	天主教信徒				1200	486	30	2316	1000	211	480	428	6151
	基督教信徒				8000	8881	6000	23628	8000	1890	4800	5362	66561
	宗教团体(个)		6		4	5	3	5	4	3	3	3	36
	宗教教职人员				75	49	19	162	10	2	22	18	357

续表

项目		单位	市级	东昌府区	临清市	冠县	莘县	阳谷县	东阿县	茌平县	高唐县	合计
港澳台海外	香港	政协委员	0	0	0	0	0	0	0	0	0	0
		海联会理事	0	0	0	1	0	0	0	0	0	1
		台联会理事	0	0	0	0	0	0	0	0	0	0
	澳门	政协委员	0	0	0	0	0	0	0	0	0	0
		海联会理事	0	0	0	0	0	0	0	0	0	0
		台联会理事	0	0	0	0	0	0	0	0	0	0
	台湾	政协委员	0	0	0	0	0	0	0	0	0	0
		海联会理事	0	0	0	0	0	0	0	0	0	0
		台联会理事	0	7	0	0	0	0	0	0	0	7
	海外	政协委员	0	0	0	0	0	0	0	0	0	0
		海联会理事	0	0	0	1	0	0	0	0	0	1
		台联会理事	0	0	0	0	0	0	0	0	0	0
知识分子	总人数			104600	20000	52460	12215	25000	6137	4200	30000	254612
	党外知识分子			43200	14000	36700	8426	20000	4350	3450	21000	151126
	自由择业党外知识分子			2500	10	21240	2710	7000	2170	243	13000	48873
无党派人士			72	142	56	183	219	300	0	80	20	1072
留学人员	海外留学生			32	1	0	45	180	43	2	0	303
	归国留学人员			2	1	2	4	40	32	5	0	86
聘请党外人士担任特约人员数量				25	8	33	16	15	11	10	81	199

备注：1. 本表由聊城市委统战部汇总。2. 标注‘*”的栏目，根据相关要求统计的数据为 2016 年的数据。

2017年滨州市统一战线基本资料统计表

项目			单位：市级		滨城区	沾化区	惠民县	阳信县	无棣县	博兴县	邹平县	合计
*民主党派	地方组织		7		0	0	0	0	0	0	0	7
*民主党派	成员人数		877		149	35	0	2	2	11	11	1087
工商联基本情况	组织机构	工商联组织	1		1	1	1	1	1	1	1	8
工商联基本情况	组织机构	各类商会	9		14	18	19	19	15	22	22	138
工商联基本情况	成员数量	企业会员	市工商联直属商会	868	545	439	561	679	422	742	852	5175
			市工商联直属会员	67								
工商联基本情况	成员数量	团体会员	市工商联直属商会	8	14	18	19	19	15	22	22	138
			市工商联直属会员	1								
工商联基本情况	成员数量	个人会员	市工商联直属商会	145	167	188	144	351	133	254	365	1770
			市工商联直属会员	23								
少数民族	成分个数				26	10	19	14	19	23	42	43
少数民族	人数				1724	74	2200	13000	6816	710	1176	25700
宗教	佛教信徒				2800	76	301	0	34	2300	2000	7511
宗教	道教信徒				200	0	0	0	89	0	1500	1789
宗教	伊斯兰教信徒				1100	0	2200	12900	3599	0	120	19919
宗教	天主教信徒				300	286	1619	1090	69	2400	565	6329
宗教	基督教信徒				2900	255	3420	2580	264	8000	7500	24919
宗教	宗教团体(个)		4		1	0	1	3	3	2	1	15
宗教	宗教教职人员				32	6	11	56	45	17	15	182

续表

项目		单位	市级	滨城区	沾化区	惠民县	阳信县	无棣县	博兴县	邹平县	合计
港澳台海外	香港	政协委员	0	0	0	0	0	0	0	0	0
		海联会理事	27	0	0	0	0	0	0	0	27
		台联会理事	0	0	0	0	0	0	0	0	0
	澳门	政协委员	0	0	0	0	0	0	0	0	0
		海联会理事	3	0	0	0	0	0	0	0	3
		台联会理事	0	0	0	0	0	0	0	0	0
	台湾	政协委员	0	0	0	1	3	0	0	0	4
		海联会理事	11	0	3	2	1	0	0	0	17
		台联会理事	0	0	0	1	2	0	0	3	6
	海外	政协委员	0	0	0	0	0	0	0	0	0
		海联会理事	19	0	0	1	0	0	0	4	24
		台联会理事	0	0	0	0	0	0	0	0	0
知识分子	总人数			0	2475	2623	7026	8200	30000	19255	69579
	党外知识分子			0	2175	1141	5250	2500	22000	13478	46544
	自由择业党外知识分子			0	9	392	442	410	0	1390	2643
无党派人士			586	57	120	332	320	40	200	330	1985
留学人员	海外留学生			78	3	15	17	21	0	66	200
	归国留学人员			130	4	5	13	6	0	36	194
聘请党外人士担任特约人员数量			25	0	0	28	5	28	44	18	148

备注：1. 本表由滨州市委统战部汇总。2. 标注“*”的栏目，根据相关要求统计的数据为2016年的数据。

2017 年菏泽市统一战线基本资料统计表

项目		单位	市级		牡丹区	定陶区	曹县	成武县	单县	巨野县	郓城县	鄄城县	东明县	合计
*民主党派		地方组织	5		2	0	0	0	0	0	0	0	0	5 市级 2 县级
*民主党派		成员人数	687		201	31	11	/	33	/	28	/	6	997
工商联基本情况	组织机构	工商联组织	1		1	1	1	1	1	1	1	1	1	10
工商联基本情况	组织机构	各类商会	19		22	5	3	18	11	21	29	25	21	174
工商联基本情况	成员数量	企业会员	市工商联直属商会	354	160	13	280	75	89	731	16	11	0	1925
			市工商联直属会员	196										
工商联基本情况	成员数量	团体会员	市工商联直属商会	0	5	0	0	18	830	21	0	0	0	893
			市工商联直属会员	19										
工商联基本情况	成员数量	个人会员	市工商联直属商会	52	350	0	5	67	5	301	2	2	960	3370
			市工商联直属会员	1626										
少数民族		成分个数			24	16	26	28	15	8	32	20	20	46
少数民族		人数			16600	14821	42000	686	3677	2700	710	6000	10201	97395
宗教		佛教信徒			25000	1100	4300	6000	2102	10000	2800	2000	2700	56002
宗教		道教信徒			2300	510	550	2000	3210	10000	600	/	1100	20270
宗教		伊斯兰教信徒			16600	14735	40000	/	3275	2400	1000	5700	8858	92568
宗教		天主教信徒			2900	223	9000	400	510	860	600	600	2580	17673
宗教		基督教信徒			15300	3810	31500	13000	36800	35000	2000	4300	16800	158510
宗教		宗教团体（个）	5		4	2	5	2	5	1	3	2	3	32
宗教		宗教教职人员			68	51	300	8	27	100	3	34	16	607

续表

项目		单位	市级	牡丹区	定陶区	曹县	成武县	单县	巨野县	郓城县	鄄城县	东明县	合计
港澳台海外	香港	政协委员	0	0	0	0	0	0	0	0	0	0	0
		海联会理事	0	0	0	0	0	0	0	0	0	0	0
		台联会理事	0	0	0	0	0	0	0	0	0	0	0
	澳门	政协委员	0	0	0	0	0	0	0	0	0	0	0
		海联会理事	0	0	0	0	0	0	0	0	0	0	0
		台联会理事	0	0	0	0	0	0	0	0	0	0	0
	台湾	政协委员	0	0	0	0	0	0	0	0	0	0	0
		海联会理事	0	0	0	0	0	0	0	0	0	0	0
		台联会理事	0	0	1	0	0	0	8	0	0	0	9
	海外	政协委员	0	0	0	0	0	0	0	0	0	0	0
		海联会理事	0	0	0	0	0	0	0	0	0	0	0
		台联会理事	0	0	0	0	0	0	0	0	0	0	0
知识分子	总人数			12000	2900	37000	2412	17850	8000	28000	12800	71942	192904
	党外知识分子			6000	550	26000	2230	7550	5000	20000	8205	42373	117908
	自由择业党外知识分子			1500	156	900	182	1300	1000	2000	765	9232	17035
无党派人士			0	5700	610	760	21	4750	600	229	3603	163	16436
留学人员	海外留学生			112	17	38	/	102	20	8	7	/	304
	归国留学人员			7	0	18	/	33	5	1	8	/	72
聘请党外人士担任特约人员数量			22	4	24	45	7	14	80	64	47	16	323

备注：1. 本表由菏泽市委统战部汇总。2. 标注“*”的栏目，根据相关要求统计的数据为 2016 年的数据。

山东省民主党派基本情况统计表（一）
组织机构及成员数量情况（截至 2016 年底）

单位 \ 项目	省委会	市委会	县（市、区）委会	基层委员会	总支	支部	全年发展新成员	成员总数
总计	7	100	12	148	124	1906	2711	44874
民革	1	14	2	8	11	224	252	4306
民盟	1	17	4	29	54	357	607	11452
民建	1	15	4	15	13	340	444	7366
民进	1	13	1	19	17	280	252	5065
农工党	1	15	0	14	20	245	359	5741
致公党	1	10	0	10	9	148	312	3083
九三学社	1	16	1	53	0	312	485	7861

备注：1. 本表由省委统战部汇总。2. 根据相关要求，本表统计 2016 年数据。

山东省民主党派基本情况统计表（二）
履行职能情况（2017 年）

项目 / 单位	向中共山东省委、省政府提交调研报告和意见建议		提交省人大议案、建议（条）	提交省政协提案（含团体和个人提案）（件）	全国、省、市领导批示（条）	开展社会服务活动		帮扶资金（万元）
	承担并提交重点调研课题（项）	《议政建言集萃》（条）				次数	人数	
总数	14	449	88	419	69	2028	49786	29516
民革	3	4	18	51	26	221	2900	741
民盟	2	84	15	82	3	495	34100	20632
民建	2	70	\	62	4	314	6600	1502
民进	1	205	\	7	4	112	260	85
农工党	2	71	19	63	1	316	3100	6000
致公党	2	3	16	74	28	564	2800	538
九三学社	2	12	20	80	3	6	26	18

备注：1. 本表由各民主党派省委统计，由省委统战部汇总。

2017年山东省非公有制经济领域统战工作情况统计表

项目		单位	济南	青岛	淄博	枣庄	东营	烟台	潍坊	济宁	泰安	威海	日照	莱芜	临沂	德州	聊城	滨州	菏泽	合计
非公有制经济代表人士队伍建设情况	县级及以上人大代表数		306	441	453	146	186	766	579	362	371	467	153	122	781	262	226	214	549	6384
	县级及以上政协委员数		568	641	543	266	267	1006	886	572	393	394	213	170	804	302	321	341	556	8243
	县级及以上党代表数		99	100	278	79	68	282	315	102	128	143	67	20	153	48	113	148	162	2305
	县级及以上工商联执委数		1553	2060	818	444	704	1491	1394	1103	446	695	178	221	1962	1255	497	660	1215	16696
非公有制企业发展情况	销售收入过百亿企业数		4	11	5	1	27	8	12	7	4	5	6	2	7	2	6	11	7	125
非公有制经济人士参与社会公益情况	实施光彩项目情况	项目数	28	110	106	10	7	50	49	102	75	165	25	/	154	25	17	19	178	1120
		投资额（万元）	44061	59024.68	556	215	200	27585	13431.8	13401	3524	6570	635.1	/	5928.37	4315.4	1028	4580	6824	191879.35
	民企帮村情况	参与企业数	1489	19025	133	119	136	798	408	286	520	256	104	18	1104	455	349	339	471	26010
		帮扶村数	1233	149	222	153	123	623	358	223	568	198	107	24	1012	654	384	339	367	6737
		帮扶金额（万元）	8531	4650.48	1000.39	384	470.2	8226	3200.8	1169.75	47368.2	4486.3	1155.1	732.09	14790	1775.9	3170.59	2385	6398.95	109894.75
	救灾助学等捐款数（万元）		5500	3019.5	1249.11	664.5	147.3	2468	1486.5	1362	3241.05	1335	430.5	138	4122.8	2134.6	649	190	1474.6	29612.46

备注：本表由省委统战部汇总。

2017 年济南市非公有制经济领域统战工作情况统计表

项目		单位	市级	历下区	市中区	槐荫区	天桥区	历城区	长清区	章丘区	平阴县	济阳县	商河县	高新区	合计
非公有制经济代表人士队伍建设情况	县级及以上人大代表数		/	29	13	18	37	36	47	46	34	13	22	11	306
	县级及以上政协委员数		/	48	45	19	95	69	79	62	47	43	40	21	568
	县级及以上党代表数		/	9	3	8	4	0	16	23	20	6	0	10	99
	县级及以上工商联执委数		346	64	87	92	202	170	73	180	72	78	105	84	1553
非公有制企业发展情况	销售收入过百亿企业数		2	0	1	0	0	0	0	1	0	0	0	0	4
非公有制经济人士参与社会公益情况	实施光彩项目情况	项目数	0	0	1	2	10	0	0	0	5	0	5	5	28
		投资额（万元）	0	0	11	100	285	0	0	0	43500	0	20	145	44061
	民企帮村情况	参与企业数	1100	0	2	25	13	30	154	60	56	12	15	22	1489
		帮扶村数	916	0	2	16	13	14	119	52	69	12	8	12	1233
		帮扶金额（万元）	4400	0	13	220	34	80	232	1200	2000	125	80	147	8531
	救灾助学等捐款数（万元）		3624	45	5	180	12	50	0	370	1200	7	5	2	5500

备注：本表由济南市委统战部汇总。

2017 年青岛市非公有制经济领域统战工作情况统计表

项目 \ 单位			市级	市南区	市北区	李沧区	崂山区	西海岸新区	城阳区	即墨区	胶州市	平度市	莱西市	合计
非公有制经济代表人士队伍建设情况	县级及以上人大代表数		100	18	39	20	9	83	44	29	71	12	16	441
	县级及以上政协委员数		102	61	49	19	20	97	91	49	105	28	20	641
	县级及以上党代表数			16	3	56	3	4	0	0	11	1	6	100
	县级及以上工商联执委数		408	131	121	82	91	293	126	307	158	209	134	2060
非公有制企业发展情况	销售收入过百亿企业数		6	1	0	0	0	2	1	1	0	0	0	11
非公有制经济人士参与社会公益情况	实施光彩项目情况	项目数	75	3	4	3	0	12	0	0	1	11	1	110
		投资额（万元）	17960	7.28	44	100	0	37200	0	0	3600	108	5.4	59024.68
	民企帮村情况	参与企业数	18546	15	44	100	20	48	0	170	14	66	2	19025
		帮扶村数	25	1	1	5	4	20	1	65	14	11	2	149
		帮扶金额（万元）	3500	7.28	23.7	120	10	280	0	300	130.5	216	63	4650.48
	救灾助学等捐款数（万元）		2103	1.4	36	10	12	80	500	20	167	65	25.1	3019.5

备注：本表由青岛市委统战部汇总。

2017 年淄博市非公有制经济领域统战工作情况统计表

项目			市级	张店区	淄川区	博山区	周村区	临淄区	桓台县	高青县	沂源县	合计
非公有制经济代表人士队伍建设情况	县级及以上人大代表数		148	26	24	52	60	27	61	25	30	453
	县级及以上政协委员数		79	110	55	51	71	36	60	27	54	543
	县级及以上党代表数		38	41	6	38	52	61	14	16	12	278
	县级及以上工商联执委数		170	106	114	63	68	64	67	89	77	818
非公有制企业发展情况	销售收入过百亿企业数		0	0	0	0	0	1	4	0	0	5
非公有制经济人士参与社会公益情况	实施光彩项目情况	项目数	37	22	22	4	6	4	4	3	4	106
		投资额（万元）	127	30	30	70	58	98	87	30	26	556
	民企帮村情况	参与企业数	43	12	12	9	18	12	11	10	6	133
		帮扶村数	86	18	18	13	30	12	11	10	24	222
		帮扶金额（万元）	383	50	50	150	32.39	130	91	66	48	1000.39
	救灾助学等捐款数（万元）		405	102.2	56	83	33.91	102	130	80	257	1249.11

备注：本表由淄博市委统战部汇总。

2017 年枣庄市非公有制经济领域统战工作情况统计表

项目 \ 单位			滕州市	薛城区	山亭区	市中区	峄城区	台儿庄区	合计
非公有制经济代表人士队伍建设情况	县级及以上人大代表数		74	12	10	36	8	6	146
	县级及以上政协委员数		99	37	47	41	21	21	266
	县级及以上党代表数		54	6	9	3	1	6	79
	县级及以上工商联执委数		130	105	85	54	48	22	444
非公有制企业发展情况	销售收入过百亿企业数		1	0	0	0	0	0	1
非公有制经济人士参与社会公益情况	实施光彩项目情况	项目数	2	2	0	1	3	2	10
		投资额（万元）	4	6	0	10	185	10	215
	民企帮村情况	参与企业数	16	2	20	23	10	48	119
		帮扶村数	20	3	10	62	10	48	153
		帮扶金额（万元）	180	0	60	31	103	10	384
	救灾助学等捐款数（万元）		500	20	15	14.5	113	2	664.5

备注：本表由枣庄市委统战部汇总。

2017 年东营市非公有制经济领域统战工作情况统计表

项目			市级	东营区	河口区	垦利县	广饶县	利津县	合计
非公有制经济代表人士队伍建设情况	县级及以上人大代表数		40	12	20	17	79	18	186
	县级及以上政协委员数		55	37	47	38	52	38	267
	县级及以上党代表数		4	1	3	16	28	16	68
	县级及以上工商联执委数		239	109	102	89	78	87	704
非公有制企业发展情况	销售收入过百亿企业数		9	4	2	3	8	1	27
非公有制经济人士参与社会公益情况	实施光彩项目情况	项目数	/	0	0	4	0	3	7
		投资额（万元）	/	0	0	140	0	60	200
	民企帮村情况	参与企业数	/	18	9	9	76	24	136
		帮扶村数	/	9	9	9	72	24	123
		帮扶金额（万元）	/	5	20.2	200	165	80	470.2
	救灾助学等捐款数（万元）		36	0.3	0	90	18	3	147.3

备注：本表由东营市委统战部汇总。

2017 年烟台市非公有制经济领域统战工作情况统计表

项目		单位	芝罘区	福山区	莱山区	牟平区	海阳市	莱阳市	栖霞市	蓬莱市	长岛县	龙口市	招远市	莱州市	合计
非公有制经济代表人士队伍建设情况	县级及以上人大代表数		35	63	203	35	66	37	61	51	7	60	52	96	766
	县级及以上政协委员数		114	73	156	80	60	51	62	79	21	104	69	137	1006
	县级及以上党代表数		98	12	0	25	4	3	7	36	9	7	18	63	282
	县级及以上工商联执委数		168	93	220	77	139	180	70	113	41	168	72	150	1491
非公有制企业发展情况	销售收入过百亿企业数		0	0	0	1	0	2	0	0	0	4	1	0	8
非公有制经济人士参与社会公益情况	实施光彩项目情况	项目数	0	0	6	2	1	2	5	0	0	21	0	13	50
		投资额（万元）	0	0	115	3400	40	1500	130	0	0	21000	0	1400	27585
	民企帮村情况	参与企业数	25	42	14	192	17	98	42	36	9	231	32	60	798
		帮扶村数	25	25	14	105	18	36	47	26	5	240	22	60	623
		帮扶金额（万元）	150	310	310	3500	110	320	376	240	60	1200	1200	450	8226
	救灾助学等捐款数（万元）		25	428	140	422	50	137	46	310	10	230	340	330	2468

备注：本表由烟台市委统战部汇总。

2017年潍坊市非公有制经济领域统战工作情况统计表

项目		单位	奎文区	潍城区	坊子区	寒亭区	青州市	诸城市	寿光市	安丘市	昌邑市	高密市	临朐县	昌乐县	合计
非公有制经济代表人士队伍建设情况	县级及以上人大代表数		39	15	27	20	87	57	37	69	62	35	105	26	579
	县级及以上政协委员数		94	48	42	60	105	56	62	62	64	55	181	57	886
	县级及以上党代表数		5	2	12	29	54	10	50	39	57	12	36	9	315
	县级及以上工商联执委数		106	117	108	69	149	137	115	109	120	117	205	42	1394
非公有制企业发展情况	销售收入过百亿企业数		1	0	1	0	2	1	4	0	0	2	0	1	12
非公有制经济人士参与社会公益情况	实施光彩项目情况	项目数	5	6	8	0	3	6	3	5	0	3	6	4	49
		投资额（万元）	9000	7	10	0	630	2760	650	100	0	147	7.8	120	13431.8
	民企帮村情况	参与企业数	8	2	6	2	20	37	37	25	102	75	84	10	408
		帮扶村数	8	2	3	2	20	37	42	25	76	75	58	10	358
		帮扶金额（万元）	80	20	10	9.8	560	1400	265	120	156	30	360	190	3200.8
	救灾助学等捐款数（万元）		21	12	5	1.5	350	260	102	151	94	150	40	300	1486.5

备注：本表由潍坊市委统战部汇总。

2017年济宁市非公有制经济领域统战工作情况统计表

项目			市级	任城区	兖州区	曲阜市	泗水县	邹城市	微山县	鱼台县	金乡县	嘉祥县	汶上县	梁山县	合计
非公有制经济代表人士队伍建设情况	县级及以上人大代表数		42	29	65	12	27	32	18	15	46	14	27	35	362
	县级及以上政协委员数		46	44	55	20	44	81	36	36	39	27	48	96	572
	县级及以上党代表数		2	0	29	18	0	3	3	13	6	3	4	21	102
	县级及以上工商联执委数		226	164	90	92	52	75	89	42	54	85	63	71	1103
非公有制企业发展情况	销售收入过百亿企业数		3	0	2	0	0	1	1	0	0	0	0	0	7
非公有制经济人士参与社会公益情况	实施光彩项目情况	项目数	80	6	0	7	1	2	1	0	0	2	0	3	102
		投资额（万元）	12900	55	0	300	30	20	60	0	0	18	0	18	13401
	民企帮村情况	参与企业数	11	18	17	65	39	6	28	12	36	10	27	17	286
		帮扶村数	15	20	17	60	26	6	14	12	9	10	15	19	223
		帮扶金额（万元）	90	70	20	400	120	5	250.25	25	61	15	13.5	100	1169.75
	救灾助学等捐款数（万元）		101	15	10	620	51	320	63.1	8	52.3	50	1.6	70	1362

备注：本表由济宁市委统战部汇总。

2017 年泰安市非公有制经济领域统战工作情况统计表

项目 \ 单位			市级	泰山区	岱岳区	新泰市	肥城市	宁阳县	东平县	合计
非公有制经济代表人士队伍建设情况	县级及以上人大代表数			78	81	69	68	36	39	371
	县级及以上政协委员数			66	40	85	72	49	81	393
	县级及以上党代表数			3	9	33	46	35	2	128
	县级及以上工商联执委数			69	79	123	82	60	33	446
非公有制企业发展情况	销售收入过百亿企业数		2	0	0	0	1	0	1	4
非公有制经济人士参与社会公益情况	实施光彩项目情况	项目数	31	0	15	12	7	8	2	75
		投资额（万元）	1180	0	950	1100	140	34	120	3524
	民企帮村情况	参与企业数	102	18	120	19	106	20	135	520
		帮扶村数	111	8	87	21	60	21	260	568
		帮扶金额（万元）	368.41	94.8	156	200	449.93	357	45650	47368.2
	救灾助学等捐款数（万元）		2400	40	125	23.6	402.45	20	230	3241.05

备注：本表由泰安市委统战部汇总。

2017年威海市非公有制经济领域统战工作情况统计表

项目		单位	市级	环翠区	文登区	荣成市	乳山市	合计
非公有制经济代表人士队伍建设情况	县级及以上人大代表数		102	93	63	125	84	467
	县级及以上政协委员数		83	51	93	96	71	394
	县级及以上党代表数		33	0	45	38	27	143
	县级及以上工商联执委数		218	93	132	125	127	695
非公有制企业发展情况	销售收入过百亿企业数		4	1	0	0	0	5
非公有制经济人士参与社会公益情况	实施光彩项目情况	项目数	8	48	56	23	30	165
		投资额（万元）	680	580	4600	410	300	6570
	民企帮村情况	参与企业数	5	12	107	87	45	256
		帮扶村数	8	3	55	87	45	198
		帮扶金额（万元）	251.3	55	3200	940	40	4486.3
	救灾助学等捐款数（万元）		0	180	710	420	25	1335

备注：本表由威海市委统战部汇总。

2017 年日照市非公有制经济领域统战工作情况统计表

项目		单位	东港区	岚山区	莒县	五莲县	合计
非公有制经济代表人士队伍建设情况	县级及以上人大代表数		52	29	13	59	153
	县级及以上政协委员数		93	46	11	63	213
	县级及以上党代表数		15	11	16	25	67
	县级及以上工商联执委数		54	40	22	62	178
非公有制企业发展情况	销售收入过百亿企业数		2	2	1	1	6
非公有制经济人士参与社会公益情况	实施光彩项目情况	项目数	1	3	20	1	25
		投资额（万元）	25.5	300	294.6	15	635.1
	民企帮村情况	参与企业数	41	42	9	12	104
		帮扶村数	42	42	11	12	107
		帮扶金额（万元）	530	560	50.1	15	1155.1
	救灾助学等捐款数（万元）		23.4	22.5	294.6	90	430.5

备注：本表由日照市委统战部汇总。

2017 年莱芜市非公有制经济领域统战工作情况统计表

项目			市级	莱城区	钢城区	合计
非公有制经济代表人士队伍建设情况	县级及以上人大代表数		62	37	23	122
	县级及以上政协委员数		84	57	29	170
	县级及以上党代表数		12	6	2	20
	县级及以上工商联执委数		87	82	52	221
非公有制企业发展情况	销售收入过百亿企业数		1	1	0	2
非公有制经济人士参与社会公益情况	实施光彩项目情况	项目数	/	/	/	/
		投资额（万元）	/	/	/	/
	民企帮村情况	参与企业数	10	6	2	18
		帮扶村数	10	8	6	24
		帮扶金额（万元）	400	200	132.09	732.09
	救灾助学等捐款数（万元）		90	30	18	138

备注：本表由莱芜市委统战部汇总。

2017年临沂市非公有制经济领域统战工作情况统计表

项目			市级	兰山区	罗庄区	河东区	郯城县	兰陵县	莒南县	沂水县	蒙阴县	平邑县	费县	沂南县	临沭县	合计
非公有制经济代表人士队伍建设情况	县级及以上人大代表数		259	19	56	115	27	19	42	24	38	10	53	40	79	781
	县级及以上政协委员数		115	38	81	102	32	73	31	35	69	20	76	62	70	804
	县级及以上党代表数		5	27	0	12	5	5	11	4	13	3	23	15	30	153
	县级及以上工商联执委数		256	220	268	188	9	151	95	110	85	200	160	126	94	1962
非公有制企业发展情况	销售收入过百亿企业数		3	3	0	0	0	0	0	0	0	0	0	0	1	7
非公有制经济人士参与社会公益情况	实施光彩项目情况	项目数	7	2	0	3	0	20	0	0	0	10	40	72	0	154
		投资额（万元）	105.57	122.8	0	600	0	400	0	0	0	1000	500	3200	0	5928.37
	民企帮村情况	参与企业数	167	1	12	45	107	43	62	182	59	100	57	178	91	1104
		帮扶村数	75	2	12	45	56	39	16	135	206	100	57	178	91	1012
		帮扶金额（万元）	1440	100	725	5000	120	1800	380	2100	1095	500	500	700	330	14790
	救灾助学等捐款数（万元）		823	22.8	42	2000	60	350	75	0	40	100	270	140	200	4122.8

备注：本表由临沂市委统战部汇总。

2017 年德州市非公有制经济领域统战工作情况统计表

项目		单位	德城区	陵城区	禹城市	乐陵市	宁津县	齐河县	临邑县	平原县	武城县	夏津县	庆云县	合计
非公有制经济代表人士队伍建设情况	县级及以上人大代表数		3	20	30	24	6	49	16	15	52	19	28	262
	县级及以上政协委员数		11	14	47	38	5	65	18	11	42	13	38	302
	县级及以上党代表数		0	3	8	4	5	8	14	0	5	0	1	48
	县级及以上工商联执委数		100	96	119	167	119	165	75	158	125	42	89	1255
非公有制企业发展情况	销售收入过百亿企业数		0	0	0	0	0	1	1	0	0	0	0	2
非公有制经济人士参与社会公益情况	实施光彩项目情况	项目数	1	3	3	0	1	3	0	1	0	7	6	25
		投资额（万元）	7.2	3000	45	0	10	15	0	5	0	33.2	1200	4315.4
	民企帮村情况	参与企业数	0	61	12	42	45	112	76	68	12	15	12	455
		帮扶村数	0	61	12	22	45	342	68	68	12	12	12	654
		帮扶金额（万元）	0	900	120	37	5	30	127	10	2.4	536.5	8	1775.9
	救灾助学等捐款数（万元）		140	200	400	0	7	119	21	10	0	437.6	800	2134.6

备注：本表由德州市委统战部汇总。

2017年聊城市非公有制经济领域统战工作情况统计表

项目			东昌府区	临清市	冠县	莘县	阳谷县	东阿县	茌平县	高唐县	合计
非公有制经济代表人士队伍建设情况	县级及以上人大代表数		32	58	41	32	9	14	25	15	226
	县级及以上政协委员数		75	62	57	22	9	39	39	18	321
	县级及以上党代表数		72	1	6	11	3	7	11	2	113
	县级及以上工商联执委数		7	80	56	76	84	48	67	79	497
非公有制企业发展情况	销售收入过百亿企业数		0	2	2	0	1	0	1	0	6
非公有制经济人士参与社会公益情况	实施光彩项目情况	项目数	1	0	4	0	0	0	12	0	17
		投资额（万元）	20	0	260	0	0	0	748	0	1028
	民企帮村情况	参与企业数	10	24	133	12	12	138	9	11	349
		帮扶村数	10	35	133	13	12	150	18	13	384
		帮扶金额（万元）	5	68	520	11.59	65	320	2181	0	3170.59
	救灾助学等捐款数（万元）		0	108	210	0	0	10	321	0	649

备注：本表由聊城市委统战部汇总。

2017 年滨州市非公有制经济领域统战工作情况统计表

项目		单位	滨城区	沾化区	惠民县	阳信县	无棣县	博兴县	邹平县	合计
非公有制经济代表人士队伍建设情况	县级及以上人大代表数		6	13	41	45	22	18	69	214
	县级及以上政协委员数		30	35	52	54	57	29	84	341
	县级及以上党代表数		0	1	15	35	25	9	63	148
	县级及以上工商联执委数		94	64	93	120	115	86	88	660
非公有制企业发展情况	销售收入过百亿企业数		0	0	0	2	1	4	4	11
非公有制经济人士参与社会公益情况	实施光彩项目情况	项目数	10	0	1	8	0	0	0	19
		投资额（万元）	120	0	230	30	0	4200	0	4580
	民企帮村情况	参与企业数	5	16	22	70	64	62	100	339
		帮扶村数	5	16	22	70	64	62	100	339
		帮扶金额（万元）	60	50	630	365	230	0	1050	2385
	救灾助学等捐款数（万元）		10	20	8	8	45	36	63	190

备注：本表由滨州市委统战部汇总。

2017年菏泽市非公有制经济领域统战工作情况统计表

项目		单位	牡丹区	定陶区	曹县	成武县	单县	巨野县	郓城县	鄄城县	东明县	合计
非公有制经济代表人士队伍建设情况	县级及以上人大代表数		46	64	100	61	75	61	90	37	15	549
	县级及以上政协委员数		49	30	93	52	50	56	95	63	68	556
	县级及以上党代表数		3	45	0	0	23	6	69	2	14	162
	县级及以上工商联执委数		181	73	293	79	94	67	215	122	91	1215
非公有制企业发展情况	销售收入过百亿企业数		1	0	2	/	0	/	/	0	4	7
非公有制经济人士参与社会公益情况	实施光彩项目情况	项目数	1	0	35	8	4	/	/	129	1	178
		投资额（万元）	200	0	1020	90	650	/	/	4851	13	6824
	民企帮村情况	参与企业数	20	76	43	18	60	12	143	69	30	471
		帮扶村数	20	102	43	18	22	13	55	72	22	367
		帮扶金额（万元）	416	658	430	535	660	950	791.45	1358.5	600	6398.95
	救灾助学等捐款数（万元）		70	320	30	27	150	14	5.6	852	6	1474.6

备注：本表由菏泽市委统战部汇总。